फ़ुटपाथ पर कामसूत्र

नारीवाद और
सेक्शुअलिटी : कुछ
भारतीय निर्मितियाँ

भारतीय भाषा कार्यक्रम

CSDS

विकासशील
समाज अध्ययन
पीठ

वाणी प्रकाशन

फ़ुटपाथ पर कामसूत्र

नारीवाद और सेक्शुअलिटी : कुछ भारतीय निर्मितियाँ

अभय कुमार दुबे

सामयिक विमर्श

वाणी प्रकाशन
4695, 21-ए, दरियागंज, नयी दिल्ली 110 002
शाखा
अशोक राजपथ, पटना 800 004
फ़ोन : +911123273167 फ़ैक्स : +911123275710

www.vaniprakashan.in
vaniprakashan@gmail.com
editorial@vaniprakashan.in
sales@vaniprakashan.in

FOOTPATH PAR KAMSUTRA
Narivaad aur Sexuality : Kuchh Bhartiya Nirmitiyan
by Abhay Kumar Dubey

ISBN : 978-93-5229-359-9
Social Science

प्रथम संस्करण

मूल्य : ₹ 695

यश प्रिंटोग्राफिक्स, नोएडा-201 301 (उ. प्र.) में मुद्रित

वाणी प्रकाशन का लोगो मक़बूल फ़िदा हुसेन की कूची से

राजेंद्र यादव की स्मृति में

प्राक्कथन

मेरी इस पुस्तक के प्रकाशन से बहुत पहले ही स्त्री–विमर्श हिंदी–जगत में अपनी विचारोत्तेजक जगह बना चुका है। लेकिन, सेक्शुअलिटी–विमर्श इस दुनिया के लिए काफ़ी–कुछ नया है। इसके साथ एक मुश्किल यह भी है कि नारीवाद के साथ सेक्शुअलिटी का विमर्श जोड़ते ही या दोनों को एक–दूसरे के आईने में देखने की कोशिश करते ही हिंदी–संसार के एक हिस्से की भृकुटियाँ तन जाती हैं। ऐसी प्रतिक्रिया के पीछे या तो नियोजित अज्ञानता होती है, या फिर शुद्धतावाद से निकला दुराग्रह। दोनों का ही शमन करना असम्भव है। इसलिए ऐसे अंदेशों से बेपरवाह हो कर मैंने यह किताब तैयार की है, और जानबूझ कर इसका शीर्षक इस तरह का रखा है जिससे बहस को और बल मिले। इसमें पिछले पच्चीस साल में लिखे गये मेरे तत्संबंधित एथ्नॉग्राफ़िक नोट्स, कुछ विश्लेषण और कुछ विवरण सम्मिलित हैं जिनके ज़रिये भारतीय समाज में निजी और अंतरंग धरातल पर बनने वाले मानवीय रिश्तों की आधुनिक गतिशीलता रेखांकित करने का प्रयास किया गया है। यह सामग्री किसी नये सिद्धांत की तरफ़ ले जाने का दावा तो नहीं करती, लेकिन यदि पाठकों ने इसका सहानुभूतिपूर्वक अनुशीलन किया तो शायद उन्हें इसके भीतर एक नयी दृष्टि की सम्भावना ज़रूर दिख सकती है।

सारी दुनिया में नारीवाद का विकास जिन चरणों से गुज़रा है, हिंदी–जगत का नारीवाद भी उसी क्रम से आगे बढ़ रहा है। शुरू–शुरू में युरोप भी लैंगिक समानता की उस दावेदारी से गुज़रा था जिसके फलस्वरूप स्त्री स्वयं को राजनीतिक–सामाजिक मंच पर पेश कर पाई थी। भारत भी इसी दौर में है। लेकिन, इसी को नारीवाद की इति मानने की ज़िद करना ही वह नियोजित अज्ञानता है जिसका ऊपर ज़िक्र किया गया है। दरअसल, समानता के बाद नम्बर आता है स्त्री–पुरुष के बीच भिन्नता की दावेदारियों का। इस चरण में समानता के आग्रह भिन्नता के माध्यम से संसाधित होने लगते हैं। इस दूसरे दौर की जटिल अभिव्यक्ति हिंदी की कुछ नारीवादी विदुषियों में तो दिखाई पड़ती है, पर सांस्कृतिक राजनीति के प्रचलित दायरे से अभी यह अनुपस्थित ही है।

चूँकि स्त्री और पुरुष की भिन्नता का बुनियादी आधार जैविक है, इसलिए भिन्नता की इस चर्चा से सेक्शुअलिटी का विमर्श निकलता है। हिंदी-जगत के शुद्धतावादियों ने तिरस्कार के साथ इस पर देह-विमर्श की संज्ञा थोपने का प्रयास किया है, मानो स्त्री इसके माध्यम से उन्मुक्त यौन-विचरण की आज़ादी माँग रही हो। वे यह देखने के लिए तैयार नहीं हैं कि सेक्शुअलिटी का मतलब केवल यौनिक आनंद नहीं है। यौनिक कामनाएँ तो उसका केवल एक महत्त्वपूर्ण घटक हैं। उसका सम्पूर्ण विमर्श अंतरंग जीवन की आचरणगत विविधता, आधुनिकता और बाज़ार की कारिस्तानी से मिल कर रचा जाता है। बाज़ार के हाथों बनने वाली कामना और पारम्परिक नैतिक-मूल्यों के बीच होने वाले मन के द्वंद्व और उस आधार पर बनने वाले आत्म या इयत्ता का उसके विकास में महत्त्वपूर्ण योगदान होता है। सामाजिक संरचनावादी रवैया अपनाये बिना सेक्शुअलिटी की इन जटिल निर्मितियों को नहीं समझा जा सकता, और न ही इसकी उपेक्षा करके नारीवादी विमर्श के विकास से सूचित हुआ जा सकता है। सेक्शुअलिटी के विमर्श की रचना में फ्रॉयड और लकाँ जैसे मनोविश्लेषकों का भी मूलभूत योगदान है। नारीवाद की दूसरी लहर की विदुषियों और फ्रांसीसी नारीवाद के प्रमुख हस्ताक्षरों के हाथों इसकी इमारत तैयार हुई है। मिशेल फ़ूको ने सेक्शुअलिटी का इतिहास लिख कर इसका शास्त्र तैयार किया है। इस तरह बना है सेक्शुअलिटी का समाजशास्त्र।

आज इसे मोटे तौर पर सेक्शुअल चयन के रूप में भी समझा जाता है, और इसके दायरे में पुरुषों की सेक्शुअलिटी भी आ गयी है। यह एक नहीं कई आईने तैयार करता है जिसमें इतरलैंगिकता के साथ-साथ दोनों तरह की समलैंगिकताओं के आईने भी शामिल हैं। यह एक ऐसा प्रिज़्म है जो दिखाता है कि जिस तरह औरत सामाजिक मूल्य-मर्यादाओं के माध्यम से गढ़ी जाती है, उसी तरह सभी तरह की लैंगिकताएँ भी सामाजिक गढ़ंत ही हैं। और, इन गढ़ंतों को तैयार करने में भूमण्डलीकरण, बाज़ार, राजनीति, रोज़गार के बदलते हुए रूपों, दिन और रात के बदलते हुए श्रम-समीकरणों और उनके दबाव में उभरते हुए परिवार के नये रूपों की गहन भूमिका है। वस्तु-स्थिति यह है कि नारीवाद और सेक्शुअलिटी एक-दूसरे से गुँथे हुए हैं। एक की दूसरे के बिना कल्पना भी नहीं की जा सकती। अगर भारतीय समाज में रिश्तों के धरातल पर होने वाले परिवर्तनों को समझना है तो हमें नारीवाद द्वारा भिन्नता के ज़रिये संसाधित होने वाली समानता और सेक्शुअलिटी के हाथों बनते जा रहे स्त्री-पुरुष मानस का संधान करना ही होगा। अगर यह काम उन्नीसवीं सदी द्वारा थमाई गयी राष्ट्रवाद, उदारतावाद, सेकुलरवाद और मार्क्सवाद जैसी विचारधाराओं के औज़ारों से सम्भव होता तो फिर नारीवाद

की ज़रूरत ही न पड़ती।

मैंने अपने विवरणों में साहित्य और पत्रकारिता को एक प्रमुख स्रोत के रूप में अपनाया है। पिछले पच्चीस साल के दौरान हिंदी में लिखे गए उपन्यासों और आत्मकथाओं में ऐसी कई कृतियाँ शामिल हैं जो नारीवाद और सेक्शुअलिटी के परिष्कृत निरूपण के लिहाज़ से अनूठी हैं। हिंदी और अंग्रेज़ी की पत्र-पत्रिकाओं से बाज़ार, रोज़गार और निजी जीवन में होने वाले परिवर्तनों की झलक मिलती है। देखने वाली आँख निरंतर विशाल और विविध होते हुए मीडिया के भीतर झाँक कर कई अनचीन्ही बातें खोज सकती है।

यह पुस्तक हिंदी के यशस्वी साहित्यकार और साहित्यिक पत्रकारिता के शलाका पुरुष राजेंद्र यादव को समर्पित है। उन्होंने ही नब्बे के दशक में मुझे *हंस* के स्त्री-अंकों के साथ जोड़ा। उन्हीं के कारण मेरा अर्चना वर्मा, प्रभा खेतान और अनामिका जैसी विदुषियों से परिचय हुआ जो हिंदी में नारीवादी चिंतन की भित्ति खड़ी करने की कोशिश कर रही थीं। राजेंद्र यादव द्वारा दिये गये लेखन के प्रस्तावों के कारण ही मैंने मार्क्सवाद-लेनिनवाद के बँधे-बँधाए दायरे से निकल कर नारीवाद का अध्ययन प्रारम्भ किया। विकासशील समाज अध्ययन पीठ (सीएसडीएस) के सराय कार्यक्रम द्वारा दी गयी एक छोटी-सी फ़ेलोशिप के कारण मैंने सेक्शुअलिटी-अध्ययन में झाँकने की शुरुआत की। संकलन के रूप में ये लेख पहली बार प्रकाशित हो रहे हैं, केवल एक को छोड़ कर। 'सशक्तीकरण और मुक्ति के बीच : हमारे युग की नायिकाएँ' लेख मेरे पिछले संकलन *हिंदी में हम : आधुनिकता के कारख़ाने में भाषा और विचार* में 'नारीवाद की हिंदी-कथा' शीर्षक से प्रकाशित हो चुका है। इसे दोहराने के पीछे मक़सद यही है कि स्त्री-प्रश्न और सेक्शुअलिटी से संबंधित मेरी सभी प्रमुख रचनाएँ पाठकों को एक जगह मिल सकें।

मेरी ये बौद्धिक चहलक़दमियाँ मुझे जिन रास्तों पर ले गयीं, वे नयी रोशनी देने वाले थे। अध्ययन पीठ के वरिष्ठ विद्वानों को पता भी नहीं होगा कि मैंने उनके साथ अनौपचारिक बातें कर-करके न जाने कितना सीखा है, और न ही भारतीय भाषा कार्यक्रम में मेरे साथ जुड़े विद्वान मित्रों को इस बात का एहसास होगा कि उनके साथ होने वाली हर बैठक मेरे लिए कितनी शिक्षाप्रद साबित हुई है। इन तमाम आलेखों और टिप्पणियों में इन सभी विद्वानों और विदुषियों का ख़ामोश योगदान है। मैं इन सभी का कृतज्ञ हूँ।

— अभय कुमार दुबे

ग्रीष्म, 2015

अनुक्रम

अभय कुमार दुबे

विकासशील समाज अध्ययन पीठ (सीएसडीएस) में एसोसिएट प्रोफ़ेसर और भारतीय भाषा कार्यक्रम के निदेशक, समाज-विज्ञान और मानविकी की पूर्व-समीक्षित पत्रिका *प्रतिमान समय समाज संस्कृति* के प्रधान सम्पादक

कृतियाँ :
हिंदी में हम : आधुनिकता के कारख़ाने में भाषा और विचार, क्रांति का आत्म-संघर्ष : नक्सलवादी आंदोलन के बदलते चेहरे का अध्ययन, कांशी राम : एक राजनीतिक अध्ययन, बाल ठाकरे : एक राजनीतिक अध्ययन, मुलायम सिंह यादव : एक राजनीतिक अध्ययन

सम्पादित कृतियाँ :
समाज-विज्ञान विश्वकोश (छह खण्ड), हिंदी की आधुनिकता : एक पुनर्विचार (तीन खण्ड), साम्प्रदायिकता के स्रोत, आधुनिकता के आईने में दलित, लोकतंत्र के सात अध्याय, बीच बहस में सेकुलरवाद, भारत का भूमण्डलीकरण, राजनीति की किताब : रजनी कोठारी का कृतित्व, सत्ता और समाज : धीरूभाई शेठ का कृतित्व

अनूदित कृतियाँ :
सर्वहारा रातें : उन्नीसवीं सदी से फ्रांस में मज़दूर-स्वप्न (नाइट्स ऑफ़ प्रोलेतारियत), भारतनामा (द आइडिया ऑफ़ इण्डिया), भारत के मध्यवर्ग की अजीब दास्तान (द ग्रेट इण्डियन मिडिल क्लास), जिन्ना : मुहम्मद अली से क़ायद-ए-आज़म तक (मुहम्मद अली जिन्ना), राष्ट्रवाद का अयोध्या कांड (द रामजन्मभूमि आंदोलन ऐंड द फ़ियर ऑफ़ सेल्फ़), देशभक्ति बनाम राष्ट्रवाद (रवींद्रनाथ टैगोर ऐंड पॉलिटिक्स ऑफ़ सेल्फ़), अंतरंगता का स्वप्न : भारतीय समाज में प्रेम और सेक्स (द इंटीमेट रिलेशंस), कामसूत्र से 'कामसूत्र' तक : आधुनिक भारत में सेक्शुअलिटी के सरोकार (अ क्वेश्चन ऑफ़ साइलेंस?), लोकतंत्र के तलबगार (हू वांट्स डेमॉक्रैसी?)

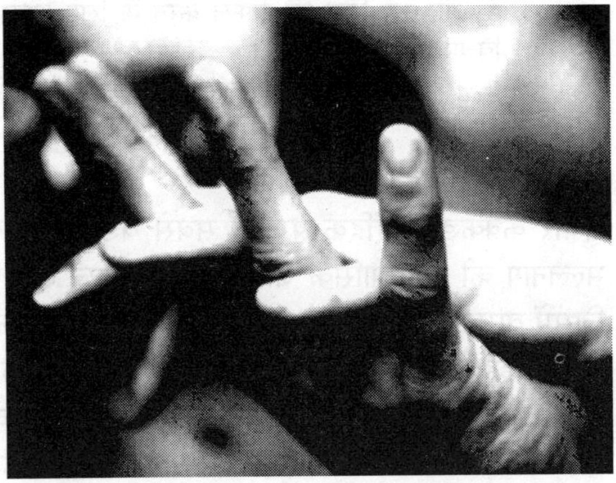

प्रेम का द्विपक्षीय लोकतंत्र

नारीवाद, मनोविश्लेषण और सेक्शुअलिटी–विमर्श

> प्रेम कोई ऐसी शै नहीं है जिसके चक्कर में फँस कर व्यक्ति बुद्धि और जीवट के रास्ते से हटते हुए एक तरह की बेलौस समझ का शिकार होता चला जाए। बल्कि प्रेम तो एक ऐसा संकल्प है जिसके तहत व्यक्ति किसी दूसरे के साथ सहअस्तित्व में रहने के जीवंत अनुभव से गुज़रता है; और उस रिश्ते को सफल करने के लिए आदर, तार्किकता और विचार का सहारा लेता है।
>
> — *ल्यूस इरिगरे / डेमॉक्रैसी बिगिंस बिटवीन टू*

सुधीर कक्कड़ ने ऐंद्रिक प्रेम के सबसे बड़े सिद्धांतकार आचार्य वात्स्यायन मल्लनाग की औपन्यासिक जीवनी का उद्‌घाटन एक ऐसे विवरण से किया है जिसमें वासना और उदात्त प्रेम की श्रेणियाँ एक-दूसरे को चुनौती देते हुए आपस में गुँथी हुई नज़र आती हैं। *कामयोगी* (*एसेटिक ऑफ़ डिज़ायर*) की कथा का युवक सूत्रधार नदी के घाट पर विचरण कर रही गणिकाओं की सुंदर देहयष्टि देख कर अपनी उत्तेजना नियंत्रित कर पाने में विफल है। उसे अफ़सोस होता है कि इतने वर्ष तक वेदों का अध्ययन करने के बावजूद वह आवश्यक आत्मसंयम से वंचित है। धोती के भीतर बार-बार विद्रोह में सिर उठाने वाले शिश्न से परेशान वेदों का वह ज्ञाता ऊहापोह में फँस कर सोचता है कि उसकी कामना का चरित्र क्या है ? क्या उसकी कामना उदात्त है या फिर उसके ऊपर वासना की इबारत लिखी हुई है ? उसकी यह हालत देख कर दूसरे लोग क्या सोच रहे होंगे ? इन प्रश्नों का उत्तर खोजते हुए वह एक ऐसी दुविधा का साक्षात्कार करता है जो शाश्वत और विराट है : मनुष्य को अपनी कामना उदात्त और दूसरे की कामना वासनामय क्यों नज़र आती है ?

जैसा कि हमें पता है कि *कामसूत्र* के रचयिता वात्स्यायन मल्लनाग लगभग ढाई हज़ार साल पहले हुए थे। उस युग में प्रेम का विचार आज की तरह तरह-तरह के ख़ानों में बँटा हुआ नहीं था। प्रेम, राग, शृंगारिकता और ऐंद्रिकता की अर्थछायाएँ मुख्यतः पर्यायवाची थीं। प्रेम का मतलब था सेक्शुअलिटी पर ग़ौर करना और सेक्शुअलिटी का अर्थ था प्रेम के व्यावहारिक पक्षों का भाष्य करना। वात्स्यायन की किताब में आत्मसंयम या आत्मनियंत्रण का तात्पर्य प्रेम-क्रीड़ा

की व्यावहारिक सफलता या विफलता के संदर्भ में निकल कर आता है। वह किसी भी अर्थ में डि-सेक्शुअलाइज़ हो कर आध्यात्मिक या तथाकथित रूप से सात्विकता के मुक़ाम की तरफ़ नहीं जाता। *कामसूत्र* के सैद्धांतिक आधार में अगर कोई बहस थी तो उसे पुरुष और स्त्री की सेक्शुअलिटी के बीच के विवाद के रूप में देखा जा सकता है। यही कारण है कि वात्स्यायन प्रेम के शास्त्र में अपना मौलिक योगदान स्त्री की सेक्शुअलिटी के स्वायत्त और स्वतंत्र चरित्र के सूत्रीकरण के रूप में रेखांकित करते हैं।

लेकिन सुधीर कक्कड़ ढाई हज़ार साल पहले के नहीं, बल्कि आज के विमर्शकार हैं। उनका सूत्रधार वात्स्यायन के युग में स्थित तो है, पर असल में उसकी बौद्धिकता प्रेम की आधुनिक दृष्टि से चालित प्रतीत होती है। उसकी उलझनें हमारे-आपके युग की उलझनें लगती हैं। वेदों का वह जानकार युवक उपन्यास में आगे चल कर वात्स्यायन का शिष्य बनता है और गुरु-पत्नी के प्रति प्रेम और कामना के दुविधाजनक खेल में उलझ कर तक़रीबन उसी तरह के मानसिक संतापों से गुज़रता है जो स्त्री-पुरुष रिश्तों के संदर्भ में आज के मनुष्य को अकसर सताते रहते हैं। *कामयोगी* इस दृष्टि से एक महत्त्वपूर्ण रचना है कि उसमें कामना के प्राचीन विमर्श के बहाने आधुनिक युग की उलझनों पर रोशनी डाली गयी है।

प्रेम की तथाकथित पवित्रता और वासनात्मकता पर विचार करने से पहले इस सिलसिले में हो रहे हालिया बौद्धिक प्रयासों पर एक नज़र डालना उचित होगा। नब्बे के दशक से पहले समाज-विज्ञान और मानविकी में लव-स्टडीज़ का कोई ख़ास वजूद नहीं था। समाजशास्त्री विवाह नाम की संस्था पर तरह-तरह से विचार करते थे। दार्शनिकों के बीच ईश्वर से प्रेम, मनुष्य मात्र से प्रेम, प्रेम और मैत्री, मातृ-प्रेम, भाई-बहिन के प्रेम जैसे विषयों पर गहन चर्चाएँ होती रहती थीं। प्रेम पर विचार करने की प्रक्रिया कुछ थी ही ऐसी कि उसके तहत प्रेम के विचार को प्रतिबद्धता, आदर, विश्वास, देखभाल और मैत्री जैसे भावानुवादों से गुज़रना ही पड़ता था। लेकिन अब यह स्थिति तेज़ी से बदल रही है। प्रेम के विचार पर एक नया विमर्श विकसित होने लगा है जो बिना किसी भावात्मक बैसाखी के इस अवधारणा की जाँच-पड़ताल करने में दिलचस्पी रखता है। लव-स्टडीज़ की दुनिया बहु-अनुशासनीय है। उसमें समाजशास्त्री, इतिहासकार, दार्शनिक, मनोविद और धर्मशास्त्री तो शामिल हैं ही, स्नायु-वैज्ञानिकों, अर्थशास्त्रियों और प्रबंधन की दुनिया के सिद्धांतकारों ने भी इसमें अपना योगदान किया है। नारीवादी सिद्धांतकारों और जेण्डर स्टडीज़ के विद्वानों

और विदुषियों ने भी लव-स्टडीज़ को विकसित करने में प्रमुख भूमिका निभाई है। पिछले पंद्रह साल में ग्लोबल पैमाने पर इस तरह के विमर्शकारों के नेटवर्क बन गये हैं। कई अंतर्राष्ट्रीय सम्मेलन हुए हैं जिन्होंने प्रेम और सामाजिक-आर्थिक राजनीति की शक्ल-सूरत उकेरने की कोशिश की है। 2006 में फ्रांचेस्का ओरसिनी द्वारा सम्पादित पुस्तक *लव इन साउथ एशिया* के प्रकाशन ने लव-स्टडीज़ के भारतीय अध्याय का उद्‌घाटन किया है।

उन्नीसवीं सदी का पवित्र प्रेम बनाम बीसवीं सदी का सेक्शुअल प्रेम

आज के ज़माने में रोमानी प्रेम और सेक्शुअलिटी जिस तरह से एकाकार लगते हैं, वैसी प्रतीति उन्नीसवीं सदी में सम्भव नहीं थी। हालाँकि आधुनिकता ने अन्य क्षेत्रों में व्यक्ति की सत्ता का आग़ाज़ अट्‌ठारहवीं सदी में ही कर दिया था, पर अंतरंग संबंधों के धरातल पर आधुनिकता का पदार्पण थोड़ी देर से ही हुआ। उन्नीसवीं सदी सेक्स से डरने वाली सदी थी। उसके लिए सेक्स एक ऐसी ऐंद्रिकता का पर्याय था जिसके कारण वैवाहिक संबंधों में निहित आध्यात्मिकता नष्ट हो सकती थी। विवाह के आध्यात्मिक सारतत्त्व को बचाने के ही लिए इस सदी में प्रेम का विमर्श कुछ इस तरह से चलाया गया कि प्रेम और सेक्स एक-दूसरे से अलग-अलग हो गये। प्रेम को पूरी तरह से सेक्सविहीन करने की कोशिश की गयी। नतीजा यह निकला कि सेक्स का एक्ट एक तरह की यांत्रिकता का शिकार हो गया जिसके गर्भ से पोर्नोग्राफ़ी ने जन्म लिया। यह विक्टोरियायी नैतिकता के पैरोकारों की कारिस्तानी थी जिसे अंग्रेज़ अपने साथ भारत लाए और जिसके चश्मे से देखने पर उन्हें भारतवासी यौनस्वच्छंदता की गिरफ़्त में फँसे हुए लगे। इस विक्टोरियायी नैतिकता का गहरा असर भारतीय मानस पर पड़ा। इसीलिए प्रेम की पवित्रता का विचार आज तक हमारी नैतिकता पर हावी है। यहाँ तक कि स्त्री और पुरुष के फ्री-यूनियन में विश्वास करने वाले फ्रेड्रिक एंगेल्स के अनुयायियों का मार्क्सवाद प्रेम और सेक्शुअलिटी पर विचार करने से आज तक कतरा रहा है। हिंदी के मार्क्सवादियों का परिप्रेक्ष्य मोटे तौर पर वही है जो विक्टोरियायी नैतिकता के सिद्धांतकारों का था। वे वैवाहिक प्रेम को ही प्रेम का कारगर और स्थायी रूप मानते हैं। इसका उदाहरण रामविलास शर्मा, जो अन्यथा कुशाग्र थे, के विमर्श में यत्र-तत्र देखा जा सकता है। हालाँकि रामविलासजी जीवन के आख़िरी दिनों में प्रेम विवाह को उचित मानने लगे थे, लेकिन अंततः उनके लिए प्रेम का आदर्श रूप डि-सेक्शुअलाइज़ ही था।

सम्भवत: इसीलिए उन्होंने सारे जीवन रीतिकालीन कविता के ख़िलाफ़ संग्राम किया। वे कौटिल्य के अर्थशास्त्र, भरत के नाट्यशास्त्र, पाणिनि की अष्टाध्यायी, कालिदास और भवभूति के काव्य का हिंदी पाठकों से परिचय कराने के लिए तैयार थे, पर हजारी प्रसाद द्विवेदी को उन्होंने इसलिए आड़े हाथों लिया क्योंकि उन्होंने *कामसूत्र* की परम्परा का भाष्य करने की 'ग़लती' की थी।

बहरहाल, उन्नीसवीं सदी में व्याप्त सेक्स और प्रेम का शत्रुतापूर्ण संबंध बीसवीं सदी में आधुनिकता के विकसित होते हुए दबावों को नहीं झेल पाया। नयी सदी ने सेक्सविहीन प्रेम पर टिकी हुई और केवल प्रजनन के उद्देश्य से यौन-क्रिया करने की वकालत करने वाली विवाह की संस्था को सेक्शुअल मैरिज में बदल दिया। स्त्री-पुरुष के बीच रिश्ते की दीर्घकालीन सफलता के लिए ज़रूरी समझा जाने लगा कि वे एक-दूसरे में यौनाकर्षण महसूस करें। आनंद देने और प्राप्त करने की प्रक्रिया प्रेम की परिभाषा का अंग बन गयी। यौन-संतुष्टि को एक सफल विवाह की आवश्यक शर्त का दर्जा मिला। विमर्श में हुए इस परिवर्तन ने रोमानी प्रेम की अवधारणा को आधुनिक मनुष्य के जीवन में सर्वोच्चता प्रदान कर दी।

नारीवाद की दार्शनिक आवाज़

जिस समय बीसवीं सदी में रोमानी प्रेम का डंका अपने चरम पर बज रहा था, नारीवाद ने अपने आलोचनात्मक प्रहार से उसके ऊपर सवालिया निशान लगाने की शुरुआत की। सत्तर और अस्सी के दशक के रैडिकल नारीवादियों ने प्रेम की आधुनिक अवधारणा को जम कर प्रश्नांकित किया। टाइ-ग्रेस एत्किंसन ने प्रेम को उत्पीड़क (पुरुष) के प्रति उत्पीड़ित (स्त्री) की अनुक्रिया क़रार दे कर सभी को चौंका दिया। एत्किंसन और सुलेमिथ फ़ायरस्टोन ने दावा किया कि प्रेम के विचार का इस्तेमाल स्त्री के उत्पीड़न के लिए होता रहा है। उन्होंने प्रेम के इतिहास को उस ईसाई अवधारणा में चिह्नित किया जिसमें माना जाता था कि प्रेम का सम्पूर्ण उदाहरण तो वही हो सकता है जिसके तहत किसी के प्रेम में खुद को पूरी तरह से क़ुर्बान कर देने की हद तक जाया जा सकता है। प्रेम के इसी ईसाई तात्पर्य के कारण रोमांटिक लव में कष्ट भोग कर प्रेम की सम्पूर्णता उपलब्ध करने का आग्रह उभरा था। सच्चा प्रेम सम्भव ही नहीं माना जाता जब तक उसमें कष्टभोगी होने का घटक शामिल न हो। एत्किंसन ने प्रेम के बजाय मैत्री को प्रमुखता दी और कहा कि प्रेम एकतरफ़ा हो सकता है लेकिन मित्रता में दोनों पक्ष सक्रिय होते हैं, अन्योन्यक्रिया करते हैं और उसके प्रति दोनों को ही उत्तरदायित्व महसूस होता है।

दिलचस्प बात यह है कि रैडिकल नारीवादियों द्वारा प्रेम के बजाय मैत्री पर बल देने का विचार कोई नयी बात नहीं थी। बीसवीं सदी से बहुत पहले दर्शन के क्षेत्र में इमानुएल कांट नीतिशास्त्र और राजनीति के संदर्भ में यह बात बहुत पहले कह चुके थे। विमर्श के क्षेत्र में रैडिकल नारीवाद की आभा जैसे ही मंद पड़ी, फ्रांसीसी नारीवाद की प्रमुख हस्ताक्षर और दार्शनिक ल्यूस इरिगरे के हस्तक्षेप ने प्रेम और नारीवाद के वैचारिक संबंधों को तक़रीबन पूरी तरह से बदल डाला। कांट ने प्रेम को एक कर्त्तव्य के रूप में पेश किया था। इस मामले में वे देकार्त द्वारा प्रवर्तित नीतिशास्त्र के अनुयायी थे। देकार्त की किताब में प्रेम के कुछ रूप ही नैतिक रूप से स्वीकारोग्य थे। मसलन, माता-पिता और उनकी संतान का प्रेम देकार्त की निगाह में शुद्धतम था।

कुल मिला कर देकार्त और कांट की मान्यता थी कि ऐंद्रिक प्रेम तो नैतिक हो ही नहीं सकता, क्योंकि उसमें स्वाभाविक रूप से स्थायित्व का अभाव होता है। देकार्त के साथ-साथ स्पिनोज़ा, हिगेल, फ्रॉयड और लेविनास द्वारा स्थापित पश्चिमी दर्शन की इस स्थापित नीतिशास्त्रीय परम्परा के मुक़ाबले इरिगरे ने प्रेम को एक मनोभाव की तरह व्याख्यायित किया। कांट ने प्रेम को परोपकार और दूसरे के प्रति सरोकार की सीमाओं में बाँध दिया था, पर इरिगरे ने उसे दोनों सिरों पर खुला रखने का आग्रह किया। कांट ने रोमानी प्रेम का तिरस्कार करके एक तरह के डि-सेक्शुअलाइज़ लव की रूपरेखा तैयार की थी, लेकिन इरिगरे ने प्रेम और शृंगारिकता या ऐंद्रिकता को एक-दूसरे से अलग करने से इनकार कर दिया। उन्होंने कहा कि सच्चा प्रेम परवान चढ़ ही नहीं सकता अगर उसके साथ ऐंद्रिकता न जुड़ी हो। इरिगरे के प्रेम-विमर्श की एक और ख़ास बात थी कि उन्होंने स्व-प्रेम की धारणा को रेखांकित किया, जबकि कांट प्रेम के इस रूप को मानवीय अस्तित्व के लिए अनावश्यक मानते थे। अपनी विख्यात रचना *शुद्ध बुद्धि की समीक्षा* में कांट ने यहाँ तक कहा कि स्व-प्रेम तो सीधे-सीधे नैतिकता का विरोधी होता है। इसके उलट इरिगरे स्व-प्रेम के अभाव को एक नैतिक समस्या के तौर पर देखती हैं। उन्होंने स्पष्ट किया कि स्त्री अगर खुद को प्रेम नहीं कर सकती तो वह पुरुष के प्रति कामना या प्रेम का एहसास भी नहीं कर पाएगी। वे फ्रॉयड की इस हिदायत का भी खण्डन करती हैं कि स्त्री अगर पुरुष से प्रेम करना चाहती है तो उसे खुद से प्रेम को तिलांजलि देनी होगी। फ्रॉयड के कथन का एक मतलब यह भी निकलता है कि स्त्री पुरुष से प्रेम करके उस अभाव की भरपाई कर सकती है जो उसे स्व-प्रेम छोड़ देने से सताएगा। इसके जवाब में इरिगरे कहती हैं कि स्त्री को प्रेम करने के लिए पुरुष की वापसी का

इंतज़ार करने की ज़रूरत नहीं होनी चाहिए। चूँकि वह स्वायत्त और स्वतंत्र कर्ता है इसलिए उसकी इयत्ता या उसका आत्म उससे अलग भी है और उसमें समाहित भी। वे बच्चे से इसलिए प्रेम करती है क्योंकि वह ख़ुद भी कभी बचपन के दौर से गुज़री है। बच्चे को प्रेम करने के लिए उसे स्व-प्रेम को तिलांजलि देने की आवश्यकता नहीं है।

प्रेम की व्याख्या के इसी मुक़ाम पर इरिगरे तर्क देती हैं कि स्व-प्रेम ही प्रेम की द्विपक्षीयता की कुंजी है। लेकिन इस द्विपक्षीयता को एक-दूसरे में खो कर इकाई बनने के आग्रह की वे सिफ़ारिश नहीं करतीं। दोनों पक्षों को एक-दूसरे से प्रेम करते हुए अपने स्वतंत्र अस्तित्व को क़ायम रखना ही होगा। इरिगरे के मुताबिक़ दो लोग प्रेम के प्रभाव में एक-दूसरे की तरफ़ खिंचते हैं, लेकिन उसी समय परस्पर फ़ासला भी क़ायम रखते हैं। इसीलिए 'आई लव यू' उचित सम्बोधन नहीं है, बल्कि प्रेम की सही अभिव्यक्ति है 'आई लव टू यू'। प्रेम करने वालों को पता होना चाहिए कि अलग कैसे हुआ जाता है और फिर साथ-साथ कैसे आया जाता है।

समाज के धरातल पर प्रेम के प्रकार : समाज-वैज्ञानिक विमर्श

ऐसा प्रतीत होता है कि प्रेम संबंधी दार्शनिक विमर्श के इरिगरे-अध्याय ने समाज-वैज्ञानिक विमर्श को भी गहराई से प्रभावित किया है। लव-स्टडीज़ के दायरों में भी यही मान्यता है कि प्रेम मानवीय जीवन का एक आधारभूत मनोभाव है। लेकिन प्रेम के विषय में विस्तृत और गहन विचार-विमर्श करने के बाद समाज-वैज्ञानिकों ने यह नतीजा भी निकाला है कि इसकी कोई एक सार्वभौम परिभाषा देना मुश्किल है। एक से अधिक संस्कृतियों में निजी धरातल पर प्रेम की अनुभूति कमोबेश एक सी हो सकती है, लेकिन सामाजिक संरचना पर उसके प्रभाव का सवाल उठते ही अनुभूति और व्यवहार का समीकरण बहुत पेचीदा हो जाता है। विभिन्न समाजों के विकास की गति अलग-अलग होने के कारण उनमें प्रचलित प्रेम के प्रमुख और गौण रूप एक से नहीं होते। उपन्यासकार, कवि, नाटककार और संगीतकार प्रेम की सार्वभौम महिमा गाते हैं। उनकी दृष्टि प्रेम के रोमानी, सेक्शुअल, आत्मनिष्ठ और तर्कातीत पहलुओं पर अधिक होती है। लेकिन सामाजिक दृष्टि से देखने पर प्रेम अपनी आत्मनिष्ठता के बावजूद वस्तुनिष्ठ संरचनाओं से अप्रभावित नहीं होता। समाज में प्रेम संबंधी निर्णय उत्पादन संबंधों, सत्ता संबंधों, जातिगत और वर्गगत संरचनाओं, अर्थव्यवस्था और बाज़ार के विकास के स्तरों और लैंगिक संबंधों की स्थिति के आधार पर लिए जाते हैं।

रचनात्मक साहित्य में प्रेम की विद्रोही प्रकृति के दृष्टांतों की काफ़ी चर्चा मिलती है, लेकिन अध्येताओं ने यह भी पता लगाया है कि प्रेम सामाजिक समझौते और परम्परानिष्ठता की प्रवृत्तियों को पुष्ट करने की भूमिका भी निभाता है। हालाँकि प्रेम के विद्वत्तापूर्ण अध्ययनों पर पश्चिमी परिप्रेक्ष्य ही छाया हुआ है, लेकिन इससे संबंधित सिद्धांतीकरण के आईने में अन्य संस्कृतियों में प्रेम से जुड़ी व्यवहार-शैलियों और संहिताओं को समझा जा सकता है।

प्रेम का आधुनिक विमर्श उसकी क़िस्मों का वर्गीकरण करके उसे वस्तुगत रूप से समझने की कोशिश करता है। वर्गीकरण का एक तरीक़ा प्रेम को छह श्रेणियों में बाँटता है जिनका नामकरण प्राचीन यूनानी दर्शन से लिए गये पदों के आधार पर किया गया है। पहली श्रेणी है इरोज़ की जो काम का यूनानी देवता है। ज़ाहिर है कि इरोज़ के नाम से जो प्रेम है उसमें दैहिकता की प्रधानता है इसलिए इसे ऐंद्रिक प्रेम कहा जा सकता है। इसके तहत प्रेमी या प्रेमिका की शारीरिक छवि और उपस्थिति निर्णायक बन जाती है। पहली नज़र में बिना किसी तार्किक आधार पर हो जाने वाला यह प्रेम बड़ी आह्लादकारी अनुभूति देता है। लेकिन इस क़िस्म का प्रेम जितनी तेज़ी से होता है, उतनी ही तेज़ी से इसका अवसान भी हो सकता है। ख़त्म हो जाने पर प्रेम करने वाले अक्सर चकित हो सोचते हैं कि आख़िर उन्होंने अपने प्रेमी/प्रेमिका में क्या देखा था? प्रेम का दूसरा रूप मैनिया के नाम से जाना जाता है। इरोज़ अगर प्रेम की प्रसन्न अवस्था है तो मैनिया उसका अशुभ पक्ष है। इसे हम उन्मादी प्रेम कह सकते हैं जिसके तहत व्यक्ति अपने प्रेमी/प्रेमिका के पीछे दीवाना हो कर पड़ जाता है। उत्कट ईर्ष्या की प्रधानता प्रेमी या प्रेमिका पर पूरी तरह से क़ब्ज़ा करने की इच्छा रखने वाला यह प्रेम हिंसक भी हो सकता है। एकतरफ़ा होने पर इसके दुष्परिणाम घोर अपराधी कृत्यों में भी निकल सकते हैं। इरोज़ और मैनिया के विपरीत तीसरी क़िस्म स्टोर्ज़ की है जिसका विकास शांतिपूर्ण तरीक़े से क्रमशः लम्बे समय में होता है। स्नेहपूर्ण प्रेम की यह श्रेणी कुछ ऐसी है जिसमें प्रेम-संबंध ख़त्म होने के बावजूद दोनों पक्षों में मैत्री बनी रहती है। इस प्रकार के प्रेम का उद्देश्य होता है परस्पर संतोषजनक दीर्घकालीन रिश्तों की उपलब्धि, भले ही इसमें ऐंद्रिक सघनता का अभाव हो। प्रेम की दो अन्य श्रेणियाँ हैं एगैप यानी परोपकार-प्रधान प्रेम और प्रैग्मा यानी व्यावहारिक और परिणामवादी प्रेम। परोपकारी प्रेम बदले में कुछ नहीं चाहता और प्रेमी को ज़्यादा से ज़्यादा देना चाहता है। परिणामवादी प्रेम अपने साथी की ख़ूबी या सामाजिक-आर्थिक उपलब्धि पर फ़िदा हो जाता है। अगर किसी के व्यक्तित्व में सुरक्षा देने, माता-पिता बनने या सेवा करने की

भावना अधिक झलकती है तो इसलिए उसे पसंद किया जा सकता है। अमीरी, कुलीनता या ऊँचे पद पर होना भी इन ख़ूबियों में आता है। इस वर्गीकरण में प्रेम की एक निहायत क्षणभंगुर श्रेणी भी शामिल है जिसे लुडुस का नाम दिया गया है। किसी को पटाना, फुसलाना, सेक्शुअल मक़सद के लिए झूठ बोलना और मक़सद पूरा हो जाने के बाद फटाफट अलग हो जाना इसी तरह के प्रेम से जुड़ी गतिविधियाँ हैं।

इन छह श्रेणियों के सूत्रीकरण से पहले आमतौर पर प्रेम को दो व्यापक श्रेणियों में बाँट कर देखा जाता था। इनमें पहली श्रेणी है रोमानी प्रेम की जिसकी ज़मीन भावपूर्ण, कामना-प्रधान और तर्कातीत होती है। ऐंद्रिक प्रेम और उन्मादी प्रेम दरअसल रोमानी प्रेम के तहत आते हैं। दूसरी है सहचर-उन्मुख प्रेम जो अधिक सचेत माना जाता है और जिसकी समझ अपेक्षाकृत समझ-बूझ कर अपना साथी चुनने के संदर्भ में बनती है। परोपकारोन्मुख प्रेम, मैत्रीपूर्ण प्रेम और परिणामवादी प्रेम इसी श्रेणी की सम्मिलित अभिव्यक्ति है। प्रेम के इस श्रेणी-विभाजन का मतलब यह क़तई नहीं है कि प्रेमी-प्रेमिका हमेशा-हमेशा के लिए एक ही श्रेणी के हो कर रह जाते हैं। उनकी भावनाएँ वक़्त के साथ बदलती रह सकती हैं। मसलन, एक संबंध ऐंद्रिकता से शुरू हो कर मैत्रीपूर्ण या परोपकार-प्रधान प्रेम में विकसित हो सकता है। दूसरी तरफ़ एक व्यक्ति किन्हीं दो व्यक्तियों से अलग-अलग क़िस्म का प्रेम कर सकता है। एक के प्रति वह उन्मादी प्रेम में लिप्त हो सकता है, तो दूसरे के प्रति उसकी भावनाएँ परिणामवादी हो सकती हैं।

मनोविश्लेषण और संगमी प्रेम

प्रेम की समझ हासिल करने के मामले में मनोविश्लेषण ने समाज-विज्ञान की काफ़ी मदद की है। मनोविज्ञान के महारथी कार्ल युंग और उनके साथियों की मान्यता है कि रोमानी प्रेम किसी व्यक्ति के प्रति अचानक पैदा हुए अचेत आकर्षण से उपजता है। युंग के मुताबिक़ इनसान की शख़्सियत में एक अचेत हिस्सा होता है और एक जागरूक। आमतौर पर पुरुष के भीतर अचेत हिस्सा स्त्री-लिंग की और स्त्री के भीतर पुरुष-लिंग की नुमाइंदगी करता है। युंग की इस थियरी के मुताबिक़ व्यक्ति जब किसी के प्रति अचानक आकर्षण महसूस करता है तो वह अपनी ही चेतना के उस हिस्से से प्रेम कर रहा होता है जिसके बारे में उसे पता नहीं है और जो उसके भीतर मौजूद भिन्न जेण्डर का प्रतिनिधित्व कर रहा है। युंग का यह भी कहना था कि व्यक्ति के इस अवचेतन की चालक-शक्ति अक्सर

उसे जन्म देने वालों में से विपरीत लिंग से मिलती है। यानी पुरुष का यह अवचेतन उसकी माँ से प्रभावित होगा, और स्त्री का अवचेतन उसके पिता से। इसीलिए व्यक्ति अक्सर अपनी स्वैरकल्पना में अपने प्रेमी/प्रेमिका की वही छवि पालता है जो उसके अवचेतन में मौजूद होती है। हालाँकि युंग की यह थियरी सीधे-सीधे प्रमाणित नहीं की जा सकती, पर कई अनौपचारिक प्रेक्षणों में देखा गया है कि लोग ऐसे व्यक्तियों के प्रति आकर्षित होते हैं जो उनके माँ-बाप से मिलते-जुलते हों।

एंथनी गिडेंस ने उत्तर-आधुनिक युग के लिए रोमानी प्रेम के बरअक्स संगमी प्रेम की अवधारणा प्रतिपादित की है। गिडेंस कहते हैं कि रोमानी प्रेम लैंगिक लोकतंत्र की कसौटी पर खरा नहीं उतरता। स्त्री-पुरुष जब प्रेम में पड़ते हैं तो उस समय रोमानी प्रेम के तहत दोनों एक-दूसरे में समा जाना चाहते हैं। अपने साथी के लिए उन्हें अपने अहं का त्याग करने में भी कोई हिचक नहीं होती। उस समय ऐसा लगता है कि वे एक जन्म के नहीं बल्कि जन्म-जन्म के हमजोली हैं। लेकिन यह समतामूलक स्थिति तभी तक क़ायम रहती है जब तक प्रेम विवाह में नहीं बदलता। विवाह होते ही समाज द्वारा निर्धारित जेण्डर-भूमिकाएँ हस्तक्षेप करती हैं और स्त्री-पुरुष के बीच की स्थापित तारतम्यता उस रिश्ते पर क़ाबिज़ हो जाती है। इश्क़ का बुखार उतर जाता है और असलियत में स्त्री को अपना करियर, अपनी महत्त्वाकांक्षाएँ और अपनी पहचान तक पुरुष के लिए समर्पित करनी पड़ जाती है। गिडेंस का कहना है कि इन्हीं कमियों की वजह से नयी सदी की स्त्रियाँ रोमानी प्रेम के बजाय संगमी प्रेम पर अधिक भरोसा करने की तरफ़ बढ़ रही हैं।

संगमी प्रेम (कॉनफ्लुएंट लव) के आधार में भी स्त्री और पुरुष की परस्पर पसंद मौजूद है, लेकिन प्रेम की यह समझौता वार्ता उन दो नदियों की तरह काम करती है जो साथ-साथ बहती हैं, एक ख़ास मुक़ाम पर एक-दूसरे के साथ संगम करती हैं और फिर अपनी-अपनी शख़्सियत पर क़ायम रहते हुए अपने-अपने रास्ते बहती चली जाती हैं। रोमानी प्रेम की तरह संगमी प्रेम दो शख़्सियतों के एक-दूसरे में स्थायी रूप से समा जाने का नाम नहीं है। इसके तहत दोनों पक्ष अपना-अपना व्यक्तित्व और अहं क़ायम रखते हुए एक-दूसरे के लिए उतने ही खुलते हैं जितनी आवश्यकता होती है। सेल्फ़ डिस्क्लोज़िंग इंटीमेसी यानी स्व-घोषित अंतरंगता और समानता पर आधारित संगमी प्रेम रोमानी के मुक़ाबले कहीं अधिक योजनाबद्ध, तर्क-आधारित, लोकतांत्रिक, मैत्रीपूर्ण और परिणामवादी है। यह पुरुष और स्त्री को बराबर के मौक़े देता है, लेकिन रोमानी प्रेम के मुक़ाबले

स्त्री को अधिक मौक़े देता है। गिडेंस ने संगमी प्रेम के तहत विकसित होने वाली सेक्शुअलिटी को प्लास्टिक क़रार दिया है। यहाँ प्लास्टिक से उनका मतलब कृत्रिम न हो कर सेक्शुअलिटी की परिवर्तनशील प्रकृति से है।

अंतरंगता का विमर्श : सेल्फ़ डिस्क्लोज़िंग इंटीमेसी

समाज-विज्ञान की दुनिया में प्रेम का दूसरा नाम अंतरंगता भी है। अंतरंगता व्यक्तियों के बीच घनिष्ठता से उपजती है। यह घनिष्ठता दो मित्रों के बीच हो सकती है, स्त्री-पुरुष के बीच होती है, माँ-बेटे और भाई-बहिन के बीच भी हो सकती है। घनिष्ठता की परिस्थितियाँ पैदा करने में पारिवारिक जीवन का बहुत बड़ा हाथ समझा जाता है। घरेलू दायरे में साथ-साथ समय गुज़ारने, बच्चे पैदा करने, उनका लालन-पालन करने और एक-दूसरे की देख-रेख करने से अनिवार्यतः व्यक्तिगत घनिष्ठता की ज़मीन तैयार होती है। लम्बे समय के सह-जीवन के ज़रिये लोग शारीरिक और मानसिक रूप से एक-दूसरे का अंतरंग परिचय प्राप्त करते हैं। परिवार के अलावा सहजीवन सम्भव करने वाली स्कूल, कॉलेज, फ़ौजी बैरकें और जेल जैसी जगहों पर भी व्यक्तियों के बीच घनिष्ठता घटित होने की सम्भावना रहती है। लेकिन समाज-विज्ञान में अंतरंगता का जो विमर्श प्रचलित है वह ज़्यादातर स्त्री-पुरुष के बीच घनिष्ठता का है। इस धरातल पर अक्सर अंतरंगता प्रेम का पर्याय बन जाती है। दूसरी तरफ़ आमतौर पर किसी व्यक्ति के साथ सेक्शुअल रिश्ता होने को अंतरंग संबंध का पर्याय मान लेना अंतरंगता की संकीर्ण समझ है। शारीरिक संबंध से एक-दूसरे के बारे में गहरे परिचय की सम्भावनाएँ खुलती हैं, लेकिन कोई ज़रूरी नहीं कि ऐसा हमेशा हो ही। नियमित यौन-संबंध रखने के बावजूद व्यक्तियों के बीच बहुत कम अंतरंगता पाई गयी है। यहाँ तक विवाहित जीवन में भी अंतरंगता का अभाव होता है। एक ही कमरे में रहते हुए और एक ही बिस्तर पर सोने वाले व्यक्ति अलग-अलग दायरों में क़ैद रहते हैं। दूसरे, अंतरंगता की डिग्रियाँ भी हो सकती हैं। मसलन, एक व्यक्ति विभिन्न व्यक्तियों के साथ कम या ज़्यादा अंतरंग हो सकता है, और अंतरंगता एक बार स्थापित होने के बाद ख़त्म भी हो सकती है। परिवार से इतर सामाजिक संस्थाओं, जैसे कॉलेज वग़ैरह में बनने वाली अंतरंगता अपेक्षाकृत कम टिकाऊ होती है। अंतरंगता के प्रश्न पर ज़िग्मंट बाउमैन और एंथनी गिडेंस जैसे विद्वानों ने गहरा विचार-विमर्श किया है।

चूँकि व्यक्तिगत जीवन में अंतरंगता विविध मुक़ामों पर विभिन्न मात्रा में (सघन या विरल) अलग-अलग तात्पर्यों के साथ उपजती है, इसलिए उसके

सामाजिक प्रभावों को लेकर विद्वानों में मतभेद हैं। कुछ चिंतकों का विचार है कि दैनंदिन जीवन में अंतरंगता की व्यक्तिगत दावेदारियों ने नागरिक और सामुदायिक एकजुटता और सक्रियता के पहलुओं पर विपरीत प्रभाव डाला है। ये विद्वान मानते हैं कि अंतरंगता के व्यक्तिगत रूपों ने पारिवारिक मूल्यों की उपेक्षा को बढ़ावा दिया है। लेकिन कुछ दूसरे विद्वान विपरीत निष्कर्षों पर पहुँचे हैं। उनके अनुसार अंतरंगता व्यक्तिगत रिश्तों में जिस समानता और लोकतांत्रिक प्रकृति को बढ़ावा देती है, उसके कारण समाज के दूसरे दायरों में भी समानता और लोकतंत्र की संरचनाएँ मज़बूत होती हैं।

समाज–वैज्ञानिक विमर्श ने अंतरंगता की जिस क़िस्म को सर्वाधिक प्रमुखता दी है, वह है एक ख़ास तरह की घनिष्ठता जिसके तहत एक व्यक्ति अपने पसंदीदा इनसान के सामने अपने मन के भेद खोल देता है। इसे सेल्फ़ डिस्क्लोज़िग इंटीमेसी की संज्ञा दी गयी है। ज़ाहिर है कि इस अंतरंगता में दैहिक परिचय का महत्त्व है, पर एक–दूसरे को भीतर से समझने की प्रक्रिया को अधिक रेखांकित किया गया है। मानवीय रिश्तों के अध्येताओं, संबंधवाचक सलाह–मशविरा देने वालों, मनोविश्लेषकों, मनश्चिकित्सकों और यौन समस्याओं का हल सुझाने वालों ने अंतरंगता के इस रूप को काफ़ी विज्ञापित और प्रचारित किया है। इसके तहत पहले यह बताया जाता है कि व्यक्ति को अपने ख़ुद के मनोभावों का पूरा एहसास होना चाहिए। इसके लिए ज़रूरी है कि वह अपने बारे में सुने और बातें करे। अपने ख़यालों का दूसरों के साथ साझा करते हुए अपने जज़्बात का खुलासा करे ताकि एक बेहतर संबंध क़ायम किया जा सके या टिकाया जा सके। परस्पर स्नेह और देखभाल करने से उपजने वाली व्यवहारगत अंतरंगता के मुक़ाबले सेल्फ़ डिस्क्लोज़िंग इंटीमेसी में दूसरे को अपने मन में झाँकने की इजाज़त देने या लेने को काफ़ी महत्त्व दिया गया है। ऐसी अंतरंगता के लिए संवाद स्थापित करना अति–आवश्यक है। इसमें सेक्शुअल अंतरंगता भी अहम भूमिका अदा कर सकती है, लेकिन यह कोई आवश्यक या पर्याप्त शर्त नहीं मानी जाती। मानस के धरातल पर अंतरंगता बिना दैहिक अंतरंगता के उपलब्ध करना कठिन नहीं समझा जाता। दूसरी तरफ़ सेक्शुअलिटी के सिद्धांतकारों की मान्यता है कि अगर सेक्शुअलिटी व्यक्ति की इयत्ता का सार है तो फिर सेक्शुअल रिश्ते के ज़रिये उस अंतरंगता को और सघन किया जा सकता है जो संवाद के माध्यम से विकसित की गयी है।

आत्मीय और गहन संवाद के ज़रिये प्राप्त की गयी अंतरंगता के तात्पर्यों की परस्पर विपरीत व्याख्याएँ की गयी हैं। एंथनी गिडेंस ने 1992 में प्रकाशित

अपनी रचना *दि ट्रांसफ़र्मेशन ऑफ़ इंटीमेसी* में इसके सकारात्मक और स्वागतयोग्य पहलुओं को उकेरा है। गिडेंस की मान्यता है कि बीसवीं सदी के आख़िरी दौर में अंतरंगता के आधुनिक रूपों में काफ़ी तबदीली आयी है। यही वह समय था जब सामाजिक परिवर्तन की तेज़ रफ़्तार, जीवन की अनिश्चितता और उसमें निहित जोखिम के एहसास ने लोगों को समझाया कि अब पहले की तरह पारिवारिक जीवन जीने या सेक्शुअल या जेण्डर अस्मिताओं के सहारे रहने से काम नहीं चलने वाला है। अब उन्हें अपनी इयत्ता का कहीं अधिक आत्मसचेत आख्यान गढ़ना होगा। इस प्रवृत्ति के कारण लोग सेल्फ़ डिस्क्लोज़िंग इंटीमेसी की तरफ़ और अधिक झुके जिससे उन्हें एक या उससे अधिक सघन निजी संबंधों के दायरे में अपनी जगह तय करने में मदद मिली। यह एक ऐसा समय था जब रिश्तों का बंधन पहले के मुक़ाबले कहीं कमज़ोर होता जा रहा था। संबंध जल्दी-जल्दी टूट रहे थे। परस्पर संतोष उनकी पहली और अंतिम शर्त बन गयी थी। दूसरी तरफ़ संबंधों की प्रकृति अधिक लोकतांत्रिक और समतामूलक होती जा रही थी। इसी तरह सेक्स की प्रकृति भी बदल रही थी। वह परम्पराओं और वर्जनाओं के खाने से निकल कर पहले के मुक़ाबले कहीं तरल हो गया था। स्त्री-पुरुषों के लिए यौनाचरण का मतलब था वह कार्रवाई जिसमें उन्हें आनंद आये, भले ही उसे दूसरे कुछ भी समझते हों। गिडेंस का विमर्श मानता है कि अभी भी दीर्घकालीन रिश्तों के लिहाज़ से वैवाहिक संबंध ही सर्वाधिक प्रचलित हैं और माता-पिता के रूप में बच्चों के लालन-पालन के पूर्व प्रचलित रूप ही चलते हैं, पर परिवार और सहजीवन के अन्य रूप भी धीरे-धीरे परवान चढ़ रहे हैं।

अंतरंगता के विमर्श में लैंगिक आयामों पर विशेष ध्यान दिया गया है। मनोवैज्ञानिक और मनोवैश्लेषिक अनुसंधानों से पता चला है कि माँ की भूमिका निभाने के दौरान माँ और बच्चे के बीच बनने वाला संबंध स्त्री को अंतरंगता के लिहाज़ से अधिक टिकाऊ पार्टनर बनाने की तरफ़ ले जाता है। निजी रिश्तों को तोड़ने और किसी न किसी प्रकार चलाते रहने की प्रवृत्ति स्त्री में अधिक पाई जाती है। लिंग आधारित सांस्कृतिक विमर्श, सामाजिक मर्यादाएँ, वर्जनाएँ और अवसरों की उपलब्धता के आयाम भी स्त्री को टिकाऊ अंतरंगता का पैरोकार बनाते हैं। गिडेंस का कहना है कि अंतरंगता की संरचनाओं में हुई हालिया तबदीली की कमान ज़्यादातर स्त्रियों ने ही सँभाली हुई है। जो स्त्रियाँ पहले टिकाऊ अंतरंगता की तलाश में आत्मत्याग करने के लिए तैयार रहती थीं, वे अब अंतरंगता की अधिक समतामूलक और लोकतांत्रिक ज़मीन तलाश रही हैं।

स्त्रियों में भी समलैंगिक स्त्रियाँ और युवतियों ने इस क्षेत्र में विशेष रूप से पहल की है। गिडेंस की इस स्थापना पर नारीवादियों के बीच बहस है। कुछ नारीवादी विद्वानों का तर्क है कि अंतरंगता में रूपांतरण की बागडोर स्त्रियों को थमाते वक़्त गिडेंस समाज में व्याप्त लैंगिक भेदभाव और ऊँच-नीच को कम करके आँकते हैं। साथ ही वे इतरलैंगिक सेक्शुअल संस्कृति के प्रचलन को भी काफ़ी-कुछ नज़रअंदाज़ कर देते हैं। लेकिन, कुछ नारीवादी विद्वान गिडेंस से सहमत भी नज़र आते हैं। उनका कहना है कि इतरलैंगिक मानकों से परे जा कर अंतरंग संबंध बनाने की परिघटना ने अपने क़दम बढ़ाने शुरू कर दिये हैं।

गिडेंस के विपरीत कुछ अकादमीशियनों का तर्क है कि इस 'उत्तर-आधुनिक' ज़माने में या तो अंतरंगता की सघनता का क्षय हो गया है, या फिर उसकी सघनता समाज के ज़्यादा काम की नहीं रह गयी है। बेरोकटोक बाज़ारीकरण, उपभोक्ता संस्कृति और चमक-दमक की प्रतियोगिता ने लोगों को आत्मलीन और परायेपन का शिकार बना दिया है। अपने जीवन में अकेले पड़ते लोग अंतरंग रिश्तों के क़ाबिल ही नहीं रह गये हैं। निष्ठावान और ज़िम्मेदार होने का विमर्श घट कर अपने प्रति ज़िम्मेदारी और अपने प्रति निष्ठा में सिमट कर रह गया है। अंतरंगता की निराशाजनक तस्वीर खींचने वाले विद्वानों में बाउमैन और होश्चाइल्ड प्रमुख हैं।

संदर्भ :

सूज़न एस. हेंड्रिक और क्लायड हेंड्रिक (1992), *रोमांटिक लव*, सेज, न्यूबरी पार्क, कैलिफ़.

जे.ए. ली (1997), *कलर्स ऑफ़ लव : एन एक्सप्लोरेशन ऑफ़ वे ऑफ़ लविंग*, न्यू प्रेस, डॉन मिल्स, ओंटारियो.

------(1988), 'लव स्टायल्स', रॉबर्ट जे. स्टेनबर्ग और एम.एल.बार्न्स (सम्पा.), *दि साइकोलॉजी ऑफ़ लव*, येल युनिवर्सिटी प्रेस, न्यू हैविन, कनेक्टीकट.

रॉबर्ट जे. स्टेनबर्ग (1998), *क्यूपिड्स एरो : दि कोर्स ऑफ़ लव थ्रू टाइम्स*, केम्ब्रिज युनिवर्सिटी प्रेस, केम्ब्रिज़ और न्यूयॉर्क.

एंथनी गिडेंस (1992), *दि ट्रांसफ़र्मेशन ऑफ़ इंटीमेसी*, पॉलिटी प्रेस, केम्ब्रिज.

ज़िग्मंट बाउमैन (2003), *लिक्विड लव : ऑन दि फ़्रेलिटी ऑफ़ ह्यूमन बोंड*, पॉलिटी प्रेस, केम्ब्रिज.

ए. होश्चाइल्ड (2003), *दि कमर्शियलाइज़ेशन ऑफ़ इंटीमेट लाइफ़ : नोट्स फ़्रॉम होम ऐंड वर्क*, युनिवर्सिटी ऑफ़ कैलिफ़ोर्निया प्रेस, बर्कले.

एल. जेमीसन (1999), 'इंटीमेसी ट्रांसफ़ॉर्म्ड : ए क्रिटिकल लुक एट दि प्यौर रिलेशनशिप', *सोसियोलॉजी* 33 : 477-94.

मीना खण्डेलवाल (2009), 'अरेंजिंग लव : इंटेरोगेटिंग दि वैंटेज पाइंट इन दि क्रॉस बॉर्डर फ़ेमिनिज़म', *साइंस*, खण्ड 34, अंक 3 : 583-609.

मार्गरीटा ल केज़ (2005), 'लव, दैट इंडिस्पेंसेबिल सप्लीमेंट : इरिगरे ऐंड कांट ऑन लव ऐंड रिस्पेक्ट', *हायपैटिया*, खण्ड 20, अंक 3 : 92-114.

पण्डिता रमाबाई

आनंदीबाई जोशी

सावित्रीबाई फुले

पटरी से उतरी हुई औरतों का यूटोपिया

राष्ट्रवाद का प्रति-आख्यान

अब तो उजाड़ ही उजाड़ था! पुरानी तवायफ़ों के बरअक्स कई ग़रीब, दलित औरतें भी कैंटोनमेंट क्षेत्रों में पार्ट–टाइम या फुलटाइम धंधा करने को मजबूर थीं! उस पूरी पट्टी की भाषा और भाव–भंगिमा ही बदलने लगी थी, क्योंकि वहाँ कुछ भी स्थायी नहीं था, सब उठल्लू था— एक चलताऊ–सी, उखड़ी–बिखरी, नीरस–खुरदुरी भाषा विकास पा रही थी। जो सरस बोली–बानी की परम्परा थी, हास–परिहास, गुफ़्तगू और लंतरानियों की चटक, सुर्ख़, चरपरी भाषा : हिंदी–उर्दू— दोनों ही लहरियों से लहालोट, उसके पीछे जाति–मण्डल वाले लाठी लेकर पड़े थे। आर्यसमाज, मारवाड़ी समाज, खत्री हितकारी सभा, जैन गज़ट, मैथिलीशरण गुप्त और रामनरेश त्रिपाठी तक स्त्री–भाषा की मुक्त लहरियों और गारी–गायन को लेकर इतने चिंतित थे... बड़े मज़ाकिया ढंग से *भारत–भारती* की ये पंक्तियाँ पढ़ीं काननबाला ने और देर तक हँसती रही!

रखती यही गुण वे कि गंदे गीत गाना जानतीं
कुल–शील–लज्जा उस समय कुछ भी नहीं वे मानतीं,
हँसते हुए हम भी अहो! वे गीत सुनते सब कहीं
रोदन करो हे भाइयो, ये बात हँसने की नहीं।[1]

I

राष्ट्रवाद और नारीवाद / दो प्रकार की अन्योन्यक्रियाएँ

अगर उपन्यास राष्ट्रवाद के आख्यान का वाहक है, तो उपन्यास का नारीवादी संस्करण उसके प्रति–आख्यान का जनक है। इन पंक्तियों का इशारा राष्ट्रवाद के काउण्टर–नैरेटिव की तरफ़ ही है। एक गहरे सांस्कृतिक द्वंद्व से हमारा परिचय कराने वाली ये चुनिंदा लाइनें पिछले दिनों प्रकाशित अनामिका के बृहद नारीवादी उपन्यास (*दस द्वारे का पींजरा* और *तिनका तिनके पास*) से ली गयी हैं। इस द्वि–खण्डीय कृति की विशेषता यह है कि वह उपन्यास की विधा, नारीवाद और राष्ट्रवाद के त्रिकोण पर विचार करने के लिए उपयोगी सामग्री उपलब्ध कराती है। पहले खण्ड से लिया गया यह उद्धरण एक आईने की तरह है जिसमें उन्नीसवीं सदी और बीसवीं सदी की शुरुआत के उदीयमान भारतीय राष्ट्रवाद और स्त्री–

---

[1] अनामिका (2008 क), *दस द्वारे का पींजरा,* राजकमल प्रकाशन, नयी दिल्ली : 265.

संसार के बीच चल रही जद्दोजहद का बेचैनी भरा अक्स देखा जा सकता है। पूरा उपन्यास पढ़ने पर पता चलता है कि यह बेचैनी एक-दूसरे को ख़ारिज करने की नहीं है, बल्कि परस्पर विनियोग के प्रतिस्पर्धी प्रयासों का नतीजा है। राष्ट्रवाद की सीमा यह है कि उसके विमर्श के निशाने पर केवल वे मध्यवर्गीय स्त्रियाँ हैं जो घर की चौहद्दी में बंद हैं और जिन्हें गृहिणी या भद्र महिला की श्रेणी में रखा जा सकता है। उपनिवेशवाद विरोधी आंदोलन के ज़रिये इन स्त्रियों के पास दहलीज के बाहर क़दम रखने के मौक़े हैं। लेकिन स्त्री की दुनिया तो केवल इन गृहिणियों तक ही सीमित नहीं हो सकती। उसके दायरे में 'पटरी से उतरी' औरतें भी हैं। ये औरतें कुछ भी हो सकती हैं : वे विधवा हो सकती हैं, रईसों को पसंद आने वाले कोठों की डेरेदार तवायफ़ हो सकती हैं, टके-टके पर ख़ुद को बेचने वाली रण्डियाँ हो सकती हैं, अपने भाइयों की पितृसत्तात्मक चमक-दमक के सामने कुम्हला गयी प्रतिभाशाली बहनें हो सकती हैं, अपने से चालीस साल बड़े पति की बालिका-वधू हो सकती हैं, अपने समाज-सुधारक भरतार के संकल्प को पूरा करने के लिए पोथियों में अनिच्छापूर्वक माथा मारने वाली सधवाएँ हो सकती हैं, और एक क्षोभ-भरे वैवाहिक जीवन को झेलते हुए सार्वजनिक जीवन में उतर कर उसकी भरपायी करने वाली स्त्रियाँ भी हो सकती हैं। पटरी से उतरी हुई औरतों की इस श्रेणी का दायरा उस समय बहुत बढ़ जाता है जब उसके आगोश में क़रीब चालीस से साठ फ़ीसदी गृहिणियाँ भी ले ली जाती हैं। इसके पीछे तर्क यह है कि परिवार की संस्था गृहिणियों के बचे हुए प्रतिशत को ही अपने परम्परागत वायदे के मुताबिक़ सुख और संतोष प्रदान करने में सक्षम हो पाया है। उपन्यास के दोनों खण्डों में बिखरा हुआ डेढ़ सौ साल का लम्बा दौर पटरी से उतरी हुई ऐसी ही औरतों की दुनिया का हाल है। लगभग हर जगह और हर प्रकरण में पटरी से उतरी हुई ये औरतें किसी न किसी प्रकार भारतीय आधुनिकता के आधे-अधूरे रूपों और राष्ट्रवाद के प्रबल महाआख्यान के साथ अपना आलोचनात्मक तालमेल बैठाने में लगी हैं। उनका अंतिम लक्ष्य है उनका अपना यूटोपिया। पता नहीं वह उन्हें कब मिलेगा, पर उसे हासिल करने की कोशिशों के दौरान वे भारतीय आधुनिकता और राष्ट्रवाद को अपने हिसाब से गढ़ते हुए बदले में इन दोनों युगीन शक्तियों द्वारा स्वयं को गढ़े जाते देख रही हैं।

यह उद्धरण जिस ज़माने की नुमाइंदगी करता है, उसमें भारतीय समाज को आधुनिकीकरण के रास्ते पर चलाने वाली मुहिम का नेतृत्व जाति-सभाओं, धार्मिक सुधार के प्रभावशाली आंदोलनों और राष्ट्रीयता का वाहक बन चुकी

आधुनिक हिंदी के जाने-माने प्रवक्ताओं के हाथ में था। उपनिवेशवाद विरोधी परियोजना की कामयाबी के लिए ये सभी स्त्री की सहभागिता की तरफ़ आशा भरी नज़रों से देख रहे थे। एक बौद्धिक इंजीनियरिंग की जा रही थी जिसके तहत एक तरफ़ तो स्त्री को आधुनिक लेकिन 'पश्चिम से भिन्न' और 'ग़ैर-नारीवादी'[2] श्रेणी के रूप में कल्पित किया जा रहा था, और दूसरी तरफ़ उसे परम्परा का एक संशोधित संस्करण थमाने का प्रयास जारी था। अपने आधुनिकीकरण के लिए उत्सुक घरेलू स्त्री का स्वागत करने के लिए राष्ट्रवाद तैयार था, पर उस स्त्री के लिए उसके पास एक आचरण संहिता थी। यह स्त्री इसी संहिता के दायरे के भीतर अपना आधुनिकीकरण करने के लिए मजबूर थी। यह संदेश भी स्पष्ट था कि स्त्री का नेतृत्व किसी नायक के हाथ में ही रहेगा। घर के भीतर भी वह अनुयायी थी, दहलीज के बाहर भी उसे अनुयायी के रूप में सक्रिय होना था। यह आत्म-मुक्ति का स्व-निर्धारित रास्ता नहीं, बल्कि पर-निर्देशित सबलीकरण का पथ था। ज़ाहिर है कि नारीवाद और राष्ट्रवाद का यह रिश्ता संकटग्रस्त होने के लिए अभिशप्त था। यह समस्या उस समय और संगीन हो जाती थी जब इस राष्ट्रवाद का एजेण्डा घर के दायरे के बाहर कर दी गयी या परिस्थितियोंवश बाहर चली गयी स्त्री के प्रति पूरी तरह से बेपरवाह नज़र आता था। अनामिका अपने विशिष्ट मुहावरे में ऐसी स्त्रियों को 'पटरी से उतरी हुई औरतों' की संज्ञा देती हैं। इन पंक्तियों में दर्ज अनाम औरतें (पुरानी तवायफ़ों से लेकर नयी वेश्याओं तक : फ़ौजी छावनियों के इर्द-गिर्द बसते शहरों में फैल रहा सेक्स का बाज़ार) और *भारत-भारती* के आह्वान पर हँसने वाला स्त्री-किरदार भी इसी श्रेणी में आता है। अनामिका पटरी से उतरी हुई औरतों के मार्फ़त राष्ट्रवाद के सांस्कृतिक प्रोजेक्ट को व्यंग्य और आलोचना की नज़र से देखती हैं। उनकी उँगलियाँ उस नब्ज़ पर हैं जो सम्भवतः हमारे राष्ट्रवाद का सबसे कमज़ोर पहलू था। आख़िरकार इसी ज़माने में 'एक भारतीय आत्मा' के नाम से विख्यात माखनलाल चतुर्वेदी और 'महाप्राण' कहे जाने वाले निराला की प्रेरणा से रामनरेश त्रिपाठी द्वारा आदर्श लोकगीतों की पुस्तक *ग्राम-गीतांजलि* सम्पादित

---

[2] सरोजिनी नायडू ने 1928 में लंदन में एक इंटरव्यू देते हुए भारतीय स्त्रियों के आंदोलन को 'नारीवादी' मानने से इनकार कर दिया था. इसके बाद 1930 में आल इण्डिया वुमंस कॉन्फ्रेंस की सालाना बैठक की अध्यक्षता करते हुए उन्होंने फिर यही दावा दोहराया. लेकिन आंदोलन में सक्रिय महिलाएँ 'फ़ेमिनिस्ट' लकब का इस्तेमाल करती रहीं. विस्तृत संदर्भ के लिए देखें : मृणालिनी सिन्हा (2000), 'रिफ़ेशनिंग मदर इण्डिया : फ़ेमिनिज़म ऐंड नैशनलिज़म इन लेट-कोलोनियल इण्डिया', *फ़ेमिनिस्ट स्टडीज़*, खण्ड 26, अंक 3, *पॉइंट्स ऑफ़ डिपार्चर : इण्डिया ऐंड साउथ एशियन डायस्पोरा*, हेमंत : 623-644.

की गयी थी। उसके मूल में स्त्रियों के लिए संदेश था : देखो लज्जा के दर्पण में तुम मुखड़ा / पातिव्रत्य की ओढ़ो चुनरिया, शील का नैनों में कजरा।

ध्यान देने की बात यह है कि ऊपर दिये गये मानीख़ेज़ उद्धरण में उपन्यासकार का अवलोकन भाषा के सवाल को लेकर है। इन राष्ट्रवादी कोशिशों में स्त्री की यौनिकता को नियंत्रित करने वाला प्रचलित नारीवादी तर्क आसानी से पढ़ा जा सकता है। पर अनामिका ने इस तर्क को रेखांकित करने के बजाय कहा है कि परम्पराप्रदत्त 'अश्लीलता' का प्रक्षालन करने के नाम पर राष्ट्रवादी आधुनिकता भाषा को लोक-रस से वंचित करके रुक्ष बनाने पर तुली है। दरअसल, नारीवादी सृजनशीलता के लिए भाषा का महत्त्व कुछ अलग तरह का है। स्त्रियों को किसी न किसी रूप में हमेशा ही अपने अलग कमरे की तलाश रहती है। भाषा के माध्यम से स्त्रियाँ केवल साहित्य ही नहीं रचतीं, वरन् भाषा द्वारा प्रदत्त कमरे के एकांत में चली जाती हैं। जैसे ही स्त्री भाषा के कमरे में समय बिताना शुरू करती है, वह पाठकों को तो सम्बोधित करने के साथ-साथ मुख्यतः अपने-आपको सम्बोधित करने में तल्लीन हो जाती है। इसीलिए इस अवलोकन में निहित चिंता आम भाषाई चिंताओं जैसी न हो कर एक विशिष्ट नारीवादी सरोकार है। राष्ट्रवादी आधुनिकता भाषा के हलक़े में परम्परा के जिन तत्त्वों को धो-पोंछ देना चाहती है, उनमें स्त्री के लिए कुछ गुंजाइशें मौजूद थीं। इस प्रेक्षण में एक पेचीदा विमर्श छिपा है जिसके विभिन्न तत्त्वों की अलग-अलग शिनाख़्त करने के लिए ज़रूरी है कि राष्ट्रवाद और नारीवाद के आपसी संबंधों पर एक संक्षिप्त चर्चा कर ली जाए।

पहली अन्योन्यक्रिया

सार्वभौम वैचारिक निष्पत्ति के रूप में राष्ट्रवाद और नारीवाद एक-दूसरे पर निर्भर नहीं हैं। यूरोप की ज़मीन पर दोनों का इतिहास अलग-अलग परवान चढ़ने का है। स्त्री के अधिकारों की दावेदारी जब शुरू हुई, उस समय तक राष्ट्रवाद के क़दम यूरोप में पूरी तरह से जम चुके थे। उसकी जीत में औरतों की हिस्सेदारी थी, पर उसके बदले औरत को उसका हिस्सा देने के लिए वह क़तई तैयार नहीं था। आख़िरकार उसे एक पौरुषपूर्ण प्रॉजेक्ट के रूप में कल्पित किया गया था जिसके तहत पराक्रमी मर्द को 'स्त्री की तरह अरक्षित राष्ट्र' की हिफ़ाज़त करने के लिए अपना सब कुछ होम कर देना था। नारीवादी चिंतकों ने इस ओर भी ध्यान दिलाया है कि राष्ट्र को एक 'स्वाभाविक' निर्मिति के रूप में स्थापित करने के लिए परिवार के रूपक का इस्तेमाल किया गया है। एक बार जब राष्ट्र परिवार

की तरह ही स्वाभाविक मान लिया जाता है, तो फिर वह बदले में स्त्रियों और बच्चों की अधीनस्थता की बुनियाद पर टिकी परिवार की संस्था के निरंतर वैधीकरण का शक्तिशाली स्रोत बन जाता है। इन्हीं दो मुख्य कारणों से नारीवाद का राष्ट्रवाद के साथ छत्तीस का आँकड़ा बन गया। पश्चिमी राष्ट्रवाद का परवर्ती विकास जिन परिस्थितियों में हुआ, उसने भी नारीवाद और राष्ट्रवाद के इस रिश्ते को तल्ख़ी प्रदान की। चूँकि नारीवाद के बुनियादी संघर्षों में एक प्रमुख संघर्ष परिवार की संरचना में मूलभूत संशोधन के लिए भी चलाया जाता है, इसलिए उसे राष्ट्रवाद की न केवल आलोचना करनी पड़ी, बल्कि वर्तमान और भविष्य का निर्माण करने वाले औज़ार के रूप में उसे ख़ारिज करने की हद तक जाना पड़ा।[3]

दूसरी अन्योन्यक्रिया

यूरोपीय राष्ट्रवाद की तरह भारतीय राष्ट्रवाद भी एक पौरुषपूर्ण परियोजना है। राष्ट्रवाद के इस संस्करण पर किये गये समाजवैज्ञानिक चिंतन ने दिखाया है कि किस प्रकार इसकी मुख्य प्रवृत्ति स्त्री के प्रश्न को सार्वजनिक धरातल पर हल करने के बजाय परिवार के दायरे में रखने की रही है। उन्नीसवीं सदी में समाज सुधार की राजनीति से लेकर बीसवीं सदी में उपनिवेशवाद से सीधी टक्कर लेने की राजनीति तक राष्ट्रवादी परियोजना पूरी कोशिश करती है कि पुरानी की जगह आधुनिक प्रतीत होने वाली एक नयी पितृसत्ता खड़ी की जाए। लेकिन इस सीमा के बावजूद ऐतिहासिक परिस्थितियाँ भिन्न होने के कारण भारतीय ज़मीन पर नारीवाद और राष्ट्रवाद के बीच यूरोप से अलग क़िस्म की अन्योन्यक्रिया दिखाई पड़ती है। एक ही समय में साथ-साथ पनपने वाले इन दोनों विचारों के बीच एकता और संघर्ष के रिश्ते बने। उपनिवेशवाद गोलबंदी के शिखर पर होने के नाते राष्ट्रवाद तेज़ी से अपना वर्चस्व स्थापित करता चला गया। नारीवाद उसकी मदद लेता हुआ धीरे-धीरे आगे बढ़ते हुए समाज के भीतर अपनी गुंजाइशें तलाशता रहा। उसका प्रसार और गहराई आधुनिकीकरण की उस प्रक्रिया पर निर्भर था जो मुख्यतः राजनीतीकरण की अगुआई में चलनी शुरू हुई थी। ऐसी बात नहीं कि उपनिवेशवाद विरोधी राष्ट्रवाद के वर्चस्व को चुनौती देने वाली ताक़तें मौजूद न रही हों। मद्रास प्रेसीडेंसी में रामस्वामी नायकर पेरियार का आत्मसम्मान

---

[3] जान जिंडी पैटमेन (1998), 'नैशनलिज़म ऐंड आफ़्टर', *रिव्यू ऑफ़ इंटरनैशनल स्टडीज़*, खण्ड 24, द एट्टी इयर्स क्राइसिस 1919-1999 : 149-164.

आंदोलन गाँधी के नेतृत्व में चल रही मुहिम के साथ नाता तोड़ ही चुका था। महाराष्ट्र में जोतीराव फुले के आदर्शों का अनुगमन कर रही दलित-बहुजन धारा और उनके उत्तराधिकारी भीमराव आम्बेडकर भी इस राष्ट्रवादी धारा के अंग बनने के लिए तैयार नहीं हुए। विनायक दामोदर सावरकर द्वारा प्रतिपादित 'हिंदुत्व' नामक राजनीतिक विचारधारा ने भी आज़ादी के आंदोलन को हाथ भर दूर से ही देखना पसंद किया। लेकिन इतिहास गवाह है कि भारतीय स्त्रियों ने ऐसा न करके एक दोहरी लड़ाई लड़ी। उन्होंने राष्ट्रवाद की उपनिवेशवाद विरोधी राजनीतिक दावेदारी में अपना स्वर मिलाना मंजूर किया, क्योंकि उसके माध्यम से उनके लिए एक नया दिगंत खुल रहा था। दूसरी तरफ़ उन्होंने राष्ट्रवाद की मर्दवादी सांस्कृतिक अभिव्यक्तियों और जकड़बंदियों को चुनौतियाँ देते हुए राष्ट्रवादी एजेण्डे में नारीवादी एजेंसी के ज़रिये पितृसत्ता विरोधी पहलुओं का समावेश करने का यत्न किया। भारतीय नारीवाद की यह रणनीति मोटे तौर पर एशिया और मध्य-पूर्व के अधिकतर देशों में उपनिवेशवाद विरोधी संघर्ष के दौरान विकसित हुए राष्ट्रवाद और नारीवाद के कुछ अलग क़िस्म के रिश्ते के मुताबिक़ ही थी।[4]

इस रणनीति की पहली सुव्यवस्थित अभिव्यक्ति उस समय दिखाई दी जब भारतीय नारीवादियों और उनके संगठनों (वुमंस इण्डियन एसोसिएशन, आल-इण्डिया वुमंस कान्फ्रेंस और नैशनल कौंसिल फ़ॉर वुमॅन) ने बीसवीं सदी के तीसरे दशक में अपनी सरगर्मियों से राष्ट्रवाद पर दबाव डालने में कमोबेश कामयाबी हासिल की। यह मौक़ा उन्हें नस्लवादी और उपनिवेशवाद समर्थक रुझानों के लिए शोहरतयाफ़्ता अमेरिकी पत्रकार कैथरीन मेयो की कुख्यात पुस्तक *मदर इण्डिया* ने दिया। इस पुस्तक का प्रतिकार करने के लिए गाँधी के उपनिवेशवाद विरोधी आंदोलन को स्त्रियों की विशेष पहलक़दमी की ज़रूरत पड़ी। एक ब्रिटिश ख़ुफ़िया अधिकारी द्वारा सुझाई गयी विषयवस्तु को केंद्र बना कर मेयो ने *मदर इण्डिया* में यह दिखाने की कोशिश की थी कि जिस देश में स्त्रियों की हालत इतनी ख़राब हो उसकी जनता को स्व-शासन माँगने का कोई अधिकार नहीं है। मेयो की इस पॉलिमिक्स के ज़रिये अंग्रेज़ राष्ट्रवादियों की

---

[4] रंजू सियोदू हेर (2003), 'द पॉसिबिलिटी ऑफ़ नैशनलिस्ट फ़ेमिनिज़म', *हायपैतिया,* खण्ड 18, अंक 3 (हेमंत):135-160 ने राष्ट्रवाद और नारीवाद के विकासशील समाजों के धरातल पर एक राष्ट्रवादी नारीवाद की सम्भावनाएँ तलाशी हैं. भारतीय संदर्भ में राष्ट्रवाद और स्त्री के प्रश्न के बीच अन्योन्यक्रिया पर एक बहुचर्चित टिप्पणी के लिए देखें : पार्थ चटर्जी (1999), 'द नैशनलिस्ट रिज़ोल्यूशन ऑफ़ वुमंस क्वेश्चन', कुमकुम संगारी और सुदेश वैद (सम्पा.), *रिकास्टिंग वुमॅन : एसेज़ इन कोलोनियल हिस्ट्री,* काली फ़ॉर वुमॅन प्रेस, दिल्ली : 233-253.

उस चुनौती का जवाब भी देना चाहते थे जिसके प्रभाव में भारत का आधुनिकीकरण करने की उनकी दावेदारियाँ लगातार आहत होती जा रही थीं। मेयो के आरोपों में एक हद तक तथ्यात्मक सच्चाई भी थी, पर उन्होंने ब्राह्मणवादी पितृसत्ता के साथ अंग्रेज़ महाप्रभुओं की साँठगाँठ को पूरी तरह से छिपा लिया था। आज़ादी के आंदोलन के साथ सक्रिय नारीवादी संगठनों ने मेयो के आरोपों पर लीपापोती करने के बजाय इस मौक़े का फ़ायदा उठा कर स्त्री-प्रश्न को पूरी ज़ोरदारी के साथ केंद्रित किया। उन्हीं की कोशिशों से बालिकाओं का विवाह रोकने वाला शारदा एक्ट प्रस्तावित हुआ। मेयो द्वारा किये गये आक्रमण का परिणाम यह निकला कि राष्ट्रवाद के कंज़रवेटिव प्रवक्ताओं को भी हिचक के साथ ही सही, पर शारदा एक्ट का समर्थन करना पड़ा। हालाँकि शारदा एक्ट भी एक सीमित सुधार ही था, पर उसकी राजनीति ने भारतीय नारीवाद द्वारा भविष्य में अपनाए जाने वाले रास्ते की रूपरेखा बना दी। इसके बाद नारीवाद और राष्ट्रवाद के बीच एकता और संघर्ष के रिश्ते बनते चले गये।[5]

भारतीय राष्ट्रवाद और भारतीय नारीवाद के इस संबंध की रोशनी में देखने से स्पष्ट हो जाता है कि राष्ट्रवाद का प्रति-आख्यान होने के बावजूद अनामिका का उपन्यास भारतीय राष्ट्रवाद के उन पहलुओं की उपेक्षा नहीं करता जो स्त्री-मुक्ति के लिए सकारात्मक थे। उन्नीसवीं सदी से ही आधुनिकीकरण के धरातल पर जिस राष्ट्रवादी नायक की छवि गढ़ी जा रही थी, वह इकॉहरे क़िस्म के स्त्री-विरोध का शिकार नहीं था। उसकी तस्वीर में राममोहन राय, ईश्वर चंद्र विद्यासागर और महादेव गोविंद रानाडे द्वारा स्त्रियों को परम्परा की ज़्यादतियों से मुक्त कराने की असाधारण कोशिशों के उदारतावादी रंग भरे हुए थे। अनामिका का उपन्यास इन प्रयासों को हमदर्द निगाह से अपने कथानक में पिरोता है। भारतीय नवजागरण के दोनों प्रमुख मुक़ामों (बंगाल और महाराष्ट्र) की घटनात्मकता चित्रित करते हुए यह उपन्यास एक रंगारंग झलक पेश करता है कि पुरुषों के सुधारवादी और अनुदारतावादी ख़ेमों के बीच स्त्री के प्रश्न को लेकर उस समय कैसा संग्राम चल रहा था। इस संघर्ष में किसी की पूरी जीत या हार नहीं हुई, पर पलड़ा उदारतावादियों का ही भारी रहा। इसीलिए स्त्रियों को उपनिवेशवाद विरोधी आंदोलन के मैदान में उतारने का कार्यक्रम पेश करके गाँधी सुधारवादी परम्परा के बेहतरीन उत्तराधिकारी के रूप में उभर सके।

राष्ट्रवाद के इन पहलुओं में भारतीय स्त्री को मुक्ति के रास्ते पर चलाने की

---

[5] मृणालिनी सिन्हा (2000).

प्रेरणाएँ अवश्य मौजूद थीं, लेकिन अंग्रेज़ों के ख़िलाफ़ जीत हासिल कर लेने के बाद उसकी सम्भावित भूमिका के बारे में कुल मिलाकर एक दोहरा रवैया दिख रहा था। आधुनिकीकरण के राजनीतिक वाहकों का काम तो एक सामरिक चुप्पी से चल जाता था। स्त्री-प्रश्न हल करने की जिम्मेदारी वे आज़ाद भारत के राजनीतिक-आर्थिक निज़ाम पर डाल देते थे। लेकिन सांस्कृतिक राष्ट्रवाद के पहरुए मुखर थे। उनकी दिलचस्पी भविष्य की स्त्री गढ़ने में थी। उन्हें यह कहने में कोई हिचक नहीं थी कि आधुनिक हो या पारम्परिक, अंतत: स्त्री के पास पातिव्रत्य के अलावा और कोई विकल्प नहीं है। मैथिलीशरण गुप्त और रामनरेश त्रिपाठी जैसे राष्ट्रवादी जब ऐसी बातें बोलते थे, तो उनके पीछे एक ख़ास तरह के इतिहास की ताक़त होती थी। वे उस लीक को आगे बढ़ा रहे थे जिसने बौद्धिक आवेश से थरथराती उन्नीसवीं सदी में ही किसी राष्ट्रवादी नायिका की सम्भावनाओं को ख़त्म करने की हर सम्भव कोशिश की थी। नायिका बनने के लिए स्त्री को जिस साहस, उछाल और बहिर्मुखी रवैये की ज़रूरत पड़नी थी, उसकी सम्भावनाएँ भूदेव मुखोपाध्याय जैसे राष्ट्रवादी विद्वानों ने 'लज्जाशीलता' का विमर्श स्थापित करके पहले ही ख़त्म कर दी थीं। इस रोशनी में देखने पर पता चलता है कि सीमित सुधार का कार्यक्रम देने वाले उदारतावादी नायकों के मुक़ाबले स्त्री-मुक्ति की रैडिकल दावेदारी करने की जुर्रत करने वाली पण्डिता रमाबाई सरस्वती (1858-1922) को भारतीय स्त्रियों की पहली नायिका मानने से इनकार क्यों किया गया, और फिर राष्ट्रवाद के महाआख्यान के तले उनकी स्मृति तक अँधेरे कोनों में कैसे दफ़्न हो गयी क्या यह एक विचारणीय विरोधाभास नहीं है कि 1878-79 में जिस समय रमाबाई बंगाल के ब्रह्मसमाजियों और अन्य समाजसुधारकों के हाथों सम्मानित हो कर 'पण्डिता' और 'सरस्वती' की उपाधियाँ प्राप्त कर रही थीं, उसके चार-पाँच साल के भीतर ही भूदेव मुखोपाध्याय 'पारिवारिक प्रबंध' और 'लज्जाशीलता' जैसी रचनाएँ प्रकाशित कर रहे थे जिनका मक़सद आधुनिक होते हुए भारत में घरेलू जीवन संगठित करने के नये पितृसत्तात्मक मानक स्थापित करना था।

राष्ट्रवाद का प्रति-आख्यान रचने के लिए अनामिका उपन्यास के पहले खण्ड में इसी नायिका का उत्खनन करती हैं। रमाबाई भी पटरी से उतरी हुई स्त्री ही थीं। उन्नीसवीं सदी में महाराष्ट्र के लगभग सभी भव्य और चर्चित स्त्री-व्यक्तित्वों के बीच इस विद्रोही विधवा की हैसियत अनूठी थी। सावित्रीबाई फुले, आनंदीबाई जोशी, रमाबाई रानाडे, पार्वतीबाई आठवले, ताराबाई शिंदे, आनंदीबाई कर्वे और ऐसी ही कई श्लाघनीय स्त्रियों के ऐतिहासिक योगदान के बीच रमाबाई

मुख्य तौर से इसलिए अलग थीं कि उन्होंने अपनी सारी प्रतिष्ठा परिवार की संस्था की मदद के बिना ही कमायी थी। वेदों, महाभारत और गीता के बीस हज़ार श्लोकों को कंठस्थ करने वाली, *वाक्यपदीयम* और *अष्टाध्यायी* जैसे ग्रंथों की अध्येता, भारत के पहले स्वायत्त नारीवादी संगठन 'आर्य महिला समाज' की नींव डालने वाली और समुद्र पार करने पर लगे प्रतिबंध का उल्लंघन करके सारी दुनिया की यात्राएँ करने वाली रमाबाई के तर्कों से निरुत्तर हो कर 'सुधार की समर्थक' ताक़तों ने उन पर इस तरह हमला किया था :

> *इंदुप्रकाश* के सम्पादक ने लिखा— रमाबाई के व्यक्तित्व के बाह्य माधुर्य और वाग्तेज ने हममें उम्मीद जगायी थी कि गार्गी-मैत्रेयी परम्परा की कोई आर्या बहुत दिनों बाद फलक पर उभरी, पर यह तो छलना थी ... इनका तो चित्त स्थिर ही नहीं है। आज इन्हें पादरी अच्छे लग रहे हैं, कल उन्हें कोई मुस्लिम काज़ी मिल जाएँगे। ... बर्र की तरह बर-बर उड़ती हुई बर्बर अफ़वाहें पण्डिता रमाबाई के कानों से भी टकरातीं : 'ये ढंग है विधवा के रहने का? पति गये तो भ्रमण की मुक्ति ही मिली। पहले तो बाल कटे भी हुए थे। अब बढ़ने लगे हैं। बच्ची को झोले में डाला और क्रिस्तानी बन कर ख़ुद सात समुंदर पार चलीं कि दुनिया देखे।'[6]

भारतीय राष्ट्रवाद और भारतीय नारीवाद के बीच इस ख़ास तरह की रिश्तेदारी और उसके बनने की प्रक्रिया समाज-विज्ञान की स्थापित हिकमतों का इस्तेमाल करके नारीवादी इतिहासकारों द्वारा काफ़ी-कुछ वर्णित की गयी है। लेकिन जो काम समाज-विज्ञान की ज़मीन पर अनुसंधान के ज़रिये सम्भव हो सका, वह राष्ट्रवादी उपन्यास के धरातल पर करना बहुत मुश्किल है। राष्ट्रवादी उपन्यास एक ऐसा साहित्यिक रूप है जो नारीवाद के लिए किसी तरह की आसानी मुहैया नहीं कराता। नारीवादी उपन्यासकार के सामने मुख्यतः तीन तरह की दिक़्क़तें आती हैं : भाषा के स्तर पर उसकी पहली चुनौती यह है कि वह उसका जेण्डरीकरण कैसे करे। स्त्री जैसे ही कवि बनती है, वह भाषा को अपनी मर्ज़ी और ज़रूरतों के हिसाब से गढ़ने की छूट का बेरोकटोक इस्तेमाल करती चली जाती है। कविता की विधा में जो गुंजाइश सहज-स्वाभाविक ढंग से मौजूद है, वह गद्य की दुनिया में नहीं मिलती। वहाँ स्त्री को इस प्रश्न का सामना करना पड़ता है कि गल्प की भाषा (जो पहले से ही पौरुषपूर्ण हो चुकी है) को वह किस हद तक अपना बना सकती है? कथांकन के धरातल पर उसकी दूसरी चुनौती यह है कि वह उसे प्रयोजनमूलकता के बने-बनाए साँचे से कैसे निकाले। कथांकन मुख्यत : ज्ञान संगठित करने और उसे पाठक को थमाने की एक ऐसी

---

[6] अनामिका (2008 क): 95.

विधि है जिसे रैखिक प्रगति के तर्ज़ पर नियोजित किया जाता है। उसका प्रयोजन पहले से तय रहता है। उसकी एक शुरुआत होती है, एक मध्य भाग रहता है और वह अनिवार्यतः एक पूर्व-निर्धारित अंत की तरफ़ बढ़ता है। नारीवादी उपन्यासकार के लिए गल्प रचने के दौरान ज्ञान की इस संरचना को संदेह की नज़र से देखना स्वाभाविक ही है। कथांकन की इस पद्धति को ख़ारिज तो नहीं ही किया जा सकता (क्योंकि अंततः स्त्री को अपनी कहानी भी तो कहनी है), लेकिन उसके ढाँचे का लिंग बदलने के लिए उसे शिल्पगत इंजीनियरिंग की जटिल प्रक्रिया से गुज़रना पड़ता है। अंत में तीसरी चुनौती यह है कि राष्ट्रवाद की स्वाभाविक प्रवृत्तियों के विपरीत जा कर नायक के बरअक्स एक नायिका की स्थापना कैसे करे। राष्ट्रवादी उपन्यास के केंद्र पर कर्त्ता के रूप में एक नियम के तौर पर पुरुष का क़ब्ज़ा रहा है। यह कर्त्ता स्त्री की भूमिका को या तो उसकी लक्ष्य-प्राप्ति में बाधक के तौर पर देखता है, या फिर स्त्री स्वयं में कर्त्ता के लिए एक प्राप्त करने लायक़ लक्ष्य बन जाती है। दोनों ही स्थितियों में राष्ट्रवादी उपन्यास स्त्री को एक सक्रिय और आत्मसचेत कर्त्ता की हैसियत नहीं देता। गल्प-साहित्य के संदर्भ में नारीवादी साहित्यिक सिद्धांत इन तीनों चुनौतियों से लगातार जूझता रहा है।[7]

हिंदी में स्त्री और उपन्यास के आपसी संबंधों के चार मुख्य पहलू हैं। पहला आयाम स्त्री-पाठकों की लगातार बढ़ती हुई संख्या से बना है जिसके पीछे साक्षरता के निरंतर जारी प्रसार की भूमिका है। दूसरा आयाम स्त्री-विषयक उपन्यासों का है जिनकी मौजूदगी का लम्बा इतिहास है। तीसरा आयाम स्वयं स्त्रियों द्वारा लिखे गये उपन्यासों का है। चौथा आयाम स्त्री द्वारा की गयी उपन्यास-रचना से निकलता है। धीरे-धीरे हिंदी के पास यशस्वी स्त्री साहित्यकारों की एक अनूठी क़तार तैयार हो गयी है जिनकी रचनाओं में सायास या अनायास आने वाले नारीवादी विषय-वस्तुओं के तत्त्व देखे जा सकते हैं।[8] हालाँकि कई लेखिकाएँ ख़ुद को

[7] नारीवादी साहित्य सिद्धांत पर विस्तृत चर्चा के लिए देखें : मार्गरेट होमंस (1994), 'फ़ेमिनिस्ट फ़िक्शंस ऐंड फ़ेमिनिस्ट थियरीज़ ऑफ़ *नैरेटिव*', *नैरेटिव*, खण्ड 2, अंक 1: 3-16; सूज़न गुबर (1998), 'व्हाट एल्स फ़ेमिनिस्ट क्रिटिसिज़म ?', *क्रिटिकल इनक्वायरी*, खण्ड 24, अंक 4, ग्रीष्म : 878-902; कैथरीन आर. स्टिम्पसन (1983), द *मेसाचुसेट्स रिव्यू*, खण्ड 24, अंक 2, वुमॅन : द आर्ट्स 2, ग्रीष्म : 272-288; एलिज़ाबेथ स्तारसेविच (1987), 'रप्चराज़ : एक फ़ेमिनिस्ट नॉवेल', *अनाल्स द ला लितरेत्योरा एस्पानोला कंतेम्पोरेनिया*, खण्ड 12, अंक 1/2, रीडिंग फ़ॉर डिफ़रेंस : फ़ेमिनिस्ट पर्सपेक्टिव्ज़ ऑन वुमॅन नॉवेलिस्ट्स ऑफ़ कंटेम्परेरी स्पेन : 175-789.

[8] जसोधरा बागची (2001), 'जेंडरिंग ऑफ़ द नॉवेल', *इकॉनॉमिक ऐंड पॉलिटिकल वीकली*, खण्ड 36, अंक 22 : 1965-1966; मीनाक्षी मुखर्जी (1984), 'रियलिटी ऐंड रियलिज़म : इण्डियन वुमॅन ऐज़ प्रोटेगनिस्ट्स इन फ़ोर नाइंटींथ सेंचुरी नॉवेल्स', *इकॉनॉमिक ऐंड पॉलिटिकल वीकली*, खण्ड 19, अंक 2 : 76-85.

नारीवाद की श्रेणी में रखने के ख़िलाफ़ हैं, लेकिन उनकी रचनाओं में भी इस तरह के पहलू देखे जा सकते हैं।[9]

अनामिका के उपन्यास को विश्लेषण के लिए चुनने का एक प्रमुख कारण तो यह है कि उन्हें स्वयं को नारीवाद से जोड़ने में कोई संकोच नहीं है। दूसरी उल्लेखनीय बात यह है कि उनका उपन्यास इतिहास की उस अवधि को स्त्री-प्रश्न की रोशनी में पढ़ने की कोशिश करता है जिसमें हमारे राष्ट्रवाद की सांस्कृतिक रूपरेखा तैयार की जा रही थी। मूलतः कवि के रूप में स्थापित अनामिका पहले भी एक उपन्यास *अवांतर कथा* लिख चुकी हैं, लेकिन अपनी इस महत्त्वाकांक्षी रचना में वे ऊपर वर्णित तीनों धरातलों पर अपनी सृजनात्मकता को सचेत रूप से नारीवाद की कसौटियों पर कसती प्रतीत होती हैं। पहला खण्ड *दस द्वारे का पींजरा* का मुख्य कथानक उन्नीसवीं सदी से लेकर बीसवीं सदी के शुरुआती हिस्सों तक फैला हुआ है। इसमें पण्डिता रमाबाई सरस्वती, उनकी अनुयायी मुज़फ़्फ़रपुर (बिहार) की तवायफ़ ढेलाबाई और भोजपुरी की *अपूर्व रामायण* के यशस्वी रचयिता महेंदर मिसर की जीवन-कथा दर्ज है। इतिहास के उपेक्षित कोनों से निकाल कर पण्डिता रमाबाई को समाज विज्ञान की मुख्य धारा में स्थापित करने का श्रेय नारीवादी इतिहासकारों को जाता है। लेकिन उनके जीवन को किसी ऐतिहासिक उपन्यास का विषय शायद ही कभी बनाया गया हो। *दस द्वारे का पींजरा* में अनामिका रमाबाई के ज़रिये न केवल उस नारीवादी नायिका की खोज करती हैं जो ज्ञान की एक निश्चित राजनीति के कारण भारतीय आधुनिकता के फलक पर अदृश्य कर दी गयी है। दूसरे खण्ड *तिनका तिनके पास* के कथानक में रमाबाई और ढेलाबाई की शख़्सियत एक अंतर्धारा के रूप में मौजूद रहती है और उसी से निकले हुए स्त्री पात्र भारत की समकालीन राजनीतिक और सामाजिक आधुनिकता की आलोचना पेश करते चलते हैं। यह आलोचना बताती है कि बदलते हुए भारतीय समाज में जो चीज़ सबसे धीमी रफ़्तार से बदल रही है, वह है घर का दायरा। घरेलू आधुनिकता का विकास सबसे कम हुआ है। पुरुष के साथ स्त्री के संबंधों में परिवर्तन तो हुआ है, पर उसके बावजूद उन रिश्तों पर पितृसत्ता की गहरी छाया शायद थोड़ी ही हल्की

---

[9] हिंदी की कई प्रतिष्ठित स्त्री लेखिकाएँ (कृष्णा सोबती, मन्नू भण्डारी, चित्रा मुद्‌गल आदि) अलग-अलग कारणों से ख़ुद को नारीवादी ख़ाने में रखने से परहेज़ करती हैं. लेकिन उनकी रचनाएँ नारीवादी सरोकारों से ओतप्रोत हैं. कई बार तो इन लेखिकाओं ने अपने जीवन में घोषित नारीवादियों के मुक़ाबले अधिक रैडिकल रवैये का परिचय दिया है. नारीवाद की सचेत और अघोषित अभिव्यक्तियों के लिए देखें : अभय कुमार दुबे (2007), 'नारीवाद की हिंदी-कथा : हमारे युग की दो नायिकाएँ', *तद्‌भव*, 16 : 33-53.

हुई है। सार्वजनिक जीवन में स्त्री की उपस्थिति रमाबाई के ज़माने के मुक़ाबले बढ़ी है, पर घर के बाहर निकलते ही उसकी यात्राएँ बेहद जोख़िमग्रस्त हो जाती हैं, कमोबेश उतनी ही जितनी उन्नीसवीं सदी के उन वर्षों में थीं। दोनों खण्डों के लगभग 585 पृष्ठों में अनामिका ने एक नयी भाषा गढ़ने की कोशिश की है और साथ में कथांकन की स्थापित संरचनाओं को भंग करने का उद्यम भी किया है। पहले से लेकर आख़िरी पन्ने तक वे इस प्रयोगधर्मिता का पल्ला कभी नहीं छोड़तीं।

II

नारीवादी नायिका का उत्खनन / अकादमीय और औपन्यासिक / केंद्रच्युत होता राष्ट्रवाद

प्रति–आख्यान अपना सृजन आख्यान को ख़ारिज करके नहीं, बल्कि उसकी गहन आलोचना की प्रक्रिया में करता है। राष्ट्रवाद का स्वाभाविक नायक अगर पुरुष है, तो उसके नारीवादी प्रति–आख्यान के केंद्र में किसी न किसी नायिका का होना लाज़िमी है। अनामिका यह ऐतिहासिक जिम्मेदारी पण्डिता रमाबाई को सौंपती हैं। हालाँकि मराठी में रमाबाई के बारे में साहित्य उल्लेखनीय मात्रा में उपलब्ध रहा है, पर भारत के अंग्रेज़ी प्रधान अकादमीय हलक़ों में रमाबाई का ज़िक्र अस्सी के दशक से पहले न के बराबर ही होता था। राष्ट्रवादी कल्पनाशीलता तो छोड़ ही दीजिए, अस्सी से पहले की नारीवादी कल्पनाशीलता के रडार पर भी उनकी शख़्सियत दर्ज नहीं थी। विद्वानों का ध्यान रमाबाई की तरफ़ सम्भवतः पहली बार उस समय गया जब 1980 में मधु किश्वर द्वारा सम्पादित *मानुषी* ने उनके ऊपर एक लम्बा आलेख प्रकाशित किया। इसी दशक के उत्तरार्ध में कई बेहतरीन अकादमीय आलेखों के माध्यम से मीरा कोसाम्बी ने रमाबाई के विलक्षण जीवन और योगदान पर विशद प्रकाश डाला। दरअसल बौद्धिक जगत में रमाबाई की अखिल भारतीय स्थापना का श्रेय मीरा कोसाम्बी को ही मिलना चाहिए। रमाबाई के अकादमीय उत्खनन की यह प्रक्रिया नब्बे के दशक के आख़िरी वर्षों में अपने शिखर पर पहुँची जब उमा चक्रवर्ती ने उन्हें केंद्र बना कर 'ब्राह्मणवादी पितृसत्ता' का सूत्रीकरण करते हुए एक महत्त्वाकांक्षी अध्ययन प्रकाशित किया। इस रचना को नारीवादी ही नहीं, बल्कि ग़ैर–नारीवादी क्षेत्रों में भी बड़े पैमाने पर सराहना मिली।[10]

---

[10] मीरा कोसाम्बी (1988), 'वुमॅन, इमेंसिपेशन ऐंड ईक्वलिटी : पण्डिता रमाबाईज़ कंट्रीब्यूशन टु वुमंस कॉज़', *इकॉनॉमिक ऐंड पॉलिटिकल वीकली,* खण्ड 23, अंक 44, 29 अक्टूबर : 38–49; उमा चक्रवर्ती (1998), *रिराइटिंग हिस्ट्री : द लाइफ़ ऐंड टाइम्स ऑफ़ पण्डिता रमाबाई,* काली फ़ॉर वुमॅन प्रेस, नयी दिल्ली.

अकादमीय उत्खनन

इन कृतियों में दर्ज रमाबाई के जीवन और उपलब्धियों की तथ्यात्मक रूपरेखा पर सरसरी नज़र डालने से ही पता चल जाता है कि विद्वत्ता, दुखों से टकराने वाली प्रबल जिजीविषा, संगठन-शक्ति, विपरीत परिस्थितियों से लोहा लेने की क्षमता और रैडिकल फ़ैसले ले कर उन पर अमल करने के मामले में उनका कोई सानी नहीं था। इससे यह भी पता चलता है कि आधुनिक भारतीय इतिहास की इस महान नायिका को ज्ञान और राष्ट्रवाद की मिली-जुली राजनीति द्वारा किस क़दर उपेक्षा का शिकार बनाया गया है। उन्नीसवीं सदी के उत्तरार्ध में सक्रिय रही रमाबाई का जीवन बीसवीं सदी के आख़िरी वर्षों की किसी नारीवादी महिला नेता जैसा ही लगता है। बचपन से ही उन्हें लड़कों की तरह ही शिक्षा मिली, हालात ने उन्हें अपने पैरों पर खड़े होने लायक बनाया, स्वतंत्र चिंतन करने और उसके आधार पर फ़ैसले लेने की क्षमता विकसित हुई, अपनी भाषा और जाति के बाहर के व्यक्ति से उन्होंने अपनी मर्ज़ी से शादी की और विदेश यात्राएँ (इंग्लैण्ड, अमेरिका और जापान) कीं। परम्परागत समाज उन पर अपना कोप बरसाता रहा। पर रमाबाई ने कभी अपने स्त्री होने की थोपी गयी सीमाओं को अपनी गतिविधियों के आड़े नहीं आने दिया। रमाबाई ने भरापूरा सार्वजनिक जीवन जिया, सभाओं और जलसों में भाषण दिये, बड़े-बड़े संगठन चलाए और हर तरह की त्रासदियों व व्यस्तताओं के बीच लेखन कार्य ज़ारी रखा।

पण्डिता रमाबाई का जन्म 1858 में कर्नाटक के चितपावन ब्राह्मण अनंतशास्त्री डोंगरे के घर में हुआ था। एक बार डोंगरे को अपने गुरु के साथ पुणे स्थित पेशवा के महल में जाने का मौक़ा मिला। वहाँ पेशवा की पत्नी को संस्कृत के श्लोकों का उच्चारण करते हुए सुन कर वे इतने प्रभावित हुए कि अपनी पत्नी को संस्कृत सिखाने का संकल्प कर बैठे। लेकिन न तो उनके परम्परानिष्ठ परिवार ने और न ही उनकी पत्नी ने उनका साथ दिया। पत्नी की मृत्यु के बाद तीर्थ यात्रा के दौरान उनका परिचय एक ब्राह्मण परिवार से हुआ। यह ब्राह्मण अनंतशास्त्री की विद्वत्ता से इतना प्रभावित हुआ कि अपनी नौ साल की बेटी का विवाह चवालीस साल के विधुर से करने के लिए तैयार हो गया। इसके बाद अनंतशास्त्री अपनी बालिका-वधू लक्ष्मीबाई के साथ कर्नाटक के ही गंगामुल जंगल में अध्ययन-मनन का तपस्वी जीवन गुज़ारने लगे। अपने संकल्प के मुताबिक़ उन्होंने लक्ष्मीबाई को संस्कृत सिखाई जिसकी ज़बरदस्त सामाजिक प्रतिक्रिया हुई। कट्टरपंथियों ने उन्हें आड़े हाथों लेना शुरू किया। क़दम पीछे हटाने के बजाय अनंतशास्त्री ने स्त्रियों को संस्कृत सिखाने पर लगे प्रतिबंध के

ख़िलाफ़ दलीलें देने के लिए शास्त्रों का ही सहारा लिया और शास्त्रज्ञों की एक सभा में हुए वाद-विवाद में लगभग तीन सौ अकाट्य दृष्टांत पेश किये। इस प्रकरण के बाद एक हद तक उनकी धाक जम गयी और फिर उनके जीवन के कुछ वर्ष शांतिपूर्वक बीते। वे वेदों और शास्त्रों की शिक्षा देने वाला एक आश्रम चलाते रहे। साथ में थोड़ी सी खेती भी थी जिसकी देखभाल उनका परिवार करता था। लक्ष्मीबाई ने उन्हें छह संतानें दीं जिनमें तीन की अकाल मृत्यु हो गयी। बचे हुए एक भाई और दो बहिनों में रमाबाई सबसे छोटी, मेधावी और विलक्षण स्मृति से सम्पन्न थीं। अनंतशास्त्री ने अपने तीनों बच्चों को संस्कृत पढ़ाने और शास्त्रों की शिक्षा देने में कोई कोताही नहीं की।

रमाबाई जब बालिका ही थीं, उनके पिता ने पूरे भारतीय उपमहाद्वीप की तीर्थ यात्राओं का सिलसिला शुरू कर दिया। वे जगह-जगह पुराणों का पाठ करते और बदले में जो भी थोड़ी-बहुत दक्षिणा मिलती, उसी से काम चला कर आगे की यात्रा पर निकल जाते। इस तरह का कष्टसाध्य दरिद्र जीवन कई वर्ष तक चलता रहा। अचानक 1876 में दुर्दैव ने आक्रमण किया और रमाबाई के पिता, माँ और बड़ी बहिन का एक के बाद एक देहांत हो गया। वे अपने भाई श्रीनिवास के साथ सारी तकलीफ़ें झेलते हुए अगले दो सालों तक पिता की विरासत आगे बढ़ाती रहीं। रमाबाई पुराण वाचन करतीं, दक्षिणा पातीं, पूरे नियमों के साथ सभी तरह की धर्मविधियाँ सम्पन्न करतीं। 1878 में इसी तरह यात्रा करते-करते भाई-बहिन कलकत्ता पहुँचे जो उन्नीसवीं सदी के उस दौर से गुज़र रहा था जिसे बंगाल का नवजागरण कहा जाता है। ब्रह्म समाज के नेताओं और अन्य प्रतिष्ठित समाज सुधारकों ने चमत्कृत आँखों से इस युवा विदुषी को देखा और हाथों-हाथ लिया। रमाबाई ने सार्वजनिक व्याख्यान देने शुरू किये। वे प्राचीन संस्कृत ग्रंथों से उद्धरण ले कर स्त्री-मुक्ति के प्रश्न को सम्बोधित करने लगीं। यह प्रक्रिया उस समय अपने शिखर पर पहुँची जब एक सार्वजनिक समारोह में कलकत्ता के भद्र समाज ने रमाबाई को 'पण्डिता' और 'सरस्वती' की उपाधियाँ दीं।

लेकिन, त्रासदी ने रमाबाई का साथ यहाँ भी नहीं छोड़ा। अचानक उनके भाई भी चल बसे। इसके बाद उन्होंने पिता के आश्रम में शिक्षा लेने वाले अपने बचपन के मित्र विपिन बिहारी दास मेधावी से विवाह किया। एक बंगाली शूद्र परिवार में जन्मे मेधावी उस समय तक वकील बन चुके थे। दो साल के सुखी दाम्पत्य के बाद मेधावी अपने पीछे केवल बाईस वर्ष की रमाबाई और एक बालिका शिशु को छोड़ कर हमेशा के लिए चले गये। जीवन के इस मुक़ाम पर रमाबाई को महाराष्ट्र से विशेष आमंत्रण मिला और वे जस्टिस रानाडे और उनकी

पत्नी रमाबाई रानाडे के बुलावे पर पुणे पहुँची। महाराष्ट्र में पहले से काम कर रहे स्त्री संगठनों की गतिविधियों को आधार बना कर रमाबाई ने आर्य महिला समाज की स्थापना की जिसकी शाखाएँ महाराष्ट्र के अन्य क्षेत्रों में फैलती चली गयीं। बंगाल के ब्रह्म समाज की तर्ज़ पर कार्यरत महाराष्ट्र के प्रार्थना समाज के साथ रमाबाई ने निकट-सहयोग का रिश्ता बनाया। इसी दौरान उन्हें शिक्षा संबंधी हंटर कमीशन के सामने गवाही देने के लिए बुलाया गया। आयोग के सामने रमाबाई ने औरतों को डॉक्टरी की शिक्षा देने का कार्यक्रम अपनाने पर ज़ोर दिया ताकि बीमार स्त्रियों के उपचार की गारंटी हो सके। इस वक्तव्य के बाद रमाबाई ने ख़ुद चिकित्सक बनने की ठानी और इंग्लैण्ड जाने की योजना बना कर अंग्रेज़ी सीखने लगीं। इसी दौरान उनका सम्पर्क 'सिस्टर्स ऑफ़ द कम्युनिटी ऑफ़ सेंट मैरी द वर्जिन' से हुआ। इंग्लैण्ड में वे इसी संस्था के कॉन्वेंट में रहीं और महाराष्ट्र भेजी जाने वाली सिस्टर्स को बदले में मराठी पढ़ाती रहीं। अपनी यात्रा के लिए खर्च जुटाने हेतु रमाबाई ने 'स्त्री धर्म नीति' नामक पुस्तक लिखी।

इंग्लैण्ड में रमाबाई को पता चला कि उनकी श्रवण-शक्ति कमज़ोर होती जा रही है। इसके बावजूद उन्होंने प्राकृतिक विज्ञानों, गणित और अंग्रेज़ी का अध्ययन करने के लिए चेंल्तनहेम वुमंस कॉलेज में दाख़िला लिया। वहाँ वे छात्र-अध्यापक के रूप में संस्कृत भी पढ़ाती थीं। उनकी पढ़ाई का खर्चा सिस्टर्स के संगठन ने उठाया। इंग्लैण्ड पहुँचने के कुछ दिन बाद ही रमाबाई ने अपनी दो साल की बेटी के साथ ईसाई धर्म अपना लिया। उन्होंने दलील दी कि हिंदू धर्म स्त्रियों और शूद्रों को कमतर हैसियत में रखता है, 'गिरी' हुई स्त्रियों के लिए उसके पास क्षमा और पुनर्वास के प्रावधान के बजाय कठोर दण्ड की व्यवस्था है। इसके उलट ईसाई धर्म प्रेम, क्षमा और मानव-मात्र की बराबरी में यक़ीन करता है। इंग्लैण्ड में चार साल तक पढ़ने के बाद रमाबाई अमेरिका गयीं और अपनी दूर की रिश्तेदार आनंदीबाई जोशी के स्नातक-समारोह में भाग लिया। रमाबाई ने पूरे अमेरिका की यात्राएँ कीं और भारत में ऊँची जाति की विधवाओं के लिए आश्रम खोलने की अपनी योजना का प्रचार किया। इसका नतीजा 'रमाबाई एसोसिएशन ऑफ़ बोस्टन' के गठन में निकला जिसने अगले दस वर्षों तक रमाबाई की गतिविधियों के लिए धन जुटाने का भरोसा दिया।

रमाबाई की बेटी मनोरमा पहले ही इंग्लैण्ड से भारत लौट चुकी थी। अमेरिका से वापसी के बाद उन्होंने बम्बई को अपना केंद्र बनाया और चौपाटी पर विधवा आश्रम शारदा सदन की स्थापना की। जस्टिस रानाडे और रामचंद्र भण्डारकर जैसे प्रमुख समाज सुधारक इस संस्था के ट्रस्टी थे। 1891 में शारदा

सदन आर्थिक कारणों से पुणे चला गया जहाँ उसे ब्राह्मण विधवाओं के बीच काम करने का ज़्यादा मौक़ा मिला। यहीं शारदा सदन में प्रवेश करने वाली पहली ब्राह्मण विधवा गोदूबाई नाटु का डी.के. कर्वे के साथ दोबारा विवाह हुआ जिसमें रमाबाई ने वधू की माँ की भूमिका निभायी। शारदा सदन की गतिविधियाँ उस समय विवादग्रस्त हो गयीं जब तिलक के अख़बार 'केसरी' ने उस पर धर्मांतरण की कोशिशें करने का आरोप लगाया। सदन के ट्रस्टियों ने इस्तीफ़ा दे दिया और कई अभिभावकों ने अपने घर की स्त्रियों को वापिस बुला लिया। रमाबाई एसोसिएशन ने इन आरोपों की जाँच कराई और उन्हें आधारहीन पाया। लेकिन, इस विवाद के कारण हिंदू समाज सुधारकों के साथ बिगड़ चुके उनके संबंध फिर कभी पहले जैसे नहीं हो सके। इस प्रकरण के तुरंत बाद रमाबाई मध्य प्रांत और गुजरात के अकाल पीड़ितों की सेवा में जुट गयीं। 1896 में उन्होंने केड़गाँव में मुक्ति सदन खोला और फिर शारदा सदन भी वहीं आ गया। रमाबाई ने दस साल तक धार्मिक तटस्थता की नीति अपनाने के बाद अंत में अपनी संस्था को खुले रूप से ईसाई घोषित कर दिया। वहाँ एक चर्च खोला गया और मिशनरी गतिविधियाँ भी चलाई जाने लगीं। इसी दौरान रमाबाई ने भेस बदल कर उत्तर भारत की यात्रा भी की और वृंदावन की शोषित-उत्पीड़ित विधवाओं को बचाने की कोशिश की। इस काम में उन्हें बेहद मामूली सफलता ही मिल सकी। केड़गाँव को केंद्र बनाने के बाद रमाबाई का ज़ोर ऊँची जाति की विधवाओं पर न रह कर निचली जाति के अकाल पीड़ितों के पुनर्वास पर होता चला गया। महाराष्ट्रियन समाज से कटते चले जाने के कारण उनके जीवन का आख़िरी दौर एक तरह के एकांतवास में बीता। लेकिन यह एकांतवास भी अहर्निश गतिविधियों से परिपूर्ण था। उन्होंने शिक्षा संस्थाएँ और व्यावसायिक प्रशिक्षण देने के केंद्रों की स्थापना की। हिब्रू और यूनानी मूल की बाइबिल का मराठी अनुवाद भी किया। 1919 में उन्हें कैसरे-ए-हिंद स्वर्ण पदक से सम्मानित किया गया। 1921 में पुत्री मनोरमा का देहांत हुआ और अगले ही वर्ष रमाबाई ने भी देह छोड़ दी।

रमाबाई की सबसे महत्त्वपूर्ण रचना *उच्च वर्ण की हिंदू औरतें* 1888 में प्रकाशित हुई। उनके जीवन और कृतित्व का मुख्य संदेश स्त्रियों को शिक्षा और व्यावसायिक कुशलता के माध्यम से आत्मनिर्भरता के आग्रह पर टिका था। उनकी मान्यता थी कि चाहे जीवनयापन हो या भावनात्मक सहारे का सवाल हो, स्त्रियों को किसी पर निर्भर नहीं होना चाहिए। परिवार की संस्था के बारे में उनकी राय थी कि उसके दायरे में स्त्री को स्वतंत्रता और सुख मिल ही नहीं सकता। वे स्त्रियों की सभा में पुराण वाचन करतीं, फिर धर्म और आचरण पर उनका व्याख्यान

होता। यह एक दिलचस्प तथ्य है कि ईसाई हो जाने के बाद भी रमाबाई ने पुराण वाचन को माध्यम बना कर चेतना के स्तर पर स्त्रियों के उत्थान का कार्यक्रम लगातार जारी रखा। रमाबाई के कार्यक्रमों में पुरुषों को आने की इजाज़त थी, पर उन्हें अपने घर की स्त्रियों के साथ आना पड़ता था। शारदा सदन की सभाओं में काशीबाई कानिटकर और रमाबाई रानाडे जैसी स्त्रियों के व्याख्यान भी होते थे। रमाबाई चाहती थीं कि स्त्रियाँ राजनीति में भी भागीदारी करें। इस मामले में वे अपनी समकालीन विभूतियों से आगे थीं। 1889 में बंबई में हुए दूसरे कांग्रेस अधिवेशन में रमाबाई के ही प्रयासों से सात-आठ महिला प्रतिनिधियों ने हिस्सा लिया था, बावजूद इसके कि रानाडे समेत दूसरे समाज सुधारक और राजनेता स्त्रियों को प्रतिनिधि बनाने के पक्ष में नहीं थे।

रमाबाई के जीवन का सबसे ज़्यादा विवादास्पद प्रकरण उनका धर्मांतरण रहा जिसके कारण उन्हें कई बार लोकापवाद झेलना पड़ा। लेकिन उन्होंने न केवल ईसाइयत के सांस्थानिक दबाव के सामने झुकने से इनकार किया, बल्कि दाब-धौंस व लोभ-लालच के तहत धर्मांतरण कराने के रवैये का भी विरोध किया। अपनी बेटी मनोरमा को इंग्लैण्ड में विदेशी ईसाइयों के बीच पालने के वे ख़िलाफ़ थीं। वे मनोरमा को दी जाने वाली ईसाई शिक्षा को भी आलोचना की दृष्टि से देखती थीं। इसलिए अमेरिका जाने से पहले उन्होंने अपनी गॉड मदर सिस्टर ज़ेरल्डाइन के विरोध के बावजूद मनोरमा को भारत भेज दिया था। ज़ेरल्डाइन का कहना था कि रमाबाई अपनी सरगर्मियों के कारण मनोरमा के लालन-पालन पर ध्यान नहीं दे पाएँगी। लेकिन रमाबाई ने अपने सार्वजनिक जीवन और मातृत्व की दोहरी जिम्मेदारियों को बख़ूबी निभाया। मनोरमा एक ख़ुशमिज़ाज और योग्य युवती के रूप में बड़ी हुई। उसने अपनी माँ के कामकाज में हमेशा सकारात्मक योगदान किया।[11]

औपन्यासिक उत्खनन : अनामिका अगर चाहतीं तो इतिहासकारों द्वारा खोज निकाले गये इन तथ्यों के आधार पर आसानी से एक जीवनी-परक उपन्यास लिख सकती थीं जिसकी अहमियत किसी भी तरह से कम नहीं होती। लेकिन, उन्होंने अधिक कल्पनाशील और सृजनात्मक रास्ता अपनाया। न केवल उन्होंने जीवन-संघर्षों में उलझे और अपने जीवट के दम पर उनसे परे जाने वाले रमाबाई नामक हाड़-मांस के जीवंत किरदार की रचना की, बल्कि उसे तत्कालीन राष्ट्रवादी राजनीति और समाज सुधार की मुहिमों के बीच स्थित करके एक नये

---

[11] रमाबाई के जीवन की यह संक्षिप्त रूपरेखा मीरा कोसाम्बी की उपरोक्त रचना के आधार पर.

विमर्श की प्रस्तावना की। इस प्रक्रिया में वे एक विचारणीय बौद्धिक कारीगरी करने में कामयाब रहीं। उनका औपन्यासिक वृत्तांत भले ही इतिहास के ज्ञात वस्तुनिष्ठ तथ्यों की कसौटी पर न खरा उतर सके, पर उसके भीतर उपनिवेशवाद विरोधी राजनीतिक और उदारतावादी प्रक्रियाओं के समांतर चल रही धाराओं और तत्कालीन नारीवादी प्रवृत्तियों के बीच अन्योन्यक्रिया के सम्भावनापूर्ण सुराग़ों की शिनाख़्त की जा सकती है।

दस द्वारे का पींजरा रमाबाई की विकास-यात्रा के पहले पड़ाव के रूप में उनके बचपन, शिक्षा-दीक्षा और लालन-पालन पर गहरी और विस्तृत दृष्टि डालता है। उपन्यास का यह भाग कल्पना और यथार्थ के मेल से रमाबाई के शुरुआती जीवन के इतने बारीक विवरण उपलब्ध कराता है कि उसके आधार पर किसी फ़िल्म की पटकथा तक लिखी जा सकती है। नाटकीयता और मार्मिकता के संयोग का यह उदाहरण द्रष्टव्य है :

> एक ही साड़ी थी रमाबाई के पास! आँचल की तरफ़ से आधी धो देती माँ और एकांत में उसको देर तक बिठा कर पहने-पहने ही सुखाती। जब वह हिस्सा सूख जाता तो उस तरफ़ से साड़ी बाँध कर दूसरी ओर की साड़ी धो देती और कहती— ये भी सूखेगा तो उठना। जब तक साड़ी के दो हिस्से अलग-अलग छोर से सूखते, *नारी सुबोधिनी* का पाठ चलता ही जाता। लगातार माँ यह समझाए जाती कि विदुषी होने का अर्थ निरंकुश होना नहीं है। जैसे ब्राह्मणों पर खान-पान-यम-नियम के प्रतिबंध शूद्रों से ज़्यादा लागू होते हैं, उसी तरह विदुषी स्त्रियों को भी और स्त्रियों से ज़्यादा ही शीलवती हो कर दिखा देना चाहिए ताकि लोगों का मुँह बंद रहे। अच्छा होना ही पर्याप्त नहीं होता, अच्छा दीखना भी पड़ता है।
>
> इस अंतिम बात से रमाबाई के मन में खुंदक मच जाती। 'क्यों भाई, क्यों चाहिए दुनिया से प्रमाणपत्र ? सत्य अपना प्रमाण ख़ुद है!' ... रात में रमाबाई की नींद टूटती तो वह देखती कि माँ जाग कर पहरा दे रही है। देख कर मोह होता, हँसी भी आती ... ... 'माँ वैसे तो तुम रात-दिन देवता मनाती हो, पर उनकी रक्षावाहिनी पर तुमको भरोसा नहीं है। मुझको श्रीविद्या कहती हो, पर मेरे तेज़ पर भी पूरा विश्वास नहीं करतीं।' ... रमाबाई मन ही मन यह सोच कर हँसती कि माँ तो सिर्फ़ नाम की लक्ष्मीबाई ही हैं। एक वहाँ झाँसी में लक्ष्मीबाई जो हुई हैं— उनसे माँ मिलतीं तो उनके जीवन में भी स्त्री-सुलभ भय के कुछ सूत्र ढूँढ़ ही निकालतीं। देह क्या सचमुच ही औरतों की गरदन में लटका हुआ ढोल है ? मार-पीट, सती-दहन और बलात्कार झेलती हुई स्त्री कब पूर्ण व्यक्ति की तरह नि:शंक रह सकेगी ?[12]

उपन्यास के इस हिस्से में अनामिका ने उन शास्त्रार्थों का लम्बा वर्णन किया है जो अनंतशास्त्री ने रूढ़िवादी पण्डितों से किये थे। उन्होंने दिखाया है कि पिता

[12] अनामिका (2008 क): 46-47.

अपनी छोटी सी बेटी को भी शास्त्रज्ञों के वाक्य बाणों के सामने छोड़ने में संकोच नहीं करते थे। इस उपन्यास की हिंदी में कई समीक्षाएँ हुई हैं। कुछ समीक्षकों की मान्यता है कि उपन्यास का यह हिस्सा कथारस में विघ्न डालता है। समीक्षकगण शास्त्रों, पुराणों और धर्मविधियों की प्रतियोगी व्याख्याओं से भरे हुए संस्कृतनिष्ठ हिंदी में लम्बे-लम्बे संवादों से चौंकते हैं।[13] अगर उनकी आपत्ति मूलतः कथांकन के ढाँचे को ले कर है, तो उन्हें जाँच करनी चाहिए कि कहीं यह नारीवादी उपन्यासकार नैरेटिव की पारम्परिक संरचना के साथ छेड़छाड़ करने के चक्कर में तो नहीं है। उपन्यास के शिल्प के बारे में की गयी इस आपत्ति पर इस लेख के अगले हिस्से में चर्चा की जाएगी। दूसरे, अगर यह आपत्ति सिर्फ़ कथारस को लेकर नहीं है तो समीक्षकों को देखना चाहिए कि इन शास्त्रार्थों के बिना रमाबाई 'पण्डिता' और 'सरस्वती' नहीं बन सकती थीं। धर्म की रूढ़िमुक्त व्याख्याएँ करने की अपनी क्षमता के दम पर ही वे ईसाई हो जाने के बावजूद स्त्रियों की सभा में पुराण-वाचन को उनकी शिक्षा का माध्यम बनाती रहीं। इसी हिस्से में दर्ज एक सतीदाह की घटना में बालिका रमाबाई के विद्रोही हस्तक्षेप का एक नाटकीय प्रकरण भी है जिसके साथ उपन्यासकार ने कुशलता के साथ उनके जीवन का एकमात्र प्रेम प्रसंग भी जोड़ दिया है : रमाबाई और सदाव्रत का। सदाव्रत, जो छोटी जाति का होने के बावजूद उनके पिता के आश्रम में शिक्षा प्राप्त कर रहा है। रमाबाई बाद में इसी सदाव्रत से शादी करती हैं। समाजवैज्ञानिक साहित्य में यही सदाव्रत विपिन बिहारी मेधावी के नाम से दर्ज है। अनामिका ने रमाबाई के भाई श्रीनिवास का नाम भी बदल कर श्रीधर कर दिया है।

उपन्यास ने ऐतिहासिक तथ्यों के साथ कई छूटें ली हैं। मसलन, लक्ष्मीबाई और अनंतशास्त्री के विवाह-प्रसंग को यथार्थ के विपरीत इस तरह चित्रित किया गया है कि जैसे दोनों के बीच कभी प्रेम रहा हो जिसका परिणाम कालांतर में अनंतशास्त्री की पहलक़दमी पर विवाह में निकला। दरअसल, जिस फटाफट अंदाज़ में लक्ष्मीबाई के पिता अपनी नौ साल की बेटी का हाथ प्रौढ़ हो रहे अनंतशास्त्री के हाथ में थमा कर आगे की तीर्थ यात्रा पर निकल गये थे, उसकी आलोचना स्वयं रमाबाई ने भी आगे जा कर की। लेकिन उपन्यासकार की कल्पना को इस तरह की उड़ानें भरने से रोकना थोड़ा मुश्किल है, क्योंकि इसी कल्पना के दम पर यह उपन्यास ऐतिहासिक चरित्रों के निजी जीवन के कई ऐसे प्रसंगों को भी कल्पित कर डालता है जिनके तथ्यगत प्रमाण उपलब्ध हो ही नहीं सकते।

---

[13] परमानंद श्रीवास्तव (जुलाई, 2008): 'स्मृति, इतिहास और आख्यान', *तद्भव*, 18 : 259-262.

रमाबाई जिस समय कलकत्ते में ब्रह्म समाज और उसके नेता केशव चंद्र सेन के सम्पर्क में आयीं, उस समय उनकी आयु बीस साल की थी। वे अविवाहित थीं, और सम्भवतः अपने होने वाले पति के विदेश से लौटने की प्रतीक्षा कर रही थीं। एक सुदर्शन और लीक से हट कर सोचने वाली प्रगल्भ विदुषी के रूप में वे तेज़ी से गण्यमान्य होती चली जा रही थीं। इसी तरह जब पति की मृत्यु के बाद पुणे में रानाडे दम्पति की मदद से उन्होंने अपना काम शुरू किया तो उनकी आयु बाईस–तेईस वर्ष की रही होगी। रमाबाई का इन दोनों महापुरुषों के घर में रोज़ाना का आना–जाना था। केशव चंद्र सेन, उनकी पत्नी, रानाडे, उनकी बहिन और पत्नी के किरदारों के साथ रमाबाई की आत्मीय और अंतरंग अन्योन्यक्रिया का चित्रण जिस बारीक पच्चीकारी की माँग करता है, वह समाज–विज्ञान के औज़ारों द्वारा सम्भव ही नहीं है। समाज सुधार के आंदोलन से जुड़ी ये स्त्रियाँ रमाबाई की सामाजिक परियोजना में सहयोग तो कर रही थीं, पर उनकी अपने परिवार के भीतर मौजूदगी और पति के साथ नियमित मेल–मिलाप के प्रति सहज होना इन स्त्रियों के लिए मुश्किल था। यह असहजता कभी–कभी शक की सीमा तक भी जाती थी। अनामिका ने रानाडे और उनकी बहिन के चरित्रों के ज़रिये यह भी दिखाया है कि किस तरह घरों में पुरुष को मिलने वाली प्राथमिकता के कारण भाई से अधिक प्रतिभाशाली बहिनें ख़ुद अपनी आँखों से अपनी बौद्धिक सम्भावनाओं को कुम्हलाते देखती हैं।

रमाबाई का यह औपन्यासिक उत्खनन उस समय राष्ट्रवादी राजनीति में कल्पनाप्रवण हस्तक्षेप करके एक समांतर आख्यान रच डालता है जब अनामिका रमाबाई और उनके पति को महात्मा फुले और उनकी पत्नी सावित्रीबाई फुले द्वारा चलाई जा रही मुहिमों के साथ सक्रिय दिखाती हैं। उपन्यास सूचना देता है कि फुले द्वारा हंटर कमीशन को लिखी गयी चिट्ठी का मसविदा सदाव्रत द्वारा तैयार किया गया था। ऊँची जाति की विधवाओं के रैडिकल पुनर्वास पर केंद्रित रमाबाई का प्रोजेक्ट कई तरह से फुले और सावित्रीबाई के प्रोजेक्ट से मेल खाता था। उमा चक्रवर्ती की रचना की समीक्षा करते हुए गेल ओम्वेट बताती हैं कि फुले ने रमाबाई द्वारा ईसाई धर्म ग्रहण किये जाने के पक्ष में ज़ोरदारी से लिखा था, बावजूद इसके कि स्वयं फुले अपनी तरफ़ से दलित–बहुजन परम्परा का वैकल्पिक विचार और ढाँचा तैयार कर रहे थे। ओम्वेट की मान्यता है कि रमाबाई का सम्पर्क फुले प्रदत्त विकल्प से बहुत सीमित क़िस्म का था।[14] लेकिन,

---

[14] गेल ऑम्वेट (2000), 'टुवर्ड्स अ थियरी ऑफ़ ब्राह्मनिक पैट्रियार्की', *इकॉनॉमिक ऐंड पॉलिटिकल वीकली*, खण्ड 35, अंक 4 :187–190.

औपन्यासिक उत्खनन इस क्षीण सम्पर्क को रमाबाई के जीवन पर निर्णायक प्रभाव डालने वाला प्रमुख प्रसंग बना देता है। एक जगह रमाबाई यह स्वीकार करती हुई भी दिखाई जाती हैं कि सावित्रीबाई के जच्चाघर में तीमारदारी करने के दौरान उनके दिमाग़ में स्त्रियों को चिकित्सक का प्रशिक्षण देने का विचार आया। इसी विचार के आधार पर उन्होंने बाद में न केवल हंटर कमीशन के सामने अपनी गवाही दी, बल्कि स्वयं भी चिकित्सक बनने के लिए इंग्लैंड जाने की ठानी।

> सावित्रीबाई फुले और महात्मा फुले के अलावा शायद ही कोई था जो उनके क्रिश्चियन मिशनरियों के साथ जुड़ जाने का पक्षधर रहा हो! और तो और, विवेकानंद ने भी मैत्रेयी-गार्गी की परम्परा से हट कर विदेशी शासकों के धर्म से उनके जुड़ जाने की कड़ी निंदा की थी। लोकमान्य तिलक तो ख़ैर *केसरी* में लगातार आग उगल ही रहे थे कि यह देशभक्ति के जज़्बे के बिल्कुल ख़िलाफ़ पड़ने वाली स्वार्थसिद्धि है कि कमज़ोर जातियाँ और स्त्रियाँ धर्म ही बदल लें। ... सबसे ज़्यादा चोट रमाबाई को रामकृष्ण परमहंस की आलोचना से लगी जब उन्होंने इस धर्मांतरण को अहम्मन्यता और नाम-धाम पाने की लालसा कहा।[15]

अनामिका ने सत्यशोधक समाज के एक अंत्यज सदस्य और एक गृहस्थ ब्राह्मण के बीच एक लम्बा संवाद भी कल्पित किया है जिसके केंद्र में रमाबाई का धर्मांतरण और ब्राह्मण धर्म की आलोचना है। पता नहीं, ऐतिहासिक वस्तुनिष्ठता पर यह विवरण खरा उतरेगा या नहीं, पर उन्नीसवीं सदी में समाज सुधार के ज़रिये चलने वाली आधुनिकीकरण की राजनीति का स्त्री-पक्ष इस उपन्यास में उस समय उभरता है जब वह रमाबाई के मुँह से विवेकानंद की आलोचना करवाता है और उसमें रमाबाई के ही माध्यम से मैक्सम्युलर भी अपना स्वर मिलाते हुए दिखते हैं। इतना ही नहीं, रमाबाई आर्य समाज के यशस्वी संस्थापक और स्त्री के निकट आने से भड़क जाने वाले दयानंद सरस्वती के चमचमाते ललाट को हैरत से देख कर सोचती हैं कि माँ ने बचपन में इनकी खूब तेल-चम्पी की होगी। रमाबाई ख़ुद वेदों की अध्येता थीं, पर वेद-महिमा के नेतृत्व में पनप रहे आर्यसमाजी राष्ट्रवाद के रुतबे में आने के लिए तैयार नहीं थीं। नारीवादी इतिहासकारों ने बताया है कि किस तरह पुरुष समाज सुधारक अपने तमाम उदारतावाद के बावजूद ब्राह्मणवादी पितृसत्ता के दायरे से बाहर आने के लिए तैयार नहीं थे, और उनकी इस परियोजना में औपनिवेशिक हुक्मरानों की भी हिस्सेदारी थी। उपन्यास में मौजूद महाराष्ट्र की पहली स्त्री-डॉक्टर आनंदीबाई जोशी का अमेरिका से अपने पति को लिखा गया एक पत्र भी सम्भवतः रचनाकार

---

[15] अनामिका (2008 क) : 94.

की कल्पना की उपज है। लेकिन, वह समाज सुधार के स्त्री-पक्ष के सजावटी पहलुओं का पर्दाफ़ाश कर देता है :

> पिछली चिट्ठी में आपको जो तस्वीर भेजी थी, आपको जँची नहीं और आपने डपट कर लिखा कि उसमें मैंने मराठी ढंग से साड़ी नहीं बाँधी, हिंदुस्तानी या गुजराती ढंग से बाँधी है। पल्लू भी ऐसे लिया है कि देह पूरी ढँक नहीं पायी। क्या मुझे अपने ढंग से साड़ी बाँधने की स्वतंत्रता भी नहीं? मैं आपकी भावनात्मक असुरक्षा समझती हूँ। इस बात पर भी शर्मसार रहती हूँ कि एक स्त्री के रूप में आपको कोई सुख नहीं दे सकी। दूसरा बच्चा भी नहीं। घरेलू कामों में कच्ची रही और पढ़ाई भी पता नहीं पूरी कर पाऊँगी या नहीं। डॉक्टरी में मेरा मन नहीं लगता, चीर-चार होती नहीं। साहित्य ज़्यादा अच्छा लगता है... पर आपकी पत्नी हूँ, आपका आज्ञापालन ही मेरा धर्म बनता है न![16]

सामान्यत: उन्नीसवीं सदी के भारत पर होने वाले अनुसंधान टुकड़ों-टुकड़ों में बँटे रहे हैं। समाज सुधार के ज़रिये चलने वाली आधुनिकीकरण की राजनीति पर अलग से विचार हुआ है, दलित-बहुजन परम्परा पर अलग से शोध हुई है, कांग्रेस में चलने वाली गरमदलीय और नरमदलीय होड़ का राजनीतिक इतिहास लिखने के पृथक् उद्यम किये गये हैं, नारीवादी इतिहास-सृजन की परियोजनाएँ अलग से चलाई गयी हैं और धर्मांतरण की परिघटना पर अलग से अनुसंधान किया गया है। लेकिन *दस द्वारे का पींजरा* के पृष्ठों पर फुले द्वारा चलाए जा रहे अभियान के साथ रमाबाई और उनके पति का रोज़मर्रा का सम्पर्क दिखाने वाली साहित्यिक कल्पनाशीलता एक समेकित समाजवैज्ञानिक प्रोजेक्ट की सम्भावना की ओर इशारा करती है। यह उपन्यास रमाबाई को केंद्र करके एक ऐसी तस्वीर खींचता है जिसमें ये तमाम प्रकरण एक साथ गुँथे हुए हैं और उसकी अंतर्धारा में स्त्री का प्रश्न अपनी पूरी अहमियत के साथ मौजूद है। अनामिका यह कहती हुई प्रतीत होती हैं कि अगर स्त्री के सवाल की रोशनी में इस पूरे इतिहास को उसके सभी आयामों में नये सिरे से लिखा जाए तो भारतीय राष्ट्रवाद, भारतीय उदारतावाद और समता की राजनीति के शुरुआती दौर का अभी तक अनुपलब्ध चित्र उभर सकता है।

केंद्रच्युत होता राष्ट्रवाद और सेक्स-वर्कर का किरदार

नारीवादी नायिका की स्थापना का सीधा मतलब है राष्ट्रवाद को औपन्यासिकता के ज़रिये केंद्रच्युत (डि-सेंटर) करना। रमाबाई की राजनीति राष्ट्रवाद से जुड़ी हुई थी, और उसे चुनौती देने से भी नहीं चूकती थी :

---

[16] अनामिका (2008 क) : 118.

बात 1889 की है। इण्डियन नैशनल कांग्रेस की पाँचवीं सभा मुम्बई में होनी थी। समूचा हाल खचाखच भरा था। चमकीली आँखों वाली एक ख़ूबसूरत युवती कुछ कहने के लिए उठी। लाउडस्पीकर था नहीं और पीछे बैठे लोगों तक उसकी आवाज़ नहीं पहुँच पा रही थी। धीरे-धीरे वह आगे बढ़ी और उनके बीच ही आ कर बोली— भाइयो माफ़ कीजिए, मेरी आवाज़ आप तक नहीं पहुँच पा रही। सदियाँ बीतीं क्या कभी आपने स्त्री की बात सुनने की कोशिश भी की। क्या आपने उसको ताक़त दी कि वह अपनी आवाज़ बुलंद कर सके? ठगे से रह गये लोगबाग। उनके पास कोई उत्तर नहीं था। यही साहसी और पण्डिता रमाबाई थीं। उस दिन के पहले किसी औरत ने कभी कांग्रेस की किसी बैठक में हिस्सा ही नहीं लिया था। यह उनके अथक परिश्रम का नतीजा था कि नौ स्त्री प्रतिनिधि इस सेशन में विधवाओं का केशकर्तन और दूसरे अनाचारों का विरोध करने आयी थीं।[17]

यह प्रकरण कैथरीन मेयो की पुस्तक की प्रतिक्रिया में हुई नारीवादी गोलबंदी से लगभग तीन दशक पहले का है। उस ज़माने में उदारतावादी समाजसुधारक स्त्रियों को राजनीति में भाग लेते देखने के लिए तैयार नहीं थे। इस मामले में रमाबाई अपने वक़्त से बहुत आगे थीं। लेकिन राष्ट्रवाद का यह नारीवादी प्रकरण इतिहासकारों की निगाह में महत्त्व प्राप्त नहीं कर पाया। नैशनलिज़म को डि-सेंटर करने वाली यह प्रक्रिया उस समय स्त्रियों की अपनी दुनिया में रैडिकल आभा से आलोकित हो उठती है जब उपन्यासकार रमाबाई की विरासत किसी अंग्रेज़ी पढ़ी-लिखी और नारीवाद में दीक्षित स्त्री को थमाने के बजाय उसकी ज़िम्मेदारी एक डेरेदार तवायफ़ ढेलाबाई के कंधों पर डाल देती हैं। ढेलाबाई और भोजपुर क्षेत्र के कवि-नायक महेंदर मिसिर की दिलचस्प कहानी के माध्यम से जोगिनिया कोठी का राष्ट्रवादी इतिहास उभरता है। डॉ. नामवर सिंह ने उपन्यास पर द *पब्लिक एजेण्डा* में की गयी अपनी छोटी सी टिप्पणी में उसके इस पहलू का विशेष उल्लेख किया है : 'इस उपन्यास में ऐसी ही एक चरित्र (रमाबाई) ढेलाबाई को उभारा गया है। ढेलाबाई के वजूद और संघर्ष को बिहार में भी बहुत कम लोग जानते हैं। उसी तरह जोगिनिया कोठी को भी एक नयी पहचान दी गयी है। लेखिका ने उस कोठी को जैसे मुक्ति का आश्रम बना दिया है। ढेलाबाई के चरित्र को ऊपर ले आना और उसके माध्यम से स्त्री के संघर्ष तथा साहस की गाथा प्रस्तुत करना ही उपन्यास का मुख्य उद्देश्य है। इसी तरह के दूसरे ऐतिहासिक चरित्र हैं महेंद्र मिश्र, जो बिहार और पूर्वी उत्तर प्रदेश के भोजपुरी इलाक़े में महेंदर मिसिर के नाम से जाने जाते हैं। वे भोजपुरी में गीत लिखते थे और बहुत

---

[17] अनामिका (2008 क) : 258.

ही अच्छा गाते थे। अपने जीवनकाल में ही वह काफ़ी प्रसिद्ध हो चुके थे। उनकी छवि एक रोमांटिक हीरो की थी। वे वेश्याओं की कोठी पर जाते थे। कहा जाता है कि क्रांतिकारियों की मदद के लिए वे जाली नोट भी छापते थे।' महेंदर मिश्र को अंग्रेज़ों की जेल से छुड़ाने के लिए ढेलाबाई अपना सब कुछ होम देती है। यह महज़ एक वेश्या का प्रेम-समर्पिता होना नहीं है, बल्कि उसके पीछे ढेलाबाई की राष्ट्रवादी राजनीति में दिलचस्पी का आयाम भी है। यहाँ उपन्यास उस लोकमान्यता को भी स्पर्श देता है जिसके मुताबिक़ अंग्रेज़ों के ख़िलाफ़ सशस्त्र विद्रोह करने वाले क्रांतिकारी वेश्याओं के कोठों को अपने छिपने की जगहों के लिए इस्तेमाल करते थे। इसी जगह याद आता है कि वह प्रकरण सम्भवत: कभी *धर्मयुग* में प्रकाशित हुआ था। इसके मुताबिक़ 15 अगस्त 1947 को आज़ादी मिलने के दिन बम्बई की वेश्याओं ने छुट्टी मनाई थी और धंधा नहीं किया था।

नामवरजी की यह अनुशंसा हमें यह पता लगाने की प्रेरणा देती है कि रमाबाई, ढेलाबाई और राष्ट्रवाद के संबंध किस वैचारिक योजना के तहत संसाधित हुए हैं। उपन्यास की शुरुआत ही बहूबाज़ार के वर्णन से होती है और अनामिका का जुझारू इरादा स्पष्ट हो जाता है। बहूबाज़ार उनकी निगाह में पितृसत्ता की मार से कराहती औरतों का नहीं, बल्कि 'सजी-धजी दबंग औरतों' का संसार है। प्रारम्भ में ही उन्होंने वेश्याओं को 'सेक्सवर्कर' की संज्ञा दे दी है। सेक्सवर्कर का प्रत्यय नारीवाद की सर्वाधिक रैडिकल और विवादित कृति है। स्त्री सबसे कमज़ोर हालत में वेश्या के रूप में ही होती है। यहाँ तक कि नारीवाद की शुरुआती धारा भी वेश्याओं को अपने दायरे में मानने से परहेज़ करती थी। लेकिन, सेक्सवर्कर एक ऐसी हैसियत है जो वेश्या को पतिता की श्रेणी से निकाल कर एक विचित्र तरीक़े से सबलीकृत कर देती है। और, साथ में गृहिणी के सेक्सवर्कर के रूप में परिभाषित होने की सम्भावना जन्म ले लेती है। सेक्सवर्कर का प्रत्यय नेक और बुरी लड़की के बीच का चिरंतन सा लगने वाला विरोधाभास कमज़ोर कर देता है। आमतौर पर समाज में शारीरिक दोहन की शिकार वेश्याओं का संवाद ग़ैर-वेश्याओं से न के बराबर ही होता है। भद्र समाज के दायरे में रहने वाली स्त्रियाँ वेश्याओं के बारे में चर्चा करते हुए भी बहुत कम देखी जा सकती हैं। लेकिन उपन्यास इस तरह की प्रचलित मर्यादा से बेपरवाह हो कर वेश्या, विधवा, समाज सुधारक और गृहिणी के बीच सतत होती हुई अन्योन्यक्रिया से धड़कता हुआ वातायन बनाता चला जाता है।

III

अर्थग्रहण की समस्या, भाषा का (पुनः) जेण्डरीकरण और आख्यान की भंग होती धारावाहिकता

प्रकाशित होते ही अनामिका की इस द्विखण्डीय कृति को हिंदी की साहित्यिक दुनिया में अर्थग्रहण की समस्या का सामना करना पड़ा। उपन्यास की छोटी-बड़ी कोई बीस समीक्षाएँ तो प्रकाशित हुई ही होंगी। इनमें ज़्यादातर सराहना से आप्लावित थीं। लेकिन अजीब बात यह है कि तक़रीबन हर समीक्षा दोनों खण्डों को अलग-अलग उपन्यास मान कर चलती दिखाई दी। ऐसी समीक्षाएँ भी छपीं जिन्होंने केवल एक खण्ड पर ही निगाह डालना मुनासिब समझा। दोनों खण्डों पर एक ही आलेख में विचार करने वाली एक अपेक्षाकृत बेहतर समीक्षा पहले *तिनका तिनके पास* की आलोचना करती है (जो इस बृहद कथा का दूसरा भाग है), और फिर एक अलग कृति के रूप में *दस द्वारे का पींजरा* पर ग़ौर करती है जो पहला भाग है।[18] अन्यथा सावधान रहने वाले समीक्षकों से ऐसी असावधानी कैसे हुई? इसका एक तकनीकी कारण तो शायद यह रहा होगा कि उपन्यास के दो खण्ड दो अलग-अलग प्रकाशन गृहों द्वारा बाज़ार में लाए गये। उनके आवरण और फ्लैप पर भी स्पष्ट नहीं किया गया कि ये एक ही कथा के दो खण्ड हैं। लेकिन सुधी समीक्षकों से यह उम्मीद तो की ही जा सकती थी कि उनकी निगाह में प्रकाशन की इस विचित्रता के बावजूद इसे एक ही कृति के रूप में ग्रहण करने की क्षमता होगी। सिलसिलेवार पढ़ने पर आसानी से साफ़ हो जाता है कि दोनों खण्डों में एक ही कथा-सूत्र है जो उन्नीसवीं सदी के मध्य के महाराष्ट्र और बंगाल से चल कर मुज़फ़्फ़रपुर (बिहार) की जोगिनिया कोठी से होता हुआ उत्तर-औपनिवेशिक भारत की महानगरीय दुनिया तक चला जाता है। किरदारों का भी एक ही सेट है जो इस पूरी गाथा में आता-जाता रहता है। स्वयं अनामिका ने उपन्यास आने के फ़ौरन बाद प्रकाशित एक लेखकीय वक्तव्य में अपनी इस कृति की रचना-प्रक्रिया पर कुछ रोशनी डाली है।[19] वे भी दोनों उपन्यासों के पात्रों के एक ही सेट की चर्चा करते हुए बताती हैं कि इन चरित्रों की रचना करने की प्रेरणा और सामग्री उन्होंने कहाँ से प्राप्त की।

अगर समीक्षकगण यह समझते हैं कि उपन्यास को नारीवादी बता कर वे किसी गहन अंतर्दृष्टि का परिचय दे रहे हैं तो फिर यह हिंदी में साहित्य-समीक्षा के नज़ारे पर एक दिलचस्प टिप्पणी ही है। उसे हिंदी का पहला नारीवादी उपन्यास

---

[18] अमिताभ राय (2009), 'स्त्रीवादी चिंतन से प्रेरित उपन्यास', समीक्षा : 9-13.

[19] अनामिका (2009), 'मेरे ये दो उपन्यास', अन्यथा, 15: 154-57.

बताने से भी आलोचनात्मक समीक्षा का दायित्व पूरा नहीं होता। कुछ समीक्षकों ने सम्भवतः ख़ुद को आश्वस्त करते हुए कहा है कि अनामिका का नारीवाद कुछ भिन्न (नरम क़िस्म का) है, अर्थात् वह पुरुष विरोधी आक्रामक क़िस्म का नारीवाद नहीं है। यह अवलोकन इस हक़ीक़त का परिचायक है कि हिंदी की दुनिया में नारीवाद का गहन अध्ययन करने वाले साहित्यिक विद्वानों की ख़ासी कमी है। नारीवाद की विभिन्न धाराओं, उसके साहित्यिक सिद्धांत, उसके अंतर्विरोधों और उसकी गहरी पॉलिमिक्स में किसी की पैठ नहीं लगती। चूँकि आलोचनाशास्त्रियों के पास स्त्रियों द्वारा लिखी गयी कृतियों को ही समझने के औज़ार नहीं हैं, इसलिए उनसे नारीवादी कृतियों को समझने की उम्मीद ही नहीं की जानी चाहिए। दोनों खण्डों को एक साथ न पढ़े जाने का नतीजा यह हुआ कि उपन्यास के घोषित नारीवाद पर कुछ टिप्पणियाँ करने के अलावा वह वैचारिक और राजनीतिक समीकरण नहीं उभर पाया जिसकी शिनाख़्त से हमारी आधुनिकता और हमारे राष्ट्रवाद के साथ भारतीय नारीवाद के आलोचनात्मक संबंध स्पष्ट हो पाते। प्रकाशकीय गड़बड़ी के साथ-साथ इस अस्पष्टता का सम्भवतः एक कारण यह भी हो सकता है कि ज़्यादातर समीक्षकों की ऊर्जा उपन्यास के शिल्प को 'डिकोड' करने में ख़र्च हो गयी। वे अध्यायों के लम्बे-लम्बे विकट और विचित्र लगने वाले शीर्षकों से या तो चमत्कृत हैं या हताश हैं। इस प्रसंग का सबसे सकारात्मक पहलू यही है कि कम से कम सभी समीक्षकों ने यह ज़रूर माना है कि अनामिका ने उपन्यास के स्थापित ढाँचे को तोड़ने की कोशिश की है। लेकिन समीक्षकगण आमतौर पर उनकी प्रयोगधर्मिता से संतुष्ट नहीं दिखे।

भाषा का (पुनः) जेण्डरीकरण

सवाल यह है कि इस कृति की प्रयोगधर्मिता को किस ख़ाने में रखा जाना चाहिए? इस सवाल का जवाब दो स्तरों पर तलाशा जा सकता है। पहले भाषा के स्तर पर, और दूसरे कथानक की संरचना के स्तर पर। स्त्री के लिए भाषा के विशिष्ट महत्त्व पर इस लेख की शुरुआत में ही चर्चा की जा चुकी है। लेकिन, नारीवाद भाषा के पुनः जेण्डरीकरण की जब भी कोशिश करता है (क्योंकि उसका मेस्क्युलिन जेण्डराइज़ेशन या मर्दानाकरण पहले ही हो चुका है) तो उसका पुरुष भाषाकारों द्वारा कड़ा विरोध होता है। इस रवैये का एक उग्र उदाहरण क़रीब डेढ़ साल पहले साहित्य अकादेमी के सभागार में देखा गया था जब हिंदी के दो प्रतिष्ठित कवियों ने पहले तो इस भाषा में तेज़ी से पनपते नारीवाद पर दो फ़टके मारे, और फिर उनमें से एक वक्ता ने चिढ़ कर यह प्रस्ताव ही कर दिया कि

हिंदी की वर्णमाला से वे सभी मात्राएँ निकाल दी जानी चाहिए जो करता को करती में, जाता को जाती में और होता को होती में बदल देती हैं। उन्होंने यह अपील भी की कि स्त्रियों द्वारा लिखी गयी सभी कविताओं में इस तरह की क्रियाओं को संशोधित करके ही पढ़ा जाना चाहिए।[20] ऐसा लगता है कि स्त्री को उसकी भाषाई विरासत से वंचित करने का यह प्रोजेक्ट वही है जो *भारत-भारती* के ज़माने में चलाया जा रहा था।

भाषा का जेण्डरीकरण कितना अहम मुद्दा है इसका एक ग़ैर-साहित्यिक और क़ानूनी नमूना हाल ही में सुप्रीम कोर्ट के एक फ़ैसले की भाषा पर उठे विवाद के रूप में सामने आ चुका है। स्त्री-पुरुष के सहजीवन (लिव-इन रिलेशनशिप) को परिभाषित करते हुए जजों ने 'कीप' (रखैल) शब्द का प्रयोग किया, हालाँकि कुल मिलाकर यह फ़ैसला स्त्री के लिए सकारात्मक फलितार्थों वाला ही था। अतिरिक्त सॉलिसिटर जनरल इंदिरा जयसिंह ने 'कीप' शब्द पर आपत्ति की और उसे फ़ैसले के दस्तावेज़ से निकालने की माँग की। वरिष्ठ अधिवक्ता की इस माँग का महत्त्व समझे बिना एक जज ने उनसे पूछा कि क्या 'कीप' की जगह 'कॅनक्यूबाइन' शब्द का प्रयोग ठीक रहेगा? दरअसल, इंदिरा जयसिंह का तर्क था कि अतीत की सामाजिक प्रथाओं के तहत दिये गये नाम आज के ज़माने में विवाहेतर स्त्री-पुरुष संबंधों को परिभाषित नहीं कर सकते। उसके लिए हमें नये नाम गढ़ने होंगे, नयी परिभाषाएँ गढ़नी होंगी जो भाषा के नये सिरे से होने वाले जेण्डरीकरण से ही सम्भव है।[21] भाषा का नये सिरे से जेण्डरीकरण कितना आवश्यक प्रोजेक्ट है, इसका एक अंदाज़ा अक्टूबर, 2010 में शिमला के उच्च-अध्ययन संस्थान में पाँच दिन तक 'रीडिंग लोहिया' नामक वर्कशॉप से भी मिला। डॉ. राममनोहर लोहिया की रचनाओं पर हो रही बहस के दौरान कुमकुम यादव ने सवाल उठाया कि शहरों पर लिखे अपने आलेख में लोहिया जैसा स्त्री-मुक्ति का समर्थक इस क़दर सेक्सिस्ट भाषा का इस्तेमाल क्यों कर रहा है? चर्चित आलेख में लोहिया द्वारा दिल्ली को 'किसी की न होने वाली वेश्या' की संज्ञा दी गयी है। दुनिया के अन्य शहरों की चर्चा करते समय भी उनका वर्णन करने में स्त्री-देह के विभिन्न हिस्सों का रूपक की तरह इस्तेमाल

---

[20] यह समारोह साहित्य अकादेमी के सभागार में अनीता वर्मा की कविताओं के लोकार्पण के लिए हो रहा था. वरिष्ठ आलोचक विश्वनाथ त्रिपाठी और मैनेजर पाण्डेय ने अपने वक्तव्य में हिंदी में पनपते नारीवाद पर किये गये उस आक्रमण पर आलोचनात्मक निगाह डाली थी.

[21] 'लैंग्वेज़ मैटर्स / जेण्डर न्यूट्रल पब्लिक वोक्युबलिरी नीडेड' (सम्पादकीय), *टाइम्स ऑफ़ इण्डिया* (25 अक्टूबर 2010), मुम्बई.

किया गया है।[22] अदालती फ़ैसले और लोहिया के उदाहरण बताते हैं कि स्त्री के पक्ष में सोचते और लिखते समय भी अगर सतर्क न रहा जाए तो मर्दाने लिंग में ढली भाषा ही स्वाभाविक रूप से प्रकट होती है।

अनामिका के उपन्यास में उसी भाषा की वापसी होती दिखती है जिसे उन्होंने 'सरस बोली-बानी की परम्परा ... हास-परिहास, गुफ़्तगू और लंतरानियों की चटक, सुर्ख़, चरपरी भाषा : हिंदी-उर्दू— दोनों ही लहरियों से लहालोट' क़रार दिया है। पुरुष की भाषा और स्त्री की भाषा में पहला अंतर तो यही है कि जिसका तिरस्कार पुरुष 'गॉसिप' कह कर करता है, वह स्त्री के लिए नित्य-प्रति होने वाला आपसी 'एक्सचेंज ऑफ़ डेटा' है जिसमें मेस्क्युलिन जेण्डर की कोई भागीदारी ही नहीं है। दोनों खण्ड पढ़ कर ऐसा लगता है कि जैसे औरतें आपसी चिमगोइयाँ कर रही हों। जेण्डरीकरण के इस पूरे भाषाई सिलसिले के बीच-बीच में विचारों का सूत्रीकरण करने वाले चुस्त फ़िक़रे भी टँके हुए हैं : जैसे, कोई सोये साथ भले, पर जगते सभी अकेले हैं; हँसी नये ज़माने का घूँघट है; पति कॉमरेड नहीं हो सकता; विवाह के सिर पर क़ानून की छतरी और धर्म का चंदोवा टँगा है; सहजीवन है खुले द्वार का पिंजरा; दुख भी गुप्तांग की तरह जहाँ-तहाँ खोल नहीं देने चाहिए; पिटी हुई औरत का मुँह चूमने की ख़ातिर झुको तो वह घबरा कर अपनी कनपटी पर हाथ तान देती है; सबसे दुर्लभ है पुरुष मित्र; देह-निरपेक्ष सच्चा दोस्त नहीं मिलता किसी अकेली स्त्री को; ब्रह्मचारी वह जो दिन में दूसरों से लड़े और रात में अपने-आप से; बुढ़ापे का मतलब अपना मुँह बंद रखें और बटुए का मुँह खुला हुआ; जब जीवन को सपना समझने की कला समझने की कला साध लेता है आदमी, नींद के सपने गूढ़ाक्षरों की तरह खुलते हैं; दुनिया का सर्वाधिक सर्वसुलभ पीकदान और ओखली तो पत्नी ही होती है; गर्भ दुनिया की सबसे सुरक्षित जगह है; बच्चों का क्या है— वह तो औरत जब चाहे जन ले। पतियों का क्या है— वे तो राह चलते मिल जाते हैं, पर ईश्वर की बनाई गयी धरा पर भाई किसी स्त्री को दूसरा नहीं मिलता; अच्छी चीज़ें उन्हें पहुँचती हैं धीरज से राह देखते हैं जो; कोई नहीं जानता ताक़त का झरना कब कहाँ से फूटेगा; वह अपनी देह के बाहर टहलने निकल जाती है और अपनी देह की नोच-खसोट उसी निस्संग भाव से देखती है जैसे कि छिपकली अपनी छटर-पटर करती पूँछ जो अचानक ही बंद हुई खिड़की में दब कर कट गयी हो; मुक्ति भी स्त्रीलिंग ही तो है, कभी अकेले नहीं मिलती; काश, पुरुषार्थ स्त्रियार्थ भी

---

[22] 'रीडिंग लोहिया' वर्कशॉप भारतीय उच्च अध्ययन संस्थान, शिमला में 3 से 7 अक्टूबर 2010 को हुआ. कुमकुम यादव ने लोहिया के स्त्री संबंधी विचारों का अध्ययन किया है.

होते; अच्छी तरह देखो, औरत के जीवन की कविता के पार, उसके जीवन का रुक्ष गद्य; एक ज्वाला के बिना मैं राख का घर हूँ; बचपन— स्मृतियों का फ़िक्स्ड डिपॉज़िट; सैंयाजी भी औरत का दुधमुँहा बच्चा ही होते हैं; सारी स्त्रियाँ सनातन माता, सारे पुरुष सनातन बच्चे; सर्वसमावेशी क्यों नहीं हो पाता प्रेम; अकेलापन साग-भाजी नहीं जो आसानी से कट जाए; सफ़ाई से गंदगी बढ़ती है; पानी का दाग़ पानी से ही धुलता है।

आलोचनात्मक दृष्टि से देखते ही इन फ़िक़रों में नारीवाद की वह धारा दिख जाती है जिसका बौद्धिक प्रतिनिधित्व अनामिका करती हैं। इस चर्चा के चौथे हिस्से में इस धारा पर विचार किया जाएगा कि स्त्री, स्त्री-देह, पुरुष के साथ उसके संबंधों और सेक्शुअलिटी जैसे मसलों पर इस उपन्यास के माध्यम से कौन-कौन से आग्रह सामने आ रहे हैं। फ़िलहाल स्त्री-भाषा की विशिष्ट संरचना के लिहाज़ से देखने पर लगता है कि उपन्यासकार ने भाषा के जेण्डरीकरण के लिए एक ख़ास तरह की युक्ति अपनाई है। उसने गद्य में बहुत बड़े पैमाने पर पद्य का मिश्रण किया है। यह मामला काव्यात्मक गद्य का नहीं है। काव्य-भाषा को गद्य में पिरोने के बजाय यहाँ तो कविता ख़ुद-ब-ख़ुद मौजूद है। लगभग अपनी सभी विधाओं और शैलियों में उर्दू और फ़ारसी के शेर, नागरी में दर्ज की गयी अंग्रेज़ी की कविताएँ और गीत, पंजाबी की कविताएँ, भोजपुरी के छंद, संस्कृत के श्लोक, फ़िल्मी गानों की पंक्तियाँ, हिंदी की आधुनिक कविता (ख़ुद उपन्यासकार की और हिंदी के अन्य प्रतिष्ठित कवियों की कविताएँ)। ऐसा पहले कभी नहीं सोचा गया होगा कि ऐसा करने से भाषा का जेण्डरीकरण हो सकता है। पर इस उपन्यास का प्रभाव ऐसा ही पड़ता है। पढ़ते-पढ़ते किसी भी संवेदनशील पाठक को लगेगा कि वह किसी स्त्री की भाषा पढ़ रहा है या कोई स्त्री उसे अपनी भाषा पढ़ा रही है। जो पाठक साहित्य में पारम्पगत नहीं है, उसके लिए यह जानना मुश्किल है कि कहाँ से कविता शुरू हुई, किसकी कविता है और कहाँ से फिर गद्य की वापिसी हुई। जैसे :

> दूसरा व्यक्ति जो इस रंजकता से दूर एक कोने में बैठा था ... अवंतिकाजी ने बताया कि साहिल के भाई वही हैं। पी वे भी नहीं रहे थे। दूर बैठे जग का मुजरा लिए जाते थे। मैं ही वसंत का अग्रदूत/ब्राह्मण समाज में ज्यों अछूत/ ...इन सब के बीच कैसा लग रहा है यह दलित चिंतक, सादा कुर्ता पायजामा में कड़ी चाय। बाहर मैं कर दिया गया हूँ/भीतर पर भर दिया गया हूँ/ऊपर वह बर्फ़ गली है/नीचे वह नदी चली है/सख़्त चने के ऊपर नर्म फली है/इसी तरह हर दिया गया हूँ/ ... मैंने उसको जब-जब देखा/ढलता देखा/लोहा जैसा/तपते देखा/गलते देखा/ढलते देखा/गोली जैसा चलते देखा/... राष्ट्रगान

में कौन भला यह भारत भाग्य विधाता है/फ़टा सुथन्ना पहने जिसका गुन हरचरना गाता है ...।[23]

यहाँ पूछा जा सकता है कि क्या कविता की भाषा में स्त्री का होने के सम्भावना ज़्यादा मौजूद है? इसका एक कमोबेश जवाब उपन्यास के पृष्ठों पर भी मौजूद है :

> सब के सब भारतीय क्लासिकों में प्रेम की पहल नायिका की तरफ़ से ही हुई है— स्वयंवरा ही रही है हर नायिका। पुरुष चित्त में प्रेम भरा भी हुआ है तो वह धीरोदात्त भाव से इंतज़ार करता है कि स्त्री पहल करे— पार्वती, शकुंतला, सीता, दमयंती, राधा ... सफल प्रेम वे ही हुए हैं जिनमें चयन स्त्री ने ही स्वेच्छा से किया है और पुरुष ने अफ़रा-तफ़री नहीं मचाई है। ... कालिदास, श्रीहर्ष, भवभूति और भट्ट नारायण स्त्री-पुरुष संबंधों के सफल चितेरे इसीलिए हो पाए कि वह अंत:प्रज्ञा से सृष्टि का रहस्य समझ गये।[24]

अनामिका की यह भाषाई कारीगरी बेलौस है और कविता की तरह ही कभी ख़त्म नहीं होती। लेकिन क्या ऐसा नहीं है कि इस प्रक्रिया में कुछ दूसरी ज़रूरी भाषाई कारीगरियाँ उनसे छूट गयी हैं? एक सुधी समीक्षक की यह आलोचना सटीक है कि 'जिसे पात्रानुकूल भाषा कहते हैं, वह यहाँ बिल्कुल नहीं मिलेगी। सारे पात्र एक ही भाषा में बात करते हैं। भाषा में पात्र के परिवेश, गुणधर्म का स्थान शून्य है। पप्पू पनीर वाले के यहाँ काम करने वाला लड़का भी उसी भाषा में बात करता है जिसमें तारा और अवंतिका कक्कड़। कानन के लिए यह सूचना है कि अंसारी साहब के रिश्तेदारों से वह ख़राब उर्दू में बात करती है, परंतु यह सूचना मात्र है। उसकी भाषा-शैली में यह बात उभर कर नहीं आती।' यह अलग बात है कि इस समीक्षक को इसमें भाषा के लोकतंत्रीकरण की सम्भावना भी नज़र आती है : 'यह बदलाव अभी और निथरे रूप में सामने आएगा, क्योंकि भाषा में यह परिवर्तन समाज में हो रहे परिवर्तनों का अनुगामी है।'[25]

कथांकन की स्थापित संरचना तोड़ना

समीक्षकों को इस बात का पूरा एहसास है कि इस उपन्यास ने कुछ ऐसा ज़रूर किया है जो अन्य उपन्यासों में नहीं पाया जाता : 'एक स्त्री लेखक को रियायत देते हुए इसे उपन्यास मान भी लिया गया, तो कहा जाएगा कि इसमें अल्लम-

---

[23] अनामिका (2008 ख), *तिनका तिनके पास*, वाणी प्रकाशन, नयी दिल्ली : 95.

[24] वही : 92.

[25] अमिताभ राय (2009).

गल्लम बहुत ज़्यादा है, शिल्प की चुस्ती नहीं है और बिखराव की तो कोई सीमा ही नहीं है।[26] ... जो चीज़ सबसे ज़्यादा प्रभावित करती है, वह है इसका ढाँचा। उपन्यास तो अच्छे लिखे जाते हैं, पर बहुत कम लोग इसके साँचे और ढाँचे को बदल पाते हैं। अनामिका ने बदला है। यह सीधे-सीधे धारावाहिक आख्यान कहता हुआ उपन्यास नहीं है। बल्कि एक कथा-कोलाज़ है। इसमें कई लोगों के मुख से कहानी कहलाई गयी है।[27] ... आकार में यह उपन्यास दिखता है, पर इसने इस विधा को डीक्लास किया है। कथा सूत्र इतने अवांतर और बिखरे प्रसंगों से भरे हैं कि एकसूत्रीय कथावस्तु बताने में मुश्किल होती है। विषय की विविधता भी अत्यधिक है। कथाशिल्प और शैली में भी पर्याप्त विविधता है। कभी यह डायरी शैली में है, कहीं पत्र शैली में, कहीं निबंध, कहीं विचारोत्तेजक भाषण के रूप में।[28] .... यह उलझे सवालों का समाधान ढूँढ़ता, उत्तर-आधुनिक थियरी पर लिखा गया घुमंतू कबायली उपन्यास है।'[29] समीक्षा-टिप्पणियों का यह कोलाज़ बताता है कि राजकिशोर द्वारा व्यक्त किया गया अंदेशा (जो मुख्यत: *तिनका तिनके पास के बारे* में है) सही साबित नहीं हुआ है। डॉ. नामवर सिंह ने अपने स्थायी स्तंभ 'सबद निरंतर' में सीधे-सीधे धारावाहिक आख्यान से अलग इस कृति (*दस द्वारे का पींजरा*) का शुमार 'इधर के दो-तीन महत्त्वपूर्ण उपन्यासों' में करके इस प्रयास को मिली मान्यता पर अपनी मुहर लगा दी है।

चूँकि समीक्षकों ने परिस्थिति विशेष के कारण उपन्यास को उसकी सम्पूर्णता में पढ़ ही नहीं पाया है, इसलिए वे कबायली उपन्यास, कथा-कोलाज़ या विधा डीक्लास करने जैसे अवलोकन कर रहे हैं। दरअसल, कथांकन और आख्यान की स्थापित संरचना भंग करने के कार्यभार का स्रोत महज़ प्रयोगधर्मिता या किसी साहित्यिक आंदोलन में हिस्सेदारी नहीं है। यह तो एक सुपरिभाषित और बुनियादी नारीवादी दायित्व है, ठीक उसी तरह जैसे भाषा का जेण्डरीकरण भी एक मूलभूत नारीवादी अनिवार्यता है। प्रत्येक रचनाकार स्त्री ऐसा नहीं कर पाती। हिंदी की दुनिया पिछले बीस-पच्चीस वर्षों से स्त्री-रचनाकारों के मामले में उत्तरोत्तर समृद्ध होती जा रही है, पर नारीवादी साहित्य सिद्धांत की इन दो लाज़िमी शर्तों पर खरी उतरने वाली यह पहली ही रचना है। यह स्त्री-लेखन संवेदना के धरातल पर पुरुष-लेखन से पर्याप्त भिन्न है और पाठकों को एक नयी दुनिया और अनुभूतियों

---

[26] राजकिशोर (2009), 'हिंदी का पहला स्त्रीवादी उपन्यास', *जनसत्ता,* नयी दिल्ली.

[27] नामवर सिंह की *द पब्लिक एजेण्डा* (2010) में टिप्पणी से.

[28] अमिताभ राय (2009).

[29] अमिता मिश्र (2009), 'रचनात्मकता में नया', *इण्डिया टुडे,* 31 दिसम्बर : 65-66.

की प्रामाणिकता का आस्वाद कराता है। पर अपनी सभी ख़ूबियों के बावजूद लगभग सभी कृतियाँ कथांकन के प्रयोजनमूलक ढाँचे से बँधी हुई हैं। शायद इसी प्रयोजनमूलकता को नामवरजी ने आख्यान की धारावाहिकता क़रार दिया है।

नारीवादी साहित्य सिद्धांत आत्म-सचेत नारीवादी लेखक से यह उम्मीद भी करता है कि वह आख्यान की आदर्श समझी जाने वाली क्रमबद्धता तोड़ते हुए एक नवीन आख्यान की सृष्टि भी करेगा। आख़िरकार कथांकन या आख्यान ज्ञान को संगठित करके पाठकों या ऑडिएंस को थमाने की विधि है। जो काम पुरुष लेखक अनंत काल से करते आ रहे हैं, वही काम एक रैडिकल भिन्नता के साथ नारीवादी रचनाकार को भी करना है। उपन्यास की शुरुआत होती है सहजीवन और विवाह पर एक तुलनात्मक वक्तव्य से जिसका सिलसिला रमाबाई द्वारा संस्थापित शारदा सदन तक जाता है, और पूरे 585 पृष्ठों के बाद अंत होता है एक तक़रीबन वैसे ही संसार की प्रस्तावना के साथ जिसकी सम्भावनाएँ काननबाला ने शारदा सदन की गतिविधियों में देखी थीं। यह उपसंहार उपन्यास को भारतीय नारीवाद के एक ख़ास तरह के घोषणा-पत्र में बदल देता है जिसके केंद्र में एक नारीवादी यूटोपिया है। ज़रूरी नहीं कि इस घोषणापत्र से सभी लोग सहमत हों। यहाँ तक कि सभी नारीवादी भी इससे सहमत नहीं होंगे। कहना न होगा कि इस यूटोपिया की ज़मीन, दीवारें और छत की तरमीम ज्ञान के एक ख़ास तरह के संगठन से हुई है। इसलिए पहले यह देखना ज़रूरी है कि आख़िरकार उपन्यासकार ज्ञान का कौन सा संगठन पाठकों के सामने परोसना चाहती है।

एक समीक्षक ने सवाल उठाया है कि उपन्यास के पात्र उनके देशकाल से वंचित कर दिये गये हैं। उपन्यास की अवधि और स्थानिकता को तारीख़ों और भूगोल के आईने में देखा जाएगा तो ऐसा लगेगा ही। असल में उपन्यास का काल आधुनिक समय है और आधुनिकता उसका देश है। एक ऐसा देश और एक ऐसा काल जो युरोप से भिन्न है। जिसके तहत राष्ट्रवाद और नारीवाद एक साथ पैदा हो रहे हैं, पनप रहे हैं, एक-दूसरे का इस्तेमाल कर रहे हैं और अपना इस्तेमाल नियोजित रूप से रोक रहे हैं या होने दे रहे हैं, समाज सुधार की राजनीति में भाग ले रहे हैं और उपनिवेशवाद के साथ विनिमय कर रहे हैं। उपनिवेशवाद विरोधी गोलबंदी के शिखर पर होने के कारण राष्ट्रवाद का वर्चस्व क़ायम हो रहा है, पर नारीवाद उसे मानने के लिए तैयार नहीं है। उसके पास अपनी माँगें हैं, ठीक उसी तरह जैसे 'डिप्रेस्ड क्लास' या निचली जातियों और समुदायों के पास अपनी माँगें हैं। उसकी ये माँगें आज़ादी मिलने के बाद भी क़ायम रहती हैं। राजनीतिक आधुनिकता के बोलबाले के दौरान नारीवाद यह कह रहा है कि

राजनीतिक विचारधाराएँ, चाहे मार्क्सवादी हों या उदारतावादी, स्त्री-पुरुष संबंधों को एक क्षैतिज धरातल पर लाने में नाकाम हैं। आनंदीबाई जोशी द्वारा अपने सुधारवादी पति को लिखे पत्र और कॉमरेड गार्गी के पत्र सामाजिक आधुनिकीकरण के दोनों सिरों को कठघरे में खड़ा कर देते हैं। उन्नीसवीं सदी की रमाबाई, बीसवीं सदी की शुरुआत की ढेलाबाई, भूमण्डलीकरण के ज़माने की अवंतिका कक्कड़ और तारा नाकाम होने के लिए अभिशप्त तलाश में लगी हुई हैं। परिवार के भीतर हो या परिवार के बाहर सेक्शुअलिटी का क़िस्सा एक सा ही है। यौन-सुख ख़रीदने वाले ग्राहकों, पराक्रमी प्रेमियों और रंग-रुतबे वाले पतियों के साथ की जाने वाली देह की रगड़-घिस्स के विपरीत उन सभी को अपना-अपना धीरोदात्त नायक चाहिए। मुश्किल यह है कि धीरोदात्त नायक केवल भरत के नाट्यशास्त्र के पृष्ठों में ही क़ैद है। सुधीर कक्कड़ की एक स्थापना के मुताबिक़ नारीवाद आधुनिकीकरण और राष्ट्रवाद की परिवर्तनकारी शक्तियों से पूछ रहा है कि तेज़ी से बदलते हुए भारत की केवल सेक्शुअल घड़ी (अर्थात् स्त्री-पुरुष संबंध) ही इतनी धीमी रफ़्तार से टिक-टिक क्यों कर रही है?

ज्ञान के इस संगठन को निगाह में रख कर देखने पर इस उपन्यास में कथांकन की रैडिकल भिन्नता के दर्शन होते हैं। उपन्यास में कई सूत्रधार हैं। फ़्लैशबैक का इस्तेमाल किये बिना अतीत का आगमन होता है। देर-देर तक अतीत-वर्णन होते रहने के बावजूद उपन्यास का देशकाल वर्तमान में ही स्थित रहता है। इस दृष्टि से वह ऐतिहासिक उपन्यास कभी नहीं बनता। प्रथम पुरुष और अन्य पुरुष आपस में गड्डु-मड्डु हैं। तरह-तरह की विधाओं का इस्तेमाल है। क़िस्सा तोता-मैना की क़िस्सागोई के ज़रिये दिखाया गया जेण्डर-युद्ध है। पात्र एक-दूसरे को लम्बे-लम्बे पत्र लिख कर अपने वक्तव्य दर्ज कराते हैं। यहाँ तक कि समाज-विज्ञान की तरह दूसरी पुस्तकों से कई-कई पृष्ठों तक उद्धरणों का प्रयोग भी किया गया है। यह *पाश्टिश* की तकनीक़ का इस्तेमाल भी हो सकता है, और बर्तोल्त ब्रेख़्त की तर्ज़ पर कथानक के प्रवाह को जानबूझ कर तोड़ने का प्रयोजन भी हो सकता है ताकि आत्मचिंतन (सेल्फ़-रिफ़्लेक्सिविटी) का मौक़ा मिल सके। हालाँकि रचनात्मक साहित्य को 'कहना' नहीं बल्कि 'दिखाना' चाहिए, लेकिन यह उपन्यास कई बार 'कहने' पर तुल जाता है। पाठक को श्रोता मान कर वह वक्ता की तरह उसके साथ संवाद करता है। कल्पनाजनित पात्रों को यथार्थ में मौजूद किरदारों के साथ रख दिया गया है। कालगर्लीय अनुभव से गुज़र चुकी तारा और दार्शनिक रामचंद्र गाँधी का संवाद इसी क़िस्म का है। इससे हॉलीवुड की उन फ़िल्मों की याद आती है जिनमें यथार्थपरक भूमिका निभाते

हुए किसी एक्टर की मुलाक़ात अचानक एक ऐनीमेटिड पात्र (कार्टून करेक्टर) से हो जाती है और वे बाक़ायदा आपस में बातचीत करते हैं, एक-दूसरे की मदद करते हैं। फ़िल्म तकनीक के ज़रिये जो प्रकरण दर्शकों के लिए मनोरंजन की स्थितियाँ पैदा करता है, उपन्यासकार ने लगभग उसी तकनीक का इस्तेमाल करके पाठकों से कहा है :

> उस दिन रामचंद्र गाँधी ने तारा से बातों-बातों में कहा, '... एक दिन शिव की आँखें पीछे से आकर पार्वती ने मूँद लीं ... शिव हँस कर बोले— क्या चाहती हो, दुनिया को देखूँ नहीं, सिर्फ़ तुम्हें देखूँ? पार्वती बोलीं— चाहती मैं ये हूँ कि आप सारी दुनिया में मुझको ही देखें और मुझमें सारी दुनिया ....।' ... इधर वो लगातार यह भी कह रहे थे, 'हमारे समाज की यह बड़ी समस्या है कि हमारा कोई पिता नहीं रहा। पितृत्वविहीन समाज है यह। पिता या पति बनने की कुव्वत नहीं रही किसी की। स्त्रियाँ तो मातृभाव में हैं भी, लेकिन पुरुष बारहवीं से ज़िद्दी बच्चे की स्थिति से बाहर नहीं निकल पाए।'[30]

यह एक जटिल प्रसंग है। इसका सूत्रधार एक महत्त्वपूर्ण दलित पात्र है जो दो सवर्णों के बीच हो रही इस बातचीत के कारण ख़ुद को छिटका हुआ और अलगाव में पाता है। बहरहाल, पता नहीं रामचंद्र गाँधी ने ऐसा कहा था या नहीं। हो सकता है कहा हो, पर अनामिका ने उनके मुख से कहलवाया है। वे ज्ञान की जो संरचना पेश करना चाहती हैं वह नारीवाद की ख़ास प्रवृत्ति की परिचायक है जिस पर इस लेख के अंतिम खण्ड में विचार किया जाएगा।

IV

धीरोदात्त नायक, मातृत्व और नारीवादी यूटोपिया / पुरुष का विश्लेषण और स्त्री का संश्लेषण

उपन्यास के वैचारिक सूत्रों की तरफ़ इशारा करने वाले चुस्त फ़िक़रों, रामचंद्र गाँधी से कहलवाए गये उक्त संवाद और इस आलेख में दिये गये उद्धरणों से अभी तक एक अंदाज़ा लग गया होगा कि आख़िरकार एक संवेदनशील स्त्री के सपनों में उसके कटे हुए हाथ क्यों छटपटाते हैं। एक समीक्षक का विचार है कि उपन्यास में एकल कथासूत्र की कमी तो है ही, एक अंतर्धारा के रूप में एकल विचारसूत्र भी ग़ायब है। कथासूत्र किस रूप में मौजूद है, इसकी चर्चा हो चुकी है। विचारसूत्र न पकड़ पाने की समस्या कुछ संगीन है। इसका ताल्लुक़ उस मार्क्सवादी बुढ़भस से है जिसके अवशेष युवा आलोचकों में भी पाए जाते हैं।

---

[30] अनामिका (2008 ख) : 123-25.

दिक़्क़त उस समय बढ़ जाती है जब बुलंद आवाज़ में बोलने के बावजूद विचारसूत्र पकड़ में नहीं आता, क्योंकि इन समीक्षकों को विचार वैसा ही चाहिए जो प्रचलित क़िस्म की मार्क्सवादी संहिताओं में दर्ज है। पहले परम्परा ने और फिर राष्ट्रवादी आधुनिकता ने स्त्री-पुरुष संबंधों की जिस संरचना को पुष्ट और नवीकृत किया, उसे लैंगिक लोकतंत्र की कसौटियों पर कसते हुए आलोचना करने की प्रक्रिया में यह विचारसूत्र अभिव्यक्त होता है। इसे रेखांकित करने वाले ये उद्धरण द्रष्टव्य हैं :

> हर निराश प्रेमी दाँत किटकिटाता-सा दुश्मन बन कर उनके कक्ष से निकलता और तरह-तरह के दुष्प्रचारों, कटाक्षों और गाली-गलौज में उसी दत्तचित्तता से जुट जाता जिससे कि पहले प्रेम निवेदन में जुटा था। आश्चर्य-विह्वल देखती रहतीं रमाबाई कि देह का प्रत्याशी प्रेम तो सचमुच कपूर है, जो बिना आँच के क्षण में उड़ गया, आँच मिलने पर तो क्षणांश में ही उड़ जाता। ... पहले कुछ हफ़्ते तो प्रेम के आवेदकों को भरोसा ही नहीं होता कि विवाह की उम्र पार कर गयी, 'अबंड' इधर-उधर घूमती-फिरती अकेली औरत उन जैसे क़ाबिल जवाँमर्द का प्रणय-निवेदन स्वीकार कर सकती है।[31]
>
> कोई पिटी हुई निरुपाय पत्नी पति से सट कर जब अपना ब्लाउज़ ऊपर उठा ले— सिर्फ़ इसलिए कि उसके पास जाने की और कोई जगह नहीं, कि उसके बच्चे अभी दुधमुँहे हैं, कि बाहर की दुनिया और भयानक लगती है उसको, उसकी स्थिति किसी वेश्या से बेहतर नहीं होती। यह सब मैंने खुद उस क्षण महसूस किया जब 'गेट आउट' कहने के अगले ही घंटे सब भूल कर मेरे पतिदेव मेरे ही दुधमुँहे बच्चे बन कर गोदी में मस्त सो लिए— और मैं छत की बीमें गिनती चुपचाप सोचती रही कि उठने के ग्यारहवें क्षण फिर वही हाँय-हाँय, झाँय-झाँय जब शुरू होगी— मन की वितृष्णा कैसे पोंछूँगी, जाँघों पर असमय ही भभक पड़ी वीर्य की बूँदों की तरह या आँसुओं की तरह।[32]

एक प्रकरण उन्नीसवीं सदी के मध्य में परम्परापीड़ित सार्वजनिक जीवन में अकेले पैर जमाने की कोशिश कर रही विधवा रमाबाई का है, और दूसरा बीसवीं सदी के संसदीय लोकतंत्र में वामपंथी राजनीति के ज़रिये मुक़ाम हासिल कर चुकी अवंतिका देवी का है। अवंतिका तारा से यह भी कहती हैं : 'एक तरह की कालगर्ल हर औरत होती है। ब्याहता गृहस्थिन भी। कालगर्ल को यह छूट तो होती है हर 'काल' पर वह प्रस्तुत न हो, पर गृहस्थिन की क्या मज़ाल!'[33]

परिवार की संस्था की स्थिति यह है कि उपन्यास के केवल एक पात्र को (रमाबाई) को ही केवल थोड़े से दिनों का सुखी दाम्पत्य मिलता दिखाया जाता

---

[31] अनामिका (2008 क) : 58-9.

[32] अनामिका (2008 ख) : 65.

[33] अनामिका (2008 ख) : 65.

है, वरना इस रचना की लगभग हर स्त्री (गृहिणी हो या कालगर्ल) अपने मनचाहे पुरुष की खोज़ में विफल है। वह यौन–क्रिया के प्रति असहज है, अपनी देह को लेकर शंकित है, पुरुष के रवैये को लेकर क्षुभित है। वह यौन–क्रिया में उतरती है तो किसी सौदे के लिए, चाहे बदले में उसे धन मिला हो या सामाजिक सुरक्षा। अगर वह सौदा नहीं कर रही है तो फिर वह देह–दान कर रही है। बदले में वह पुरुष–देह का प्रतिदान न लेकर चिकित्सक की तरह है जो केवल दवा देता है, लेता नहीं। देह के माध्यम से वह पुरुष–मानसिकता का उपचार करना चाहती है। अनामिका का दावा स्पष्ट है कि बंगाल और महाराष्ट्र के नवजागरणों के दौरान जन्मी भारतीय आधुनिकता और राष्ट्रवाद पूरे डेढ़ सौ साल तक यात्रा करने के बावजूद उस धीरोदात्त नायक का साँचा तैयार नहीं कर पाई जिसकी चाह आधुनिक स्त्री को है।

अनामिका को नरम क़िस्म के नारीवाद का प्रतिनिधि मानने वालों को यहाँ साफ़ तौर पर दिख जाना चाहिए कि उनके हाथ में सर्जन का स्केल्पर है और सामने ऑपरेशन टेबिल पर पड़े हुए आधुनिक और राष्ट्रवादी पुरुष के रेशे–रेशे को अपने हिसाब से चीरती हुई देख रही हैं कि उनका इच्छित धीरोदात्त नायक कहाँ छिपा है। चूँकि किसी भी तरह की औरत को वह नायक नसीब नहीं है, इसलिए फिर पुरुष के रूप में उपलब्ध सामग्री दरअसल है क्या? उस सामग्री से स्त्री का रिश्ता क्या है? ठीक इसी जगह उपन्यासकार नारीवाद की एक ख़ास प्रवृत्ति की नुमाइंदगी करती नज़र आती है। और, यह प्रवृत्ति है नारीवादी तात्त्विकतावाद अर्थात् फ़ेमिनिस्ट इसेंशियलिज़म। यह फ़ेमिनिस्ट इसेंशियलिज़म ही इस कृति के सभी स्त्री चरित्रों के भीतर मातृत्व की प्रधानता स्थापित करता है। हर जगह और हर परिस्थिति में स्त्री मुख्य तौर पर माँ है। इसके बाद अगर कुछ है तो डॉक्टर या तीमारदार है। पुरुष हर जगह बच्चा है, कभी बहुत छोटा तो कभी कुछ बड़ा। या फिर पुरुष 'क्रोध और कामना' का बीमार है और किसी चाराग़र का तलबग़ार है। पुरुष और पुरुषत्व को क्या इससे ज़्यादा भी ख़ारिज किया जा सकता है?

तात्त्विकतावाद नारीवाद के दो प्रमुख ध्रुवों में से एक है। दूसरा ध्रुव है सोशल कंस्ट्रक्टिविज़म या सामाजिक रचनावाद। तात्त्विकतावाद स्त्री को उसके अनिवार्य गुणों की रोशनी में ही देखना चाहता है। ज़ाहिर है कि इन अनिवार्य गुणों में से बहुत से गुण स्त्री की उस विशिष्ट जैविकता की देन हैं, जो पुरुष को नसीब नहीं हो सकती। इसलिए अक्सर इस तात्त्विकतावाद को बॉयलॉजीकल इसेंशियलिज़म भी कहा जाता है। यह तात्त्विकतावाद कहता है कि स्त्री होती है।

सामाजिक संरचनावाद कहता है कि स्त्री होती नहीं समाज और परिस्थितियाँ उसे बनाते हैं। लेकिन दो ध्रुवों में आसान सा लगने वाला नारीवाद का यह विभाजन काफ़ी नफ़ीस क़िस्म का और बड़ी हद तक परस्परव्यापी है। इसे सरलीकृत ढंग से लेने पर समझ की समस्याएँ पैदा हो सकती हैं। सामाजिक रचनावादी कभी भी तात्त्विकतावादी लग सकते हैं और तात्त्विकतावादी उनसे भी ज़्यादा बुलंद स्वर में कह सकते हैं कि औरत औरत होने के साथ बहुत कुछ और भी है। गायत्री चक्रवर्ती स्पिवाक का एक कथन इस परस्परव्यापी स्थिति का प्रमाण है जब वे तात्त्विकतावाद की आलोचना करने के साथ-साथ यह भी कहती नज़र आयीं कि अगर स्त्री को राजनीतिक गोलबंदी करनी है तो उसे एक तरह का 'रणनीतिक तात्त्विकतावाद' अपनाना पड़ सकता है। लेकिन तात्त्विकतावाद एक ऐसी शै है जो कभी भी अस्थायी नहीं होता। अनामिका का तात्त्विकतावाद भी महज़ रणनीतिक नहीं है। वह उनकी कृति की बौद्धिक संरचना में इतने भीतर तक बिंधा हुआ है कि उसे चिह्नित करना आसान नहीं है। हर विचारधारा की तरह नारीवादी तात्त्विकतावाद के साथ भी उसकी अनन्यताएँ, उसके पूर्वग्रह और उसकी अंतर्निहित अहंमन्यताएँ चिपकी हुई हैं। उपन्यासकार की ख़ूबी यह है कि वे अपनी नरम और गुनगुनी भाषिक तबीयत के पीछे इन दोषों को छिपा लेती हैं।

केवल एक ऐसा मौक़ा है जब उपन्यास का तात्त्विकतावाद कुछ लापरवाह हो कर सतह पर आ जाता है। सतर्क पाठक के हाथ यह अवसर उपन्यास के दूसरे खण्ड की शुरुआत में लगता है जब शीरीन के मुख से अनामिका 'मानवजाति का इतिहास गढ़ने वाली दो महावृत्तियों' की चर्चा करवाती हैं। ये महावृत्तियाँ हैं, एक क्रोध और दूसरी कामना। इसके बाद अगले तीन पृष्ठों पर कामी और क्रोधी पुरुषों की विभिन्न श्रेणियों की प्रकटतः मनोरंजक चर्चा की गयी है। क्रोधी कौन हैं : प्रतिपालक होने का अहंकार रखने वाले मर्द, ख़ुद को नैतिक और प्रभावान मानने वाले भद्र पुरुष, स्वयं को नियंत्रित न कर सकने वाले कुंठित लोग, कहीं का गुस्सा कहीं निकालने वाले निर्बल लोग और घर की ज़मीन पर आतंकवादी गतिविधियाँ करने वाले गृहस्थ। कामीजन कौन हैं : सुपरएक्टिव दिल वाले, सुपरएक्टिव दिमाग़ वाले, सुपरएक्टिव अधोभाग-लातादि वाले, सुपरएक्टिव जीभ वाले, चुप्पी और बंकिम दृष्टि जैसे सूक्ष्मतम अवयवों के सहारे 'मिशन एकम्पलिश्ड' करने वाले, निष्काम भाव से काम की तुष्टि करने वाले, हरदम भटकने और अतृप्त रहने वाले रोमानी जन।[34] यह दिलचस्प वर्गीकरण सामने आने के बाद सतर्क पाठक सवाल

[34] अनामिका (2008 ख) : 28-30.

पूछना चाहता है कि अगर काम और क्रोध 'पुरुषजाति' की न हो कर 'मानवजाति' की महावृत्तियाँ हैं तो फिर इस वर्गीकरण से स्त्रियाँ क्यों लापता हैं ? लेखिका ने अपने ख़ुशनुमा लहजे में पुरुषों के मानस का अंगोच्छेदन कुछ इस तरह से किया है, जैसे कि स्त्री न तो काम की शिकार हो सकती है, न क्रोध की और न मद की। अगर उपन्यास के इस प्रसंग की रोशनी में पहले खण्ड को दोबारा और बाक़ी बचे हुए उपन्यास को नये सिरे से पढ़ा जाए तो दिखने लगता है कि तात्त्विकतावाद कहाँ-कहाँ बोल रहा है। स्त्री को पुरुष ने पत्नी, प्रेमिका, बहिन, माँ, विधवा और वेश्या की तरह वर्गीकृत किया है, पर अनामिका ने अपनी विचारधारात्मक प्रविधि का इस्तेमाल करके उसे एक यूनिट में बदल दिया है। यह यूनिट है माँ का। माँ नामक यह इकॉई एकाश्म हो कर मानवजाति के इतिहास से बाहर खड़ी है। वह सदैव ही कल्याणकारी और शुभ है। अगर कुछ विकार उसमें दिखते भी हैं तो उपन्यासकार के मुताबिक़ उसे कहीं न कहीं पितृसत्ता की बुराइयों की छूत लग गयी होगी। यह रवैया पुरुष के विश्लेषण और स्त्री के संश्लेषण का असाधारण नमूना है।

इसमें कोई शक नहीं कि केवल स्त्री ही माँ बन सकती है। पुरुष सब कुछ हो सकता है, पर माँ नहीं बन सकता। मातृत्व ही अंतिम और अनुलंघनीय जैविक विभाजन है। स्त्री की प्रजननकारी क्षमता ही वह मुक़ाम है जहाँ पर पुरुष स्त्री की श्रेष्ठता स्वीकारने के लिए बाध्य है। लेकिन क्या स्त्री की ऐसी प्रकृतिप्रदत्त और निर्विवाद ख़ूबी उसे एक सत्तामूलक हस्ती बना सकती है ? क्या माँ की सत्ता के नेतृत्व में पितृसत्ता के ख़िलाफ़ संघर्ष चलाया जा सकता है ? इस सवाल का जवाब नारीवाद के दोनों ध्रुव अलग-अलग तरह से देते हैं। चूँकि मातृत्व के साथ लालन-पालन की ज़िम्मेदारियाँ भी अनिवार्य रूप से जुड़ी हैं (जिनके कारण स्त्री घर की चारदीवारी में, प्राइवेट दायरे में क़ैद हो जाती है), इसलिए नारीवादियों ने उसे औरत के उत्पीड़न के एक स्रोत के रूप में भी चिह्नित किया है। आख़िरकार पुरुषत्व और स्त्रीत्व की मौजूदा सामाजिक संरचनाएँ मातृत्व की सक्रिय हिस्सेदारी और उसके इर्द-गिर्द ही बनती हैं। इसीलिए सामाजिक रचनावादी विदुषियाँ स्त्री होने और माँ होने को अलग-अलग करके देखना पसंद करती हैं। हालाँकि तात्त्विकतावादी विदुषियों को 'मातृमूलक नैसर्गिकता' बहुत प्रिय है, पर ख़ासे अंदरूनी बहस-मुबाहिसे के बाद नारीवादी विद्वत्ता अब इस निष्कर्ष पर पहुँच गयी लगती है कि गर्भधारण करने और बच्चा पैदा करने को अलग करके समझना चाहिए। लालन-पालन, उसके सामाजिक-सांस्कृतिक संदर्भ और अन्य संबंधित पारिवारिक गतिविधियों का आकलन अलग से किया जाना चाहिए। ऐसा करते

ही मातृत्व का अनुभव उसके जैविक दायरे से निकल कर ऐतिहासिक, सांस्कृतिक और सामाजिक विविधता में प्रकट होने लगता है। वेश्या का मातृत्व, गृहिणी का मातृत्व, एक परम्परानिष्ठ स्त्री का मातृत्व, एक आधुनिक कामकाजी स्त्री का मातृत्व, समलैंगिक स्त्री का मातृत्व और गोद से बच्चा छिन जाने वाली स्त्री का मातृत्व एक ही श्रेणी में डाले जाने वाली चीज़ नहीं रह जाता। मातृत्व के मैटानैरेटिव का यह विखण्डन नारीवादी तात्त्विकतावाद की प्रभावकारिता को कमज़ोर कर देता है।[35] आद्रियाने रिच ने नारीवाद की इसी समस्या का सूत्रीकरण करते हुए कहा था कि 'पालक' की भूमिका स्त्री पर उसकी एक विशेष ख़ूबी के तौर पर सरलीकृत ढंग से चस्पाँ कर देना ख़तरनाक है। रिच कहती हैं कि पुरुष की बलात्कारी और योद्धा मानसिकता का प्रतिकार करने के लिए मातृमूलक ख़ूबियों पर ज़ोर देना अलग बात है, लेकिन यह तुलना उस समय तक बोझ बनी रहेगी जब तक स्त्री के इस सर्वाधिक उदार और संवेदनशील आयाम को ही एक लीवर की तरह इस्तेमाल करके उसे नियंत्रित किया जाता रहेगा।[36] हर तात्त्विकतावादी विदुषी को यह तर्क पता है। 'सारी औरतें माँ और सारे मर्द बच्चे' जैसा सूत्रीकरण करने वाली अनामिका भी उनसे अलग नहीं हैं। इसीलिए वे अपने उपन्यास में तरह-तरह से स्त्री का मातृमूलक पक्ष उभार कर ही नहीं रह जातीं। कुछ जगहों पर वे उसकी रणनीतिक अनिवार्यताओं को सामने लाती हैं, और कुछ जगहों पर बच्चों के प्रति ममता के प्रश्न को उस स्नेह और देखभाल की भरपाई के रूप में पेश करती हैं जो आमतौर से स्त्री को नहीं मिलता।

चूँकि उपन्यास की स्त्रियाँ अपने तिक्त अनुभवों की रोशनी में पुरुषों की दुनिया को माँ की तरह ही देख पाने के लिए अभिशप्त हैं, इसलिए ज़ाहिर है कि 'पटरी से उतरी हुई औरतें' अपना यूटोपिया कल्पित करते समय उसमें पुरुषों की भूमिका न के बराबर ही रखती हैं :

> शारदा सदन के आँगन से बालविधवाओं, युवा परित्यक्ताओं, वृद्ध वेश्याओं, उपेक्षित माताओं, पत्नियों, बहिनों, बेटियों और उन समस्त स्त्रियों के सम्मिलित कहकहों की मस्त-मगन आवाज़ गूँज रही थी जो अभी कुछ दिन पहले ही बोझ की तरह जीवन कंधे पर लादे हुए वहाँ आयी थीं या लाई गयी थीं। सहकारिता, स्वावलम्बन, आत्मविश्वास और बृहत्तर जीवन का सम्मिलित सपना देखते ही देखते इनका कायाकल्प ही कर गया था। यह औरतों का समृद्ध-समरस संसार था। मर्द जहाँ

---

[35] तात्त्विकतावाद और सामाजिक रचनावाद के बीच पॉलिमिक्स और मातृत्व के प्रश्न संबंधी विस्तृत चर्चा के लिए देखें, पैट्रिस डिकिंज़ियो (1993), 'एक्सक्स्यूज़न ऐंड इसेंशियलिज़म इन फ़ेमिनिस्ट थियरी : द प्रॉब्लम ऑफ़ मदरिंग', *हायपैतिया*, खण्ड 8, अंक 3, ग्रीष्म : 1–20.

[36] आद्रियाने रिच (1976), *ऑफ़ वुमॅन बोर्न : मदरहुड ऐज़ एक्सपीरिएंस ऐंड इंस्टीट्यूशन*, नॉर्टन, न्यूयार्क.

आनी–जानी माया भर थे। ... जीवन का बोझ उतार कर शारदा सदन आयी ये औरतें किस क़दर ख़ुश रहती हैं। मज़ाक में कानन शारदा सदन को ओल्ड गर्ल्स फ़न सेंटर कहती थी। ... क्या ख़ूब बोलती थीं रमाबाई— एक बार 'थेरी गाथाओं' से कुछ हमें पढ़ कर सुनाया। कुछ स्मृतियाँ अब तक मन के किस मोखे पर मणिदीप सी प्रज्वलित हैं।[37]

रमाबाई अपने यूटोपिया का एक संस्थागत रूप बनाने में सफल रही थीं, क्योंकि वे समाज सुधार की सांस्कृतिक राजनीति करती थीं। लेकिन अवंतिका देवी, तारा और शीरीन के ज़माने में राजनीति बदल चुकी है। इसलिए अनामिका इस यूटोपिया की व्यावहारिक ज़मीन बनाने के लिए एक सात सूत्रीय घोषणापत्र पेश करती हैं जिसका प्रमुख कार्यक्रम है विवाह की उम्र की तरफ़ बढ़ रहे युवाओं के प्रशिक्षण का।[38] इंजीनियरिंग, डॉक्टरी और मैनेजरी की ट्रेनिंग तो ख़ूब दी जाती है, पर नारीवादी यूटोपिया को ऐसे नागरिकों की ज़रूरत है जो 'समृद्ध और समरस' लैंगिक संसार के सदस्य बन सकें। जब तक इस घोषणापत्र पर राष्ट्र और समाज द्वारा बाक़ायदा अमल नहीं होता, तब तक स्त्री के लिए 'न उजाला है, न अँधेरा। न दिन, न रात।' उसकी गोदी में सिर रखे उसका रक़ीब गहरी नींद सोया रहेगा। उसे उम्मीद है कि उसका स्टेशन कभी न कभी तो आएगा।

संदर्भ :

अभय कुमार दुबे (2007), 'नारीवाद की हिंदी-कथा : हमारे युग की दो नायिकाएँ', *तद्‌भव,* 16.

अनामिका (2008 क), *दस द्वारे का पींजरा,* राजकमल प्रकाशन, नयी दिल्ली.

------ (2008 ख), *तिनका तिनके पास,* वाणी प्रकाशन, नयी दिल्ली.

------ (2009), 'ये मेरे दो उपन्यास', *अन्यथा,* अंक 15.

अमिता मिश्र (2008), 'रचनात्मकता में नया', *इण्डिया टुडे,* 31 दिसम्बर.

अमिताभ राय (2009), 'स्त्रीवादी चिंतन से प्रेरित उपन्यास', *समीक्षा.*

आद्रियाने रिच (1976), *ऑफ़ वुमॅन बोर्न : मदरहुड ऐज़ एक्सपीरिएंस ऐंड इंस्टीट्यूशन,* नॉर्टन, न्यूयार्क.

उमा चक्रवर्ती (1998), *रिराइटिंग हिस्ट्री : द लाइफ़ ऐंड टाइम्स ऑफ़ पण्डिता रमाबाई,* काली फ़ॉर वुमॅन प्रेस, नयी दिल्ली.

एलिज़ाबेथ स्तारसेविच (1987), 'रप्चराज़ : एक फ़ेमिनिस्ट नॉवेल', *अनाल्स द ला लितरेत्योरा एस्पानोला कंते पोरेनिया,* खण्ड 12, अंक 1/2, रीडिंग फ़ॉर डिफ़रेंस : *फ़ेमिनिस्ट पर्सपेक्टिव्ज़ ऑन वुमॅन नॉवेलिस्ट्स ऑफ़ कंटेम्परेरी स्पेन.*

[37] अनामिका (2008 क): 269–70.

[38] अनामिका (2008 ख): 295–301.

कैथरीन आर. स्टिम्पसन (1983), द *मेसाचुसेट्स रिव्यू,* खण्ड 24, अंक 2, वुमॅन : द आर्ट्स 2, ग्रीष्म.

गेल ऑम्वेट (2000), 'टुवर्ड्स अ थियरी ऑफ़ ब्राह्मनिक पैट्रियार्की', *इकॉनॉमिक ऐंड पॉलिटिकल वीकली,* खण्ड 35, अंक 4.

जसोधरा बाग़ची (2001), 'जेंडरिंग ऑफ़ द नॉवेल', *इकॉनॉमिक ऐंड पॉलिटिकल वीकली,* खण्ड 36, अंक 22.

जान जिंडी पैटमेन (1998), 'नैशनलिज़म ऐंड आफ़्टर', *रिव्यू ऑफ़ इंटरनैशनल स्टडीज़,* खण्ड 24, द एट्टी इयर्स क्राइसिस 1919–1999.

टाइम्स ऑफ़ इण्डिया (2010), सम्पादकीय : 'लैंग्वेज मैटर्स / जेण्डर न्यूट्रल पब्लिक वोक्युबलिरी नीडिड', मुंबई.

नामवर सिंह (2009), 'स्त्री मुक्ति के नये आयाम', *द पब्लिक एजेण्डा.*

परमानंद श्रीवास्तव (2008), 'स्मृति, इतिहास और आख्यान', *तद्‌भव,* 18.

पैट्रिस डिकिंज़ियो (1993), 'एक्सक्ल्यूज़न ऐंड इसेंशियलिज़म इन फ़ेमिनिस्ट थियरी : द प्रॉब्लम ऑफ़ मदरिंग', *हायपैतिया,* खण्ड 8, अंक 3, ग्रीष्म.

पार्थ चटर्जी (1999), 'द नैशनलिस्ट रिज़ोल्यूशन ऑफ़ वुमंस क्वेश्चन', कुमकुम संगारी और सुदेश वैद (सं.), *रिकास्टिंग वुमॅन : एसेज़ इन कोलोनियल हिस्ट्री,* काली फ़ॉर वुमॅन प्रेस.

मार्गरेट होमंस (1994), 'फ़ेमिनिस्ट फ़िक्शंस ऐंड फ़ेमिनिस्ट थियरीज़ ऑफ़ नैरेटिव', *नैरेटिव,* खण्ड 2, अंक 1.

मृणालिनी सिन्हा (2000), 'रिफ़ेशनिंग मदर इण्डिया : फ़ेमिनिज़म ऐंड नैशनलिज़म इन लेट–कोलोनियल इण्डिया', *फ़ेमिनिस्ट स्टडीज़,* खण्ड 26, अंक 3, *पॉइंट्स ऑफ़ डिपार्चर : इण्डिया ऐंड साउथ एशियन डायस्पोरा,* हेमंत.

मीनाक्षी मुखर्जी (1984), 'रियलिटी ऐंड रियलिज़म : इण्डियन वुमॅन ऐज़ प्रोटेगनिस्ट्स इन फ़ोर नाइंटींथ सेंचुरी नॉवेल्स', *इकॉनॉमिक ऐंड पॉलिटिकल वीकली,* खण्ड 19, अंक 2.

मीरा कोसाम्बी (1988), 'वुमॅन, इमेंसिपेशन ऐंड ईक्वलिटी : पण्डिता रमाबाईज़ कंट्रिब्यूशन टु वुमंस कॉज़', *इकॉनॉमिक ऐंड पॉलिटिकल वीकली,* खण्ड 23, अंक 44, 29 अक्टूबर.

रंजू सियोदू हेर (2003), 'द पॉसिबिलिटी ऑफ़ नैशनलिस्ट फ़ेमिनिज़म', *हायपैटिया,* खण्ड 18, अंक 3 (हेमंत).

राजकिशोर (2010), 'नारीवाद का पहला उपन्यास', *जनसत्ता,* 10 जनवरी, नयी दिल्ली.

सूज़न गुबर (1998), 'व्हाट एल्स फ़ेमिनिस्ट क्रिटिसिज़म ?', *क्रिटिकल इनक्वैरी,* खण्ड 24, अंक 4, ग्रीष्म.

फ़ुटपाथ पर कामसूत्र

महानगर में कामनाओं का भूगोल

हम शुरू से ही साफ़ कर देना चाहते हैं कि हम कोई पारिवारिक पत्रिका नहीं निकाल रहे हैं। अगर आप किसी की बेटी, पत्नी या सास हैं, और अगर ग़लती से आपने हमारी पत्रिका ख़रीद ली है, तो बेहतर होगा कि आप उसे अपने मर्द को पढ़ने के लिए दे दें...

—प्लेबॉय के पहले अंक में प्रकाशित ह्यू हेफ़नर की टिप्पणी
जिसे *पायनियर*, नयी दिल्ली के परिशिष्ट 'वीवासिटी'
ने जुलाई, 2003 में छापा

अगर मुझे एक पोर्न मैग़ज़ीन मिले तो उसे पढ़ने में मुझे कोई हिचक नहीं होगी। मैं इस बारे में खुल कर स्वीकारती हूँ, जबकि दूसरे लोग यही काम बंद कमरों में करते हैं।

—सुपर हिट म्यूजिक वीडियो 'डीजे डॉल' की
नायिका शेफ़ाली ज़रीवाला, *डेलही टाइम्स*, 3 मई, 2003

हालाँकि लोगों की राय के लिए हमारे दरवाज़े हमेशा खुले रहते हैं और दरअसल हम पाठकों की तरफ़ से की जाने वाली आलोचनाएँ प्रोत्साहित भी करते हैं, लेकिन यह स्पष्ट करना ज़रूरी है कि 'मोर सेक्स प्लीज़, वी आर इण्डियन' जैसा आइटम छापने के पीछे हमारा इरादा आज की पीढ़ी को उसके माता-पिताओं के मूल्यों की शिक्षा देना नहीं था। हमारी कोशिश तो केवल तथ्यों को सामने लाने की थी। उन तथ्यों के ज़रिये हम माता-पिताओं को बताना चाहते थे कि आज की पीढ़ी क्या सोचती हैं और क्या महसूस करती है।

—सम्पादक, delhitimes@indiatimes.com
डेलही टाइम्स के 29 मई, 2003 के अंक में 'कामसूत्र सेक्स सर्वे'

क्या आप डॉ. मोजो को जानते हैं, या आपकी कभी लव-गुरु से मुलाक़ात हुई है? दरअसल, एक का पता है दिल्ली की ज़मीन, तो दूसरे का पता है दिल्ली का आसमान। एक दिन में, अगर चाहें तो सुबह-सुबह ही मिल सकता है, तो दूसरा रात में उस समय मिलता है जब घड़ी के दोनों हाथ एक-दूसरे से मिलने वाले होते हैं।[1] डॉ. मोजो अलग-अलग नामों से महानगर के अख़बारों और

[1] डॉ. मोजो *डेलही टाइम्स* के पन्नों पर पढ़े और लव-गुरु एफ़एम चैनल रेडियो सिटी पर सुने जा सकते है. लेकिन, इससे भी आगे बढ़कर इस आलेख में ये दोनों नाम प्रतीकात्मक रूप से इस्तेमाल किये गये हैं. दूसरे अख़बारों में दूसरे

पत्रिकाओं के पन्नों पर सप्ताह में कई बार दिखाई पड़ते हैं, और लव–गुरु कभी औरत तो कभी मर्द की आवाज़ में एफ़एम रेडियो के चैनलों पर छाये रहते हैं। काम दोनों का ही एक ही है। वही, जो सदियों पहले भारतीय इतिहास के प्राचीन काल में आचार्य वात्स्यायन का हुआ करता था। वात्स्यायन ने यौन–क्रिया का एक मैनुअल तैयार किया था जिसे हम *कामसूत्र* के नाम से जानते हैं। वात्स्यायन की नायिकाएँ और उनके द्वारा दिया जा सकने वाला यौन–प्रशिक्षण सम्भवतः उस युग के अभिजनों को ही सुलभ था, जबकि उनके उत्तर–आधुनिक प्रतिनिधियों डॉ. मोजो और लव–गुरु ने वही यौन–प्रशिक्षण आम लोगों को उपलब्ध कराना शुरू कर दिया हैं। मुख–मैथुन से जुड़ी उलझनों, सम्भोग की विभिन्न तकनीकों और कौटुम्बिक–व्यभिचार (इंसेस्ट) की समस्याओं का वैज्ञानिक शब्दावली में निराकरण करने वाले ये विशेषज्ञ–सलाहकार वैसे तो अनाम और अनाकार हैं, लेकिन कभी–कभी इनके वास्तविक नाम भी होते हैं। इन्हें कभी डॉ. प्रकाश कोठारी कहा जाता है, जो बताते हैं कि माहवारी के समय सम्भोग करना कितना सुखद और सुरक्षित हो सकता है, और कभी इनका नाम डॉ. संजय चुग हो सकता है जो स्तम्भन–शक्ति बढ़ाने के लिए शिश्न–व्यायाम की तकनीकों का सिलसिलेवार वर्णन करते हैं।

वात्स्यायन का दुर्भाग्य यह था कि वे अपने पूर्वगामी यौन–विशेषज्ञों की पुरुष–केंद्रीयता का उल्लघंन करते हुए *कामसूत्र* में स्त्री–यौनिकता का सिद्धांत प्रतिपादित करने के कसूरवार थे। इसलिए उन्हें सारे जीवन पुरुष–यौनिकता को प्रमुख मानने वाले उन सिद्धांतकारों का कोपभाजन बनना पड़ा जो स्त्री में कामेच्छा का केंद्र देखने के लिए तैयार नहीं थे। वात्स्यायन के युग की ज्ञान–राजनीति ने यह सुनिश्चित करने की पूरी चेष्टा की कि स्त्री–यौनिकता को मान्यता देने वाला उनका ग्रंथ पुस्तकालय की आलमारियों में ही पड़ा धूल खाता रहे।[2] डॉ. मोजो और लव–गुरु सौभाग्य से ऐसे जमाने में पैदा हुए हैं जब स्त्री की कामेच्छा अपनी दावेदारियों से विक्टोरियायी यौन–शुद्धतावाद के अंतिम गढ़ों को भी हिलाये दे रही हैं। वात्स्यायन के प्रतिनिधियों द्वारा तक़रीबन रोज़ जारी किये जा रहे सेक्स–

नामों से और दूसरे एफ़एम चैनलों पर किसी और आवाज़ में यौन–विषयक सलाह–मशविरे की ये सेवाएँ दिन–रात खुले आम क़ानून के दायरे में उपलब्ध हैं. ख़ास बात यह है कि यह दिल्ली के अपने मीडिया की ही परिघटना है. अख़बारों के मुख्य हिस्से से ये बातें अलग रखी जाती हैं, और न ही आकाशवाणी तक इनकी संक्रामकता फैली है.

[2] काम विज्ञान में वात्स्यायन के इस विशिष्ट योगदान और उसके कारण उन्हें होने वाली परेशानियों की झलक उनके जीवन पर सुधीर कक्कड़ द्वारा रचित जीवनीपरक उपन्यास *एसेटिक ऑफ़ डिज़ायर* से मिलती है. हिंदी में राजकमल द्वारा प्रकाशित इसका अनुवाद *कामयोगी* अपने बेहतरीन अनुवाद के लिए पुरस्कृत हो चुका है.

मैनुअलों के बीच कहीं दिल्ली के कनॉट प्लेस के पीछे एक दिलचस्प क़िस्म की छत पर विभिन्न आयुवर्गों की महिलाएँ स्त्री की यौन-क्षुधा के मुद्दे पर जम कर कई घंटों तक विचार-विमर्श करती हैं। उनके मनों में शंकाएँ रहती हैं, किसी समतावादी समाज के धुले-पुँछे आदर्श की परिकल्पना बार-बार उन्हें अपनी देह से बाहर ले जाती है, लेकिन ज़माने की माँग उन्हें बार-बार देह के केंद्र में आने के लिए विवश करती है। भले ही फ़िलहाल वे डॉ. मोजो की पाठिकाएँ और लव-गुरु की श्रोता न हों, लेकिन उनकी बहस सुन कर साफ़ लगता है कि ज़माना बदल रहा है और ख़ास बात यह है कि बदलाव उनसे बाहर और अनजान नहीं, बल्कि उनके भीतर और उनकी जानकारी में हो रहा है।[3] यही है वह समय जिसे सेक्शुअलिटी का इतिहास लिखते हुए फ़ूको ने पूर्व के संदर्भ में 'आर्स इरोटिका' क़रार दिया था, और जिसे एंथनी गिडेंस ने 'ट्रांसफ़र्मेशन ऑफ़ इंटीमेसी' की संज्ञा दी है। फ़ूको और गिडेंस अपना विमर्श ज़्यादातर पश्चिमी संदर्भों तक ही सीमित रखते हैं, लेकिन नयी उत्तर-आधुनिक भारतीय यौन-चेतना में इस विमर्श की आहटें पढ़ी जा सकती हैं। वैसे भी भूमण्डलीकृत होती हुई दुनिया में केवल पूर्व की यौनिकता ही नहीं, बल्कि समूची यौनिकता को ही समझने के लिए वात्स्यायन और फ़ूको को मिलाकर पढ़ना ज़रूरी हो गया है।[4]

ज़ाहिर है कि दिल्लीवालों की कामनाओं का भूगोल बदल रहा है। उनकी कामनाएँ कभी आर्थिक और सामाजिक प्रगति के मानकों से ही परिभाषित होती थीं, लेकिन आज उनके केंद्र में उनकी देह का सुख आ चुका है। आज ये कामनाएँ आधुनिकता और बाज़ार की फ़ैक्ट्री में रची जा रही हैं। मुश्किल यह है कि हमारे पास किसी सेक्शुअल सर्वे ऑफ़ इण्डिया की सेवाएँ उपलब्ध नहीं हैं, वरना उसके ज़रिये हमें दिल्ली के सेक्शुअल भूगोल का पता चल सकता था। अमेरिका के

---

[3] यहाँ वामपंथी महिला संगठन की जिस बैठक का ज़िक्र किया गया है उसमें एकमात्र पुरुष के रूप में यह लेखक भी शामिल था. मैंने जैसे ही यह सवाल उनके बीच में फेंका कि अगर कोई वेश्या सेक्स-वर्कर के अवतार में उनके बीच आकर उनके संगठन की सदस्यता का दावा करे, तो क्या वे उसे सदस्य बनाएँगी, बहस ने एक़दम रैडिकल मोड़ ले लिया। भाषा और शब्दावली पूरी तरह नैतिकता का तख़्ता-पलट वाली हो गयी. मुझे यह देख कर अचरज हुआ कि पचास से ऊपर की उम्र वाली महिलाओं से लेकर नयी उम्र की लड़कियों तक में स्त्री की कामेच्छा को लेकर सकारात्मक रुख प्रगट हो रहा था. मेरे ख़याल से वामपंथी महिला संगठनों में इस प्रकार का रवैया अद्‌भुत समझा जाना चाहिए, क्योंकि ऐसे ज़्यादातर महिला संगठनों ने प्रेम और सेक्स के कम्युनिस्ट आदर्शों की आड़ में विक्टोरियायी शुद्धतावादी मूल्यों को जम कर आत्मसात कर रखा है.

[4] इस जगह मैं पूर्णिमा मनकेकर और लुइसा शीन (2004), 'इंट्रोडक्शन : मीडियेटिड ट्रांसनैशनलिज़म ऐंड सोशल इरोटिक्स', *जर्नल ऑफ़ एशियन स्टडीज़*, खण्ड 63, अंक 2 से सहमत हूँ कि भारतीय या पूर्वी दुनिया की यौनिकता को समझने के लिए किसी विशुद्ध भारतीय या प्राच्य नज़रिये का इस्तेमाल करना व्यर्थ होगा. पूँजीवाद के नये चरण और आधुनिक विकास ने हमारी यौनिकता के ताज़े रूपों का सामान्यीकरण कर दिया है, और इस सामान्यीकरण पर पश्चिमी संस्कृति की गहरी छाप है.

लिए इस तरह के सेक्शुअल सर्वे की भूमिका चालीस और पचास के दशक में अल्फ्रेड किंसी और उनके साथियों ने निभाई थी। अमेरिकी पुरुषों और महिलाओं के यौन-व्यवहार के बारे में प्रकाशित किसी रिपोर्ट के बाद सत्तर के दशक में प्रकाशित हाइट रिपोर्ट ने स्त्रियों के यौन-व्यवहार के बारे में विशेष जानकारी देकर अमेरिकी सेक्शुअलिटी का ख़ाका काफ़ी-कुछ पूरा कर दिया था। 1979 में किंसी इंस्टीटयूट ने ही एलन बैल और मार्टिन वीनबर्ग द्वारा लिखित अमेरिकी समलैंगिकता का दस साल लम्बा अध्ययन प्रकाशित किया। इसने दावा किया कि समलैंगिक व्यक्ति इतरलैंगिक व्यक्ति से कई मामलों में बेहतर होता है। इसके आधार पर समलैंगिकता की राजनीति को सामाजिक तर्क मिले और आधुनिकीकरण की प्रक्रिया के तहत सेक्शुअल एटलस की सम्भावनाएँ बनने लगीं। पचास और साठ के दशक में केवल *प्लेबॉय* जैसी सॉफ़्टपोर्न पत्रिकाएँ ही सेक्शुअलिटी की दुनिया में हस्तक्षेप करती थीं, पर सत्तर के दशक में सामान्य अमेरिकी मीडिया ने सेक्शुअलिटी के सभी आयामों के लोकप्रिय निरूपण की भूमिका निभानी शुरू की। वह सेक्शुअलिटी संबंधी शोध में भाग लेने लगा और सर्वेक्षणों के परिणामों को मीडिया के ज़रिये आम लोगों तक पहुँचाया जाने लगा। इस तरह मीडिया सेक्शुअलिटी की विविध व्याख्याओं का वाहक बन गया। अस्सी और नब्बे के दशक में हुए सेक्स-सर्वेक्षणों को सेक्स के लिहाज़ से काफ़ी खुल चुके मीडिया के ज़रिये पाठकों को परोसा गया। मीडिया ने खुद भी सेक्स-सर्वेक्षण कराने शुरू किये और शौक़िया सेक्स विशेषज्ञों की एक पूरी फ़सल पैदा कर डाली। अख़बारों और पत्रिकाओं के कॉलम यौन-क्रिया की तकनीक सिखाने के मैनुअल बन गये। सेक्शुअलिटी की सेल लग गयी जिसमें फ़र्ज़ी हो या वैध, दोनों तरह की सेक्स-रिसर्च यौन-क्रांति की वैधता के लिए इस्तेमाल की जाने लगी।[5]

लेकिन, अमेरिका की तरह दिल्ली के पास किसी ऐसे इंस्टीट्यूट की सेवाएँ कभी नहीं रहीं। अस्सी के दशक के ख़ात्मे तक इस शहर की देह पर सर्वेक्षण आधारित समाजशास्त्र के ज़रिये मीडिया ने किसी सेक्शुअल इबारत के लिखने की शुरुआत भी नहीं की थी। आज़ादी मिलने के कम से कम चालीस साल तक सेक्शुअलिटी के नाम पर उसके पास सभी दूसरी जगहों या सभी दूसरे शहरों की तरह सेक्स एक्ट के कुछ केंद्र ही थे। परिवार की

---

[5] जॉन एच. गैंगन और रिचर्ड जी. पार्कर (सम्पा.) (1995), *कंसीविंग सेक्शुअलिटीज़ : एप्रोचेज़ टू सेक्स रिसर्च इन अ पोस्टमॉडर्न वर्ल्ड*, रॉटलेज़, न्यूयार्क में सर्वेक्षण तकनीक और सर्वेक्षणों के नतीजों के मीडिया द्वारा प्रसारण के महत्त्व पर रोशनी डाली गयी है. दिल्ली का मौजूदा नज़ारा इस मायने में सत्तर के दशक में अमेरिकी मीडिया के नज़ारे से काफ़ी मिलता-जुलता है.

चौहद्दी में बना माता-पिता का बेडरूम था जिसे सेक्स एक्ट के एकमात्र स्थायी और वैध केंद्र के रूप में देखा जा सकता था। यौन-क्रिया के कुछ अवैध केंद्र भी थे जिनमें परिवार की ही तरह तक़रीबन अनंत काल से चली आ रही उतनी ही स्थायी क़िस्म की संस्था चकलाघर प्रमुख थी। दिल्ली के संदर्भ में इसे हम जी.बी. रोड के नाम से जानते हैं। इधर-उधर बिखरा हुआ कॉल गर्ल्स का एक धंधा था जिसने अक्सर गिरफ़्तार हो जाने वाले कमलजीत नाम के एक दलाल की शख़्सियत को एक तरह की कुत्सित आभा से भर दिया था। इसके अलावा सात परतों के नीचे दफ़्न कौटुम्बिक व्यभिचार (इंसेस्ट) था। विवाहेतर संबंधों की अवैध दास्तानें थीं जिनका ज़िक्र वैध तरीक़े से करने पर पाबंदी थी। हस्तमैथुन की शाश्वत क्रिया थी जिसके कारण धरती पर गिर रहे वीर्य के एक-एक क़तरे से मर्दाना ताक़त के क्षय का चीत्कार निकलता रहता था। ख़ानदानी शफ़ाख़ाने के हकीम साहब थे जिनकी रामबाण दवाओं के विज्ञापनों से दिल्ली के पेशाबघरों की दीवारें सजी रहती थीं। मध्यवर्गीय भद्र समाज में थोड़े से दागी क़िस्म के समलैंगिक भी थे जिनके 'एक्टिव' या 'पैसिव' होने की खुसफुसाहट सामाजिक गॉसिप का स्थायी अंग थी। कुल मिला कर यह एक ऐसी सेक्शुअलिटी थी जो पूरे देश में कहीं भी पायी जा सकती थी, ख़ासकर किसी भी शहरी समाज में इसके अंश मिल सकते थे। इस सेक्शुअलिटी पर आधुनिक शहरी जीवन के आदिम रूपों की छाया थी। इसे उन वक़्तों की छाप कहा जा सकता था जब पूँजीवाद की संस्कृति भारतीय शहरों में उत्पादन के दावों के साथ नमूदार हुई थी और भारतीय पूँजीवाद मितव्ययिता के पब्लिक सेक्टरी दौर से गुज़र रहा था। राष्ट्रीय बचत का मुहावरा अर्थव्यवस्था के केंद्र में था, और यौन-जीवन के केंद्र में वीर्य को बचा कर रखने का आग्रह छाया हुआ था। शहरी मध्यवर्ग को तरह-तरह की विचारधाराओं से दुनियावी मोक्ष की उम्मीद थी। यौन-ऊर्जा का प्रचलित मतलब मर्दानगी ही होता था जिसे यूजेनिक्स जैसे सूत्रीकरणों के ज़रिये राष्ट्र-निर्माण की महापरियोजना में लगाने की तजवीज़ें उस समय तक पुरानी नहीं पड़ी थीं।[6] कण्डोम परिवार नियोजन के मुहावरे से बाहर नहीं निकल पाया था। ब्रह्मचर्य और देशभक्ति के निजी रिश्तों की प्रामाणिकता को 'नॉनवेज लतीफ़ों' ने भंग नहीं किया था। वेश्याओं ने खुद

[6] संजय श्रीवास्तव (2003) ने मैस्कुलिनिटीज़ पर अपनी एक प्रस्तुति में पुरुष यौनिकता पर अपनी एक रचना में इस पहलू की तरफ़ ध्यान खींचा है. बीसवीं सदी के शुरुआती दशकों में एन.एस. फ़ड़के और ए.पी. पिल्लै जैसे यौनविज्ञानियों ने भारत की यौन-समस्याओं पर नस्ल सुधारने की दृष्टि से अनुसंधान किया था जिसे यूजेनिक्स कहा जाता है.

को 'सेक्स वर्कर' के रूप में पेश करना शुरू नहीं किया था।

उस जमाने में फ़ैशन या तो फ़िल्मी एक्टरों की ठेकेदारी था, या फिर उसे ऊपरी तबके के लोगों की अदाबाज़ी का नाम दिया जाता था। प्रेमी-प्रेमिका दो अलग-अलग कंपार्टमेंटों में रहते हुए प्रेमपत्र लिखते रहने के लिए अभिशप्त थे और तीस हज़ारी कोर्ट से बाहर निकलते ही रोमांस के छीजने की प्रक्रिया शुरू हो जाती थी। क़ानूनी घोषित हो जाने के बाद भी गर्भपात की घटना रुसवाई का कारण बन सकती थी। चरम आनंद के लिए छटपटाती उन्नत उरोजों वाली काल्पनिक नायिकाओं को तृप्त करने वाले विकराल शिश्नों की भीषण स्तम्भनशक्ति के दर्शन केवल मस्तराम द्वारा रचित हिंदी के क्लासिक पोर्न उपन्यासों में ही हो सकते थे। ज़ाहिर है कि इस सेक्शुअलिटी की भूमिका समाज के लिए किसी भी तरह विधेयक नहीं थी। इसके आईने में समाज परिवर्तन की शक्ल देखना नामुमकिन था। यह सेक्शुअलिटी इंसान की शख़्सियत को परिभाषित करने वाले उस 'सार तत्त्व' का रूप नहीं ले पायी थी जो हर व्यक्ति के लिए विलक्षण होता है। यह तो ज़्यादा से ज़्यादा आनुषंगिक भूमिका ही निभा सकती थी, क्योंकि हर हालत में इसके तहत आयोजित होने वाला सेक्स एक्ट विवाह की पवित्र संस्था द्वारा स्थापित प्रजनन के कर्तव्य की सीमाओं में बँधा हुआ था।

दिल्ली को उसकी विशिष्ट सेक्शुअलिटी मिलनी तब शुरू हुई जब भारतीय पूँजीवाद का विकास एक ख़ास चरण में पहुँचा। यौन-क्रांति के संदर्भ में दुनिया भर का तजरुबा बताता है कि फ्री सेक्स और फ्री मार्केट काफ़ी कुछ अन्योन्याश्रित प्रत्यय हैं। सेक्स एक दैहिक हक़ीक़त है। लेकिन, सेक्शुअलिटी देह पर केंद्रित होते हुए भी देह के दायरे में क़ैद नहीं होती। इतिहास और संस्कृति के औज़ार उसे बनाते हैं। आधुनिकीकरण एक ख़ास मुक़ाम पर पहुँच कर ऐसे हालात तैयार करता है जिनमें अभी तक ख़ामोश रही सेक्शुअलिटी हज़ार जुबानों से बोलने लगती है। इंसान अपने वैयक्तीयन (इनडिविडुएशन) के बिना आधुनिक नहीं होता और इंसान की सेक्शुअलिटी कामनाओं के ज़रिये वैयक्तीयन को आत्मगत आधार देती है। आधुनिकीकरण, पूँजीकरण, जिंसीकरण और बाज़ार यौन-क्रिया और प्रजनन को एक अनिवार्य रिश्ते में बँधे नहीं रहने देते। संतानोत्पत्ति से रिश्ता टूटते ही सेक्स देह की आनंद का प्रबल स्रोत बनकर उभरता है। यौन-संबंधों की एकनिष्ठता सात जन्मों का साथ नहीं रह जाती और जीवन निजी रिश्तों की अलग-अलग कहानियों में बँटा हुआ उपन्यास हो जाता है। यौन-दमन पर बहस छिड़ जाती है। वीर्य संरक्षण पर टिकी हुई मर्दानगी को आत्मरति (मास्टरबेशन) चुनौती देने लगती है। देह-व्यापार पर आरोपित हज़ारों साल पुरानी अनैतिकता

को वेश्याओं का यह नारा पलट देता है कि उन्हें 'सेक्स वर्कर' समझा जाना चाहिए। औरत की ऐंद्रिकता का विधान ही नये सिरे से बनता है। वह समझने लगती है कि पति के सामने पेश किये जाने के अलावा भी उसकी देह के कई उपयोग हो सकते हैं। वह देखती है कि पहली बार सेक्स 'गॉडेस' के तौर पर म्यूज़िक चैनलों पर होने वाले उसकी देह के छायानुवाद में वैशाली की नगरवधू की तरह अपमान के तत्त्व नहीं हैं। आर्थिक मजबूरियों के बिना भी स्वैच्छिक चुनाव से देह–व्यापार में उतरने वाली रूपजीवाओं का प्रतिशत बढ़ने लगता है। इस माहौल में स्त्री जैसे ही यौन–संतुष्टि की दावेदारी करती है, पितृसत्ता की चौधराहट गड़बड़ाने लगती है। दृश्यरति (वॉयरिज़म या पोर्नोग्राफ़ी) का ऊपर से नीचे तक और दायें से बायें तक प्रसार हो जाता है। छोटा परिवार अधिक यौनानंद की गुंजाइशों के साथ उभरता है। 'कामसूत्र' जैसे कण्डोम ब्राण्ड चरम आनंद और सुरक्षित सहवास के दावे के साथ बाज़ार में उतरते हैं। कण्डोम पर इतरलैंगिक इजारेदारी ख़त्म हो जाती है और हेटरोसेक्शुअलिटी का मुँह होमोसेक्शुअलिटी चिढ़ाने लगती है। रोमानी प्रेम का चरम उत्कर्ष अपनी ख़ुदी को मिटा देने वाले हेटरोसेक्शुअल उत्कट प्रेम में न होकर अपनी–अपनी इयत्ता बरक़रार रखने की शर्त वाले उस प्रेम में होता है जो हेटरो भी हो सकता है और होमो भी। सेक्स एक्ट अपनी विविधताओं के साथ गोपनीयता से बाहर निकलकर 'पब्लिक सेक्स' का रूप ले लेता है। निजी जीवन की ज़मीन पर पकने वाली कामनाओं की फ़सल इंसान को अपनी सेक्शुअल पहचान का उत्सव मनाने के लिए उकसाती है। इस पहचान के ज़रिये न जाने कितनी उत्तर–आधुनिक बग़ावतें होने लगती हैं। यह केवल सेक्शुअल वैयक्तीयन ही है जिसमें परिवार की प्राक्–आधुनिक संस्था को बुनियादी तौर पर बदलने की क्षमता होती है।

निजी पूँजी, बाज़ार, ग़ैरधार्मिक शिक्षा, संचार और परिवहन के नये साधन, आदि भी सेक्शुअल पहचान और उसके आधार पर होने वाले वैयक्तीयन पर गहरा असर डालते हैं। ये उसे नया मुहावरा, नया प्रोत्साहन और नया स्पेस देते हैं। आधुनिकीकरण के ये सभी पहलू शहरी ज़मीन पर ही पनपते हैं, इसलिए सेक्शुअलिटी शहरों में ही सूत्रबद्ध होती है और वहीं ख़ुद को व्यक्त करती है। वैयक्तीयन का सिलसिला शहरी जीवन की ज़मीन पर पर चलता है। शहरी जीवन में आप बेहद खुला जीवन जीते हुए भी निजी तौर पर एक ख़ास तरह की गोपनीयता क़ायम रख सकते हैं, यहाँ तक कि आपकी एक सीक्रेट लाइफ़ भी हो सकती है। कोई चाहे तो एक सामूहिक गोपनीयता का दायरा भी क़ायम कर सकता है। 'स्ट्रेट' यानी हेटरोसेक्शुअल लोग समझते हैं कि शहर उनका है, पर

वह खुफ़िया तौर पर अनदेखे-अनजाने 'क्वियर' यानी होमोसेक्शुअल लोगों का भी होता है।

सेक्शुअलिटी का 'कमिंग आउट' संदेश देता है कि शहर के पार्कों, बस स्टॉपों, टॉयलेटों, पबों, रेस्त्राओं, मल्टीप्लेक्सों, रात के अड्डों और ऐसे ही न जाने कितने स्पेसों के तात्पर्य और इस्तेमाल तक नहीं बल्कि दो हो चुके हैं। ठीक उसी तरह जैसे कभी फ्रायड ने बीसवीं सदी की शुरुआत में हमें बताया था कि इंसान की देह का हर अंग एक नहीं, दो काम करता है। एक काम कुदरती और दूसरा सेक्शुअल। फ्रायड की यह बात शहरी स्पेसों पर भी लागू होती है। सेक्शुअलिटी के 'कमिंग आउट' में नये समुदायों के उदय की गुंजाइश रहती है। इस तरह आधुनिकीकरण के तहत शहर के भीतर पनपते नये शहर की शिनाख़्त सेक्शुअलिटी की नयी अभिव्यक्तियों के आईने में होती है। सेक्शुअलिटी के नये रूप नये शहर का सुराग देते हैं।

देह और दैहिक आनंद की केंद्रीयता के कारण प्रेम, मित्रता, भाईचारे और रक्त संबंधों की शक्ल कुछ से कुछ हो जाती है। जिसमें पूरा मास मीडिया, बुद्धिजीवी हल्के, सरकार, राजनीतिक पार्टियाँ, धर्माचार्य, मानवाधिकारों के समर्थक, तरह-तरह के नैतिकतावादी और मूर्तिभंजक साफ़ तौर पर पक्ष-विपक्ष में खड़े नज़र आते हैं। साहित्य में, ख़ासकर कथा साहित्य में सेक्स एक्ट की राजनीति मुखर हो जाती है। सार्वजनिक जीवन में सेक्स स्कैण्डलों का लम्बा सिलसिला शुरू हो जाता है। एक तरफ़ यौन-क्रांति का झण्डा बुलंद होता है, और दूसरी तरफ़ मुक़ाबले में सेलिबेसी (ब्रह्मचर्य) का भजन होने लगता है। सेक्शुअलिटी पर होने वाली बहस के कारण बनने वाले समीकरणों की शक्ल अलग होती है। राजनीतिक विमर्श हैरत से देखता है कि उसे शहरी जीवन के उन तजरुबों पर भी राय देनी है जो अब तक सार्वजनिक चर्चा के योग्य नहीं माने जाते थे। राजनीतिक लोकतंत्र, आर्थिक लोकतंत्र, सामाजिक लोकतंत्र और लैंगिक लोकतंत्र और सेक्शुअल नागरिकता के विचार से वह भौचक्का रह जाता है। इस मामले में हर विचारधारा के उदारतावादी और रैडिकल पैरोकार अक्सर पूरी तरह अनुदार और प्रतिगामी साबित की जा सकने वाली बातें करते नज़र आते हैं। विरोधाभास यह होता है कि सेक्शुअल लोकतंत्र के सवाल पर ब्राह्मणों और दलितों के प्रवक्ताओं की राय एक हो सकती है। जब अंतर्राष्ट्रीय मंचों पर सेक्शुअल रुझान को मानवाधिकारों में गिनने की बहस होती है तो आपसी झगड़े भुला कर भारत की सरकार पाकिस्तान की सरकार के पीछे चलती दिखाई देती है। जेण्डर डेमॉक्रैसी के दावेदारों को घोर दक्षिणपंथियों, अनुदारपंथियों और

धर्माचार्यों की भाषा बोलते हुए देखा जा सकता है। वर्किंग क्लास में काम करने वाला कम्युनिस्ट पार्टी का पूर्णकालिक कार्यकर्ता और राष्ट्रीय स्वयंसेवक संघ का जीवनदानी प्रचारक बिल्कुल एक जैसी बातें कहते हुए नज़र आ सकता है। शहर की सेक्शुअलिटी जब अपनी हज़ार जुबानों में बोलती है तो मार्क्सवाद, गाँधीवाद, सांस्कृतिक राष्ट्रवाद और यहाँ तक कि आधुनिकतावादी तक उसके सवालों का जवाब नहीं दे पाते। सेक्शुअलिटी के मुद्दे को सबसे पहले प्रचलित करने वाला नारीवाद भी ख़ुद को इस माहौल का स्वाभाविक अंग नहीं समझ पाता। सेक्शुअलिटी के मुद्दे इन विचारधाराओं को ऊपर से नीचे और दायें से बायें पूरी तरह से विभाजित कर देते हैं।

नब्बे के दशक की शुरुआत में नरसिंह राव और मनमोहन सिंह ऐंड कम्पनी ने एडम स्मिथ के इनविजिबिल हैंड को जैसे ही खुली छूट दी, 'मैडम स्मिथ के विजिबिल हैंड' यानी सेक्स ने अपनी करामात दिखानी शुरू कर दी। इसमें पहल की दो पत्रिकाओं ने। पहली थी बंबई से प्रकाशित होने वाली *डेबोनायर* जो शायद उस समय तक भारत की *प्लेबॉय* शैली की एकमात्र मैगज़ीन थी। इस पत्रिका ने अपने पाठकों के बीच 1991 में एक सर्वे कराया जो अंग्रेज़ी पढ़े-लिखे शहरी मर्दों के यौन-व्यवहार की एक झलक पेश करता था। सर्वे के नतीजों को दो समाज-वैज्ञानिकों मीर सवारा और सी.आर. श्रीधर से विश्लेषित कराया गया। इसके बाद सेक्स-सर्वेक्षणों का सिलसिला शुरू हो गया।

इसके फ़ौरन बाद *सेवी* नामक महिला पत्रिका ने अंग्रेज़ी पढ़ी-लिखी शहरी स्त्रियों के यौन-व्यवहार पर सर्वे किया जिसके नतीजों का विश्लेषण करने के लिए एक बार फिर इन्हीं दोनों विद्वानों की सेवाएँ ली गयीं। 1983 में एड्स का रोग प्रकाश में आया और 1986 में भारत में पहले एड्स रोगी की शिनाख़्त हुई। सारी दुनिया इस लाइलाज महारोग से आक्रांत थी। इस रोग के फैलने के कई कारणों में दो प्रमुख कारण असुरक्षित हेटरोसेक्शुअल (इतरलैंगिक) सम्भोग और असुरक्षित होमोसेक्शुअल (समलैंगिक) सम्भोग थे। एड्स के डर ने विश्व संस्थाओं को देह-व्यापार के दायरों और होमोसेक्शुअल दायरों की जाँच करने का कार्यक्रम दिया। तीसरी दुनिया के देशों में सेक्शुअलिटी के विमर्श की शुरुआत करने और उसके ज़रिये सेक्शुअलिटी को जुबान देने का श्रेय एक तरह से इस महारोग को भी जाता है। *डेबोनायर* और *सेवी* के सेक्स सर्वेक्षणों के बाद तरह-तरह के सर्वेक्षणों का सिलसिला शुरू हो गया। सरकारी विभाग, ग़ैर-सरकारी संगठन और मीडिया के संस्थान पिछले चौदह साल में बार-बार तरह-तरह के सर्वेक्षण करके यह पता लगाने का प्रयास करते दिखे कि देश के शहरों की

सेक्शुअलिटी का सूचकांक क्या है और ख़ासकर दिल्ली का सेक्शुअलिटी का सूचकांक क्या है। 1990 से 1995 के बीच किये गये इन सर्वेक्षणों में दिल्ली मुम्बई से पीछे दिखी, पर 2000 के बाद हुए सर्वेक्षणों में वह देश के पहले नम्बर के सेक्शुअल सिटी की तरह उभरी।[7]

नज़रिये के लिहाज़ से इन सर्वेक्षणों की सीमाएँ अपने-आप में स्पष्ट हैं। उनमें से कोई केवल शारीरिक सहवास की विधियों और कोई सिर्फ़ यौन-शिक्षा के नज़रिये से किया गया, किसी पर प्रजनन संबंधी स्वास्थ्य का नजरिया हावी है तो कोई सिर्फ़ एड्स विरोधी अभियान का ही नतीजा है। आमतौर पर ये सर्वेक्षण सेक्स संबंधी प्रश्नों को औरत और मर्द के बीच के ऊँच-नीच के सत्ता संबंधों की रोशनी में सूत्रबद्ध नहीं करते। इन सर्वेक्षणों पर लैंगिक तटस्थता के भूमण्डलीय बाज़ारी आग्रह हावी रहते हैं। मसलन, तक़रीबन सभी सेक्स सर्वेक्षणों का यह प्रिय सवाल होता है कि 'पिछले महीने आपने कितनी बार यौन-क्रिया की', लेकिन कुछ उल्लेखनीय अपवादों को छोड़कर इसके साथ ये सवाल नहीं पूछे जाते कि यौन-क्रिया में किसने पहल की, परिस्थितियाँ क्या थीं, क्या दोनों पार्टनरों

---

[7] 1990 के बाद से किये गये प्रमुख सेक्स सर्वे और अध्ययन इस प्रकार हैं जिनका इस विश्लेषण में इस्तेमाल किया गया :

लैस देन गे, एड्स भेदभाव विरोधी आंदोलन, नयी दिल्ली, 1991; मीरा सवारा और सी. आर. श्रीधर, 'दि डेबोनायर सेक्स सर्वे : सेक्स ऐंड दि इण्डियन मेन' (अक्टूबर 1991, जनवरी 1991), स्वयं श्रीधर द्वारा निजी वितरण के लिए प्रकाशित दिसम्बर ,1994 में मुम्बई में पुस्तक के रूप में प्रकाशित; मीरा सवारा और सी. आर. श्रीधर, 'दि सेवी सेक्स सर्वे : दि सेक्स लाइफ़ ऑफ़ इण्डियन वुमॅन', *दि सेवी,* अप्रैल, 1992; 'कामसूत्र क्रॉस-टैब सेक्स सर्वे 2003', *डेलही टाइम्स* के 19, 22 और 29 मई, 2003 के अंकों में इसके नतीजे प्रकाशित हुए, सर्वे का पूरा पाठ delhitimes@indiatimes.com पर उपलब्ध; *यूथ सेक्शुअलिटी : ए स्टडी ऑफ़ नॉलेज, एटीट्यूड्स, बिलीफ़्ज़ ऐंड प्रेक्टिसिज़ एमंग अरबन एडुकेटिड इण्डियन यूथ 1993-94,* फ़ेमिली प्लानिंग एसोसिएशन ऑफ़ इण्डिया, मुम्बई; एनी जॉर्ज, *सेक्शुअल बिहेवियर ऐंड सेक्शुअल निगोशिएशन एमंग पुअर वुमॅन ऐंड मेन इन मुम्बई : एन एक्सप्लोरेटरी स्टडी,* सेहज सोसाइटी फ़ॉर हेल्थ ऑल्टरनेटिव्ज़, दिसम्बर, 1997, बड़ोदरा; शरण (दिल्ली), *ए स्टडी ऑफ़ सेक्स-वर्कर्स एट जी.बी. रोड इन डेलही,* सेंटर फ़ॉर एजुकेशन ऐंड डॉक्युमेंटेशन, मुम्बई; *सेक्स वर्कर्स, होमोसेक्शुअल्स राइज़िंग इन सिटी,* डेलही स्टेट एड्स कंट्रोल सोसाइटी द्वारा कराई गयी रिसर्च पर आधारित प्रमोद कुमार की रपट, *दि डेलही एज,* 7 अगस्त 2003; 'डेलही वरजिन टेरिटरी टिल 18', गुड़गाँव के सेंटर फ़ॉर स्टडीज़ इन सेक्शुअल हेल्थ के सर्वेक्षण पर आधारित जयदीप मजूमदार की रपट, *हिंदुस्तान टाइम्स,* 29 जुलाई 2003; 'सेक्स इन स्कूल नो मोर टैबू : सर्वे', दिल्ली के अतिरिक्त पुलिस आयुक्त यू.एन.बी. राव द्वारा आईआईटी, दिल्ली के सहयोग से किये गये अध्ययन पर आधारित श्रीरूपा मित्र चौधरी की रपट, *टाइम्स ऑफ़ इण्डिया,* दिल्ली, 11 मार्च 1999; 'सेक्स इज इन बट अवेयरनैस इज नॉट', नैशनल इंस्टीट्यूट ऑफ़ हैल्थ ऐंड फ़ेमिली वेलफ़ेयर द्वारा किये गये अध्ययन पर आधारित राधिका डी. श्रीवास्तव की रपट, *टाइम्स ऑफ़ इण्डिया,* दिल्ली, 23 फ़रवरी, 2001 अनुपम रायज़ादा, एस.बी. गुप्ता, अरुण कुमार, 'सेक्शुअल प्रेक्टिसिज़ अदर देन पेनो-वैजाइनल सेक्स : पर्सेप्शंस ऐंड प्रेक्टिसिज इन एन अरबन कम्युनिटी', *इण्डियन जनरल ऑफ़ कम्युनिटी मेडिशन,* खण्ड 27, अंक 4, अक्टूबर-दिसम्बर 2002; एम.ई. ख़ान, जान डब्ल्यू. टाउनसेण्ड, रंजना सिन्हा और सीमा लखनपाल, *सेक्शुअल वायलेंस विदिन मैरिज,* 1997, पॉप्युलेशन काउंसिल, नयी दिल्ली; बिमान मुखर्जी, 'सोशल टैबू ऑफ़ प्रि-मैरिटल सेक्स ब्रोकन', 24 जून 2002, के कामसूत्र सेक्स सर्वे पर आधारित रपट, आईअफ्रीका.कॉम

में से किसी ने कभी यौन-क्रिया का प्रस्ताव ठुकराया भी, क्या इसके बावजूद यौन-क्रिया हुई, कुल मिला कर यौन-क्रिया पर सहमति बनी या नहीं, अगर सहमति बनी तो यौन-क्रिया के साथ किस तरह की बाध्यताएँ जुड़ी हुई थीं, क्या हिंसा या घरेलू कलह के खुले या छिपे अंदेशे भी उसके साथ जुड़े हुए थे, आदि। ज़ाहिर है कि इन सर्वेक्षणों की पद्धति और मंशा पर काफ़ी आपत्तियों की गुंजाइश है, पर इसके बावजूद उनसे विभिन्न अंतर्दृष्टियाँ मिलती हैं। इनसे इतना संदेश तो मिलता ही है कि अगर कोई पूछताछ करने और बात करने के लिए तैयार हो तो पढ़े-लिखे शहरियों में से कई अपनी सेक्शुअलिटी व्यक्त करना चाहेंगे। ये सर्वेक्षण बताते हैं कि शहर के वासी अँधेरे और बंद शयनकक्षों में ख़ामोशी से सम्भोग करते-करते ऊब चुके हैं। वे प्रयोग के मूड में हैं और आजमा कर देखना चाहते हैं कि आचार्य वात्स्यायन ने जिन चौंसठ कलाओं और चौरासी आसनों का ज़िक्र किया है, उनकी व्यावहारिक निष्पत्तियाँ क्या हैं। हालाँकि नैशनल फ़ैमिली प्लानिंग एसोसिएशन जैसी संस्थाओं ने भी शहरी युवकों-युवतियों की सेक्शुअलिटी का सर्वे करके इस प्रक्रिया में अपना योगदान किया, पर समाचार माध्यमों ने इसमें प्रमुख भूमिका निभायी। नब्बे के दशक में ही वर्ल्ड वाइड वेब (डब्ल्यूडब्ल्यूडब्ल्यू) जैसी परिघटना सामने आयी और इंटरनेट ने सेक्शुअलिटी की दुनिया को राष्ट्रीय सरकारों के सेंसर की सीमाओं से बाहर कर दिया। इंटरनेट के कारण सर्वे करना आसान हो गया। 2003 में हुआ 'कामसूत्र क्रॉस-टैब सेक्स सर्वे' तीन डॉट कॉम पोर्टलों ने ही मिलकर किया था। त्रिआयामी संचार क्रांति (सेलुलर फ़ोन, इंटरनेट और उपग्रही चैनल) के साथ ही सेक्शुअलिटी के हज़ार जुबानों से बोलने के हालात बन गये।

इन परिस्थितियों ने दिल्ली में दैहिक कामनाओं का भूगोल मुखर कर दिया। यह दिल्ली में ही सबसे ज़्यादा क्यों हुआ, इसकी वजह दिल्ली की वेश्याओं, उनके ग्राहकों, दिल्ली के समलैंगिकों और दिल्ली के हिजड़ों के सार्वदेशिक (कॉस्मोपालिटन) चरित्र में ही नहीं है, बल्कि इस हक़ीक़त में भी है कि दिल्ली की तक़रीबन आधी आबादी 'फ़्लोटिंग' है। इसे हम उखड़े हुए लोगों का शहर कह सकते हैं। इस मामले में दिल्ली मुम्बई, कोलकाता, बंगलूर और चेन्नई जैसे महानगरों से बहुत आगे है। नब्बे के दशक की शुरुआत में दिल्ली की ऐसी आबादी क़रीब 42 फ़ीसदी थी जो केवल चौदह साल में बढ़ कर पचास फ़ीसदी हो गयी। तेज़ी से विकसित होती हुई सार्वदेशिकता के कारण दिल्ली की आबादी को एक छोटे भारत की संज्ञा दी जा सकती है। आईटी प्रोफ़ेशन से लेकर अर्थव्यवस्था के तीसरे क्षेत्र, जिसे हम सर्विस सेक्टर कहते हैं, ने फ़ैशन और

विज्ञापन उद्योग के साथ मिल कर उस उखड़ी हुई आबादी के सेक्शुअल अभिजन का निर्माण किया है। उखड़े हुए लोग सेक्शुअल एडवेंचर की सम्भावनाओं से लैस होते हैं, क्योंकि भूगोल-परिवर्तन उनकी कामनाओं पर उन नैतिकताओं और वर्जनाओं की जकड़ ढीला कर देता है जो उन्होंने अपने जन्म स्थान पर परिवार और कुटुम्ब की छाया में हुए लालन-पालन के दौरान आत्मसात् की थीं।

दिल्ली के रेडलाइट एरिया जीबी रोड के 82 चकलाघरों में धंधा करने वाली क़रीब तीन हज़ार तवायफ़ों में ज़्यादातर आंध्र प्रदेश, कर्नाटक, तमिलनाडु, उत्तर प्रदेश, राजस्थान, पंजाब, गुजरात और यहाँ तक कि नेपाल की हैं। इन तवायफ़ों में से कई दिल्ली में एक सीक्रेट लाइफ़ गुज़ारती हैं। वे साल में एक बार अपने बच्चों और परिवार के साथ रहने जाती हैं। वे लोग उनके चकलाघर वाले जीवन को नहीं जानते। इसी तरह कनॉट प्लेस के सेंट्रल पार्क में या अशोक होटल के पास नेहरू पार्क में या फिर धौला कुआँ के बस स्टैण्ड या फिर लाल क़िले से कश्मीरी गेट के बीच रोज़ शाम को सैक्स पार्टनरों की तलाश करते हज़ारों समलैंगिकों और हिजड़ों के बीच किसी एक क्षेत्र की इजारेदारी नहीं मिलेगी। समलैंगिकता के प्रवक्ताओं का दावा है कि दिल्ली देश की 'गे' राजधानी बन चुकी है। सिर्फ़ दिल्ली में बिकने वाले अख़बारों में प्रकाशित हेटरोसेक्शुअल डेटिंग कॉलमों में भी दिल्ली की इस बेहद तेज़ी से बढ़ती हुई सेक्शुअल सार्वदेशिकता का नमूना मिल सकता है। इंटरनेट पर सेक्शुअलिटी के हिसाब से अलग-अलग चैट रूम प्रचलित हैं। उनमें घुसपैठ करने पर पता लगता है कि दिल्ली की सेक्शुअलिटी कितनी सर्वभारतीय क़िस्म की है।

सार्वदेशिकता और उखड़ी हुई आबादी के साथ-साथ बीसवीं सदी के आख़िरी दस सालों में दिल्ली को अपने आधुनिक इतिहास में पहली बार पाँच नये स्पेस मिले जिनके कारण अंतरंग रिश्तों में तबदीली आने की गुंजाइश खुली। पहला स्पेस ऑटोमोबाइल क्रांति ने मुहैया कराया जो अस्सी के दशक के मध्य में शुरू हुई थी और नब्बे के दशक में चरम पर पहुँची। दूसरा स्पेस सेलुलर फ़ोन ने दिया। तीसरा स्पेस ऑडियो-विजुअल क्रांति और इंटरनेट के ज़रिये मिला। चौथा स्पेस डिस्कोथीक और पब संस्कृति के साथ-साथ नये उत्तर-आधुनिक कहवाघरों और मल्टीप्लेक्सों ने तैयार किया। और, पाँचवाँ स्पेस बाज़ार और उपभोक्ता क्रांति ने दिया।

कार ने मोबाइल प्राइवेसी दी और दैहिक प्रेम की सम्भावनाओं की भौतिक रूप से गतिशील बना दिया। सेलफ़ोन का स्पेस तो शुद्ध मोबाइल साबित हुआ। उसके कारण रोमांटिक लव की काफ़ी मुश्किल घटना चुटकी बजाने जितनी

सरल हो गयी। इंटरनेट ने पहली बार इस समस्या का समाधान पेश किया कि वर्चुअल रियलिटी और रियलिटी में क्या अंतर है। फ़िलॉसफ़ी और लव के इलाक़े में यह बहस अनंत काल से चल रही थी। इंटरनेट ने वर्चुअल रियलिटी को रियलिटी के समकक्ष ला बैठाया। प्रेम वर्चुअल होते हुए भी वर्चुअल नहीं रह गया। जिस साइबर कैफ़े में ई-मेल करने के लिए जाया जाता है, उसी कैफ़े में इंटरनेट पर पोर्न सर्फ़िंग होने लगी। ध्यान रहे कि इंटरनेट एक ऐसा स्पेस भी है जहाँ दृश्य-पोर्नोग्राफ़ी भारतीय चरित्रों के साथ मौजूद है। जब बीसवीं सदी ख़त्म हुई थी तो भारत इंटरनेट पोर्न के एक बड़े केंद्र के रूप में उभर चुका था। क़रीब 18,000 पूरी तरह से भारतीय पोर्न साइटें बन चुकी थीं और उनके सेम्पल नेटिज़ंस को मुफ़्त में उपलब्ध थे। इन तमाम पोर्न साइटों के सर्वर विदेशों में हैं। प्रौद्योगिकीय विकास ने इंटरनेट पोर्न को डाउनलोड करके सीडी और डीवीडी में उतार कर बाज़ार में बेचना बेहद आसान कर दिया।

सेलफ़ोन, एसएमएस और ई-मेल ने सीक्रेट लाइफ़ को प्रेमपत्रों की दुनिया से निकाल कर कहीं ज़्यादा बड़ी रफ़्तार और बारम्बारता प्रदान की। ऑडियो-विज़ुअल क्रांति ने पोर्नोग्राफ़ी के ज़रिये सेक्स-एक्ट को मनी शॉट, मीट शॉट और बीवर शॉट की तकनीकों से दिखाया। स्वयं सेक्स करते हुए इस कार्रवाई को इस प्रकार देखना असम्भव था। सेक्स एक्ट की वास्तविक और फ़र्ज़ी सम्भावनाओं का अनंत उद्घाटन हुआ। कहवाघरों और मल्टीप्लेक्सों ने शहर के अँधेरे कोनों को रोशन कर दिया। दिल्ली के मध्यवर्ग को पहली बार बाक़ायदा एक नाइट लाइफ़ मिली। पश्चिमी तर्ज़ के नाचघरों में मद्यपान करते हुए जोड़ों के सामूहिक नृत्य ने शारीरिक स्पर्श और अंतरंगता के सर्वथा नये अनुभव का सृजन किया। तरह-तरह की थीम पार्टियों का फ़ैशन धनाढ्यों के दायरे से निकलकर जल्दी ही मध्यवर्ग में प्रचलित हो गया।

पश्चिम में मची यौन उथल-पुथल में उपभोक्ता क्रांति की महत्त्वपूर्ण भूमिका मानी जाती है। दिल्ली में इस समय उपभोक्ता क्रांति भी चरम पर है। धन की 'स्पेंडिंग' और वीर्य की 'स्पेंडिंग' एक-दूसरे के पर्यायवाची हो गये हैं। शॉपिंग के ज़रिये कामनाओं की आर्गाज़्मिक पूर्ति का दावा किया जाता है और यौन संदर्भों में इस्तेमाल की जानी वाली शब्दावली उपभोक्ता गतिविधियों में जम कर इस्तेमाल की जा रही है। विज्ञापन जगत ने घोषित कर दिया है कि सेक्स माल बेचने के सर्वाधिक आकर्षक माध्यमों में से एक है। इस तरह दिल्ली देश के एक ऐसे महानगर के रूप में उभरा जिसकी न केवल पचास फ़ीसदी आबादी फ़्लोटिंग थी, बल्कि जिसमें सबसे ज़्यादा कारें थीं। जहाँ सबसे ज़्यादा लोग

सेलफ़ोन इस्तेमाल कर रहे थे। जहाँ सबसे ज़्यादा मल्टीप्लेक्स और नये कहवाघर थे। दिल्ली के बाशिंदे ख़रीद-फ़रोख़्त पर देश में सबसे ज़्यादा ख़र्च कर रहे थे। यह कोई संयोग ही नहीं है कि पश्चिम में यौन-क्रांति की अवधि वही है जब वहाँ पहली बार मोटरचालित वाहनों की क्रांति हुई थी। वहाँ केवल एक नया मोबाइल स्पेस यौन-क्रांति की चिनगारी के लिए काफ़ी था। दिल्ली में तो ऐसे पाँच-पाँच स्पेस हैं जिन्हें इस शहर ने देश के किसी भी अन्य क्षेत्र की अपेक्षा सबसे ज़्यादा उत्सुकता के साथ अपनाया है।

1
अंजलि कपूर से शेफ़ाली जरीवाला तक : सेक्शुअलिटी का इतिहास बतर्ज मीडिया

नब्बे के दशक दिल्ली के लिए नयी अर्थ नीति का ही नहीं सेक्शुअलिटी का दशक भी समझा जाना चाहिए। फ़रवरी, 1995 कोई बहुत पुरानी तारीख़ नहीं है। लेकिन, मीडिया की निगाहों से देखें तो वक़्त की वर्चुअल रफ़्तार के कारण दिल्ली की सेक्शुअलिटी के पिछले दस-बारह साल के इतिहास में यह तारीख़ दशकों पुरानी बर्फ़ में जमी हुई लगेगी। इसी महीने एक शनिवार को बार काउंसिल ऑफ़ इण्डिया ने काफ़ी उत्तेजक वाद-विवाद के बाद फ़ैसला किया कि वह अपनी एक महिला सदस्य के ख़िलाफ़ कार्रवाई करेगा। एडवोकेट अंजलि कपूर ने वकील के रूप में अपने पेशे से संबंधित कोई आपत्तिजनक काम नहीं किया था। उन पर तो आरोप यह था कि उन्होंने एक पोर्नोग्राफ़िक पत्रिका में अपनी देह-दर्शना तस्वीरें छपवाकर वकीलों की शान में बट्टा लगा दिया है। बार काउंसिल ने जैसे ही यह निर्णय लिया, नारी अधिकारों के लिए संघर्षरत महिला संगठनों में बहस शुरू हो गयी कि क्या किसी महिला को अपनी देह के इच्छानुसार इस्तेमाल का अधिकार नहीं मिलना चाहिए? महिला संगठन एक तरफ़ तो अंजलि कपूर के इस अधिकार के पक्ष में खड़े थे, और दूसरी तरफ़ कुछ महिलाओं ने दिल्ली हाई कोर्ट में पोर्नोग्राफ़िक पत्रिकाओं के प्रकाशन पर रोक लगाने के लिए याचिका भी दायर कर रखी थी। बहस में सीधे-सीधे दो पक्ष थे : एक तरफ़ ऋतु मेनन जैसे नारीवादियों की आवाज़ थी जिसका दावा था कि औरतों को पोर्नोग्राफ़िक सामग्री पढ़ने में कोई दिलचस्पी नहीं होती; दूसरी तरफ़ वुमंस पॉलिटिकल वाच की अध्यक्ष वीणा नैयर जैसी हस्तियाँ थी जिनकी मान्यता थी कि 'औरत का भी मर्द की ही तरह एक सेक्शुअल वजूद होता है। निश्चित रूप से पोर्नोग्राफ़िक पत्रिकाओं का एक महिला पाठक वर्ग भी है'। इस बहस में

महिला दक्षता समिति की विनय भारद्वाज की राय भी उल्लेखनीय थी। वे अंजलि कपूर के अधिकार की पैरोकारी करते हुए भी कह रही थीं कि उनकी अपनी किशोर वय की पुत्री के लिए कोई औरत न तो अनुकरणीय आदर्श हो सकती है और न ही होगी। अंजलि कपूर का क्या हुआ, यह किसी को आज तक पता नहीं है। सुरक्षित रूप से माना जा सकता है कि वे दिल्ली की किसी मध्यवर्गीय कॉलोनी में एक अनाम ज़िंदगी बिता रही होंगी। उस समय किसी पत्रकार या किसी एथ्नोग्राफ़र ने उनसे यह पूछने की जहमत नहीं उठाई कि आख़िर वकालत जैसे पेशे से जुड़े होने के बाद भी उन्होंने न्यूड मॉडल बनना क्यों स्वीकार किया था। क्या वे अपनी सेक्शुअलिटी व्यक्त करने के लिए बेचैन थीं, या किसी दबाव, धोखे या आर्थिक प्रलोभन के वशीभूत होकर उन्होंने अपनी देह का ऐसा इस्तेमाल होने दिया?[8]

बहरहाल, अंजलि कपूर और सेक्शुअलिटी पर भारतीय नारीवाद की दुविधा को फ़रवरी, 1995 में ही छोड़ कर वक़्त आगे निकल गया। 2003 में दो मई को इंजीनियरिंग की बीस वर्षीय छात्रा शेफ़ाली जरीवाला ने जैसे इसी सवाल का जवाब दिया हो, 'यह इक्कीसवीं सदी है। आख़िर लोगों को पोर्न मैगजीन पढ़ने से क्यों हिचकना चाहिए?' ये वही शेफ़ाली जरीवाला थीं जो 'डीजे डॉल' नामक सुपरहिट म्यूजिक वीडियो की शुरुआत में ही एक पब में अपने बॉय फ्रेंड का इंतज़ार करते हुए एक पोर्न पत्रिका पढ़ते नज़र आती हैं, और अपने प्रेमी के नाराज़ होने के बावजूद आख़िर तक उसे नहीं फेंकती। वे उसे मनाने के लिए 'काँटा लगा' की तर्ज़ पर कोमोद्दीपक नृत्य करते हुए उस पत्रिका को जलाने की एक्टिंग भी करती हैं, पर जब म्यूजिक वीडियो ख़त्म होता है तो कैमरा दर्शकों को दिखाता है कि उनकी कमर में प्रेमी की बाँह है पर पीछे बेल्ट में वही अधजली पोर्न पत्रिका खुर्सी हुई है। 'डीजे डॉल' एक ऐसा म्यूज़िक वीडियो है जो सुबह से शाम तक कम से कम पाँच बार टीवी के किसी न किसी चैनल पर पूरे साल दिखाया जाता रहा। इसके ऑडियो को पूरे उत्तर भारत के चौराहों और विवाह समारोहों में लगातार बजते हुए सुना जा सकता था। अंजलि कपूर के न्यूड्स सिर्फ़ इतना साबित कर पाए थे कि शहर में सेक्शुअल अभिव्यक्ति का जोखिम उठा कर बीच बहस में आने के बावजूद इंसान अनाम रहकर ज़िंदगी गुज़ार सकता है, पर पोर्नोग्राफ़ी पढ़ती हुई शेफ़ाली को मीडिया मार्केट ने नयी पीढ़ी के लिए एक नये तरह की नायिका का दर्जा दे दिया। 'काँटा लगा' इस ऐसे क्षण के

[8] 'पोर्नोग्राफ़ीज़ मिरर हैज़ प्राइवेट इमेजिज़' *टाइम्स ऑफ़ इण्डिया*, दिल्ली, 25 फ़रवरी 1995.

रूप में उभरा जिसे इतिहास में दर्ज कराने के लिए न तो किसी पत्रकार की ज़रूरत थी और न ही किसी एथ्नोग्राफ़र की। शहरी सेक्शुअलिटी को इसके ज़रिये एक नयी परिभाषा मिली। प्राइवेट पब्लिक हो गया। पोर्नोग्राफ़ी से निकलने वाली दृश्यरति (वॉयरिज़म), मद्यपान और समूह नृत्य के देह-केंद्रीय पहलू (प्रदर्शनप्रियता), सेक्स की ताक़त, उनकी बेचैनी और शहरी स्पेस की ऐंद्रिकता एक साथ साकार हो गयी।

दिल्ली का मीडिया यही नहीं रुका। उसने आधुनिक दुनिया की सबसे पहली, सबसे कामयाब और सबसे मशहूर सेक्स मैगज़ीन की गोल्डन जुबली समारोहपूर्वक मनायी। *प्लेबॉय* का इतिहास जानने के लिए किसी को खुशवंत सिंह के पास जाने की ज़रूरत नहीं पड़ी। क़रीब बीस साल पहले खुशवंत सिंह देश के उन कुछ एक लोगों में से एक थे जो *प्लेबॉय* के अंक बाकायदा घोषित रूप से आयात करते थे। हवाई अड्डे पर अश्लीलता के आरोप में पत्रिका ज़ब्त हो जाने पर उनकी क़लम इसे अपने लोकतांत्रिक अधिकारों का हनन क़रार देती थी। मीडिया की दुनिया में माना जाता था कि सरदारजी के पास *प्लेबॉय* के सभी गर्मा-गरम अंक सिलसिलेवार होंगे। लेकिन, उनके निजी अभिलेखागार में जाने की ज़हमत उठाए बिना दिल्ली वालों को जुलाई, 2003 के मध्य में *प्लेबॉय* का तक़रीबन पूरा इतिहास पता चल गया। दिल्ली के अपने मीडिया के जरिये उन्हें पत्रिका के प्रकाशक-मालिक ह्यू हेफ़नर और उनकी अर्धनग्न प्लेमेट सुंदरियों की रंगीन तस्वीरें भी देखने को मिल गयीं।

1943 की जुलाई में *प्लेबॉय* का पहला अंक प्रकाशित हुआ था। हेफ़नर का दावा था कि उनकी पत्रिका सेक्स-क्रांति के संदर्भ में जो भूमिका निभाने जा रही है, उसका महत्त्व अल्फ्रेड किंसी द्वारा किये गये अमेरिकी पुरुषों के यौन-व्यवहार की विख्यात अध्ययन रपट से ज़रा सा ही कम है। हम जानते हैं कि हेफ़नर ने अपना वायदा पूरा करने में कोई कसर नहीं छोड़ी। लेकिन, *प्लेबॉय* की पचासवीं जयंती मनाने वाला दिल्ली का अपना मीडिया भी पाठकों से एक ख़ास तरह का वायदा कर रहा था जिसका भूगोल हेफ़नर के वायदे से कहीं ज़्यादा लम्बा-चौड़ा और गहरा था। दिल्ली के मीडिया ने न केवल ह्यू हेफ़नर की भूमिका निभाई, बल्कि उसने अल्फ्रेड किंसी का काम भी किया। उसने सेक्स, सेक्शुअलिटी, रोमांस, विवाह और बदलते हुए रिश्तों में गहरी दिलचस्पी दिखायी। *टाइम्स ऑफ़ इण्डिया* के 'डेलही टाइम्स', *हिंदुस्तान टाइम्स* के 'एचटी सिटी', *पॉयनियर* के 'वीवासिटी', *नवभारत टाइम्स* के 'हैलो दिल्ली', *दैनिक हिंदुस्तान* के 'हिंदुस्तान सिटी' और *दि एशियन एज* के महानगरीय परिशिष्ट 'दि डेलही

एज' जैसे अख़बारों ने तरह-तरह के यौन-सर्वेक्षण आयोजित किये, प्रतिष्ठित सेक्स विशेषज्ञों और मनोचिकित्सकों को आमंत्रित किया गया ताकि पाठकगण अपनी यौन-समस्याओं पर उनकी राय ले सकें। अपने रंगारंग पृष्ठों में यौन-क्रांति का संदेश दे कर और ख़ुद को इस क्रांति का वाहक और औज़ार बनाकर पेश करते हुए इस मीडिया ने *डेबोनायर* और *सेवी* जैसी बम्बइया पत्रिकाओं को पीछे छोड़ दिया। इंटरनेट के साथ मिलकर ये अख़बार धरती से आसमान तक दिल्ली की सेक्शुअलिटी ध्वनित करने लगे। इन अख़बारों में सबसे आगे था 'डेलही टाइम्स' जिसके कॉलमों में तो समूचा शहर प्राक्क्रीड़ा करता हुआ दिख रहा था। अगर यह यौन-क्रांति नहीं थी, तो उसकी तैयारी ज़रूर थी।

अंजलि कपूर प्रकरण की तरह 'डीजे डॉल' और इस मीडिया पर भी अश्लीलता के आरोप लगे और आज भी लग रहे हैं, लेकिन ज़ाहिर है कि 1995 की तरह कोई किसी के ख़िलाफ़ कार्रवाई करने की हैसियत में नहीं रह गया है। नैतिकता की राजनीति पूरी तरह बदल चुकी है। यह मीडिया फ्री मार्केट को फ्री सेक्स के रूप में परिभाषित कर चुका है। औरत और मर्द की देह को कामोत्तेजक और सुलभ मुद्राओं में पेश करके इसने अपनी प्रसार संख्या ख़ासी बढ़ा ली है। देह-व्यापार के नये रूप उसके लिए विज्ञापन से होने वाली आमदनी के स्रोत बन चुके हैं मीडिया शहर के भूगोल को नये सिरे से रच रहा है। भूमण्डलीकरण के तहत होने वाली संचार क्रांति और बाज़ारीकरण के कारण दिल्ली को कई नये तरह के स्पेस मिल गये हैं जिनके आधार पर एक नयी सेक्शुअल दिल्ली के मानचित्र की रेखाएँ खींची जा रही हैं। इस नयी सेक्शुअल दिल्ली में हस्तमैथुन, समलैंगिकता, सामूहिक यौन-क्रिया, पोर्नोग्राफ़ी का प्रसार, देह-व्यापार, प्रेम के नये रूपों, पॉप साइकोलॉजी, रोज़ाना की ज़िंदगी के सेक्शुअलाइजेशन और यौन-प्रतीकों की भाषा के साथ उपभोक्तावाद के अंतर्गुंफ़न का बोलबाला है।

2

नयी सेक्शुअलिटी : नया भूगोल

नयी सेक्शुअलिटी का भूगोल वह नहीं हैं जो राष्ट्रीय राजधानी क्षेत्र के सरकारी मानचित्र में साफ़-सुथरे ढंग से दिखाया गया है। इस भूगोल की सीमाएँ ठोस सूत्रीकरण से परे एक तरह के आत्मगत द्वैध में उकेरी जा रही हैं। इन सीमाओं के बीच कामनाओं का ऐंद्रिक संसार है जो सेक्शुअलिटी के पुराने रूपों को अस्थिर कर रहा है। यह एक ऐसा भूगोल है जिसके कई सीमांत हैं।

मसलन, शहर की घनी मध्यवर्गीय बस्तियों में ऐसे कई अड्डे हैं जिन्हें

लोग केवल हस्तमैथुन के लिए इस्तेमाल करते हैं। एक ख़ास समय पर उन्हें सामूहिक रूप से हस्तमैथुन करते हुए देखा जा सकता है। लाजपतनगर की अमर कॉलोनी का नाला एक ऐसे ही अड्डे के रूप में मीडिया में चर्चित हुआ है। अख़बार में छपे इंटरनेट पर जारी किये गये हस्तमैथुन के इस अड्डे के वर्णन से दिल्ली की नयी सेक्शुअलिटी के कुछ आयाम सामने आते हैं:

> राँची से दिल्ली में तक़रीबन साल भर पहले पढ़ने के लिए आयी रोमिला सहोता नामक छात्रा ने यह झकझोर देने वाला वाक़या सुनाया, 'मैं अपने साथ रहने वाली लड़कियों के साथ कमरे की दहलीज पर बैठी थी कि अचानक हमने ज़मीन पर एक छाया हिलते हुए देखी। नज़र उठाई तो हमारे होश उड़ गये। हमने देखा कि वह व्यक्ति सीधे हमारी आँखों के सामने हस्तमैथुन कर रहा है। मैं बता नहीं सकती कि हमने उस क्षण किस क़दर डर और घृणा महसूस की। स्वाभाविक था कि हम वहाँ से मुँह छिपा कर भाग जातीं। इसके अलावा उस समय और कुछ क्या किया जा सकता था। ...मामला यहीं ख़त्म नहीं हुआ। हस्तमैथुन करने वाला वह अकेला आदमी नहीं था। दर्जनों लोग यही करते थे। नाले के पास प्रत्येक दिन हमने दो-तीन लोग यही करते देखे।'
>
> ...रोमिला अमर कॉलोनी में रहती है जो अपने पुराने फ़र्नीचर मार्केट के लिए जाना जाता है। दिल्ली में हर साल क़रीब दो लाख छात्र उच्च शिक्षा और नौकरियों के लिए आते हैं। इनमें से आधी लड़कियाँ होती हैं। अमर कॉलोनी के बहुत से घर उन्हें वाजिब किराये पर पेइंग गेस्ट बना लेते हैं। हज़ारों लड़कियाँ यहाँ रहती हैं। इस हस्तमैथुन की घटना को लड़कियों ने पुलिस में एफ़आईआर भी दर्ज करायी। पुलिस ने कार्रवाई करने का वायदा भी किया, पर कोई ख़ास नतीजा नहीं निकला।... यह इलाक़ा मुख्य सड़क से दूर है। यहाँ ऐसे कई इलाक़े हैं जहाँ खुफ़िया हरकतें की जा सकती हैं। कई आवारागर्द अमर कॉलोनी के गंदे नाले में रोज़ाना पहुँचते हैं।[9]

सवाल यह है कि खुलेआम हस्तमैथुन करने वाले ये लोग कौन हो सकते थे। ये इमारती काम में लगे हुए मज़दूर हो सकते थे या फिर कॉलेजों के छात्र हो सकते थे। एक जानकारी के अनुसार दिल्ली के क़रीब दस लाख रिक्शेवालों में आठ लाख रिक्शे वाले ऐसे हैं जो या तो अकेले रहते हैं या फिर उनकी शादी नहीं हुई है। वजीरपुर इण्डस्ट्रियल एरिया जैसे क्षेत्रों में रहने वाले ज़्यादातर मज़दूर अकेले रहते हैं। इनमें से कई लोग जी.बी. रोड की तवायफ़ों के पास महीने में एक या दो बार जाते हैं। लेकिन, हस्तमैथुन करके अपनी यौन-आवश्यकताओं को पूरा करना इनके लिए आसान है।[10] होस्टल में रहने वाले युवा छात्रों के बीच

---

[9] 'दि अदर विक्टिम्स ऑफ़ लस्ट : ए नाइटमेयर शो फ़ॉर फ़ीमेल रेज़िडेंट्स', अमन सिंह की रपट, नेट पर उपलब्ध.

[10] रिचा सिंह, 'मेस्क्युलिन आइडेंण्टिटीज, वर्कर्स ऐंड एचआईवी/एड्स : एन स्टडी ऑफ़ डेलहीज़ वजीरपुर इंडस्ट्रियल एरिया', epw@vsnl.com पर उपलब्ध.

एक-दूसरे के सामने सामूहिक हस्तमैथुन की परिघटना कोई नयी नहीं है। लेकिन, सार्वजनिक रूप से हस्तमैथुन की घटना और किसी एक स्थान का उसके लिए विशेष रूप से उपयोग करना निश्चित रूप से नयी बात है। हस्तमैथुन यौन-व्यवहार का हमेशा से अंग रहा है। लेकिन, नयी सेक्शुअलिटी तरह-तरह के सेक्स-सर्वेक्षणों के ज़रिये साबित करती है कि वह कोई रोग या बुरी आदत नहीं है, बल्कि एक सामान्य और स्वाभाविक यौन-आचरण है। *डेबोनायर* के सेक्स सर्वे ने चौंका देने वाली जानकारी दी थी कि तीस फ़ीसदी से ज़्यादा शहरी पुरुष ऐसे हैं जो अपनी पत्नियों से नियमित सम्भोग करने के बावजूद नियमित रूप से हस्तमैथुन भी करते हैं, क्योंकि उन्हें हस्तमैथुन वाला यौनांनद स्त्री के साथ सम्भोग में नहीं प्राप्त होता।

दिल्ली 'पुरुष समलैंगिकों की राजधानी' बन चुकी है। बम्बई पीछे छूट चुका है। शाम सात बजे नेहरू पार्क, सेंट्रल पार्क, चिराग़ दिल्ली का जहाँपनाह फ़ोरेस्ट, धौला कुआँ का बस स्टैण्ड और गार्डन, इण्डिया गेट का लॉन, अंतर्राज्यीय बस अड्डा, दिल्ली के हर इलाक़े में फैले हुए मसाज पार्लर और पाँच सितारा होटलों के हैल्थ क्लबों पर समलैंगिक तक़रीबन क़ब्ज़ा सा कर लेते हैं। यहाँ सेक्स पार्टनरों की तलाश में आधी रात तक 'क्रूज़िंग' होती है। समलैंगिकता के इन सीमांतों पर हज़ारों हिजड़े और कोठी (स्त्रैण हाव-भाव रखने वाले पुरुष) देह-व्यापार का बाज़ार गर्म रखते हैं। इस बाज़ार में अर्थपूर्ण कामोत्तेजक इशारे, एक निगाह या एक स्पर्श-भर से संबंध बनते हैं और किसी पेड़, चट्टान या किसी झाड़ी के पीछे 'रिलीज़' होते ही संबंध ख़त्म हो जाता है। यह एक नया सेक्स बाज़ार है जो पूरी तरह 'अनरेगुलेटिड' है यानी जो अभी तक किसी रैकेट या दलालों के गिरोह की गिरफ़्त में नहीं आया है। इसमें रिक्शेवालों और कूड़ा बीनने वाले अपने पसीने गँधाते जिस्म लेकर ही नहीं, अधिकारी वर्ग और कॉरपोरेट क्लास के लोग भी अपनी परफ़्यूम्ड देह के साथ उतरते हैं। इन समलैंगिकों की यौन-भाषा न हिंदी, न अंग्रेज़ी। वे जिस कूट भाषा का इस्तेमाल करते हैं उसे फ़ारसी कहते हैं। यह ग़ालिब वाली फ़ारसी नहीं है। इसके तहत गुदा मैथुन कराने वाला 'कोठी' और करने वाला 'गिरिया' कहलाता हैं। शिश्न को 'लिकुम' और शिश्न प्रवेश को 'धरवाना' कहते हैं। धारा 377 के कारण ग़ैरक़ानूनी क़रार दी गयी समलैंगिकों की इस दुनिया में पुलिसवाले को 'डुंगर' के नाम से बुलाया जाता है। दिल्ली के समलैंगिक मुखमैथुन को 'कोमेर', देह के पृष्ठ भाग को 'बोतल', नितंबों को 'बिट्टु' चूचक को 'धरकी', सिगरेट को 'धुमकी', धन को 'थिपुर', चाय को 'भपकी' और खतने वाले व्यक्ति को 'चिल्कू' कहा जाता है।

समलैंगिकों की फ़ारसी यहीं ख़त्म नहीं हो जाती। उसमें और भी बहुत से शब्द है जो 'क्रूज़िंग' करते हुए इस्तेमाल किये जाते हैं जिससे इस दुनिया की सीक्रेसी क़ायम रहती है।[11]

नयी सेक्शुअलिटी पर दिल्ली के समलैंगिकों के प्रभाव को कम करके नहीं आँका जा सकता क्योंकि दिल्ली की एक गे वेब साइट द्वारा लगाए गये एक तख़मीने के अनुसार राजधानी की पुरुष आबादी का कम से कम चार-पाँच फ़ीसदी हिस्सा समलैंगिक यौन-व्यवहार के साथ किसी न किसी प्रकार जुड़ा हुआ है। इस अनधिकृत समाज के ज़्यादातर सदस्य विवाहित और बाल-बच्चों वाले हैं, पर उनकी बाईसेक्शुअल कामनाएँ उन्हें नियमित रूप से 'क्रूजिंग' के लिए धकेलती रहती हैं। दिल्ली के फ़ार्म हाउसों और कुछ विशेष रूप से चिह्नित बार-रेस्त्राओं में नियमित रूप से गे पार्टियों की धूम रहती है। मिसाल के तौर पर सात जून, 2003 को अंधेरिया मोड़ से तक़रीबन पौने दो किमी. आगे रॉयल गार्डन में हुई एक गे रेन डांस पार्टी देखी जा सकती है। दस बजे रात से शुरू हुई इस पार्टी में शामिल होने की फ़ीस 350 रुपये प्रति व्यक्ति थी और हर गे भागीदार को अपनी दारू साथ लाने के लिए कहा गया था। इसी तरह चाणक्य सिनेमा के पास 'पेग्स ऐंड पिंट्स' नामक बार में अक्सर मंगलवार को रात नौ बजे से दो बज़े तक गे नाइट्स आयोजित की जाती हैं। साउथ एक्सटेंशन का एक नया रेस्त्राँ 'लिज़ार्ड कोर्ट' अपनी गे पार्टियों के लिए चर्चित हो चुका है।

दिल्ली की वैकल्पिक यौनिकताओं का नज़ारा हिजड़ों और स्त्री समलैंगिकों की गतिविधियों के बिना पूरा नहीं हो सकता। पुरुष समलैंगिकों के मुक़ाबले ये दोनों दायरे हद दर्जे की गोपनीयता के आवरण से ढँके रहते हैं। लेकिन धीरे-धीरे इनके बाहर आने की प्रक्रिया भी चल रही है। तीस हज़ारी कोर्ट के बाहर हिजड़ों के एक नायक की गोली मार कर हत्या ने मीडिया का ध्यान उनकी सीक्रेट सोसाइटी की तरफ़ मोड़ दिया है और उनकी गतिविधियों के बारे में राजधानी का समाज दिलचस्पी लेने लगा है।[12] पिछले दो साल से राजधानी के थियेटर सर्किल में हिजड़ों की ज़िंदगी पर किये जाने वाले नाटक *जानेमन* की ज़बरदस्त धूम रही है।

---

[11] जेरेमी सीब्रुक (1999), *लव इन द डिफ़रेंट क्लाइमेट* (दिल्ली के समलैंगिकों का एक अध्ययन), वर्सो, लंदन और न्यूयार्क.

[12] हिजड़ों की यौनिकता किस तरह संगठन शक्ति के दम पर हिंसा और धमकी की भाषा बोल सकती है, इसके एक सबूत के रूप में रघुवीर नगर के हिजड़े नीलम बाई के विजिटिंग कार्ड को देखा जा सकता है जिस पर साँई बाबा की तस्वीर छपी है, पूरे क्षेत्र का भौगोलिक वर्णन है और साफ़ लिखा है कि अगर नीलम बाई गोपालजी के अलावा किसी को बधाई दी, तो बधाई दोबारा ली जाएगी.

इसका हर शो फ़ुल हाउस जाता रहा है। वैकल्पिक यौनिकता पर काम कर रहे संगठनों का एक मोर्चा 'प्रिज़म' स्त्री समलैंगिकों का अध्ययन करने की योजना पर काम कर रहा है। उसने क़रीब ढाई-तीन सौ ऐसी स्त्रियाँ तलाश कर ली हैं जिनसे बातचीत करके वह लेस्बियन यौन-व्यवहार का आख्यान तैयार करेगा।

नयी सेक्शुअलिटी ने दिल्ली को देह-व्यापार के कुछ ऐसे नये रूप प्रदान किये हैं जो अपने-आप में इस सेक्शुअलिटी के नयेपन का प्रमाण हैं। पहले देह-व्यापार के सिर्फ़ दो रूप प्रचलित थे : चकलाघर और कालगर्ल रैकेट। पिछले दस-बारह सालों में मसाज पार्लरों, एस्कोर्ट सर्विसों, फ्रेंडशिप क्लबों और नक़दी या उपहारों के बदले यौन-समागम के लिए प्रस्तुत लोगों के निजी अनौपचारिक दायरों के रूप में देह-व्यापार की शक्ल पूरी तरह बदल गयी है। फ्रेंडशिप क्लब की परिघटना तो ऐसी है जिसे पुराने क़िस्म के देह-व्यापार की श्रेणी में नहीं रखा जा सकता। इसके प्रचलन ने तो हाल ही में शुरू हुए फ़ोन सेक्स को फ़ैशन से बाहर कर दिया है। फ़ोन सेक्स ने ही पहली बार अख़बारों के ज़रिये विज्ञापन करके सेक्स के आधुनिक जिंसीकरण का नमूना पेश किया था। फ्रेंडशिप क्लबों ने इसे चरम पर पहुँचा दिया है। हालत यह है जो अख़बार फ्रेंडशिप क्लबों की परिघटना को देह-व्यापार के रूप में परिभाषित करने के लिए पूरे पृष्ठ की ख़बर छापता है, वही अख़बार उन क्लबों के विज्ञापनों के ज़रिये भारी-भरकम राजस्व भी कमाता है। केवल पश्चिमी दिल्ली में ही 165 फ्रेंडशिप क्लब हैं। पूरी दिल्ली में इनकी संख्या का तख़मीना अभी तक नहीं लगाया जा सका है।[13]

दिल्ली की एड्स नियंत्रण सोसाइटी द्वारा 2003 में कराए गये एक सर्वेक्षण के अनुसार दिल्ली में घोषित रूप से देह-व्यापार में लिप्त वेश्याओं की संख्या 35,062 है। देह-व्यापार में लगे पुरुष समलैंगिकों की संख्या इस सर्वेक्षण ने 7,532 आँकी है। इसी तरह सेक्स के धंधे में रोज़ी कमाने वाले हिजड़ों की संख्या 7,317 है। दिल्ली में 35,442 आवारा बच्चे हैं जिनका कोई स्थानीय अभिभावक नहीं है और 205 जगहों पर ये बच्चे पैसे के बदले खुद को सेक्स एक्ट के लिए उपलब्ध कराते हैं। दिल्ली में रोज़ क़रीब 35,000 ट्रक ड्राइवर आते हैं जिनके बारे में माना जा सकता है कि उनका यौन-जीवन बेहद अनियंत्रित होता है। चार महीनों और 45,000 लोगों से बातचीत के बाद पूरा हुआ यह सर्वेक्षण बताता है कि देह-व्यापार में लगे इन लोगों की गतिविधियाँ राष्ट्रीय राजधानी क्षेत्र में दूर-

---

[13] 'दि वर्ल्ड्स ओल्डेस्ट प्रोफ़ेशन-2003' (दिल्ली के फ्रेंडशिप क्लबों पर एक रपट), आर्चिस मोहन और विभा शर्मा, *हिंदुस्तान टाइम्स,* 16 फ़रवरी, 2003.

दूर तक फैल गयी हैं। रोहिणी, बवाना, मदनगीर, त्रिलोकपुरी, नांगलोई और पाण्डव नगर तक सर्वेक्षण ने ऐसे 276 स्थानों की शिनाख़्त की जहाँ देह का सौदा नियमित रूप से होता है। पुरुष समलैंगिक 117 जगहों पर सक्रिय पाए गये इनमें नेहरू पार्क या सेंट्रल पार्क जैसी जगहों के अलावा दिल्ली विश्वविद्यालय, पटपड़गंज, मयूर विहार, आनंद पर्वत और पंजाबी बाग जैसे इलाक़े भी शामिल हैं।

पिछले दस साल में दिल्ली में पोर्नोग्राफ़ी का अभूतपूर्व प्रसार हुआ है। आमतौर पर विज़ुअल पोर्नोग्राफ़ी के बाज़ार पर पश्चिमी पोर्न फ़िल्मों का आधिपत्य है। भारतीय पोर्न फ़िल्में न के बराबर हैं, जो हैं भी उनकी क्वालिटी बहुत गिरी हुई है और वे पश्चिमी पोर्न को चुनौती दे पाने की स्थिति में नहीं हैं। अंग्रेज़ी की प्रिंट पोर्नोग्राफ़ी भी ज़्यादातर विदेशी किताबों की नक़ल है या उसका रिप्रिंट है। पोर्नोग्राफ़ी में विशुद्ध भारतीय योगदान देखना हो तो हिंदी की प्रिंट पोर्नोग्राफ़ी पर नज़र डालनी चाहिए। दिल्ली में यह बाज़ार बिना कोई ख़ास गोपनीयता अपनाए हुए खूब फल-फूल रहा है। 1981 की शुरुआत में पोर्नोग्राफ़ी के विक्रय अड्डे या तो पुरानी दिल्ली में दरीबाकलाँ और चाँदनी चौक के फुटपाथ होते थे या फिर आईएसबीटी में दीवारों के सहारे ज़मीन पर लगी हुई पीली पन्नी चढ़ी हुई किताबों के रूप में सेक्सी किताबें बिकती थीं। युवाओं और छात्रों के बीच में हिंदी पोर्नोग्राफ़ी की दो किताबें क्लासिक का दर्जा पा चुकी थीं। एक थी *भांग की पकौड़ी* और दूसरी थी *स्वर्ग की नसैनी*। ढाई-ढाई सौ पेज की ये किताबें उपन्यास की शक्ल में लिखी गयी थीं। *भाँग की पकौड़ी* की कथावस्तु इंसेस्ट की घटनाओं के आसपास बुनी गयी थी। *स्वर्ग की नसैनी* एक ऐसे आवारागर्द आशिक की कहानी थी जो अपनी भयंकर यौन-शक्ति और विकराल शिश्न के दम पर सारे जमाने में घूम-घूम कर दैहिक संतुष्टि के लिए छटपटाती औरतों को तुष्ट करता घूमता है। विक्‍ओरियन प्यूरिटनिज़म के मध्यवर्गीय माहौल के मुक़ाबले इन अंडरग्राउण्ड कथानकों में कोई अपराधबोध नहीं था। इन पोर्न उपन्यासों की शब्द योजना पर बोलचाल और गॉसिप की यौन-शब्दावली हावी थी। इनके लेखक थे कोई मस्तराम। यह एक फ़र्ज़ी नाम था जो आज तक जारी है। लेकिन आचार्य मस्तराम का यह कामसूत्र अब बदल गया है। इसकी भाषा संस्कृतनिष्ठ हो गयी है। इसमें सेक्स एक्ट की घटनाओं को एक समस्यापूर्ति के रूप में पेश किया जाता है। इसका मुख्य मोड कनफ़ेशन है। इससे पता चलता है कि सेक्शुअलिटी का पश्चिमी डिस्कोर्स लोकप्रिय स्तर पर कहाँ तक घर कर चुका है। दूसरे, हिंदी की यह मस्तराम छाप पोर्नोग्राफ़ी सेक्शुअल आइडेंटिटी के विषय में भी चिंतित नज़र आती है। उसमें समलैंगिक और बाइसेक्शुअल सेक्स एक्ट

आमतौर से मिलने लगा है। दिल्ली के अर्धशहरी बाज़ार पर हिंदी की इसी प्रिंट पोर्नोग्राफ़ी का क़ब्ज़ा है। एक किताब दस रुपये की बिकती है। इसके अलावा दरियागंज, सदर बाज़ार, नयी और पुरानी दिल्ली के रेलवे स्टेशन, सभी मल्टीप्लेक्सों से फुटपाथ पर पल्प साहित्य बेचने वाली दूकानों से प्रिंट पोर्नोग्राफ़ी आसानी से ख़रीदी जा सकती है। नब्बे के दशक में इलाहाबाद से विकी भार्गव द्वारा प्रकाशित *फैंटसी* नामक सॉफ्ट पोर्न पत्रिका का दिल्ली के फुटपाथी बाज़ार पर हमला हुआ था। उसकी कामयाबी देखकर अचानक कई सॉफ्ट पोर्न पत्रिकाएँ निकलने लगी थीं। यह पत्रिका आज भी बिकती है और मुम्बई से निकलने वाली *डेबोनायर* के भी ग्राहक हैं। लेकिन अब पहले जैसी बात नहीं रही, क्योंकि पहले केवल ये दोनों पत्रिकाएँ ही यौन-पत्रकारिता की ज़रूरतें पूरी करती थीं। आज यह ज़रूरत *कोस्मो* जैसी लाइफ़ स्टाइल पत्रिकाओं समेत सामान्य मीडिया पूरी कर रहा है। कनॉट प्लेस के प्रतिष्ठित बुक स्टोर्स के शो केसों में सेक्स संबंधी पुस्तकों के एक साथ पंद्रह-पंद्रह टाइटिल लगे देखे जा सकते हैं। प्रकाशकों का मानना है कि कुल मिलाकर यौन-संबंधी साहित्य की बिक्री में ज़बरदस्त उछाल आया है। बाज़ार में कई तरह के *कामसूत्र* आ चुके हैं। सभी का दावा है कि वे ही आचार्य वात्स्यायन द्वारा रचे गये असली *कामसूत्र* है। इनमें एक अंग्रेज़ी का *फ़ोटोग्राफ़िक कामसूत्र* है जिसकी क़ीमत पाँच सौ रुपये से भी ज़्यादा है। संस्कृत से हिंदी में किन्हीं आचार्यजी का अनुवाद किया गया दो सौ रुपये का *कामसूत्र* भी है। एक किन्हीं गुप्ताजी द्वारा प्रस्तुत *कामसूत्र* भी है जो दिल्ली के अर्धशहरी इलाक़ों के फुटपाथ पर दस रुपये की दर से बिक रहा है। गुप्ताजी ने इस किताब के आख़िर में वात्स्यायन के साथ मार्क्स और एडलर के नाम से कुछ काम संबंधी विचार भी जोड़ दिये हैं।

सर्वेक्षणों और मीडिया में छपी ख़बरों के ज़रिये तैयार किये गये दिल्ली के सेक्शुअल भूगोल के मानचित्र पर एक शक हमेशा किया जा सकता है कि यह कितना प्रामाणिक है। दरअसल, इसकी प्रामाणिकता की डिग्री उतनी ही है जितनी किसी आत्मगत तथ्य में आवेशित की जा सकती है। इस नक़्शानवीसी के पीछे तीन समीकरण काम करते हुए लग रहे हैं। पहला समीकरण सेक्स, सेक्शुअलिटी, सिटी और आधुनिकीकरण का है जो इस नयी सेक्शुअलिटी को भारतीय पूँजीवाद के विकास के ताज़े चरण से जोड़ता है। दूसरा समीकरण परिवार, प्रेम और रिश्तों की नयी संरचना दर्शा रहा है। और, तीसरा समीकरण एक ख़ास तरह की सेक्शुअल इंजीनियरिंग की तरफ़ इशारा कर रहा है जिसमें निकट भविष्य की सेक्शुअल पॉलिटिक्स के डिम्बाणु हैं। जैसे-जैसे ये समीकरण ठोस होंगे, दिल्ली का सेक्शुअल भूगोल भी प्रामाणिक होता चला जाएगा।

3

पहला समीकरण / सेक्स, सेक्शुअलिटी, सिटी और आधुनिकीकरण

इफ़ इट मेक्स यू हैपी / इट कांट बी दैट बैड
इफ़ इट मेक्स यू हैपी / देन वाई दि हेल आर यू सैड
—शेरिल क्रो द्वारा गाया हुआ गीत

मई, 2003 के पच्चीसवें दिन रविवार की फ़ुरसत में *टाइम्स ऑफ़ इण्डिया* ने सम्पादकीय पृष्ठ पर एक बहस छेड़ी जिसका शीर्षक था, 'सेक्सप्लिसिट इण्डिया : आर वी फ़ाइनली ओपनिंग अप'। इसमें विनय कामत और निकहत काज़मी ने हिस्सा लिया। दोनों ही टाइम्स ग्रुप के घरेलू लेखक थे। दोनों में यौन-क्रांति की वांछनीयता पर कोई मतभेद नहीं था। झगड़ा केवल यह था कि क्या वास्तव में सेक्स रेवोल्यूशन हो रही है या नहीं; और अगर हो रही है तो उसका विस्तार और गहराई कितनी है। कामत खुश थे कि आर्थिक सुधारों के प्रभाव में मौजूदा पीढ़ियाँ भी सुधार के रास्ते पर चल निकली हैं। विवाह की संस्था में पारदर्शिता का समावेश हो गया है यानी लोग मानने लगे हैं कि विवाहेतर संबंध तो स्वाभाविक ही हैं। कामत ने सेक्स से संबंधित खुलेपन को भूमण्डलीकरण की प्रक्रिया से जोड़ा और ऐलान किया कि लव इज फ्रीअर दैन मार्केट। कामत के मुक़ाबले बहस कर रही निकहत काज़मी को इस बात से इंकार नहीं था कि यौन-स्वच्छंदता काफ़ी बढ़ गयी है पर उन्हें दुख इस बात का था कि समाज ने अभी इसे स्वाभाविक मानना शुरू नहीं किया है। उन्होंने चुनौती दी कि आज भी सड़क पर खुले आम कोई किसी का चुम्बन नहीं ले सकता, बिना विवाह किये साथ-साथ रहने वाले गोपनीयता को ही श्रेयस्कर मानते हैं और सेक्स का मुख्य स्थल अभी तक बुझी हुई रोशनियों वाला शयनकक्ष ही है। कामत बनाम काज़मी की इस बहस के ठीक नीचे प्रतिष्ठित स्तम्भ लेखिका बाची करकरिया ने मई के महीने में ही 'डेलही टाइम्स' में छपे कामसूत्र सेक्स सर्वे के नतीजों को किसी ओलम्पिक प्रतियोगिता की भाषा में विश्लेषित किया था यानी किसने किसको पछाड़ दिया है, कौन टॉप सीड था और कौन कितने नम्बर ले पाया। ज़ाहिर है कि इस बहस में कोई रहस्य नहीं था। टाइम्स ग्रुप से बाहर के किसी व्यक्ति की राय शायद इसलिए नहीं ली गयी थी कि वह कामसूत्र सेक्स सर्वे के आँकड़ों से कुछ अवांछित नतीजे निकाल सकता था। वैसे यह सेक्स सर्वे कराने वाली तीन डॉट कॉम कम्पनियों में एक इण्डियाटाइम्स डॉट कॉम थी जिसके मालिक वही हैं जिनके हाथों में टाइम्स ग्रुप की बागडोर है।

मीडिया साफ़ तौर पर बता रहा है कि शहर की सेक्शुअलिटी का मतलब है आधुनिक जीवन के सभी दायरों का सेक्शुलाइज़ेशन। इसके तहत हर तजरुबे, हर परिस्थिति, यहाँ तक कि मौसम में होने वाले परिवर्तनों, अर्थव्यवस्था और रोज़गार की संरचनाओं में होने वाली तबदीलियों, शहर की आबादी में होने वाले बदलावों, मनोरंजन के साधनों, रहन-सहन के तौर-तरीक़ों, पहनने-ओढ़ने के फ़ैशनों, रिश्तों के विभिन्न रूपों, समाज में होने वाली हर तरह की घटना को सेक्शुअल कसौटियों पर कसा जाने लगता है। इस मामले में दिल्ली का मीडिया भारतीय पत्रकारिता की सभी पिछली परम्पराओं को लाँघता हुआ दिखता है। वह न केवल शहरी सेक्शुअलिटी की घटनाओं को तत्परता से पकड़ने के लिए सेक्स बीट पर रिपोर्टर तैनात करता है, बल्कि वह सेक्स से संबंधित ख़बरों को गढ़ता भी है। मसलन, मौसम में आने वाली तब्दीलियों के आधार पर ऐसी क़यासबाज़ी की जाती है कि पारा अगर तेज़ी से चढ़ रहा है तो क्या बेडरूम का सीन भी गर्म होगा या फिर दिल्ली में मानसून आ गया है तो क्या मनोरम हवा सम्भोग करने को विशेष प्रोत्साहन नहीं देगी। दिल्ली की सर्दियाँ भी इन ख़बरों के लेखकों को यौन-क्रिया का मौसमी तर्क गढ़ने का अवसर दे देती हैं। इसी तरह अंतर्राष्ट्रीय खेल प्रतियोगिताओं के बहुप्रतीक्षित मुक़ाबलों की पूर्वसंध्या पर भी यह मीडिया अटकलें लगाता है कि भारत की जीत-हार की बेडरूम में कामोत्तेजना के सीन पर क्या प्रतिक्रिया होगी। अर्धनग्न देशी-विदेशी सुंदरियों के चित्रों से भरे मीडिया के ये पृष्ठ अपनी रपटों में मद्यपान को श्रेष्ठता और अभिजन व्यवहार की विशेष अभिव्यक्ति के रूप में दिखाते हैं। समूह नृत्य और थीम पार्टियों के फ़ैशन को विशेष रूप से प्रोत्साहित करने वाले चित्रों और ख़बरों को छाप कर यह मीडिया देह के प्रदर्शन और देह की आपसी सम्पर्क से पैदा होने वाली ऐंद्रिक अनुभूतियों को वैधता प्रदान करता है।

यौन-क्रांति पर मीडिया में चल रही इस बहस को अगर पूँजीवाद विरोधी विचारधाराओं का असर मंद पड़ जाने के संदर्भ में देखा जाए तो ऐसा लग सकता है कि कुछ ख़ास परिस्थितियों में शहरी मध्यवर्ग सेक्स एक्ट को अपने जीवन की सार्थकता, अपने आनंद का उत्कर्ष और अपने अनुभव की प्रामाणिकता के रूप में देखने लगता है। अस्सी के दशक के आस-पास कामनाओं के सामाजिक महत्त्व पर चर्चा करते हुए ई. व्हाइट ने कुछ ऐसी परिस्थिति की व्याख्या इस प्रकार की थी :

> ...जब धर्म, देशभक्ति और परिवार जैसे सामाजिक मूल्य ध्वस्त हो जाते हैं तो सेक्स को आगे बढ़कर ज़िम्मेदारी उठानी पड़ती है। वह हमारे लोकोत्तर अनुभवों का अकेला ज़रिया बनकर उभरता है। वह हमारे लिए प्रामाणिकता की अकेली कसौटी बन जाता है। कई चरम आनंदों को एक साथ भोगने की ललक अपने शिखर को छू लेती है ...कामकला में त्रुटिहीनता और मर्मज्ञता की माँग होने लगती है। लोगों को यक़ीन हो

> जाता है कि सम्पूर्ण यौन–अनुकूलता में ही सच्ची अंतरंगता छिपी हुई है। आग्रहपूर्वक कहा जा सकता है कि केवल सेक्स का अनुभव ही रोमांचकारी हो सकता है, केवल उसी के ज़रिये प्रेम हासिल किया जा सकता है और केवल सेक्स के आधार पर ही पता लगाया और दिखाया जा सकता है कि कौन किस लायक़ है ...

दिल्ली के मीडिया में सेक्स एक्ट की केंद्रीयता और सम्भोग की क्रियात्मक विविधताओं पर दिये जा रहे ज़ोर को शायद इस कथन की रोशनी में ज़्यादा अच्छी तरह समझा जा सकता है। सेक्स विशेषज्ञ संजय चुग से अपनी यौन समस्याओं का समाधान पूछने वाले पाठकों में कई ऐसे हैं जो अपने पार्टनर को पूरा आनंद दिये बिना ही स्खलित हो जाते हैं। चुग के पास ऐसे पाठकों के लिए 'शिश्न–व्यायाम' का लम्बा सुझाव है जिसे वे आयुर्विज्ञान की शब्दावली में बड़ी सफ़ाई से वर्णित करते हैं। एक दूसरे यौन–सलाहकार अशोक जैनर इसी तरह के चिंतित पाठक को मास्टर ऐंड जॉनसन द्वारा प्रवर्तित तकनीक इस्तेमाल करने की सलाह देते हैं। सम्भवत: स्थानाभाव के कारण *नवभारत टाइम्स* के 'हैलो दिल्ली' परिशिष्ट में लिखने वाला यह विशेषज्ञ इस तकनीक का ब्योरा नहीं दे पाता, लेकिन कम से कम उसका जवाब प्रश्नकर्ता के दिमाग़ में साफ़ कर देता है कि आधुनिक सेक्सोलॉजी के पास उनकी समस्या का कोई न कोई समाधान है ज़रूर। वह चाहे तो विशेषज्ञ के पास निजी तौर से जा कर तकनीक सीख सकता है। 'वीवासिटी' के कॉलमों में चुम्बन लेने की विभिन्न विधियों का पूरा मैनुअल छप चुका है। *कॉस्मो* जैसी 'लाइफ़ स्टाइल' पत्रिकाएँ तो सम्भोग में चरम आनंद प्राप्त करने वाली तकनीकों का तुलनात्मक अध्ययन प्रकाशित करने में वात्स्यायन के *कामसूत्र* से भी आगे जा चुकी हैं। यौन–तकनीक का यह विमर्श मीडिया में बिखरा पड़ा है और अन्य सामग्री के साथ तक़रीबन मुफ़्त में उपलब्ध है। यौन–तकनीकों पर ऐसी सार्वजनिक चर्चा भारत के इतिहास में पहले कभी नहीं देखी गयी। मीडिया एक नया कामसूत्र लिख रहा है।

4
दूसरा समीकरण : परिवार, प्रेम और रिश्ते

> ग़ैर–पश्चिमी संस्कृतियों में ...प्रयोग और अनुभव द्वारा कामकला की शिक्षा पर आमतौर पर स्त्रियों की इजारेदारी होती थी। उस जमाने में तक़रीबन हमेशा ही कामकला महिलाओं के एक ख़ास समूह तक ही सीमित रहती थी। रखैलें, वेश्याएँ या अल्पसंख्यक धार्मिक समूहों की सदस्याएँ इस विद्या में मर्मज्ञता विकसित करती थीं। एक आदर्श के रूप में इयत्ता आधारित प्रेम एक ऐसे समाज में विकसित होता है जिसमें हर

एक के पास कामकला में पारंगत होने के मौक़े रहते हैं। यह प्रेम मान कर चलता है कि 'भद्र' समझी जाने वाली महिला और परम्परानिष्ठ समाज के हाशिये पर पड़ी पतिता के बीच की खाई मिट जाएगी। रोमानी प्रेम के विपरीत इयत्ता आधारित प्रेम यौन-संबंधों के मामले में अनिवार्यतः एकनिष्ठता पर नहीं चलता।

—एंथनी गिडेंस : *ट्रांसफ़र्मेशन ऑफ़ दि इंटीमेसी*

मीडिया एक नया कामसूत्र लिख रहा है। इस नये कामसूत्र के ज़रिये औरत और मर्द एक-दूसरे की सेक्शुअलिटी समझने की कोशिश कर रहे हैं। 'हैलो दिल्ली' के एक ही अंक में छपे इन सवालों और जवाबों से एक अंदाज़ा लगाया जा सकता है कि नयी सेक्शुअलिटी के चिंताएँ और जिज्ञासाएँ कैसी हैं:

दिल्ली की सुजाता लिखती हैं : मैं एक सुंदर और पढ़ी-लिखी लड़की हूँ। मेरी समस्या यह है कि मैं जिस लड़के से प्यार करती हूँ वह मुझसे अब दूर-दूर भागने लगा है। शुरू में तो वह मेरे पीछे पागल था। लेकिन जब से हम दोनों के बीच शारीरिक संबंध बने हैं, तभी से वह मुझसे बात करने से कतराने लगा है। मुझे समझ में नहीं आता क्या करूँ?

दिल्ली के सचिन लिखते हैं : मैं 25 वर्षीय युवक हूँ। अभी छह महीने पहले ही मेरे भाई की शादी हुई थी। एक दिन मैं और मेरी भाभी घर में अकेले थे। अचानक मेरी भाभी मेरे बिस्तर पर आकर लेट गयीं और हम दोनों मर्यादा की सभी सीमाएँ लाँघ गये। मेरी भाभी मेरी हमउम्र हैं। यह सिलसिला चार महीने तक चलता रहा। अब मेरी भाभी मुझसे मुँह चुराने लगी हैं : जो मुझे बहुत बुरा लगता है। कई बार दिल करता है कि सारी बात घर वालों को बता दूँ, लेकिन भाभी की बदनामी के डर से चुप हो जाता हूँ। कृपया आप ही बताएँ मैं क्या करूँ?

फ़रीदाबाद के धर्मवीर लिखते हैं : मेरी शादी को लगभग दो साल हो गये हैं, लेकिन मुझे इस बात का दुख है कि मैं अभी तक अपनी बीवी के साथ शारीरिक संबंध नहीं बना पाया हूँ। इसका कारण सेक्स अंग में तनाव की कमी है। जब मैं चाहता हूँ, तब तनाव नहीं आ पाता और जब नहीं चाहता तब रहता है। इस वजह से मेरी पत्नी बहुत परेशान है। कृपया उपाय बताएँ।

कामसूत्र सेक्स सर्वे के लिहाज़ से देखा जाए तो सुजाता और सचिन शादी से पहले यौन-क्रिया करने वाले दिल्ली के उन लोगों की श्रेणी में आते हैं जिनकी प्रतिशत तक़रीबन 52 फ़ीसदी है। सुजाता और सचिन को अपने सेक्स एक्ट की नाकामी की शिकायत नहीं है। लेकिन, प्रश्न से ज़ाहिर है कि सुजाता की यौन-क्रिया एक बार होकर रुक जाती है, पर सचिन और उसकी भाभी का संबंध चलता रहता है। यानी सुजाता की यौन-क्रिया की सफलता संदिग्ध है। सर्वे का आँकड़ा सिर्फ़ सनसनी फैला कर और यौन-क्रांति का दावा करके रह जाता है, पर वह ज़ाहिर नहीं करता कि विवाह की संस्था से बाहर सफल या असफल

यौन-क्रिया करने पर कितने तरह के जज़्बाती उफ़ानों का सामना करना पड़ सकता है। सुजाता और सचिन यौन-क्रिया के बाद और उसके कारण आये संबंधों में तनाव से परेशान हैं। दूसरी तरफ़ धर्मवीर यौन-क्रिया में नाकाम रहने के कारण पत्नी के साथ संबंधों में आ रहे तनाव से चिंतित हैं। उनके प्रश्न से लगता है कि पत्नी की शिक़ायत ज़्यादा मुखर हो जाने पर ही उन्होंने मनोचिकित्सक अशोक जैन को चिट्ठी लिखी होगी। बहरहाल, यौन-क्रिया तीनों स्थितियों में संबंधों को परिभाषित करने का ज़रिया बनती दिखाई देती है। सुजाता के प्रश्न को भारतीय युवाओं के नये सेक्शुअल रुझानों की एक झलक लेने के नज़रिये से भी पढ़ा जा सकता है। वह कहती है कि दैहिक संबंध बनने के बाद से ही उसका प्रेमी उससे दूर भागने लगा। प्रेमी का यह रवैया उसके दिमाग़ में आ सकने वाले सम्भावित ख़यालों की तरफ़ इशारा करता है। दस-पंद्रह साल पहले सम्भोग के लिए सुजाता की तत्परता उसके प्रेमी की निगाह में उसे गिरा सकती थी। ऐसी हालत में उसे यौन-क्रिया दोहराने में कोई दिक़्क़त नहीं होनी चाहिए थी। वह सुजाता के साथ कई बार यौन-क्रिया करने के बाद भी उसके साथ संबंध तोड़ सकता था। इससे लगता है कि अगर कोई संबंध 'ग्रेट सेक्स' उपलब्ध नहीं करा सकता तो आज के भारतीय युवाओं के लिए उसका भविष्य संदिग्ध हो सकता है।

मीडिया सेक्शुअलिटी को और भी कई कोणों से खुली बहस में ले आया है। वह सेक्शुअल लोकतंत्र, सेक्शुअल नागरिकता, सेक्शुअल पहचान और सेक्शुअल समुदाय की अवधारणाओं का इस्तेमाल न करते हुए भी उनकी व्यावहारिक निर्मितियों की तरफ़ इशारा करता है। मसलन, वह साफ़ इशारा करता है कि जिन सेक्शुअल मामलात को निबटा हुआ माना जाता था, वे सवाल आज फिर से पुनर्विचार के दौर से गुज़र रहे हैं। बजाय इसके कि वह नयी पीढ़ी को पुरानी पीढ़ी के सेक्शुअल मूल्यों की शिक्षा दें, वह पुरानी पीढ़ी को नयी पीढ़ी के ख़यालों के बारे में बताने को अपने प्राथमिक कर्तव्य के रूप में पेश करता है। पहले सेक्शुअलिटी के प्रचलित मतलब के केवल तीन पहलू थे : कामोद्दीपक अनुभूतियों के स्रोत के रूप में औरत की देह, पुरुष की शिश्न-केंद्रित चिंताएँ और हेटरोसेक्शुअल दायरा। यह मीडिया आज की सेक्शुअलिटी को बहुवचन के रूप में पेश करता है। उसकी सामग्री जिस अंदाज़ में सामने आती है उससे लगता है कि आज पुरुष की देह भी उतने ही केंद्र में है। मर्दानगी पर हेटरोसेक्शुअलिटी के संदर्भ में बहस हो रही है। 'पुरुष मीनोपॉज़' पर लेख छप रहे हैं। ऐसी शोधों की जानकारी दी जा रही है जो स्त्री के बजाय पुरुष को कमजोर जेण्डर क़रार देती हैं। सर्वेक्षणों के ज़रिये साबित करने की कोशिश हो

रही है कि आज का पुरुष घर के काम में हाथ बँटाने के लिए ख़ासतौर से उत्सुक है। इसके पीछे पेशकश यह बताने की है कि आज के जमाने में श्रम का लैंगिक बँटवारा पहले जैसा नहीं रह गया है। बहस हो रही है कि इण्डिया फ़ैशन वीक में ड्रेस डिजाइनर रोहित बल के पुरुष मॉडलों ने अपनी माँग में सिंदूर क्यों भरा?

वैकल्पिक यौनिकताओं के संदर्भ में इस मीडिया ने हिजड़ों पर ख़ास तौर से ध्यान दिया है। दिल्ली में हिजड़ों की गिरोहबंदी, उनके देह-व्यापार, हिंसा और अपराध की संरचनाओं के साथ उनके अंतर्संबंधों पर मीडिया में काफ़ी सामग्री छपती है। व्यापार और विज्ञापन की दुनिया में चल रहे विमर्श के ज़रिये वह दिखाता है कि नये उपभोक्ता समाज में ब्राण्डों का कारोबार अब पहले की भाँति स्त्रीलिंग और पुल्लिंग के अलग-अलग खानों में क़ैद नहीं रह गया है। स्त्रियों को वह सामान बेचा जा रहा है जो पुरुषों के लिए बनाया जाता रहा है और पुरुषों को स्त्रियों के लिए तैयार किया गया माल पसंद आने लगा है। इसे मीडिया में 'जेण्डर-बेण्डर' कहा जाता है। उपभोक्ता क्रांति का यह पूरा माहौल हमें सेक्शुअलिटी को नयी रोशनी में देखने पर मजबूर करता है। हम देखते हैं कि परिवार द्वारा निर्धारित स्त्री-पुरुष की अलग-अलग भूमिकाएँ और वजूद परस्परव्यापी होते जा रहे हैं। सेक्स सर्वे बताते हैं कि सेक्स एक्ट का प्रचलित आसन 'मिशनरी पोजीशन' आज भी सर्वाधिक प्रचलित है, पर 'वुमॅन ऑन टॉप' की अवधारणा ऐसे नये आसनों को प्राथमिकता सूची में ऊपर बढ़ा रही है जिनमें औरत मर्द के नीचे दबे होने या उससे पैदा होने वाली कमतरी के एहसास की शिकार नहीं रह जाती।

सेक्शुअलिटी की अभिव्यक्तियों के इन विभिन्न आयामों की सबसे बड़ी विशेषता है सेक्स एक्ट की परिस्थितियों के बारे में उभर रहा विमर्श। यह विमर्श उन क्षणों के बारे में है जब प्रेम संबंध की शुरुआत होती है। अख़बारों के कॉलम इस तरह की सामग्री से भरे पड़े हैं। 'डेलही टाइम्स' के कॉलमों में पत्नियों और प्रेमिकाओं के लिए राय-मशविरे के लम्बे-लम्बे मैनुअल हर हफ़्ते छपते हैं। बात आसानी से समझ में आ जाए, इस मकसद से उसे ऑब्जेक्टिव टेस्ट की शैली में लोकप्रिय ढंग से छापा जाता है। इन मैनुअल्स को तैयार करने में इस्तेमाल की गयी होशियारी के कारण आसानी से पता नहीं चलता कि दरअसल ये परिवार और सैक्शुअलिटी की पहले से स्थापित संरचनाओं को बदलने के मक़सद से छापे गये हैं। इनके अलावा सलाह-मशविरे की शैली में जो फ़ीचर नियमित रूप से छपते हैं उनमें भले ही विवाह की संस्था और एकनिष्ठ संबंधों की अनिवार्यता का उल्लंघन करने की राय न दी जाती हो, पर उनमें यह संदेश साफ़ होता है कि

अगर शादी परस्पर संतोषजनक ढंग से नहीं चल पा रही है, तो बेहतर होगा कि उसे ख़त्म कर दिया जाए। विवाहेतर संबंधों का विरोध करते हुए भी ये फ़ीचर बिना संकोच कहते हैं कि जब तक किसी के साथ रहो, वफ़ादारी के साथ रहो, लेकिन अगर संबंधों में खटास आ जाए तो उसे तोड़ने में ज़्यादा हीला-हवाला करना भी उचित नहीं है। और, ज़रूरी नहीं कि दोबारा शादी के चक्कर में फँसा जाए। अकेले जीवन गुज़ारना भी श्रेयस्कर, और सुखकर हो सकता है। मसलन, एक मैनुअल पत्नियों को समझाता है कि अपने पति को भावनात्मक रूप से आकर्षित बनाए रखने के लिए उन्हें क्या करना चाहिए। दिलचस्प बात यह है कि इस मैनुअल में पत्नी से अपेक्षा की गयी है कि उसे पति को लगातार 'नोटिस' पर रखना चाहिए। यानी पति को यह एहसास रहे कि पत्नी कभी भी उसे 'आश्चर्यचकित' कर सकती है। अगर पति उसे समझने की कोशिश नहीं करेगा तो वह नये संबंध के बारे में सोच सकती है। यह अंदेशा पति को एक ख़ास तरह की अस्थिरता का शिकार बनाए रखेगा और वह पत्नी को 'घर की मुर्गी' नहीं समझेगा। विवाह से पहले की जाने वाली दोस्ती और डेटिंग के बारे में भी युवा वर्ग का विचार साफ़ तौर से उभर कर आता है कि आज के जमाने में वे शादी करने के मक़सद से दोस्ती की शुरुआत नहीं करते। जहाँ तक 'अंतर्मन' के डॉक्टर अशोक जैनर का सवाल है, वे सम्भोग के ज़रिये हासिल 'ऑर्गाज़्म' को 'लिटिल डैथ' समझने के पुराने मनोचिकित्सकीय फ़ण्डे में फँसे हुए हैं।

हर बुधवार को 'डेलही टाइम्स' के कॉलम डेटिंग के विज्ञापनों से भरे होते हैं। हर विज्ञापन कभी छिपे और कभी खुले संबंधों में यौन-संबंधों के लिए निमंत्रण की तरह होता है। इनकी कुछ मिसालों से अंदाज़ा लग सकता है कि किस तरह मित्रता, यौन-संसर्ग, देह-व्यापार और डेटिंग आपस में गड्ड-मड्ड होकर विशुद्ध सेक्शुअलिटी में बदल गये हैं:

> गोपनीयता की गारंटी है। मैं साहिल, 24 साल का, गोरा, ख़ूबसूरत, पाँच फुट दस इंच लम्बा, एक कम्पनी में अधिकारी हूँ। कोई भी जवान लड़की या अमीर महिला कुछ दिनों का रोमांस करना चाहे तो मैं तैयार हूँ। कोई झमेला नहीं चाहिए।
>
> विनोद, 40 साल, दिल्ली, शादीशुदा पर डिस्सेटिस्फ़ाइड, किसी भी उम्र की महिला के साथ सच्ची और टिकाऊ दोस्ती के लिए तैयार।
>
> लवबग 4यू का संदेश: कैरिस्मेटिक, आर्टिकुलेट और वेरी प्रेटी। और मॉडेस्टी तो मुझे छू भी नहीं गयी। लो, मैं हूँ तुम्हारे लिए। कैन यू हैण्डिल मी। अगर हाँ, तो इस पते पर मुझे ई-मेल करो।
>
> बिज़नेसमैन, चालीस साल, पाँच फुट चार इंच, दोस्त की तलाश पार्टियों में जाने के लिए। केवल दिल्ली की महिलाएँ ही सम्पर्क करें। फ़ोन नम्बर दें और फ़ोन करने के वक़्त का उल्लेख करें।

आई एम बिग बज़म्ड, 38, सेक्सी, लाइक टु बी पैम्पर्ड, आई केन बी योर एम्प्रेस, इफ़ यू वांट टु बी माई एम्परर, कांटेक्ट मी। मेल्स 45 टु 55 आर प्रिफ़र्ड। लुकिंग फ़ॉर क्वालिटीज़ ऑफ़ ए गॉडफ़ादर केयरिंग, लविंग, प्रोटेक्टिव। आई एम 38 सिंगल, प्रेटी ऐंड वेरी पैम्पर्ड। इफ़ यू आर ए किंग विद दि क्वालिटीज़ ऑफ़ ए गॉड फ़ादर हू केन पेम्पर मी ऐंड ट्रीट मी लाइक ए क्वीन मेल मी एट ईमेल : baxom-queen38@indeatimes.com

डेटिंग के इन विज्ञापनों में सम्पर्क के लिए हमेशा ई-मेल का पता दिया जाता है। ज़ाहिर है कि इंटरनेट न होता तो इस तरह की डेटिंग भी सम्भव न होती जो परिवार, उम्र, समुदाय और संस्कृति की सीमा के पार जा सकती हो। ये सारे विज्ञापन सेक्शुअल एडवेंचर की सम्भावनाओं से धड़क रहे हैं। कुछ विज्ञापन ख़ास तरह की आमंत्रण से भरी सेक्सी भाषा (जैसे : आईएम ए सुगरी बेबी या फिर काल फ्राम ए स्वीटी-ट्वीनी या मैसेज फ्राम ए लिटिल मरमेड) अपनाते हैं जिससे लगता है कि उनके पीछे देह-व्यापार के रैकेट काम कर रहे होंगे। स्त्रियों की तरफ़ से दिये गये डेटिंग के ये विज्ञापन साफ़ कहते हैं कि वे अपने पुरुष पार्टनर के साथ हफ़्ते-दस दिन के लिए गोवा की यात्रा करने को तैयार हैं और अगर वह चाहें तो उन्हें पहाड़ों की सैर करने में भी कोई गुरेज़ नहीं हैं। यह भी देह-व्यापार के नये रूपों की तरफ़ इशारा करता है। ये रूप देह-व्यापार को केवल यौन-क्रिया तक ही सीमित नहीं रखते। ये 'वन नाइट स्टैण्ड' से आगे जाते हैं और कई दिन साथ-साथ रहने और घूमने-फिरने से बनने वाली परिस्थितियों में पसंदगी, लगाव और प्रेम की नौबत तक ले जाने वाली अंतरंगता की सम्भावनाएँ जगाते हैं। ज़ाहिर है कि यह हॉलीवुड की हिट फ़िल्म *प्रेटी वुमॅन* वाला नज़ारा है। पर इससे इंकार नहीं किया जा सकता कि इसमें टिकाऊ अंतरंगता की सम्भावनाएँ क्षीण ही रहेंगी क्योंकि इस संबंध की अवधि पहले से ही परस्पर सहमति के आधार पर व्यावसायिक नज़रिये से काट-छाँट कर दी गयी है। इन सीमाओं के बावजूद इस तरह की डेटिंग में मर्द की सेक्शुअलिटी के लिहाज़ से एक नयी परिघटना की सम्भावना भी पढ़ी जा सकती है। पुरुष को यौन-क्रिया में ज़बरदस्त एकाग्रता की ज़रूरत पड़ती है, वरना वह जिस तेज़ी से उत्तेजित होता है, उतनी ही तेज़ी से वह अपने यौनांग की उत्तेजना पल भर में खो भी देता है। किसी एक स्त्री के साथ परस्पर व्यावसायिक सहमति के आधार पर ही सही, एक दिन से ज़्यादा लगातार कई दिन तक तनाव मुक्त सफल सहवास अपेक्षाकृत स्थायी क़िस्म की अंतरंगता की तरफ़ ले जा सकता है।

बहरहाल, देह-व्यापार का एक और नया पहलू फ्रेंडशिप क्लबों की नवविकसित परिघटना में पाया जा सकता है। राष्ट्रीय अख़बारों के वर्गीकृत

विज्ञापनों के कॉलमों में ऐसे फ़ोन नम्बर इफ़रात से मिलते हैं जिन पर काल करके एक निश्चित फ़ीस देकर महिला फ्रेंड पाया जा सकता है। यह दोस्ती भी डेंटिंग की तरह दस या पंद्रह दिन चलने के लिए ही की जाती है। इसमें साथ-साथ घूमा जाता है, वाइनिंग-डाइनिंग होती है, फ़िल्म देखी जाती है, उपहार दिये जाते है और यह सिलसिला जितनी ख़ूबी और खुले दिल से होता है उसी के अनुपात में सेक्स का सुख भी उठाया जा सकता है। यह धंधा क़ानून की पकड़ से एक़दम बाहर है। दिल्ली के सबसे मशहूर मैरेज ब्यूरो ('रिश्ते ही रिश्ते : मिल तो लें' का विख्यात नारा देने वाला) के संचालक द्वारा चलाए जा रहे फ्रेंडशिप क्लब पर पुलिस ने जब छापा मारा तो कई कम्प्यूटरों में भरे हुए बहुत से फ़ोन नम्बर मिले। ये फ्रेंडशिप चाहने और देने वालियों के थे। संचालक महोदय ने पुलिस को चुनौती देकर कहा कि वे कोई ग़ैरक़ानूनी काम नहीं कर रहे। यानी उन पर दलाली का इलजाम नहीं बनाता था। वे तो एक पक्ष को दूसरे पक्ष के केवल फ़ोन नंबर देते हैं। बाक़ी काम करना दोनों पार्टियों की जहमत है। फ्रेंडशिप कराने वाले क्लबों में सबसे मशहूर और व्यावसायिक कुशलता से काम करने वाली संस्था शायद टाइम्स फ्रेंडशिप नेटवर्क लिमिटेड है। 1997 से पब्लिक लिमिटेड कम्पनी के रूप में काम कर रही यह संस्था दावा करती है कि उसके पास जोश-ख़रोश से काम करने वाली एक टीम है और आधुनिकतम प्रौद्योगिकी के साथ सबसे बड़ा नेटवर्क है। वह दोस्ती बेचने के बाद हफ़्ते में सात दिन और चौबीस घण्टे आफ्टर सेल सर्विस भी देती है। यह कम्पनी अपने विज्ञापन में आश्वासन देती है: फ्रेंडशिप श्योर, सेफ़ ऐंड सिक्योर! दो लाख का मुफ़्त इंश्योरेंस! फ्रेंडशिप की गारंटी वरना पैसे वापस।

टाइम्स फ्रेंडशिप वालों को अगर फ़ोन किया जाए तो वे उम्र, पेशा, आमदनी और रुचियों आदि का पता लगाकर सलाह भी देते हैं कि आप को कैसी फ्रेंडशिप 'सूट' करेगी। उसी के हिसाब से फ़ीस होती है। आम तौर पर तीन स्तरों की फ्रेंडशिप की पेशकश करने वाली यह कम्पनी साफ़ बताती है कि नीचे दो स्तरों पर तो पुरुष को ही फ्रेंड के ऊपर ख़र्चा करना होगा, पर सर्वोच्च स्तर की फ्रेंडशिप में हो सकता है कि महिला पक्ष ही ख़र्च करने के लिए राजी हो जाए। या दोनों एक-दूसरे पर ख़र्च करें। पहले दोनों स्तरों पर महिला पक्ष के पास चुनाव का अधिकार नहीं होता। पर, सर्वोच्च स्तर पर महिला पक्ष भी पुरुष को ठुकरा सकता है।

न तो यह चकलाघर वाला देह-व्यापार है और न ही काल गर्ल वाला जिसमें सम्भोग के अलावा और कुछ नहीं होता। देह-व्यापार की यह अजीब सी संरचना

है जिसमें पैसे के बदले किये जाने वाले सम्भोग को मित्रता और रोमांस से गूँथ दिया गया है। ज़ाहिर है कि इस घालमेल में नये तरह के अंतरंग रिश्ते बनने की काफ़ी सम्भावनाएँ हैं जो विवाह और परिवार के दायरों के बाहर सक्रिय रह सकते हैं। डेटिंग के विज्ञापन और फ्रेंडशिप क्लब उत्तरोत्तर लोकप्रिय होते चले जा रहे हैं। इन विज्ञापनों में मँझोली आय वाले लोगों के लिए भी सेक्शुअल एडवेंचर की सम्भावनाएँ हैं।

जॉन डि'इमिलियो द्वारा की गयी पूँजीवाद और समलैंगिकता के रिश्तों की व्याख्या को अगर एंथनी गिडेंस द्वारा प्रतिपादित प्रेम की तीन श्रेणियों के साथ पढ़ा जाए तो समझ में आने लगता है कि दिल्ली का मीडिया डेटिंग क़ॉलमों और फ्रेंडशिप क्लबों के ज़रिये किस तरह के प्रेम की संस्तुति कर रहा है। आधुनिक समाजों में सेक्शुअलिटी, प्रेम और ऐंद्रिकता की चर्चा करते हुए एंथनी गिडेंस ने प्रेम की तीन श्रेणियाँ बनाई हैं। रोमानी प्रेम, उत्कट प्रेम और इयत्ता केंद्रित प्रेम। ये तीनों ही रूप आधुनिकता की देन हैं और पूँजीवादी विकास में तरह-तरह की भूमिकाएँ निभाते दिख सकते हैं।

रोमानी प्रेम आज़ादी की कामना से जुड़ा हुआ है और वह सेक्शुअलिटी को गले लगाने के बावजूद उसे पहली प्राथमिकता पर नहीं रखता। यहाँ पूँजी अपने प्रभुत्व के शुरुआती दौर में उत्पादक शक्तियों के विकास का नियामक होते हुए भी प्रेम को डराती है। यहाँ प्रेम ऐलान करके कहता है कि वह स्थापित संरचनाओं द्वारा आरोपित रिश्तों को मान्यता नहीं देता। लव में दोनों पार्टनर एक-दूसरे को स्पेशल समझते हैं और यह स्पेशलिटी उसी समय स्थापित हो जाती है जब पहली बार नज़रें चार होती हैं। दोनों एक-दूसरे के सामने अपना हृदय खोलते चले जाते हैं। दोनों की इयत्ताएँ मिलकर एक हो जाती हैं। रोमानी प्रेम की यह घटना अपने प्रारम्भ और परिणाम में अलग-अलग संस्कृतियों में अलग-अलग ढंग से घटती है। प्रेम की इस संस्कृति-विशिष्ट क़िस्म का तीव्र और सार्वभौम रूप से उत्कट प्रेम है जिसमें दैहिक आकर्षण और सेक्शुअलिटी इतनी प्रखर होती है कि प्रेमी युगल का परिवेश अस्थिर हो जाता है। इस प्रेम में राजसिंहासन त्याग दिये जाते हैं, वर्ग और जाति की सीमाएँ तोड़ दी जाती हैं और एक-दूसरे को पाने के लिए रैडिकल तरीक़े अख़्तियार करने में भी कोई हिचक नहीं दिखाई जाती। रोमानी प्रेम में भी व्यवस्था विरोध के तत्व होते हैं, पर उत्कट प्रेम व्यवस्था को अपने सामने पूरी तरह झुका देना चाहता है। वह मरने-मारने पर उतारू रहता है। व्यवस्था इन दोनों प्रेमों की अस्थिरकारी प्रवृत्तियों से चौंकती है और ऐलान करती है कि 'इश्क़ चीज़ है बेहद नाजुक, अक्ल का बोझ उठा नहीं सकती'।

पूँजीवादी समाज लगातार एक तीसरी तरह के प्रेम की तलाश करता रहता है जिसकी सिफ़ारिश करने से उसे किसी जोखिम का सामना न करना पड़े। यह है इयत्ता आधारित प्रेम। इसमें दोनों पक्ष आगा-पीछा सोच-समझ कर प्रेम में पड़ते हैं। पहली नज़र में किसी का किसी को भा जाना प्रेम की शुरुआत कर सकता है, इससे मन में प्रेम का विचार पैदा हो सकता है, लेकिन बुद्धिसंगत कसौटियों पर कसने से यह आकर्षण मस्तिष्क द्वारा ख़ारिज भी कर दिया जाता है। इस प्रेम में प्रेमीजन अपने परिवेश को कोई चुनौती नहीं देना चाहते। वे भविष्य, सामाजिक हैसियत, आर्थिक हैसियत और अपनी इयत्ता की पूरी रक्षा का बंदोबस्त करके प्रेम के मैदान में उतरते हैं। यहाँ प्रेम विवाह 'स्वनियोजित विवाह' में बदल जाता है जिसमें दोनों पक्षों के परिजन भागीदारी करते हैं।

ख़ास बात यह है कि इस प्रेम में दोनों पक्ष अपनी इयत्ता एक-दूसरे के समक्ष उतनी ही प्रकट करते हैं जितनी संबंधों के जारी रहने के लिए ज़रूरत होती है। दोनों किसी न किसी रूप में अपनी प्राइवेसी सुरक्षित रखने का निर्णय ले सकते हैं। चूँकि मामला इयत्ता का है, इसलिए सेक्शुअल रुझान पहली प्राथमिकता बन जाता है जिससे प्रेम दो तरह की गिरफ़्तों से आज़ाद हो पाता है। सबसे पहले वह शाश्वत प्रेम के आग्रह से मुक्त होता है। नतीजे के तौर पर 'मिलन और तलाक़' की परिघटना वाला समाज उभरता है। यौन-संबंधों की एकनिष्ठता धारावाहिक क़िस्म की एकनिष्ठता में बदल जाती है। दूसरे उसे हेटरोसेक्शुअलिटी की गिरफ़्त से आज़ाद होने का मौक़ा मिल जाता है। यानी इयत्ता आधारित प्रेम समलैंगिक प्रेम को भी स्वीकार करता है। पूँजीवाद को यही प्रेम पसंद है और इसकी पेशकश भूमण्डलीकरण के युग में अनायास ही नहीं की जा रही है।

तलाक़ के मामलों के विशेषज्ञ वकीलों के मुताबिक दिल्ली में होने वाले प्रत्येक पाँच विवाहों में एक का अंत तलाक़ में होता है। यह पिछले पाँच सालों की स्थिति है। पहले तलाक़ के लिए दी जाने वाली अर्जियों में तीस फ़ीसदी महिलाओं की तरफ़ से दी जाती थीं, अब उनकी संख्या बढ़कर चालीस फ़ीसदी हो गयी है। दिल्ली में पाँच तलाक़ कोर्ट हैं जिनमें प्रतिदिन पच्चीस से तीस मुक़दमे दायर होते हैं। यानी हर वर्ष आठ-नौ हज़ार दम्पति तलाक़ के लिए अदालतों की शरण लेते हैं।

यह परिस्थिति बहुत बड़े पैमाने पर ऐसे समुदाय को पैदा कर रही है जिसकी संरचना जल्दी ही दूसरी या तीसरी शादी करने वाले लोगों, या फिर अकेले रहने वाले लोगों से ही होगी। लेकिन, केवल इन्हीं आँकड़ों के आधार पर यह नहीं

माना जा सकता कि नयी सेक्शुअलिटी के विकसित होने की वे भौतिक स्थितियाँ तैयार हो गयी हैं जो यूरोप अमेरिका में है। इससे यह अंदाज़ा भी नहीं लगाया जा सकता कि दिल्ली या देश में किसी भी क़िस्म के समलैंगिक समुदायों की रचना हो रही है। शायद इसीलिए दिल्ली में समलैंगिकों के बीच काम करने वालों ने 'गे' या 'लैस्बियन' जैसी पश्चिमी अस्मिताओं के मुक़ाबले एक 'एमएसएम' जैसी श्रेणी ईजाद की है। इसका मतलब हुआ 'मैन हू हैव सेक्स विद मैन'। दिल्ली के एक बड़े सेक्शुअलिटी एनजीओ के सहयोग से दिल्ली के पुरुष समलैंगिकों की एक एथ्नोग्राफ़ी में यह श्रेणी काफ़ी ठोस रूप से निकलकर आयी है। इस अध्ययन से पता लगता है कि दिल्ली के समलैंगिकों में शादीशुदा और बाल-बच्चों वाले मर्दों की संख्या ख़ासी है। इस तरह बाईसेक्शुअलिटी का तथ्य सामने आता है।

5

तीसरा समीकरण : सेक्शुअल इंजीनियरिंग, सेक्शुअल पॉलिटिक्स और सेक्शुअल इंडेक्स

> जैसे-जैसे उजरती मज़दूरी का प्रसार और उत्पादन का सामाजिकीकरण हुआ, सेक्शुअलिटी को प्रजनन की 'अनिवार्यता' से मुक्त करना सम्भव होता चला गया। विचारधारात्मक रूप से हेटरोसेक्शुअल रिश्तों का मतलब अंतरंगता, परस्पर खुशी और आनंद की अनुभूतियों को बढ़ावा देना समझा जाने लगा। एक तरफ़ परिवार की संस्था को आर्थिक उत्पादन की स्वतंत्र इकाई से वंचित करके और दूसरी तरफ़ सेक्शुअलिटी को संतानोत्पत्ति की ज़िम्मेदारी से बरी करके पूँजीवाद ने ऐसे हालात तैयार किये कि कुछ औरतों और मर्दों को अपना निजी जीवन अपनी समलैंगिक, ऐंद्रिक और जज़्बाती ज़रूरतों के आसपास व्यवस्थित करने का मौक़ा मिल गया...
>
> —जॉन डि'इमिलियो : *कैपिटलिज़्म ऐंड दि गे आइडेंटिटी*

> पूरे भारत की गे आबादी का 32 फ़ीसदी हिस्सा राजधानी में है। ऐसे हास्यास्पद आँकड़े पढ़ कर लोगों को लगता है कि हम लोग पूरी दिल्ली पर क़ब्ज़ा ही किये ले रहे हैं। कई लोगों ने मुझसे मिल कर कहा है कि 'अरे, तुम लोग तो हर जगह हो और फैलते ही जा रहे हो।' मेरा जवाब था कि हम लोग कोई महामारी नहीं हैं जो फैलती जा रही हो।
>
> —12 जून के *हिंदुस्तान टाइम्स* में प्रभा चंद्रन के आइटम 'डेलही इज न्यू कैपिटल ऑफ़ गेज़' की प्रतिक्रिया में *गे डेलही : न्यूज ऐंड रिव्यूज़* की टिप्पणी

डि'इमिलियो, डेविड हैलपेरिन और पीटर रे जैसे विद्वान अपने अध्ययनों में अलग-अलग ढंग से दिखाते हैं कि समाज में जैसे ही परिवार की संस्था संकट में फँसती है, समलैंगिकता, आत्मरति और दृश्यरति चुनौतीपूर्ण मुद्रा में उभरते हैं। इन विद्वानों के पास इस सूत्रीकरण को ठोस साबित करने के प्रमाण भी हैं। वे यूरोप और अमेरिका में तलाक़ की बढ़ती हुई संख्या ही नहीं, दूसरी और तीसरी शादियों में वृद्धि के आँकड़े पेश करते हैं। उनके विमर्श से एक समझ में आने वाला सिद्धांत निकलता है कि पूँजीवाद एक तरफ़ तो सेक्स को दैहिक आनंद से जोड़ कर सेक्स को सर्वाधिक प्रामाणिक बना देता है जिससे समलैंगिकता के लिए पहले से कहीं ज़्यादा स्पेस बनने की सम्भावनाएँ पैदा होती हैं, लेकिन साथ ही वह परिवार की अस्थिरता की झूठी तोहमत भी समलैंगिकता पर मढ़ता है ताकि यह प्रवृत्ति की ज़िम्मेदारी निभाने वाले परिवार को पूरी तरह खा न जाए। इस तरह पूँजीवाद होमोसेक्शुअलिटी और होमोफ़ोबिया दोनों को एक साथ बढ़ावा देता है।

सेक्शुअलिटी पर उपलब्ध पश्चिमी समाज विज्ञान या तो यूरोपीय और अमेरिकी अनुभव की इसी समझ पर आधारित है या फिर वह दक्षिण-पूर्व एशिया और प्रशांत महासागरीय देशों में पनपे सेक्स मार्केट के अध्ययन के आधार पर रचा गया है। भारतीय परिस्थितियाँ अभी तक सेक्शुअलिटी के अध्येताओं का विषय ही नहीं बनी हैं। यहाँ सेक्शुअलिटीज़ के बारे में अगर कुछ है तो सुधीर कक्कड़ की रचनाओं और प्रकाश कोठारी की टीका-टिप्पणियों के रूप में देखा जा सकता है। ये लोग भी सेक्शुअलिटी के चिकित्सकीय और वैचारिक आधार की खोज-बीन करने में ज़्यादा व्यस्त रहे हैं। भारतीय सेक्शुअलिटी के आत्मगत और वस्तुगत पहलुओं के भाष्य के मामले में विद्वानों के एक छोटे से अध्ययन दल ने पिछले दिनों ज़रूर कुछ काम किया है। इन लोगों ने भारतीय मैस्क्युलिनिटी को अपनी दिलचस्पी का केंद्र बनाया है। इनके साथ कुछ ग़ैर-सरकारी संस्थाएँ एड्स के प्रश्न को केंद्र करके अपनी गतिविधियाँ चला रही हैं। ये संस्थाएँ होमोफ़ोबिया के ख़िलाफ़ काम करते हुए समलैंगिकता को एक स्वाभाविक मानवीय यौन-रुझान के रूप में पेश करती हैं। समलैंगिकता के भारतीय इतिहास को उकेरने का भी कुछ प्रयास हुआ है। देखा जाए तो दिल्ली में सेक्शुअलिटी के ऊपर लोकप्रिय बहस की शुरुआत का श्रेय नब्बे के दशक के उत्तरार्ध में हुई दो घटनाओं को जाता है। पहली, आईटीओ स्थित पुलिस मुख्यालय पर समलैंगिकों का प्रदर्शन और दीपा मेहता की फ़िल्म *फ़ायर* के ख़िलाफ़ हिंदुत्व ब्रिगेड के हमले की प्रतिक्रिया में कुछ लेस्बियनों का पहली बार खुल कर सामने आना।

लेकिन, इससे पहले ही एड्स भेदभाव विरोधी संगठन की गतिविधियों ने इस बहस की नींव डाल दी थी। अरुण भण्डारी, डॉ.जे. पी. जैन, जगदीश भारद्वाज, एस.ए. ललिता डॉ. पी.एस. साहनी, एस.सी.एन. शालिनी और सिद्धार्थ गौतम ने मिलकर इस संगठन के लिए 1991 में एक रपट तैयार की जिसे 'सिटीज़ंस रिपोर्ट ऑन दि स्टेटस ऑफ़ होमोसेक्शुअलिटी इन इण्डिया' क़रार दिया गया। इस रपट का शीर्षक था 'लैस देन गे'। इसके बाद दिल्ली में सेक्शुअलिटी का मसला सीधे-सीधे या तो मीडिया के हाथों में जाता हुआ दिखाई देता है या फिर उस पर एनजीओ के रूप में प्रचलित संगठन हावी होते हुए दिखते हैं। मीडिया होमोसेक्शुअलिटी के बारे में ख़बरें तो देता है, पर वह अपना कार्यक्षेत्र हेटरोसेक्शुअलिटी को ही बनाता है। एनजीओ समलैंगिकता के दायरे में काम करते हैं और हेटरोसेक्शुअलिटी को अनुसंधान के विषय में देखने से भी परहेज़ करते हैं। इस तरह दिल्ली में सेक्शुअलिटी का विमर्श हेटरो और होमो कम्पार्टमेंट्स में बँट जाता है। दोनों की राजनीति अलग-अलग है। मीडिया बाज़ार की सेवा में लगा हुआ है और एनजीओ एड्स के ख़िलाफ़ संघर्ष के नाम पर मिल रहे विदेशी धन के दबाव में एक ख़ास तरह के एजेण्डे को आगे बढ़ा रहे हैं।

मीडिया भूमण्डलीकरण और आधुनिकीकरण के नाम पर जिस यौन-क्रांति का नेतृत्व करने का दावा कर रहा है, उसका पहला अधूरापन तो यह है कि वह सेक्शुअलिटी में निहित बहुवचन स्वीकारते हुए भी साफ़ तौर पर केवल हेटरोसेक्शुअलिटी के पक्ष में ही झुका हुआ है। बहस के दौरान उसे हिंदुत्व ब्रिगेड के सिद्धांतकार केवल रत्न मलकानी के मुक़ाबले समलैंगिकता के पुराने पैरोकार अशोक राव कवि का वक़्तव्य छापने में कोई दिक़्क़त नहीं होती। पर साप्ताहिक कॉलमों में नियमित रूप से छपने वाले सेक्स संबंधी सलाह-मशविरे में जैसे ही कोई व्यक्ति अपनी समलैंगिक प्रवृत्तियों की जानकारी देता है, मनोचिकित्सक उसे 'होमोसेक्शुअल डिसऑर्डर' का डर दिखाता हुआ नज़र आता है। यह मीडिया समाज में बढ़ती हुई या सामने आती हुई समलैंगिकता के तथ्यों पर ज़ोर देने से परहेज़ करता है। *डेलही टाइम्स* द्वारा कामसूत्र सर्वे के दो बार छापे गये नतीजों में इस पहलू का तक़रीबन जानबूझकर ज़िक्र नहीं किया गया। *डेलही टाइम्स* ने केवल हेटरोसेक्शुअल दायरे में हो रही सेक्शुअल गतिविधियों के आँकड़ों में ही दिलचस्पी दिखायी। विचारधारात्मक रूप से समलैंगिकता के ख़िलाफ़ न होते हुए भी टाइम्स ग्रुप उससे संबंधित तथ्यों की उपेक्षा क्यों करता है? इसके कारणों का केवल क़यास लगाया जा सकता है। समझा जा सकता है कि भारत में समलैंगिक एक समुदाय के रूप में नहीं उभर पाए हैं इसलिए बाज़ार उनकी एक

उपभोक्ता समुदाय के रूप में शिनाख़्त करने में नाकाम है। शायद बाज़ारवाद की सेवा में लगे अख़बार समलैंगिकों को उस यौन-क्रांति का उल्लेखनीय अंग मानने के लिए तैयार नहीं हो पाते जो उसकी निगाह में तेज़ी से घटित हो रही है। यहाँ तक कि कामत, काज़मी और करकरिया ऐंड कम्पनी भी समलैंगिकता का ज़िक्र नहीं करती।

मीडिया दिल्ली में नये तैयार हुए होमोसेक्शुअल स्पेस का विवरण तो देता है, पर अपर्याप्त। पुलिस जब समलैंगिकता विरोधी क़ानून धारा 370 लागू करने के लिए छापे मारती है, तो उन घटनाओं और उनके विरोध की रोशनी में वह ज़्यादा से ज़्यादा यह बता पाता है कि नेहरू पार्क, सेंट्रल पार्क और लाल क़िले से लेकर पुरानी दिल्ली रेलवे स्टेशन तक हर शाम छह बजे के बाद पुरुष समलैंगिक सेक्स पार्टनर की तलाश में 'क्रूजिंग' करते हैं। लेकिन यह मीडिया उन गे पार्टियों, गे शादियों और गे जोड़ों का ब्योरा देने से संकोच करता है जो पिछले दस सालों से दिल्ली के सेक्शुअल परिदृश्य के मुखर अंग बन चुके हैं। यहाँ एक बार फिर मीडिया की दिलचस्पी अधिकांशतः हेट्रोसेक्शुअल दायरे में हो रही सेक्शुअल गतिविधियों तक ही सीमित है। दरअसल, मीडिया होमोसेक्शुअलिटी की ख़बरों को सनसनी फैलाने के लिए इस्तेमाल करता है जिसकी दो प्रतिक्रियाएँ होती हैं। एक बिम्ब बनता है कि समाज में यौन-स्वच्छंदता बहुत बढ़ती जा रही है। दूसरी तरफ़ होमोफ़ेबिया को बढ़ावा मिलता है क्योंकि मीडिया की ख़बरें जाने-अनजाने समलैंगिक पुरुष को भावशून्य, बच्चों के साथ कुकर्म करने वाले, बीसियों और पचासों पार्टनरों के साथ सेक्स करने वाले व्यक्ति की छवि दे देती हैं।

दिल्ली के मीडिया द्वारा की जा रही सेक्शुअल इंजीनियरिंग का अध्ययन इस शहर की सेक्शुअलिटी का इण्डेक्स निर्धारित करने में काफ़ी मददगार हो सकता है। यह इण्डेक्स कामनाओं के भौतिक आधार और उनकी संरचना की तरफ़ एक गतिशील इशारा कर सकता है। मीडिया में दिल्ली के ऐसे तमाम बाज़ारों का नियमित वर्णन मिलता है जहाँ ताज़े फ़ैशन के मुताबिक़ वस्त्र बहुत सस्ते दामों में मिलते हैं। फ़िल्मों में रानी मुखर्जी और करीना कपूर जैसी फ़िल्मी हीरोइनों द्वारा पहनी गयी पोशाकें, बाँधी गयी बेल्टें और तमाम तरह के पश्चिमी परिधान इस फ़ैशन मार्केट ने निम्न और निम्न-मध्यवर्ग को मुहैया कराना शुरू कर दिया है। दस साल पहले इस तरह के बाज़ारों की उपलब्धता न के बराबर थी। आज उच्चवर्ग द्वारा अपनाई जाने वाली स्टाइल हफ्ते भर के अंतराल में प्रतिकृति के रूप में इन बाज़ारों में मिल जाती है। रुपहले पर्दे पर नायक-

नायिकाओं की कोमोद्दीपक छवि को परोसने वाले वस्त्र शहरी समाज में दायें से बायें तक बहुत जल्दी आम लोगों की इरोटिक इयत्ता को व्यक्त करने के माध्यम बन जाते हैं। मीडिया रिश्तों में देह की बढ़ती हुई प्रधानता की जानकारी देता है। आख़िरकार नयी सेक्शुअलिटी देह के बदलते हुए और विविध होते हुए इस्तेमाल का भी तो नाम है। मीडिया परिवार की मौजूदा दशा की शुरुआती जानकारी देता है। संकेत मिलता है कि हेटरोसेक्शुअल परिवार की संस्था संकट में फँसने की तरफ़ बढ़ रही है। मीडिया बताता है कि तलाक़ की दर बढ़ रही है। उसके वैवाहिक विज्ञापनों वाले कॉलमों में तलाक़शुदा औरतें और विधवाएँ वरों की माँग कर रही हैं। मोनोगेमी सीरियल मोनोगेमी की तरफ़ बढ़ती दिखाई देती है। मीडिया विवाह की बढ़ती हुई उम्र, अकेली रहने वाली औरतों और मर्दों की बढ़ती हुई संख्या की तरफ़ ध्यान खींचता है। केवल पढ़े-लिखे साधनसम्पन्न लोग ही नहीं, दिल्ली के अनौपचारिक क्षेत्र में काम कर रहे लाखों मज़दूर भी अकेले ही जीवनयापन कर रहे हैं, जिनमें तक़रीबन आठ लाख तो रिक्शेवाले ही हैं।

मीडिया पोर्नोग्राफ़ी और इरोटिक सामग्री के सामाजिक असर पर नियमित रूप से बहसें और अन्य सामग्री प्रकाशित करता रहता है। फ्रेंडशिप क्लबों, फ़ोन सेक्स, मसाज पार्लरों और एस्कोर्ट सर्विसों के विज्ञापन छाप कर वह देह-व्यापार के नये-नये रूपों और उसके अभूतपूर्व प्रसार का वाहक बना हुआ है। वह सेक्शुअलिटी पर एड्स जैसे महारोग के असर से ख़ासा चिंतित है। एड्स का आतंक हेटरो और होमो दोनों क्षेत्रों में है। सेक्शुअलिटी से जुड़े तक़रीबन सभी एनजीओ एड्स का मुक़ाबला करने के नाम पर पश्चिम से बड़े पैमाने पर धन ला रहे हैं। विदेशी धन के प्रायोजित आग्रहों से बहुत बड़े पैमाने पर सेक्शुअलिटी के डिस्कोर्स को एक ख़ास दिशा दी जा रही है। विदेशी पैसे ने एक ख़ास तरह की 'पॉलिटिकल करेक्टनेस' पैदा की है। जिस तरह संसदीय राजनीति में अल्पसंख्यकों की राजनीति होती है, ठीक उसी तर्ज़ पर ऑल्टरनेटिव सेक्शुअलिटी की राजनीति हो रही है।

उपभोक्ता क्रांति और मनोरंजन उद्योग के साथ जुगलबंदी करता हुआ मीडिया नियोजित विधि से हेटरोसेक्शुअलिटी की शिनाख़्त बाज़ार के टारगेट के रूप में कर रहा है। मीडिया के ज़रिये दिल्ली में रोज़-ब-रोज़ हेटरोसेक्शुअलिटी का समारोह मनाया जा रहा है। सर्वेक्षण आधारित समाजशास्त्र और महामारियों से जुड़े हुए अंतर्राष्ट्रीय स्वास्थ्य तंत्र के उपादनों का इस्तेमाल करते हुए अंतर्राष्ट्रीय वित्तीय पूँजी ने दिल्ली को कामनाओं की फ़ैक्ट्री में बदल दिया है, एक ऐसी

फ़ैक्टरी में जिसमें कामनाएँ संतृप्त होने के बजाय दूसरी कामनाओं को रचने की कामना से ग्रस्त हैं। दिल्ली की ज़मीन पर सेक्शुअलिटी पूँजी की सतत तरलता, अपकेंद्रीयता और गतिशीलता का उत्तर-आधुनिक मॉडल बन गयी है।

मीडिया द्वारा प्रायोजित हेटरोसेक्शुअल सेक्स क्रांति बताती है कि दिल्ली के समाज में विभिन्न लैंगिक अभिनेताओं के बीच यौन-क्रिया के लिए रोज़ाना होने वाली अन्योन्यक्रिया बारम्बारता के लिहाज़ से पहले के मुक़ाबले बहुत बढ़ गयी है। यौन-क्रिया की स्थानिकता भी अब शयनकक्ष या चकलाघर केंद्रित नहीं है। शहर के तक़रीबन सभी स्पेस इरोटिक अनुभूतियों से दो-चार हो रहे हैं। लेकिन, मीडिया इस वार्ता के ज़रिये स्थापित होने वाले लैंगिक सत्ता संबंधों के बारे में जानकारी देने से परहेज़ करता है। इस मामले में उसकी मान्यता भी बाज़ार की तरह ही लैंगिक तटस्थता के पक्ष में झुकी हुई लगती है। ज़ाहिर है कि इस तरह की यौन-क्रांति में पहले से हावी मर्दानगी के सेक्शुअल मूल्यों को ही अपनी स्थिति मजबूत करने का मौक़ा मिलता है। लेकिन, क्या शहरी यौनिकता से संबंधित इस परिवर्तन के दौरान स्त्रीत्व के लिए उसकी अपनी सेक्शुअल एजेंसी पहले के मुक़ाबले सुलभ नहीं हुई है? इस सवाल का जवाब नकारात्मक नहीं दिया जा सकता। मीडिया ने जो छवियाँ परोसी हैं, मर्दानगी पर जिस तरह की बहसों को बढ़ावा दिया है, देह-केंद्रीयता का जिस तरह से बोलबाला हुआ है और स्त्री पक्ष के लिए इरेटिक एहसासों का जो नवीकरण हुआ है, वह निश्चित रूप से औरत के यौन-जीवन में भारी परिवर्तनों का वाहक बन सकता है। इन परिवर्तनों में लैंगिक सत्ता संबंधों को दूरगामी तौर पर प्रभावित करने की क्षमता है। ये परिवर्तन यौन-समागम के लिए होने वाली अन्योन्यक्रिया के चरित्र को आज नहीं तो कल ज़रूर बदल सकते हैं जिससे परिवार की संरचना पर रैडिकल असर पड़ सकता है।

(इस अध्ययन की अधिकतर सामग्री 1990 से अब तक *इण्डियन एक्सप्रेस* और उसके रविवारीय परिशिष्ट, *टाइम्स ऑफ़ इण्डिया* और उसके महानगरीय परिशिष्ट *डेलही टाइम्स*, *हिंदुस्तान टाइम्स* और उसके महानगरीय परिशिष्ट *एचटी सिटी*, *पॉयनियर* और उसके महानगरीय परिशिष्ट *वीवासिटी*, *नवभारत टाइम्स* और उसके महानगरीय परिशिष्ट *हैलो दिल्ली*, दैनिक हिंदुस्तान और उसके महानगरीय परिशिष्ट *हिंदुस्तान सिटी* और *एशियन एज* के महानगरीय परिशिष्ट *दि डेलही एज* में छपी ख़बरों, बहसों और विश्लेषणों से ली गयी है। इसके अलावा कई नेट पर उपलब्ध सामग्री की मदद भी ली गयी है जिसमें gaydelhi.com नामक वेब साइट प्रमुख है.)

संदर्भ :

जॉन डि'इमिलियो (1993), 'कैपिटलिज़्म ऐंड गे आइडेंटिटी', हेनरी एबेलव, मिशेल आइना बराली और डेविड एम. हैलपेरिन (सम्पा.), *दि लेस्बियन ऐंड गे स्टडीज़ रीडर*, रॉटलेज़, न्यूयार्क और लंदन : 467-476.

डेविड एम. हैलपेरिन (1993), 'इज़ देयर ए हिस्ट्री ऑफ़ सेक्शुअलिटी', हेनरी एबेलव, मिशेल आइना बराली और डेविड एम. हैलपेरिन (सम्पा.), *दि लेस्बियन ऐंड गे स्टडीज़ रीडर*, रॉटलेज़, न्यूयार्क और लंदन : 467-476.

मिशेल फ़ूको (1998), *दि हिस्ट्री ऑफ़ सेक्शुअलिटी (तीन खण्ड)*, पेंगुइन बुक्स, नयी दिल्ली.

लिंडा विलियम्स (1999), *हार्ड कोर : पावर, प्लेज़र ऐंड दि फ्रेंजी ऑफ़ दि विज़िबिल*, केम्ब्रिज युनिवर्सिटी प्रेस, केम्ब्रिज.

रुथ वनिता और सलीम किदवई (सम्पा.) (2000), *सेम सेक्स लव इन इण्डिया : रीडिंग्स फ्राम लिटरेचर ऐंड हिस्ट्री*, मैक्मिलन, नयी दिल्ली.

एंथनी गिडेंस (1992), *दि ट्रांसफ़र्मेशन ऑफ़ इंटीमेसी : सेक्शुअलिटी, लव ऐंड इरोटिसिज़्म इन मॉर्डन सोसाइटीज़*, पॉलिटी प्रेस, केम्ब्रिज.

सुधीर कक्कड़ (1989), *इंटीमेट रिलेशंस : एक्सप्लोरिंग इण्डियन सेक्शुअलिटी, ऑक्सफ़र्ड*, नयी दिल्ली.

संजय श्रीवास्तव (2003), 'सेम सेक्स, दि फ़ाइव इयर प्लान हीरो, ऐंड मस्तराम मैस्क्युलिनिटी : ऑन दि कल्चर्स ऑफ़ ट्वंटियथ सेंचुरी मैस्क्युलिनिटी', मैस्क्युनिलिटीज़ पर हुए सेमिनार में पेश आलेख.

पूर्णिमा मनकेकर और लुइसा शीन (2004), 'इंट्रोडक्शन : मीडियेटिड ट्रांसनैशनलिज़्म ऐंड सोशल इरोटिक्स', *जर्नल ऑफ़ एशियन स्टडीज़*, खण्ड 63, अंक 2.

एशियन रीज़नल एक्सचेंज फ़ॉर न्यू आल्टर्नेटिव्ज़ (एरीना) के जेण्डर ऐंड सेक्शुअलिटी विशेषांक में प्रकाशित तीन लेख : उर्वशी बुटालिया की रचना 'दि इश्यू एट स्टेक : दि इम्पॉर्टेंस ऑफ़ दि पॉलिटिक्स ऑफ़ सेक्शुअलिटी', विकास एन. पाण्डे की रचना 'कंज्यूमिंग/कंज्यूम्ड बॉडी : कम्टेम्परेरी पॉलिटिक्स ऑफ़ डिजायर' और आभा चौहान की रचना 'प्रोस्टीट्यूशन ऐंड दि सेक्स वर्क : डिलेमा फ़ॉर दि वुमंस मूवमेंट इन इण्डिया'.

सुल्तान शाहीन, 'इण्डिया रिडिस्कवर्स कामा', *एशिया टाइम्स*, www.atimes.com

'माइनारिटीज ऐंड अदरनेस : सेक्शुअलिटी इन दि सिटी', लिमिटेड स्पेस, www.helensink-fee/me.com

डेविड टी. ईवांस (1993), *सेक्शुअल सिटीज़नशिप : दि मैटीरियल कंस्ट्रशन ऑफ़ सेक्शुअलिटीज़*, रॉटलेज़, लंदन और न्यूयार्क.

लेस्बियन इमर्जेंस : ख़ामोश इमरजेंसी जारी है!, कैंपन फ़ॉर लेस्बियन राइट्स, ए सिटीज़ंस रिपोर्ट, अगस्त 1999, नयी दिल्ली.

जॉन एच. गैंगन और रिचर्ड जी. पार्कर (सम्पा.) (1995), *कंसीविंग सेक्शुअलिटीज़ : एप्रोचेज़ टू सेक्स रिसर्च इन अ पोस्टमॉडर्न वर्ल्ड*, रॉटलेज़, न्यूयार्क

परिवार से हारती पार्टी

मार्क्सवाद और नारी-मुक्ति

औरत को हम केवल श्रमिक की तरह स्वीकार नहीं कर सकते। उसकी उत्पादन क्षमता जितनी महत्त्वपूर्ण है। उतनी ही उसकी प्रजनन-शक्ति भी। गर्भधारण और फ़ौज की नौकरी को एक जैसा काम नहीं माना जा सकता। औरत की ज़िंदगी बच्चों के दायित्वों के कारण ज़्यादा गम्भीरता से और ज़्यादा गहरे टूटती है ... अपनी परिस्थिति समझने के लिए उसके लिए अनिवार्य हो जाता है कि वह ऐतिहासिक भौतिकवाद की उन सीमाओं का अतिक्रमण करे जो औरत या मर्द को केवल आर्थिक इकाई के रूप में देखती हैं ... अतः समाजवाद की स्थापना मात्र से स्त्री मुक्त नहीं हो जाएगी। समाजवाद भी पुरुष की सर्वोपरिता की विजय बन जाएगा। यह ठीक है कि काफ़ी हद तक स्त्री-पुरुष का संघर्ष वर्ग-संघर्ष का ही प्रतिरूप लगता है, किंतु इन दोनों संघर्षों को एक ही रूप में रख कर देखना ठीक नहीं होगा। पहली बात तो यह है कि वर्ग-भेद का कोई जैविक आधार नहीं होता...अतः औरत...केवल सेक्शुअल भिन्नता के कारण बनी कुछ उत्तरकथाओं को मिटा देना चाहती है।

—सीमोन द बोउवार

स्त्री : उपेक्षिता (द सेकण्ड सेक्स)

मैं यह नहीं कहना चाहती कि अगर वे (मार्क्स और एंगेल्स) औरत होते जो वे नारी मुक्ति की समस्या का अंतिम हल पेश कर देते। लेकिन, यह एक तथ्य है कि वे औरतों को पुरुष की आँखों से देखने के लिए मजबूर थे, वे मज़दूर वर्ग की औरतों को एक मध्यवर्गीय पुरुष की निगाह से देखते थे। इसका असर पड़ना ही था। उन्होंने जिस तरह देखा और जहाँ देखा, उस पर उनके पुरुष होने का प्रभाव पड़ा।

—शीला रोबॉथम

डायलेक्टिकल डिस्टरबेसिंज़ : वुमॅन, रेज़िस्टेंस ऐंड रैवोल्यूशन

उन्नीसवीं शताब्दी के चौथे दशक में जब मार्क्स ने *इकॉनॉमिक ऐंड फ़िलॉसफ़िकल मैन्युस्क्रिप्ट* में मानव मुक्ति के प्रश्न को दार्शनिक रूप से समझना शुरू किया तो उनके पास काल्पनिक समाजवाद के सिद्धांतकारों चार्ल्स फ़ूरिये और सैं-सिमो के स्त्री मुक्ति संबंधी विचारों की समृद्ध धरोहर थी। उनके पास औरत की आज़ादी के लिए सत्रहवीं और अट्ठारहवीं सदी में पितृसत्ता, विवाह और परिवार की संस्था की जकड़ के ख़िलाफ़ तथा समतामूलक प्रेम व यौन जीवन के पक्ष में

लड़ी गयी लड़ाइयों और महिला कार्यकर्ताओं व नेताओं के त्याग और बलिदान का प्रेरक इतिहास था। यूटोपियन और रोमानी समाजवाद के बीच विचारों से प्रभावित युवा मार्क्स ने अपनी दार्शनिक निष्पत्ति में औरत की हालत को समाज और प्रकृति की हालत का प्रतीक बनाया। इस तरह उनका वह मशहूर कथन प्रकाश में आया जिसका आशय यह था कि अगर किसी समाज में पर्यावरण और पारिस्थितिकी की हालत को समझना है तो उस समय में औरत की स्थिति देख लेनी चाहिए। आज तक दुनिया भर में मार्क्सवादी कार्यकर्ता नारीवादियों द्वारा मार्क्सवाद पर किये जाने वाले हमलों के जवाब में मार्क्स की इस उक्ति को अपने रक्षा कवच के रूप में इस्तेमाल करते हैं।

दरअसल, नारी मुक्ति का क़रीब सौ वर्ष का मार्क्स-पूर्व इतिहास बड़े महत्त्वपूर्ण ढंग से औरत की आज़ादी को सम्पूर्ण सामाजिक क्रांति के लक्ष्य के साथ जोड़ने की कोशिशों से भरा हुआ था। फ्रांसीसी क्रांति के जमाने से ही यह सवाल अनसुलझी शक्ल में मुक्तिकामियों का मुँह चिढ़ा रहा था कि 'स्वतंत्रता, समानता और भ्रातृत्व' के नारे का औरतों के लिए क्या अर्थ है। क्रांति के सिद्धांतकार ज्याँ ज़ाक रूसो औरत को उसकी निर्धारित जगह पर रखे जाने के पक्षधर थे लेकिन इसके बावजूद उनके रैडिकल विचारों ने आज़ादी के लिए छटपटाती कई 'स्त्री-आत्माओं' के ज्ञान चक्षु खोल दिये थे। फ्रांस की क्रांति लिंग के लिहाज़ से निश्चित रूप से एक पुरुषवादी क्रांति थी, लेकिन उससे जुड़ी सैद्धांतिकता में नारी मुक्ति की सम्भावनाएँ थीं। क्रांतिकारी नारीवादियों को अपने अति-उत्साह में लगा कि स्वतंत्रता और समानता प्राप्त करने के लिए उनके हस्तक्षेप के सकारात्मक परिणाम निकल सकते हैं लेकिन उन्हें बहुत आश्चर्य हुआ जब उन्हें सबसे ज़्यादा विरोध महिलाओं की तरफ़ से ही झेलना पड़ा। उस समय उन्हें एहसास हुआ कि औरतें इस क़दर उपनिवेशीकृत हो चुकी हैं कि वे स्वयं अपने दायरे में उठ रहे आंदोलनों को निष्प्रभावी करने वाली 'पुलिस' की भूमिका स्वाभाविक रूप से निभाने लगती हैं। ये क्रांतिकारी महिलाएँ भ्रातृत्व के नारे में छिपे पुरुषवाद को भी चिह्नित नहीं कर पायीं। बहरहाल नारीवादी महिलाओं ने प्रयास जारी रखा। उन्होंने महिलाओं के क्रांतिकारी क्लब स्थापित किये, एसेम्बली को अपनी आज़ादी के पक्ष में प्रतिवेदन दिये और मैडम डिस्टेल और मेरी वूल्सनक्राफ़्ट जैसी अग्रगामी हस्तियाँ पैदा की। नारी के अधिकारों की बहस इन महिला नेताओं के क्रियाकलापों से होती हुई फ़ूरिये, सैं सिमो, मिल व दिदेरो के विचारों से नये तेवर ग्रहण करते हुए भविष्य के सबसे महान क्रांतिकारी कार्ल मार्क्स तक पहुँची।

मार्क्स और उनके मित्र एंगेल्स एक लिहाज़ से उन उम्मीदों पर ख़रे उतरे और एक लिहाज़ से एक क़दम पीछे भी रह गये। इन दोनों महाविद्वानों ने स्त्री के प्रश्न को पूरी गम्भीरता से लिया और उस युग के घटनाक्रम को क्रांतिकारी निगाह से कुछ इस तरह देखा जो उस जमाने में किसी अन्य के बस की बात नहीं थी। उन्होंने परिवार की संस्था पर अपना ध्यान केंद्रित किया और परिवार, निजी सम्पत्ति और राज्य की उत्पत्ति के बीच नृतत्वशास्त्रीय व समाजशास्त्रीय संबंध खोज निकाले। 1844 की *मैन्यूस्क्रिप्ट* के बाद 1847 में *कम्युनिस्ट घोषणापत्र* के मसविदे *प्रिंसिपल ऑफ़ कम्युनिज़्म* में अपने इरादों का परिचय देने के बाद द *होली फ़ैमिली* में मार्क्स ने पूँजीवादी पुरुष के नारी शोषण संबंधी पाखण्ड का पर्दाफ़ाश किया। उन्होंने यूजेन सू के उपन्यास *मिस्ट्री ऑफ़ पेरिस* की समीक्षा करते हुए उसके नायक के सेविका के प्रति रवैये की आलोचना की और यह मानने से इनकार कर दिया कि उस नारी पात्र का 'पतन' उसका निजी दुर्भाग्य और ऐतिहासिक दुर्घटना की शब्दावली में समझा जा सकता है। इस तरह मार्क्स ने रोमानी समाजवाद के सूत्रीकरणों से अपना पिण्ड छुड़ाना जारी रखा। द *जर्मन आइडियालॅजी* में मार्क्स व एंगेल्स ने भौतिक परिस्थितियों के ऐतिहासिक रूप से बदलते हुए पहलुओं के रूप में औरत की स्थिति का अधिक ठोस अध्ययन करना चाहा। उन्होंने निष्कर्ष निकाला कि श्रम के ज़रिये होने वाले उत्पादन और प्रजनन से होने वाले उत्पाद को मिला कर ही उत्पादन की सम्पूर्ण शक्ल को पहचाना जा सकता है। मार्क्स ने इसे दोहरे संबंध के रूप में समझना चाहा जो एक तरफ़ प्राकृतिक यानी प्रजनन का और दूसरी तरफ़ सामाजिक यानी उत्पादन का संबंध था। लेकिन इस बिंदु पर मार्क्स ने 'प्रजनन के सामाजिक संबंधों' के अध्ययन पर ज़ोर देने के बजाय 'उत्पादन के सामाजिक संबंधों' के अध्ययन को प्राथमिकता दी। बाद में एंगेल्स ने द *ऑरिजिन ऑफ़ फ़ैमिली* में मार्क्स द्वारा छोड़े गये सूत्र को पकड़ा। उस युग में जीव-विज्ञान, पुरातत्व शास्त्र, प्राक्-इतिहास और नृतत्वशास्त्र के अध्ययन का सीमित विकास ही हुआ था। उसी जमाने में लुई एच. मोर्गन ने अपनी नृतत्वशास्त्रीय खोजों पर आधारित पुस्तक *एंशियंट सोसाइटी* प्रकाशित की थी। एंगेल्स को उनकी खोजें दिलचस्प लगीं और उन्होंने मनुष्य की नृशास्त्रीय प्रगति का रैखिक समीकरण वहीं से उठा लिया। ऐसा उन्होंने इसलिए किया क्योंकि वे और मार्क्स काफ़ी अरसे तक मानव और प्राक्-ऐतिहासिक प्रकृति की अन्योन्यक्रिया के बारे में जानने के लिए बेचैन रहे थे। बाद में पता चला कि मोर्गन की धारणाएँ अतिसरलीकृत थीं और वे अमेरिकी रेड इण्डियनों के समाज के अध्ययनों पर निर्भर थी इसलिए उन पर भरोसा करना

ख़तरे से ख़ाली नहीं था। एंगेल्स ने मोर्गन द्वारा उपलब्ध सामग्री का जो मूल्यवान विश्लेषण किया वह यूटोपियाई समाजवाद से आगे की चीज़ था, लेकिन उनकी सीमाएँ वही थीं जो मोर्गन द्वारा खोजे गये तथ्यों की सीमाएँ थीं। लेकिन, इन सीमाओं के बावजूद एंगेल्स को यह श्रेय दिया जाना चाहिए कि उन्होंने अपने विश्लेषण में एकनिष्ठ विवाह की बेहिचक आलोचना पेश की। उन्होंने कहा कि रिश्तों में केवल स्त्री ही एकनिष्ठ रहती है, और पुरुष एक से अधिक रिश्तों के लिए किसी न किसी प्रकार गुंजाइश निकाल ही लेता है। स्त्री को एकनिष्ठता से बाँधने की ज़िम्मेदारी एंगेल्स ने स्त्री के विवाह-पूर्व अक्षत-यौनि होने और चेस्टिटी बेल्ट जैसे आग्रहों और व्यवस्थाओं पर डाली। एंगेल्स अपनी रैडिकल आलोचना को और आगे ले गये और दावा किया कि वेश्यावृत्ति की संस्था की निरंतरता दरअसल एकनिष्ठ विवाह की ही देन है। विवाह के बाहर अपनी यौन-क्षुधा की संतुष्टि के लिए पुरुषों की दुनिया स्त्रियों की एक रिज़र्व संख्या तैयार रखता है, और ज़्यादातर मामलों में यह संख्या समाज के ग़रीब, सामाजिक रूप से वंचित और निचले तबक़ों से आती है।

बहरहाल, *मैन्यूस्क्रिप्ट* ने जो दार्शनिक सीमा बाँधी, बाद का मार्क्सवाद भी उसे लाँघ नहीं पाया। मार्क्स का 'मानव' अघोषित रूप से पुरुष ही निकला क्योंकि उन्होंने 'स्त्री' नामक ऐतिहासिक संस्था की धारणा विकसित नहीं कर पाई। यह स्पष्ट नहीं हो पाया कि औरत अपने ऊपर लदी हुई 'वेश्यावृत्ति' से कैसे मुक्ति प्राप्त करेगी। मार्क्स की निगाह में उसकी यह वेश्यावृत्ति श्रमिक की सार्वभौमिक 'वेश्यावृत्ति' को व्यक्त करने का ज़रिया तो थी, लेकिन मार्क्सवाद सिर्फ़ श्रमिक को ही इसकी इस सार्वभौम लानत से मुक्त कराने की कोशिश करता दिखाई दिया। स्त्री की मुक्ति साम्यवादी समाज की स्थापना के लिए होने वाली उपलब्धि के लिए छोड़ दी गयी। ऐसा नहीं कि स्त्री का प्रश्न कभी भी वैज्ञानिक समाजवाद के संस्थापकों की निगाह से ओझल हुआ हो। एंगेल्स ने इंग्लैण्ड के मज़दूर वर्ग का अपनी मशहूर कृति में और फिर *कैपिटल* में मार्क्स ने परिवार और उससे जुड़ी हुई स्त्री की अधीनता पर निगाह फेंकी। लेकिन, उनकी प्राथमिकता हमेशा वही रही : उत्पादन के सामाजिक संबंध न कि प्रजनन के सामाजिक संबंध। यौनिकता के मनोवैज्ञानिक पहलुओं को विश्लेषित करने की मार्क्सवाद ने कभी ज़रूरत नहीं समझी। वह परिवार को ज़्यादा से ज़्यादा निजी स्वामित्व पर आधारित इकाई ही मानता रहा।

परवर्ती मार्क्सवाद ने भी इस सीमा का अतिक्रमण करने की चेष्टा नहीं की। वे स्त्री-मुक्ति समर्थक उक्तियों को मार्क्सवाद की पोथियों में रेखांकित करते रहे

लेकिन उन्होंने समाजवादी क्रांति को स्त्री-मुक्ति के विशिष्ट संदर्भ से जोड़ने के कार्यभार में सदा हिचकिचाहट दिखायी। नतीजतन सीमोन द बोउवार जैसे प्रतिष्ठित नारीवादियों ने मार्क्सवाद की यह आलोचना पेश की कि मार्क्सवाद स्त्री की पुरुष से जैविक भिन्नता के तथ्य की उपेक्षा करता है। एंगेल्स यह स्पष्ट नहीं करते कि व्यक्तिगत सम्पत्ति की संस्था क्यों अनिवार्यत: औरत की गुलामी का कारण बनती है। सम्पत्ति की अवधारणा औरत की दलित अवस्था के व्यक्तिगत आधारों को स्पष्ट नहीं करती। एंगेल्स ने औरत की कमज़ोरी को केवल ताम्र और लौह औज़ारों के विनियोजन के संबंध से उपजी परिघटना माना। उन्होंने श्रम की क्षमता से अलग प्राकृतिक रूप से ही माँ बनने को विवश औरत की एक मौलिक और ठोस असुविधा की समस्या का महत्त्व नहीं समझा।

सीमोन ने प्रश्न उठाया कि श्रम के विभाजन से दो सेक्सों में मैत्रीपूर्ण संबंध क्यों विकसित नहीं हुआ? एंगेल्स स्त्री-पुरुष के संघर्ष को भी वर्ग-भेद के एक रूप की तरह देखते हैं कि जबकि औरत पुरुष से जैविक रूप से भिन्न है और वर्ग भेद का कोई जैविक आधार नहीं होता। औरत केवल श्रमिक नहीं हो सकती। वह उत्पादन ही नहीं प्रजनन भी करती है। एंगेल्स ने इस समस्या का अमूर्त हल खोजा कि समाजवादी व्यवस्था परिवार की संस्था को मिटा देगी। बेबेल जैसे समाजवादियों ने औरत की समस्या का हल यांत्रिक सभ्यता के विकास में बताने की चेष्टा की। क्योंकि उनके विचार से श्रम विभाजन में औरत की स्थिति यंत्रों के प्रयोग के कारण कमज़ोर नहीं रह जानी थी।

एंगेल्स और बेबेल ने औरत की आज़ादी हासिल करने के लिए जो हल बताए थे, वे आज बेकार साबित हो चुके हैं। समाजवादी समाज बनाने का प्रयोग किसी एक देश में नहीं वरन् दुनिया के कई देशों में पचास से लेकर पछहत्तर साल तक हो चुका है। यांत्रिक सभ्यता सारी दुनिया में आज अपने चरमोत्कर्ष पर है लेकिन औरत को आज भी आज़ादी की लड़ाई लड़नी पड़ रही है। उसकी मंज़िल अभी भी बहुत दूर है। रूसी क्रांति का उदाहरण इसका प्रमाण है।

सोवियत अनुभव : परिवार से छुटकारे की मुहिम से विवाह और प्रजनन के गुणगान तक

रूस में बोल्शेविक क्रांति के काफ़ी पहले ही दुनिया भर के मार्क्सवादियों ने समझ लिया था कि जब तक वे परिवार की संस्था को ख़त्म नहीं करेंगे तब तक वे आधी मानवता को दासता से मुक्त नहीं कर सकते। यह समझ मार्क्सवादियों को दुनिया के पैमाने पर औरतों की नाना प्रकार की गोलबंदियों और अन्य प्रयोगों की

तरफ़ ले गयी। बोल्शेविक क्रांति तक का दौर ऐसे ही सम्भावनावान प्रयासों से भरा रहा। लेकिन, कम्युनिस्टों के हाथ में राजसत्ता नहीं थी। परिवार की संस्था पर प्रहार करने, उसके ज़रिये विवाह की संस्था को कमज़ोर करने और परिणामस्वरूप औरत और मर्द के मुक्त समागम को प्रोत्साहित करने के आदर्श को धरती पर उतारने के लिए साम्यवादियों के लिए राज्य पर क़ब्ज़ा करना पहली शर्त थी। मुक्त समागम की यह धारणा एंगेल्स ने लोकप्रिय की थी। इसका अर्थ सिर्फ़ शारीरिक ज़रूरतें पूरा करना न होकर स्त्री–पुरुष में गहरी मित्रता क़ायम करना और यौन–दमन से मुक्त मानव का निर्माण करना था। इन लक्ष्यों की पूर्ति के लिए उत्पादन के साधन कम्युनिस्टों के हाथ में आने चाहिए थे। तभी वे औरत की गुलामी के संस्थागत रूपों पर हमला कर सकते थे। लेनिन के नेतृत्व में सोवियत कम्युनिस्ट पार्टी पूरी तरह से स्त्री–मुक्ति के इस कार्यभार के प्रति संकल्पबद्ध थी।

जैसे ही सोवियत समाजवादी गणतंत्र की स्थापना हुई, पार्टी ने इस ओर ध्यान देना शुरू किया। यह कोई मामूली लक्ष्य नहीं था। जारशाही के तहत रूसी औरत की हालत बहुत अफ़सोसजनक थी। उसकी बदतर हालत का प्रमाण इस रूसी उक्ति से मिलता है, 'मेरे ख़याल से मैंने दो लोग देखे थे, लेकिन वहाँ तो केवल एक पुरुष और उसकी पत्नी ही निकली।' किसान परिवारों में विवाह होने पर लड़की का पिता अपने दामाद को दहेज में एक कोड़ा भी भेंट करता था ताकि पति अपनी पत्नी को सम्पूर्ण नियंत्रण में रख सके। 23 फ़रवरी, 1917 को सूत मिलों की महिला मज़दूरिनों ने पार्टी के तमाम निर्देशों के बावजूद कई कारख़ानों में हड़ताल कर दी और धातु मिलों के मज़दूरों से समर्थन हासिल करने के लिए अपने प्रतिनिधियों को रवाना कर दिया। लियोन ट्राट्स्की ने *हिस्ट्री ऑफ़ द रशियन रैवोल्यूशन* में क्रांति के इस पहलू का दिलचस्प वर्णन किया है। ट्राट्स्की का मानना था कि महिला मज़दूरिनों की यह कार्रवाई क्रांति के पहले दिन के रूप में दर्ज की जानी चाहिए। यह घटना इस तथ्य की सबूत थी कि स्त्रियों को सोवियत क्रांति की सफलता में कितनी दिलचस्पी थी। ज़ाहिर था कि क्रांति के महिलाओं पर पड़ने वाले प्रभाव पूँजीवादी नारीवाद के सरोकारों के मुक़ाबले कहीं अधिक व्यापक थे। क्रांति ने जो दुनिया पुरुषों के लिए खोली थी, महिलाओं की दुनिया को उससे अलग करके नहीं देखा जा सकता था। लेकिन, महिलाओं की स्थिति पुरुषों से कहीं ज़्यादा ख़राब थी। उद्योगों में महिलाओं की सुरक्षा करने के लिए कोई क़ानूनी प्रावधान न था। कामगार औरतों के लिए यदाकदा वेश्यावृत्ति करना आम बात थी। तलाक़ लेना बहुत कठिन था। गर्भ निरोधकों की

समाज में चर्चा तक नहीं थी। पत्नी द्वारा पति का किसी भी तरह का प्रतिरोध असम्भव था। औरत के पास सम्पत्ति का मालिक बनने का कोई अधिकार नहीं था। पूर्वी प्रांतों में तो औरतें पर्दे में रहती थीं और बहुपत्नी प्रथा का ख़ूब प्रचलन था। रईस और सामंत परिवारों की औरतें आम दिक़्क़तों से मुक्त थीं लेकिन उनके पास भी अधिकार नाम की कोई चीज़ नहीं थी। बालिका शिशुओं को पैदा होते ही मार डालने पर कोई आपत्ति नहीं की जाती थी। स्त्रियों को उच्च शिक्षा देना उन्हें अभद्र बना देने के समान माना जाता था।

सोवियत पार्टी ने सत्ता हाथ में आते ही स्त्रियों को मज़दूर वर्ग में पुरुषों के समान अधिकारों के साथ प्रवेश दिया। इससे स्त्रियों को बहुत लाभ हुआ। छोटे-छोटे बच्चों और मज़दूरिनों को सर्वाधिक ज़रूरतमंद क़रार दिया गया। पार्टी और मज़दूर कौंसिलों ने उनकी ओर ज़्यादा ध्यान दिया। गर्भवती स्त्रियों के लिए सुरक्षा और सुविधाओं के विशेष इंतज़ाम किये गये। अलेक्जेंड्रा कोलंताई के प्रयासों से पहला श्रमिक महिला सम्मेलन सोवियत सरकार के गठन के कुछ ही हफ़्तों के अंदर आयोजित किया गया जिसमें पचास हज़ार स्त्री-प्रतिनिधियों ने भागीदारी की। कारख़ानों में कार्यरत महिलाओं की सुरक्षा के लिए एक के बाद एक ऐसे नियम-क़ानून बनाए जिनके बारे में रूस में तो क्या, दुनिया के किसी अन्य देश में भी कल्पना नहीं की जा सकती थी।

श्रमिक के रूप में औरत को उसका हिस्सा देने के साथ-साथ पार्टी ने परिवार की दुनिया को भी बदलने के लिए असाधारण क़िस्म की क़ानूनी पहल की। क्रांति के छह हफ़्ते बाद ही विवाह पर दैवी नियंत्रण के चलन को बदल दिया गया और नागरिक पंजीकरण के माध्यम से विवाह होने लगा। एक साल के अंदर वैवाहिक संहिता बना कर पति-पत्नी को क़ानून के समक्ष बराबर बना दिये गये। वैध और अवैध बच्चों का फ़र्क़ मिटा दिया गया। परिवार पर पुरुष की क़ानूनी सत्ता ख़त्म कर दी गयी और औरत को अपने नाम और नागरिक के बारे में निर्णय करने का अधिकार मिला और अब उनके लिए पति के साथ-साथ हर जगह जाना ज़रूरी नहीं रह गया। तलाक़ आसान हो गया और किसी भी आपसी संबंध को परस्पर सहमति के आधार पर विवाह माना जाने लगा। इसी तरह परस्पर सहमति के आधार पर भी तलाक़ होने लगा। विवाद की स्थिति में आदेश को दोनों पक्षों द्वारा मानने की बाध्यता लागू की गयी 1926 में नयी परिवार लागू की गयी किसान महिलाओं और गृहिणियों को परिवार की सम्पत्ति का संयुक्त मालिक बना दिया गया। उन्हें गृह कार्य तक का पारिश्रमिक दिलवाने का क़ानून बना।

महिलाओं को राजनीनिक रूप से संगठित करने के प्रयास भी साथ-साथ चले। पार्टी ने 1919 में एक विशेष विभाग बनाया जो 'जनोट्डल' के नाम से मशहूर हुआ। पार्टी में कई तत्त्वों ने इस विभाग की कुछ ज़्यादा ही नारीवादी कह कर आलोचना की। पर पार्टी ने इस आपत्ति की उपेक्षा कर दी। जेनोट्डल ने महिलाओं को गृहयुद्ध और अकाल के समय संघर्ष में उतारा। महिलाओं के छापामार दस्ते गठित किये गये जिन्होंने श्वेत डाकुओं से कई हफ़्तों तक घुड़सवार योद्धाओं के रूप में लोहा लिया।

रूसी साम्यवाद बिना किसी संकोच के मान चुका था कि क्रांति को न सिर्फ़ कारख़ानों के स्तर पर प्रभावी होना है वरन् घर-परिवार के स्तर पर भी प्रभावी होना है। उसे उत्पादन और प्रजनन दोनों बिंदुओं पर रूपांतरण करना है। उन दिनों सोवियत संघ में महिलाओं को घरेलू काम-काज से मुक्ति दिलाने का विचार अत्यंत लोकप्रिय था। सार्वजनिक रेस्त्राओं, सामुदायिक रसोइयों, लाण्ड्रियों, कपड़े सिलने के केंद्रों, घरों के सामूहिक रख-रखाव और अन्य सामुदायिक बंदोबस्तों के ज़रिये यह काम किया जा सकता था। लेनिन की धारणा थी कि घर के काम से हट कर और उत्पादन से जुड़ कर औरत का प्रवेश एक नयी और उन्नत स्तर की दुनिया में हो सकेगा। दूसरी तरफ़ सोवियत अर्थशास्त्री वह साबित करने में लगे हुए थे कि औरतों की गृह कार्य से मुक्ति समाजवाद की भौतिक प्रगति के लिए भी लाभकारी है। अतएव हर तरह से परिवार को ख़त्म करने के नारे को व्यापक मान्यता मिलती चली गयी। अलेक्जेंड्रा कोलंताई ने इस नारे का आगे बढ़कर समर्थन किया। ट्राट्स्की ने *प्रॉब्लम्स ऑफ़ लाइफ़* में इसी मुद्दे को ज़ोरदारी से उठाया और मज़दूरों को किये गये अपने सम्बोधनों में इसी को केंद्र बनाया।

इन प्रयासों ने एक नयी संस्कृति और एक नये क़िस्म के परिवार के जन्म लेने से जुड़ी बहसों को पैदा कर दिया। ट्राट्स्की का विचार यह था कि पुराना परिवार तब तक तिरोहित नहीं हो सकता और नये परिवार के लिए तब तक हालात नहीं बन सकते जब तक पर्याप्त आर्थिक समृद्धि का आधार न तैयार हो जाए। इसी आर्थिक समृद्धि के आधार पर वे सामुदायिक और सामूहिक़ सुविधाएँ खड़ी की जानी थीं जिनके कारण महिलाओं को गृह कार्य से मुक्ति मिलने वाली थी। इस बहस के कारण रुझान धीरे-धीरे यह बना कि आर्थिक उत्पादन बढ़ाना स्त्री-मुक्ति के लिए अधिकाधिक ज़रूरी समझा जाने लगा।

कम्युनिस्ट पार्टी के सामने सबसे बड़ी समस्या यह आयी कि निजी और यौन जीवन की गत्यात्मकता में क्रांति कैसे की जाए। इसके लिए मार्क्सवाद में

उसे कोई तैयारशुदा सिद्धांत नहीं मिला। मार्क्स और एंगेल्स दोनों ही युवावस्था में प्रेम कविताएँ लिखते थे। बाद में मार्क्स जेनी के साथ विवाह के पारम्परिक बंधन में बँध गये और एंगेल्स आजीवन मुक्त समागम के प्रयोग करते रहे। जेनी के बीमार और कुरूप हो जाने के बाद मार्क्स ने अपनी नौकरानी से एक अवैध संतान भी उत्पन्न की। ऐतिहासिक भौतिकवाद के संस्थापकों के जीवन से भी पार्टी को कोई ठोस सुराग़ नहीं मिला जिसके अनुसार वह अपनी कार्य दिशा बना सकती। प्रयोग के तौर पर आवास की समस्या के समाधान के रूप में सामुदायिक रिहाइश के कम्यून बनाए गये जिसमें प्रेम और यौन क्रिया को लेकर ख़ासी अव्यवस्था फैल गयी। स्थान की कमी के कारण कम्युनार्डों ने विचित्र व्यवहार करना शुरू कर दिया। कुछ ने तो ब्रह्मचर्य ही धारण कर लिया। जो यौन क्रिया में गये भी उन्होंने संतानोत्पत्ति से परहेज़ की। यौन क्रिया के लिए एकांत की माँग एक अपराध समझी जाने लगी। सामुदायिक रिहाइश ने यौन संतुष्टि की गारंटी देने के बजाय यौन असंतुष्टि को ही एक गुण का दर्जा दे दिया। यहाँ भी यौनिकता तात्कालिक आर्थिक आवश्यकताओं के मातहत कर दी गयी।

क़ानून बनाने और संगठन के स्तर पर प्रयास करने में पार्टी ने कोई कसर नहीं छोड़ी। सिद्धांत की दुनिया में परिवार के तिरोहित होते चले जाने की पूरी परिस्थितियाँ तैयार हो गयी लेकिन व्यवहार में पार्टी धीरे-धीरे परिवार का विकल्प तैयार करने में नाकाम होती चली गयी। इसमें कई स्थितियों ने योगदान किया जिनमें प्रमुख थी— सोवियत समाज का पिछड़ापन, सोवियत अर्थव्यवस्था का औद्योगिक रूप से कमज़ोर होना और परिवारों के अंदर सोवियत पुरुषों द्वारा दोहरा रवैया अपनाना अर्थात् सार्वजनिक तौर पर महिलाओं की राजनीति और उत्पादन में भागीदारी के लिए प्रतिबद्धता, लेकिन निजी तौर पर पत्नियों पर घरेलू काम-काज के लिए दबाव डालना। लेकिन इन सबसे ऊपर और अधिक गहरी समस्या यह थी कि मार्क्सवाद के पास यौन व्यवहार से जुड़ी मनोवैज्ञानिक समस्याओं के समाधान के लिए कोई चिंतन उपलब्ध नहीं था। मनोविज्ञान को एक 'फ़र्ज़ी विज्ञान' समझने की प्रवृत्ति कम्युनिस्ट बुद्धिजीवियों में बहुत पुरानी थी। ज़्यादा से ज़्यादा वे इन मसलों को 'सुपरस्ट्रक्चर' का मसला बता कर टाल देते थे। क्रांति के दौरान प्रेम और यौन जैसे विषयों पर बौद्धिक विचार-विमर्श सबसे कम हुआ था। कुछ कम्युनिस्टों ने तो प्रेम को 'पूँजीवादी रहस्यवाद' कहकर ठुकरा दिया था। तरुण कम्युनिस्ट लीग के एक परिपत्र में इसे 'प्रकृति की भौतिकीय परिघटना' बताया गया था। यह कुछ बेहतर लेकिन समस्याग्रस्त व्याख्या थी। प्रेम जैसे मानवीय अनुभव को इस व्याख्या के तहत 'शारीरिक सनसनी' में

सीमित कर दिया गया था। नयी और पुरानी पीढ़ी के कम्युनिस्टों में इस प्रश्न पर ख़ासा विवाद छिड़ा कि समाजवादी समाज में प्रेम को कैसे परिभाषित किया जाना चाहिए। लेनिन ने इसमें हस्तक्षेप किया और उनके इस प्रयास को हम क्लारा ज़ेटकिन से हुई उनकी बातचीत के रूप में जानते हैं।

लेनिन ने क्लारा से जो कहा वह सोवियत साम्यवाद के अंतर्विरोधों का प्रतिनिधित्व करता था। सिद्धांत रूप से सोवियत व्यवस्था एक ऐसे मानव के विकास के लिए प्रतिबद्ध थी जिसे दमित नहीं होना चाहिए था, लेकिन व्यवहार में समाजवाद की आर्थिक रचना के लिए एंगेल्स द्वारा प्रचलित 'मुक्त सहवास' की उन्मुक्तता की नहीं हर तरह के आत्मानुशासन की ज़रूरत थी। पूँजीवाद से टकराने के लिए जिस शक्तिशाली समाजवादी अर्थव्यवस्था की ज़रूरत समझी जा रही थी वह बिना देर किये हुए केवल पुराने पूँजीवादी तरीक़ों से ही बन सकती थी। इसलिए फ़ैक्टरी के स्तर पर एक व्यक्ति के प्रबंधन वाला पूँजीवादी 'टेलर सिस्टम' अपनाया गया बदले में मज़दूरों की कौंसिल बनाकर कारख़ानों के जनवादी प्रबंधन की सम्भावनाएँ धूल-धूसरित की गयीं। सिद्धांत कुछ भी रहा हो व्यवहार में पुराने पूँजीवाद द्वारा स्थापित कठोर परिश्रम, यौन संयम और आत्मदमन की प्रवृत्तियाँ अपनाने की अपीलों का बोलबाला हो गया। इस माहौल का ख़ामियाजा कोलंताई को भी उठाना पड़ा। यौन पूँजीवादी के 'यौन मनोवैज्ञानिक नाटक' में पूँजीवादी नारीवाद की आहट सुनी गयी।

बीस का दशक ख़त्म होते-होते आर्थिक पुनर्निर्माण को सर्वोच्च प्राथमिकता मिल गयी और मानवीय क्षमता के यौनिकता में बह जाने के प्रति कम्युनिस्ट पार्टी चिंतित हो गयी। निजी प्रेम के बारे में एंगेल्स के उद्धरणों को पढ़ना-पढ़ाना अव्यावहारिक मान लिया गया। 1992 में जेनोट्डल को भंग कर दिया गया। तीसरे दशक में परिवार की संस्था को सरकारी नीति में फिर से स्थापित किया गया। परिवार के तिरोहित होने पर चर्चाएँ बंद हो गयीं। 1936 में गर्भपात को वैध करने वाला क़ानून मंसूख कर दिया गया। नये क़ानूनों का यह सिलसिला बनाया गया जिसने तीस के दशक में नारी मुक्ति के मक़सद से बनाए गये क़ानूनों को पलट दिया। शादी की अँगूठियाँ और कर्मकाण्ड युक्त विवाह समारोह फिर प्रगट हो गये। अख़बारों में परिवार, प्रजनन और विवाह की प्रशंसा में लेख छपने लगे। स्तालिन के नेतृत्व में तो 'सोवियत मातृत्व' का गुणगान सरकारी नीति बन गया। हर चीज़ उत्पादन के साथ जोड़ दी गयी। समलैंगिकता को क़ानून बनाकर प्रतिबंधित किया गया क्योंकि वह नये जीवन का उत्पादन नहीं कर सकती थी।

सोवियत संघ में हुए नारी-मुक्ति के इस विफल प्रयोग की रोशनी में अन्य

कम्युनिस्ट देशों के प्रयोगों को भी देखा जा सकता है। चीन, वियतनाम, क्यूबा और पूर्वी यूरोप के अन्य सभी समाजवादी देश महिलाओं की आज़ादी के रास्ते पर केवल उतने ही चले जितनी उपयोगिता उन्हें समाजवादी आर्थिक रचना के लिए लगी। वे यौनिकता, प्रजनन के सामाजिक संबंधों, परिवार की जकड़ से मुक्ति, आदि बौद्धिक झंझटों में नहीं पड़े। परिवार की पूँजीवादी संस्था को इकाई के रूप में स्वीकार करने के बाद केवल आर्थिक उत्पादन के दम पर नया समाज बनाने की विफलता के लिए अभिशप्त कोशिशें की गयीं। सोवियत प्रयोग के अतिरिक्त इन सभी प्रयोगों में सर्वाधिक दिलचस्प और शिक्षाप्रद प्रयोग चीनी कम्युनिस्ट पार्टी का है जिससे एशियायी और ग्रामीण संदर्भों पर रोशनी पड़ती है।

चीन का अनुभव : पुराने परिवार की जगह 'नव-जनवादी पितृसत्ता' की स्थापना

पितृसत्ता का मुक़ाबला करने में बोल्शेविक पार्टी की विफलता के बावजूद लेनिन, ट्रॉट्स्की और तत्कालीन सोवियत नेतृत्व को यह श्रेय तो देना ही होगा कि उन्होंने अपनी विचारधारा पर चलने की एक शुरुआती कोशिश तो की ही थी। लेकिन, चीनी कम्युनिस्ट पार्टी ने ऐसा विचारधारात्मक दृष्टिकोण और उस पर आधारित आचरण अपनाने में कोई दिलचस्पी नहीं दिखायी। इसके बजाय उसने बीस के दशक से ही चीनी संस्कृति में सहस्राब्दियों से जड़ जमाए बैठे कन्फ़्यूशसवादी पारम्परिक परिवार के परिवर्तित रूपों का अपनी क्रांतिकारी रणनीति में विनियोग करने की योजना पर अमल किया। चीनी क्रांति की रणनीति को 'लोक-युद्ध' या 'पीपुल्स वार' के नाम से जाना जाता है। दिलचस्प बात यह है कि चीनी पार्टी से प्रतियोगिता कर रही कुओमिंगतांग पार्टी के विचारक मान कर चल रहे थे कि चीनी कम्युनिस्ट भी सोवियत कम्युनिस्टों या अन्य युरोपीय कम्युनिस्टों की भाँति पितृसत्ता पर टिकी परिवार की संस्था को कानून बना कर मंसूख करने की कोशिश करेंगे और व्यक्ति की स्वायत्तता और सम्प्रभुता को प्राथमिकता देने वाले नर-नारी रिश्तों पर ज़ोर देने वाले किसी नये परिवार के विकास की कोशिश करेंगे। लेकिन, चीनी कम्युनिस्टों ने न केवल अपने विरोधियों को ग़लत साबित किया, बल्कि उन्होंने चार मई के आंदोलन से निकली नारीवादी प्रवृत्तियों के साथ-साथ बीसवीं सदी के पहले और दूसरे दशक के दौरान चले नव-सांस्कृतिक आंदोलन की दावेदारियों की भी कोई परवाह नहीं की। चीनी पार्टी के नेताओं ने क्रांति के लिए संघर्ष करते समय और क्रांति के बाद परिवार की संस्था को कृषि-उत्पादन, भूमि सुधार, खेती के सहकारीकरण और लाल सेना की भूमिका के साथ कुछ

इस तरह जोड़ा कि पुराने परिवार की निरंतरता में ही कुछ फेरबदल के साथ एक नये पितृसत्तात्मक परिवार का ढाँचा स्थापित हो गया। शोधकर्ताओं ने इसे चीनी कम्युनिस्ट पार्टी के नेतृत्व द्वारा क़ायम की गयी 'नव-जनवादी' पितृसत्ता का नाम दिया है। यह एक विचारधारात्मक विडम्बना ही है कि सारी दुनिया को प्रभावित करने वाली चीनी क्रांति और उसके फलस्वरूप स्थापित होने वाले चीन लोक गणराज्य की सफलताओं और सीमाओं को इस नये क़िस्म की पितृसत्ता से अलग करके नहीं समझा जा सकता।

चीनी कम्युनिस्ट पार्टी की परिवार संबंधी नीति के अध्येताओं ने इसे दो हिस्सों में बाँट कर समझा है। पहला हिस्सा इस नीति के प्रकट पहलुओं का है, और दूसरा अंतर्निहित आयामों का। ज़्यादा प्रचार प्रकट पहलुओं का ही होता रहा है। सारी दुनिया के कम्युनिस्ट कार्यकर्ताओं को समझाया गया है कि क्रांति करने की प्रक्रिया में चीनी कम्युनिस्टों ने पुराना परिवार ख़त्म कर दिया और एक 'नये लोकतांत्रिक परिवार' की स्थापना कर दिखायी। इन नये परिवार की असलियत पर पड़े इन प्रचारात्मक पर्दों के फ़ाश होने की शुरुआत सत्तर के दशक में विद्वत्तापूर्ण शोधों से हुई। इन अनुसंधानों से पता चला कि जिस नये लोकतांत्रिक परिवार को स्वतंत्र चयन, एकनिष्ठ विवाह, इतरलैंगिकता, दोनों सेक्सों के बीच समान अधिकारों पर आधारित कहा जा रहा है, उसमें शुरुआत से ही स्त्री की असली जगह कौन सी थी। शोधकर्ताओं ने जब इस नये लोकतांत्रिक परिवार की दावेदारियों के साथ जुड़े भूमि सुधारों के विभिन्न रूपों, कर-ऋण-विपणन संबंधी प्रोत्साहन नीतियों, सहकारी श्रम कार्यक्रम और फ़ौजी नीतियों की जाँच-पड़ताल की तो एक नये तरह के सत्य का उद्घाटन होना शुरू हुआ। ध्यान रखने की बात है कि ये नीतिसंबंधी पहलक़दमियाँ क्रांति के उस रंगमंच पर अभिनीत की जा रही थीं जो चीन का विशाल ग्रामीण क्षेत्र था और जिसने चीनी शहरों में कम्युनिस्ट क्रांतिकारियों के बीच पनप रहे रैडिकलिज़्म की अपेक्षा नारीवादी रुझानों का शैशव भी नहीं देखा था।

यह भी ध्यान रखने की ज़रूरत है कि यह अवधि चीन के आधुनिक इतिहास में गम्भीर खेतिहर संकट के रूप में जानी जाती है। बीस के दशक के आख़िरी वर्षों में जब चीनी कम्युनिस्ट पीपुल्स वार की रणनीति सूत्रबद्ध कर रहे थे, उस समय चीन की उस अर्थव्यवस्था में तेज़ी से गिरावट आती जा रही थी जिसे दैवी साम्राज्य की संज्ञा दी जाती थी। चूँकि इस अर्थव्यवस्था की बुनियादी उत्पादक इकाई चीन का किसान परिवार था, इसलिए इस संकट के कारण परिवार की स्थापित संरचनाओं पर सर्वाधिक क्षयकारी असर पड़ रहा था। भुखमरी से बचने

के लिए बहुत से ग़रीब किसानों की पत्नियों ने उन्हें छोड़ कर अपेक्षाकृत ख़ुशहाल लोगों के साथ रहना स्वीकार कर लिया था। विवाह के कई 'अनियमित' रूपों का प्रचलन होता जा रहा था जो परम्परा की दृष्टि से घृणास्पद माने जाते थे। औरतों और बच्चों की बिक्री की घटनाएँ पहले के मुक़ाबले बढ़ गयी थीं। घर-परिवार का आकार घटता जा रहा था। जन्म, विवाह, अंत्येष्टि और पूर्वजों की अर्चना से जुड़े कर्मकाण्डों के प्रति निष्ठा घट गयी थी। परिवारों में हत्या की वारदातें, अपहरण और बच्चों की चोरी आम बात थी। कुल मिला कर नज़ारा यह था कि कन्फ़्यूशसवादी परिवार का ढाँचा ढहने की ओर था। लोक-युद्ध की रणनीति बना रहे चीनी कम्युनिस्टों के सामने दो विकल्प थे। पहला, वे मार्क्स और एंगेल्स की रैडिकल विरासत को आधार बनाते हुए और सोवियत अनुभव से सबक सीखते हुए पारम्परिक परिवार के इस दरकते हुए रूप पर एक आख़िरी प्रहार और करें, ताकि चीनी परिस्थितियों में नये परिवार, नर-नारी के बीच नये रिश्तों और उत्पादन-प्रजनन के नये समीकरण की प्रयोगात्मक शुरुआत हो सके। दूसरा, वे चीनी किसान जनता की उस आकांक्षा को पूरा करें जिसका ताल्लुक़ उसके 'स्मृतिजन्य अतीत' से था। आम किसान चाहता था कि उसके पास आत्मनिर्भर खेती करने लायक़ ज़मीन हो जिसके ऊपर वह वंशानुगत रूप से खेतिहर श्रम करता हुआ अपने कृषि-संबंधी ज्ञान को पीढ़ी-दर-पीढ़ी स्थानांतरित करता चला जाए। स्त्रियाँ घर पर रहें, रसोई और बच्चों को सँभालें। कहना न होगा कि चीनी किसान स्त्रियाँ भी सदियों से चले आ रहे अपने अहर्निश शोषण और दासता के बावजूद इसी दृष्टिकोण की पैरोकार थीं।

कुल मिला कर चीनी किसान कृषि-संकट से पहले के ज़माने में लौट जाना चाहते थे। चीनी पार्टी ने उनकी यह इच्छा पूरी की, यानी दूसरा विकल्प चुना। पार्टी की भूमि सुधार नीति के केंद्र में व्यक्ति के रूप में चीनी किसान न हो कर चीनी परिवार को स्थापित किया गया। दैवी साम्राज्य के युग और इस नये ज़माने में फ़र्क़ केवल यह था कि उस युग में केवल कुछ चुनिंदा परिवार ही आदर्श आत्मनिर्भर खेतिहर स्थितियों का उपभोग कर पाते थे, लेकिन कम्युनिस्ट पार्टी के नेतृत्व में यह मौक़ा ग़रीब किसानों को पहली बार मिलने की नौबत आयी। जैसे ही पार्टी ने ग़रीब किसान परिवार को एक स्वतंत्र खेतिहर इकाई के रूप में स्वीकार किया, चीनी कम्युनिस्टों की प्रतिष्ठा दिनदूनी-रातचौगुनी बढ़ने लगी। किसान-परिवार कम्युनिस्ट कृषि नीति के कार्यान्वयन की प्रभावी इकाई बन गया।

व्यक्ति के बजाय परिवार को क्रांतिकारी कार्यक्रम की इकाई बना कर पार्टी ने चीनी समाज के पारम्परिक पहलुओं से अपना नाता जोड़ लिया, लेकिन बदले

में ग्रामीण स्त्री की राजनीतिक–सामाजिक इयत्ता परिवार में ही समाहित हो कर रह गयी। परिणाम यह निकला कि अपने शोषण की भरपायी के रूप में सम्पत्तिवान होने के जिन औपचारिक प्रावधानों से स्त्री सामाजिक ऊर्ध्वगामिता का अवदान प्राप्त कर सकती थी, उनका लाभ उठाने से वह वंचित रह जाने के लिए अभिशप्त हो गयी। मसलन, भूमि–सुधार के तहत 'जोतने वाले को ज़मीन' का कार्यक्रम असलियत में 'जोतने वाले परिवार को ज़मीन' में बदल गया। क्रांतिकारियों द्वारा छीनी गयीं, ज़ब्त की गयीं ज़मीनें, घर और अन्य सम्पत्ति 'क्रांतिकारी न्याय–प्रणाली' के ज़रिये परिवारों को आबंटित हुई, और परिवारों के मुखिया अनिवार्यतः पुरुष ही थे। स्त्रियों को इसका लाभ तभी मिल पाया, जब वे या तो विधवा या तलाक़शुदा के रूप में अपवादस्वरूप परिवार की मुखिया बन जाती थीं। पार्टी ने घर के सभी सदस्यों को बाँटी गयी ज़मीन में हिस्सेदारी का नियम बनाया, पर वास्तव में हुआ यह कि युवा और अविवाहित स्त्रियों का हिस्सा उनके पिताओं के पास गया और विवाह के बाद उनके पतियों के पास। कुछ गाँवों ने तो कमसिन और अविवाहित लड़कियों को किसी क़िस्म की ज़मीन देने से ही इनकार कर दिया। कुछ गाँवों में अविवाहित पुरुषों के इस पूर्वानुमान में ही ज़मीन दे दी गयी कि उन्हें विवाह के बाद उनकी पत्नी के हिस्से के तौर पर मिलनी ही है। धीरे–धीरे पार्टी के पास भी ये शिकायतें पहुँचीं कि ज़मीन पर स्त्री और पुरुष के समान अधिकार की वास्तविकता कुछ और है। 1948 में पार्टी की केंद्रीय कमेटी ने एक प्रस्ताव पारित करके निर्देश दिया कि दी गयी ज़मीनों के स्वामित्व–दस्तावेज़ों में परिवार की स्त्रियों के नाम भी शामिल किये जाने चाहिए। जिन इलाक़ों में इस हिदायत पर अमल किया जा सका, वहाँ की सामाजिक संरचना पर इसका अहम असर पड़ा। लेकिन, ऐसे इलाक़े असामान्य और अपवाद ही रहे। इस मामले में स्त्री–समितियाँ भी कुछ ख़ास भूमिका नहीं निभा पायीं।

भूमि सुधारों की इस पितृसत्तात्मक निष्पत्ति का सर्वाधिक भीषण रूप तब सामने आया जब सम्पत्ति से वंचित किये जाने वाले धनीवर्ग की स्त्रियों को उनके पतियों से तलाक़ दिलवा कर उनका विवाह क्रांति के पक्ष में खड़े हुए कुँवारे किसानों से कराने का आग्रह किया गया। इसी प्रवृत्ति का दूसरा रूप यह था कि भुखमरी के ज़माने में अपने पतियों को छोड़ गयीं स्त्रियों पर वापस अपने पूर्व–पतियों के पास जाने का दबाव डाला गया। पार्टी ने इस तरह की माँगों पर कोई अधिकारिक नीति नहीं बनायी। कहीं तो स्थानीय नेतृत्व ने इस तरह की माँगों को इन नाम पर ख़ारिज कर दिया कि भले ही धनीवर्ग का क्यों न हो, इससे पार्टी पर उनके परिवार तोड़ने का तोहमत लगेगी, और पार्टी किसी भी क़ीमत पर

किसी परिवार को तोड़ने का कारण नहीं बनेगी। लेकिन, कई जगहों पर इसे क्रांतिकारी इंसाफ़ की संज्ञा दी गयी और धनी परिवार की स्त्रियों को 'संघर्ष के फलों' की तरह देखा गया।

इसमें कोई शक नहीं कि पार्टी द्वारा बनाया गया 'नया लोकतांत्रिक परिवार' भू-स्वामी शोषण का शिकार नहीं था। इसके तहत पुरुषों को रखैलें रखने का अधिकार भी नहीं था और न ही यह परिवार तरह-तरह के कन्फ़्यूशसवादी कर्मकाण्डों से बँधा था। भूमिहीनता के कारण होने वाली नवजात बच्चों की हत्या और लड़कियों की बिक्री की परिघटना भी समाप्त हो गयी थी। महज़ क़ानूनी रूप से सही, पर यह परिवार स्त्री के भूमि पर अधिकार को मान्यता भी देता था इसलिए पहले के मुताबिक़ परिवार के भीतर स्त्री की हैसियत में कुछ इज़ाफ़ा ज़रूर हुआ। पर, इस नीति का कुल मिला कर विडम्बनापूर्ण परिणाम यह निकला कि दैवी साम्राज्य के ज़माने की ग्रामीण पितृसत्ता का लोकतंत्रीकरण हो गया, और वह ग़रीब किसानों को भी आसानी से सुलभ हो गयी। इसने छोटे पैमाने की पितृसत्ता को ग्रामीण पारिवारिक व्यवस्था में वर्चस्वी स्थिति दिला दी।

इस परिवार-नीति का कम्युनिस्ट पार्टी को लाभ यह हुआ कि वह खेतिहर उत्पादन के तहत सहकारी खेती के चरण में बिना किसी उल्लेखनीय बाधा के पहुँच गयी। उसे रूस में हुए खेती के सहकारीकरण के दुखांत अनुभव से नहीं गुज़रना पड़ा। कारण सीधा सा था। सहकारीकरण के तहत होने वाली सामूहिक खेती के केंद्र में भी परिवार की इकाई और उस पर हावी पितृसत्तात्मक नेतृत्व ही था। सामूहिक खेती के लिए पार्टी द्वारा जो परस्पर सहायता टीमें (म्युचुअल एड टीम्ज़) बनाई गयीं, उनके मुखिया हमेशा और हर समय पुरुष ही होते थे। हालाँकि पार्टी की नीति यह थी कि स्त्रियों को उनकी पारम्परिक भूमिकाओं से निकाल कर खेतिहर श्रमिक की भूमिका में लाया जाए, लेकिन केवल इसके लिए वह पितृसत्तात्मक नैतिक मानकों को चुनौती देने के लिए तैयार नहीं थी। इसलिए जब स्त्रियों को टीमों में शामिल भी किया गया तो उनके अलग समूह बना दिये गये ताकि उनकी वज़ह से पुरुषों को आपत्ति करने का मौक़ा न मिले। इसके अलावा परस्पर सहायता टीमों द्वारा श्रम के बदले दिये जाने वाले अंकों के मामले में श्रमिक स्त्रियों की निरंतर हक़तलफ़ी की गयी, क्योंकि यह स्वाभाविक रूप से मान लिया गया कि स्त्री-श्रम का मूल्य कम ही होना चाहिए। दरअसल, इन टीमों का गठन पारिवारिक प्रारूप के आधार पर ही होता था। घर के बेटे को अपने टीम-सदस्य पिता की मदद के लिए खेत में श्रम करने का अधिकार था, और टीम-सदस्य के घर की औरतों को अन्य टीम-सदस्यों के लिए खाना बनाने

की ज़िम्मेदारी मिलती थी। खेती के सामूहिकीकरण में परिवार-परिषदों की भूमिका भी महत्त्वपूर्ण थी, क्योंकि इन्हीं परिषदों के ज़रिये श्रम-विभाजन की संहिताएँ तैयार की जाती थीं। इन परिषदों का अध्यक्ष भी हमेशा ही सबसे वरिष्ठ पुरुष ही होता था।

कहना न होगा कि इन पितृसत्तात्मक सीमाओं के तहत खेती के सामूहिकीकरण ने चीन की किसान औरतों को कुछ लाभ भी पहुँचाए। अंततः सामूहिकीकरण परिवार आधारित खेतिहर उत्पादन की विधि को प्रतिस्थापित करने के लिए किया गया था। इसके तहत संकोच के साथ ही सही, पर स्त्रियों के एक हिस्से को खेतिहर श्रमिक बनने की इजाज़त मिली, उन्हें खेतिहर उत्पादन के विपणन में भी भाग लेने का मौक़ा मिला, और दस्तकारी और कुटीर उद्योग के सहकारी उद्यमों में स्त्रियों को कहीं-कहीं कारीगर समुदाय के रूप में भागीदारी करने का अवसर भी प्रदान किया गया। दिलचस्प बात यह थी कि जहाँ-जहाँ स्त्रियाँ पुरुषों के दस्तकारी सहकारी उद्यम की सदस्य थीं, वहाँ उन्हें उनकी अधीनस्थता में रहना ही पड़ता था। लेकिन, जहाँ उन्हें अलग से स्त्रियों के अपनी सहकारी उद्यम चलाने का मौक़ा मिला, वहाँ उन्होंने इस नयी स्वतंत्रता का जम कर उपभोग किया। उनके लिए संदेश साफ़ था कि पुरुष से अलगाव के बिना वे अपनी आज़ादी प्राप्त नहीं कर सकतीं। 'नव-जनवादी पितृसत्ता' भी अपने अधीनस्थों को एक सीमा तक ही रियायतें दे सकती थी।

लाल फ़ौज के बिना चीनी क्रांति की कल्पना भी नहीं की जा सकती। यह फ़ौज और उसके कारनामे आज एक किंवदंती का रूप ले चुके हैं। दरअसल, लाल फ़ौज की प्रतिष्ठा और चीनी समाज में लोकप्रियता का मुख्य स्रोत परिवार की संस्था और स्त्रियों के प्रति अनुशासित रवैये में निहित था। स्त्रियों के ऊपर यौन-अत्याचार करने वालों को लाल फ़ौज में कड़ी सज़ा दी जाती थी। पूरी सेना की संरचना इस प्रकार की थी कि उसकी सदस्यता ग्रहण करने वाले किसान परिवारों को बदले में किसी तरह का आर्थिक नुकसान नहीं पहुँचता था। अगर किसी परिवार का पुरुष सदस्य मोर्चे पर लड़ रहा है, तो इलाक़े में मौजूद अन्य सैनिक उसके बदले उसके खेतों में श्रम करते थे, कुएँ से पानी भरते थे और ईंधन जमा करके लाते थे। लेकिन, इसका स्त्री-पक्ष क्या था? अपवादस्वरूप स्थानीय परिस्थितियों के दबाव के कारण यदाकदा और कहीं-कहीं इस फ़ौज ने स्त्रियों को लड़ने का प्रशिक्षण दिया और उन्हें स्त्री-मिलिशिया के रूप में संगठित भी किया गया। एक उदाहरण येनान विश्वविद्यालय का भी मिलता है जहाँ छात्राओं के पाठ्यक्रम में फ़ौजी शिक्षा शामिल की गयी थी। पर कुल मिला कर

फ़ौज में सीधी भागीदारी करने वाली स्त्रियों के कर्तव्य आमतौर पर उनकी घरेलू ज़िम्मेदारियों के ही विस्तार होते थे। एक संस्था के रूप में चीन की लाल फ़ौज शहरी समाज में पनप रही नारीवादी प्रवृत्तियों से सबसे ज़्यादा अछूती थी। ज़्यादातर कम्युनिस्ट कमांडरों का प्रशिक्षण या तो कुओमिंगतांग की सैनिक अकादमियों में हुआ था, या सोवियत सैनिक अकादमियों में। इन अकादमियों को स्त्रियों और उनसे संबंधित अधिकार-विमर्श की छाया से भी दूर रखा जाता था। लाल फ़ौज शायद दुनिया की एकमात्र सेना थी जिसकी नेतृत्वकारी क़तारों में युवाओं की संख्या सबसे ज़्यादा थी। इस सेना का औसत अधिकारी चौबीस साल का होता था। इसके कारण चीन के युवकों को कम उम्र में सामाजिक-आर्थिक प्रगति करने का अनूठा मौक़ा मिल जाता था। लेकिन, चीन की युवतियाँ इस अनूठे मौक़े से हमेशा वंचित रहीं।

भारत का अनुभव : पार्टी के हाशिये से क्रांति की चौखट तक

जिन देशों में समाजवादी परियोजना शुरू नहीं हुई थी, लेकिन जहाँ कम्युनिस्ट आंदोलन मज़बूत था, वहाँ भी स्त्री का प्रश्न उठना लाज़िमी था। भारत एक ऐसा ही देश था। 1925 में स्थापित हुई कम्युनिस्ट पार्टी ने चालीस के दशक और पचास के दशक की शुरुआत में स्वयं को एक ऐसे मोड़ पर खड़ा पाया, जहाँ उसे तय करना था कि वह पार्टी के कार्य और स्त्री के अंतर्संबंधों को कैसे परिभाषित करेगी। तेलंगाना के सशस्त्र मुक्ति-संघर्ष में पुरुषों के साथ कंधे से कंधा मिलाकर लड़ने वाली नारियाँ एक विराट प्रश्नचिह्न की तरह पार्टी के सामने खड़ी हो गयीं। जब पार्टी ने संघर्ष वापसी का फ़ैसला किया तो वह उन शानदार और उन्नत चेतना वाली स्त्रियों को अपने आगोश में ले सकती थी। वह उन्हें रक्त-संबंधों वाले परिवार से मुक्ति दिला कर कामरेडों के संयुक्त और सामुदायिक परिवार का अंग बना सकती था। लेकिन अविभाजित कम्युनिस्ट पार्टी ने बंदूक़ उठाने वाले हाथों से कहा कि वे दोबारा चूल्हा-चक्की की ज़िंदगी में लौट जाएँ। पार्टी के इस निर्देश के कारण तेलंगाना की उन वीरांगनाओं को जो वेदना हुई वह आज स्त्री शक्ति संगठन द्वारा दस्तावेज़बंद की जा चुकी है। उसी के साथ पार्टी के वरिष्ठ नेताओं का वह पश्चाताप भी दस्तावेज़ बन चुका है जो पुकार-पुकार कर कहता है कि नया समाज बनाने की मार्क्सवादी परियोजना स्त्री मुक्ति की लड़ाई को केवल एक ही सोपान तक ले जा सकी और वह था स्त्री को श्रमिक वर्ग में बराबर का अधिकार देने का सोपान। लेकिन व्यापकतर समाज में निजी

व यौन जीवन के 'यौन मनोवैज्ञानिक नाटक' को प्रभावित करने के लिए उसे और भी आगे जाना चाहिए था।

चालीस के दशक के अंत में जब सीमोन अपनी पुस्तक द *सेकण्ड सेक्स* की रचना कर रही थीं, उसी समय के आस-पास भारत में तेलंगाना सशस्त्र किसान संघर्ष नयी मंजिलें छू रहा था। इस संघर्ष का एक विशिष्ट पहलू यह था कि उसमें महिलाओं ने सचेत ढंग से हिस्सा लिया था। सचेत इन अर्थों में कि अतीत के आदिवासी-किसान विद्रोहों में भी कमोबेश महिलाओं की भागीदारी होती रही थी लेकिन वे विद्रोह अपनी प्रकृति में स्वत:स्फूर्त थे और उनमें राजनीतिक चेतना और संगठन का स्तर काफ़ी निम्न था। तेलंगाना की ख़ास बात वह थी वहाँ कम्युनिस्ट पार्टी के नेतृत्व में, विशेष तौर से चंद्र राजेश्वर राव की प्रेरणा से, एक स्त्री संगठन पहले से ही काम कर रहा था। इसलिए क्रांतिकारी राजनीति में महिलाओं को दीक्षित करने की ज़मीन तैयार पड़ी थी। जैसे ही निजाम के रज़ाकारों के मुक़ाबले विद्रोह फूटा, महिलाएँ लड़ाई में क़ूद पड़ीं। बाद में जब स्त्री शक्ति संगठन ने इन वीरांगनाओं की जीवनियाँ छापीं तो पता चला कि अपने अद्‌भुत प्रयासों के बावजूद वे कम्युनिस्ट क़तारों में बराबरी का दर्जा पाने से केवल इसलिए रह गयीं क्योंकि वे पुरुष नहीं बल्कि औरत थीं। चंद्र राजेश्वर राव ने स्वीकार किया, 'जब महिलाएँ आगे आयीं तो हमने उन्हें हाथों-हाथ लिया लेकिन हमने उन्हें आगे बढ़ने के लिए प्रेरित करने हेतु कुछ नहीं किया क्योंकि उनकी सुरक्षा एक समस्या थी। वे बहादुरी से लड़ीं ... पर पार्टी ने उन्हें आकर्षित करने के लिए कोई विशेष प्रयास नहीं किये। जबकि कई महिलाएँ पार्टी में शामिल होना चाहती थीं।' कम्युनिस्ट पार्टी महिलाओं के बारे में किसी तरह की नीति विकसित करने में नाकाम रहीं। पार्टी का दस्तावेज़ तेलंगाना के गाँवों में महिलाओं के राजनीतीकरण के विकास की चर्चा करते हुए बताता है, 'हमने हमेशा उनकी समस्या को अलग मसला माना। इस रवैये के कारण हम उन्हें आंदोलन के प्रति हमदर्द तो बना पाए लेकिन संघर्ष में एक प्रत्यक्ष शक्ति के रूप में उनका योगदान नहीं हो पाया।' चंद्र राजेश्वर राव की यह ईमानदाराना आत्मस्वीकारोक्ति ठीक वही समस्या सामने रखती है— स्त्री का पुरुष से कुदरती रूप से भिन्न होना। राजेश्वर राव और उनके कामरेड, स्त्रियों को संगठित करने के लिए तो तैयार थे लेकिन उन्हें मन में कहीं लगता था कि राजकारों के हाथों में पड़कर वे यौन उत्पीड़न और बलात्कार की शिकार हो जाएगी और वे स्त्रियों को इस दरिंदगी से बचाना चाहते थे। दरअसल तेलंगाना की वीरांगनाओं की कहानी भी उसी उत्तरकथा को मिटाने की एक कोशिश थी जो उसके पुरुष से

जैविक रूप से भिन्न होने के कारण उभरी है। लेकिन कम्युनिस्ट नेतृत्व अपनी सदिच्छाओं और समतामूलक आग्रहों के बावजूद उस उत्तरकथा को क़ायम रखने का औज़ार बन गया।

यदि तेलंगाना की नारियों के मन में झाँका गया होता और यदि झाँकने वाले के पास एक संवेदनशील आँख होती तो वह देख लेता कि उन्हें बलात्कार और यौन उत्पीड़न की चिंता नहीं है। वे जागीरदारी के बंधन तोड़ने के लिए अपने बच्चों की सुरक्षा के प्रति भी आँखे मूँदने को तैयार हैं। कई महिलाएँ तो ऐसी थीं जो अपने परिवार और ख़ासतौर से पति की आपत्ति के बावजूद लड़ाई में कूदी थीं। तेलंगाना के संग्राम में मल्लू स्वराज्यम की वीरता आज दंतकथा का रूप ले चुकी है। अपनी आपबीती सुनाते हुए उन्होंने कहा, 'परेशानियों से हमें ज़्यादा तकलीफ़ नहीं हुई। हमारी तकलीफ़ का कारण तो वह बदनामी थी जो हमें झेलनी पड़ी। जिस समय हम मैदानों में संघर्ष से पीछे हटे। हमारे पति जेल में थे और हमें जंगलों में रहना पड़ा— ऐसे में हमारी ग़लतियों से कुछ लोगों ने बेजा फ़ायदा उठाया। इस धक्के को भी हमें ही सहन करना था,' स्वराज्यम का यह कथन बताता है कि राजेश्वर राव जिस यौन उत्पीड़न से अपनी महिला कार्यकर्ताओं को बचाना चाहते थे, उसी ने दूसरे रूप में उन पर उस जगह हमला किया जहाँ वे ख़ुद को सबसे सुरक्षित मानती थीं, अर्थात् पार्टी की अपनी क़तारों में।

पुरुष से अपनी जैविक भिन्नता के कारण जागीरदारी के ख़ात्मे से जुड़े वर्गीय स्वार्थ की समानता स्वार्थ की समानता के बावजूद महिलाएँ चाह कर भी ख़ुद को उस स्तर तक नहीं उठा पाईं जहाँ कम्युनिस्ट पुरुष स्वाभाविक रूप से बैठे हुए थे। सारे जीवन कम्युनिस्ट पार्टी में काम करने, कम्युनिस्ट साथी से शादी करने और सशस्त्र संघर्ष में भागीदारी करने के बाद प्रमिला ताई को लगा कि जो काम पुरुष कर सकते हैं वह काम वे नहीं कर सकतीं, 'बहुत से पुरुष नौकरियाँ करते हुए पार्टी की ज़िम्मेदारी उठाते थे ... लेकिन काम करने की क्षमता की कोई सीमा भी तो होती है। परिवार का ख़याल रखना, नौकरी करना और राजनीति में सक्रिय रहना, एक साथ बहुत मुश्किल है। मैं यह नहीं कर पाई...आप पूछते हैं कि महेंद्र (पति) घर की ज़िम्मेदारियों में हाथ बँटाते थे...वे क्या हाथ बँटाते? वे कभी समय से घर नहीं आते थे। लगातार बाहर रहते— कभी रात के दो बजे आते, कभी तीन बजे। मुझे उनकी देखभाल करनी पड़ती— उनके खाने, कपड़े और स्वास्थ्य की चिंता करनी पड़ती।' आख़िर प्रमिला ताई और महेंद्र में क्या फ़र्क़ था? दोनों कम्युनिस्ट थे, दोनों संगठन में थे, दोनों ने साथ-साथ क्रांति करने का बीड़ा उठाया था और दोनों ने ही बराबर परेशानियाँ झेली थीं। लेकिन महेंद्र

पर प्राकृतिक रूप से एक ज़िम्मेदारी कम थी— घरेलू काम-काज की। यह वही घरेलू काम-काज था जिसके ऐतिहासिक भौतिकवादी विश्लेषण के ज़रिये हम जानते हैं कि इसे सामाजिक काम-काज से कमतर माना गया था और जिसके साथ महिलाओं की संलग्नता उन्हें हमेशा से एक कमतर भूमिका में डाल देती रही है। कम्युनिस्ट पार्टी इस समस्या से निपटने में न केवल असमर्थ रही बल्कि उसने महिलाओं की इस मजबूरी को बढ़ावा ही दिया। तेलंगाना की एक अन्य वीरांगना ब्रजरानी ने यही सवाल पूछा था कि आप ही बताइए, हथियार सँभालने वाली महिलाओं से जब सिलाई की मशीन के सामने बैठने के लिए कहा गया होगा (संघर्ष की वापसी के बाद) तो उन्हें कैसा लगा होगा?

कितनी विचित्र बात है कि मार्क्स-एंगेल्स के अनुयायियों ने घर की देहरी लाँघ कर क्रांति में उतर आयी औरतों को वापस रसोईघर में भेज दिया। वासवपुन्नैया जैसे सिद्धांतकारों के सामने जब महिला कामरेडों ने सवाल उठाया कि क्या उन्हें संघर्ष वापसी के बाद अन्य तरह के राजनीतिक काम नहीं दिये जा सकते तो उन्हें रूखा जवाब मिला, 'तुम लोग क्या करोगी? हम भी तो हाथ पर हाथ रखे बैठे हैं। घर जाओ और वहीं रहो।' मल्लू स्वराज्यम पर जो बीती वह इन शब्दों में वर्णित है, 'उन्होंने हमारा इतना लम्बे अरसे तक इस्तेमाल किया और अब वे हमें घर जाने और वहीं रहने के लिए कह रहे थे। उन्हें कैसे पता कि घर में क्या परिस्थिति होगी? उन्हें कोई कैसे बताता यह सच्चाई? किस क़दर मानसिक यातना थी वह— मैं वास्तव में व्यथित हो उठी। तब मुझे पहली बार तकलीफ़ का एहसास हुआ।'

वासवपुन्नैया और आमतौर पर समग्र कम्युनिस्ट पार्टी के इस रवैये को अगर मार्क्स-एंगेल्स और लेनिन की सैद्धांतिक शिक्षाओं के बराबर रखकर देखें तो साफ़ हो जाता है कि यह किसी भी दृष्टि से कम्युनिस्ट रवैया नहीं था। क्रांतिकारी विचारधारा के इन पुरोधाओं ने साफ़ तौर पर कहा था, 'नारी-मुक्ति तब सम्भव होगी जब महिला सामाजिक स्तर पर व्यापक तौर पर उत्पादन में भाग लेगी और बहुत ही अल्पमात्रा में उसका ध्यान घर की ज़िम्मेदारी पर होगा।' लेनिन ने क्लारा ज़ेटकिन से बातचीत में कहा था कि सर्वहारा वर्ग के पति भी अपनी पत्नियों के काम में हाथ नहीं बँटाते। लेनिन के अनुसार पति की 'गुलाम पत्नी' छिपे रूप से उसी से बदला लेती है। वह अपने पति के क्रांतिकारी उद्देश्यों को नहीं समझती और उसके जुझारूपन, उसके जुझारू संकल्प को पीछे खींचती है। लेनिन का मानना था कि महिला मुक्ति के लिए महिलाओं को तो शिक्षित करना ही चाहिए लेकिन पुरुषों के बीच भी काफ़ी शैक्षणिक कार्य करने की ज़रूरत है।

मजबूरियाँ चाहे जो भी रहीं हों, कम्युनिस्ट पार्टी उस समय रीति-नीति के लिहाज़ से कितनी भी भटकी हुई हो और तेलंगाना की संघर्ष वापसी से उसकी प्रांतों में कितनी भी निराशा हो लेकिन महिला कार्यकर्ताओं के प्रति उसका यह रवैया महिलाओं को राजनीति में इस्तेमाल कर लेने की प्रवृत्ति का ही द्योतक था। यह प्रवृत्ति ज़्यादातर अचेत रूप से काम करती थी क्योंकि आख़िर कम्युनिस्टों ने सचेत रूप से महिलाओं को राजनीति में उतारने के लिए संगठन बनाए थे, कोशिशें की थीं। लेकिन आंदोलन में महिलाओं की भागीदारी को लेकर आयी समस्याओं के प्रति उन्होंने चलताऊ परिवारगत दृष्टिकोण ही अपनाया और जब आंदोलन को पहला झटका लगा तो वे महिलाओं को राजनीति के लिए सिर्फ़ इस्तेमाल करते हुए पाए गये।

महिलाओं की जैविक भिन्नता को न समझना, क्रांतिकारी अड्डों पर रहने वाली महिलाओं के लिए गर्भनिरोध के तरीक़ों की व्यवस्था करने की चेतना न होना, पार्टी में महिला कार्यकर्ताओं की स्त्रीगत एकता के ख़िलाफ़ पार्टी इस बुनियादी मान्यता का भी पालन क्यों नहीं कर पाई कि औरत को चूल्हे-चक्की से मुक्त कराना चाहिए। तेलंगाना के संघर्ष में तैयार महिला कार्यकर्ताओं को यूँ ही कुम्हला जाने के लिए क्यों छोड़ दिया गया? ये सवाल बड़े गहन-गम्भीर हैं। चालू शब्दावली और चिंतन के अनुसार उनका जवाब तलाशना मुश्किल है। इसके लिए कम्युनिस्ट पार्टी और मार्क्सवाद को एक नये विमर्श की आवश्यकता है। आइए देखें, कि तेलंगाना की महान् परम्परा के उत्तराधिकारी इस नये विमर्श के लिए क्या-क्या तैयारी कर रहे हैं। तेलंगाना के अंदर ही देवपल्ली वेंकेटेश्वर राव के रूप में भविष्य के गर्भ में छिपे हुए नक्सलबाड़ी विद्रोह का नेतृत्व तैयार हो रहा था। तेलंगाना सर्वमान्य नेताओं पी सुंदरैया, रविनारायण रेड्डी, भीम रेड्डी और सी.राजेश्वर राव की क़तार में पाँचवाँ नाम डी.वी. राव का था जो सशस्त्र किसान संघर्ष की परम्परा को नक्सलवाद तक ले गये।

क्रांति की चौखट पर

क्रांतिकारी कम्युनिस्ट आंदोलन और स्त्री के अंतर्संबंधों की जाँच पड़ताल के साथ पहली समस्या यह है कि वहाँ जुझारूपन बहुत-सी समस्याओं और ख़ामियों को ढक लेता है। औरत ने जैसे राइफल उठाई, और पुलिस से मोर्चा लिया वैसे ही उसे मुक्ति के रास्ते पर चलते हुए मान लिया जाता है। स्वाभाविक रूप से लाजवंती नारी के जीवन में आये उस ज़बरदस्त बदलाव का श्रेय कम्युनिस्ट पार्टी ले लेती है। लेकिन हम तेलंगाना के अनुभव से देख चुके हैं कि पार्टी महिलाओं

को राजनीति और क्रांति में उतारती ही नहीं, उन्हें वापस भी भेज देती है। पार्टी के दस्तावेज़ों और समर्थकों द्वारा की गयी समस्याओं में से इस अगति के कारण तलाशना रेत में तेल निकालने के समान होता। 'वर्ग संघर्ष' और नारी मुक्ति पर प्रकाशित सामग्री पढ़ने पर चित्र यह उभरता है कि हर जगह नारी लाल झण्डा हाथ में उठाए क्रांतिकारी वाहिनियों में उमड़ती चली आ रही है। वह विप्लव के बारे में क्या सोचती है। पुरुष के मुक़ाबले उसका सोच कहाँ भिन्न है और कहाँ समान, व किस हद तक वर्ग संघर्ष का अंग रहेगी और कब किस बिंदु पर नारी को अलग से अपना संघर्ष चलाने की स्वायत्तता देनी होगी— यह चिंतन और समीक्षा दुर्लभ ही है। नक्सलवादी आंदोलन के दस्तावेज़ खँगालने पर भी इसी समस्या से दो-चार होना पड़ता है, क्रांतिकारी महिला संगठनों के प्रपत्रों और आलेखों के सैकड़ों पृष्ठ उलटने के बाद स्त्रीवाद और उदार जनवादी आंदोलन की धाराओं की कठोर आलोचना तो थोक में मिलती है लेकिन कम्युनिस्ट नारी का जो चित्र उभरता है वह आत्म-ऊहापोह से मुक्त क्रांति के प्रति समस्याहीन ढंग से समर्पित दिखाया जाता है।

नक्सलबाड़ी के विद्रोह से प्रभावित होकर आंध्र के श्रीकाकुलम एजेंसी एरिया में आदिवाटला कैलासम और वेम्पटापु सत्यनारायणम के नेतृत्व में एक महाविद्रोह हुआ था। इस इलाक़े में दो आदिवासी क़बीले बसे हुए थे— जातापू और सवारा। लेकिन कैलासम और वेम्पटापु मैदानों से थे और पढ़े-लिखे कामरेड थे। उन्होंने आदिवासियों के बीच इतना काम किया कि उन्हीं के समाज में रच-बस गये। वेम्पटापु ने आदिवासियों में ही शादी की और 'गप्पा गुरु' के नाम से मशहूर हुए उनकी वीरता और नेतृत्व की कहानियाँ आज देवकथाओं के रूप में वर्णित की जाती है। इन्हीं वेम्पटापु ने आंदोलन के आख़िरी दौर में दूसरी आदिवासी लड़की से शादी रचा ली थी। दोनों लड़कियाँ अलग-अलग क़बीलों की थी। श्री काकुलम इलाक़े के पुराने कम्युनिस्ट क्रांतिकारी जानते हैं कि वेम्पटापु अपनी दोनों पत्नियों के साथ रहते थे और कभी-कभी उनमें से किसी एक की पिटाई भी करते थे। उनकी इन हरकतों के ख़िलाफ़ श्री काकुलम की क्रांतिकारी कमेटी में बड़ा रोष था। इस कमेटी ने वेम्पटापु की आलोचना करने और उन्हें इस कुकृत्य से वर्जित करने की कुछ कोशिशें ज़रूर की थीं लेकिन उनकी तीव्रता कितनी थी— इसका कोई दस्तावेज़ी प्रमाण उपलब्ध नहीं है। हाँ, वेम्पटापु अपनी इस आलोचना का जवाब देने के लिए जिस तर्क की आड़ लेते थे वह 'वर्ग शत्रु का नाश' वाली राजनीति का तर्क था। वेम्पटापु का कहना था कि जो कॉमरेड 'वर्ग शत्रु का नाश' वाली लाइन नहीं मानते, वे ही उन पर इस भाव से ऐसा

इलज़ाम लगाते हैं। बहरहाल, उसी दौर के कानपुर-उन्नाव पट्टी के एक नक्सलवादी नेता परिवार नियोजन के किसी भी उपाय के सख़्त ख़िलाफ़ थे। उनका घर परिवार 'नक्सली' था लेकिन बीवी बच्चे जनने के अलावा कोई और काम नहीं कर पाती थी। वे आख़िर तक अपनी पत्नी की नसबंदी करने का प्रतिरोध करते रहे। पार्टी ने ज़बरदस्ती की। उनकी पत्नी की नसबंदी करा दी लेकिन पार्टी उनकी नसबंदी नहीं करा पायी। हालाँकि पुरुष की नसबंदी अधिक आसान और महिला के मुक़ाबले कम तकलीफ़देह होती है।

ये दोनों उदाहरण आदिवासी और हरिजन समाज के हैं और ये दोनों सशस्त्र संघर्ष से जुड़े हुए भी हैं। यहाँ हमारा तात्पर्य दोनों नेताओं के क्रांति में योगदान को कम करके आँकने का नहीं है। अगर उनसे महिला मुक्ति पर भाषण देने के लिए कहा जाता तो वे निश्चित रूप से परम्परागत मार्क्सवादी धारणाओं का इस्तेमाल करके एक अच्छा वक्तव्य जारी करते।

इससे ज़ाहिर होता है कि नक्सलवादी क्रांति के शुरुआती दौर में उसका नेतृत्व स्त्री आंदोलन की समस्याओं पर कोई ध्यान नहीं दे पाया। उन्होंने तेलंगाना से कोई सबक नहीं सीखा। दरअसल, उसके पास तेलंगाना के संघर्ष में स्त्रियों की भागीदारी को लेकर किसी अलग से अध्ययन का अभाव ही था। लगता है उन्होंने पी. सुंदरैया, डी.वी.राव, रवि नारायण रेड्डी और रेणु चक्रवर्ती द्वारा लिखे गये महिलाओं के क्रांतिकारी योगदान के विवरणों को भी ध्यान से नहीं पढ़ा था। इन्हीं विवरणों में वे उत्तरकथाएँ बिखरी पड़ी हैं जो क्रांतिकारी महिलाओं के जीवन में उनकी पुरुष से जैविक भिन्नता के कारण उग आयी है। नक्सलवादी राजनीति को उन उत्तर कथाओं का एहसास बहुत देर से हुआ।

कैथरकलाँ की औरतें-1 : एक महिला सम्मेलन की पूर्व संध्या पर 1986 में महेश्वर ने एक कविता लिखी थी जिसकी अंतिम पंक्तियाँ थीं : लो आ गयीं तुम्हारी चौखट पर / कैथरकलाँ की बेटियाँ।

बिहार में अगर भोजपुर नक्सलवाद की पुनर्स्थापना करने वाला साबित हुआ तो भोजपुर का एक छोटा सा गाँव कैथरकलाँ इस आंदोलन में महिलाओं की भागीदारी का प्रतीक बन गया। इस गाँव पर जब ज़मींदारों और पुलिस ने मिलकर हमला किया तो वहाँ की महिलाओं ने मुँहतोड़ जवाब दिया और जीत हासिल की, इस गाथा का इतिहास कविताओं और अन्य छिट-पुट वर्णनों में दर्ज है। इसकी विशेषता यह है कि तेलंगाना के इतिहास की तरह यहाँ महिला योद्धा पुरुषों की बगल में या पीछे नहीं खड़ी थी बल्कि उन्होंने आगे बढ़कर पहलक़दमी

अपने हाथ में ले ली थी और पूरी लड़ाई पर छा गयी थीं। निश्चित रूप से यह तेलंगाना का स्वत:स्फूर्त विकास था लेकिन क्या इस स्वत:स्फूर्त को भाकपा (माले) और उसकी किसान सभा ने सायास और सुचिंतित सैद्धांतिक व व्यावहारिक धरातल पर उतारने की कोशिश की? महिलाओं को सशस्त्र कार्रवाइयों अथवा जुझारू जनवादी आंदोलन के उतार चढ़ाव में प्रत्यक्ष रूप से फेंकने के बारे में इन संगठनों का क्या रवैया रहा है?

'किसान आंदोलन के भीतर से उभरते महिला संगठन के सवाल' नामक विश्लेषण से सरोज चौबे हमें बताती हैं कि नक्सलवादियों के ज़मीन दख़ल व फ़सल दख़ल आंदोलन में किसान महिलाएँ उत्साह से भाग लेती हैं। उनकी संख्या 30 से 35 प्रतिशत तक रहती है लेकिन 'ऐसे कार्यक्रमों में जब पुलिस और ज़मींदारों के गुण्डा गिरोह व लाल सेना की आमने-सामने लड़ाई लगती है तो महिलाएँ कम रहती हैं और कहीं-कहीं तो संगठन सुरक्षा के दृष्टिकोण से उनकी भागीदारी जानबूझ कर नहीं करवाता है ... फ़सल दख़ल बनिस्बत रोपनी, आदि में महिलाओं की अधिक भागीदारी होती है।' सरोज चौबे का यह प्रेक्षण हमें एक़दम तेलंगाना की वीरांगनाओं के फ़्लैशबैक में ले जाता है। बिना किसी अपवाद के उन सब ने कम्युनिस्ट नेतृत्व की इस मुद्दे पर आलोचना की थी कि उन्हें लड़ाई में सीधे-सीधे क्यों नहीं उतारा गया? राजेश्वर राव के पास भी महिलाओं की सुरक्षा का तर्क था और माकपा (माले) के पास भी महिलाओं की सुरक्षा का तर्क है।

बिहार के नक्सली आंदोलन में 'औरत की इज़्ज़त' का सवाल बड़ा महत्त्वपूर्ण रहा है। पिपरा जनसंहार के केंद्र में भी एक दलित महिला का शील भंग ही था। एक तरह से देखा जाए तो कहा जा सकता है कि लम्पट ज़मींदारों से भूमिहीन मज़दूर परिवारों की महिलाओं को बचाने में नक्सलवादियों की ज़बरदस्त भूमिका रही है। नक्सलवाद के दलितों में लोकप्रिय होने के पीछे यह भी एक बड़ा कारण है। यह सही है कि नक्सली नेतृत्व महिलाओं को राजनीति में उतार लाने के सिलसिले में बिहार की धरती पर दूसरा तेलंगाना रचने में कामयाब हो गया है। ठीक तेलंगाना की भाँति बिहार की महिलाएँ अपने पतियों को पुलिस की क़ैद से छुड़ाने के लिए घेराव आदि के हथियार इस्तेमाल करती हैं। लेकिन कैथरकलाँ जैसे उदाहरण अभी भी यहाँ अपवाद ही हैं। पार्टी से जुड़ी किसान महिलाओं की चेतना का वर्णन करते हुए सरोज चौबे कहती हैं, 'वर्ग चेतना से लैस इन महिलाओं के भीतर पुरुष सत्तात्मक चिंतन से लड़ने की भावना भी शैशवावस्था में ही है। यही कारण है कि जुलूसों और किसान सभा की

सदस्यता में 30 से 40 फ़ीसदी रहने के बावजूद कमेटियों के चुनाव लड़ने के मामले में उनके अंदर एक निष्क्रियता या चुनी गयी सदस्यों को अपनी भूमिका में खड़े होने में दिक़्क़त आ रही है। अभी उन्हें यह विचार आत्मसात् करने में कठिनाई है कि इन कमेटियों के माध्यम से ही हम सत्ता की भागीदारी की दावेदार होंगी। पुरुष प्रधान समाज में पुरुषों के पास में बन रही नीतियों को चुनौती देने की बुनियाद भी इन्हीं स्थानीय निकायों में हमारे सक्रिय हस्तक्षेप से पड़ेगी।' सरोज चौबे स्वीकार करती हैं कि जाति-पाँति या धार्मिक रीति-रिवाज के जंजाल से महिलाओं को निकालने के लिए किसान सभा के पास कोई कार्यक्रम नहीं है। ब्राह्मणवाद विरोधी अर्जक संघ के आंदोलन में महिलाओं की भूमिका सिर्फ़ दहेज और कर्मकाण्ड रहित शादियों में कुछ गीत गाने तक ही सीमित रही। गायत्री यज्ञ के जुलूसों तक में नक्सली जनाधार की महिलाएँ शामिल हो जाती हैं।

भाकपा (माले) ने एक शक्तिशाली स्त्री आंदोलन को जन्म देने के लिए राष्ट्रव्यापी मुहिम चला रखी है। इस मामले में वह तेलंगाना के जमाने की पार्टी से कहीं आगे और सचेत है लेकिन ख़ुद उसकी क़तारें इस रेडीकल चेतना को ग्रहण करने में कितनी पीछे है इसका अंदाज़ा इस संगठन के महासचिव विनोद मिश्र के इस कथन से हो जाता है : 'मैंने बिहार में जनवादी शादियों के बारे में सुना है जिनमें पुरोहितों और आडम्बरों की जगह सीधे-सादे तरीक़े से शादी की जाती है। यह ज़रूर अच्छी बात है। लेकिन जनवादी शादी का मतलब होता है नारी को अपना साथी ख़ुद चुनने की स्वतंत्रता और शादी के बाद पारिवारिक ज़िम्मेदारियों में सहभागिता। लेकिन इन जनवादी शादियों में क्या, पार्टी के अंदर तथाकथित क्रांतिकारी शादियों में भी अधिकांश में ये नीतियाँ शायद ही लागू हो पाती हैं ... हमारी पार्टी में भी महिला कार्यकर्ताओं की मर्यादा हानि की घटनाएँ घटित होती हैं। कुछ-कुछ पुरुष कार्यकर्ताओं द्वारा आम महिलाओं के प्रति बहुत ही ग़लत आचरणों की रपटें आती हैं।'

भाकपा (माले) की महिला नेता कुमुदनी पति मानती हैं कि आम तौर पर कम्युनिस्ट पार्टियाँ स्वतंत्र महिला आंदोलन की ज़रूरतों को नकारती रही हैं। उन्होंने नारीवादी आंदोलन द्वारा उठाए गये उन महत्त्वपूर्ण मुद्दों को भी नहीं स्वीकारा जिन्हें सकारात्मक माना जा सकता था सम्भवत: इसी ज़रूरत को ध्यान में रखकर कुमुदनी पति और उनके संगठन ने नारी आंदोलन की ग़ैर कम्युनिस्ट धाराओं के साथ अन्योन्यक्रिया शुरू की है। एक तरह से यह पहलक़दमी कम्युनिस्ट पार्टी को 'परिवार' के उस 'सिंड्रॉम' से निकालने में मदद कर सकती है जिसमें कम्युनिस्ट पार्टी तेलंगाना के जमाने से फ़ँसी रही है। हालाँकि, यह

बहुत मुश्किल प्रतीत होता है क्योंकि पार्टी के अंदर ही नारीवाद को 'मार्क्सवाद के लिए एक चुनौती' के रूप में देखने की प्रवृत्ति मौजूद है। यह दृष्टि स्त्री आंदोलन से सीखने और मार्क्सवाद को समृद्ध करने के बजाय उससे टकराव की तरफ़ ज़्यादा ले जाती है। पार्टी के सिद्धांतकार स्त्री आंदोलन की व्याख्या करते समय उनकी शल्यक्रिया करने में ज़्यादा व्यस्त नज़र आते हैं। उनके अंदर आत्मालोचना का भाव न के बराबर है। हाल ही में पार्टी के केंद्रीय स्कूल में पेश किये गये एक पर्चे से यह समस्या उभर कर सामने आ गयी है। 'द फ़ेमिनिस्ट मूवमेंट इन इण्डिया' नामक इस प्रपत्र में दो पंक्तियों में आत्मालोचन का काम यह कहकर निपटा दिया गया है कि हम इन क्षेत्रों (लैंगिक मुद्दों जैसे बलात्कार, दहेज, दहेज-हत्या, घरेलू-हिंसा, घर में श्रम का असमान विभाजन, प्रजनन का नियम, महिला का अपने शरीर पर नियंत्रण, महिलाओं का यौन दमन और उनका यौन व्यापारीकरण अर्थात् स्त्रीवादियों द्वारा उठाए गये सभी मुद्दे) में बहुत पीछे हैं और हमने उन पर बहुत देर में शुरुआत की है। बस इस नाम मात्र की और बेहद उथली आत्मालोचना के बाद प्रपत्र के लेखक तलवार भाजते हुए स्त्रीवादियों पर टूट पड़ते हैं। नारीवाद कोई फ़र्ज़ी और हवाई आंदोलन नहीं है और वह एक वस्तुगत यथार्थ की उपज है— यह मानते हुए भी सिद्धांतकार महोदय अपने-आप से सवाल नहीं पूछ पाए कि आख़िर हम (अर्थात् कम्युनिस्ट और उनकी पार्टी) इन मसलों पर इतनी देर से शुरुआत क्यों कर पाए? वैज्ञानिक विचारधारा के वाहक पचास के दशक से ही नारीवादियों और ग़ैर नारीवादियों द्वारा प्रस्तुत स्त्री के प्रश्न पर मार्क्सवाद की सीमाओं की आलोचना को जज़्ब करने से इंकार क्यों करते रहे? अगर वे आलोचनाएँ ग़लत थीं और वर्ग के दायरे में सभी समस्याएँ हल की जा सकती थीं तो फिर आज उन्हें 'वर्गीय परिप्रेक्ष्य' और 'लैंगिक परिप्रेक्ष्य' के सृजनात्मक समन्वय की ज़रूरत क्यों पड़ रही है?

कैथरकलाँ की औरतें-2: कम्युनिस्ट बुद्धिजीवी औरत के मसले को कैसे देखते हैं और उनके अवचेतन में क्या छिपा रहता है इसकी एक बानगी के लिए क्रांतिकारी कवि गोरख पांडे की कविता दृष्टव्य है। यह भी कैथरकलाँ की औरतों के बारे में है।

क्या से क्या हो गयीं
कैथरकलाँ की औरतें?
यह तो बग़ावत है
राम-राम घोर कलियुग आ गया

औरत और लड़ाई ?
उसी देश में जहाँ भरी सभा में
द्रौपदी का चीर खींच लिया गया
सारे महारथी चुप रहे
उसी देश में

मर्द की शान के ख़िलाफ़ यह जुर्रत ? गोरख सामान्य कम्युनिस्ट कार्यकर्ता नहीं थे। वे दर्शनशास्त्र में विधिपूर्वक दीक्षित और अत्यंत चिंतनशील संस्कृतिकर्मी थे। उन्होंने कैथरकलाँ की औरतों के शौर्य के मुक़ाबले द्रौपदी के महाकाव्यात्मक चरित्र की बेबसी रखकर कविता की रचना की। मैं समझता हूँ कि उन्होंने द्रौपदी के उदाहरण को अनजाने में सृजनात्मकता के प्रवाह में उठा लिया होगा। या हो सकता है कि उन्होंने जानबूझ कर यह मिसाल ली हो। दोनों ही स्थिति में वे द्रौपदी को पुरुष अत्याचार के शिकार के रूप में पेश करते नज़र आते हैं जबकि द्रौपदी अपने चीरहरण के पहले धिक्कार और ललकार की भाषा भी बोलती है, दुशासन के रक्त से अपने बालों का श्रृंगार करती है, अश्लील इशारे करने वाले दुर्योधन की जाँघ तुड़वाती है और सास कुंती द्वारा पाँच पति थोप दिये जाने पर भी प्रेम सिर्फ़ अर्जुन से करती है। यह भीरु और अबला नारी का चरित्र नहीं हो सकता। ऐतिहासिक भौतिकतवादी दृष्टि से यह विद्रोहिणी नारी का चरित्र हो सकता है।

नारी को पूँजीवाद सचेत रूप से 'अबला' के रूप में चित्रित करता है और कम्युनिस्ट यही काम अवचेतन रूप से करते हैं। उत्तराखण्ड आंदोलन के दौरान मुजफ़्फ़रनगर में महिलाओं के साथ हुए पुलिसिया सुलूक के सिलसिले में माकपा (माले) के कार्यकर्ताओं का रवैया इस समस्या को एक बार फिर उजागर कर गया है। राजनीति के आग्रहों के तहत ये लोग भी 'बलात्कार हुआ या नहीं' की बहस में फँसे हुए हैं। मैंने इनमें से कई के साथ लम्बी-लम्बी बातचीत की लेकिन किसी ने एक भी बार नहीं कहा कि औरतों ने पुलिस की फ़ायरिंग, लाठी, आँसू गैस और गाली-गलौज़ के बीच अद्‌भुत साहस और शौर्य का परिचय दिया। वस्तुस्थिति यही है कि मुज़फ़्फ़रनगर के चौराहे पर उस रात जो हुआ उसमें बलात्कार या सामूहिक बलात्कार अभी भी विवाद का विषय बना हुआ है लेकिन महिलाओं का शौर्य और राजनीति में भागीदारी की इच्छा निर्विवाद है। बलात्कार का मुद्‌दा राजनीतिक दाँव-पेच का मोहरा बना हुआ है लेकिन कम्युनिस्ट कार्यकर्ताओं और विशेष तौर से कम्युनिस्ट महिला कार्यकर्ताओं को चाहिए था कि उत्तराखण्डी महिलाओं के वीरांगना चरित्र को उभारें न कि उनके शाश्वत

रूप से 'उत्पीड़ित' या 'शिकार' के चरित्र को सम्भवत: राजनीतिक तात्कालिकता के घटाघोप में यह बारीकी समझना मुश्किल हो गया होगा। लेकिन यह किसी कम्युनिस्टों में स्त्री के प्रति किसी विशिष्ट परिप्रेक्ष्य की अपर्याप्तता की द्योतक तो है ही, साथ ही इसके विचारधारात्मक आधारों की खोज करना हर समाज चेतना का कर्तव्य है।

हाशिये से चौखट तक

तेलंगाना में महिलाएँ पार्टी के हाशिये पर खड़ी थीं। वे दस्तक देती रहीं लेकिन पार्टी उन्हें अपनी बाँहों में समेटने से हिचकती रही। नक्सलवाद ने इस परिस्थिति को बदला और वहाँ महिलाओं को क्रांति की चौखट तक खींच लाया गया। लेकिन अभी भी उनके क़दम दरवाज़े के अंदर नहीं पड़े हैं। वे वीरांगना के रूप में अपने पुनर्जन्म और अबला के रूप में अपने पूर्वजन्म के बीच झूल रही हैं। यह द्वैत तब तक समाप्त नहीं हो सकता जब तक कम्युनिस्ट पार्टी या उनके सिद्धांतकार अपनी विचारधारा, जिसे वे 'सार्वभौमिक सत्य' कहते हैं, के सामने 'क्यों' का प्रश्नचिह्न नहीं लगाएँगे। अब समय आ गया है जब स्त्री आंदोलन के लिए ज़िम्मेदार महिला कॉमरेडों को पूछना शुरू कर देना चाहिए कि कम्युनिस्ट पार्टी की क़तारों में महिलाओं की उपेक्षा आख़िर किस दबाव के तहत की जाती रही? क्या यह विचारधारात्मक प्रश्न नहीं है? क्या इसे केवल रणनीतिक अथवा कार्यनीतिक प्रश्न मानना ग़लत नहीं होगा? ये सवाल बिना अराजक या अनुशासनहीनता की मुद्रा अपनाए रचनात्मक ढंग से उठाए जा सकते हैं। मसलन, एंगेल्स की महिला संबंधी धारणाओं पर पुनंचिंतन क्यों आवश्यक नहीं है? क्या अमेरिकी नृतत्वशास्त्री मार्गन की खोजों के आधार पर किया गया उनका विश्लेषण आज पुराना नहीं पड़ गया है? क्या मार्गन की कई बातें नृतत्वशास्त्र के आधुनिक विकास के साथ ग़लत साबित नहीं हो गयी है? क्या इस नयी गवेषणा से परिवार, वर्ग और नारी के अंतर्संबंधों के बारे में एक़दम नयी अवधारणाएँ निकल आने की सम्भावना नहीं है?

क्या यौनिकता (सेक्सुअलिटी) के प्रश्न पर कम्युनिस्ट पार्टियों का रवैया आमतौर पर शुद्धतावादी रवैये से मेल खाता नहीं लगता? क्या पार्टी के अंदर महिला और पुरुष कार्यकर्ता बहन-भाई के रिश्ते से शुरुआत करके एक दूसरे को प्रेमी-प्रेमिका समझने तक नहीं पहुँच जाते हैं? क्या ऐसा पार्टी की क़तारों में अनगिनत बार नहीं हो चुका है? तेलंगाना के जमाने में भी ऐसा होता था और उत्तर-नक्सलबाड़ी युग में भी ऐसा हो रहा है। महिला कार्यकर्ताओं को सवाल

पूछना चाहिए कि आख़िर पार्टी के अंदर यौन शुचिता और नैतिकता के मसले साफ़ क्यों नहीं किये जाते? आख़िर समाज के तत्संबंधित चालू रवैये और पार्टी के भीतर के माहौल में फ़र्क़ क़ायम रखने के लिए पार्टी के पास कोई स्पष्ट और ठोस कार्यक्रम क्यों नहीं है?

वह कौन-सी विचारधारात्मक समस्या है जो कम्युनिस्ट पार्टी को लैंगिग मसले पर सूत्रीकरण करने से रोकती है? क्या यह विचारधारा की बुनियादी सीमा नहीं है? अगर नहीं है तो बताया क्यों नहीं जाता कि मार्क्सवादी लेनिनवाद में इस मसले पर अमूक-अमूक निर्देश मौजूद हैं? अगर ऐसे निर्देश नहीं हैं तो इसे साफ़ तौर पर स्वीकारा क्यों नहीं जाता?

आधुनिक नृतत्वशास्त्र एक भी ऐसा पुख़्ता प्रमाण पेश नहीं कर पाया है जो यह साबित कर सके कि कभी महिलाओं के वर्चस्व वाला कोई समाज भी रहा होगा यह ज़रूर है कि विभिन्न समाजों में पुरुषों और महिलाओं के वर्चस्व अलग-अलग ज़रूर रहे हैं। इस दृष्टि से कई विद्वानों ने निष्कर्ष निकाला है कि किसी सम्पत्ति और पुरुष के वर्चस्व के बीच एंगेल्स द्वारा स्थापित संबंध संदिग्ध हो जाता है। इसलिए निजी सम्पत्ति के ख़ात्मे से औरत की मुक्ति का प्रश्न स्वाभाविक रूप से अलग हो गया है। इसी जगह नारीवाद मार्क्सवाद में अगला और स्पष्ट योगदान करने का दावा लेकर उभरता है।

व्यावहारिक अनुभव भी हमें बताता है कि न तो 'यंत्री सभ्यता' (मैकेनिकल एज) अर्थात् पूँजीवाद ने औरत की मुक्ति के रास्ते खोले और न ही समाजवादी राज्य द्वारा उसे दी गयी क़ानूनी बराबरी उसे पितृसत्ता के शिकंजे से निकाल पायी। अनुभव हमें यह भी बताता है कि कोरा नारीवाद भी औरत को मुक्त कर पाने के लिए अपर्याप्त साबित होता आया है। मार्क्सवाद के लिए जो महत्त्व श्रम का है, वही महत्त्व नारीवाद के लिए यौन-चेतना का है। मार्क्सवाद यौन-चेतना का महत्त्व समझने की तरफ़ बढ़ रहा है और नारीवाद की भी समझ में आने लगा है समाजवादी राज्यों के पतन से उसका आंदोलन भी कमज़ोर हुआ है। यह संश्लेषण का बिंदु है। यह एक ऐतिहासिक मौक़ा है जिसका लाभ कम्युनिस्ट पार्टी को साहस के साथ उठाना चाहिए लेकिन कम्युनिस्ट तब तक इस परिस्थिति से लाभान्वित में 'ही' की जगह 'शी' की श्रेणी को सम्मिलित नहीं कर लेते वरना तेलंगाना की प्रियंवदा को यह वाक्य क्रांतिकारी आंदोलन को प्रेत ध्वनि की तरह सताता रहेगा, 'मेरी उम्मीदें हथेली में टूट गये अंडे की तरह रह गयीं।'

संदर्भ :

केट मिलेट (1971), *सेक्शुअल पॉलिटिक्स,* युनिवर्सिटी ऑफ़ इलिनॉय प्रेस, अरबाना और शिकागो. (विशेष रूप से इस रचना का तीसरा अध्याय : 'हिस्टोरिकल बैकग्राउंड'.

रुडोल्फ़ श्लसिंगर (1949), द फ़ेमिली इन यूएसएसआर डॉक्युमेंट्स ऐंड रीडिंग्ज़, रॉटलेज ऐंड कीगन पॉल, लंदन.

जूडिथ स्टेसी (1982), 'पीपुल्स वार ऐंड न्यू डैमॉक्रेटिक पेट्रियार्की इन चाइना', *जर्नल ऑफ़ कम्परेटिव फ़ेमिली स्टडीज़,* खण्ड 13, अंक 3 : 255-276.

डेलिया डेविन (1976), *वुमॅन-वर्क : वुमॅन ऐंड पार्टी इन रैवोल्यूशनरी चाइना,* क्लैरेंडन प्रेस, ऑक्सफ़र्ड.

विलियम एल. पैरिश (1975), 'सोशलिज़म ऐंड द चाइनीज़ पेज़ेंट फ़ेमिली', *जर्नल ऑफ़ एशियन स्टडीज़,* अंक 34 : 613-630.

स्त्री शक्ति संगठन (1989), *'वी वर मेकिंग हिस्ट्री' : वुमॅन ऐंड द तेलंगाना अपराइज़िंग,* ज़ेड बुक्स, लंदन.

पीटर कुस्टर्स (1987), *वुमॅन इन तेभागा अपराइज़िंग : रूरल पुअर वुमॅन ऐंड रैवोल्यूशनरी लीडरशिप* (1946-1947), नया प्रकाश, कलकत्ता.

प्रगतिशील महिला मंच की पत्रिका *आधी ज़मीन* के कई अंक और कंचन कुमार द्वारा सम्पादित *आमुख* के नारी स्वातंत्र्य विशेषांक की सामग्री.

पितृसत्ता के नये रूप

भूमण्डलीकरण, बाज़ार और स्त्री-श्रम

पूँजीवाद से पहले की कालावधियों में नारी घर के भीतर बिना किसी मुआवज़े और छुट्टी के आजीवन और अहर्निश श्रम करने के लिए अभिशप्त थी। पुरुष ने उसे अपना वंश चलाने के लिए एक प्रजननकारी कोख में बदल दिया था। उसकी यौनिकता को दबाने और सीमित करने के लिए तरह-तरह के सामाजिक-धार्मिक क़ायदे-क़ानून बनाए गये थे ताकि वह एक पुरुष के साथ जुड़ कर केवल इतर-लिंगी सहवास को ही नैतिक और स्वाभाविक माने। शिक्षा और अधिकारों से वंचित करके उसे अपने बजाय दूसरे का ख़याल रखने के लिए निरंतर प्रेरित किया जाता था।

पूँजीवादी आधुनिकता के संसर्ग से महिलाओं के आंदोलनों ने हज़ारों साल से चली आ रही इन स्त्री-विषयक धारणाओं पर प्रश्नचिह्न लगाने में सफलता प्राप्त की। पूँजीवाद के विभिन्न चरणों में बाज़ार के फ़ायदे के लिए महिला के श्रम को घर के दायरे से निकालने की शुरुआत हुई लेकिन महिला-मुक्ति अपनी सम्पूर्णता में कहीं भी उपलब्ध नहीं हो पायी। औरत की गुलामी एक बहुत बड़ा सवाल थी जिसका उत्तर दिया जाना शेष था।

मानवाधिकारों और यौनिकता के दायरे में औरत के सवाल को गहराई से उठाने वाली नारीवादियों और उनके हमदर्दों ने बाद में अंतर्राष्ट्रीय संबंधों और पूँजी के क्षेत्र में चल रही भूमण्डलीकरण की प्रक्रिया पर उतनी गम्भीरता से ध्यान नहीं दिया। पूँजीवाद का रूप बदल रहा था। उसने राष्ट्र-राज्यों की सीमा लाँघ कर विश्व-भर के बाज़ारों का एकीकरण कर दिया। सीमाओं के आर-पार पूँजी का उन्मुक्त प्रवाह होने लगा। निर्यातोन्मुख विकास की धारणा ने ज़ोर पकड़ लिया। सस्ते श्रम की खोज हुई और अंतर्राष्ट्रीय वित्तीय पूँजी ने पाया कि घर के दायरे से बाहर निकलने को आतुर औरत को वह सस्ते और लचीले श्रम के रूप में इस्तेमाल कर सकती है। इसलिए भूमण्डलीकरण के पहले चरण में निर्यात हेतु माल बनाने के लिए श्रम-प्रधान प्रौद्योगिकी में ग़रीब महिला श्रमिकों को बड़े पैमाने पर खपाया गया।

भूमण्डलीकरण का दूसरा चरण ऑटोमेशन, कम्प्यूटरीकरण और संचार क्रांति का था जिसके लिए उच्च शिक्षित और मध्य व उच्च-मध्यवर्गीय औरतों की ज़रूरत पड़ी। औरत के सौंदर्य को उपभोक्ता क्रांति का केंद्र बनाने के लिए पश्चिम में पिट चुकी सौंदर्य प्रतियोगिताओं में नयी जान डाली गयी और तीसरी

दुनिया की औरतों को विशेष रूप से सुंदर घोषित कर दिया गया। प्रसाधन उद्योग और सौंदर्य उद्योग को मध्यवर्गीय लड़कियों और गृहिणियों के रूप में असंख्य नये उपभोक्ता मिल गये। भूमण्डलीकरण ने औरत का यह इस्तेमाल करते समय नर–नारी विषमता के सामाजिक पहलू की तरफ़ कोई ध्यान नहीं दिया। बाज़ार के पास ऐसा कोई औज़ार नहीं था जिसके ज़रिये वह इस सामाजिक शक्ति–संतुलन को प्रभावित करता। दरअसल उसका फ़ायदा तो औरत की अधीनस्थ और परिवार के साथ बँधी हुई स्थिति क़ायम रखने में ही था। उसे औरत से कम वेतन के बदले अधिक श्रम जो लेना था। औरत की देह के बंधनों से निकालकर सचेत बनाने में भी उसकी कोई दिलचस्पी नहीं थी इसलिए उसने सुंदर औरत को विदुषी और विदुषी औरत को सुंदर मानने से इनकार किया। कुल मिलाकर भूमण्डलीकरण ने औरत की पारम्परिक अधीनस्थ छवि को क़ायम रखते हुए उसकी सुंदरता के संस्थागत इस्तेमाल को वैश्विक आयाम प्रदान कर दिया।

जिन–जिन देशों की अर्थव्यवस्था पर पूँजी के चंचल चरित्र के कारण दुष्प्रभाव पड़े, उन देशों को पर्यटन और मनोरंजन उद्योग के नाम पर स्त्रियों के निर्यात के लिए प्रोत्साहित किया गया। अमीर देशों में घरेलू काम के लिए और यूरोप के चकलाघरों के लिए करोड़ों स्त्रियों को अपराधी गिरोहों के ज़रिये सीमा पार भेजा गया। इस व्यापार में भूमण्डलीकृत राष्ट्रों की छिपी और खुली सहमति शामिल थी। अजनबी धरती पर अपना श्रम और देह बेच कर इन औरतों ने बड़े पैमाने पर विदेशी मुद्रा भेजी जिससे अर्थतंत्रों ने विदेशी कर्ज़ा चुकाया और भूमण्डलीकरण को होड़ जारी रखी। औरत की देह, उसके श्रम और उसकी छवि का भूमण्डलीकरण ने अतीत के किसी भी काल के मुक़ाबले सर्वाधिक दोहन किया। भूमण्डलीकरण ने पितृसत्ता के कुछ नये रूप रचे। उसने परम्परा और धर्म के अलावा आर्थिक आधुनिकीकरण और वैकासिक आग्रहों को भी नयी पितृसत्ता का जनक बना दिया जबकि कभी इन दोनों को औरत की आज़ादी का सम्भावित ज़रिया माना जाता था। इस तरह भूमण्डलीकरण के तहत पितृसत्ता और मज़बूत हो गयी।

नारी की देह का निर्यात

नब्बे का दशक शुरू होने से ठीक पहले नारीवादी सिंथिया एनलो ने भूमण्डलीकरण के समर्थकों से पूछा था कि तुम्हारी व्यवस्था में 'औरतें कहाँ हैं?'[1] अंतर्राष्ट्रीय

---

[1] सिंथिया एनलो (1989), *बनानाज़, बेसिज़ ऐंड बीचिज़ : मेकिंग फ़ेमिनिस्ट सेंस ऑफ़ इंटरनैशनल पॉलिटिक्स*, पिंटर, लंदन.

वित्तीय पूँजी के अलमबरदारों ने इस छोटे से सवाल का लम्बा जवाब दिया। उन्होंने तरह-तरह से कहा कि औरतें राजनीति में हैं और स्त्री-समर्थक राजनेताओं को वोट देने की तैयारी कर रही हैं। इसके अलावा वे निर्यात संवर्धन क्षेत्रों में लगी फ़ैक्टरियों में बड़े पैमाने पर नौकरी कर रही हैं। नयी विश्व अर्थव्यवस्था ने उन्हें सबसे ज़्यादा रोज़गार दिया है। साथ ही वे फ़िल्मों में, मॉडलिंग में, टीवी सीरियलों में, पॉप संगीत में, विज्ञापनों में और सौंदर्य प्रतियोगिताओं में छाई हुई हैं। वे धीरे-धीरे शासन में ऊँचे पदों पर पहुँचती जा रही हैं और बहुराष्ट्रीय निगमों के बीच उनकी प्रबंधन-क्षमता का इस्तेमाल करने की होड़ मची हुई है।

इस जवाब का सारतत्व यह था कि भूमण्डलीकरण ने औरत को 'पॉवर वुमॅन' बना दिया है। यह सब करने के लिए उसे किसी नारीवादी गोलबंदी अथवा सिद्धांतशास्त्र की ज़रूरत भी नहीं पड़ी। केवल बाज़ार, पूँजी और संचार-क्रांति की ताक़त के दम पर औरत की दुनिया बदल गयी है। भूमण्डलीकरण ने दावा किया है कि अब पहले से कहीं ज़्यादा औरतें अपने लैंगिक हित को ध्यान में रखकर वोट डालती हैं और राजनीति में सीधी भागीदारी करती हैं। अब पहले से कहीं ज़्यादा औरतों के पास अपनी निजी आमदनी का स्रोत है और वे आर्थिक रूप से आत्मनिर्भर हैं। सौंदर्य-उद्योग और पॉप संस्कृति के ज़रिये उन्होंने अपनी यौनिकता का दोतरफ़ा इस्तेमाल किया है अर्थात् ख़्याति और धन कमाने के साथ-साथ उन्होंने पुरुष को चमत्कृत कर दिया है। अब पहले से कहीं ज़्यादा औरतें आर्थिक और प्रशासनिक सत्ता में निर्णयकारी हैसियत प्राप्त करती जा रही हैं। पुरुषों के हाथों का खिलौना बनने के बजाय उनके हाथ में पुरुषों को अपनी मर्ज़ी से चलाने की ताक़त आ गयी है।

सिंथिया एनलो द्वारा पूछे गये सवाल के लगभग दस वर्ष बाद भूमण्डलीकरण की प्रक्रिया को औरतों के 'बैकलैश' के रूप में इस प्रकार चित्रित किया जा रहा है :

> शायद औरतों के लिए इतना अच्छा और मर्दों के लिए इतना बुरा वक़्त कभी नहीं आया होगा। आर्थिक आज़ादी ने औरतों के ख़यालों को मुक्त उड़ान भरने का मौक़ा दे दिया है। घर के भीतर आजकल अघोषित नियम यह चल रहा है कि तुम्हारा पैसा तो मेरा है ही, मेरा पैसा सिर्फ़ मेरा है। परिवार को चलाने का दम्भ चूर-चूर हो जाने के बावजूद पुरुष को अपनी परम्परागत भूमिका पूरी तरह निभानी ही पड़ रही है। कोई और चारा न होने के कारण वह सिर झुका कर काम में लगा हुआ है। उसे परम्परागत अपेक्षाओं के बंधनों से छुटकारा पाने की कोई गुंजाइश नज़र नहीं आ रही है। वे तमाम सुविधाएँ और विशेषाधिकार उससे छिन चुके हैं जिन्हें वह स्वाभाविक रूप से भोगता था। उसकी औरत न केवल सम्पूर्ण आज़ादी के साथ आगे निकलती जा रही है बल्कि उसने अपने सभी दायित्वों को भी त्याग दिया है।[2]

[2] राणा नायर (2000), 'द बैकलैश', *द सण्डे ट्रिब्यून*, 12 नवंबर.

इस कथन में नारी एक ऐसे अस्तित्व की तरह उभरती है जो मुक्त होने के लिए सिर्फ़ आर्थिक आज़ादी का इंतज़ार कर रही थी। तस्वीर कुछ इस तरह पेश की जाती है कि जैसे ही भूमण्डलीकरण के तहत श्रम का स्त्रीकरण हुआ अर्थात् श्रमिकों में स्त्रियों की संख्या बढ़ी वैसे ही नर-नारी संबंधों में परिवर्तन आना शुरू हो गया। एक लोकप्रिय अख़बार के पन्नों पर मोटे-मोटे हरूफ़ में छपा हुआ यह कथन बाज़ार के तहत आज़ाद हो रही नारी की छवि बड़े आक्रामक ढंग से परोसता है। इसी तर्ज पर, लेकिन अधिक संतुलित ढंग से, *फ़ोर्ड फ़ाउण्डेशन रिपोर्ट* पत्रिका का ताज़ा शरदकालीन अंक महिलाओं पर दी गयी विशेष सामग्री के ज़रिये बताता है कि नयी अर्थनीति और आर्थिक सुधारों के नेतृत्व में नारियाँ चौतरफ़ा प्रगति कर रही हैं। कहीं छोटे और कहीं बड़े क़दम उठाते हुए वे विशेष साहस का प्रदर्शन कर रही हैं, इसलिए :

> एक के बाद एक राष्ट्रों में पहले से कहीं ज़्यादा लड़कियाँ स्कूल जा रही हैं और अब वे जल्दी ही नाम कटा कर पढ़ाई नहीं छोड़तीं। नागरिक, राजनीतिक और बौद्धिक नेताओं के रूप में महिलाएँ आगे आ रही हैं। ऐसे क़ानून बनाए जा रहे हैं जिनसे कार्यस्थलों पर औरतों के लिए बेहतर अवसर मुहैया कराने और घरों में स्त्री-विरोधी हिंसा को रोकने की उम्मीद बँधती है।[3]

फ़ोर्ड फ़ाउण्डेशन मुक्त बाज़ार का बहुत पुराना समर्थक है। उसके पास तथ्यों और आँकड़ों का एक लम्बा सिलसिला है। वह पश्चिम बंगाल की औरतों द्वारा ग्राम्य परम्पराओं का इस्तेमाल करके घरेलू हिंसा को रोकने के प्रयोग का ज़िक्र करता है, वह अमेरिका में महिलाओं द्वारा चलाए गये छोटे-छोटे उद्यमों के ज़रिये स्वरोज़गार में आये उछाल का हवाला देता है, उसकी निगाह में चीनी लड़कियाँ सुंदर भविष्य में लम्बी छलाँग लगा चुकी हैं, इंडोनेशिया में इस्लामिक धर्मशास्त्रों की शिक्षाएँ औरतों की हैसियत सुधारने में मददगार साबित हो रही हैं, पेरू की औरतें अदालतों, समाचार माध्यमों और सड़कों पर अपने हक़ों के लिए आंदोलनरत हैं। फ़ाउण्डेशन का दावा है कि सारी दुनिया में विधायिकाओं में औरतों की संख्या बढ़ रही है। इस प्रकार बाज़ार के प्रवक्ताओं ने लगभग घोषित ही कर दिया कि अब औरत के आज़ाद होने में देर नहीं है। जो थोड़ी-बहुत बाधाएँ शेष हैं, वे अगले कुछ दिनों में दूर कर ली जाएँगी। लेकिन महिला सशक्तीकरण के इस भूमण्डलीकृत अभियान का एक दूसरा पहलू भी है जो कहीं अधिक सटीक और विश्वसनीय ढंग से साबित करता है कि भूमण्डलीकरण ने औरतों को अतीत की किसी भी कालावधि के मुक़ाबले अधिक निर्ममता और सम्पूर्णता से एक बिकाऊ ज़िंस में बदल दिया है। यहाँ औरत का

---

[3] सूसन वी. बरसफ़र्ड (2000), *वूमेंस राइट्स, वुमेन लाइव्ज़*, फ़ोर्ड फ़ाउण्डेशन रिपोर्ट, शरद अंक.

बिकाऊ माल में बदलना केवल सौंदर्य उद्योग के संदर्भ में या आमतौर पर बाज़ार को आलोचना के एक पुराने मुहावरे के तौर पर नहीं बताया जा रहा है। दास प्रथा के दिनों से भी ज़्यादा और सामंतवादी युग की व्यापकता को भी पीछे छोड़ते हुए भूमण्डलीकरण के पिछले दस वर्षों में दुनिया के पैमाने पर औरतों के निर्यात के ज़रिये अरबों-ख़रबों डॉलर की रक़म कमाई गयी है। निर्यात करने वाले देशों की प्रति व्यक्ति आय से आयात करने वाले देशों में प्रति व्यक्ति आमदनी तक़रीबन दुगुनी है। ये ग़रीब देश वही हैं जिन्होंने अंतर्राष्ट्रीय मुद्रा कोष और विश्व बैंक की सलाह पर ढाँचागत समायोजन कार्यक्रमों को अपनाया था। ये वही देश हैं जिन्होंने विदेशी पूँजी के आने-जाने पर लगी परम्परागत बंदिशों को क्रमशः हटा लिया है। ये भूमण्डलीकरण की होड़ में कूदने वाले देश हैं लेकिन इस चक्कर में वे क़र्ज़ के बोझ तले दब गये हैं। उनकी कृषि और उद्योग उन्हें क़र्ज़ उतारने के लिए आवश्यक विदेशी मुद्रा नहीं दे पा रहे हैं इसलिए वे औरतों का निर्यात करके डॉलर और पाउण्ड हासिल करने में लगे हैं। औरतों के इस आयात-निर्यात को भूमण्डलीकरण का प्रति भूगोल बताते हुए सास्किया सासेन ने पर्दे के पीछे होने वाले व्यापार का इस प्रकार वर्णन किया है:

> सीमाओं के भीतर और उनके आर-पार होने वाली इस तिजारत में श्रम तथा अन्य सेवाओं के लिए औरतों की ज़बरिया भर्ती की जाती है। इसके लिए अपनाए जाने वाले नाना प्रकार के तरीक़ों में ज़ोर-दबाव का सहारा लिया जाता है। यह व्यापार औरतों के मानवीय, राजनीतिक और नागरिक अधिकारों का हनन करके सम्पन्न होता है। यह तिजारत मुख्यतः वेश्यावृत्ति, श्रम बाज़ार और अवैध आव्रजन के लिए की ज़ाती है। ... यौन उद्योग के लिए औरतों की तिजारत इस व्यापार के कर्ताधर्ताओं के लिए भारी मुनाफ़े का स्रोत है। संयुक्त राष्ट्र का अनुमान है कि 1997 में चालीस लाख औरतों का निर्यात हुआ जिससे अपराधी गिरोहों ने सात अरब डॉलर का लाभ कमाया। इस रक़म में वेश्याओं द्वारा भेजी जाने वाली रक़में और इस व्यापार आयोजकों और व्यवस्थापकों को किया गया भुगतान भी शामिल है। पिछले कुछ वर्षों से जापान का यौन उद्योग लगभग 4.2 ख़रब येन प्रति वर्ष कमा रहा है। पोलैण्ड में पुलिस का अनुमान है कि एक पोलिश औरत का निर्यात करने पर निर्यातकर्ता को सात सौ अमेरिकी डॉलर मिलते हैं। ऑस्ट्रेलिया में संघीय पुलिस का अंदाज़ा है कि दो सौ औरतों के निर्यात से नौ लाख ऑस्ट्रेलियाई डार प्रति सप्ताह की आमदनी होती है। यौन बाज़ार में उक्रेन और रूस की औरतों की क़ीमत बहुत ज़्यादा है। उनकी तस्करी करके अपराधी गिरोह प्रति औरत पाँच सौ से एक हज़ार डॉलर कमा लेते हैं। इन औरतों से उपेक्षा की जाती है कि वे एक दिन में 15 ग्राहकों को संतुष्ट करके अपने गिरोह के लिए 2,15,00 डॉलर प्रति माह कमाएँगी।[4]

---

[4] सास्किया सासेन (2000), 'वुमंस बर्डन : काउंटर ज्योग्राफ़ीज़ ऑफ़ ग्लोबलाइज़ेशन ऐंड फ़ेमिनाइज़ेशन ऑफ़ सरवाइवल', *जर्नल ऑफ़ इंटरनैशनल अफ़ेयर्स,* बसंत अंक, खण्ड 53, संख्या 2, द ट्रस्टीज़ ऑफ़ कोलम्बिया युनिवर्सिटी, न्यूयार्क.

...स्किया का दावा है कि यौन व्यापार का यह परिदृश्य सीधे-सीधे भूमण्डलीकरण से जुड़ा है। नयी अर्थनीति में विदेशी मुद्रा कमाने के मामले में पर्यटन और मनोरंजन उद्योग का बहुत बड़ा स्थान है। विभिन्न शहरों, क्षेत्रों और देशों के लिए ये दोनों उद्योग वैकासिक रणनीति में प्रमुख स्थान रखते हैं। ज़्यादा ग़रीबी और बेरोज़गारी वाले इलाक़ों में यौन उद्योग सरकारों की मिलीभगत से विकास का ज़रिया बन गया है। जैसे ही कारख़ाना उत्पादन और कृषि के क्षेत्र ठप्प होते हैं वैसे ही सरकारें इस क्षेत्र को आमदनी का ज़रिया बना लेती हैं। अंतर्राष्ट्रीय मुद्रा कोष और विश्व बैंक की मान्यता है कि ग़रीब देशों को पर्यटन और मनोरंजन उद्योग पर ध्यान केंद्रित करना चाहिए। कौन नहीं जानता कि सेक्स टूरिज़म कई एशियाई देशों के लिए आमदनी का प्रमुख स्रोत हैं।

> बांग्लादेश, मध्य-पूर्व, जापान और यूरोपीय देशों में अपनी औरतें ले जाता है और उसके विदेशी मुद्रा भण्डार का तीसरा हिस्सा इसी माध्यम से प्राप्त होता है। फ़िलीपींस ने अपनी नर्सों और घरेलू नौकरानियों के निर्यात का कार्यक्रम आधिकारिक रूप से चला रखा है। पिछले कई सालों से फ़िलीपीनी औरतें एक अरब डॉलर प्रति वर्ष स्वदेश भेजती हैं। यह सरकार विदेशियों को ठेके पर सीमित अवधि के लिए तैयारशुदा वधुओं की आपूर्ति का धंधा भी करती है। फ़िलीपीनी औरतें अमेरिका और जापान के अमीरों के घरों में रेडीमेड वधुएँ बन कर जाती हैं और यौन-दासत्व में अपना समय गुज़ारती हैं। ध्यान रहे कि फ़िलीपीन को अमेरिका प्रशांत महासागरीय क्षेत्र में मुक्त बाज़ार प्रणाली का शो-केस मानता रहा है। सरकारी प्रश्रय में ही मनोरंजन करने वाली औरतों के रूप में गायिकाओं और नर्तकियों का निर्यात होता है जो वेश्यावृत्ति के ही दूसरे रूप हैं।[5]

ख़ास बात यह है कि एशियाई और अन्य ग़रीब देशों ने औरतों का निर्यात करने की वैकासिक रणनीति नब्बे के दशक में आये आर्थिक संकटों के बाद अपनाई है। पूँजी के मुक्त प्रवाह के कारण संकट में फँसी अर्थव्यवस्थाओं के लिए ज़रूरी हो गया कि वे क़र्ज़ के बोझ से उबरने के लिए किसी न किसी प्रकार विदेशी मुद्रा के वैकल्पिक स्रोतों की तलाश करें। अस्सी के दशक से ही विकासशील विश्व को विदेशी क़र्ज़ की समस्या ने परेशान करना शुरू कर दिया था। इस विषय पर पर्याप्त अनुसंधान हो चुका है कि विदेशी क़र्ज़ से पैदा होने वाली परेशानियों का सबसे बड़ा दुष्प्रभाव महिलाओं के बच्चों को झेलना पड़ता है। अंतर्राष्ट्रीय वित्तीय संस्थाएँ इन सरकारों से एक ख़ास तरह की किफ़ायतशारी की माँग करती है जिससे बेरोज़गारी, घटती हुई आमदनी और समाज कल्याण की योजनाओं में भारी कटौती करनी पड़ती है। ये हालात रोज़गार के अनौपचारिक

---

[5] कँवलजीत सिंह (2000), *पूँजी के भूमण्डलीकरण से कैसे लड़ें?, माध्यम,* दिल्ली.

क्षेत्र, आव्रजन और वेश्यावृत्ति को प्रोत्साहित करते हैं क्योंकि इनके बिना दो जून की रोटी का जुगाड़ करना मुश्किल हो जाता है। आर्थिक अवसरों के घटने से व्यक्ति, उद्यम, सरकार और अपराधी गिरोह आमदनी के अवैध और अनैतिक रास्ते अपनाने को मजबूर हो जाते हैं। नब्बे के दशक में कर्ज़दार देशों की क़तार में नये सदस्य शामिल हुए। 1992 तक ग़रीब देशों का क़र्ज़ 1.4 ख़रब डॉलर हो चुका था। उन्हें क़र्ज़ की किस्तें और ब्याज चुकाने में मूल धन से भी ज़्यादा 1.6 ख़रब डॉलर का भुगतान करना पड़ रहा था। इसके बाद पूँजी के मुक्त प्रवाह और उड़न–छू पूँजी की कारिस्तानियों के कारण दक्षिण–पूर्व एशिया के देश गहन मुद्रा संकट के शिकार हो गये। एक तरह से उनके अर्थतंत्रों का दिवाला निकल गया। इसलिए उन्हें अपनी औरतें निर्यात करके सेक्स–टूरिज़म को प्रोत्साहित करके और वधुओं का निर्यात करके, विदेशी मुद्रा कमाने का सिलसिला शुरू करना पड़ा जो आज तक जारी है। भूमण्डलीकरण के नारियों पर पड़ने वाले प्रभाव का अध्ययन करने वाली जान जिंडी पेटमेन का निष्कर्ष है :

> देहाती इलाक़ों से क़स्बों और शहरों में आने वाली औरतें और लड़कियाँ, निर्यात संवर्धन क्षेत्रों अथवा फ़ौजी अड्डों के आस–पास विकसित सेवा क्षेत्रों में कार्यरत महिलाएँ और काम की तलाश में राज्यों की सीमाएँ पार करती औरतें कई बार अपने परिवार की अकेली कमाने वाली होती हैं। इससे नर–नारी संबंध अस्थिर हो जाते हैं और महिलाओं को तरह–तरह के अनुभव होते हैं जिनमें मुक्तिकारक एहसास से लेकर हर दर्जे के शोषण और बेहद ख़तरनाक परिस्थितियों का सामना करना भी शामिल है।[6]

पेटमेन का कहना है कि किसी जमाने में विदेश जाकर नौकरी करने वाले अधिकांश श्रमिक पुरुष होते थे लेकिन भूमण्डलीकरण के कारण उनमें अब महिलाओं की एक बड़ी संख्या शामिल हो गयी है। इटली में 95 फ़ीसदी आव्रजक श्रमिक फ़िलीपीन की औरतें हैं। इनमें से ज़्यादातर घरेलू कामकाज और बच्चों की देखभाल करती हैं। श्रीलंका भी अपनी औरतों के निर्यात में लगा है। मध्य अमेरिकी देश अपनी लड़कियाँ अमेरिका भेजते हैं। खाड़ी युद्ध के समय पता चला था कि कुवैत में क़रीब 17 लाख दक्षिण एशियाई और दक्षिण–पूर्व एशियाई औरतें काम कर रही हैं।

औरतों के इस व्यापार से बड़े व्यापारियों, भर्ती एजेंसियों, बैंकों और एअरलाइनों को ज़ोरदार मुनाफ़ा मिल रहा है। निर्यात करने वाले देश जम कर

---

[6] जान जिंजी पेटमेन (2000), 'जेण्डर इशूज', जान बॉयलिस और स्टीव स्मिथ (सम्पा.), *द ग्लोबलाइज़ेशन ऑफ़ वर्ल्ड पॉलिटिक्स*, ऑक्सफ़र्ड युनिवर्सिटी प्रेस, दिल्ली.

विदेशी मुद्रा कमा रहे हैं ताकि क़र्ज़ के दबाव से राहत पा सकें और घरेलू मोर्चे पर बेरोज़गारी की समस्या थोड़ी-बहुत हल हो सके। औरतों का व्यापार भूमण्डलीकरण के तहत दुनिया भर में शक्ति और समृद्धि का अनुपात भी बताता है। 1992 में औरतों के निर्यातक देशों की औसत वार्षिक आय 680 डॉलर थी जबकि आयातक देशों की 10,376 डॉलर। भूमण्डलीकरण के इस नतीजे ने एशियाई देशों की औरतों की वही औपनिवेशिक छवि पुष्ट की है जिसके तहत उन्हें रहस्यमय और यौन क्रिया के लिए उपलब्ध समझा जाता है। यह एक तथ्य है कि डॉलरों और पाउण्डों में बिकती औरत का यह किस्सा मीडिया में सबसे कम चर्चित है। इस पर सबसे कम अनुसंधान हुआ है जबकि इसमें पूँजी के विभिन्न एजेंटों से लेकर राज्य की संस्था, अपराधियों के गिरोह और अंतर्राष्ट्रीय वित्तीय संस्थाओं की मौन सहमति तक भागीदार है। यह एक ऐसी आर्थिक कार्रवाई है जिसका विरोध न के बराबर दिखता है। औरत का ऐसा जघन्य अपमान और इस क़दर भीषण शोषण किसी भी युग में नहीं हुआ। इससे पहले अनगिनत बार औरत व्यभिचार की शिकार हुई, उसे मात्र एक कोख में सीमित किया गया, वह पुरुष का वंश चलाने के लिए अभिशप्त रही, उसके श्रम का मूल्य उसे नहीं मिला, उसके ऊपर भयानक और सतत हिंसा हुई, उसके यौनांगों को विकृत करके, तरह-तरह के नियम बनाकर उसकी यौनिकता को काबू में करने की कोशिशें की गयीं, उसे मताधिकार भी देर से मिला, कार्यस्थल पर उसका यौन-शोषण हुआ, लेकिन ऐसा कभी नहीं हुआ कि अंतर्राष्ट्रीय स्तर पर बड़े और छोटे देशों ने अपने-अपने स्वार्थ में करोड़ों औरतों को आयात-निर्यात की मण्डी में बेचा-ख़रीदा हो। दास-प्रथा में औरत के साथ मर्द भी दास की तरह बिकता था लेकिन भूमण्डलीकरण के इस दौर में औरत का मर्द के बिकाऊपन से अलग करके विशेष रूप से बेचा जा रहा है। वह केवल अपने या परिवार के लिए गुलामी नहीं कर रही है वरन् पूरे अर्थतंत्र के लिए गुलामी कर रही है। वह प्रवासी मज़दूर है। नाचने, गाने और मनोरंजन के नाम पर वह यौन-दास है या सीधे-सीधे कॉलगर्ल के पेशों में लगी है या चकलाघरों में है। और, ये सभी भूमिकाएँ उसे विदेशी ज़मीन पर अजनबी आबो-हवा में पूरी तरह अरक्षित होकर निभानी पड़ रही हैं।

इस घोर अनैतिक आयात-निर्यात ने दुनिया-भर की ग़रीब औरतों पर क्रूरतम हिंसा का क़हर बरपा किया है। यूरोप में हर वर्ष गला घोंट कर मार दी गयी, पीट-पीट कर मार डाली गयी अथवा गोली से उड़ा दी गयीं सैकड़ों औरतों की लाशें बरामद होती हैं। दूसरी नस्लों और दूसरे देशों की इन औरतों ने किसी न

किसी प्रकार ख़ुद को वेश्यावृत्ति में धकेले जाने का विरोध किया होता है। यूरोपीय पुलिस संगठन यूरोपोल का दावा है कि ऐसी ही न जाने कितनी लाशें सफ़ाई से ठिकाने लगा दी जाती हैं जिससे उनकी गिनती नहीं हो पाती। पूर्वी और मध्य यूरोप से जवान लड़कियों की तस्करी करने वाले गिरोह बेहद निर्मम और अमानवीय तरीक़े अपनाने के लिए बदनाम हैं। जनवरी, 2000 में बल्गारिया से यूनान ले जाई जा रही 22 औरतों को उनके तस्कर पर्वतमाला पर छोड़ कर भाग गये क्योंकि उन्हें बर्फ़ीले तूफ़ान का अंदेशा था। जब तक यूनानी सीमा पर तैनात सैनिक उन औरतों को बचाने पहुँचते, दो औरतें ठण्ड से मर चुकी थीं।

आँकड़ों के लिहाज़ से यूरोपीय संघ और मध्य यूरोप के समृद्ध देशों में तस्करी के ज़रिये लाई जाने वाली औरतों की सालाना संख्या क़रीब तीन लाख मानी जाती है। ज़रूरी नहीं कि इनमें से हर औरत यौन-व्यापार के लिए ही इस्तेमाल होती हो पर ज़्यादातर का हश्र यही होता है। महिलाओं के हक़ों के लिए संघर्षरत संस्थाओं का दावा है कि यह आँकड़ा वस्तुतः दुगुना है। चेक गणराज्य के छह सौ चकलों में विदेशों से लाई गयी बीस हज़ार औरतें पेशा कर रही हैं। उक्रेन के गृह मंत्रालय की मान्यता है कि स्वतंत्र देश बनने के बाद से उनकी लगभग चार लाख औरतें यौन-व्यापार के लिए विदेश ले जाई जा चुकी हैं। साम्यवादी राज्य संरचना के बिखरने के बाद पूर्व से पश्चिम की तरफ़ चलने वाली यह प्रक्रिया इस तरह चलती है: पहले चरण में वेश्यावृत्ति के लिए भेजी जाती है। फिर दूसरे चरण में इन औरतों को मध्य यूरोप की औरतों के साथ मिला कर पश्चिमी यूरोप भेजा जाता है। यूरोप के चकलों में स्लाव नस्ल की औरतों, फ़िलीपीन और थाई औरतों की बहुतायत देखी जा सकती है।

किसी भी 22-23 वर्ष से कम की ग़रीब औरत को घरेलू कामकाज या होटल में वेटर की नौकरी दिलवाने का झाँसा देकर फँसाया जाता है। फिर उसकी ग़ैर-क़ानूनी यात्रा शुरू होती है और किसी मुक़ाम पर अचानक उसका पासपोर्ट तथा अन्य काग़ज़ात चोरी हो जाते हैं। फिर उस मजबूर, अकेली और अरक्षित लड़की को कोई चकला मालिक कुछ हज़ार डॉलर में मवेशी की तरह ख़रीद लेता है। विरोध करने पर उसकी जमकर पिटाई होती है और बार-बार बलात्कार होता है। इसके बाद शुरू होती है उसकी यौन-दासता जिसमें उसे रोज़ दस से पंद्रह ग्राहक़ों को निपटाना पड़ता है।

औरतों के इस कारोबार को भूमण्डलीकरण की प्रक्रिया से काट कर सिर्फ़ एक अनैतिक व्यापार के रूप में देखने वाले लोग अक्सर इसे क़ानून और व्यवस्था की समस्या की तरह चिह्नित करते हैं। लेकिन असली कारण घूम-फिरकर सामने

आ ही जाता है। और तब मुक्त व्यापार और भूमण्डलीकरण के सबसे मशहूर समर्थक द *इकनॉमिस्ट* को भी लिखना पड़ता है :

> औरतों की सप्लाई को जारी रखने से जुड़ी व्यापकतर समस्या का सामना किये बिना किसी नैतिक उपदेश का कोई लाभ नहीं होने वाला है। और वह समस्या है पूर्वी यूरोप में ग़रीबी का स्त्रीकरण। साम्यवाद के ख़ात्मे के बाद औरतों के हिस्से में सबसे ज़्यादा मुश्किलें आयी हैं। बेरोज़गार रूसियों का दो-तिहाई हिस्सा स्त्रियाँ हैं। अपने शराबी अथवा ग़ैर-हाज़िर पतियों के कारण पहले से कहीं ज़्यादा औरतों को घर चलाने के लिए काम करना पड़ रहा है लेकिन आर्थिक सुधारों के कारण उन्हें बेरोज़गारी का सामना करना पड़ता है।[7]

जब यूरोप के कमोबेश उद्योगीकृत देशों का भूमण्डलीकरण की प्रक्रिया ने यह हाल कर दिया है तो एशियाई देशों का क्या हाल होगा— यह अंदाज़ा लगाना कठिन नहीं है। दरअसल, भूमण्डलीकरण की प्रक्रिया में कमज़ोरों के लिए सिर्फ़ एक ही जगह है— उसे उत्तरोत्तर हाशिये पर सिमटते चले जाना है और वह मनुष्य से मवेशी में बदल दिये जाने के लिए अभिशप्त है। चूँकि औरत परम्परागत रूप से कमज़ोर है इसलिए भूमण्डलीकरण का क़हर सबसे ज़्यादा उसी को झेलना पड़ रहा है।

औरत का श्रम

सिंथिया एनलो ने 1989 में अपना विख्यात प्रश्न हवा में उछाला था। उस समय तक दुनिया-भर में बाज़ार व राज्य के अंतर्संबंध पुन:परिभाषित करने की प्रक्रिया अपने चरम पर थी। एक आर्थिक एजेंट के रूप में राज्य के सीधे हस्तक्षेप द्वारा परिवर्तन को अंजाम देना बौद्धिक फ़ैशन से बाहर होता जा रहा था। रेगनोमिक्स और थैचराइजेशन के प्रभाव से पब्लिक सेक्टर निजी हाथों में दिये जाने का सिलसिला चरम पर था। विश्व की अर्थव्यवस्था को एकीकृत करने की भूमिका बाँधी जा रही थी। सीमाओं के आर-पार पूँजी के उन्मुक्त प्रवाह को संस्थागत आधार देने के लिए नियोक्लासिकल अर्थशास्त्र नये मानकों को गढ़ने में लगा था। माल और सेवाओं का बढ़ता हुआ व्यापार, संचार प्रौद्योगिकी का विकास और श्रम-विनिमय जैसी परिघटनाएँ मिल कर एक नये युग को जन्म देने की तैयारी कर रही थीं। यह भूमण्डलीकरण का युग था। औरत के लिए इस युग की ख़ास बात यह थी कि इसकी आधारभूत विचारधारा में लैंगिक प्रश्न का कोई प्रावधान नहीं था। बाज़ार की संरचना लैंगिक तटस्थता के आस-पास बताई जा

---

[7] द *इकॉनॉमिस्ट*, 'ट्रैफ़िकिंग इन वूमेंस : इन द शैडोज़', 26 अगस्त, 2000.

रही थी। अंतर्राष्ट्रीय संबंधों और आर्थिक विज्ञान के क्षेत्र में नारीवादियों की गति न के बराबर थी। यह कहना ठीक होगा कि इन दोनों सर्वाधिक मर्दवादी अनुशासनों में उनका बाक़ायदा प्रवेश ही नहीं हुआ था। अर्थशास्त्र को 'जेण्डर' की दृष्टि से व्याख्यायित करने की बहस ज़रूर शुरू हो गयी थी। लेकिन इस समाज-विज्ञान की मुख्यधारा में नारीवादियों को प्रारम्भिक मान्यता भी प्राप्त नहीं हो सकी थी।

ज़ाहिर था कि नब्बे के दशक में जब राज्य ने उद्योग, कृषि, व्यापार और सामाजिक क्षेत्र को एक-एक करके बाज़ार के हवाले करना शुरू किया तो इस सिलसिले में नारीवाद का कोई बौद्धिक हस्तक्षेप नहीं था। यह स्थिति अतीत के कई दौरों से भिन्न थी। प्रथम विश्व युद्ध के जमाने से ही नारीवादी स्वर स्त्रियों के नागरिक अधिकारों, मानवाधिकारों और मतदान के अधिकार को लेकर मुखर हो गया था। नारीवाद की इस पहली लहर ने समाजवादी क्रांतियों और राष्ट्रीय मुक्ति संग्रामों के पहले दौर में सकारात्मक हस्तक्षेप किया था। सत्तर के दशक में नारीवाद की दूसरी लहर यौनिकता के संदर्भों में उभरी और उसने यथास्थिति के ख़िलाफ़ उमड़ रहे विद्रोही स्वर में अपना योगदान दिया। लेकिन नब्बे के दशक में हुए भूमण्डलीकरण के शुरुआती वर्षों के दौरान नारियों के आंदोलन के पास अपना कोई स्थापित सिद्धांतशास्त्र न था जिसकी रोशनी में वे इस नये युग का आकलन कर पातीं। इससे ठीक पहले अस्सी के दशक में यूरोप और अमेरिका में नारीवाद को असफल घोषित करने की चेष्टाएँ हो चुकी थीं। आज़ादी की बात करने वाली महिलाओं को 'अनाकर्षक, असुंदर और यौन-अक्षम' कर ख़ारिज कर दिया गया था। पूरे आंदोलन पर अभिजातवर्गीय होने का बिल्ला चिपका कर दावा किया गया कि आम महिलाओं को इसमें कोई रुचि नहीं है। अर्थात् जब भूमण्डलीकरण का उद्‌घोष हुआ तो अमीर देशों में नारीवाद को शक्तिहीन माना जा चुका था और भूमण्डलीकरण द्वारा किये गये लैंगिक तटस्थता के दावे का प्रतिकार करने के लिए नारीवाद के पास पर्याप्त बौद्धिक औज़ार नहीं थे। दस वर्ष तक अपने कारख़ाने में औरत के श्रम और शरीर से अतिरिक्त मूल्य कमाने के बाद अब भूमण्डलीकरण का दावा है कि नर-नारी संबंध या तो बदल गये हैं या बदलने की दहलीज़ पर खड़े हैं। यानी जो काम नारीवादी आंदोलन की पूरी शताब्दी नहीं कर पाई और जो ऐतिहासिक ज़िम्मेदारी समाजवादी क्रांति के उथल-पुथल भरे दशक पूरी नहीं कर पाए, वह बाज़ार ने पिछले दस वर्ष में कर दिखाई है।

प्रश्न यह है कि क्या वास्तव में बाज़ार परम्परागत नर-नारी संबंधों को बदल सकता है? पूरी तरह न सही, क्या वह उन्हें एक सीमा तक नारी-स्वतंत्र्य की

दिशा में प्रभावित कर सकता है? या भूमण्डलीकरण के तहत बाज़ार की चौधराहट नारी की अधीनस्थ छवि को ही दूसरे अर्थों में मज़बूत करती है और नारी-श्रम का अधिकाधिक शोषण करने के लिए उसका इस्तेमाल होता है? क्या बाज़ार पितृसत्ता की जकड़ को थोड़ा सा भी ढीला कर पाने में कामयाब हुआ है?

लम्बे अरसे से वैकासिक अर्थशास्त्र के प्रवक्ताओं की मान्यता रही है कि बाज़ार-आधारित अर्थव्यवस्था में काम करने से महिला सशक्तीकरण की गुंजाइशें खुलती हैं। औरत की आमदनी बढ़ती है जिससे परिवार और समाज में उसकी प्रतिष्ठा और गतिशीलता में सुधार होता है। यह सही है कि भूमण्डलीकरण के तहत आज बाज़ार की प्रभुता चरम पर पहुँच चुकी है और महिला-रोज़गार में बहुत तेज़ बढ़ोतरी हुई है। चीन, दक्षिण कोरिया, वियतनाम, भारत, बांग्लादेश, श्रीलंका, मलेशिया और इण्डोनेशिया में महिलाओं पर पूँजी के भूमण्डलीकरण के कारण पड़े असर का संयुक्त राष्ट्र विश्वविद्यालय स्तर के इंस्टीट्यूट ऑफ़ न्यू टेक्नालॉजीज़ ने अध्ययन करवाया। इस दौरान चीन और दक्षिण कोरिया सर्वाधिक विकास-दर वाले देश रहे हैं। इन सभी देशों की श्रम शक्ति में महिलाओं की संख्या काफ़ी है। नब्बे के दशक में हुए इस अध्ययन से पहले नर-नारी संबंधों का बाज़ार के संदर्भ में अध्ययन करने वालों की समझ इस प्रकार थी :

> ई. बोसपुर ने सत्तर के दशक में निष्कर्ष निकाला था कि विकास-प्रक्रिया में महिलाओं की आर्थिक भूमिका हर जगह मोटे तौर पर हाशिये पर ही रहती है। नर-नारी संबंध उससे प्रभावित नहीं होते क्योंकि उनके पीछे समाज की परम्पराएँ होती हैं। अस्सी के दशक में मार्क्सवादी नारीवादियों की मान्यता थी कि पूँजी द्वारा श्रम के शोषण का नतीजा उत्पादन-प्रक्रिया में महिलाओं के दरकिनार होते चले जाने और उनकी भूमिका गृहिणी के रूप में सीमित होते चले जाने में निकलती है। इन नारीवादियों का विश्लेषण नर-नारी संबंधों को सिर्फ़ पूँजी और श्रम के संबंधों के अधीन देख रहा था।

उनका कहना था कि औरत श्रम करने वालों का उत्पादन करती है और बदले में उसे सिर्फ़ अपने रख-रखाव का पारिश्रमिक मिलता है। परिवार में पुरुष के समक्ष महिला की अधीनता को इन विश्लेषकों ने सिर्फ़ पूँजी के श्रम पर आधिपत्य के दायरे में ही देखा। लेकिन तीसरी दुनिया के देशों में कार्यरत कई मार्क्सवादी-नारीवादी अर्थशास्त्रियों ने पाया कि आर्थिक प्रणाली प्राक्-पूँजीवादी हो, सामंती हो अथवा पूँजीवादी, हर अवधि में वह विषम नर-नारी संबंधों को प्रोत्साहन देती है और ये संबंध उस समाज के पारम्परिक घटक के रूप में पूँजी के प्रभाव से स्वतंत्र होते हैं।

यह ज़रूरी है कि पूँजी बाज़ार की ज़रूरतों के लिहाज़ से इन संबंधों के

विभिन्न रूपों को बनाती-बिगाड़ती रहती है। इसी प्रक्रिया का नतीजा आधुनिक भूमण्डलीकृत उद्योगों द्वारा औरतों को अलग-थलग पड़े सस्ते और आज्ञाकारी श्रम संसाधन के तौर पर आत्मसात् करने में निकलता है। हर समाज में महिलाओं के संघर्ष करने की अलग-अलग क्षमताओं के लिहाज़ से इन श्रम-संबंधों के रूप निर्धारित होते हैं। मसलन, एक जमाने में अमेरिकी पुरुषों ने अपनी सामाजिक-राजनीतिक सत्ता का इस्तेमाल करके स्त्रियों को कुशल मज़दूरों के गिल्डों में प्रवेश नहीं करने दिया। औरतों के लिए सिर्फ़ कम तनख़्वाह वाले अकुशल काम ही रह गये इसलिए वे घरों के अंदर पुरुषों की अधीनता स्वीकार करने के लिए मजबूर हो गयीं। उन्नीसवीं सदी के आख़िरी दौर में ब्रिटिश पुरुषों ने श्रम संबंधी राजनीति कुछ इस ढंग से की कि औरतें कारख़ाना श्रम से वंचित हो गयीं। लेकिन बीसवीं सदी में दो विश्वयुद्धों के बीच महिलाओं ने अधिक संघर्ष-क्षमता का परिचय दिया और सरकारों को मजबूर किया कि वे उन्हें बेहतर काम में लगने का मौक़ा दें।

> भूमण्डलीकरण की प्रक्रिया शुरू होने के बाद हुए अध्ययन भिन्न धरातल पर सोचते नज़र आये क्योंकि परिस्थिति बदलती हुई दिखी। भूमण्डलीकृत बाज़ार की ज़रूरतों के लिए औरतों को ग़ैर-पारम्परिक औद्योगिक उत्पादन में बड़े पैमाने पर झोंक दिया गया। इससे कुछ विकासशील अर्थतंत्रों का तेज़ विकास हुआ। इस दौरान औरतों की कार्यदशाएँ बहुत ख़राब थीं और उनका पारिश्रमिक बहुत कम था इसलिए अर्थशास्त्रियों ने व्याख्या की कि श्रम-शक्ति के इस स्त्रीकरण से श्रमिकों का उत्पादन में हिस्सा गिर जाएगा। चूँकि यह मुख्यतः आर्थिक व्याख्या थी इसलिए इसकी आलोचना की गयी कि यह भूमण्डलीकरण द्वारा प्रदत्त अवसरों के ज़रिये औरत के सशक्तीकरण की सम्भावना पर ग़ौर नहीं करती। दूसरी तरफ़ पर्यावरणवादी व्याख्याता थीं जिन्होंने भूमण्डलीकरण को इसलिए आड़े हाथों लिया कि वह विज्ञान और प्रौद्योगिकी का इस्तेमाल करके निजी मुनाफ़ा बढ़ाने के चक्कर में पारिस्थितिकी का क्षय कर रहा है। अर्थात् औरतों को सस्ते श्रम में लगा कर भूमण्डलीकरण प्रजनन और लालन-पालन करने की प्रकृति-प्रदत्त नारीसुलभ क्षमताओं को नुक़सान पहुँचा सकता है।

पर्यावरणवादी व्याख्याओं को अन्य नारीवादी धाराओं ने स्वीकार नहीं किया क्योंकि उनकी निगाह में यह रवैया औरत को उसके प्रजननकारी जैविक अस्तित्व में सीमित कर देता था और नर-नारी संबंधों में परिवर्तन की सम्भावनाएँ न के बराबर रह जाती थीं।

भूमण्डलीकरण की इन दोनों व्याख्याओं में से कोई भी नर-नारी संबंधों को बदलने की दिशा में नहीं थी। जो व्याख्याता श्रम के स्त्रीकरण से चिंतित थे, उनकी निगाह पूँजी और श्रम के बदलते संबंधों पर थी। वे यह मान कर चल रही थीं कि पूँजी लैंगिक भेदभाव करती रहेगी। पर्यावरणवादियों का विचार था कि

पारम्परिक काम-काज से महिलाओं को अलग करने वाली हर प्रक्रिया त्याज्य है क्योंकि वह उस विकास नीति को प्रोत्साहन देती है जो प्रकृति-विरोधी है। हालाँकि इन व्याख्याओं में हालात के कुछ पहलू अवश्य प्रतिबिम्बित होते थे। इस तरह भूमण्डलीकरण ने महिलाओं को दो श्रेणियों में बाँट दिया। एक तरफ़ वे औरतें थी जो अपनी पारम्परिक जीवन-शैली बचाने के लिए संघर्ष करती नज़र आती थीं और दूसरी तरफ़ वे लाखों-लाख औरतें थी जिन्हें प्रौद्योगिकीय परिवर्तन और बाज़ार की प्रक्रिया ने अपने अधीन कर लिया था।

नारीवादियों ने पहले क़िस्म की औरतों पर तो ध्यान दिया लेकिन दूसरे क़िस्म की महिला श्रमिकों को उनके चिंतन में ज़्यादा जगह नहीं मिल पायी। भूमण्डलीकरण की नीतियों के तहत महिला श्रमिकों का आव्रजन और कारख़ानों में काम करने के बावजूद घरेलू काम से थोड़ा भी छुटकारा न मिलना जैसे पहलुओं पर आवश्यक अनुसंधान नहीं किया गया। यही वह समय था जब ट्रेड युनियनों का ढाँचा टूट रहा था और श्रम क़ानूनों को बदलने की तैयारियाँ हो रही थीं। लेकिन नारीवादी इन आयामों पर विचार नहीं कर रहे थे।

स्थिति यह थी कि समाज और उसकी विभिन्न संस्थाओं में मौजूद लैंगिक अधीनस्थता का लाभ उठाकर भूमण्डलीकरण औरतों के श्रम और देह पर निजी नियंत्रण को सार्वजनिक नियंत्रण में बदल रहा था। पश्चिमी समाजों और पोर्नोग्राफ़ी के संदर्भ में ए. ड्वार्किन द्वारा किये गये विश्लेषण की रोशनी में देखने पर पता चलता था कि बाज़ार ने किस तरह से औरत को 'प्राइवेट' से निकाल कर 'पब्लिक' में ला कर उसका वस्तुकरण करने का अभियान शुरू कर दिया है।

एस.सी. वाल्वी ब्रिटिश समाज के संदर्भ में पितृसत्ता का विश्लेषण करते हुए साबित कर चुकी थीं कि परिवार के दायरे से निकाल कर महिला-श्रम को बाज़ार में लाने से पुरुष के मुक़ाबले नारी की हैसियत में बहुत मामूली परिवर्तन ही हुआ। निर्मला बनर्जी ने ड्वार्किन और वाल्वी के निष्कर्षों के संदर्भ में जब एशियाई और भारतीय समाज में औरतों को उजरती श्रमिक में बदलते देखा तो पाया कि बाज़ार के पास यहाँ भी नर-नारी संबंधों को महिलाओं के पक्ष में बदलने का कोई कार्यक्रम नहीं है।

भूमण्डलीकरण की प्रक्रिया के पहले दौर में हल्के उपभोक्ता माल के विनिर्माण और श्रम-प्रधान इलेक्ट्रानिक उद्योगों का दौर चला। इसके बाद बैंकिंग और दूरसंचार में अत्याधुनिक और कम्प्यूटरीकृत प्रौद्योगिकी का जमाना आया। इन दोनों चरणों में औरतों का प्रवेश विभिन्न देशों में अलग-अलग ढंग से हुआ। दक्षिण कोरिया की भाँति भारत में पहले औद्योगिक श्रम में पुरुष उतरे और

महिलाओं ने खेतिहर श्रम में उनकी जगह ली। कोरिया में चूँकि जल्दी ही पुरुषों को पूर्ण रोज़गार मिल गया और बाज़ार की ज़रूरत पूरी नहीं हुई इसलिए महिलाओं को उद्योगों में गुंजाइश मिलने लगी। पर भारत में पुरुष श्रम सस्ता भी था और प्रचुर भी इसलिए महिलाओं के लिए ज़्यादा जगह नहीं निकली। यहाँ तक कि वस्त्र-निर्माण जैसे कामों में भी महिलाओं को काम मिलना शुरू नहीं हो पाया। चीन और वियतनाम में महिलाएँ पहले से कम तनख़्वाहों वाले औद्योगिक काम में लगी हुई थीं, इसलिए भूमण्डलीकरण के पहले दौर वाले श्रम-प्रधान उद्यमों में उन्हें आसानी से जगह मिल गयी। मलेशिया, श्रीलंका और बांग्लादेश ने तो बहुराष्ट्रीय कम्पनियों के सामने अपने सस्ते महिला श्रम को एक प्रलोभन की तरह पेश किया।

जैसे ही भूमण्डलीकरण दूसरे चरण में पहुँचा और उसने अधिक उत्पादकता की कामना की, वैसे ही नर-नारी संबंधों का खेल ज़्यादा मुखर हो गया। अत्याधुनिक प्रौद्योगिकीय काम-काज में औरतों को प्रशिक्षित करने का सवाल संबंधित देश और समाज में सदियों से जड़ जमाए बैठे लैंगिक संबंधों के हिसाब से तय होने लगा। मसलन कोरिया में कम्प्यूटरीकरण की वजह से बेरोज़गार हुई महिलाओं को उच्चतर प्रौद्योगिकी में प्रशिक्षित करने में हिचक दिखाई गयी क्योंकि उस तरह के कामों पर पुरुषों का अधिकार माना जाता था। इसके उलट चीन में औरतों को भूमण्डलीकरण के दूसरे चरण में ऑटोमेशन में प्रशिक्षित होने का पूरा मौक़ा मिला क्योंकि वहाँ समाजवादी राज्य की मान्यताओं के कारण समझा जाता था कि मर्द जो कर सकता है, वह औरत भी कर सकती है। मलेशिया और बांग्लादेश में सरकारों ने श्रम-प्रधान काम में लगी महिलाओं की तकनीकी शिक्षा की व्यवस्था की लेकिन श्रीलंका में महिला-शिक्षा का ऊँचा स्तर होने के बावजूद औरतों के प्रौद्योगिकीय प्रशिक्षण पर ध्यान नहीं दिया गया। भारत में पाया गया कि बेहतर प्रौद्योगिकी के तहत महिलाओं के काम करने को सामाजिक प्रोत्साहन कम से कम है। बैंकिंग उद्योग में महिलाएँ स्वयं पुनर्प्रशिक्षित होने से पीछे हटती दिखाई दीं। खनन उद्योग में पुरुषों के वर्चस्व वाली ट्रेड यूनियनों और मालिकों ने मिल-जुलकर औरतों को अधिक कुशल कामों में नहीं उतरने दिया।

इस अनुभव से ज़ाहिर होता है कि जब तक चीन की भाँति विचारधारात्मक आग्रह न हो या मलेशिया और बांग्लादेश की भाँति राज्य का हस्तक्षेप न हो, महिलाएँ श्रम के निचले चरण से ऊँचे चरण में नहीं पहुँच सकतीं। बाज़ार अपने-आप में महिलाओं के श्रम-कौशल की उन्नति में सहायक नहीं हो सकता। राज्य भी इस दिशा में तब दख़ल देता है जब उसे लगता है कि बहुराष्ट्रीय कम्पनियों

को आज्ञाकारी क़िस्म के सस्ते श्रम की ज़रूरत है जो महिलाओं के पुनर्प्रशिक्षण के ज़रिये मिल सकता है। अर्थात् राज्य का उद्देश्य भी महिला कल्याण नहीं होता और अगर विकास के अगले चरण में बाज़ार की ज़रूरत न हुई तो वह महिला-श्रमिकों के प्रति अपनी ज़िम्मेदारी का अभिनय करना भी बंद कर सकता है।

भूमण्डलीकरण को ऐसे श्रमिकों की ज़रूरत होती है जिन्हें वह जब चाहे रख सके और जब चाहे निकाल सके। महिला श्रम उन्हें यह सुविधा देता है। ज़्यादातर महिलाएँ कारख़ाना श्रम को अपना आजीवन कार्य नहीं बनातीं। काम की कैसी भी परिस्थिति उन्हें स्वीकार्य रहती है। चीनी महिला-श्रमिकों में यह प्रवृत्ति बहुत ज़्यादा देखने में आयी है। कई वर्षों तक ख़राब स्थितियों में काम करने के बाद वे आराम से घरेलू दुनिया में लौट जाती हैं। वियतनामी महिलाओं ने काम के बोझ में कई गुना वृद्धि को बिना किसी हुज्जत के स्वीकार कर लिया था। ये उदाहरण बताते हैं कि पूँजी को महिला-श्रम अधिक लचीला और आसानी से नियंत्रण-योग्य लगता है। कोरिया और भारत में यह भी देखा गया कि विवाह के बाद और बच्चे हो जाने पर औरतें ओवरटाइम करना बंद कर देती हैं। घर में ज़्यादा समय देने के लिए वे नौकरी छोड़ देती हैं या फिर निकाल दी जाती हैं और पुरुष कर्मचारी उनकी जगह ले लेते हैं।

चीन का एक अध्ययन बताता है कि वहाँ महिला वैज्ञानिकों तक ने घर के काम और प्रयोगशाला के काम को साथ-साथ कर पाने में असमर्थता जताई और घर के लिए वैज्ञानिक कार्य त्यागने की परिस्थितियाँ पैदा हो गयीं। श्रीलंका ने युवतियों को उनके घर के माहौल से न कटने देने के लिए देहाती इलाक़ों में ही कारख़ाने लगाने को प्रोत्साहित किया। नतीजा यह निकला कि उजरती श्रम करने और परिवार की आय में योगदान करने के बावजूद महिलाओं की जीवन-शैली में कोई परिवर्तन नहीं आया। मलेशिया ने बड़े पैमाने पर विदेशी औरतों को घरेलू काम करने के लिए अपने यहाँ आने की इजाज़त दी जिससे एक बार फिर काम के यौन-विभाजन पर कोई परिवर्तनकारी असर नहीं पड़ा। लेकिन इससे एक बदलाव ज़रूर हुआ कि घरेलू काम की उजरत दिये जाने की परम्परा पड़ी जो अतीत से भिन्न समझी जानी चाहिए।

इन विविध अनुभवों के आधार पर पूछा जा सकता है कि क्या महिलाओं के लिए बेहतर समता सुनिश्चित करने में उद्योगपतियों या सेवायोजकों को दिलचस्पी हो सकती है? इसी प्रश्न को कुछ इस तरह भी रखा जा सकता है कि क्या पुरुषों के बराबर आने के लिए महिलाओं को स्वायत्तता देने में पूँजी का हित है? अथवा महिलाओं को एक अलग-थलग और अधीनस्थ क़िस्म की श्रम

शक्ति बनाए रखने में उसका लाभ है? क्या विषम नर-नारी संबंधों के आधार पर महिला श्रम-शक्ति को उसकी मेहनत का कम मुआवज़ा देकर भूमण्डलीकरण औरतों की अधीनस्थ हैसियत में ही बढ़ोतरी नहीं कर रहा है? क्या मार्क्सवादी नारीवादियों की यह दलील सही नहीं है कि पूँजी का प्रभुत्व औरत को मर्द की और अधिक दावेदारी की तरफ़ ले जाएगा? क्या घरेलू श्रम से निकल कर उजरती मज़दूर में बदलने की यह प्रक्रिया उस वक़्त तक अधूरी नहीं रहेगी जब तक महिला मज़दूर पर घर का नियंत्रण क़ायम रहेगा? अर्थात् जब तक सेवायोजक यह समझता रहेगा कि स्त्री श्रमिक अंततः घरेलू ज़रूरतों के अधीन है तब तक उसकी निगाह में वह पुरुष-श्रमिक की एक घटिया स्थानापन्न ही हो पाएगी।

क्या यही कारण नहीं है कि भारतीय औषध कम्पनियाँ ज़्यादा महिलाओं को भर्ती करने से कतराती हैं और चीनी महिला-वैज्ञानिक अपने पुरुष साथियों से पीछे रह जाती हैं। स्थिति यह है कि बिना किसी अपवाद के हर जगह सेवायोजकों ने नर-नारी संबंधों को बदलने की दिशा में कोई पहल किये बिना नारी की अधीनस्थ हैसियत को उसे कम वेतन देने के लिए इस्तेमाल किया है।

भूमण्डलीकरण के कारण महिलाओं की स्थिति में कुछ परिवर्तन अवश्य दृष्टिगोचर हुआ है। कोरिया में नौकरियों के आग्रह के कारण उनकी विवाह-योग्य आयु में बढ़ोतरी हुई है और पैदा किये जाने वाले बच्चों की औसत संख्या में कमी आयी है। भारतीय मध्यवर्ग और लड़कियों की शिक्षा में पहले की अपेक्षा अधिक निवेश करने लगा है क्योंकि उसे उनकी नौकरियों की सम्भावना कुछ बेहतर लग रही है। बांग्लादेश में अब देहाती परिवार भी अपनी औरतों को नौकरी के अवसरों वाले इलाक़ों में भेजने के लिए तैयार हो जाते हैं जबकि कुछ वर्ष पहले तक केवल उच्चवर्गीय शिक्षित महिलाएँ ही ऐसा कर पाती थीं। लेकिन इन छोटे-छोटे लाभों को आपस में जोड़ कर भी भूमण्डलीकरण के तहत महिलाओं को कोई बड़ा उल्लेखनीय लाभ होता नहीं दिखाई देता।

1986 से 1998 के बीच पूर्वी एशियाई देशों में आया निर्यात का उछाल काफ़ी कुछ औरतों के सस्ते श्रम के शोषण पर आधारित था। विदेशों में काम कर रही औरतों द्वारा भेजी गयी विदेशी मुद्रा ने इन देशों के विदेशी मुद्रा भण्डार को ठीक हालत में रखा। यानी इस दौरान श्रमिक औरतों ने घर भी चलाए और अर्थतंत्र को भी टिकाए रखा। आज यही महिला-श्रमिक छँटनी और अन्य तरीक़ों से निकाले जाने की प्रक्रिया से गुज़र रही हैं। भूमण्डलीकृत बाज़ार की ज़रूरतों को पूरा करने वाले सभी अर्थतंत्रों में आज के बेरोज़गारों की अधिकांश संख्या महिलाओं की ही है।

इन बेरोज़गार औरतों के सामने घरों की दुनिया में लौटने के अलावा कोई चारा नहीं है। चूँकि विश्व बैंक और अंतर्राष्ट्रीय मुद्रा कोष की देख-रेख में चलाए गये ढाँचागत समायोजन कार्यक्रम ने राज्य को समाज कल्याण पर कम से कम ख़र्च करने के लिए मजबूर कर दिया है इसलिए सबसिडी के बिना बेरोज़गारों के लिए जीवन और महँगा हो गया है। इसका सबसे ज़्यादा बोझ महिलाएँ ही उठा रही हैं और भविष्य में भी उठाएँगी।

'पॉवर वुमॅन' की मजबूरियाँ

भूमण्डलीकरण ने ताक़तवर प्रतीत होने वाली औरतों का एक विशाल शो-केस बनाया है। घर से बाहर निकल कर दफ़्तर जाती स्त्री इस चमकदार और पारदर्शी शो-केस के केंद्र में खड़ी है। वह कार चलाते हुए आत्मविश्वास के साथ शिफ़ॉन की साड़ी अथवा बिजनेस सूट पहने हुए कार्यालय के सामने कार पार्क करती है और अपनी हील्स पर खटाखट चलती हुई चपरासियों और चौकीदारों के सलामों का जवाब देकर अपनी कार्पोरेट चेयर पर जम जाती है। यह औरत एक उच्चपदस्थ आईएएस या आईएफ़एस अफ़सर भी हो सकती है और किसी बहुराष्ट्रीय कम्पनी की मैनेज़र भी। यह ब्यूटी क्वीन भी हो सकती है, मॉडल भी और अपने प्रशंसकों का दिल जीत लेने वाली अभिनेत्री भी। उसकी चपल उँगलियाँ उसे बेहतरीन कम्प्यूटर प्रोग्रामर बना सकती हैं और उसकी शहद-भरी आवाज़ उसे किसी विदेशी बैंक में पर्सनल फ़ाइनेंस ऑफ़िसर की पदवी भी दिला सकती है। सुंदर, स्मार्ट, आँधी की तरह अंग्रेज़ी बोलने वाली, उच्च-मध्यवर्ग की यह स्त्री भूमण्डलीकरण के गर्भ से निकली कम तनख़्वाह पाने वाली और गंदी बस्ती में रहने वाली औरतों से भिन्न है। वह पुरुषों पर हुक्म चला सकती है और उसका वेतन केवल इसलिए कम नहीं है कि वह जैविक रूप से पुरुष नहीं है।

निश्चित रूप से भूमण्डलीकरण ने पिछले पंद्रह वर्ष में ऐसी औरत को बेहद सफलता से दृश्यमान बनाया है। यह औरत बाज़ार की लैंगिक तटस्थता और उसके नाम पर स्त्री-देह और स्त्री-श्रम का शोषण करने की प्रत्यक्ष व प्रच्छन्न विधियों को ढँक लेती है। यह 'पॉवर वुमॅन' है : अधिकार और समृद्धि से सम्पन्न।

नारीवादी आंदोलन द्वारा सदियों से चलाए जा रहे औरत के सशक्तीकरण का बाज़ार द्वारा पेश फटाफट विकल्प। ज़ाहिर है कि भूमण्डलीकरण के संदर्भ में इस औरत के वजूद की शल्यक्रिया करने के औज़ार ग़रीबी और अभाव के कारण रेडीमेड वधू के रूप में सीमा पार करती या दूरदराज़ के देशों में घरेलू

कामकाज करती या निर्यात संवर्धन क्षेत्रों में दिन-रात खटती औरत को समझने के औज़ार से भिन्न होंगे।

बाज़ार ने इस औरत को कहाँ तक पहुँचाया है? कम से कम इतना तो किया ही होगा कि उसे घरेलू ज़िम्मेदारियों से मुक्त कर दिया होगा। आख़िरकार वह पुरुषों के कंधे से कंधा मिला कर उनके बराबर की और कभी-कभी तो उनसे भी ज़्यादा गुरु-गम्भीर ज़िम्मेदारी निभा रही है। चूँकि बाज़ार ने उसे 'पॉवर' दी है तो कम से कम उस सत्ता का इस्तेमाल वह अपने परम्परागत यौन-शोषण से बचने में तो सफलतापूर्वक कर ही रही होगी। या यह भी कहा जा सकता है कि 'पॉवर वुमॅन' की सत्ता ने उसे उन औरतों की श्रेणी से ऊपर कर दिया होगा जो अपने कार्यस्थल पर लगातार फ़िकरेबाज़ी और अश्लील निगाहों का सामना करती रहती हैं। यह 'पॉवर वुमेन' अपने भाव-जगत में कम से कम इतनी सुरक्षित तो होगी ही कि अगर उसका प्रेम संबंध या वैवाहिक़ संबंध टूट जाए तो वह आँसुओं में डूब कर हताश न हो जाए या आत्महत्या न कर ले।

क्या यह 'पॉवर वुमॅन' दफ़्तर में ठीक उसी तरह काम करती है जिस तरह पुरुष काम करते हैं या उसने दूसरों से काम लेने की अपनी नयी विधि ईज़ाद की है? या वह पुरुषों की ही भाँति अपनी सत्ता के भौंडे उपयोग में लगी हुई है? जब यह 'पॉवर वुमॅन' सत्ता के ऊँचे सोपानों पर पहुँच जाती है तो उसके साथ क्या व्यवहार होता है?

क्या उसकी ऊँची श्रेणी में उसे कम महत्त्वपूर्ण और निचली ज़िम्मेदारियाँ नहीं दी जातीं? इस कामयाब औरत के प्रति पुरुष का नज़रिया क्या है? क्या वह उसे अपनी पत्नी या किसी भी रूप में जीवन-संगिनी बनाने के लिए तैयार है? बाज़ार द्वारा उत्पादित यह 'पॉवर वुमॅन' नर-नारी संबंधों के किस धरातल पर खड़ी हुई है?

हम जानते हैं कि दुनिया की सम्पूर्ण श्रम-शक्ति में 45 फ़ीसदी औरतों का हिस्सा है और भूमण्डलीकरण से निकली यह, 'पॉवर वुमॅन' इन करोड़ों औरतों के एक प्रतिशत का भी प्रतिनिधित्व नहीं करती। लेकिन इनकी संख्यात्मक कमज़ोरी बाज़ार द्वारा नर-नारी संबंधों को बदलने के दावे को ख़ारिज करने के लिए काफ़ी नहीं है। अगर उच्च वर्ग के स्तर पर भी नर-नारी संबंधों में कोई परिवर्तन दृष्टिगोचर होता है तो उसका असर धीरे-धीरे ही सही, लेकिन सामान्य महिला-समाज पर पड़ना लाज़िमी है।

इसलिए महिला कॉर्पोरेट मैनेज़रों, आईएएस अफ़सरों, अभिनेत्रियों, विश्व-सुंदरियों और मॉडलों आदि के संदर्भ में नारी की आज़ादी के दावे को जाँचना

अतिआवश्यक है। ये तमाम औरतें आर्थिक रूप से आत्मनिर्भर हैं और इन्हें अपनी उपलब्धियों पर गर्व है और इन्हें ऐसा बनाने में भूमण्डलीकरण का पूरा-पूरा योगदान है। लेकिन सवाल यह है कि ऐसा बनने के बाद वे पितृसत्तात्मक समाज में एक ग़रीब औरत के मुक़ाबले तुलनात्मक रूप में कहाँ खड़ी हैं?

अफ़सर औरत / क्या आपने गणित और विज्ञान पढ़ा है?

आईएएस, आईपीएस और आईएफ़एस से बड़ा अफ़सर भारत में कोई नहीं होता और अगर औरत इन तीनों में से किसी सेवा की सदस्य बन जाए तो मान लेना चाहिए कि वह शासन-प्रशासन में सत्तारूढ़ हो गयी। लेकिन देखना यह होगा कि आईएएस के सत्ता-प्रतिष्ठान के भीतर महिला आईएएस अफ़सरों की क्या हैसियत होती है। सरला ग्रेवाल देश की प्रमुख आईएएस महिला हैं। किरण बेदी को कौन नहीं जानता। वे एक विख्यात आईपीएस अफ़सर हैं। चोकिला अय्यर देश की पहली विदेश सचिव हैं। ये तीनों महिलाएँ सत्ता के शिखर पर बैठी हुई हैं। लेकिन यह मोहक तस्वीर उस समय छिन्न-भिन्न हो जाती है जब पता चलता है कि ग्रेवाल, बेदी और अय्यर के इस शो-केस के पीछे अफ़सर महिलाओं की एक ऐसी अदृश्य क़तार खड़ी हुई है जिसके सिर्फ़ नारी होने के कारण कभी सफ़ाई तो कभी भौंडे रूप से हक़ छीने गये हैं। वैसे आईएएस बनने की की प्रक्रिया सीधे-सीधे भूमण्डलीकरण अथवा बाज़ार से जुड़ी हुई नहीं लगती लेकिन बाज़ार द्वारा समाज की दृष्टि में लाए गये परिवर्तन को नापने के लिए इसका उदाहरण उपयोगी हो सकता है।

अन्ना मल्होत्रा भारत की पहली आईएएस अफ़सर थीं। जब वे लिखित परीक्षा के बाद इंटरव्यू पैनल के सामने पेश हुईं तो साक्षात्कार लेने वालों ने उन्हें आईएएस बनने के ख़िलाफ़ समझाने की काफ़ी कोशिश की। उनका कहना था कि महिला होने के नाते वे यह ज़िम्मेदारी नहीं उठा पाएँगी। अन्ना नहीं मानीं और अपने कैडर में नियुक्ति के लिए मद्रास में तत्कालीन मुख्यमंत्री राजाजी के सामने पेश हुईं। राष्ट्रीय आंदोलन के इस नायक ने उनसे साफ़ कहा कि वे महिलाओं के सार्वजनिक क्षेत्र में आने के ही ख़िलाफ़ हैं। अन्ना ने ज़िद की और राजाजी को झुकना पड़ा। उस जमाने में शादी होते ही महिलाओं को आईएएस से इस्तीफ़ा दे देना पड़ता था। बाद में यह नियम बदला गया। सरोजिनी गंजू ठाकुर के द्वारा किये गये एक ताज़ा अध्ययन 'इनक्रीज़िंग अवेयरनेस फ़ॉर चेंज: ए सर्वे ऑफ़ जेण्डर ऐंड द सिविल सर्विसेज' से पता चलता है कि प्रशासन के ऊँचे हलक़ों में आज भी तक़रीबन वही पुरुष वर्चस्व वाला दिमाग़ काम कर रहा है।

आईएएस के इम्तिहान में बैठने वाली महिलाओं की सफलता की दर बढ़ती जा रही है लेकिन इस सेवा में आने वाली महिलाओं की संख्या में मामूली वृद्धि हुई है। आईएएस अफ़सरों में 1974 में 8.8 फ़ीसदी औरतों की भागीदारी थी जो अब तक सिर्फ़ 11 फ़ीसदी तक पहुँच पाई है। इन महिला अफ़सरों को नियोजित ढंग से निचले स्तर की 'नरम' ज़िम्मेदारियाँ दी जाती हैं।

दिल्ली में 99 सचिव-स्तरीय पदों में से केवल आठ-पद महिलाओं के पास हैं और 65 अतिरिक्त सचिवों में केवल चार औरतें हैं। 283 संयुक्त सचिवों में सिर्फ़ 37 महिलाएँ हैं। पुलिस और वन सेवाओं में इनकी संख्या न के बराबर है। चोकिला अय्यर के पहले विदेश सेवा से कोई भी महिला सचिव स्तर के पद पर नहीं पहुँच पाई थी। सचिव पद से अवकाश ग्रहण करने वाली सरला गोपालन का कहना है कि औरत अफ़सर को मर्द के मुक़ाबले अधिक मेहनत करके अपनी योग्यता प्रमाणित करनी पड़ती है। तब कहीं जाकर महत्त्वपूर्ण नियुक्तियों के और वित्त मंत्रालय के लिए महिला सचिवों की कल्पना करना भी मुश्किल है। सभी तरह की उच्च सेवाओं में कोशिश की जाती है कि महिलाओं को तफ़तीश करने के काम न दिये जाएँ। उन्हें वित्तीय प्रबंधन की ज़िम्मेदारी शायद ही कभी दी जाती हो। अधिकांशत: उन्हें कार्मिक विभागों, दफ़्तर की देख-रेख करने और विभिन्न विभागों में तालमेल बैठाने के महत्त्वपूर्ण काम दिये जाते हैं। इन महिला अफ़सरों को अक्सर ऐसे सवालों का सामना करना पड़ता है जो पुरुष अफ़सरों से कभी नहीं पूछे जाते, मसलन-कि क्या उन्होंने गणित अथवा विज्ञान का अध्ययन किया है?

मैनेज़र औरत / दफ़्तर की पोर्नोग्राफ़ी और घर में लालन-पालन

एक निजी फ़र्म में ऊँचे प्रबंधकीय पद पर काम करती हुई औरत भूमण्डलीकरण के समर्थकों द्वारा पेश की जाने वाली सर्वाधिक आकर्षक छवि है। कम्प्यूटर के सामने बैठी हुई औरत अब सिर्फ़ सेक्रेटरी ही नहीं होती, वह प्रोडक्ट मैनेजर या एचआरडी वॉइस-प्रेसीडेंट भी हो सकती है। ऐसे पदों पर पहुँचने के बाद मैनेज़र औरत को पता चलता है कि समाज में नारी का सम्मान करने की सभी प्रतीकात्मक कार्रवाइयाँ महिला अफ़सर के लिए दरवाज़ा खोलता है या उसे बैठाने के लिए कुर्सी पीछे खींचता है तो दफ़्तर में मान लिया जाता है कि वह उस पर विशेष रूप से मेहरबान है। समाज में सामान्य शिष्टाचार समझा जाने वाला यह व्यवहार दफ़्तर में तरह-तरह की ग़लतफ़हमियों को जन्म दे सकता है।

कार्यस्थल पर थोड़े निचले पदों पर काम करने वाली महिलाओं ने बड़े पैमाने पर अपने यौन-शोषण, छेड़-छाड़ और फ़िक़रेबाज़ी की शिकायतें की हैं। पश्चिम में इस तरह के मुक़दमें अक्सर सुर्खियों का विषय बनते हैं लेकिन तस्वीर का दूसरा और काफ़ी-कुछ छिपा हुआ पहलू यह है कि पदोन्नति के लिए महिलाओं के बीच अपने शरीर के इस्तेमाल करने की प्रवृत्ति को भूमण्डलीकृत कार्यस्थल निरंतर प्रोत्साहित कर रहा है। ब्रिटेन में हुआ एक सर्वेक्षण बताता है कि दफ़्तरों में काम करने वाली 28 फ़ीसदी औरतों को दफ़्तर में सम्भोग करना पड़ा है और उनमें से 65 फ़ीसदी को इसका कोई खेद नहीं है। इंटरनेट पर न्यू वुमेन कम्पनी, यूके नामक वेबसाइट द्वारा दो हज़ार कार्मिक महिलाओं से बातचीत करके सम्पन्न किया गया यह सर्वेक्षण बड़े शरारती अंदाज़ में जानकारी देता है कि कार पार्किंग में, बॉस की डेस्क पर, कैंटीन में और क्लॉक रूम में कितनी प्रतिशत महिलाओं को यौन-क्रिया करनी पड़ी। इस सर्वेक्षण से ऐसा लगता है कि दफ़्तर अपने-आप में एक तरह की पोर्नोग्राफ़ी का अड्डाभी है।

क़रीब 20 फ़ीसदी महिला-कर्मचारी अपने पुरुष बॉस के साथ यौन-क्रिया करने के लिए दिमाग़ी रूप से तैयार मिलीं क्योंकि इसमें उन्हें पदोन्नति और कैरियर में प्रगति का आश्वासन दिखा। इस वेबसाइट की सम्पादक लोराइन ईमेस का निष्कर्ष है कि दफ़्तर यौन साजिशों का अड्डा सा बन गये हैं।

अमेरिका में कार्यस्थल पर होने वाले यौन-शोषण और छेड़छाड़ की तरफ़ सबकी निगाहें, वाशिंगटन में अक्टूबर 1991 में हुई अनिता हिल के यौन-उत्पीड़न से संबंधित आरोपों की सुनवाई से, गयीं। इस मुक़दमें ने कार्यस्थल पर हावी महिला-विरोधी माहौल पर पड़ा पर्दा हटा दिया। इससे पहले केवल मनोरंजन की दुनिया में सक्रिय औरतों के बारे में ही माना जाता था कि उनका यौन-शोषण होता है। 'कास्टिंग कोच' अर्थात् पीठ के बल पर हीरोइन बनने का मुहावरा आम था। लेकिन हिल प्रकरण ने बताया कि जीवन के अन्य क्षेत्रों में भी यह समस्या उतनी ही व्याप्त है।

भूमण्डलीकरण ने दफ़्तरों में महिलाओं के लिए नयी गुंजाइशें तो खोलीं लेकिन इस समस्या से बचाने का कोई प्रावधान नहीं किया। निजी पूँजी आज इस समस्या से कुछ-कुछ चिंतित नज़र आती है लेकिन इस चिंता में भी वह दफ़्तरों में होने वाली यौन-लीला के कारण घटती उत्पादकता को लेकर ज़्यादा परेशान है। उसे पुरुष द्वारा स्त्री को रति-क्रीड़ा के लिए मजबूर करने पर उतनी आपत्ति नहीं है जितनी दिक़्क़त उसे इस बात को लेकर है कि इस तरह के प्रकरण दफ़्तर की कार्य-संस्कृति को प्रभावित करते हैं।

भूमण्डलीकरण द्वारा ग़रीब औरत के श्रम का शोषण करने की प्रक्रिया पर चर्चा में हम देख चुके हैं कि उसे नौकरी से निकाल देना सर्वाधिक सुविधाजनक है। 'पॉवर वुमेन' को इस तरह बर्ख़ास्त नहीं किया जा सकता है लेकिन समाज और परिवार इस नयी औरत को कुछ इस तरह दबाव में लाता है कि वह विवाह करने और संतानोत्पति के बाद स्वयं घर-परिवार के लिए अपना कैरियर छोड़ कर वापस चली जाती है। बहुत बड़े पैमाने पर नौकरीपेशा औरतों में यह प्रवृत्ति देखी गयी है। बाज़ार के आग्रहों में घरेलू काम और बच्चों के लालन-पालन के पारम्परिक काम का समाजीकरण करने का कोई स्थान नहीं है।

अगर मियाँ-बीवी एक साथ लगभग समान पदों पर एक ही दफ़्तर में कार्यरत हैं तो काम से वापस आने पर बीवी स्वाभाविक रूप से शाम की चाय की, रात के भोजन की ज़िम्मेदारी सँभाल लेती है। अगर घर में नौकर लगे हों तो नौकरों के काम की देखभाल करना भी पत्नी के हिस्से में ही आता है।

दिल्ली के अपोलो अस्पताल की मनोचिकित्सक एकता सोनी बताती हैं कि आज की महिलाएँ अपने बच्चे के विकास पर बहुत ध्यान देती हैं और उसके लिए वे अपने कैरियर को त्यागने के लिए तत्पर हैं। बहुराष्ट्रीय कम्पनी में कार्यरत बत्तीस वर्षीय रोहिणी सोधी, वक़ालत करने वाली दीपा पसरीचा, आईआईएस अहमदाबाद से एमबीए करने वाली कुमुद क़ानून और यात्रा एजेंसी में कार्यरत रीना माथुर इस प्रवृत्ति के उदाहरण हैं। ये सभी युवा और प्रशिक्षित महिलाएँ बच्चे पालने के लिए अच्छी आमदनी वाली नौकरियों और पेशे को छोड़ चुकी हैं। इनमें से किसी के पति ने कभी बच्चों की देख-रेख के लिए अपना कैरियर छोड़ने की पेशकश नहीं की। इस उदाहरण को बहुत ऊँचे स्तर पर भी देखा जा सकता है।

पेप्सी कोला की हाल ही में नियुक्त महिला अध्यक्ष इंदिरा नूयी भारतीय मूल की हैं और उनकी नियुक्ति की सर्वत्र चर्चा हुई है लेकिन उनकी अभूतपूर्व सफलता की कहानी के एक कोने में कहीं छोटे-छोटे अक्षरों में यह भी दर्ज है कि उन्हें रोज़ रात अपने बच्चों को सुलाने के बाद ही बिस्तर नसीब हो पाता है। कहना न होगा कि 'पॉवर वुमेन' अपनी पारम्परिक ज़िम्मेदारियों से मुक्त नहीं हो पाई है और बाज़ार के पास नर-नारी के इस सदियों से चले आ रहे श्रम-विभाजन को तोड़ने का न कोई औज़ार है, न कोई इच्छा।

मर्द का रवैया : कामयाब औरतें तो मंगल ग्रह से आती हैं!

भूमण्डलीकरण ने इस नयी औरत को जन्म अवश्य दिया लेकिन वह एक नये मर्द को जन्म नहीं दे पाया जो इस 'पॉवर वुमॅन' के साथ नये तरह के नर-नारी संबंधों का सिलसिला शुरू कर सकता। विश्वसुंदरी युक्तामुखी का दुख यह है कि वे जिस पुरुष को अपने जोड़ का पाती हैं वह उनसे विवाह करने में हिचकिचाता है। वे कम से कम दो बार अपने ही जैसे सुंदर और व्यक्तित्ववान युवकों के सामने शादी की पेशकश कर चुकी हैं पर वे किसी न किसी बहाने क़तरा गये। तक़रीबन ऐसी ही समस्या मशहूर ड्रेस डिज़ाइनर ऋतु बेरी की लगती है। वे अपनी सुंदरता और व्यावसायिक सफलता से पुरुषों को चकाचौंध कर देती हैं। पुरुष उनका सान्निध्य प्राप्त करके कृत-कृत्य होते रहते हैं लेकिन दीर्घकालीन संबंध बनाने का प्रश्न शायद अभी तक हवा में ही अटका हुआ है। मनोचिकित्सक अरुणा बूटा का निष्कर्ष है कि पुरुष सफल औरतों को सशंकित होकर देखते हैं। वे सांस्कृतिक संकट के शिकार हैं। पुरुष एक ख़ूबसूरत गुड़िया चाहता है जो हर निर्णय में उस पर निर्भर करे। वह दिखाना चाहता है कि बागडोर उसी के हाथ में है।

विज्ञापन एजेंसी में काम करने वाली नीरजा देशपाण्डे अपनी लांसर कार ख़ुद चलाती हैं और एक कामयाब अधिकारी हैं। चूँकि वे पुरुषों के मूर्खतापूर्ण लतीफ़ों पर नहीं हँसती, उन्हें अपनी पलकें फ़ड़फ़ड़ा कर नहीं निहारती और दफ़्तर के बाद उनसे लिफ़्ट नहीं माँगती इसलिए वे पुरुषों की निगाह में कुछ ज़्यादा ही 'मज़बूत' हैं।

अधिकांश 'पॉवर वुमॅन' तीस की उम्र पार कर चुकी हैं लेकिन वे अभी तक ऐसे पुरुष की तलाश में हैं जो उन्हें उनकी सामाजिक और व्यावसायिक हैसियत के साथ पसंद कर सके। हालत यह है कि तीस से ऊपर निकलते ही 'पॉवर वुमॅन' शादी लायक़ मर्द पाने के लिए व्यवसाय और नौकरी छोड़ने का मन बनाने लगती हैं। वे ज्योतिषियों, फेंग शुई और वास्तुशास्त्र के तथाकथित जानकारों के चक्कर लगाने लगाती हैं कि कहीं से चमत्कार हो जाए ताकि उन्हें अपना जीवन-साथी मिल सके।

अपनी लेडी बॉस के अधीन काम करने वाले पुरुष अधिकारी आमतौर पर विशेष रूप से दमित मानसिकता के शिकार रहते हैं जो मौक़ा पड़ते ही 'पॉवर वुमॅन' के ख़िलाफ़ आक्रमक प्रतिक्रिया में फूट पड़ती है। *डेली एक्सप्रैस* की लिंडसे कुक की पुस्तक *वर्किंग ममः द सर्वाइवल गाइड* पढ़ कर जेम्स ह्यू-ऑनस्लो की प्रतिक्रिया इसका प्रमाण है। जेम्स ने चिढ़ कर लिखा कि यह औरत

बहुत से वर्किंग हैड्स को नौकरी से निकालने की ज़िम्मेदार है। लिंडसे कुक ने ही जेम्स को बर्ख़ास्त किया था। इसलिए जेम्स ने एक आक्रामक निष्कर्ष निकाला, 'अपने इस्पाती आत्मनियंत्रण वाले चेहरे के पीछे ये औरतें गहरी असुरक्षा के बोध से दबी रहती हैं। वे चाहती हैं कि उनकी चौरतरफ़ा प्रशंसा हो। क्या उनके घर में वाशिंग मशीनें नहीं हैं ? उन्हें अपने बच्चों के साथ समय बिताने से किसने रोका है ?'

अगर जेम्स को लिंडसे कुक नामक महिला के बजाय कोई पुरुष बॉस नौकरी से निकालता तो उनके विचार बिलकुल दूसरे होते। जेम्स मानते हैं कि लिंडसे ने उन्हें इसलिए हटाया क्योंकि कम्पनी की नीतियों के अनुसार छँटनी मुहिम चल रही थी। ज़ाहिर है कि किसी नारीवादी या निजी रंजिश के कारण उनके ख़िलाफ़ कार्रवाई नहीं की गयी फिर भी उनके विचार ताक़तवर हो चुकी नारियों के ख़िलाफ़ चले गये और वे उन्हें घरेलू कामकाज में लौटाने का परामर्श देने लगे।

औरत की छवि

सत्तर और अस्सी के दशक की नारीवादी महिलाओं ने विवाह की संस्था को ठोकर मारी, यौनिकता के मसले को उठाया, इतर-लिंगी सहवास की अनिवार्यता और स्वाभाविकता को चुनौती दी, पोर्नोग्राफ़ी का विरोध किया और नारी-समलैंगिकता के आग्रहों की सम्भावनाएँ खोलीं, इसलिए इस दौरान युरोप में मर्दवादियों ने इन विदुषियों को 'ठण्डी', 'बदसूरत', 'यौन-विहीन', 'प्रजनन के लिए बेकार' और इस तरह समाज के लिए त्याज्य की संज्ञा दे दी। भूमण्डलीकरण ने इस पुरानी बहस को फिर से उभार दिया है और इस बार इस संघर्ष का रणक्षेत्र है— मीडिया। भूमण्डलीकृत समाचार माध्यम छपे हुए शब्द से लेकर दृश्य-श्रव्य माध्यमों तक औरत की जो छवि पेश कर रहे हैं उसमें वह एक सुंदर देह के सिवा कुछ नहीं है। यह ज़रूर है कि वह देह पहले से कहीं ज़्यादा सुंदर हो चुकी है। उस सुंदरता से पहले की तरह यूरोपीय सौंदर्य का बोलबाला नहीं है वरन् प्रजातीय विविधता आ चुकी है। लेकिन जैसे ही भूमण्डलीकरण द्वारा प्रदत्त सौंदर्य ज्ञान और बुद्धि के साथ सह-अस्तित्व का दावा करता है वैसे ही बाज़ार के सांस्कृतिक प्रवक्ता उसका उपहास करने में लग जाते हैं। यदि औरत कभी बौद्धिक गुणों को प्राप्त करते हुए दिखती है तो इन अक्लमंदों के पास उसकी व्याख्या करने का एक ख़ास तरीक़ा है। वे कहते हैं कि औरत मर्दों के गुणों को अपना रही है। ख़ास बात यह है कि वह जैसे ही 'मर्दों के लिए सुरक्षित' क्षेत्रों

में महारत हासिल करने की कोशिश करती है वैसे ही मर्दों की दुनिया व्यंग्य के साथ एक 'मेल-फ़ेमिनिज़म' की चर्चा में जुट जाती है। यह व्यंग्य उस समय विद्रूप में बदल जाता है जब समाचार माध्यम सरकारी आँकड़े पेश करते हैं कि आज भी 34 फ़ीसदी औरतें अपने पतियों द्वारा की गयी अपनी पिटाई को जायज़ मानती हैं। इस धरती पर पशुओं की प्रजाति से यह नहीं पूछा जाता कि उनके ऊपर हुई हिंसा उचित है या अनुचित क्योंकि वे पुरुषों की दुनिया के साथ भाषाई सम्पर्क नहीं कर सकते। लेकिन स्त्रियाँ पुरुषों के समान ही भाषा के औज़ार से लैस हैं इतिहास पितृसत्ता समाज उनसे पूछ सकता है कि आपकी पिटाई हुई तो क्यों हुई और क्या आप ठीक पिटीं?

बेचारी लिजा रॉय और वह शैतान एलिजाबेथ हर्ले

लिजा रॉय सम्भवतः भूमण्डलीकरण के दौर की सर्वाधिक मशहूर भारतीय मॉडल हैं। बॉम्बे डाइंग से लेकर लॅक्मे तक के उत्पादों की मॉडलिंग करके वे अपने सौंदर्य का लोहा मनवा चुकी हैं और आजकल विज्ञापनों की दुनिया ने उन्हें बेदिंग टब में अपनी 'ग्लोइंग त्वचा का राज' बताने की छूट दे रखी है। ऐसी लिजा रॉय ने अचानक एक दिन तय किया कि अब वे अपनी सेक्सी छवि को बदल कर दिमाग़ वाली औरत के रूप में स्थापित होने की कोशिश करेंगी। लिजा का यह संकल्प भूमण्डलीकरण के सांस्कृतिक प्रवक्ताओं के लिए डंकन और शॉ वाली बातचीत की याद ताजा करने के लिए काफ़ी था। अशोक बैंकर ने अपने कॉलम 'फूटसी' में ऐलान किया कि बिल्लियाँ अपनी त्वचा की लकीरों को नहीं बदल सकतीं। लिजा के बयानों और उसके बाद आये उनके अंग-प्रदर्शन करने वाले विज्ञापनों के एक-दूसरे को काटते यथार्थ का उल्लेख करके बैंकर ने एक ज़ोरदार कहकहा लगाया और आख़िरी फ़ैसला दिया कि बिल्लियाँ विरोधस्वरूप कितनी भी गुर्राएँ, वे अपनी त्वचा की डिजाइन नहीं बदल सकतीं। ज़ाहिर है कि लिजा के सामने दो रास्ते थे—या तो वे अपने संकल्प को पूरा करने के लिए विज्ञापनों की दुनिया को अलविदा कर देती या बाज़ार की ज़रूरतों को पूरा करते हुए धीरे-धीरे अपनी छवि बदलने की कोशिश करती। सम्भवतः उन्होंने दूसरा तरीक़ा अपनाया और अपनी देह-प्रधान छवि के ख़िलाफ़ वक्तव्य देना जारी रखा। इन प्रतिरोध-कथनों की रोशनी में उनके उत्तेजक मुद्राओं वाले चित्र औरत के शोषण के दस्तावेज़ में बदल सकते हैं। बाज़ार में अपनी सुंदर छवि बेचने के बावजूद सुंदरता की क़ैद से मुक्त होने को छटपटाती औरत की जटिलता देखने के लिए जो मानवीय और हमदर्द आँख चाहिए वह बाज़ार के प्रवक्ताओं के पास मिलना मुश्किल है।

लिजा रॉय की ही तरह एक अंतर्राष्ट्रीय सुंदरी है एलिजाबेथ हर्ले जिन्होंने हाल ही में हॉलीवुड की एक हिट फ़िल्म *शैतान* के नारी-संस्करण की भूमिका निभाई है। हर्ले के दिलचस्प विचार बाज़ार के प्रवक्ताओं के लिए रेडीमेड गोला-बारूद की तरह हैं। वे कहती हैं कि औरत अपनी नग्नता से पुरुष को लुभा सकती है लेकिन पुरुष अपनी नगनता से औरत में सिर्फ़ अरुचि ही पैदा कर सकता है। हर्ले का संदेश साफ़ है कि औरत को अपने शरीर का जम कर इस्तेमाल करना चाहिए। स्ट्रिपटीज आयोजित करने वाले बार हर्ले के मुताबिक़ मर्द की जेब ख़ाली करवाने के सबसे सुविधाजनक अड्डे हैं। शो-बिज़नेस की एक महत्त्वपूर्ण हस्ती का यह वक्तव्य बाज़ार के स्त्री संबंधी आग्रहों की पुष्टि करता है। इसलिए इस पर किसी प्रवक्ता को टिप्पणी की ज़रूरत महसूस नहीं होती। वे यही तो चाहते हैं कि स्त्री अपने देह-सौंदर्य के अभिमान में इतराती रहे और एक शताब्दी फिर बीत जाए। 2100 में *टाइम* जैसी कोई पत्रिका सदी के श्रेष्ठ दिमाग़ों के बारे में विशेषांक निकाले तो उनमें कुल जमा एक औरत की भागीदारी हो यानी आइंस्टीन से लेकर गाँधी तक 99 पुरुष हों एवं अपवादस्वरूप मेरी क्यूरी जैसी केवल एक महिला हो।

ललिताजी बनाम बिकनी वाली सुंदरी

मीडिया की दुनिया में बहस छिड़ी हुई है कि विज्ञापनों में गृहिणी के नये रूप में औरत की छवि अधिक आपत्तिजनक है या अंग-प्रदर्शन करती हुई सुंदरी की छवि। विज्ञापन-गुरु प्रह्लाद कक्कड़ ने पिछले साल अगस्त में घोषणा की थी कि औरत की घरेलू छवि दरअसल बिकनी पहनने वाली स्त्री के मुक़ाबले अधिक शोषणकारी है। अगर वे किसी नयी कार के मॉडल को मिनी-वस्त्रों में सुंदरियों के साथ पेश करते हैं तो उस प्रयास में स्त्री के प्रति उनका दृष्टिकोण छिपा हुआ नहीं होता जबकि सिर्फ़ पाउडर ख़रीद कर घर के पैसे बचाने वाली समझदार गृहिणी ललिताजी की छवि अपने सुंदर और सुगढ़ रूप के पीछे नारियों को घर की सीमा में बनाए रखने का आग्रह छिपा रहता है। इस आशय का वक्तव्य देकर प्रह्लाद कक्कड़ अधिकारपूर्वक कहते हैं कि वे औरत की देह का इस्तेमाल करते हैं क्योंकि वह पुरुष की अपेक्षा सौंदर्यशास्त्रीय लिहाज़ से अधिक लुभावनी है। क्रय-शक्ति के मालिक पुरुष हैं और कम वस्त्रों में सुंदर नारी को पेश करके उनसे पैसे ख़र्च करवाए जा सकते हैं।

कक्कड़ का वक्तव्य एलिजाबेथ हर्ले के बयान जैसा ही है। वह ज़्यादा से ज़्यादा यह बताता है कि नारी की छवि के बारे में संचार-क्रांति और उपभोक्ता

क्रांति कितनी दूर तक जा सकती है। बाज़ार की निगाह में मर्द क्रेता है और औरत को परोस कर उसे पटाया जा सकता है। ललिताजी की विख्यात छवि का आगमन विज्ञापन जगत में भूमण्डलीकरण के वर्षों के शुरुआती दौर में हुआ था। उस समय तक तौलियों या स्नानघर के प्रसाधनों का विज्ञापन बनाते समय भी ध्यान रखा जाता था कि नारी-शरीर केवल प्रतीकात्मक ढंग से ही खुला रहे। माइक्रो-मिनी (ड्रेस) उस समय तक उच्च वर्ग में भी प्रचलित नहीं थी। आकर्षक उत्पादों को इस तर्ज पर बेचा जाना शुरू नहीं हुआ था कि उन्हें हासिल करते ही सुंदर स्त्री चुम्बन देने या सम्भोग करने के लिए तैयार हो जाएगी। लेकिन यह भूमण्डलीकरण का शिखर युग है। यहाँ ललिताजी बेकार हो चुकी हैं। इस पात्र की भूमिका करने वाली मॉडल को आजकल कोई काम नहीं देता। आज तो उस मॉडल का जमाना है जो कार में टेस्ट-ड्राइव के लिए एक पुरुष ग्राहक के साथ बैठती है और सम्भोग करके ही बाहर निकलती है। आज उस मॉडल का जमाना है जो ख़ास तरह का परफ़्यूम लगाने वाले पुरुष का चेहरा चुम्बनों से भर देती है। आज के विज्ञापन का संदेश यह है कि सुंदर औरत उसी पुरुष को अपना उपयोग करने देगी जिसके पास क़ीमती और प्रतिष्ठित ब्राण्डों वाली उपभोक्ता जिंसे होंगी। औरत की देह का बिकाऊ इस्तेमाल और वह भी इतने खुले व निर्लज्ज ढंग से अतीत में कभी नहीं हुआ।

दूसरी तरफ़ भूमण्डलीकरण औरत को अपने ही सौंदर्य से अभिभूत करने की सोची-समझी योजना पर भी काम कर रहा है। चूँकि ज़्यादातर औरतें मध्यवर्गीय गृहिणियाँ हैं इसीलिए उसकी कार्यसूची में उन्हीं का काम सबसे ऊपर है। ललिताजी इस बात के लिए चिंतित नज़र आती थीं कि उनके घर के कपड़े कम खर्चे में ज़्यादा साफ़ कैसे धुलें। उन्हें अपने सौंदर्य की इतनी चिंता नहीं थी। सौंदर्य उद्योग का ख़याल है कि अगर इन गृहिणियों में अपने शरीर, त्वचा और चेहरे के लिए ललक पैदा कर दी जाए तो उन्हें विशाल उपभोक्ता वर्ग में बदला जा सकता है।

इसी मक़सद के लिए टीवी की वूमेन मैग़जीनों का नियोजित इस्तेमाल किया जा रहा है। पति को दफ़्तर और बच्चों को स्कूल भेजने के बाद गृहिणियाँ दोपहर में ख़ाली होती हैं। ठीक उसी समय टीवी पर उन्हें अपने बालों को सँवारने, नाखून ठीक रखने, पेडीक्योर और फ़ेशियल करने की विधियाँ और उनके फ़ायदे सिखाए जाते हैं। प्रशिक्षण देने वाली होती हैं पूर्व विश्व सुंदरियाँ, सौंदर्य विशेषज्ञ या मशहूर मॉडल्स। दोपहर के बाद इन कार्यक्रमों का प्रसारण दोबारा आधी रात के क़रीब होता है। *जी टीवी* का *ख़ूबसूरत* नामक कार्यक्रम पूर्व मिस इण्डिया

गुल पनाग पेश करती हैं। इसमें प्रसाधन विशेषज्ञ और फ़ैशन डिजाइन अतिथि के रूप में गृहिणियों को उनके व्यक्तित्व के विकास के लिए प्रेरित करती हैं।

स्टार प्लस का कार्यक्रम *मेरी सहेली* किसी न किसी मशहूर औरत का साक्षात्कार पेश करता है और गृहिणियों की वैवाहिक समस्याओं के बारे में जवाब-सवाल किये जाते हैं। प्रायः इन समस्याओं और सवाल-जवाबों को कुछ इस तरह डिजाइन किया जाता है कि नर-नारी विषमता का मुद्दा न उभर सके। औरत को घर के लिए ज़्यादा से ज़्यादा उपयोगी बनाने पर या ज़्यादा से ज़्यादा सुंदर बनाने पर ज़ोर रहता है।

अपने ही सौंदर्य और घर की क़ैद में फँसी औरत भूमण्डलीकरण के लिए सर्वाधिक सुविधाजनक है। वह पहले विश्व सुंदरी प्रतियोगिताओं और फ़ैशन जगत के माध्यम से सौंदर्य की प्रतिमूर्तियाँ गढ़ता है और फिर उन्हें नानाविध रूपों में उपभोक्ताओं के सामने परोस कर अपना माल बेचता है। ऐसा पहले भी होता था लेकिन तब उसकी सीमा छोटी थी और उसकी तीव्रता कहीं मंद थी। बाज़ार में ब्रांड के साथ स्त्री-देह की उपलब्धता को इतने निर्लज्ज और सम्पूर्ण ढंग से अतीत में कभी नहीं जोड़ा गया था।

पिटती हुई औरतः 'मेल फ़ेमिनिज़्म' और बिम्बोवाद

चूँकि औरत में सुंदरता और ज्ञान का संगम नहीं हो सकता इसलिए उसके लिए बाज़ार के प्रवक्ताओं ने 'बिम्बो' शब्द बनाया है। ऑक्सफ़र्ड डिक्शनरी बताती है कि बिम्बो का अर्थ है दिमाग़ से ख़ाली एक सुंदर और युवा औरत। पॉप संगीत की दुनिया के पास एक से बढ़ कर एक बिम्बो सुंदरियाँ हैं जो घोषणापूर्वक अपने बिम्बो होने को गर्व से प्रस्तुत करती रहती हैं। ब्रिटनी स्पीयर्स, जेनिफ़र लोपेज, स्पाइस गर्ल्स सभी बिम्बो हैं। इनके गीत कुछ इस मूर्खतापूर्ण तर्ज पर होते हैं: इफ़ यू वांट टु बी माई लवर, यू हैव गॉट्टा बी माई फ्रेंड। *एली मेकबील* और *डर्मा ऐंड ग्रेग* ऐसे ही लोकप्रिय टीवी सीरियल हैं जिनकी नायिकाओं की कल्पना-शक्ति बेहद सीमित है। इन्हीं की नकल में भारतीय टीवी मलाइका अरोड़ा और नफ़ीसा जोसेफ़ जैसी न जाने कितनी बिम्बो लड़कियों से अँटा पड़ा है जो अपनी हर हरकत से महिलाओं को ख़ूबसूरत बनने का संदेश देती नज़र आती हैं। यह सवाल पूछा जा सकता है कि कभी कोई सामान्य रूप से सुदर्शन और विदुषी महिला किसी टीवी कार्यक्रम की एंकर क्यों नहीं बनती। दोपहर में *ख़ूबसूरत* और *मेरी सहेली देख* कर सुंदर व कमनीय होने की अतृप्त महत्त्वाकांक्षा से पीड़ित ललिताजी रात में मलाइका और नफ़ीसा को देख सकती हैं।

अधिकांशत: घर के काम में व्यस्त रहने वाली इस गृहिणी के दरवाज़े पर भूमण्डलीकरण के इस युग में सर्वेक्षण करने वाले भी आते हैं। वे पूछते हैं कि क्या आपके पति आपको पीटते हैं और अगर पीटते हैं तो क्या अपनी पिटाई को आप ठीक समझती हैं। सर्वे करने वाला ललिताजी को उन विभिन्न आधारों की जानकारी भी देता है जिनके आधार पर उनकी पिटाई को जायज़ या नाजायज़ ठहराया जा सकता है : ललिताजी ने खाना अच्छा नहीं बनाया, पति के साथ बदतमीज़ी की, बिना इजाज़त घर से बाहर गयीं या पति को उनके चरित्र पर संदेह है। इस देश की 56 फ़ीसदी ललिताओं ने इनमें से किसी न किसी आधार पर पति की पिटाई को उचित क़रार दिया। राष्ट्रीय परिवार स्वास्थ्य सर्वेक्षण के ये नतीजे समाचार माध्यमों ने सुर्खियों में प्रकाशित किये। इनमें एक भी अख़बार या पत्रिका नहीं थी जिसने इस सर्वेक्षण के महिलाओं के लिए सकारात्मक पहलू की तरफ़ ध्यान आकर्षित किया हो कि सौ में से चवालीस औरतें मुखर होकर घरेलू हिंसा के ख़िलाफ़ बोलीं। चवालीस औरतों की जागरूकता ख़बर नहीं बनी लेकिन छप्पन औरतों की दयनीयता और मजबूरी ख़बर बन गयी। मीडिया ने निष्कर्ष निकाला कि महिलाओं का सशक्तीकरण अभी दूर है।

पिटती हुई 56 फ़ीसदी ललिताओं की आत्महीनता के बावजूद भूमण्डलीकरण की दुनिया पर छाए हुए मर्द 44 फ़ीसदी ललिताओं की छवि नहीं उभरने देना चाहते लेकिन कहीं न कहीं उनसे त्रस्त ज़रूर हैं, इसलिए उनके ख़िलाफ़ वे धीरे-धीरे *मेल-फ़ेमिनिज़्म* के प्रत्यय की रचना कर रहे हैं। पुरुष-नारीवाद की यह विरोधाभासी अभिव्यक्ति एक ओर नारीवाद का मज़ाक़ उड़ाती है और दूसरी ओर मर्दवादियों की आगामी रणनीति को रेखांकित करती है। इस रणनीति में मनोविज्ञान के अधकचरे शोधों से निकाले गये समाजशास्त्रीय नतीजों का चालाकी पूर्ण दुरुपयोग भी शामिल है। इस विचार का मुख्य वाहक अभी मीडिया और उसके 'त्वरित विश्लेषकों' का जमावड़ा ही है।

मीडिया बाज़ार द्वारा कराये गये किसी भी सर्वेक्षण को हाथों-हाथ लेता है इसलिए मेल-फ़ेमिनिज़्म को विचार-रचना सबसे पहले जन-संस्कृति के धरातल पर होती दिखाई दे रही है। अकादमीशियनों ने अभी इस धारणा को छुआ भी नहीं है। पहले चरण में मर्दवादी कहते हैं कि दफ़्तरों में कार्यरत महिलाएँ उन गुणों को अपनाती जा रही हैं जो पुरुषों की विशिष्टता समझे जाते हैं। अपने अधीनस्थों से काम लेने के मामले में वे पुरुष बास से भी ज़्यादा कठोर और आक्रामक प्रदर्शन करती हैं। लेडी बॉस के नीचे काम करना एक समस्या है। अपना रंग-रुतबा ग़ालिब करने के लिए वे किसी भी सीमा तक जा सकती हैं।

दूसरे चरण में मर्दवदी दफ़्तर में हावी महिला अधिकारी की घरेलू भूमिका पर टिप्पणी करता है। वह दावा करता है कि आर्थिक आज़ादी प्राप्त होने के बाद इस औरत ने मर्द को घर के मुखिया की पदवी से च्युत कर दिया है। अधिक जागरूक, अपने प्रश्नों पर खड़ी और अपनी बात मज़बूती से कहने वाली पत्नी को वह छोटे परिवार के नये केंद्र के रूप में पेश करता है। दिखाया जाता है कि कमाऊ पत्नी घर में भी बॉस है और घर के लिए राशन ख़रीदने से लेकर बच्चों के लिए स्कूल चुनने तक, रिश्तेदारों से संबंध रखने से लेकर घर में पति के माँ-बाप की हैसियत तक के मामले में उसी की चलने लगी है। यहाँ तक कि वह कार और नया घर ख़रीदने जैसे निर्णयों में भी अपनी बात मनवाने की कोशिश करने लगी है। तीसरे चरण में इन परिस्थितियों के परिणामस्वरूप 'पुरुष-नारीवाद' की परिकल्पना उभरती है अर्थात् नारियाँ पुरुष बनती जा रही हैं और पुरुष नारियों की तरह अपनी सत्ता खोकर उत्पीड़ित की भूमिका में आता जा रहा है।

पितृसत्ता के नये रूप

औरत की आज़ादी के संदर्भ में भूमण्डलीकरण का भूगोल उस समय प्रति-भूगोल में बदल जाता है जब यूरोपीय पुनर्जागरण और ज्ञानोदय की कोख से जन्मे अधिकांश विचार और संस्थाएँ नारी-मुक्ति के प्रश्न को बाज़ार और पूँजी के उन्मुक्त प्रवाह के मातहत कर देते हैं। उन्नीसवीं सदी में पूँजीवाद आधुनिकता की सर्वाधिक शक्तिशाली आर्थिक अभिव्यक्ति बन कर उभरा था। समाजवादी चिंतकों ने भी उद्योगीकरण को मानव मुक्ति का प्रमुख वाहक क़रार दे कर सूत्रीकरण किया था कि अगर पूँजी को निजी हितों की सेवा से हटा कर सामाजिक हितों के पक्ष में खड़ा कर दिया जाए तो उसकी प्रतिगामी भूमिका को कल्याणकारी चरित्र में तबदील किया जा सकता है। बेबेल जैसे समाजवादी विचारकों ने घोषणा की थी कि मशीनी सभ्यता नारी को आज़ाद कर देगी। मार्क्स की मान्यता थी कि एक श्रमिक के रूप में औरत जैसे ही घर की देहरी से बाहर निकल कर पुरुष श्रमिक के बराबर हैसियत प्राप्त करेगी, नर-नारी संबंध एक नये धरातल पर पहुँचना शुरू हो जाएँगे। जेम्स स्टुअर्ट मिल जैसे उदारतावादी सिद्धांतकार ने स्त्री के सम्पत्ति संबंधी अधिकारों में रेडिकल फेरबदल को अपील की थी। इस तरह समता का विचार, आधुनिकीकरण, उद्योगीकरण, सम्पत्ति संबंधों की पुनर्व्याख्या, राज्य-संस्था की हस्तक्षेपकारी भूमिका आदि कारकों को नारी के लिए आमतौर पर मुक्तिकामी मान लिया गया था। पूँजीवाद के पहले और दूसरे चरणों में नारीवादियों को भी ये संस्थाएँ और विचार अपने आंदोलन के लिए उपयोगी

लगे। उन्होंने पितृसत्ता के स्रोत मुख्यत: परम्परा, धर्म और रीति-रिवाज़ों में निहित माने। उन्होंने कहा कि इन्हीं उद्गमों से फूटी विवाह और परिवार जैसी संस्थाएँ एवं इतर-लिंगी यौन संबंधों की अनिवार्यता ने नारी को बंधनों में जकड़ रखा है।

भूमण्डलीकरण पूँजी आज तक प्रकट हुए सर्वाधिक संकेंद्रित और प्रभुत्वशाली रूप का नाम है। यह पूँजीवाद के तीसरे चरण का प्रतिनिधित्व करता है। इसने बाज़ार का एकीकरण करते हुए उसका चौतरफ़ा बोलबाला कर दिया है। इस प्रक्रिया ने बहुत कम समय में, केवल बीस वर्ष की अल्पावधि में ही, भूमण्डलीकरण के राज्य और पूँजीवादी आधुनिकीकरण को परम्परा, धर्म और रीति-रिवाज़ों के एजेंट का रूप देने में सफलता प्राप्त कर ली है। राज्य पहले भी पितृसत्ता के इन तीनों जनकों के साथ हेल-मेल करता रहता था और पूँजीवादी आधुनिकता का एक बड़ा अंश परम्परानिष्ठ विचारों का समर्थक था, लेकिन उस हालत में भी राज्य आधुनिकता के बुनियादी विचार में कहीं न कहीं पितृसत्ता का प्रतिकार बन कर मुखर होता रहता था। भूमण्डलीकरण ने बाज़ार को अंतिम मंजिल बनाकर यह संतुलन बिगाड़ दिया है। औरत के लिए इसके विनाशकारी नतीजे निकले हैं।

एशियाई और अन्य विकासशील देशों के संदर्भ में भूमण्डलीकरण की यह नारी-विरोधी भूमिका और भी स्पष्ट होकर उभरती है। एशियन रीजनल एक्सचेंज़ फ़ॉर न्यू आल्टरनेटिव्ज़ (एरिना) नामक संस्था द्वारा आयोजित एक कार्यशाला में शामिल कई नारीवादी विद्वानों ने निष्कर्ष निकाला है कि भूमण्डलीकरण ने पितृसत्ता के पहले से चले आ रहे रूपों को मज़बूत ही नहीं किया है वरन् कुछ नये रूपों की भी रचना की है। उसने कुछ अर्थों में आधुनिकीकरण को भी पितृसत्ता की सेवा में लगा दिया है। लैंगिक तटस्थता का नारा बुलंद करते हुए बाज़ार ने राष्ट्र-राज्य की भूमिकाओं को सीमित करके फ़ैक्ट्री और दफ़्तर के कार्यस्थल को लैंगिक शोषण के अड्डे में बदलने में सफलता हासिल की है। रोज़गार के मोर्चे पर उसकी प्राथमिकता आज भी वही है— औरतों के लिए परिवार और पुरुषों के लिए धनार्जन। औरतों को सर्वाधिक रोज़गार देने वाली प्रणाली ने घर की देहरी पार करने वाली हर श्रमिक औरत को घर और लालन-पालन में बाँधे रखने का कारनामा कर दिखाया है। बाज़ार ने नर-नारी संबंधों के पारम्परिक वैषम्य को कभी नहीं टूटने दिया। नारी-श्रम से अतिरिक्त मूल्य कमाने की जुगाड़ में वह इस विषमता को अपना मुख्य औज़ार बना चुका है। पितृसत्ता के नये रूपों के बारे में एरिना का अध्ययन कई उदाहरणों के ज़रिये बताता है :

(1) भूमण्डलीकरण ने महिलाओं के लिए रोज़गार के नये अवसर मुहैया

किये क्योंकि उसे नारी-श्रम की ज़रूरत थी। इस चक्कर में औरत को कुछ आज़ादी और हैसियत मिली लेकिन कार्यस्थल पर उसकी कार्यदशाएँ बेहतर नहीं हुईं, न ही उन्हें घर के काम-काज से छुट्टी मिली। औरतों ने यह भी पाया कि उपभोक्ता क्रांति के दबाव में उनकी आमदनी अनिवार्य और दीर्घकालीन हित के कामों में ख़र्च होने के बजाय फ़ौरी क़िस्म की शॉपिंग में बरबाद हो रही है। ग़रीब औरतों ने पाया कि अंतर्राष्ट्रीय संस्थाओं के दबाव में राज्य अब विभिन्न क्षेत्रों में मिलने वाली सबसिडी में कटौती कर रहा है। महँगाई से लड़ने की मजबूरी ने उन्हें अल्पावधि रोज़गारों में धकेला जहाँ उनके श्रम का मनमाना शोषण किया गया। जो महिलाएँ आर्थिक रूप से आत्मनिर्भर हुईं उन्होंने पाया कि इसका हमेशा ही सकारात्मक नतीजा नहीं निकला। कमाई के ज़रिये तलाशने के चक्कर में वे भूमण्डलीकरण की होड़ में पिछड़ती जा रही सरकारों और अपराधी गिरोहों की मिली-जुली साज़िश का शिकार हो गयीं। निर्यातोन्मुख विकास का मतलब औरतों का निर्यात हो गया।

(2) पुरुषों को लगा कि रोज़गार के क्षेत्र में महिलाएँ उनके साथ होड़ कर रही हैं। चीन जैसे स्वघोषित समाजवादी देश में भी अस्सी के दशक के आख़िरी वर्षों से पुरुषों की तरफ़ से महिलाओं के लिए 'गो होम' नारा दिया जाने लगा। पत्र-पत्रिकाओं में इस तरह के लेखों की बाढ़ आ गयी जिनमें समझाया गया कि विवाह करना और परिवार चलाना ही औरत के लिए सर्वाधिक उचित है। जापान की मिसाल दी गयी कि वहाँ औरतों ने घर सँभाला इसलिए पुरुष-श्रमिक अधिक उत्पादकता दे पाया जिससे औद्योगिक पुनर्निर्माण सम्भव हुआ। इसके अलावा विदेशी निवेश को बढ़ावा देने के लिए बने निर्यात संवर्धन क्षेत्रों में चीनी सरकार ने महिलाओं के हर तरह के खुले शोषण की छूट दे दी जिससे समाजवादी राज्य के तहत महिलाओं को मिले फ़ायदे उतने प्रभावी नहीं रह गये। महिलाओं को प्राकृतिक रूप से कमज़ोर बताया जाने लगा और सुझाव दिया गया कि अगर पाँच से दस फ़ीसदी औरतों को नौकरी से निकाल दिया जाए तो शहरी रोज़गार की समस्या आसानी से हल हो सकती है।

(3) कई एशियाई देशों में फ़ौज आधुनिकीकरण की वाहक़ बनकर सामने आयी उसने कट्टरपंथियों के साथ तालमेल कर लिया। पाकिस्तान का महिला विरोधी हुदूद अध्यादेश केवल फ़ौजी तानाशाही में ही पारित हो सकता था। मलेशिया में औरतों से कारख़ानों में काम लिया गया, साथ ही राज्य ने पुरुषों को महिला-विरोधी इस्लामिक परिवार क़ानून मानने वाले केलतान प्रदेश में जाकर एक से ज़्यादा विवाह करने की इजाज़त दे दी। ऊपर से श्रमिक महिलाओं की

धार्मिक शिक्षा का इंतज़ाम कारख़ानों के अंदर ही किया जाने लगा। इण्डोनेशिया के आधुनिकीकरण में प्रमुख भूमिका निभाने वाली फ़ौज ने महिलाओं को परिवार और घर के दायरे में क़ैद करने की मुहिम चलायी। भारत में फ़ौज तो राजसत्ता से दूर रही लेकिन यहाँ भूमण्डीलकरण और दक्षिणपंथी परम्परावादियों का उभार साथ-साथ हुआ। भारत की सरकार ऐसे तमाम तत्वों और संगठनों को देशभक्त और संस्कृति-रक्षक मानती है जो लड़कियों पर वस्त्र-संहिता लादते हैं और किसी भी तरह की वैकल्पिक जीवन-शैली का हिंसक विरोध करते हैं।

(4) आधुनिकीकरण करने में लगी सरकारों ने अक्सर महिला-मुक्ति के लिए संघर्षरत संगठनों को भी अपने साथ मिलाया। लेकिन संगठनों ने राज्य के साथ मिल कर काम करते हुए अक्सर पाया कि नतीजे ठीक उलटे निकल रहे हैं। मसलन, मलेशिया में महिला संगठन घरेलू हिंसा अधिनियम बनवाने के लिए कई वर्ष तक सरकार से सहयोग करते रहे लेकिन जब क़ानून बना तो उन्होंने पाया कि उसमें हिंसा करने वाले पुरुषों के बच निकलने की कई गुंजाइशें छोड़ दी गयी हैं।

महिला संगठनों को यह सीमित क़ानून बनवाने के लिए तरह-तरह के समझौते करने पड़े और कई उसूलों को छोड़ना पड़ा। भारत का महिला-विकास कार्यक्रम चलाने के लिए आर्थिक सहायता देने वाली संस्थाओं, महिला-संगठनों और सरकार के बीच तितरफ़ा सहयोग की प्रक्रिया चली। महिला संगठनों ने पाया कि अंततः यह कार्यक्रम भी औरतों के प्रति पितृसत्तात्मक रवैया रखते हुए माई-बाप की भूमिका में आ गया। भूमण्डलीकरण के कारण लोकतांत्रिक गतिविधियों का क्षेत्र उत्तरोत्तर संकुचित होता चला गया, जिससे महिला संगठन उन दायरों में सिमट जाने के लिए मजबूर होते जा रहे हैं जिन्हें राज्य की स्वीकृति प्राप्त है। राज्य स्वयं महिला-मुक्ति की भाषा के अलंकारों को इस्तेमाल करके इस प्रक्रिया को प्रोत्साहित करता है लेकिन अंत मे यह पितृसत्ताओं के आगार की तरह पेश आता है और ज़रूरत पड़ने पर महिलाओं के दमन से भी पीछे नहीं हटता।

वेश्यावृत्ति, महिलाओं का व्यापार और बलात्कार जैसी हिंसाओं के संबंध में देखा गया है कि भूमण्डलीकृत राज्य ने फ़ौजी अथवा संसदीय रूपों में इन प्रवृत्तियों को खुले या दबे-छिपे ढंग से मजबूत ही किया है। सामंती जापान में औरत को रंग-रेलियों का संसाधन माना जाता था और कॉरपोरेट जापान में उसे तनाव और काम के दबाव से राहत देने का माध्यम क़रार दे दिया गया है। कम्पनियों के मैनेज़र मानते हैं कि बेहतर अधिकारी होने के लिए ही नहीं, बेहतर पति और पिता होने के लिए भी वेश्यागमन एक साधन हो सकता है।

इस प्रवृत्ति का महिलाओं द्वारा विरोध किये जाने पर अर्थव्यवस्था का यह गोपनीय क्षेत्र खुलकर सामने आ गया है और महिला संगठनों को दमन झेलना पड़ रहा है।

जापानी 'पुरुष सेक्स' की खोज में सीमा पार भी जाने लगे हैं और इस तरह एशिया में भूमण्डलीकरण का केंद्र जापान अन्य देशों और संस्कृतियों को भी प्रदूषित कर रहा है। यौन-कर्मी के रूप में औरतों का व्यापार पूँजी के अंतर्राष्ट्रीय प्रवाह द्वारा नियंत्रित है। निर्यात संवर्धन क्षेत्रों में काम करने वाली महिला श्रमिक कभी भी अपनी सीमा लाँघ कर यौन-कर्मी बनने के लिए मजबूर है। काम की तलाश में सीमाएँ पार करती औरतें भयानक हिंसा के अंदेशों का सामना करती हैं।

फ़िलीपींस जैसे भूमण्डलीकृत अर्थतंत्र इन पहलुओं की उपेक्षा करके अपनी औरतों के अधिकाधिक निर्यात में जुटे हुए हैं। थाईलैण्ड का उदाहरण बताता है कि 1987-95 के बीच का आर्थिक उछाल काफ़ी कुछ महिला श्रम पर आधारित था। मंदी और अन्य संकटों के आने पर इन्हीं महिलाओं को बड़े पैमाने पर आमदनी जारी रखने के लिए यौन-कर्मी बनना पड़ा।

भूमण्डीलीकृत राज्य ने क़ानून के पितृसत्तात्मक स्वरूप को बदलने की कोशिश नहीं की। कहीं भी क़ानून स्वीकार नहीं करता कि पति भी बलात्कार कर सकता है। न्यायपालिका आमतौर पर औरत के ख़िलाफ़ फ़ैसले देती है। नारीवादी क़ानून बनाने की माँग पर अभी तक किसी राज्य ने काम नहीं किया है।

एरिना द्वारा किये गये इस अध्ययन से काफ़ी कुछ साफ़ हो जाता है कि भूमण्डलीकरण ने राज्य और आधुनिकीकरण को महिला-मुक्ति की परियोजना से पृथक् करने की कोशिश की है। इस रूप में उसने नयी पितृसत्ताओं का सृजन किया है जो पहले से स्थापित पितृसत्ताओं को और सुदृढ़ करती हैं। उसने एक तरफ़ लैंगिक तटस्थता का दावा किया है और दूसरी तरफ़ विकास के नाम पर महिला-संगठनों की भाषा को भी अपनाया है ताकि इन प्रच्छन्न पितृसत्ताओं का सूत्रीकरण होने में बाधा न पड़े।

(यह विश्लेषण इण्डियन एक्सप्रेस, बिज़नेस मेल, हिंदुस्तान टाइम्स, टाइम्स ऑफ़ इण्डिया, द एशियन एज, द हिंदू और पॉयनियर में छपी रपटों और लेखों के आधार पर तैयार किया गया। पितृसत्ता के नये रूपों के बारे में विस्तृत अध्ययन के लिए देखें, उर्वशी बुटालिया (सम्पा.) (1999), *रिसर्जेंट पेट्रियार्कीज : चेलेंजेज फ़ॉर वूमेंस मूवमेंट्स इन एशिया, नेंग, मागनो, लाउ किन ची, एरिना, हांगकांग)*

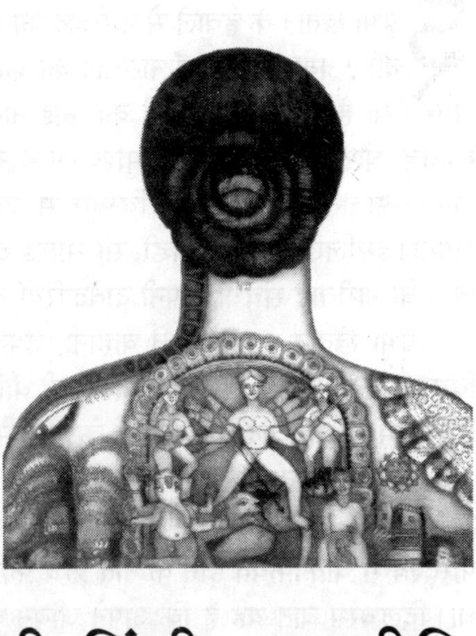

नारीवाद की हिंदी–राजनीति

प्रभा खेतान के बहाने

इस लेख का शीर्षक पढ़ कर पाठकगण थोड़ा ताज्जुब में पड़ सकते हैं। प्रभा खेतान के हवाले से नारीवाद की राजनीति? वह भी हिंदी के नारीवाद की? क्या हमारे यहाँ नारीवाद की कोई राजनीति अभी तक बन पाई है? अगर ऐसा है भी तो क्या हिंदी का कोई नारीवाद अलग से है? क्या यह सब गड़बड़-घोटाला हमें वैचारिक मुश्किलों में नहीं डालता? ज़ाहिर है कि ये कोई आसान सवाल नहीं हैं। इन्हें विस्तार से जवाबों की दरकार है जिसमें समय लगेगा। इसलिए संक्षेप में थोड़ी-सी सफ़ाई देने के बाद मैं प्रभा खेतान के बहाने हिंदी के नारीवाद संबंधी अपनी दावेदारियों की शुरुआत करूँगा।

प्रभा खेतान सबसे पहले कहानी, उपन्यास, कविता और आत्मकथा की विख्यात रचनाकार थीं। उसके बाद उनकी बौद्धिक शख़्सियत का वह पहलू आता है जिसमें वे नारीवादी विमर्शकार के रूप में उभरती हैं जिसके तहत अनुवाद और मौलिक रचनाओं के माध्यम से उन्होंने अपने लिए ख़ास ज़मीन बनाने का उद्यम किया। दर्शनशास्त्र की पृष्ठभूमि होने और ख़ास तौर से फ्रांसीसी दार्शनिक परिदृश्य से वाक़फ़ियत होने के नाते फ्रेंच फ़ेमिनिज़म का उन्होंने अध्ययन किया था। दिलचस्प बात यह है कि अपने जीवन के आख़िरी वर्षों में भूमण्डलीकरण की आलोचना के मार्फ़त उन्होंने नारीवाद की जिन निष्पत्तियों का सूत्रीकरण किया, वे फ्रांसीसी नारीवाद के संक्रामक प्रभाव से काफ़ी-कुछ मुक्त थीं। आख़िरी दौर के इस लेखन में प्रभा खेतान मुक्त स्त्री की सम्भावनाओं को उस जैविक अनिवार्यता (बायलॅजीकल इसेंशियलिज़म : हिंदी में कहीं-कहीं इसे जैविक तात्त्विकतावाद भी कहा गया है) के खाँचे में रख कर देखने से इनकार करती हैं जिसमें फ्रेंच फ़ेमिनिज़म काफ़ी अरसे तक फँसा रहा। स्त्री को जैविक रूप से भिन्न मानने का आग्रह मूलतः एक सही आग्रह था जिसने नारीवादी वैचारिकी को तेज़ गति से आगे बढ़ाया। पर, जैसे ही यह आग्रह इसेंशियलिज़म के चक्कर में फँसा, इसने नारीवादी विचार का नुक़सान करना शुरू कर दिया। यह सोच कर अच्छा लगता है कि फ्रेंच नारीवाद के प्रति विशेष मोह होने के बावजूद प्रभा खेतान का चिंतन इससे छूट पाने में समर्थ हुआ।

उन्होंने कभी यह दावा साफ़ तौर से नहीं किया, पर मुझे उनकी आख़िरी रचनाएँ पढ़ कर हमेशा लगता रहा कि वे किसी न किसी प्रकार एक भारतीय

क़िस्म के नारीवाद की खोज में थीं। वे उन सूत्रों को टटोल रही थीं जिनसे शायद एक ऐसे देशज नारीवाद की पूर्वपीठिका तैयार हो सकती थी जो पश्चिमी नारीवाद से सुपरिचित तो हो, पर उसे उसी रूप में स्वीकार न करता हो जिस रूप में उसे हमें थमाया गया है। शायद इसीलिए उन्होंने पुराणों, धर्मशास्त्रों और स्मृतियों के अध्ययन का बीड़ा उठाया। इसी अध्ययन के शुरुआती नतीजों के तौर पर उनके पास सैकड़ों पृष्ठों का एक ऐसा जख़ीरा जमा हो गया था जिसमें उनके अवलोकन, टीका-टिप्पणियाँ और आलोचनाएँ दर्ज थीं।

समय ने प्रभा खेतान को अपने इस चिंतन पर एक दूसरी निगाह डालने का मौक़ा नहीं दिया। लेकिन, अगर उनके इस प्रयास को उनके द्वारा की गयी भूमण्डलीकरण की आलोचना से मिला कर देखा जाए तो तस्वीर कुछ-कुछ साफ़ होनी शुरू हो जाती है। यह एक ऐसी तस्वीर थी जिसमें मार्क्सवाद के ज़रिये संसाधित हुए पुराने समाजवादी नारीवाद के रंग तो थे ही, साथ में परिवार की संस्था को नारी-मुक्ति के संघर्ष-क्षेत्र के रूप में भी देखा गया था। अपनी इस बौद्धिक कोशिश में वे पश्चिमी नारीवाद की तर्ज पर परिवार को ख़ारिज करने के बजाय मानती हुई दिखती हैं कि भारतीय नारी इस दायरे में अपने अधिकारों की क्रमशः प्राप्ति कर सकती है। कहना न होगा कि प्रभा खेतान का यह विचार और अधिक बौद्धिक जद्दोजहद की माँग करता है। पर, भारतीय नारीवादी आंदोलन की जितनी समझ मेरे पास है, उसके मुताबिक़ मुझे यह कहने में कोई संकोच नहीं है कि परिवार की संस्था में सम्भावनाएँ देखने के ज़रिये वे जाने-अनजाने नारीवाद की एक भारतीय क़िस्म को हाशिये से निकाल कर मुख्य फ़ोक़स में ही ला रही थीं। हो सकता है कि वे परिवार के नये रूपों की तलाश में हों? हम देख सकते हैं कि किस तरह एक नया परिवार बसाने का प्रयोग उनकी ज़िंदगी के निजी दायरों को लगातार प्रभावित करता रहा था। अगर वे हमारे बीच रहतीं तो आगे चल उनके क़दम किस रास्ते पर जाते, यह कहना मुश्किल है। पर मेरे सामने इतना तो साफ़ है ही कि उनकी विरासत मेरे जैसे व्यक्ति या व्यक्तियों से क्या माँग कर रही है।

प्रभा खेतान की विरासत मुझसे कहती है कि मैं उन भारतीय जड़ों की तलाश करूँ जो स्त्री के प्रश्न को आधुनिक विमर्श के संदर्भों में हमारे अपने समाज का व्यावहारिक और कारगर प्रश्न बनाती हैं। यहाँ मैं व्यावहारिकता पर विशेष ज़ोर देना चाहता हूँ, क्योंकि इसी के ज़रिये हमारे समय की बौद्धिकताएँ चाय के प्याले में तूफ़ान उठाने की सीमाओं से निकल कर समाज को बदलने का औजार बनती हैं। जैसा कि हम जानते हैं कि अगर किसी वैचारिकी को

समाज परिवर्तन का उपादान बनना है तो उसे स्वयं को अपने तरह की राजनीति के रूप में सूत्रीकृत करना होता है। इसलिए नारीवाद के लिए लाज़िमी है कि वह अपनी एक राजनीतिक रूपरेखा बनाए। दिलचस्प बात यह है कि इस राजनीतिक रूपरेखा की ज़मीन अचेत रूप से ही सही, पर हमारे-आपके बीच पहले से पक रही है। सिर्फ़ हिंदी के दायरे पर नज़र डालने से ही इसके कई आख्यान और ब्योरे अपनी पूरी पेचीदगी के साथ मिल सकते हैं। इन आख्यानों की शिनाख़्त कर लेने से हमें हिंदी के नारीवाद और उसके ज़रिये समग्र रूप से भारतीय नारीवाद को समझने में मदद मिल सकती है। हिंदी की नारीवादी दुनिया बहुत विशाल और विविधतासम्पन्न है। इसकी घटनात्मकता में एक सतत प्रवाह है। हम जानते हैं कि अंतर्विरोधों के बिना अग्रगति सम्भव नहीं है। दरअसल, प्रवाह बनता ही अंतर्विरोधों से है। मैंने प्रभा खेतान के बहाने तीन प्रमुख अंतर्विरोधों के माध्यम से इसे पहचानने की कोशिश की है।

स्त्री-अधिकारों की दावेदारी बनाम स्त्री-देह का प्रश्न

पिछले दिनों हिंदी की दुनिया में काफ़ी शिद्दत से उभरा यह अंतर्विरोध एक आकर्षक विवाद का रूप ले चुका है। हालाँकि यह तय होना बाक़ी है, पर पहली नज़र में लग सकता है कि आगे चल कर यही विवाद हिंदी के नारीवाद को परिभाषित करेगा। इस विवाद में दो तरह की प्रस्थापनाएँ आपस में टकरा रही हैं।

एक प्रस्थापना मोटे तौर पर नारीवाद को स्त्री के आर्थिक-सामाजिक-राजनीतिक अधिकारों की दावेदारी तक सीमित मान कर चलती है। जैसे ही अधिकारों की चौहद्दी नारी के अंतरंग जीवन में प्रवेश करती है, परिवार और विवाह की संस्था को प्रश्नांकित करती है, इस पक्ष को आपत्ति होने लगती है। यह पक्ष स्त्री की यौनेच्छा को ग़ौर करने के क़ाबिल ही नहीं मानता। उसने 'देह विमर्श' नामक एक फ़िक़रा गढ़ लिया है जिसे वह कभी उपहास और कभी आक्षेप की तरह इस्तेमाल करता रहता है। जेण्डर को क्लास के नेतृत्व में चलाने की परियोजना नाकाम हो जाने के बाद पुराने क़िस्म के मार्क्सवादी स्त्री-पुरुष भी अब फ़ेमिनिज़म की आड़ ले कर इसी पाले में आ कर बैठ गये हैं। इनमें कोई सिर्फ़ पॉलिटिकल इकॉनॉमी से फ़ेमिनिज़म निकाल लेना चाहता है, तो कोई लेनिन और क्लारा ज़ेटकिन के संवाद से आगे ही नहीं बढ़ पाया है। बदलते हुए समाज के दबाव में स्त्री-पुरुष संबंधों को फिर से गढ़े जाने के आग्रह से आहत शुद्धतावादी भी अपना चोला बदल कर इसी जमात में बैठे हुए हैं। ये तमाम मार्क्सवादी और शुद्धतावादी किसी जमाने में अपने-अपने नज़रिये से फ़ेमिनिज़म

के ख़िलाफ़ हुआ करते थे, पर आज नारीवाद का खुला विरोध करना 'पॉलिटिकली इनकरेक्ट' हो गया है, इसलिए उन्होंने इस वैचारिकी को अधिकारों के विमर्श में ही सीमित कर देने की परियोजना अपना ली है।

दरअसल, ये सब लोग सेक्शुअलिटी के विमर्श को हिकारत की निगाह से देखते हैं। मुश्किल यह है कि सेक्शुअलिटी का विमर्श रोके नहीं रुक रहा है। कभी वह वैकल्पिक यौनिकताओं के आंदोलन के रूप में स्वयं को व्यक्त करता है, और कभी समाज में उभर रहे प्रेम के नये रूप उसकी झण्डाबरदारी करते हैं। यह विमर्श कभी तलाक़ के मुक़दमों की बढ़ती संख्या के रूप में चौंकाता है, कभी 'लिव-इन रिलेशनशिप' के आधार पर बने कहीं अधिक लोकतांत्रिक परिवार का नया स्थापत्य बनाता दिखाई देता है और कभी उपभोक्ता क्रांति के हमलावर और सर्वग्रासी रवैये के रूप में सताता है। कभी ख़ुद को सेक्स-वर्कर घोषित कर चुकी वेश्याओं के घोषणापत्र की चुनौती इसी विमर्श को अभिव्यक्त करती है। बदलते हुए समाज से त्रस्त हो कर 'देह विमर्श' की प्रतिक्रिया में इस पक्ष का रवैया काफ़ी उग्र हो चुका है। इसका प्रमाण अर्चना वर्मा की रहमदिल अगुआई और सुधा अरोड़ा की सिपहसालारी में निकले *कथादेश* के एक अंक के रूप में मौजूद है। इस अंक में इस्तेमाल की गयी भाषा और अपनाए गये लहज़े के हिसाब से 'देह विमर्श' में लगे हुए हर पुरुष की हैसियत रंडियों के दलालों से अधिक नहीं है, और ऐसी हर स्त्री ज़्यादा से ज़्यादा पुंश्चली ही हो सकती है। इस पक्ष के लिए लीक से हट कर जीवन गुज़ारने वाली प्रभा खेतान जैसी स्त्री की हैसियत क्या होगी, इसका अंदाज़ा सहज ही लगाया जा सकता है।

इस अंतर्विरोध का दूसरा पक्ष देख रहा है कि सुधीर कक्कड़ की भाषा का इस्तेमाल करें तो भारतीय समाज की सेक्शुअल घड़ी अब धीमी रफ़्तार से टिक-टिक करने के बजाय कुछ तेज़ी से भाग रही है। इसलिए वह शुरुआती अतीत में लौट जाने से बचना चाहता है जब अंतर्राष्ट्रीय नारीवादी आंदोलन ने वेश्याओं के संगठन को अपने सभागार में प्रवेश करने की इजाज़त देने से इनकार कर दिया था। आज नारीवाद उस मुक़ाम तक पहुँच चुका है जब वह विश्वासपूर्वक कह सकता है कि वह यौन पवित्रता के पुरुष द्वारा निर्धारित मानकों पर खरी उतरने वाली 'नेक लड़कियों' का शास्त्र बनने से ही संतुष्ट नहीं है। आज का नारीवाद बिना हिचक के कह सकता है कि अधिकांश विवाहिता स्त्रियाँ भी पुरुष (पति) के लिए सेक्स की सुरक्षित और सस्ती आपूर्ति का माध्यम भर हैं। जब तक पति के साथ उसके संबंध नये सिरे से नहीं गढ़े जाएँगे तब तक वह बिना किसी भुगतान के अनिच्छित और प्रेमहीन 'सेक्स-वर्क' करने के लिए मजबूर है।

नारीवाद का यह पक्ष माँग कर रहा है कि जिस तरह कभी केट मिलेट ने ज्याँ जेने, डी.एच. लारेंस और हेनरी मिलर जैसे ख़यातनाम साहित्यकारों की रचनाओं में आये यौन प्रसंगों की सत्ता-समीकरणों के रूप में व्याख्या की थी, उसी तरह हिंदी साहित्य में आये प्रेम और यौन प्रसंगों की जाँच-पड़ताल की जानी चाहिए। पूरे हिंदी साहित्य की एक फ़ेमिनिस्ट रीडिंग की माँग कर रहा यह पक्ष स्त्री की देह, उसकी यौनेच्छा और उसके सामाजिक-आर्थिक-राजनीतिक अधिकारों को अलग-अलग करके देखने के लिए तैयार नहीं है।

दलित फ़ेमिनिज़्म बनाम नारीवादी आंदोलन

यह एक दूसरा महत्त्वपूर्ण अंतर्विरोध है जो भारतीय नारीवाद की विशिष्ट अभिव्यक्ति के रूप में उसके सामाजिक चरित्र को सुनिश्चित करने की भूमिका निभा रहा है। जिस ब्लेक फ़ेमिनिज़्म अमेरिकी नारीवाद की विशिष्ट संरचना है, वही भूमिका दलित फ़ेमिनिज़्म की भारतीय नारीवाद के संदर्भ में है। अपने रेडिकलिज़्म के कारण इसे एक बहुकोणीय संघर्ष करना पड़ रहा है। एक तरफ़ उसकी चुनौती समग्र नारीवादी आंदोलन में जाति के प्रश्न को सामने लाने की है, दूसरी ओर वह दलित आंदोलन के भीतर अपने लिए स्पेस की तलाश में लगा हुआ है, और तीसरी तरफ़ समग्र समाज में व्याप्त ब्राह्मणवाद के ख़िलाफ़ संघर्ष कर रहा है।

तेलुगु की एक कवि ने कहा है कि दलित नारी को एक गाल पर ब्राह्मणवाद का और दूसरे पर पितृसत्ता का थप्पड़ खाना पड़ता है। मेरे विचार से इस कविता में दलित स्त्री के संघर्ष का यह आकलन कुछ घटा कर ही किया गया है। दलित स्त्री को दो नहीं तीन थप्पड़ खाने पड़ते हैं। सबसे पहला थप्पड़ उसे दलित आंदोलन के भीतर खाना पड़ता है जो दलित पितृसत्ता मारती है। ख़याल रहे कि यही दलित पितृसत्ता ग़ैर-दलित समाज के साथ समतामूलकता के रेडिकल संघर्ष में उलझी हुई है, पर अपने समाज के भीतर स्त्री की दावेदारियों को दलित एकता में फूट का कारक मानती है। ओम प्रकाश वाल्मीकि जैसे वरिष्ठ दलित साहित्यकार बेहिचक यह कहते हुए सुनाई देते हैं कि दलितों में तो लिंगभेद है ही नहीं। उधर अजय नावरिया जैसे युवा साहित्यकार इस मान्यता पर ज़ोर देते हुए प्रतीत होते हैं कि पितृसत्ता का कुटेव तो दलित समाज में बाहर से घुस आया है, वरना हमारे यहाँ तो चौतरफ़ा लैंगिक जनतंत्र था। क्या यह देख कर ताज्जुब नहीं होता कि दलित आंदोलन अपनी तमाम रेडिकल सम्भावनाओं के बावजूद हिंदी की दुनिया में एक ऐसा दायरा पेश करता है जहाँ दलित स्त्रियों की स्वतंत्रता को बाक़ायदा

संहिताबद्ध बंदिशों के अधीन लाने के प्रयास चल रहे हैं। इन प्रयासों का विरोध करने के लिए दलित समाज की स्वतंत्रचेता स्त्रियों को बाक़ायदा चप्पल तक उठानी पड़ी है।

दलित स्त्री को दूसरा थप्पड़ ग़ैर-दलित समाज से खाना पड़ता है जिसका सीधा संबंध ब्राह्मणवाद (या उसके अधिक सटीक नामकरण मनुवाद) से है। उसके गाल पर तीसरा थप्पड़ नारीवादी आंदोलन ने मारा है। आज तक इस आंदोलन पर ऊँची जाति की अंग्रेज़ी पढ़ी-लिखी स्त्रियों का क़ब्ज़ा है, और वे अपनी जाति-अंधता को छोड़ने के लिए तैयार नहीं हैं। जिस तरह दलित आंदोलन का महा-आख्यान दलित नारीवाद को दलित एकता के लिए ख़तरा बताता है, उसी तरह से नारीवादी आंदोलन को लगता है कि दलित स्त्रियों की दावेदारी उसकी एकता को तोड़ देगी। नारीवादी आंदोलन के इस दावे में भी एक छिपा हुआ वर्णवाद है, जिसकी पोल खोलने के लिए दलित नारीवाद का संघर्ष जारी है।

मातृत्व और भगिनीवाद बनाम घरेलू आधुनिकता का प्रश्न

हिंदी के नारीवाद की राजनीति का यह तीसरा अंतर्विरोध विचारों के संसार में पश्चिमी नारीवाद द्वारा प्रवर्तित कुछ पुराने पड़ चुके सिद्धांतों की आड़ में छिपा रहता है। पहली नज़र में यह सुचिंतित लगता है, पर बौद्धिक मुहावरे की परत उतरते ही इसका कंज़रवेटिज़्म दिखाई देने लगता है। इस विमर्श में मातृत्व और भगिनीवाद का बेतहाशा मूल्यवर्धन किया जाता है, इतना कि अपने तर्कों को प्रमाणित करने के लिए उसे जैविक तात्त्विकवाद की शरण लेनी पड़ती है। नतीज़े के तौर पर स्त्री उसके लिए अनिवार्य रूप से नेक, मधुर, कल्याणकारी, पोषक और पृथ्वी जैसे धारक तत्त्वों से परिपूर्ण हो जाती है। जैविक तात्त्विकवाद के कारण ही इस विमर्श में स्त्री की सेक्शुअलिटी देह के तंतुओं की कथित रूप से भिन्न होने तक सीमित रह जाती है। स्त्री को श्रेष्ठतर क़रार देने के चक्कर में यह विमर्श भूल जाता है कि जर्मन फ़ासीवादियों और हमारे हिंदुत्ववादी राष्ट्रवादियों ने स्त्री पर इन्हीं विशेषताओं को आरोपित करने में पूरी एक सदी खपाई है। शुरुआती आग्रहों के बाद पश्चिमी नारीवादियों को यह बात समझ में आ गयी थी, इसलिए वे कुशलता के साथ इससे बाहर निकलने में कामयाब रहीं। लेकिन, भारत में और ख़ासकर हिंदी की दुनिया में आज तक इन्हीं सूत्रीकरणों से काम चलाया जा रहा है। हक़ीक़त की ज़मीन पर नारीवादी आंदोलन की यह प्रवृत्ति उस समय बुरी तरह से अंतर्विरोधग्रस्त हो जाती है जब उसे भूमण्डलीकरण और बाज़ारवाद की संरचनाओं से दो-चार होना पड़ता है। सौंदर्य प्रतियोगिताओं,

ब्यूटी पार्लर संस्कृति और उपभोक्तावाद के ख़िलाफ़ एक्टिविज़्म की प्रक्रिया उसे भूमण्डलीकरण की दक्षिणपंथी आलोचना के नज़दीक ले जाती है। ज़रा सी फ़िसलन होती है और इस तरह का नारीवाद स्त्री को अपनी ऐंद्रिक इयत्ता के किसी भी तरह के प्रदर्शन से रोकने वालों के साथ खड़ा हो जाता है। व्यवहार में नारीवाद के कुछ हिस्से राष्ट्रीय स्वयंसेवक संघ के तत्त्वों के साथ गठजोड़ बनाते हुए दिखते हैं।

मातृत्व का अतिशय मूल्यवर्धन परिवार की परम्परागत संरचना के आधारभूत घटकों में से एक है। हिंदी की दुनिया में इसके कुछ और भी असर देखे गये हैं। मसलन, जब कोई महिला अपने पति या पार्टनर को आत्मकथ्य के ज़रिये सार्वजनिक रूप से कठघरे में खड़ी करती है तो हिंदी की नारीवादी महिलाओं को उनकी यह दावेदारी आसानी से हज़म नहीं होती। मल्लिका अमरशेख की आत्मकथा हो, कौशल्या बैसंत्री का *दोहरा अभिशाप* हो, या मन्नू भण्डारी की *एक कहानी यह भी* हो, हिंदी के नारीवाद के पैरोकारों ने अपनी इन भगिनियों के पक्ष में मोर्चा सँभालने की शुरुआत करना तो दूर उनके प्रयासों को अनमनेपन के साथ ही देखा है। यही वह प्रवृत्ति है जिसके कारण सरेआम स्त्री का आखेट करने और उसे अपनी मर्दानगी के ठप्पे की तरह छापने-छपवाने वाले हिंदी के बुद्धिजीवी नारीवादी आक्रोश से साफ़ बच निकलते हैं। मातृत्व स्त्री की ख़ूबी है, पर नयी स्त्री अपनी इस नैसर्गिक विशेषता के साथ नये सिरे से संवाद स्थापित करने में लगी हुई है। वह इसे अपनी शख़्सियत की सीमा बनाने के लिए तैयार नहीं है। वह अपने बेटे को छाता थमाने के चक्कर में अपना जीवन नहीं गँवाना चाहती। वह मुर्गी की तरह केवल अण्डे सेना नहीं चाहती। मातृत्व को नये सिरे से परिभाषित करना घरेलू आधुनिकता की पुनर्रचना करने के लिए अनिवार्य है। जहाँ तक भगिनीवाद का सवाल है, वह वर्ग और जाति के प्रश्नों के साथ सीधी मुठभेड़ किये बिना धरती पर कैसे उतारा जा सकता है? स्थिति यह है कि हिंदी के नारीवादी दलित आंदोलन का इतिहास भी ठीक से नहीं पढ़ते। यह इतिहास उनकी इयत्ता के वर्ण संबंधी पक्षों को बुरी तरह से घायल कर सकता है।

पितृसत्ता कोई एकांगी शै नहीं है और दूसरी ओर परिवारों के भीतर आधुनिकता के आयामों का तेज़ी से प्रवेश हो रहा है। बनती हुई स्थितियाँ इशारा कर रही हैं कि जल्दी ही नयी स्त्री परम्पराजन्य पितृसत्ता के बजाय आधुनिकताजन्य पितृसत्ता से मुखामुखम होते हुए दिखेगी। स्त्री को घर और बाहर के बीच अभी तक बने समीकरण बदलते हुए दिखेंगे और घर के बजाय बाहर से उसका संवाद अधिक होगा।

टिक-टिक करती सेक्शुअल घड़ी

सेक्स और दोस्ती की सोशल इंजीनियरिंग

विख्यात मनोशास्त्री सुधीर कक्कड़ ने अस्सी के दशक में अपनी बहुचर्चित रचना *अंतरंगता का स्वप्न* में लिखा था कि भारतीय समाज में सेक्शुअल परिवर्तन की घड़ी बेहद धीमी रफ़्तार से टिक-टिक करती है। यह कहते हुए कक्कड़ का इशारा कई बातों की तरफ़ था, पर उनमें सबसे महत्त्वपूर्ण थी भारतीय सामाजिक जीवन में परिवार की प्रबल केंद्रीयता। सेक्शुअल गतिविधियों के केवल दो ही दायरे थे। अपने मान्यता प्राप्त वैध रूप में वे या तो परम्परा व क़ानून द्वारा विनियमित घर के शयन-कक्ष के एकांत में सम्पन्न होती थीं, या फिर उनका दायरा वेश्यालय या चकलाघर की अवैध ज़मीन पर टिका हुआ था। सेक्शुअल गतिविधियों के अन्य रूप भी थे, जैसे इंसेस्ट या कौटुम्बिक व्यभिचार या विवाहेतर यौन-संबंध। लेकिन उन पर गोपनीयता का धुँधलका छाया रहता था, जिसके कारण उन पर होने वाली बहस केवल सेक्शुअलिटी के अनुसंधाकर्त्ताओं के बीच ही सीमित रह जाती थी। ऐसा लगता है कि सुधीर कक्कड़ के इस गहन प्रेक्षण के तीन दशक बाद शायद अब इस घड़ी की सुइयाँ कुछ तेज़ी चलने लगी हैं। समाज की सेक्शुअल गतिशीलता में हुई इस अवलोकित वृद्धि को कम से कम चार मुक़ामों पर रेखांकित किया जा सकता है।

पहला मुक़ाम है परिवार की परम्परागत संरचना के समांतर सह-जीवन या लिव-इन रिलेशनशिप नामक एक नयी संरचना का उभार; दूसरा है सेक्स और दोस्ती की निरंतर परवान चढ़ती हुई सोशल इंजीनियरिंग; और तीसरा मुक़ाम है वेश्या को सेक्स-वर्कर की मान्यता दिलाने का बढ़ता हुआ राजनीतिक-क़ानूनी आंदोलन। आपस में जुड़े हुए परिवर्तन के इन तीनों उल्लेखनीय स्पेसों में चार बातें समान हैं। पहली, इनमें स्त्री का पत्नी-रूप अनुपस्थित है; दूसरी, स्त्री के सेक्स पार्टनर के रूप में पुरुष इन तीनों मुक़ामों पर क़ानून और अदालत द्वारा विनियमित और नियंत्रित किया जा रहा है; तीसरी, परिवर्तन की इन तीनों धाराओं के साथ भारतीय नारीवाद के संगठित रूपों की किसी न किसी रूप में अन्योन्यक्रिया चल रही है; और चौथी, अदालतें, मीडिया के विभिन्न रूप और भारतीय राज्य की संस्थाएँ भी परिवर्तन की इस प्रक्रिया में सक्रिय हिस्सेदारी कर रही हैं। इन चार मुश्तरक़ा बातों से लगता है कि बदलाव की रफ़्तार और बढ़ने की सम्भावनाएँ मुखर हैं।

सह-जीवन का सांस्कृतिक मुहावरा

सह-जीवन पर आधारित परिवार का नया रूप पश्चिमी समाजों में द्वितीय विश्व युद्ध के क़रीब चालीस-पचास साल बाद उभरा था। इस समय स्थिति यह है कि अमेरिका में क़रीब 45 लाख जोड़े सह-जीवन में ज़िंदगी गुज़ार रहे हैं। यह संख्या 1960 की स्थिति से एक हज़ार प्रतिशत ज़्यादा है। 2000 का एक अध्ययन बताता है कि इस देश में क़रीब आधे नव-विवाहित ऐसे हैं जो पारम्परिक बंधनों में बँधने से पहले सह-जीवन के रिश्तों में रह कर एक-दूसरे को अच्छी-तरह समझ-बूझ रहे थे। वेस्टर्न वाशिंगटन यूनिवर्सिटी में जे. टीचमेन द्वारा तीन हज़ार जोड़ों पर किये गये एक अध्ययन के अनुसार सह-जीवन में रहने और विवाह से पूर्व सम्भोग कर लेने वाली जिन स्त्रियों ने अपने उसी पार्टनर के साथ आगे चल कर विवाह किया, उनके जीवन में तलाक़ की नौबत का प्रतिशत किसी भी तरह से उन स्त्रियों से ज़्यादा नहीं था जिन्होंने पारम्परिक विवाह से ही अपने यौन जीवन की शुरुआत की थी। डेनमार्क, नार्वे और स्वीडन की स्थिति यह है कि वहाँ पचास फ़ीसदी के आस-पास नयी संतानें सह-जीवन के तहत ही पैदा हो रही हैं। कनाडा में 16 प्रतिशत, मैक्सिको में 18 प्रतिशत, ब्रिटेन में 25 प्रतिशत, फ्रांस में 17.5 प्रतिशत, फ़िनलैण्ड में 21 प्रतिशत जोड़े सह-जीवन के तहत ज़िंदगी गुज़ार रहे हैं। एशियाई देशों ने अभी तक परिवार के इस नये रूप को अपनाने की तरफ़ शुरुआती क़दम ही उठाए हैं। भारत और जापान में इसकी सुगबुगाहट दिखाई देने लगी है। पता चला है कि फिलीपींस जैसे देश में कोई 24 लाख लोग सह-जीवन अपना चुके हैं। ऑस्ट्रेलिया और न्यूज़ीलैण्ड जैसे ग़ैर-यूरोपीय लेकिन गोरी आबादी वाले देशों में सह-जीवन का प्रतिशत क्रमशः 22 और 18.5 प्रतिशत है।

अन्य एशियायी देशों के मुक़ाबले भारत में सह-जीवन की संरचनाओं के विकास की ज़्यादा मुखर सम्भावनाएँ हैं। भारत को परम्परानिष्ठ देश समझ कर सह-जीवन के ख़िलाफ़ मानने वाले लोगों को यह जान कर थोड़ा ताज्जुब होगा कि भारतीय समाज ने आधुनिकता के आर्थिक और राजनीतिक रूपों के मामले में काफ़ी रैडिकल शैली में ग़ैर-पारम्परिक रवैया अख़्तियार करके सारी दुनिया के सामने एक मिसाल पेश की है। बिना किसी क्रांतिकारी उथल-पुथल से गुज़रे अर्थव्यवस्था और राजनीति के मामले में भारत ने विदेशी मॉडल को सफलतापूर्वक अपना लिया है। सह-जीवन के भारतीय अध्याय की आलोचना करने वाले यह देखने के लिए तैयार नहीं हैं कि परिवार का यह रूप आर्थिक प्रगति की हवाओं पर सवार हो कर हमारी ज़मीन पर आया है। परम्परा और शास्त्र अपनी जगह

मौजूद हैं और रहेंगे, लेकिन ऐसा लगता है कि सह-जीवन के रूप उन्हें चुनौती दिये बिना विकसित होते रहेंगे। पहली बात तो यह है कि सह-जीवन के कल्ले जिस दायरे में फूट रहे हैं, वहाँ परम्परा और शास्त्र भारतीय समाज के अन्य स्पेसों की तरह प्रभावी नहीं हैं। सूचना प्रौद्योगिकी (बीपीओ यानी काल सेंटर आदि) और मनोरंजन उद्योग (फ़ैशन, फ़िल्म, टीवी और म्यूजिक इण्डस्ट्री) के ज़बरदस्त विस्तार और शानदार सफलताओं ने इस दायरे में सह-जीवन को निजी ज़िंदगी के एक नये सांस्कृतिक मुहावरे में पेश कर दिया है। इन उद्योगों ने काम करने की अवधियों में एक ऐसा उलट-फेर किया है जिसके कारण मध्यवर्गीय नैतिकताएँ स्वयं को एक नये दिक और काल में पा रही हैं। इन उद्योगों में सक्रिय स्त्रियाँ रात की पाली में काम करती हैं, जबकि उद्योगीकरण के पहले और दूसरे चरण में आम तौर पर रात सोने के लिए होती थी और दिन फ़ैक्टरी में परिश्रम करने के लिए होता था। पुरुष कर्मचारियों का एक हिस्सा रात में काम करता था, पर उनकी संख्या भी सीमित ही थी। उद्योगीकरण कम से कम डेढ़ सौ साल तक स्त्रियों से रात में काम करवाने का साहस नहीं जुटा पाया। लेकिन, उद्योगीकरण का तीसरा यानी वर्तमान चरण शुरू से ही स्त्रियों को एक ऐसी उत्पादक शक्ति के रूप में देखता है जिनके लिए करियर के सामने दिन और रात की अंतर कुछ नहीं होगा।

जिन लोगों ने मधुर भण्डारकर की सफल फ़िल्म *फ़ैशन* देखी है, उन्हें शायद इस फ़िल्म की नायिकाओं के निजी जीवन ने कुछ सोच में डाल दिया होगा। इस फ़िल्म में एक नहीं, बल्कि तीन-तीन हीरोइनें हैं। मॉडलिंग के पेशे को करियर बनाने वाली ये युवतियाँ पारम्परिक विवाह के अलावा फ़िल्म में सब कुछ करती दिखाई गयी हैं। यहाँ तक कि उनकी ज़ुबान पर शादी जैसा शब्द तक नहीं आता। वे प्रेम करती हैं, सम्भोग करती हैं, लिव-इन रिलेशनशिप में रहती हैं, गर्भवती होती हैं, गर्भपात करवाती हैं, लड़ती-झगड़ती हैं, घरेलू हिंसा के दौर से गुज़रती हैं, उनके संबंध टूटते-बनते हैं और नये रिश्ते बनाने की प्रक्रिया में उनकी पेशागत कामयाबियों के आग्रह भी अहम भूमिका निभाते हैं : यानी ज़िंदगी के हर मुक़ाम से गुज़रते हुए भी वे परम्परागत विवाह से कोसों दूर रहती हैं। इन तीनों में से एक नायिका तकनीकी रूप से शादी ज़रूर करती है, पर उसके पीछे भी उसका मक़सद पति के आवरण में एक ऐसे दोस्त को पाना है जो समलैंगिक होने के नाते उसे सेक्शुअल निगाह से नहीं देखता। यह एक पुरुष समलैंगिक का स्त्री इतरलैंगिक से विवाह है जिसमें दोनों पक्ष अपनी-अपनी सेक्शुअलिटी को लेकर स्पष्ट हैं। कुल मिला कर यह भी एक ख़ास तरह की लिव-इन रिलेशनशिप

है जिस पर परस्पर समझौते के तहत शादी का ठप्पा भर लगा है। अर्थात् अपनी तीन हीरोइनों के ज़रिये फ़िल्मकार जाने-अनजाने स्त्री-पुरुष के सह-जीवन की तीन भारतीय क़िस्मों का दिलचस्प आख्यान पेश कर रहा है।

ध्यान देने लायक़ बात यह है कि सह-जीवन का यह आख्यान स्त्री के सुख-दुख की निगाह से रचा गया है। सह-जीवन के उदाहरण को लेकर बनी यह हिंदी की पहली फ़िल्म नहीं है। इससे पहले *सलाम नमस्ते* नामक फ़िल्म की केंद्रीय विषयवस्तु यही रह चुकी है। लेकिन सैफ़ अली ख़ान और प्रीति जिंटा अभिनीत इस फ़िल्म की सारी घटनाएँ पश्चिम की ज़मीन पर घटती दिखाई गयी थीं। इस लिहाज से *फ़ैशन* पहली फ़िल्म है जिसमें भारतीय ज़मीन पर सह-जीवन निजी ज़िंदगी के प्रमुख रूप की तरह चित्रित किया गया है। एक ख़ास बात यह भी है कि फ़िल्मकार का मुख्य उद्देश्य सह-जीवन की वकालत करना नहीं है। वह कहीं भी सह-जीवन को एक आदर्श संबंध के रूप में चित्रित नहीं करता। न ही विवाह और सह-जीवन के बीच फ़िल्म के पात्र और उनकी जीवन-स्थितियाँ कोई बहस करती हैं। पारम्परिक विवाह से भिन्न सह-जीवन के रिश्ते इस फ़िल्म के पात्रों के लिए स्वाभाविक मान लिए गये हैं, क्योंकि वे एक ख़ास तरह के पेशे में हैं।

एक अन्य फ़िल्म *दोस्ताना* है जिसके दो नायक (इनमें एक पुरुष नर्स है, और दूसरा फ़ोटोग्राफ़र) समलैंगिक न होते हुए भी समलैंगिक होने की एक्टिंग करते हैं ताकि उन्हें मक़ान वग़ैरह लेने के मामले में प्राथमिकता मिल सके। उनकी ओढ़ी हुई समलैंगिकता उनकी मर्दानगी की सार्वजनिक अभिव्यक्ति में बाधक नहीं है। ख़ास बात यह है कि ये सभी फ़िल्में सुपरहिट हैं। दर्शकगण *फ़ैशन* की गम्भीरता और *दोस्ताना* के मज़ाकिया लहज़े पर फ़िदा हैं। उनका दिल इन नये हीरो-हीरोइनों ने छू लिया है। दिलचस्प बात यह है कि इन फ़िल्मों का लहज़ा विचारधारात्मक नहीं है। न तो *फ़ैशन* के केंद्र में कोई विवाह विरोधी वक्तव्य है, और न ही *दोस्ताना* का मक़सद हेटरो या होमो-सेक्शुअलिटी का मज़ाक उड़ाना है। इन नायक-नायिकाओं को किसी भी तरह की यौनिकता से कोई मानसिक उलझन नहीं है। न तो वे समलैंगिकता को विकृति मान कर चलते हैं, और न ही इतरलैंगिकता को ऊँचे पायदान पर रखते हैं। एक हेटरोसेक्शुअल नायिका तो होमोसेक्शुअल पुरुष को लोकापवाद से बचाने के लिए उसकी नाम मात्र की पत्नी बनने और बच्चा गोद लेने तक के लिए तैयार हो जाती है। कुल मिला कर दोनों ही फ़िल्मों के प्रमुख पात्रों की केंद्रीय चिंता किसी न किसी प्रकार अपनी पसंद के 'उत्तम जीवन' की खोज करना है। इस प्रक्रिया में वे लीक

से हट कर निजी जीवन गुज़ारने के लिए तैयार है। दरअसल, उनकी लीक से हटी हुई ज़िंदगी उनके सामाजिक अस्तित्व लिए सहज-स्वाभाविक है।

मॉडलिंग का पेशा भारतीय समाज के लिए एक उत्तर-आधुनिक पेशा है जो भूमण्डलीकरण की प्रक्रिया शुरू होने के बाद मध्यवर्ग के बीच लोकप्रिय हुआ है। एक नया पेशा बेआवाज़ संवाद के ज़रिये कह रहा है कि परिवार का एक नया रूप ही उसके अनुकूल साबित होगा। *फ़ैशन* की मुख्य हीरोइन सह-जीवन का पहला संबंध टूटने के बाद भावनात्मक रूप से आहत होती है, पर उसकी ज़िंदगी पटरी से नहीं उतरती। थोड़े दिनों के बाद वह अपने व्यावसायिक दायरों में दूसरा संबंध तलाश लेती है। उसकी ज़िंदगी का सामान्य क्रम पुरुष के साथ संबंधों के लेकर आयी निराशाओं के कारण नहीं, बल्कि अपनी व्यवसायगत विफलताओं के कारण भंग होता है। परिवार के नये रूप की ख़ामोश वकालत करने वाली यह फ़िल्म बिना कुछ कहे इशारा कर रही है कि भूमण्डलीकरण की प्रक्रिया ने हमारे महानगरीय जीवन में ऐसे कई नये पेशों को जन्म दिया है जो परिवार के पुराने रूप के अनुकूल नहीं हैं। ख़ासकर अगर स्त्रियाँ उन पेशों को अपनाना चाहेंगी तो उन्हें परिवार के नये रूपों की तरफ़ जाना ही होगा। लिव-इन रिलेशनशिप या सह-जीवन या कोहेबिशन एक ऐसा ही बना-बनाया रूप है जो चाहे-अनचाहे निजी जीवन की प्रयोगधर्मिता के केंद्र में आता जा रहा है।

फ़ैशन एक हिट फ़िल्म है, और लीक से हट कर निजी ज़िंदगी गुज़ारने वाली उसकी नायिकाओं के ख़िलाफ़ समाज में किसी क़िस्म की शुद्धताबाज़ी नारेबाज़ी भी नहीं सुनाई दी। यह माना जा सकता है कि इन नायिकाओं ने दर्शकों की हमदर्दी जीतने में कामयाबी हासिल कर ली है। तो क्या यह मान लिया जाना चाहिए कि हक़ीक़त की ज़मीन पर हमारे समाज में एक ऐसा कोना तैयार हो रहा है जो सह-जीवन का कोना है? एक ऐसा कोना जिसमें न सात फेरे हैं, न आर्य समाज की हवनछाप शादियाँ हैं, न ही निकाह है, न चर्च के समारोह हैं और न ही शादी के अदालती रजिस्टर में किये जाने वाले दस्तख़त हैं। पिछले कुछ समय से क़ानून और राजनीति के धरातल पर चल रही चर्चाओं पर अगर निगाह डाली जाए तो उनकी रोशनी में हमारे समाज का यह कोना थोड़ा और उभर कर उजाले में आ जाता है। घरेलू हिंसा के ख़िलाफ़ बने क़ानून में कुछ ऐसी गुंजाइशें हैं जिनके ज़रिये सह-जीवन में रह रही स्त्री को आर्थिक सुरक्षा प्रदान करने के प्रावधान किये गये हैं। इसके अलावा न्यायमूर्ति मालीनाथ कमेटी ने विधि आयोग को जो सिफ़ारिशें भेजी हैं उन्हें अगर मान लिया गया तो एक ख़ास अवधि तक सह-जीवन में रह चुकी स्त्री को पत्नी जैसे अधिकार भी मिल जाएँगे।

सह-जीवन से पैदा हुई संतानों को पति की सम्पत्ति में उत्तराधिकार देने का प्रस्ताव भी विचाराधीन है। महाराष्ट्र सरकार की मंत्रिपरिषद ने भी सह-जीवन को विनियमित करने के पक्ष में एक प्रस्ताव पारित करके केंद्र सरकार को भेजा है। अगर हमारे क़ानून ने निजी जीवन में उभर रहे इस नये कोने को किसी न किसी प्रकार की मान्यता दे दी, तो यह भारतीय समाज के लिए एक बेहद दूरगामी नतीजों वाला परिवर्तन होगा।

मैं ऐसी कई लड़कियों को जानता हूँ जो काल सेंटरों में काम करती हैं। चूँकि वे नौकरी छोड़ने के लिए तैयार नहीं हैं इसलिए लड़का-दिखाई के ज़रिये उनके लिए दूल्हे नहीं मिल पा रहे हैं। आजकल लड़का दिखाई का कर्मकांड मॉल्स और फूड कोर्टों में होता है। जैसे ही लड़के के घरवालों को पता चलता है कि उनकी बहू रात में ड्यूटी करने जाती है, वैसे ही वे बिदक जाते हैं। शर्त रखी जाती है कि लड़की को अपना जॉब चेंज करना होगा, या नौकरी छोड़नी होगी। ज़्यादातर लड़कियाँ यह शर्त मानने के लिए तैयार नहीं होतीं जिसके कारण उनके सामने अंततः अपने ही पेशे से संबंधित साथी चुनने का विकल्प रह जाता है। बीपीओ इंडस्ट्री विशेष तौर से सह-जीवन को बढ़ावा देने वाला उद्योग साबित हो रहा है। कहना न होगा कि बीपीओ इंडस्ट्री में काम करने के लिए हमारे शहरी और अर्धशहरी ग्रामीण परिवारों के मध्यवर्गीय युवक-युवतियाँ ही जाते हैं। काल सेंटर की हवाओं में उनकी मध्यवर्गीय वर्जनाएँ बहुत जल्दी ही उड़ कर उनकी ज़िंदगी से कहीं दूर चली जाती हैं। वे नये क़िस्म के अपरिभाषित रिश्तों में दुस्साहसपूर्वक उतरने के लिए तैयार हो जाते हैं।

सह-जीवन को परिवार की संस्था के आर्थिक और औद्योगिक संस्करण के रूप में भी देखा जा सकता है। इसीलिए यह परिवार का सर्वाधिक सेकुलर रूप है। इसमें धर्म और जाति का कोई हस्तक्षेप नहीं हो सकता। चूँकि धर्म और दिन-रात का विभाजन इस परिवार की बुनियाद में नहीं है इसलिए इसके तहत पत्नी के रूप में स्त्री को, पति के रूप में पुरुष को और घर के दायरे में घरेलूपन को नये सिरे से परिभाषित करने की सम्भावनाएँ हैं। एक बार इस नये परिवार की संरचना को मामूली सा क़ानूनी जामा भी मिल गया तो समझ लीजिए कि पारम्परिक परिवार भी इन नयी परिभाषाओं से अछूता नहीं रह सकेगा।

सेक्स और दोस्ती की सोशल इंजीनियरिंग

स्त्री-पुरुष संबंध दोस्ती और प्रेम की परस्परव्यापी सीमाओं में रमते हैं। बहुत सी दोस्तियाँ धीरे-धीरे या अचानक किसी ख़ास क्षण के अधीन होकर यौन संबंधों

में बदल जाती हैं। उस समय हम उन्हें दोस्ती कहने से परहेज़ करने लगते हैं। ऐसे संबंधों के लिए या तो सिर्फ़ प्रेम शब्द का इस्तेमाल होता है, या फिर विवाहित प्रेम या लिव-इन-रिलेशनशिप का। आधुनिक जीवन के मौजूदा दौर ने दोस्ती और प्रेम के इन समीकरणों का रूपांतरण करने की ठान ली है। रिश्तों की नयी-नयी क़िस्में सामने आ रही हैं जिनमें दोस्ती के पहलू तो हैं ही, प्रेम के आयाम भी हैं और सबसे ऊपर इन दोनों पर हावी होता हुआ यौन-आनंद का आग्रह है। दिल्ली में अंग्रेज़ी के दो सबसे ज़्यादा बिकने वाले दैनिक अख़बारों पर एक नज़र डालते ही सेक्स और प्रेम की इस सोशल इंजीनियरिंग के प्रमाण सामने आ जाते हैं। एक अख़बार हर बुधवार को डेटिंग के ढेर सारे (तक़रीबन आधे पेज के) विज्ञापन छापता रहा है। यह डेटिंग आधुनिक अंग्रेज़ी पढ़े-लिखे अविवाहित और शहरी युवक-युवतियों के बीच होने वाली निर्दोष क़िस्म की प्रणय-लीला नहीं है। इन विज्ञापनों में 35 से 50 साल के लोग घोषित करते हैं कि वे विवाहित हैं, पाँच से दस लाख रुपये प्रति वर्ष कमाते हैं, सुंदर हैं, स्वस्थ हैं, पर असंतुष्ट हैं। उन्हें मन का साथी नहीं मिला। अब उन्हें 'ब्रॉड-माइंडिड' साथी चाहिए जिससे वे अल्पावधि के लिए संबंध बनाने के लिए तैयार हैं। यह सिलसिला केवल यहीं तक नहीं रुकता। इन विज्ञापनों में कई विवाहित जोड़े भी अपने जैसे ही किसी विवाहित जोड़े का सान्निध्य पाने के लिए अपील करते नज़र आते हैं। यानी पति-पत्नी थोड़े समय के लिए म्युचुअल एक्सचेंज की प्रक्रिया से गुज़रने के लिए बेताब हैं।

दूसरा अख़बार तो बाक़ायदा फ्रेंडशिप की सेल लगाने के लिए पढ़ा जाता रहा है। उसमें विज्ञापन छपते हैं कि मन की दोस्ती न मिलने पर पैसे वापस करने की गारंटी है। और तो और जिस कम्पनी का विज्ञापन होता है, वह दो लाख का बीमा करने का प्रलोभन भी देती है। इसी तरह एम टीवी और वी चैनल पर नियमित रूप से एक विज्ञापन ऐसा भी आता है जो हर हफ़्ते ख़ास तरह की पार्टियों के निमंत्रण दिलवाने की गारंटी करता है। पार्टियाँ कैसी चाहिए, यह ग्राहक की पसंद पर निर्भर है। गे पार्टी (पुरुष-समलैंगिकों की), लेस्बियन पार्टी (स्त्री-समलैंगिकों की) या हेटरोसेक्सुअल पार्टी (इतरलिंगी लोगों की) चाहिए; सब कुछ फ़र्माइश पर उपलब्ध है। आधुनिक जीवन ने सेक्स और दोस्ती की सेल लगा दी है। सेक्स और दोस्ती के बीच का फ़र्क़ बहुत धुँधला हो गया है।

यह मानना ग़लत होगा कि यह कोई बहुत छोटे पैमाने पर केवल अमीर लोगों के बीच ही हो रहा है। मध्य वर्ग में भी ये प्रवृत्तियाँ पनपती जा रही हैं। जो बड़े अख़बार में विज्ञापन देने के पैसे नहीं ख़र्च कर सकते, वे एक साइबर

कैफ़े में जा कर सिर्फ़ घंटे भर की सर्फ़िंग का मामूली ख़र्चा करके उन चैट रूमों में अपने सम्भावित सेक्स–पार्टनरों से बातचीत कर सकते हैं जो इन्हीं अख़बारों की वेबसाइटों ने खोल रखे हैं। पुरुषों के चैट रूम अलग हैं, महिलाओं के अलग और विवाहित जोंड़ो के अलग। वेब चैटिंग में ही तय हो जाता है कि यौन संबंध की प्रकृति क्या होगी। यौन क्रिया की पसंदीदा या ग़ैर–पसंदीदा विधियों का आपसी खुलासा भी वहीं हो जाता है, ताकि बाद में एक्शन के समय आनंद में खलल न पड़े।

ज़ाहिर है कि यह वेश्यावृत्ति जैसा कोई प्रकरण नहीं है, क्योंकि पैसा लेने वाला पक्ष तीसरा है जो इच्छुक पक्षों की मुलाक़ात सुलभ कराता है। वह बाक़ायदा विज्ञापन शुल्क का बिल और भुगतान की रसीद देता है। न ही इसे पारम्परिक व्यभिचार कहा जा सकता है, क्योंकि इसमें सामंती सत्ता–संबंधों की भूमिका नहीं है। इसमें किसी क़िस्म की ज़ोर–ज़बरदस्ती के बजाय परस्पर सहमति दोतरफ़ा कामना का बोलबाला है। यह व्यापार इतरलिंगी और समलिंगी, दोनों क्षेत्रों में जमकर किया जा रहा है। इसमें अत्यंत सम्मानित मीडिया की नेतृत्वकारी संस्थाएँ शामिल हैं और इस मीडिया के अस्तित्व पर राष्ट्रीय सरकार की मुहर है।

सेक्स और दोस्ती की सोशल इंजीनियरिंग में शामिल लोग दरअसल कौन हैं ? समाज–मनोविद् आशिष नंदी की मान्यता है कि यह एक फ़्लोटिंग पॉपुलेशन है जो बाज़ार और उपभोक्ता समाज के विकास से निकली है। यह पारम्परिक नैतिक मूल्यों के बोझ से दबी हुई नहीं है। इसे निजी जीवन में प्रयोगधर्मी होने पर कोई आपत्ति नहीं दिखाई पड़ती। निश्चित रूप से इसे समाज में जारी भारतीय यौन–क्रांति का एक वैध पहलू कहा जा सकता है। यह पहलू लगातार विकसित ही नहीं हो रहा है, बल्कि इसे विकसित करने की योजनाबद्ध कोशिशें भी चल रही हैं।

हालाँकि हमारी कम्युनिस्ट पार्टियों को इस तरह के मामलों में कोई रुचि नहीं होती और वे इसे मुँह बिचका कर देखती हैं, पर इस परिघटना की एक मार्क्सवादी व्याख्या भी है। जेफ़री वीक्स और डि 'इमिलियो जैसे मार्क्सवादी विद्वानों ने कहा है कि ऐसा पूँजीवादी विकास के एक ख़ास चरण में ऐसा ही होता है। पूँजीवाद समुदाय को व्यक्तिवाद के ज़रिये तोड़ता है, परिवार स्वतंत्र आर्थिक इकाई नहीं रह जाता, यौनानंद प्रजनन की अपरिहार्यता से जुड़ा नहीं रह जाता और इतरलिंगी यौन–संबंध ही कामना के स्रोत नहीं रह जाते। लेकिन, साथ में पूँजीवाद को श्रम करने के लिए हाथों की ज़रूरत भी होती है इसलिए वह इतरलैंगिक परिवार की ज़रूरत भी महसूस करता है। इसी अंतर्विरोधी कारण से

पूँजीवाद समाज में यौन क्रांति भी होती है और उसके मुक़ाबले दक्षिणपंथी पवित्रतावाद की प्रतिक्रिया भी होती रहती है। भारत में इस यौन क्रांति को प्रोत्साहित करने वाले सत्ता प्रतिष्ठानों और समाचार माध्यम भी इन दोनों नावों में एक साथ सफ़र कर रहे हैं।

वेश्या या सेक्स-वर्कर?

पिछले दो दशकों के भारतीय समाज में कितना बदलाव आया है, अगर इसका अंदाज़ा लगाना हो तो वेश्या और समाज के रिश्ते में आयी तबदीलियों पर एक निगाह डालनी चाहिए। वेश्या जो अनिवार्यतः असामाजिक तत्त्व समझी जाती थी, आज विभिन्न सामाजिक शक्तियों द्वारा हमदर्दी की नज़र से देखी जा रही हैं। उसके पास अपनी कहानी है जिसे वह किसी कलाकार, साहित्यकार या समाज सुधारक की मध्यस्थता के बिना अपने शब्दों में सुना रही है और जमाना पहली बार ध्यान से सुन रहा है। चाहे वह केरल में अपनी देह बेच कर जीविका कमाने वाली नलिनी जमीला हो, या फिर सोनागाछी की वेश्याएँ हों, पाठकों और श्रोताओं के बीच उनकी उपस्थिति एक ऐसे अंतर्वासी के तौर पर दर्ज होने लगी है जिसे समाज के भीतरी दायरों में अभी-अभी ही प्रवेश मिला है। संसद के गलियारों में कार्यरत विधिकर्त्ता इस उधेड़बुन में हैं कि अनैतिक व्यापार पर प्रतिबंध लगाने वाले क़ानून को कैसे वेश्याओं के लिए कम से कम दिक़्क़त तलब बनाया जाए। नारीवाद का झण्डा उठाने वाली भद्र राजनीतिक महिलाओं ने वेश्या को अपनी नेक लड़की वाली छवि के आईने में देखना बंद कर दिया है। यह ज़रूर है कि जेंटलमेनों की दुनिया में रहने वाली इन लेडियों के मंच पर वेश्या को एक मुक्तिकामी नारी के रूप में पेश किये जाने की घड़ी फ़िलहाल कोसों दूर है, पर इतना परिवर्तन तो आ ही गया है कि वे वेश्या को समाज के मित्र के रूप में देखने की पेशकश पर ग़ौर करने लगी हैं।

क़रीब आठ साल पहले एक एनडीटीवी न्यूज़ चैनल पर कोलकाता से आयी सपना नामक वेश्या ने पूरे विश्वास के साथ यह कह कर ख़ासी हलचल मचा दी थी कि वह सेक्स-वर्कर है और रोज़ी-रोटी कमाने के अपने ज़रिये को कई तरह के सामान्य कामों में ही गिनती है। पुराने क़िस्म के नारीवाद की एक पवक्ता और सवाल पूछने के लिए जमा किये गये लोग उससे जिरह करते रहे, पर वह अपने रवैये से नहीं डिगी। वह चाहती थी कि उसे वेश्या न समझ कर यौन-कर्मी समझा जाए, यानी उसे मज़दूर वर्ग के एक सदस्य के रूप में सम्मानित दर्जा दिया जाए। जिस तरह लोग अपना श्रम बेचते हैं, उस तरह वह अपनी देह

बेचती है। यह कोई छोटी-मोटी ज़िद नहीं थी। यह पिछले दो सौ साल से जमे हुए मार्क्सवादी विचार को चुनौती देने वाली ज़िद थी, जिसके तहत पूरे समाज को क्रांति का सपना दिखाने वाली जमातें वेश्या को लम्पट-सर्वहारा से ज़्यादा बड़ा दर्जा देने के लिए तैयार नहीं हैं। इस आग्रह के मुताबिक़ वेश्या के साथ एक शोषित के रूप में हमदर्दी तो दिखाई जा सकती है, पर वह अपने आप में किसी मुक्तिकारी एजेंसी की भूमिका में नहीं आ सकती। कोलकाता की सपना वेश्याओं के उस आंदोलन की प्रवक्ता थी जिसके संगठित प्रयासों ने पिछले डेढ़ दशक में सोनागाछी की वेश्याओं को इंसान की हैसियत दिलाने की तरफ़ दृढ़तापूर्ण कई क़दम बढ़ाए हैं।

यह सिर्फ़ संयोग ही नहीं था कि उधर सपना ने टीवी चैनल पर अपनी दावेदारी की, और इधर छह महीने से भी कम समय में देश के एक बड़े समाचारपत्र समूह ने देह बेचने के धंधे को क़ानूनी दर्जा दिये जाने के पक्ष में बड़ी आवेगपूर्ण मुहिम छेड़ दी। इसके पक्ष-विपक्ष में बेचैन प्रतिक्रियाओं की बाढ़ आ गयी। इस मुहिम का समर्थन या विरोध करने से कतराने वाले बहुसंख्या में थे, पर उनकी समझ में इतना तो आ ही रहा था कि वेश्या नामक निर्मिति की अंतर्वस्तु बदल रही है। वह अब पतिता के रूप में देखे जाने के लिए अभिशप्त नहीं है, क्योंकि पतिता उद्धार सभाओं ने सदियों तक सक्रिय रह कर भी उसका कोई भला नहीं कर पाया है। सेक्स वर्कर होने के दावे और देह के धंधे को क़ानूनी दर्जा दिये जाने की पृष्ठभूमि में उन तमाम नैतिकतावादी प्रयासों की सतत विफलता देखना कठिन नहीं था जो वेश्यावृत्ति से जुड़े उन्मूलनवादी नज़रिये को अभी तक पालते-पोसते रहे हैं। ख़ास बात यह है कि उन्मूलनवादी नैतिकता के साथ दक्षिणपंथी ही नहीं, बल्कि मार्क्सवादी और नारीवादी लोग भी जुड़े रहे हैं।

लेकिन, अगर एक वेश्या द्वारा किये गये यौन-कर्मी होने के दावे और उस समाचार पत्र समूह की मुहिम के बीच कोई संयोगमूलक संगति नहीं थी तो फिर क्या था? इस सवाल का पहला जवाब तो यह है कि टीवी चैनल हो, या प्रिंट मीडिया या राजनीति का मैदान या फिर संसद का दायरा, इन तमाम जगहों पर कोई प्रश्न तभी उठाया जाता है जब उसके इर्द-गिर्द एक लोकप्रिय सहमति बनने की सम्भावना स्पष्ट रूप से मौजूद हो। लोक-मानस बनाने वाले इन तमाम मंचों पर ऐसा कोई भी सवाल उठाने से परहेज़ किया जाता है जिसके कारण दर्शकों, पाठकों या वोटरों की संख्या कम होने का अंदेशा हो। जन-संचार माध्यमों और राजनीति के क्षेत्र को यह एहसास हो गया है कि भारतीय समाज आधुनिकीकरण के एक ऐसे ख़ास दौर में पहुँच गया है जिसमें अंतरंग रिश्तों का संसार

विक्टोरियायुगीन वर्जनाओं की बुनियाद पर टिका नहीं रह सकता। यह एक ऐसा दौर है जिसमें भद्र समझा जाने वाला मीडिया तक़रीबन हर रोज़ सेक्स मैनुअल की क़िश्तें वैज्ञानिक अंदाज़ में पाठकों और श्रोताओं के लिए पेश कर रहा है। ध्यान रहे कि आचार्य वात्स्यायन का *कामसूत्र* के नाम से मशहूर सेक्स मैनुअल केवल अभिजनों के लिए ही उपलब्ध था। आज यह *कामसूत्र* मनोचिकित्सकीय भाषा और आयुर्विज्ञानी मुहावरे के साथ अपने अधुनातन रूपों में फुटपाथ पर आ चुका है। इसकी शुरुआत अंग्रेज़ी मीडिया से हुई थी जिसे अब हिंदी ने भी पूरे ज़ोर-शोर से अपना लिया है।

परिवर्तन : संकट और सम्भावना

इस वार्ता में जिन परिवर्तनों को रेखांकित किया गया है, वे केवल सम्भावनाओं के ही स्रोत नहीं है। उनके भीतर भारतीय नारीवाद के लिए अनपेक्षित संकट भी निहित हैं। भारतीय नारीवाद ने अभी तक सह-जीवन और क़ानूनी वैधता के आपसी रिश्तों पर ठीक से बहस नहीं चलाई है। उसे सह-जीवन की धारणा समस्याग्रस्त नहीं लगती, पर जैसे ही उसे क़ानूनी रूप देने की तरफ़ क़दम बढ़ता है, कुछ नारीवादी सिद्धांतकारों को लगने लगता है कि कहीं सह-जीवन भी वैवाहिक विनियमनों के ढाँचे में न फँस जाए। दूसरी तरफ़ उनकी मजबूरी यह है कि जैसे-जैसे सह-जीवन की संरचना प्रचलित होगी पुरुषों द्वारा उसके दुरुपयोग को नियंत्रित करने के लिए क़ानूनी हस्तक्षेप की ज़रूरत बढ़ती जाएगी। इसी तरह भारतीय नारीवाद डेटिंग क्लबों की परिघटना, इंटरनेट पर चलने वाले चैट रूमों और मुक्त इच्छा आधारित दोस्ती जैसी अवधारणाओं पर दिमाग़ खपाने के मूड में नहीं लग रहा है। यह भी हो सकता है कि नारीवादी सिद्धांतकार इस पक्ष में हों कि इस क्षेत्र को अभी प्रेक्षण और अवलोकन के लिए सुरक्षित रखा जाए। वैसे भी यह बहुत नया है। वेश्या और सेक्स-वर्कर बनाने के सवाल पर नारीवादियों में गहरी द्वैधवृत्ति पाई जाती है। उनके पास वेश्यावृत्ति की समस्या हल करने के लिए कोई ठोस सुझाव नहीं है, वे उन्मूलनवादी नज़रिये से भी पूरी तरह संतुष्ट नहीं हैं, पर वेश्या को मज़दूर की हैसियत देने के ख़याल से ही उनका प्रच्छन्न 'मार्क्सवादी मर्म' आहत हो जाता है। यह इस बात का सबूत है कि भारतीय नारीवाद पर मार्क्सवाद की छायाएँ कितनी गहरी और स्थायी क़िस्म की हैं। सेक्स-वर्कर की धारणा की ग़ैर-मार्क्सवादी आलोचनाएँ या तो परम्परा के मुक़ाम पर खड़े हो कर यौन नैतिकता के प्रचलित मानकों के हिसाब से की जाती हैं, या फिर 'स्त्रियों के लिए एक सुविधाजनक पेशे' के जन्म का डर

दिखाया जाता है। इसके लिए कुछ पश्चिम के उदाहरण भी दिये जाते हैं। भारतीय यौन-क्रांति के कुछ अवैध पहलू भी हैं जो काल गर्ल सप्लाई करने के धंधे और मसाज पार्लरों में चलने वाले देह व्यापार के रूप में देखे जा सकते हैं। पुलिस बीच-बीच में छापा मार कर ऐसी गिरफ़्तरियाँ करती रहती हैं।

ज़ाहिर है कि इन आलोचनाओं को सौ फ़ीसदी ख़ारिज नहीं किया जा सकता। दिक़्क़त यह है कि ऐसी आलोचनाओं से समाज-परिवर्तन की प्रक्रिया नहीं रुकती। ख़ास तौर से ऐसी प्रक्रिया तो इन आलोचनाओं से धीमी भी नहीं होगी, क्योंकि आर्थिक उत्पादन के नये रूप उसे प्रोत्साहित कर रहे हैं। सेक्शुअल लिहाज़ से विक्टोरियायी यौन-नैतिकताओं का पड़ाव पार करके भारतीय समाज चल पड़ा है, लेकिन उसके क़दम किस तरफ़ जाएँगे, यह अभी ठीक-ठीक नहीं कहा जा सकता।

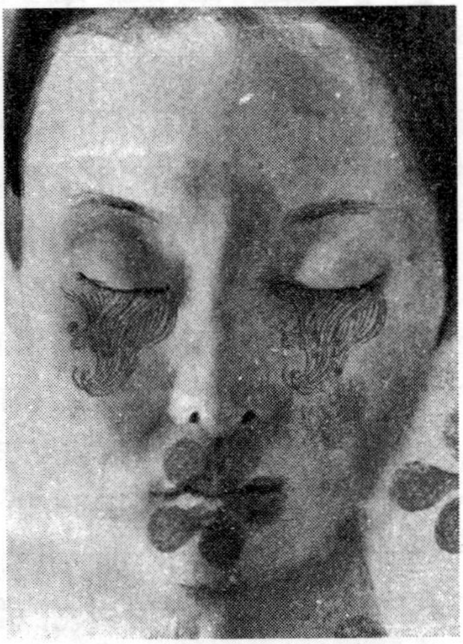

अंतरंगताओं की फ़ितनागरी

गुड़िया भीतर गुड़िया के बहाने

मैत्रेयी पुष्पा द्वारा रचित *गुड़िया भीतर गुड़िया* प्रकाशित होने के बाद अब नारीवाद की हिंदी-कथा का दूसरा अध्याय लिखने का समय आ गया है। यह नया अध्याय स्त्री-जीवन में अंतरंग रिश्तों से पैदा होने वाली पेचीदगी पर रोशनी डालने में सहायक हो सकता है। नब्बे के दशक में हमारे जमाने के एक बड़े समाज-चिंतक एंथनी गिडेंस अंतरंगता के रूपों में होने वाले परिवर्तन की थियरी ले कर आये थे जिससे लैंगिक संबंधों पर नयी रोशनी पड़ी थी। लेकिन, गिडेंस का विमर्श स्त्री-जीवन में अंतरंगता की भूमिका पर केंद्रित नहीं था। ऐसी बात नहीं कि अंतरंगता के नारीवादी अध्ययन न हुए हों, पर मैत्रेयी पुष्पा की आत्मकथा भारतीय समाज की विशिष्ट परिस्थितियों में अंतरंगता (इंटीमेसी) के नारीवादी अध्ययन की ज़रूरत पर प्रकाश डालती है। ऐसे कुछ प्रयास सुधीर कक्कड़ की रचनाओं में दिखते हैं, पर *गुड़िया भीतर गुड़िया* में जिन पहलुओं की तरफ़ इशारा मिलता है, वे सम्भवतः कुछ और हैं।

वैसे तो सभी अंतरंग रिश्तों की भीतरी बुनावट ख़ासी जटिल होती है, पर स्त्री के जीवन पर अंतरंग संबंधों का असर पुरुष की ज़िंदगी पर पड़ने वाले प्रभाव जैसा नहीं होता। इसके तीन मुख्य कारण हैं : पहला, पुरुष किसी तरह की लैंगिक मातहती में नहीं रहता। उसे अपने जैसे ही पुरुषों की दुनिया में रहने की सुविधा प्राप्त होती है। लेकिन, स्त्री को यह सुविधा नहीं होती। वह पुरुषों के लैंगिक वर्चस्व के तहत ज़िंदा रहने के लिए अभिशप्त है। उसके आचरण और उपलब्धियों पर पुरुषों की दुनिया फ़ैसला देती है। यहाँ तक कि फ़ैसला देने वाली इस प्रक्रिया में भाग लेने वाली अन्य स्त्रियाँ भी इस 'पौरुषपूर्ण समय' से जाने-अनजाने आक्रांत रहती हैं। दूसरा, स्त्री अपनी तरफ़ से इन रिश्तों को जैसे भी परिभाषित करती रहे, लैंगिक मातहती के प्रभाव में उसका निजी और सार्वजनिक संसार हमेशा उसे शक की निगाह से देखता है कि वह कुछ न कुछ छिपा रही है। इस मामले में स्त्री की बात 'फ़ेस वेल्यू' के आधार पर शायद ही कभी सच मानी जाती हो। उसके वजूद और उसकी प्राइवेसी को लगातार जासूसी का शिकार रहना पड़ता है। तीसरा, स्त्री विविध अंतरंगताओं के सहअस्तित्व में जीती है। अंतरंगता के सभी रूप सेक्शुअल नहीं होते। अंतरंगता बौद्धिक भी हो सकती है, राजनीतिक हो सकती है, और प्रगाढ़ मैत्री के रूप में भी हो सकती है। स्त्री की मुश्किल यह है कि वह जिन

अंतरंगताओं को अपनी तरफ़ से 'ए-सेक्शुअल' या अ-यौनिक मान कर चलती है और उसी रूप में उन्हें निभाना चाहती है, ज़रूरी नहीं कि संबंध का दूसरा पक्ष उसके प्रति ए-सेक्शुअल नजरिया ही रखता हो। अधिकतर मामलों में पुरुष की तरफ़ से मानस के धरातल पर (भले ही देह के स्तर पर उसकी अभिव्यक्ति हो पाए या न हो पाए) कामनाओं की राजनीति अपने व्यक्त-अव्यक्त रूपों में जारी रहती है। स्त्री को लगातार ऐसे पुरुषों के बीच से अपने रिश्ते चुनने पड़ते हैं जो उसके प्रति यौन कामनाओं में डूब-उतरा रहे हैं। स्त्री को तय करना पड़ता है कि किस पुरुष की यौन कामना उदात्त है, और किसकी कुत्सित। यह मूल्य-निर्णय उसे उदात्त यौन कामनाओं वाले पुरुष के साथ मित्रता की तरफ़ तो ले जाता है, फिर भी वह पूरी तरह से सुरक्षित महसूस नहीं करती। उसका दिल अंदेशों से धड़कता रहता है। और, जिन्हें वह कुत्सित यौन कामना से ग्रस्त मान कर अपने साध्यि का अवसर नहीं देती, उनकी तरफ़ से स्त्री पर अफ़वाहों का लाठी चार्ज होता है। लोकापवादों की आँसू गैस छोड़ी जाती रहती है।

भीतर के अंदेशों और बाहर की मार के बीच पिसती हुई स्त्री के जीवन में अंतरंग रिश्तों की भूमिका दोहरी हो जाती है : वे उसे समृद्ध करने के साथ-साथ उसके सामाजिक अस्तित्व को जोखिमग्रस्त भी कर देते हैं। *गुड़िया भीतर गुड़िया* में अंतरंगताओं के इसी दोहरे प्रभाव के सबूत दर्ज हैं। हर सचेत स्त्री की तरह मैत्रेयी पुष्पा भी आदर्श सह-जीवन की खोज में हैं, लेकिन उनकी ज़मीन मन्नू भंडारी (*एक कहानी यह भी*) और प्रभा खेतान (*अन्या से अनन्या*) से अलग है। वे परम्परा के हाथों से गढ़े गये निजी संबंधों के दायरे में कल भी रहती थीं और आज भी रहती हैं। उनके संघर्ष उन दीवारों के भीतर हो रहे हैं जहाँ उन्हें पत्नी, गृहिणी और माँ की भूमिकाएँ निभानी हैं। ख़याल रहे कि यह पुराने ढंग का संयुक्त परिवार नहीं है। शहरी, द्विज और शिक्षित मध्यवर्गीय चरित्र के ऐसे घरों में रहने वाले लोग खुद को आधुनिक मानते हैं और इस आत्मछवि को क़ायम रखने के लिए उन्हें आधुनिकता की न्यूनतम कसौटियों पर खरा उतरना पड़ता है। घरेलू आधुनिकता के इन्हीं तंग दायरों में मैत्रेयी पुष्पा का साक्षात्कार अंतरंगता की कुछ ऐसी बृहत्तर संरचनाओं से होता है, जो मन्नूजी या प्रभाजी की ज़िंदगी के प्रेम त्रिकोणों से भिन्न हैं। वे प्रेम त्रिकोण यातनादायक हैं, पर मैत्रेयी पुष्पा की अनूठी अंतरंगताएँ उन्हें सताने के बावजूद एक के बाद सशक्तीकरण के विभिन्न मुक़ामों की तरफ़ ले जाती हैं। वे अंतरंगताएँ उन्हें बाँधने के बजाय खोलती चली जाती हैं। उनके कारण गँवई पृष्ठभूमि से आयी एक स्त्री के भीतरी पानियों में हलचल होती है। यह आत्मकथा अंतरंगताओं की फ़ितनागरी और

रेडिकल आधुनिकता से सम्पन्न एक स्त्री के वैयक्तीयन की दास्तान बन जाती है।

हिंदी जगत में स्त्री साहित्यकारों की आत्मकथाओं ने अपनी हैटट्रिक पूरी कर ली है। पिछले साल मन्नू भंडारी और प्रभा खेतान की आत्मकथाओं का अध्ययन करते समय मुझे पता चला था कि मैत्रेयी पुष्पा की रचना प्रकाशित होने वाली है। मैंने उनसे अनुरोध भी किया था कि अगर वे उसके अप्रकाशित अंश पढ़ने के लिए दे दें, तो मैं हिंदी लेखन में नारीवाद के विकास पर अधिक विहंगम दृष्टि डाल सकूँगा। उन्होंने पूरी तरह वाजिब कारणों से मेरा अनुरोध ख़ारिज कर दिया। लेकिन *तद्भव* में मेरा आलेख पढ़ने के बाद उन्होंने मुझसे फ़ोन पर कुछ लम्बे वार्तालाप किये जिनके ज़रिये कुछ-कुछ अंदाज़ा लगा कि उनकी आत्मकथा में मेरे जैसे 'साहित्य में अनामंत्रित' को किस तरह की समाजशास्त्रीय सामग्री मिलने वाली है। आज मेरी वे अपेक्षाएँ पूरी हो चुकी हैं। हालाँकि मन्नूजी और प्रभाजी की आत्मकथाएँ भी मेरे लिए प्रेम व कामना के रिश्तों, अंतरंगता के एक प्रचलित रूप और स्त्री सशक्तीकरण की प्रक्रिया के दस्तावेजों की तरह थीं, पर मैत्रेयी पुष्पा की आत्मकथा में ये बातें कुछ अलग अर्थों में दिखाई पड़ती हैं।

प्रभा खेतान ने बिना विवाह किये एक जोखिम भरे रोमानी प्रेम के ज़रिये आदर्श सह-जीवन की खोज की। वे उद्योग जगत में अपने दम पर कामयाबी हासिल करके अपना सशक्तीकरण करते हुए दिखीं। साहित्यिक रचनाशीलता उनके लिए आत्माभिव्यक्ति का साधन बनी। मन्नू भंडारी ने अति-आधुनिक क़िस्म का प्रेम विवाह करके (जिसे मैं रोमानी प्रेम नहीं, बल्कि परस्पर समता और लोकतंत्र की बेहतर सम्भावनाओं से ओतप्रोत संगमी प्रेम की संज्ञा देता हूँ) सह-जीवन उपलब्ध करने का प्रयास किया। उनके जीवन पर निगाह डालने से लगता है कि उन्होंने साहित्य और रचनाशीलता को ही सशक्तीकरण का स्रोत बनाया। नारीवाद की दृष्टि से मैं इन दोनों को अपने युग की नायिकाओं का दर्जा देता हूँ (इससे कोई फ़र्क़ नहीं पड़ता कि प्रभाजी नारीवाद की पैरोकार हैं, और मन्नूजी घोषित उसकी विरोधी)। लेकिन, क्या विडम्बना है इन नायिकाओं की! आज उनके पास कीर्ति है, मान्यता है, अस्मिता है। पर, ऐसा प्रयोगधर्मी और अन्यथा सफल जीवन बिताने के बाद भी सह-जीवन का सुख नहीं है। इस लिहाज़ से उनके हिस्से में सिर्फ़ विफलता की त्रासदियाँ ही आयी हैं। उनकी आत्मकथाएँ बताती हैं कि नारी मुक्ति के शिखर मनोहारी होने के बावजूद इतने अलभ्य हैं कि सशक्तीकरण के बाद भी पहुँच से दूर ही रहते हैं।

अपनी विवाहित ज़िंदगी के एक बहुत बड़े हिस्से में मैत्रेयी पुष्पा लेखकीय जीवन की केवल कल्पना ही कर पाती हैं। जीवन के समुद्र में साहित्य रचना उनके

लिए दूर टिमटिमाते हुए प्रकाश स्तम्भ की तरह है जिसकी रोशनी तक उनके पास नहीं पहुँचती। यहाँ तक कि उनके पास मैत्रेयी पुष्पा जैसा नाम तक नहीं है। लेखिका बनने की तैयारी करते समय उन्हें अपने आप से सवाल पूछना पड़ता है कि आख़िर उनका नाम क्या है? यह एक ऐसा संदर्भ है जो मैत्रेयी पुष्पा की आत्मकथा को मन्नू भंडारी और प्रभा खेतान की आत्मकथाओं से एक बार फिर अलग कर देता है। इन दोनों के लिए साहित्य की दुनिया किसी युद्ध के मैदान की तरह नहीं उभरती। साहित्य से उन्हें सिर्फ़ सकारात्मक उपलब्धियाँ ही होती हैं। पर, मैत्रेयी के लिए साहित्य के संसार में जगह-जगह विस्फोटक सुरंगें लगी हुई हैं। उनकी साहित्यिक गतिविधियाँ उनसे पल-पल विद्रोह और अतिक्रमण माँगती हैं। मैत्रेयी पुष्पा नाम की औरत के कारण मिसेज शर्मा नाम की गृहिणी का वजूद ख़त्म हो सकता है। इस लिहाज़ से मैत्रेयी साहित्यकार बन कर कहीं बड़ा जोखिम उठाती हैं। लेकिन, अगर वे ऐसा न करतीं तो मिसेज शर्मा (उर्फ मंटी की बहू) से मैत्रेयी पुष्पा कैसे बन पातीं। उनके साहित्यकार बनने की प्रक्रिया साहित्य और रचनाशीलता के माध्यम से सशक्तीकरण के एक भिन्न कोण का सुराग़ देती है। बेबाक़ी और जज़्बाती शिद्दत से भरपूर यह आत्मकथा हमें भारतीय नारीवाद की हिंदी-कथा के तीसरे अध्याय को उस भावभूमि पर रचने का मौक़ा देती है जो दरअसल गाँव या क़स्बे से प्रति दिन शहर की तरफ़ आने वाली लाखों-करोड़ों मध्यवर्गीय विवाहित स्त्रियों के मानस से बनी है।

I

पति और पत्नी के बीच में सिंगल नहीं बल्कि डबल 'वोह' उर्फ़ घरेलू आधुनिकता का कमाल

ऐसा क्यों? ... मैं अपने आचरण से पत्नी लेकिन मानसिक स्तर पर जो दख़ल देने लगती थी, वह कौन थी? कौन थी वह जो धीरे-धीरे मुझे विवाह संस्था से विरक्त करती हुई ...

अपने डॉक्टर पति के साथ मैत्रेयी पुष्पा जब अलीगढ़ से दिल्ली आयीं तो उनकी ज़िंदगी आधुनिकता के सबसे कमज़ोर पहलुओं से अपना काम चलाने के लिए मजबूर थी। आधुनिकता से उनका रिश्ता कितना क्षीण था इसका अंदाज़ा इस बात से लगाया जा सकता है कि उनसे सिर्फ़ एक अपेक्षा की जाती थी : वे अपनी देहाती धज बदल कर आधुनिक वेषभूषा और आवभगत के तौर-तरीक़े अख़्तियार करेंगी ताकि डॉक्टरों की मध्यवर्गीय उठक-बैठक में खुद को खपाने के साथ-

साथ पति की यौन कामनाओं के फ़िल्मी सौंदर्य बोध में फ़िट बैठ सकें। ऐसी बात नहीं कि आधुनिकता के इस सतही रूप की पत्नी के लिए कोई अहमियत नहीं थी। इसके कारण उसे दो तरह की छूटें मिल गयी थीं। पहली, वह कमोबेश उदार स्वभाव और व्यवहार बुद्धि के धनी पति के साथ रोमानी जोड़ा बनाने का सपना देख सकती थी। दूसरी, वह अन्य डॉक्टर पत्नियों की अत्यंत सीमित दुनिया की सक्रिय सदस्य बन सकती थी। देखने में मामूली लगने वाली इन दोनों छूटों की तासीर गहरी साबित हुई। बचपन से मिले पहनने-ओढ़ने के संस्कारों को कमतर मानने की पीड़ा से गुजरते हुए सत्तर के दशक की यह पत्नी पति की कसौटियों पर खरा उतरने की कोशिश कर ही रही थी कि घरेलू आधुनिकता यानी मॉडर्निटी की एक नाकुछ शक्ल ने अपना कमाल दिखाना शुरू कर दिया।

> मेरा जीवन-साथी, साथी के नाम पर जलकुक्कड़ आदमी है। दिशाओं में जब रंग बिखरने शुरू होते हैं, कालिख पोतने आ जाता है। ... बेचारे उस बगो की तरह हैं जो खुद को खेल में हारते देखता है तो खेल बिगाड़ देता है। प्रियतम, इन मादक-मनोरम और चंचल मनोरंजक शामों के सूत्रधार तुम्हीं तो थे, रंगवर्षा हुई तो घबरा गये। सँकरे रास्तों वाली जगह तलाश रहे हो कि पत्नी को बचा ले जाओ। कोई तुमसे पूछे कि तुम्हारे दोस्तों की ख़ातिरदारी में किसके कारण लगी? ये मेरे दोस्त तो थे नहीं। हाँ, दोस्त न बन जाएँ, यही डर तुम्हारी सद्‌भावना और उदारता को चबाने लगा। ... मेरा शरीर यहाँ बंद है, पर मेरा मन ... मेरा मन छटपटाता है। ... मैं पति की आधुनिकता को पहचानने लगी हूँ।

इधर पति की आधुनिकता की सीमाएँ पता चलीं, और उधर पत्नी की ज़िंदगी तरह-तरह की अंतरंगताओं (मल्टीपल इंटीमेसीज़) के लिए खुलती चली गयी। घर-संसार में सिर्फ़ और सिर्फ़ एक ही अंतरंगता की अनुमति होती है। पतिपारायण अंतरंगता ही वहाँ 'नॉर्मल' है। अंतरंगता के अन्य सभी रूप वहाँ शक की निगाह से देखे जाते हैं। लेकिन, मुश्किल यह है कि घर की भीतरी दुनिया स्त्री के लिए आधुनिकता की मामूली शर्तें ही पूरी कर सकती है। अगला पायदान वहाँ वर्जित है। इसलिए उसे परम्परा द्वारा प्रमाणित और मान्यताप्राप्त एकांगी अंतरंगता का अतिक्रमण करना पड़ता है। पर मैत्रेयी का मानस उसे अंतरंगताओं के सहअस्तित्व की तरफ़ ले जाता है। इनमें एक ऐसी अंतरंगता है जिसमें कामनाओं की एकतरफ़ा और निष्क्रिय ललक दिखाई देती है (डॉ. सिद्धार्थ का प्रसंग)। इनमें भगिनीवादी अंतरंगता है (इल्माना की दोस्ती)। इनमें बौद्धिक अंतरंगता के एकाधिक प्रसंग (सह-सम्पादक महोदय, 'गॉड मदर' और राजेंद्र यादव से साहित्यिक मैत्री) भी हैं जिनकी बनावट काफ़ी जटिल है। अतिक्रमण की शुरुआत दो तरह की अंतरंगताओं की दस्तक से होती है। पहली दस्तक पुरुष मित्र की शक्ल में थी,

और दूसरी स्त्री मित्र की शक्ल में। इस तरह पति और पत्नी के बीच में सिंगल नहीं बल्कि डबल 'वोह' का हस्तक्षेप हुआ।

पहला 'वोह': आत्मकथा शुरू होते ही पता चलता है कि मंटी की बहू को अपर्याप्त ही सही पर आधुनिकता ने हौले से छू कर तरंगित कर दिया है। कुछ और आगे बढ़ने के लिए उसे परम्परा द्वारा स्थापित सार्वभौम नियम का अतिक्रमण करना ही होगा। इस नियम को दो हिस्सों में बाँट कर पढ़ा जा सकता है : पहला, महाभारत और फिर मनुस्मृति के अनुसार स्त्री को सूर्य और चंद्र की तरफ़ भी नहीं देखना चाहिए क्योंकि वे भी पुलिंग होते हैं। दूसरा, चूँकि स्त्री को पूरी तरह किसी अन्य पुलिंग की तरफ़ देखने से रोका नहीं जा सकता, इसलिए जॉन स्टुअर्ट मिल की भाषा में उससे यह लाज़मी तौर पर उम्मीद की जाती है कि वह अपने पति में अपना समग्र भावात्मक निवेश कर देगी। जहाँ तक स्त्री की देह का सवाल है, वह झंझट तो कमोबेश तभी निबट जाता है जब कन्यादान कर दी जाती है। उसकी देह पर पति के क़ब्ज़े को तो प्रश्नांकित ही नहीं किया जा सकता।

इसी उसूल के कारण आज तक व्यभिचार विरोधी क़ानून यौन अतिक्रमण करने वाली स्त्री कल्पित करने में नाकाम है। भारत में क़ानूनन स्त्री पर व्यभिचार का मुक़दमा नहीं चलाया जा सकता, क्योंकि उसे किसी क़िस्म की सेक्शुअल एजेंसी से सम्पन्न ही नहीं माना जाता। आश्चर्य नहीं कि पूरी आत्मकथा में डॉ. शर्मा पत्नी की सेक्शुअल नैतकिता पर कभी शक नहीं करते। भावनाओं के मामले में वे उन पर कभी भरोसा नहीं कर पाते। जब पत्नी पराये मर्द के साथ नाचने के लिए उठती है तो सवाल उठता है। मैत्रेयी पुष्पा डॉ. सिद्धार्थ (पहला 'वोह') से प्रेम करने के ज़रिये पुलिंग की तरफ़ देखने का वर्जित उपक्रम करती हैं, और परिणामस्वरूप पति में सम्पूर्ण भावात्मक निवेश की शर्त टूट जाती है। उनके पास ऐसा करने के कुछ दिलचस्प तर्क हैं :

> प्रियतम, मेरी उसी भावना ने तुम्हारे दीक्षांत समारोह में तुम्हारे साथ जाने की ठानी थी, तुम नहीं ले गये। मैं आहत और अपमानित हुई क्योंकि अयोग्य ठहराई गयी। मैंने घर आये यूपीएससी चेयरमैन से बाहर आ कर अभिवादन करना चाहा था, तुमने मुझे रसोई में सिकुड़े रहने की हिदायत दी, मेरे मन को ठेस लगी। ... ऐसे दर्दनाक लम्हों को याद करके डॉ. सिद्धार्थ के कंधे पर मेरा सिर टिक गया था। ... आत्मसम्मान पाने के लिए अपमान कितना ज़रूरी होता है, यह मैंने कई बार अनुभव किया है। ... मैं नाचने के लिए नहीं उठी थी, अपने हक़ों के लिए खड़ी हुई थी।

लेखिका का यह प्रेम तक़रीबन एकतरफ़ा है। डॉ. सिद्धार्थ का चरित्र पाठकों को अपने बारे में कुछ ख़ास नहीं बताता। नायिका अपनी तरफ़ से उनके किरदार में से अपने सशक्तीकरण के कुछ अंश निकाल लेती है जिनके दम पर उन

'धृष्टताओं' का सिलसिला शुरू हो जाता है, जो घरेलू आधुनिकता का तंग दायरा तोड़ कर और ज़्यादा बड़ी आधुनिकताओं की सोहबत माँगने से जुड़ी हुई हैं। मसलन, नायिका को पढ़ाई-लिखाई करनी है, वह पीएचडी करना चाहती है। आईटीओ के पास प्रेस एरिया में बड़ी-बड़ी इमारतों की शक्ल में बने अख़बारी दफ्तरों को देख कर उसके मन में बचपन से कहीं छिपी लेखक बनने की इच्छा फिर से करवट लेती है। पति महोदय इन तमाम आधुनिकताओं का ज़रिया बनने के लिए तैयार नहीं हैं। नफ़ीस आदमी हैं, सोच समझ कर होशियारी से हर क़दम उठाते हैं। हर हथकंडे का मक़सद यही है कि पत्नी आगे न बढ़ सके, और ऊपर से तुर्रा यह कि वे उसकी प्रगति में पूरी मदद कर रहे हैं। इसी घुटी हुई घरेलू पॉलिटिक्स के बीच मैत्रेयी की ज़िंदगी में दूसरा 'वोह' आ जाता है।

दूसरा 'वोह': यह दूसरा 'वोह' पुरुष नहीं, एक मुसलमान औरत की शक्ल में है। चूँकि यह मुसलमान डॉक्टर पत्नी खुद अपने घर की दीवारों के भीतर अपनी आधुनिकता के दायरे विस्तृत करने की जद्दोजहद में लगी हुई है, इसलिए उसके तार हिंदू डॉक्टर पत्नी से बहुत जल्दी जुड़ जाते हैं। डॉ. सिद्धार्थ की उपस्थिति तो आत्मकथा में सांकेतिक ही है, पर इस दूसरे 'वोह' की आवाज़ लेखिका की पूरी ज़िंदगी में गूँज रही है।

पति महोदय के लिए नयी अंतरंगता की फ़ितनागरी समझना आसान है, क्योंकि उसकी वाहक निजी ज़िंदगी में विवाहेतर संबंध बनाने और उसे क़ायम रखने पर तुली हुई है। दिलचस्प बात यह है कि इल्माना नामक इस चरित्र की सारी दावेदारियाँ घर की दीवारों के भीतर ही घटित हो रही हैं। उसकी विद्रोही रणनीति कुछ इस तरह की है कि लोकापवाद के बावजूद पति उसके मुँह पर 'तलाक़, तलाक़, तलाक़' नहीं कह पा रहा है। मैत्रेयी के पति को यह भी एहसास है कि डॉ. सिद्धार्थ के मुक़ाबले इस 'वोह' में बग़ावती सम्भावनाएँ अधिक हैं। पति महोदय पत्नी को इन्हीं बग़ावती सम्भावनाओं से दूर रखने की पूरी कोशिश करते हैं। हुक्म होता है कि वह इल्माना की सोहबत न करे। लेकिन, इसी मुक़ाम पर आत्माभिव्यक्ति के लिए छटपटा रही मैत्रेयी को अपना पहला संदेश मिलता है : 'कहानी लिखो, बदचलन औरत की कहानी। क्रिएटिविटी का पाक लम्हा आने वाला है।' यह बदचलन औरत कौन है? मध्यवर्गीय शहरी नैतिकता के तहत तो उसे ही बदचलन समझा जाता है जो यह सुझाव दे रही है। लेकिन, मैत्रेयी की बुनियादी भावभूमि तो ग्रामीण भारत की है, इसलिए वह इल्माना की ही समकक्ष एक और बग़ावती स्त्री अपनी चाची रामश्री में उस 'डेविएंट' (विपथगामी) नायिका खोज निकालती है। शहरी नारीवाद और देहाती नारीवाद

का फ़र्क़ सामने आता है। शहर में इल्माना को केवल अफ़वाहों और सामाजिक तिरस्कार का ही मुक़ाबला करना पड़ा। लेकिन, मध्यवर्गीय शिष्टताओं के तलछट में पड़ी हुई मर्दों की कुंठित वासनाएँ दिल्ली जैसी जगह में इल्माना का कमोबेश वही हश्र करना चाहती थीं जो उस रात बुंदेलखण्ड के एक गाँव में उस खूबसूरत लेकिन दबंग औरत का किया गया था :

> और रामश्री, बीते समय की शीड्रैकुला, डायन, डंकिनी ...
> उस रात गाँव में कोई सो नहीं सका। औरत को सज़ा मिल रही थी, निर्वीर्य मर्दों को मज़ा आया। बदकार, रंडी, हत्यारी ... इसके अलावा स्त्री यौनि के पर्यायवाची, उसे पुरुष लिंग से उधेड़ने के दावे। ... सरिया दहका लो, चूतड़ों की खाल उधेड़ दो। माथे पर दाग दो, कलंकिनी। ... नंगी कर दो, नंगी। हम भी देखें कि इसकी जवानी में कितनी आग लगी है। ... कोई आगे से यौनि में डंडा घुसेड़ता, कोई पीछे से ब्लाउज फ़ाड़ता। वह औरत उबलते कड़ाह में उछलती मछली सी ...

लेकिन, शहर में डॉक्टरों के आधुनिक समुदाय द्वारा पारित किये गये निंदा प्रस्ताव के सामने न इल्माना ने घुटने टेके और न ही गाँव के पारम्परिक समुदाय की बर्बर ताक़त के सामने रामश्री ने। दोनों मैत्रेयी की पात्र बनीं। एक उनकी आत्मकथा की, और दूसरी उनकी पहली कहानी की। पहली रचना से ही पैटर्न बनता चला गया। ग्रामीण स्त्रियाँ नायिकाओं का रूप लेने लगीं। अपनी सेक्शुअल इयत्ता की स्पष्ट दावेदारी किये बिना ये स्त्रियाँ नायिकाएँ नहीं बन सकती थीं। इसलिए, जैसे-जैसे ये नायिकाएँ सामने आयीं, हिंदी साहित्य इस बहस में फँसता चला गया कि मैत्रेयी की स्त्रियाँ जब यौनक्रिया करती हैं तो उसकी अभिव्यक्ति-संरचना मध्यवर्गीय दम्पति के शयनकक्ष में होने वाले सेक्स एक्ट जैसी ख़ामोश क्यों नहीं होती।

II
स्त्री-वंश की पैरोकारी और भगिनीवाद के कुछ सुराग

> *मैंने इल्माना के दायरों में बँधने की बात तो पूरे मन से स्वीकार कर ली कि उनके विचारों को ग्रहण करूँगी, जो असलियत में मेरे ही विचार हैं। ... परिवार और संबंधी तो या तो रक्त की एकता के कारण होते हैं या शास्त्रों के विधि-विधान से बनते हैं। हमारा चुनाव वहाँ कहीं नहीं होता। जबकि मैं इल्माना का चुनाव हूँ और इल्माना मेरी रुचि और पसंद। ख़ानदानी शुद्धीकरण की कोशिश बेकार है।*

यहाँ रक्त संबंधों और क़ानून द्वारा थमाए गये रिश्तों के संसार से भगिनियों के संसार यानी सिस्टरहुड की नारीवादी दुनिया की तरफ़ गमन का सुराग़ मिलता

है। भगिनीवाद का मतलब है घर–परिवार के बाहर मिलने वाली स्त्रियों का जगत जिसके साथ विचार और संघर्ष के धरातल पर आत्मीय जुड़ाव हो। नारीवादी इस तरह की बातें बहुत करते हैं, पर दरअसल भगिनीवाद की अभी उन्हें तलाश ही है। विपथगामी अंतरंगताओं की बग़ावती सम्भावनाओं के अलावा *गुड़िया भीतर गुड़िया* की यह एक और विशिष्टता है जो उसे हिंदी के नारीवाद का तीसरा अध्याय बनाने की योग्यता से सम्पन्न करती है।

ख़ास बात यह है कि नारीवाद की यह अत्यंत अपेक्षित संरचना अर्थात् भगिनीवादी मित्रता प्रभा खेतान और मन्नू भंडारी के यहाँ उपलब्ध नहीं है। जहाँ तक जीवन–स्थितियों का सवाल है, ऐसी कौन सी स्त्री होगी जिसकी ज़िंदगी में स्त्रियों की कोई गोष्ठी न घटित हुई हो। पर यह अपने–अपने सचेत चुनाव का प्रश्न भी है कि आप जीवन के किन प्रसंगों को आत्मकथा बुनने के लिए चुनते हैं। इससे यह भी साबित होता है कि किसी लेखक का स्त्री होना या उसका नारीवादी लेखक होना ही अपने आप में स्त्री–केंद्रीयता की स्वाभाविक शर्त नहीं है। स्त्री पात्र और ज़ोरदार क़िस्म के स्त्री पात्र तो बहुत से पुरुष लेखकों की रचनाओं में मिलते हैं, पर वहाँ स्त्री–केंद्रीयता नहीं होती। मैत्रेयी पुष्पा की रचनाएँ अपनी ख़ूबसूरत शिल्पगत अनगढ़ताओं के बावजूद स्त्री–केंद्रीत हैं, और उनके ऐसे होने का स्रोत उनकी आत्मकथा में देखा जा सकता है। *गुड़िया भीतर गुड़िया* के बहुत से पृष्ठों पर स्त्रियों के बीच होने वाले एक लम्बे वार्तालाप के टुकड़े बिखरे हुए हैं। इस बातचीत का एक अंश बताता है कि पत्नी सेवा करती है और पति प्रेम समझता रहता है। इन प्रसंगों में 'तलाक़' शब्द एक डरावने अंदेशे की तरह मौजूद है, अपने ही सौंदर्य के नकाब में क़ैद स्त्री की सेक्शुअल उलझनें हैं, करवाचौथ जैसा घोर स्त्री विरोधी कर्मकाण्ड करते हुए उसके प्रति असहज हो जाने की प्रक्रिया है, साम्प्रदायिकता और भारत बनाम पाकिस्तान के प्रश्न हैं, जातिवाद का सवाल है, पुरुषों के आचरण की कठोर आलोचना है, एक–दूसरे की सेक्स लाइफ़ पर टीका–टिप्पणियाँ हैं। स्त्री की निगाह से पुरुषों की गोष्ठियों में होने वाली बातचीत की परख भी है। मध्यवर्गीय शहरी स्त्रियों का यह प्रचलित संसार किसी बुद्धिवादी स्त्री को व्यर्थ का भी प्रतीत हो सकता है, लेकिन ऐसा समझ कर वे बातचीत के इन टुकड़ों से निकलने वाले एक ख़ास तरह के संदेश को पढ़ने से चूक जाएँगी। स्त्रियों के आपसी संवाद बताते हैं कि परिवार की संस्था का पवित्र आधार अपनी जगह से हिल रहा है। पति अब परमेश्वर से कुछ कमतर क़िस्म की शै बन चुका है। मैत्रेयी पुष्पा की ज़िंदगी में और गहरे उतरने पर अंदाज़ा चलता है कि सम्भवतः उनके मंतव्य कुछ और गहरे हैं।

इसके सूत्र आत्मकथा में एकाधिक जगहों पर पुरुष वर्चस्व के बअरक्स उभरी स्त्री-वंश की दावेदारी के रूप में सामने आते हैं। स्त्री-वंश मैत्रेयी द्वारा इस्तेमाल की गयी अभिव्यक्ति है। यह देख कर अच्छा लगता है कि नारीवाद के साथ जुड़ी हुई प्रचलित लफ़्फ़ाज़ी का सहारा वे कहीं नहीं लेतीं, वरना आत्मकथा में इसके लिए अक्सर काफ़ी गुंजाइश मिल जाती है। जैसे, पितृसत्ता शब्द शायद ही कहीं आया हो। ताज्जुब यह देख कर भी होता है कि नारीवादी शास्त्र में पारंगत न होने के बावजूद मैत्रेयी पुष्पा स्त्री-वंश और मातृसत्ता की अवधारणाओं में फ़र्क़ कर पाईं, वरना मैट्रीलीनियल और मैट्रियार्कीकल के बीच का फ़र्क़ अतिसरलीकृत नारीवाद में पता नहीं कब अंतर्ध्यान हो जाता है। बहरहाल, उनके निजी धरातल पर स्त्री-वंश की क़तार में सबसे पहले खेरापतिन दादी खड़ी हैं। फिर इस वंश का नेतृत्व उनकी माँ कस्तूरी (जिन्हें उन्होंने *कस्तूरी कुण्डल बसै* लिख कर अविस्मरणीय बना दिया है) के हाथ में जाता है। इसके बाद उस क़तार में कस्तूरी की सहेली गौरा खड़ी है। चाची रामश्री हैं, गौने के बाद लौटी वह अनपढ़ बहू है जो चरित्रहीनता के लांछनों को बेहिचक ठुकरा देती है, स्वयं मैत्रेयी हैं और मैत्रेयी की तीन बेटियाँ हैं। स्त्री-वंश के कुछ और अघोषित और अनचीह्ने सदस्य हैं। जैसे, वह पत्नी जिसे राजकुमार सिद्धार्थ रात में छोड़ कर चले आये थे और बाद में गौतम बुद्ध बने। साथ ही इतिहास और लोक-प्रसंगों में दर्ज वे तमाम स्त्रियाँ जिन्हें उनके रखवाले महानता अर्जित करने के लिए चुपचाप छोड़ कर भाग गये। यह स्त्री-वंश प्रश्न के रूप में दावा करता है कि स्त्री को छोड़ कर भागने वाला पुरुष अगर महान् बन जाता है, तो पुरुष को छोड़ कर चली जाने वाली स्त्री कलंकिनी क्यों कहलाती है?

स्त्री-वंश केवल स्त्री के रूप में जन्म लेने से नहीं बनता, बल्कि घर-संसार की स्थापित संरचनाओं से बाहर निकलने की प्रक्रिया से बनता है। यह सिलसिला इस आत्मकथा के पृष्ठों पर घटित हो रहा है। स्त्री करवाचौथ के कर्मकांड से मुक्त होती हुई दिखती है, पैरों की उँगलियों से बिछुए उतरते जाते हैं। जिस घर की रोमानी कल्पनाओं में डूबी हुई स्त्री दिल्ली जाने वाली ट्रेन में अपने पति के साथ बैठ कर आयी थी, और जो घर उसने दिल्ली में न जाने कहाँ-कहाँ बनाने की कोशिश की, उसी घर की औक़ात उसकी नज़रों में पूरी तरह से गिर चुकी है:

> मैं घरवाली हूँ, सो घर ही औक़ात दिखा रहा है। घर की आदत ... अब रहना है तो घरवाले के इशारे पर चलो। कुत्ते की सी वफ़ादारी निभाओ, जैसे कुत्ता दूसरे कुत्तों को भौंक-भौंक कर भगा देता है और मालिक को खुश रखता है। लगता है कि घर अपनी छत के साथ मेरे ऊपर राज करता है कि मैं अपनी चेतना, लगन,

हुनर और दृढ़ता भूल कर कुत्ते जैसी हो जाऊँ।

अंत में पति और घर महज एक उपयोगितावादी संरचना रह जाता है। स्त्री-वंश की पैरोकार तय करती है कि उसका संघर्ष स्वामिभक्ति और सदिच्छा के हथियारों से नहीं हो सकता।

III
धूसर रंगों का पति और बौद्धिक अंतरंगताओं की पेचीदगियाँ

'तुम आख़िर क्या हो?'
'मैं तुम्हारी मुहब्बत जानम।'
'मोहब्बत! ऐसा कब से?' अविश्वास सा करती हुई मैं ...

मैत्रेयी पुष्पा की इस आत्मकथा में वैसे तो अनेक कहानियों की सामग्री बिखरी हुई है, पर इसमें एक उपन्यास भी है जिसका शीर्षक महेंद्र भल्ला से क्षमायाचना सहित मुद्दतों पहले छपे उनके उपन्यास की नक़ल में रखा जा सकता है : *एक पति के नोट्स*। दरअसल, इस आत्मकथा में अगर किसी पुरुष का चरित्र उसकी समस्त जटिलता में उभर कर आया है तो वह मैत्रेयी के पति डॉ. शर्मा का है। एक मध्यवर्गीय पति की असुरक्षाओं से पीड़ित होने और पत्नी के रास्ते में होशियारी से तमाम नाकाबंदियाँ करने के बावजूद उनकी तस्वीर काले रंगों में चित्रित नहीं की गयी है। यह धूसर रंग का पति-देवता है। उसके ख़िलाफ़ आलोचना की तलवार भाँजने के बावजूद मैत्रेयी आख़िर तक तय नहीं कर पातीं कि आख़िर यह शख़्स है किस तरह का! वे अपने आप से पूछती हैं :

> आख़िर तुम क्या हो मेरे? दोस्त या दुश्मन? सच मानो तो कभी स्वाभाविकता की नज़र से देखती हूँ तो कभी आश्चर्यजनक भूमिका में पा कर कौतुहल से भर जाती हूँ? क्या तुम्हारी चतुराइयाँ ऐसी हैं जो मुझे दुखित और चकित करती हैं?

जो व्यक्ति उनकी अंतरंगताओं को लेकर सारी ज़िंदगी उन पर तीर चलाता रहा, उसके आचरण में पत्नी के बौद्धिक-साहित्यिक संसार के प्रति हमदर्दी के भी कुछ पहलू हैं। प्रभा खेतान के डॉ. श्राफ़ या मन्नू भंडारी के राजेंद्र यादव भी अ-नायक क़िस्म के चरित्र हैं, पर डॉ. शर्मा कुछ बेहतर और पेचीदा अ-नायक के रूप में उभरते हैं। ऐसा शायद इसलिए भी है कि मैत्रेयी ने उनकी आवाज़ पाठकों तक पहुँचाने में किसी क़िस्म की कोताही नहीं बरती है।

यह अ-नायक विवाहित जीवन की सारी उम्र अपनी पत्नी द्वारा अर्जित उन अंतरंगताओं की फ़ितनागरी को बेअसर करने की कोशिशों में निकाल देता है जो

उसके दायरे से बाहर की हैं। एक तरह से पति-पत्नी की प्रामाणिक समझी जाने वाली अंतरंगता और पत्नी की विपथगामी समझी जाने वाली अंतरंगताओं के बीच होने वाली लड़ाई में उसकी भूमिका कुछ-कुछ गरिमापूर्ण और बहादुराना क़िस्म की है। कई बार तो ऐसा भी लगता है कि अपनी पत्नी की जज़्बाती हिफ़ाज़त को लेकर उसका चिंतित होना जायज़ है। वह जिस्मानी हिफ़ाज़त के चक्कर में तो है ही नहीं। उस पहलू पर तो अंतर्विरोध ज़्यादा गम्भीर हैं ही नहीं। लेकिन, हिंदी के जिस साहित्यिक और बौद्धिक सार्वजनिक जीवन का चित्रण मैत्रेयी पुष्पा ने अपनी आत्मकथा में किया है, उसे स्त्री के लिए 'प्रिडेटरी' या आखेटकीय ही कहा जा सकता है।

साहित्यिक और बौद्धिक सार्वजनिक जीवन की यह हिंदीवाली क़िस्म एक अरक्षित स्त्री का क्या हश्र करती होगी, इसका अंदाज़ा अगर लगाना हो तो अल्बर्टो मोराविया की उस छोटी सी कहानी से लगाना चाहिए जिसमें एक स्त्री अपनी रचना छपवाने के लिए संपादकों के आसपास चक्कर काट रही है, और उनकी दिलचस्पी रचना के बजाय उसकी देह में है जिसकी छिपी हुई अभिव्यक्तियाँ बौद्धिक सान्निध्य और चालाकी से किये गये प्रणय निवेदनों की भाषा में होती है। इस तरह के माहौल में मोराविया की नायिका पहले तो आत्महत्या की योजना बनाती है, पर आख़िर में वह मात्र देह बन कर इस सार्वजनिक जीवन में निकल पड़ती है। हिंदी के साहित्यिक जगत में किसी प्रतिष्ठित साहित्यकार द्वारा यह कहते हुए सुने जाना मुश्किल नहीं है कि उन्होंने अमुक-अमुक लेखिका को बनाया है। खुदाई के इस दावे में गुरु-शिष्या का संबंध देखना असलियत को जानबूझ कर नकारना ही होगा। साहित्यिक मठाधीश लेखिका के अंतरंग साहचर्य की एक खुफ़िया शर्त रखते ही हैं। ज़रूरी नहीं कि यह अंतरंगता सीधे-सीधे जिस्मानी रिश्तों में बदल जाए। दरअसल, कई साहित्यकार अपने प्रस्ताव की प्रतिक्रिया में स्त्री का स्पष्ट इनकार न मिलने पर उसे अंतरंगता का आश्वासन मान लेते हैं। इसके बाद फिर रचनाओं के प्रकाशन, महँगी स्कॉलरशिप (जिसके बदले काम की केवल ख़ानापूरी ही करनी होती है), विदेश यात्राओं, पत्रिकाओं के संपादक पद और पुरस्कारों के रास्ते खुल सकते हैं।

अभिजन दायरों से न आने वाली ज़्यादातर साहित्यकार स्त्रियों को इन परिस्थितियों से संघर्ष करना पड़ता है। मैत्रेयी पुष्पा की आत्मकथा का एक अहम हिस्सा इसी तरह के संघर्ष का दस्तावेज है। *गुड़िया भीतर गुड़िया* के ये पृष्ठ बताते हैं कि फ़िल्मों की तरह साहित्य जगत में 'कास्टिंग काउच' वाला माहौल तो नहीं है, पर मर्दवादी ख़यालों में एक अदृश्य कास्टिंग काउच का अक्स हमेशा

बनता-बिगड़ता रहता है। मैत्रेयी पुष्पा एक भले साहित्यिक गुरु की तलाश में भटक रही थीं, और उनकी मुद्रा कुछ सहमी-सहमी सी थी इसलिए स्वाभाविक था कि आखेटकों को वे एक तैयार शिकार की तरह दिखतीं। एक गुरु उनके फणीश्वरनाथ रेणु थे जिनसे उनकी कभी मुलाकात नहीं हुई, पर उन्हें एक जीवित गुरु भी चाहिए था। इसी चक्कर में उन्हें कुछ बौद्धिक अंतरंगताएँ पालनी पड़ीं। आत्मकथा में उन्होंने ऐसे ही प्रकरणों से संबंधित कई पुरानी अफ़वाहों का हिसाब साफ़ कर करने की कोशिश की है। इससे कुछ प्रश्नों के उत्तर तो मिले हैं, पर कुछ नयी पेचीदगियाँ भी सामने आ गयी हैं। मसलन, चोर चाल चलते हुए दबे पाँव आने वाले सह-संपादकजी तो ज़्यादा आक्रामक क़िस्म के आशिक नहीं साबित होते। मैत्रेयी उनसे कुछ शिक्षा भी लेती हैं, और उन्हें हाथ भर दूर रखने में भी कामयाब होती हैं। लेकिन, खुली आवाज़ में कहकहे लगाते हुए पथप्रदर्शक बनने के लिए तैयार साहित्यकारों से निबटना इतना आसान नहीं निकलता। ऐसे वरिष्ठ साहित्यकार उन्हें केवल आश्वस्त ही नहीं करते, उनके मन में खटका भी पैदा करते हैं। मैत्रेयी को उनके सहयोग और मार्गदर्शन की ज़रूरत भी है, और वे उनके इरादों को लेकर कहीं शंकित भी हैं। मनोहर श्याम जोशी द्वारा एकांत में घर बुलाने का निमंत्रण वे सहजता से नहीं ले पातीं। गेस्ट हाउस में राजेंद्र यादव के कमरे के बगल में ठहरने का प्रसंग उनके लिए जीवन के एक सबसे त्रासद प्रसंग में बदल जाता है। आत्मकथा के कथानक में इसका विवरण हिचकाकियन क़िस्म का संत्रास पैदा करता है।

इन प्रसंगों की व्याख्या मैत्रेयी के मन के अँधेरों के रूप में भी की जा सकती है, पर इससे यह इशारा भी मिलता है कि लेखिका ने इन बुजुर्ग साहित्यकारों के लहजे और हाव-भाव में एक नहीं बल्कि दो अर्थों का संधान किया होगा। राजेंद्र यादव को वे रेणु के साथ अपना पथप्रदर्शक मानती हैं। उनके प्रति मैत्रेयी पुष्पा की तरफ़ से शिष्याभाव प्रगट होता है, पर राजेंद्र यादव की तरफ़ से जो भाव निकल कर आता है वह गर्लफ्रेंड और बॉयफ्रेंड वाला है। एक जगह वे इच्छा व्यक्त करते दिखाए जाते हैं कि उनके नये घर में किसी स्त्री का पहला क़दम पड़े तो वह मैत्रेयी का हो। एक संवाद में वे कहते हैं कि और कुछ तो तुम्हारे बस का नहीं है, चलो अब राखी ही बाँध दो। यह 'और कुछ' मैत्रेयी और उनके पति के भीतर कहीं अटक जाता है। मैत्रेयी अपने मन का चित्र पेश करके तो हिसाब साफ़ कर देती हैं, पर इस प्रक्रिया में स्त्री की निगाह जोशी और यादव जैसी हस्तियों के मन में दबी हुई कामनाओं की एक हल्की ही झलक दे जाती है। आत्मकथा के इसी हिस्से में साहित्य संसार के प्रपंचों की तस्वीर खींची गयी

है जो बताती है कि रचना में व्यस्त साहित्यकार और व्यक्ति के रूप में साहित्यकार के बीच किस तरह मुहर-कौड़ी का फ़र्क़ होता है। यहाँ एक पुरानी उक्ति याद आती है कि साहित्यकार से रिश्ता रखने के बजाय उसकी रचना से रिश्ता रखना अधिक सुरक्षित होता है।

IV

हम वैसे कहाँ रहे, जैसे कि हुआ करते थे!

आत्मकथा की इन अंतिम पंक्तियों में मैत्रेयी पुष्पा स्वयं को आश्वस्त करते हुए दिखती हैं कि उन्होंने खुद को बदल डाला है। दरअसल, यही है वह मक़सद जिसके लिए कोई आत्मकथा लिखी जाती है। आत्मकथा में लेखक अपने पुनछआविष्कार की कहानी खुद को सुनाने के लिए नये सिरे से गढ़ता है। यह भी कहा जा सकता है कि आत्मकथा पुन:आविष्कार का अंतिम चरण है। मेरी मान्यता रही है कि कोई भी जीवन-कथा उपन्यास न कहा जाने वाला (या न माना जाने वाला) उपन्यास ही होती है। 'फैक्ट' की भीतरी संरचनाओं में 'फ़िक्शन' की न दिखाई देने वाली धारा बहती रहती है। अपनी माँ की जीवनी *कस्तूरी कुंडल बसै* लिखते समय तो मैत्रेयी पुष्पा भी खुद से पूछ रही थीं कि वे उसे उपन्यास मानें या जीवनी। लेकिन, *गुड़िया भीतर गुड़िया* के बारे में वे स्पष्ट हैं कि यह उपन्यास नहीं बल्कि आत्मकथा है। बावजूद इसके कि इस आत्मकथा में कई पात्रों के नाम या तो छिपा लिए गये हैं, या बदल कर पेश किये गये हैं, मैत्रेयी पुष्पा का 'मैं' स्वयं को रचने की यात्रा में शुरू से आख़िर तक आग्रहपूर्वक कहता है कि इस रचना में प्रस्तुत उनके जीवनानुभवों को प्रामाणिक समझा जाना चाहिए।

मैत्रेयी पुष्पा एक नेक पत्नी बनने के संकल्प के साथ दिल्ली में अवतरित हुई थीं। मैं इसे उस 'नेक लड़कीवाद' के नाम से परिभाषित नहीं करूँगा जो मैंने प्रभा खेतान और मन्नू भंडारी के संदर्भ में किया था। इन दोनों स्त्रियों की शख़्सियत परम्परा की देन न पहले थी, न आज है। ये असाधारण स्त्रियाँ हैं जिनका ग़ैर-मामूलीपन नेकलड़कीवाद के आग्रहों के कारण ज़िंदगी के एक पहलू में अपनी धार खो बैठा। प्रभाजी के पास बग़ावत की किताब भी थी और बग़ावत करने का दम भी, पर उन्होंने अपने अ-नायक के अवसान की प्रतीक्षा की। मन्नूजी के पास बग़ावत की किताब नहीं थी, पर बग़ावत का साहस था जिसे वे साल-दर-साल लगातार स्थगित करती रहीं, जब तक उन्होंने राजेंद्र यादव को 'परित्यक्त' की हैसियत में पहुँचाने का कड़ा फ़ैसला नहीं कर लिया। एक तरह से दोनों ने

सारी ज़िंदगी प्रतीक्षा की। मैत्रेयी पुष्पा के पास न बग़ावत की किताब थी, न ही बग़ावत के कोई साधन। इसलिए उनकी बग़ावत किताबी क़िस्म की नहीं हो सकती थी। वह धीमी आँच पर खदबदाती ज़िंदगी की तरह पकती रही। हर नयी अंतरंगता ने उन्हें एक नये मुक़ाम की तरफ़ बढ़ाया। इस धीमी गति के कारण उन्हें भी प्रौढ़ावस्था तक प्रतीक्षा करनी पड़ी।

मेरे इस विश्लेषण में जगह-जगह तीन आत्मकथाओं की आपसी तुलना के औज़ार इस्तेमाल किये गये हैं। इसका मतलब यह हरगिज़ नहीं निकालना चाहिए कि मेरा इशारा तीनों लेखिकाओं के बीच किसी तरह की समकक्षता की तरफ़ है। उनके साहित्य की मूल्यवत्ता के बारे में अलग-अलग राय रहेगी, और आलोचक उन्हें विभिन्न श्रेणियों में रख कर समझते रहेंगे। हिंदी में वैसे भी 'वरिष्ठ कवि' और 'वरिष्ठ कहानीकार' जैसे हास्यास्पद लक़ब ख़ूब चलते हैं। मेरा इस तरतमता (हायरार्की) के ख़िलाफ़ विद्रोह करने का कोई इरादा नहीं है। मेरा मक़सद तो तीन विख्यात स्त्री साहित्यकारों की निजी और सार्वजनिक ज़िंदगी के प्रसंगों के ज़रिये भारतीय नारीवाद के कुछ रूपों की शिनाख़्त करना है। इन्हीं लेखिकाओं के जीवन की ही तरह हिंदी में नारीवाद अभी प्रतीक्षारत ही है। वह ज़्यादा से ज़्यादा अपने पहले चरण तक ही पहुँचा है, जहाँ स्त्री अधिकार चेतना का दावा कर पाने की स्थिति में ही आ पाती है। लेकिन आश्वस्तिदायक यह है कि तीनों स्त्रियाँ अपने दायरों से आख़िरकार निकल आने में कामयाब हुई हैं। उन्होंने अपना पुनर्संस्कार कर ही लिया है। ज़िंदगी के चौथेपन में ही सही, पर असंतोषजनक संबंधों से हिलगे रहने के बावजूद उनके दायरों के बाहर अंततः कुछ न कुछ टटोलने की शुरुआत उन्होंने कर ही दी है।

सेक्शुअलिटी बनाम ब्रह्मचर्य

रेत के बहाने

भगवानदास मोरवाल के उपन्यास *रेत* के केंद्र में स्त्री की सेक्शुअलिटी और राजनीति का सेक्शुअल संस्करण है। ख़ास बात यह है कि कंजर स्त्रियों के रूप में मोरवाल का कथानक एक ऐसी सेक्शुअलिटी की परतें खोलता है जिसे स्त्री के किसी प्रचलित रूप की रोशनी में नहीं समझा जा सकता। उपन्यास में मौजूद स्त्री न तो पत्नी की प्रजननकारी यौनिकता का प्रतिनिधित्व करती है, न ही प्रेमिका और रखैल की विवाहेतर यौनिकता का। न वह फ्रॉयडियन मनोविज्ञान के पृष्ठों पर मौजूद सिड्यूसिंग मदर (मुग्धा माँ) है, और न ही खुद को पतिता समझने वाली वेश्या। वह तो एक दिलचस्प और मानीख़ेज़ ढंग से खुद को 'खिलावड़ी' कहती है। एमील ज़ोला की मशहूर नायिका नना की तरह वह यौनकर्म के प्रति एकरसता या वितृष्णा की शिकार नहीं है। यौन-क्रिया के ज़रिये वह जीवन और भौतिक अवसरों के साथ संवाद करती है। जिस तरह स्त्री के हर रूप की सेक्शुअलिटी इतिहास द्वारा गढ़ी जाती है, उसी तरह उसकी यह बेलौस यौनिकता भी कुछ ऐतिहासिक परिस्थितियों की देन है। जो इतिहास उसे अँधेरे हाशियों की संतान बना कर आधुनिकता के प्रकाश से लाभान्वित नहीं होने देता, वही उसे विक्टोरियायी शुद्धतावाद से मुक्त रहने का अवसर देता है और वह सेक्स-वर्कर की उत्तर-आधुनिक धारणा का वाहक बनने की हैसियत में पहुँच जाती है। कंजर स्त्रियों के इस वृत्तांत ने हिंदी की नारीवादी आधुनिकता और उसके बहाने भारतीय नारीवाद को एक बार फिर अपने गिरेबान में झाँकने की दावत दी है। मोरवाल की नायिकाएँ भारतीय नारीवाद से पूछ रही हैं कि क्या वह अपने मध्यवर्गीय मानस से परे जा कर दृढ़तापूर्वक उनके पीछे खड़ा होगा? अगर नहीं तो सेक्स-वर्कर बनने का रेडिकल आंदोलन चला रही अनगिनत वेश्याओं के लिए उसके सैद्धांतिक पिटारे में क्या है?

रेत के ये किरदार कुछ मुँहजोर क़िस्म के हैं। वे केवल नारीवाद के सामने चुनौती फेंक कर ही संतुष्ट होने वाले नहीं हैं। वे हमारी राजनीतिक आधुनिकता के सेक्शुअल मानकों को भी प्रश्नांकित करने के मूड में लगते हैं। हमारी आधुनिकता के इस संस्करण में सक्रिय लगभग सभी विचारधाराएँ ब्रह्मचर्य को शक्ति और सत्ता का स्रोत मानती हैं। फिर वह चाहे गाँधीवाद हो या सांस्कृतिक राष्ट्रवाद। कुछ विचारधाराएँ तो अधिकारिक रूप से इक्कीसवीं सदी में भी स्त्री संसर्ग को ख़तरनाक क़रार देती हैं।

हालत यह है कि खुद को प्रगतिशील और रेडिकल कहने वाली विचारधाराएँ भी ऊपर से कुछ भी कहती रहें, व्यावहारिक रूप से वे भी भारतीय सेक्शुअलिटी और उसकी अभिव्यक्तियों को पुरातात्विक हैसियत से परे जा कर देखने के लिए तैयार नहीं हैं। सेक्शुअल लोकतंत्र के विचार से उनका कोई लेना-देना नहीं है। सेक्शुअलिटी के राजनीतिक आंदोलनों में उनकी ग़ैर-मौजूदगी इसका प्रमाण है। रुक्मिणी कंजर खिलावड़ी होने के बावजूद सेक्स-वर्कर की हैसियत प्राप्त नहीं कर सकती, भले ही उसके भीतर इसकी सभी ज़रूरी खूबियाँ मौजूद क्यों न हों। सेक्स-वर्क उसके सबलीकरण का स्रोत नहीं बन पाता। पार्टी-पॉलिटिक्स के सहारे विधायक बन कर वह राज्य सरकार में उपमंत्री जरूर बन जाती है। लेकिन, क्या इस प्रक्रिया में ब्रह्मचर्यवादी राजनीतिक आधुनिकता उसके सेक्स-वर्क को 'ओवरग्राउंड' से 'अंडरग्राउंड' नहीं कर देती? क्या एक सेक्शुअल अस्तित्व के रूप में राजनीतिक आधुनिकता रुक्मिणी और अन्य खिलावड़ियों का उसी तरह से दमन नहीं करती जैसे परिवार की संस्था या विवाहित जीवन करता है?

खिलावड़ियाँ एक तीसरा सवाल हिंदी साहित्य से भी पूछती हैं। ज़ाहिर है कि उन्हें साहित्य का पात्र बनाने वाले भगवानदास मोरवाल भी इन सवालों से नहीं कतरा सकते। ये खिलावड़ियाँ जानना चाहती हैं कि सेक्स को जीवन का केंद्र समझने वाली इन स्त्रियों की कहानी से यौनक्रिया के वृत्तांत क्यों ग़ायब हैं? कथानक की भाषा इतनी धुली-पुँछी क्यों है कि जैसे नैतिकता की फ़िनाइल से सब कुछ साफ़ कर दिया गया हो? क्या हिंदी साहित्य ने अभी तक ऐसी भाषा ईज़ाद ही नहीं की है जो पोर्नोग्राफ़ी हुए बिना यौनजीवन के विवरण दे पाने में सक्षम हो? हिंदी साहित्य की सेक्शुअल पॉलिटिक्स का यह कौन सा रूप है?

I

कलंकित गणिकाएँ, सेक्स-वर्क और स्त्री-सबलीकरण

> दरोगाजी, जैसे ये इज़्ज़तदार अपनी मेहनत बेचते हैं न, वैसे ही हम अपनी देह बेचते हैं। हमारे लिए तो हमारी यह देह ही हमारी मेहनत है। हमारे लिए तो यह दूसरों की तरह आम काम है।'
> 'देखा जनाब, धंधे को तो औरत मेहनत बता रही है।'
> 'क्यों बिना मेहनत हो जाता है यह काम! जा के पूछ अपनी जोरू से कित्ती मेहनत लगती है इस काम में। वाह, तुम्हारी मेहनत, मेहनत और हमारी मेहनत धंधा। तुम कहलाओ कमेरे और हम कहलाएँ रामजनी। यह कहाँ का न्याय हुआ दरोगाजी। ... रही बात कायदे क़ानून की, सो

> इत्ता आपको भी पता होगा कि ऐसी जगह जाने पर सरकार ने एक क़ानून बनाया है।... हमें खिलावड़ी नहीं, एक मजूर की तरह मान-सम्मान दिया जाए। सच कहूँ दरोगाजी, मेरी तो सरकार से अरज है कि वह इस धंधे को क़ानूनी दर्जा दे दे। कम-से-कम इन मरे इज़्ज़तदारों की बहू-बेटियाँ तो बची रहेंगी इस बुरे असर से।'

यह दावेदारी है कमला बुआ की, जो कंजर बस्ती में एक वेश्यालय चलाती है। *रेत* का पूरा कथानक कमला सदन नामक इसी वेश्यालय के भीतर और उसके आसपास हो रही घटनाओं पर केंद्रित है। कंजरों ने अपने समाज में वेश्यावृत्ति का पूरा प्रोटोकोल विकसित कर रखा है। कोई स्त्री ज़ोर-ज़बरदस्ती वेश्या (अविवाहित रहने वाली बुआ) नहीं बनाई जाती। हामी भरने पर जो एक बार 'बुआ' बन गयी, वह बिंदास हो कर अपनी सेक्शुअलिटी का सौदा करती है। कंजर समाज में वह सम्मानित है। उसे शुरुआत से ही यौनकला की 'तहज़ीब' सिखाई गयी है। कंजर पंचायत उसके यौनकर्म को उसी के लाभ के नज़रिये से विनियमित करती है। मसलन किसी बुआ का ग्राहक (कंजरों की भाषा में कज्जा यानी बाहरी पुरुष) कोई दूसरी बुआ नहीं छीन सकती। बुआ का स्वायत्त व्यक्तित्व और यौनकर्म से जुड़े पापबोध का अभाव एक हद तक उसे प्राचीनकालीन गणिका की हैसियत में पहुँचा देता है। कमला सदन की बुआओं का ज़्यादातर समय अपने ग्राहकों को काबू में रखने, नये कज्जाओं को आकर्षित करने और यौन रोगों से बचने की तरक़ीबें भिड़ाने में ख़र्च होता है। मोरवाल ने जिस तरह से कमला सदन का वर्णन किया है उससे बरबस सुधीर कक्कड़ के उपन्यास *कामयोगी* में वर्णित वात्स्यायनकालीन गणिकालयों की याद आ जाती है।

उन गणिकालयों और इस वेश्यालय में तीन तरह के अंतर दिखाई पड़ते हैं। पहला, कल्पना की दृष्टि से देखने पर वे गणिकालय नागर समाज की भव्य और सुनियोजित संस्थाओं की तरह सामने आते हैं। इसके मुक़ाबले कमला सदन शहरी सभ्यता से दूर ज़िंदगी के अँधेरे कोनों में दफ़्न है। दूसरा, गणिकालय परिवार की संस्था के समांतर एक निश्चित फ़ासले पर खड़ा है, पर कमला सदन में परिवार की संस्था बुआओं के साम्राज्य की ताबेदारी में लगी हुई है। वेश्यालय की चौहद्दी में एक छोटा सा दायरा गृहिणी का है, जिसमें सेक्स का प्रवेश केवल प्रजनन के मक़सद से ही होता है। अगर कोई स्त्री बुआ न बनना चाहे तो किसी कंजर के साथ घर बसा कर गृहिणी (भाभी) की भूमिका अदा कर सकती है। लेकिन, 'भाभी' बनते ही उसकी भूमिका पूरी तरह अयौनीकृत हो जाती है। अगर वह अपनी सेक्शुअलिटी की खोज करना चाहे तो उसे बुआओं के निज़ाम से या

तो पलायन करना पड़ेगा या फिर बग़ावत करनी पड़ेगी। इस तरह से कमला सदन की दुनिया या तो पूरी तरह से सेक्शुअलाइज़्ड है या पूरी तरह से डिसेक्शुलाइज़्ड। चूँकि सेक्स आमदनी का मुख्य स्रोत है, इसलिए भाभी की भूमिका बुआ वर्ग की गुलाम जैसी है। दिलचस्प बात यह है कि बुआएँ एक तरफ़ तो भाभी से अपनी चाकरी कराती हैं, दूसरी तरफ़ अपने अविवाहित जीवन के दायरे में यदा-कदा विवाहित जीवन का प्रतीकात्मक नाटक भी खेलती रहती हैं। वेश्यालय में किसी भी बुआ के पहले ग्राहक को (जिसे मत्था ढकाई की रस्म यानी कौमार्य भंग करने के अधिकार के बदले कुछ ज़्यादा रकम अदा करनी पड़ती है) जवाँई का दर्जा मिल जाता है। अगर वह फिर कभी वेश्यालय में आता है तो उससे पैसा नहीं लिया जाता। परिवार के कार्यक्रमों में बुआएँ उसे और अपने अन्य आशिक़ों को मेहमान की तरह एक साथ आमंत्रित करती हैं। तीसरा स्पष्ट अंतर यह है कि ढाई हज़ार साल पहले के भारत में स्थित वात्स्यायनकालीन गणिकालयों के आस-पास नागरिकों का एक ऐसा अभिजन समाज रहता था जिसकी निगाह में गणिका होना अपवित्रता की निशानी नहीं थी। लेकिन कमला सदन की बुआएँ कलंकित गणिकाएँ हैं। वे नगरवधू की हैसियत कभी प्राप्त नहीं कर सकतीं। उन पर फ़िरंगियों की औपनिवेशिक आधुनिकता का ठप्पा लगा हुआ है जिसने बीसवीं सदी के पूर्वार्ध में कंजरों को अपराधी जनजाति घोषित करके हाशिये पर फेंक दिया था।

बुआयों और भाभियों के बीच बँटा हुआ कंजर वेश्यालय का यह संसार हमारे समाज की सेक्शुअल कसौटियों पर किसी भी तरह से नहीं कसा जा सकता। समाज में बुआ की श्रेणी यौन कामना की द्योतक नहीं है और भाभी की श्रेणी पोर्नोग्राफ़िक कल्पनाशीलता में कुलाचें भरती रहती है। इस लिहाज़ से कंजर समुदाय का आचरण उलटा है। अपनी विशिष्ट ऐतिहासिक स्थिति के कारण मोरवाल की कंजर नायिकाएँ (रुक्मिणी, वंदना, पिंकी, हेमा, रेखा, आदि-आदि) कलंकित गणिकाएँ होते हुए भी आदर्श सेक्स-वर्कर होने की सम्भावनाओं से लैस हैं। वे सेक्स-वर्क के ज़रिये समाज के हाशिये से उसके केंद्र में आने की जद्दोजहद में लगी हुई हैं। अपने व्यवसाय पर किसी अफ़सोस के बिना उन्होंने अपनी दैहिकता दाँव पर लगाई हुई है, क्योंकि बेचने लायक़ सम्पत्ति और कौशल के नाम पर उनके पास केवल उनकी देह और यौनकला ही है। कमला बुआ का उक्त संवाद इसी रोशनी में देखा जाना चाहिए।

कमला बुआ से मिलते-जुलते डॉयलाग थोड़े फेरबदल के साथ कोई तीन साल पहले सोनागाछी से आयी वेश्या सपना ने समाचार चैनल एनडीटीवी के

कार्यक्रम *मुक़ाबला* में बोले थे। सपना ने टीवी कैमरे के सामने अपना परिचय धंधेवाली के रूप में देने के बाद कहा कि देह बेचना या सेक्शुअल सेवाएँ देना भी उसी तरह से एक काम है जिस तरह दूसरे सामान्य काम होते हैं। समाज को इस तरह की सेवाओं की हमेशा ज़रूरत रही है, इसलिए इसे क़ानूनी दर्जा दे दिया जाना चाहिए ताकि वेश्या सेक्स-वर्कर की हैसियत प्राप्त कर सके। एक मशहूर एनजीओ संगठन के नेतृत्व में वेश्या से सेक्स-वर्कर बनने की यात्रा कर रही साफ़-सुथरी शक्ल-सूरत वाली तीस-पैंतीस साल की इस स्त्री ने जैसे ही अपनी बात रखी, कार्यक्रम में भाग लेने वाले लोग अपने समस्त नैतिक आवेग के साथ उस पर सवालों की बौछार करने लगे। अलग-अलग विचारधाराओं का अनुयायी होने के बावजूद ये लोग कमोबेश एकराय थे कि वेश्यावृत्ति के ख़िलाफ़ क़ानून और कड़े बना कर वेश्याओं के आर्थिक-सामाजिक उद्धार के लिए कार्यक्रम भी चलाए जाने चाहिए। अक्ल के तरकश में जितने तीर थे, टीवी स्क्रीन पर हुए इस वाक् युद्ध में छोड़ दिये गये, लेकिन सपना अपनी जगह से नहीं हिली। वह वेश्या को सेक्स-वर्कर बनाने से होने वाले सामाजिक फ़ायदे गिनाती रही। उसके स्वर में अपनी स्थितियों के प्रति न कोई अफ़सोस था, और न ही कोई पाप-बोध। कमला बुआ के लहज़े में उसने यह भी कहा कि अगर हम नहीं होंगे तो आप सबकी बहू-बेटियों का रहना दूभर हो जाएगा। इसका मतलब साफ़ था : अगर मर्दों की मचलती हुई यौन कामनाओं को नियमित रूप से स्खलित होने का सुरक्षित जरिया नहीं मिलेगा तो परिवार की संस्था ख़तरे में पड़ जाएगी।

वेश्या को सेक्स-वर्कर कहना भूमण्डलीकरण के बाद विकसित हुई धारणा है। अर्थात् विचार के रूप में यह उत्तर-आधुनिक विमर्श के बाद आयी है। यह भी माना जा सकता है कि अगर उत्तर-आधुनिक विमर्श न होता, और किनारे पड़ी हुई छोटी-छोटी पहचानों ने महा-आख्यानों के ख़िलाफ़ बग़ावत न की होती तो वेश्याएँ भी खुद को सेक्स-वर्कर कहने की जुर्रत न कर पातीं। सेक्स-वर्कर बनने की सम्भावनाओं से लैस कमला सदन की खिलावड़ियाँ बृहत्तर समाज का अंग न होने के कारण आधुनिकता का सूरज नहीं देख पायी, पर उन्हें इसका एक प्रच्छन्न लाभ भी हुआ। सेक्शुअलिटी के मामले में कंजर स्त्रियाँ शुरुआती आधुनिकता के दौर में विकसित हुए उन विक्टोरियायी मानकों से बच निकलीं जिनके कारण कामेच्छा (ख़ास तौर से स्त्री कामेच्छा) को ख़तरनाक क़रार दे कर नियंत्रित करने की कोशिशें की गयीं और यौनकर्म की धारणा हमेशा के लिए समस्याग्रस्त हो गयी। अपनी इसी ऐतिहासिक स्थिति के कारण ये कंजर स्त्रियाँ सर्वहारा वर्ग के किसी भी सम्मानित सदस्य की तरह अपने सेक्शुअल श्रम की

निश्चित अवधि बेचते समय अपनी सम्पूर्ण शख़्सियत स्थायी रूप से बंधक नहीं रखतीं। इस तरह न तो वे रखैल की श्रेणी में आती हैं, न प्रेमिका की और न ही पत्नी की। जिन लोगों को मार्क्सवाद का शौक़ है, वे देख सकते हैं कि सेक्स-वर्कर का यह लक्षण न केवल हेगेल द्वारा 'फ़िलासफ़ी ऑफ़ राइट्स' में दी गयी परिभाषाओं के मुताबिक़ है, बल्कि यह मार्क्स द्वारा बताए गये मानवीय ढंग से जीने के दर्शन के नज़दीक भी बैठता है। स्त्री द्वारा अपनाए जाने वाले कई अन्य धंधों के विपरीत सेक्स-वर्क अपनी आदर्श परिस्थितियों में (जो या तो वात्स्यायनकालीन गणिकालयों में होती होंगी, या फिर सम्भवतः नीदरलैंड के उन विधिसम्मत चकलाघरों में मौजूद हैं जहाँ वेश्या और उसके उपभोक्ता के बीच 'लेबिल प्लेइंग फ़ील्ड' बन चुका है) मार्क्स के उस आग्रह के मुताबिक़ है जिसमें व्यक्ति से उम्मीद की जाती है कि वह मशीन का महज पुर्जा बन कर काम न करके हर बार अपने काम में एक नया कोण डालने की सम्भावनाओं का उपभोग करेगा।

दूसरे, किसी भी सर्वहारा की तरह कंजर स्त्रियों में अपने पेशे को लेकर कोई अपमानबोध नहीं है। बाहर की दुनिया भले ही उन्हें नीची निगाह से देखती रहे। क्या फैक्टरी में काम करने वाले मज़दूरों को उनका बुर्जुआ मालिक अपने से कमतर नहीं मानता? तीसरे, डिमांड और सप्लाई के उसूल के मुताबिक़ और उपभोक्ता की ख़र्चशक्ति के लिहाज़ से वे अपनी क़ीमत घटाने-बढ़ाने के लिए तैयार रहती हैं। चौथे, उनके साथ बलात्कार नहीं किया जा सकता। वे पुरुषों की सेक्शुअलिटी से डरती नहीं हैं। बजाय इसके पुरुष उनके लिए कज्जा यानी विजातीय है। वह जब उनके पास आता है तो उसकी सेक्शुअलिटी पूरी तरह उन्हीं के रहमो-करम पर रहती है। उसकी हैसियत ज़्यादा से ज़्यादा 'पठार पर बहते हुए पानी' जैसी है। मोरवाल की प्रमुख नायिका रुक्मिणी के व्यक्तित्व में आदर्श सेक्स-वर्कर की यह प्रवृत्ति बख़ूबी देखी जा सकती हैं। वह कंजर स्त्री को ज़रख़रीद समझने वाले सत्ताधारी नेता के पेट में बोतल भोंक देने की हद तक चली जाती है। नोटों की मोटी गड्डी भी उसे खिलावड़ी जीवन के स्थापित उसूलों का उल्लंघन नहीं करवा पाती :

> रुक्मिणी ने बेहद चौकसी बरतते हुए हाथ पेटीकोट में डाला और इससे पहले कि ना-मुराद चींटा किसी दूसरी हरकत के बारे में सोचता, वह अँगूठे और तर्जनी के पोरों की गिरफ़्त में था। उसे अँधेरे से रोशनी में लाया गया। दोनों पोरों के बीच कसमसाते हुए चींटे को देख कर रह-रह कर सोचती है रुक्मिणी कि यदि ऐसे ही रिहा कर दिया गया तो भविष्य में यह फिर से उसकी जाँघों के बीच पहुँचने की जुर्रत कर सकता है। ... ... यही सोचते हुए रुक्मिणी के मुस्तैद जल्लाद पोरों ने

उसके इस दुस्साहस के लिए सज़ा मुकर्रर कर दी—यानी कुछ क्षणों तक फ़र्श पर तड़पता चींटा आख़िरकार हमेशा के लिए अपने आप से रिहा हो गया।

दिक़्क़त यह है कि इन तमाम ख़ूबियों के बावजूद सेक्स-वर्कर की हैसियत रुक्मिणी या कमला या सपना को तब तक नहीं मिल सकती जब तक देश-दुनिया में यौनकर्म को एक पेशे के रूप में कलंकित समझा जाता रहेगा। क्या इस तरह की कोई सम्भावना है? आने वाले समय की यौन-कर्मियों को सभ्यतामूलक इतिहास के उन अध्यायों में उम्मीद की किरण दिख सकती है जिनमें कलंकित समझे जाने वाले व्यवसायों को सामाजिक प्रतिष्ठा मिलने की प्रक्रियाएँ दर्ज हैं। मसलन, एक जमाने में नर्तकियों, गायिकाओं और अभिनेत्रियों के साथ समाज तक़रीबन इसी तरह हिकारत से पेश आता था। यूरोप में यही स्थिति ओपेरा सिंगरों और नाइट क्लब डांसरों की होती थी। ऐसा सदियों तक रहा। आज स्थिति बदल चुकी है और भद्र समाज नाचने, गाने और अभिनय के पेशे में अपनी लड़कियों को उतारने के लिए तत्पर नज़र आता है। एक आम समझ बन चुकी है कि इन कला-व्यवसायों के ज़रिये स्त्री सांस्कृतिक उत्पादन से जुड़ती है और उस प्रक्रिया में उसकी शख़्सियत सबलीकृत होती चली जाती है। लेकिन, क्या सेक्स-वर्क के ज़रिये भी स्त्री सबलीकरण की राह पर चल सकती है? यौनकर्म में समाज सेवा या सेक्शुअल थेरेपी के पहलू अंतर्निहित होने का तो एक तर्क बनता है (जो बहुत से लोगों की निगाह में एक कमज़ोर तर्क ही होगा), लेकिन यौनकर्म से स्त्री के सबलीकरण का दावा अभी एक कमज़ोर दलील की हैसियत भी प्राप्त नहीं कर पाया है। इसलिए यह प्रश्न अभी अनुत्तरित ही है।

मोरवाल का उपन्यास इसी अर्थ में विशिष्ट है कि उसके स्त्री पात्र इस सवाल का जवाब देने की कोशिश कर रहे हैं। जहाँ तक विचार और सिद्धांत का मामला है, सेक्स-वर्क को स्त्री सबलीकरण का स्रोत साबित करने के मामले में नैतिकतावादी और नारीवादी डिस्कोर्स मोरवाल की खिलावड़ियों का मददगार बनने के लिए तैयार नहीं दिखते। नैतिकतावादी विमर्श उनके लिए केवल कंजर पतिता उद्धार सभा बना सकता है जिसमें शामिल होने से वे इनकार कर देती हैं। दूसरी तरफ़ नारीवादी डिस्कोर्स की कथनी-करनी में बहुत फ़र्क़ है। सैद्धांतिक रूप से देखें तो नारीवाद रुक्मिणी, वंदना, सुशीला, हेमा और रेखा जैसी खिलावड़ियों को अपनी देह और सेक्शुअलिटी पर पूरा अधिकार देता है। इस लिहाज़ से उन्हें अपनी देह को सम्मानपूर्वक बेचने का हक़ भी मिलना चाहिए। लेकिन, नारीवाद की बौद्धिक दुनिया में यह मामला इतना सरल नहीं है। यह दुनिया सेक्स-वर्क को दो हिस्सों में बाँट देती है। वह वेश्या के सेक्स-वर्क को

बिना पारिश्रमिक लिए सेक्स-वर्क कर रही औरतों के बरअक्स रखते हुए विभिन्न तर्कों के आधार पर उसे निकृष्ट और स्त्री की आज़ादी के लिए नुक़सानदेह मान लेती है। चाहे वह प्रेमिका द्वारा किया गया हो या विवाहिता पत्नी द्वारा, मुफ़्त में किया गया सेक्स-वर्क उच्चतर, उदात्त और एक हद तक मुक्तिकारक बन जाता है। व्यावहारिक रूप से अगर परम्परा केवल प्रजननकारी सेक्स-वर्क को मान्यता देती है, तो नारीवाद उसमें ज़्यादा से ज़्यादा दैहिक संतुष्टि की दावेदारी और प्रेम के तहत किये जाने वाले सेक्स-वर्क को और जोड़ देता है। लेकिन, प्रेम और प्रजनन से रहित पारिश्रमिक की अपेक्षा में किया गया सेक्स-वर्क इस विचारधारा की निगाह में या तो जिंसीकरण कहलाता है, या उसे यौनदासता का पर्याय मान कर कलंकित कर दिया जाता है। इस लिहाज़ से मोरवाल की नायिकाएँ गाजूकी नदी के किनारे बसी अपनी बस्ती की ज़मीन पर अकेली खड़ी हुई अँधेरे में मुक्ति के रास्ते टटोल रही हैं। क्या उन्हें इतिहास का इंतजार करते रहना चाहिए कि जिस तरह धीरे-धीरे कोठेवाली बाई से विकसित होते-होते पद्मभूषण से अलंकृत महान् कलाकार बन गयीं, इसी तरह कभी यौनकला पर महारत रखने वाली स्त्रियों को भी प्रतिष्ठा मिलेगी?

इसी असमंजस में फँसी मोरवाल की इन नायिकाओं की मुलाक़ात अनायास एक ख़ास तरह की शै से होती है जिसे हम सब राजनीतिक आधुनिकता के नाम से जानते हैं। वही राजनीतिक आधुनिकता जिसे प्रचलित भाषा में पार्टी-पॉलिटिक्स कहा जाता है और जिसके कछुए पर सवार हो कर भारतीय समाज के कई हाशियाग्रस्त तबके पिछले पचास साल से मध्यवर्गीय समाज की मुख्यधारा में आने की कोशिश कर रहे हैं।

II
राजनीतिक आधुनिकता का शुद्धतावादी चेहरा

'रुक्मिणी कुछ लोग इस देह का इस्तेमाल सिर्फ़ ज़िंदा रहने या पेट भरने के लिए करते हैं। वैसे भी इस थोबड़े और देह के सिवाय तेरे पास है क्या? क्या है तेरे पास खोने को? खोता उसका है जिसके पास खोने को कुछ हो।'
रुक्मिणी का सिर धीरे-धीरे घूमने लगा। ... ...
'हमारी सबसे बड़ी अमानत यह देह ही तो है। सोच, हमारे पास यह नहीं होती, तो क्या है हमारे पास। अपनी देह की तू खुद मुख़्तार है ... इससे आगे मैं क्या कह सकती हूँ।'
'पर बाईजी, इसी देह से तो मैं पीछा छुड़ाना चाहती हूँ। ... .. क्या बिना इस

देह के पलटा नहीं जा सकता भाग?' रुक्मिणी ने अपनी समझ से वाजिब सवाल किया।

'जा सकता है पर यह बता कि तेरे पास इसके अलावा है क्या?' प्रतिप्रश्न किया सावित्री ने।

यह ख़ुफ़िया संवाद राजनीतिक आधुनिकता की एजेंट सावित्री मल्होत्रा और रुक्मिणी कंजर के बीच का है जो साज़िश और हिंसा के माहौल में कंजर बस्ती की तरफ़ दौड़ती हुई कार में घटित हो रहा है। सारी समस्या की जड़ स्त्री की देह है। राजनीतिक आधुनिकता हज़ारों साल पुरानी छुआछूत से निबट सकती है, किसान जातियों के सामाजिक और शैक्षिक पिछड़ेपन से टक्कर ले सकती है, लेकिन स्त्री की देह उसके लिए काजल की कोठरी से कम नहीं है।

राजनीतिक आधुनिकता का भारतीय अनुभव बताता है कि यह धीरे-धीरे उन सभी तबक़ों और समुदायों तक पहुँच रही है जो किसी न किसी कारण से कोने में धकेल दिये गये थे। उसका तरीका यह है कि वह लोकतांत्रिक अर्थों में अधिकारवंचित समुदायों में से कुछ लोगों को चुन कर अधिकारसम्पन्न करने की प्रक्रिया शुरू करती है। नेता बने लोग अभिजन दायरों में शामिल कर लिए जाते हैं। हर बार जब इन दायरों में नयी वैराइटी शामिल होती है, तो भारतीय लोकतंत्र अपने इलीट का संख्यात्मक विस्तार करने के साथ-साथ उसकी विविधता को और समृद्ध कर लेता है। इस प्रकार उसे नयी-नयी वैधता प्राप्त होती रहती है। जनजातीय समाजों के लिए भी उसकी योजना यही रही है। लेकिन, भारतीय समाज के लिए आधुनिकीकरण की चालक शक्ति रही यह राजनीतिक आधुनिकता कंजरों के साथ संवाद स्थापित करने के मामले में खुद को भयग्रस्त महसूस करती है। कंजरों की पॉलिटिकल इकॉनॉमी सेक्स-वर्क से होने वाली आमदनी पर आधारित है, जबकि यह एक व्यावहारिक हक़ीक़त है कि हर क़िस्म की राजनीति पर आत्मदमन आधारित यौन शुचिता और ब्रह्मचर्य की निहायत अवैज्ञानिक और बेवकूफ़ाना धारणाएँ हावी हैं। इस मामले में ज़्यादातर कम्युनिस्ट होलटाइमर और संघ परिवार के जीवनदानी प्रचारक एक ही मुक़ाम पर खड़े हुए हैं। कंजरों की इस पॉलिटिकल इकॉनॉमी को भूमि सुधार या ग्रामीण रोजगार कार्यक्रम चला कर या कोई फैक्टरी खोल कर भी नहीं बदला जा सकता। दरअसल, राजनीतिक आधुनिकता के पास सेक्स की पॉलिटिकल इकॉनॉमी से निबटने का कोई औज़ार नहीं है।

इस उलझन को नेता ही नहीं, कंजर भी समझते हैं। मोरवाल के कथाक्रम की इस मामले में दाद देनी पड़ेगी कि वे कंजर बस्ती में काम करने वाले राजनीतिक कार्यकर्ताओं को संघ परिवार का सदस्य दिखा कर एक ऐसा कंट्रास्ट पैदा कर देते हैं, जो शायद किसी कांग्रेसी या वामपंथी कार्यकर्ता के ज़रिये नहीं हो सकता था। मुरली सांस्कृतिक राष्ट्रवाद का अनुयायी है जो मानता है कि ब्रह्मचर्य के संकल्प के बिना राष्ट्र और समाज अपनी श्रेष्ठ नियति प्राप्त नहीं कर सकता। दिलचस्प बात यह है कि बीच-बीच में पार्टी कार्यकर्ता सावित्री बहन के साथ या कंजर खिलावड़ियों के साथ रतिक्रिया कर लेने को वह अपने ब्रह्मचारी तेज़ का क्षय नहीं मानता :

> उम्र तो अपने मुरली की निश्चित ही पचास से ऊपर है लेकिन संगठन के अनुशासन और नियमों के चलते कोई नहीं कह सकता कि इस व्यक्ति की वास्तविक उम्र क्या होगी। ब्रह्मचर्य के पालन और निरामिषता ने सौष्ठवता वैसी की वैसी ही बना कर रखी है। इस सौष्ठवता का एक कारण यह भी है कि कभी-कभार किसी अवसर विशेष पर किये जाने वाला रसरंजन इसकी नज़र में अनुशासन और ब्रह्मचर्य दोनों का उल्लंघन नहीं है। तर्क एक़दम स्पष्ट है कि सुप्त शिराओं में थोड़ा आवेग पैदा करने के लिए कुछ व्यसनों का सेवन आवश्यक है, बशर्ते वे आपके धैर्य, संयम, दृढ़ता, हठ और अनुशासन को बाधित न करें। इसीलिए मुरली अर्थात् भाईसाहब का फण्डा एकदम साफ़ है ... ...

ज़ाहिर है कि राजनीतिक आधुनिकता के आक्रामक प्रतिनिधि की ये गतिविधियाँ परिवार की संस्था के बाहर होने वाली यौन गतिविधियों को भूमिगत रखना चाहेगा। चूँकि कंजर स्त्रियाँ सब कुछ खुल कर करती हैं, इसलिए उनके सामने सेक्स-वर्क के विकल्प पेश करने ज़रूरी हैं। वह उनके भीतर यौनकर्म के प्रति अभी तक अनुपस्थित रहा पापबोध जगाती है। आख़िरकार अपनी समस्त मुक्तिकारी सम्भावनाओं के बावूजद इस राजनीतिक आधुनिकता के ऊपर भी तो यौनकर्मियों को पतिता मानने के नैतिकतावादी प्रभावों का असर है। उसकी निगाह में भी मुफ़्त में किया गया यौनकर्म श्रेष्ठ है। इसलिए वह पहले उनकी दुनिया को नर्क का दर्जा देती है, फिर उनके साथ एक सौदा करती है। नतीजे में एक जनजाति सभा गठित होती है ताकि कंजर स्त्रियों को पापड़-बड़ियाँ बनाने का धंधा थमा कर उनकी यौनकला पर अपनी राजनीतिक इजारेदारी कायम कर ली जाए। खिलावड़ियाँ तेज़ दिमाग़ की हैं। इज़्ज़तदार कज्जाओं की चालबाज़ियों से वे अच्छी तरह वाक़िफ़ हैं। वे समझ रही हैं कि ब्रह्मचर्य को श्रेष्ठ मानने वाली राजनीतिक आधुनिकता उनकी सेक्शुअलिटी को 'कैश' में नहीं बल्कि 'काइंड' में ख़रीदने का दाँव मार रही है। कमला बुआ के नेतृत्व में उनकी पूरी कोशिश

होती है कि मुरली भाईसाहब का यह दाँव कामयाब न होने दिया जाए। लेकिन, राजनीतिक आधुनिकता के चमत्कारी आकर्षण भी कुछ कम नहीं हैं। उसका सेक्शुअल पोलख़ाता साफ़ होने के बावजूद खिलावड़ियों को लग रहा है कि सेक्स-वर्क के ज़रिये जो सबलीकरण हासिल कर पाना उनके लिए दूर की कौड़ी बना हुआ था, हो सकता है कि वह पार्टी-पॉलिटिक्स के ज़रिये उपलब्ध हो जाए। रोज़ाना सात-आठ सौ कमाने वाली खिलावड़ियाँ दो हज़ार रुपये माहवार की कम तनख़्वाह पर मान जाती हैं, क्योंकि उन्हें साथ में भविष्य के सपने भी थमाए गये हैं।

ब्रह्मचर्यवादी चुनावी राजनीति और एक विमुक्त जनजाति के यौनिक अर्थशास्त्र के बीच होने वाली यह अन्योन्यक्रिया सहज नहीं हो सकती थी। उसकी परतों के भीतर परतें बनती चली गयीं। सावित्री बहन ने जिस रुक्मिणी कंजर को 'देहशास्त्र का ककहरा' पढ़ाने की कोशिश की थी, वह इस विद्या में पहले से पारंपगत थी। बस, उसे एक बात नहीं आती थी कि देह की ताक़त को पैसे और सत्ता से कैसे जोड़ा जाता है। चुनावी राजनीति ने उसे यह भी सिखा दिया :

> 'मैं तो एहसान मानती हूँ इस बाईजी का, जो ना यह उस दिन मेरी देह को ललकारती और न यह खिलावड़ी इसी देह के बल पर यह सब हासिल करने की क़सम खाती, जिसे सावित्री बाईजी आज तक हासिल नहीं कर पायी हैं। ... ... मैं भी भाँप गयी ... कि इस मुरली बाबू सा' को इसी देह से मारा जा सकता है। इसीलिए मैं जान-बूझ कर आसमान में उड़ने वाली इन बिगड़ैल पतंगों को ढील देती गयी।
>
> ... ... जोर से ठहाका मार कर हँसी रुक्मिणी, इतनी ज़ोर से कि कमरे की दीवारों से टकरा कर उसकी प्रतिध्वनियाँ देर तक किसी गहरे अंधे कुएँ में गूँजती प्रतिध्वनियों की तरह गूँजती रहीं।
>
> '... ... अब जा कर पता चला है कि ताक़त चाहे दौलत की हो या रूप और देह की, वह कितनी बड़ी होती है। अगर इनमें से एक भी आपके पास है तो समझो आपसे बड़ा कोई नहीं है ... और अगर सारी हैं तो कहना ही क्या ... मेरे पास आज तीनों ही हैं।'
>
> बैद्यजी को ... अब सचमुच उससे डर लग रहा है।

सेक्स-वर्कर बनने की सम्भावना रखने वाली रुक्मिणी के इस अमानवीकरण का दोष किस पर मढ़ा जाएगा? भारतीय समाज में राजनीतिक आधुनिकता सामाजिक पिछड़ेपन से मुक्ति का मार्ग प्रशस्त करती रही है। पर, अधिकांशत: उन दायरों में जो मोटे तौर पर अ-यौनिक हैं। हालाँकि जूरी ने अभी अंतिम फ़ैसला नहीं सुनाया है, पर प्रथम दृष्टया इस कारनामे का ठीकरा ब्रह्मचर्यवादी राजनीति के दरवाज़े ही फूटना चाहिए।

III
साहित्य की सेक्शुअल पॉलिटिक्स

संतो जिस तेज़ी से कमरे से बाहर गयी, उसी तेज़ी से वापस आते हुए बोली, 'आ सेठ, जल्दी कर!' दरवाजे की कुंडी चढ़ा रुक्मिणी के ही पलंग पर लेट गयी संतो।

इज़्ज़तदार मंद-मंद मुस्कराता हुआ पसीने-पसीने हो चुकी संतो को देखता रहा। ... ... लगा कि जैसे पलंग पर कोई मुर्दा पड़ा हुआ है, ए.क़दम जिंदा।

हैरानी हुई संतो को। ... ... उसका सेठ तो ब.र्फ़ की शिला में तबदील हो गया।

... ... हताश संतो फ़र्श पर पड़े ख़ाली गिलास को उठा कर कमरे से बाहर जाने लगी कि तभी पलंग के सिरहाने तकिये पर उसकी नज़र पड़ी। मारे खुशी के उसका दिल इतनी जोर से उछाल मारने लगा, मानो वह उछल कर बाहर आ जाएगा। ... ... उसे देख कर मुस्करा रहे सौ-सौ के पाँच नोटों को पलक झपकते ही ब्लाउज में ठूँस कर, तेज़ी से निकली रुक्मिणी के कमरे से।

रेत के इस मानीख़ेज़ प्रसंग में संतो (जो भाभी है और जिसकी विवाहेतर सेक्शुअल गतिविधियाँ प्रतिबंधित हैं) अपनी सेक्शुअलिटी को एक कज्जा (ग्राहक) के ज़रिये दोबारा प्राप्त करने की अवैध कोशिश कर रही है। चूँकि कंजर समाज में वेश्या के बजाय गृहिणी उत्पीड़ित है, इसलिए यह पात्र लेखक की हमदर्दी जीत लेता है। मोरवाल संतो को जल्दी से जल्दी मुक्ति देने की फ़िराक़ में हैं। जैसे ही वह अपने कज्जे के साथ भाग निकलती है, वे उसे कथानक से लापता कर देते हैं। संतो के मामले में सेक्शुअलिटी की उपलब्धि होने का मतलब है उसकी कहानी पूरी हो जाना। लेकिन, बाक़ी स्त्री पात्र तो सेक्शुअलिटी से लबरेज़ हैं और उनकी यौनिकता सक्रिय व सुपरिभाषित भी है। इसके बावजूद उपन्यास में वे अपनी इस खूबी के ज़रिये पूर्णता की प्राप्ति नहीं कर पाते। उनका सफ़र जारी रहता है और आख़िर में सेक्शुअलिटी के माध्यम से प्रगति की सीढ़ियाँ चढ़ने की कोशिश *रेत* के केंद्रीय चरित्र रुक्मिणी का अमानवीकरण कर देती है। मोरवाल की रचना की यही सेक्शुअल पॉलिटिक्स है। इसी में हिंदी साहित्य की सेक्शुअल पॉलिटिक्स के कुछ आयाम पढ़े जा सकते हैं।

रेत के कथानक में यौन-क्रिया के विवरणों की अनगिनत सम्भावनाएँ हैं, लेकिन मोरवाल जानबूझ कर उनका इस्तेमाल नहीं करते। बजाय इसके वे व्यंग्य,

कटाक्ष और विडम्बना की भाषा का सहारा ले कर बच निकलते हैं। संतो के प्रसंग में उन्हें इस पतली गली की ज़रूरत नहीं पड़ती, क्योंकि वहाँ उन्हें एक विफल यौन प्रसंग की चर्चा करनी है। यह एक ऐसा प्रकरण है जिसमें दैहिक कामना की भूमिका नहीं है। बल्कि, लेखक के पास दैहिक कामना का उदात्तीकरण करने का अवसर है। एक तरह से यह वेश्यावृत्ति के ख़िलाफ़ बनाई जाने वाली हिंदी फ़िल्मों की स्टॉक सिचुएशन जैसा है जिसमें नायक उत्पीड़ित वेश्या के प्रति सहानुभूति और प्रेम की अनुभूतियों के तहत सम्भोग नहीं करता, बल्कि उसे उसका तयशुदा पारिश्रमिक थमा कर मौक़ा देख कर उसे भगा ले जाता है। इस तरह के क्लासिकल फ़िल्मी उद्धार के लिए *रेत* के कथानक में केवल एक ही चरित्र है। बाक़ी चरित्रों की दिनचर्या में यौनक्रिया की मुख्य भूमिका है। वे उसकी बारम्बारता से संतप्त भी नहीं हैं। फिर भी मोरवाल कंजर स्त्रियों द्वारा अपनी रोज़ी-रोटी के लिए की जाने वाली इस गतिविधि का विवरण देने से परहेज़ करते हैं। अगर यही स्त्रियाँ यौनक्रिया के बजाय श्रम के किसी और रूप से रोज़ी कमाती होतीं, तो उसका भौतिक ब्योरा देने, उसकी बारीकियों में जाने और श्रमिक के व्यक्तित्व से श्रम के रूप के संबंध की व्याख्या करना लेखक की प्राथमिकता बन जाती। ज़ाहिर है कि लेखक अपनी वैचारिक चेतना में सेक्स-एक्ट को सेक्स-वर्क का दर्जा देने के लिए तैयार नहीं है, बावजूद इसके कि वह कमला बुआ से वह संवाद बुलवाता है जिससे मैंने अपने विश्लेषण की शुरुआत की है।

सेक्शुअलिटी को यौनदमनकारी नैतिकता की फ़िनाइल से धो कर चित्रित करने के आग्रह की यह समस्या केवल मोरवाल की नहीं है, बल्कि मोटे तौर पर यह पूरे हिंदी साहित्य की है। यौनक्रिया एक तरह की लक्ष्मण रेखा है जिसे लाँघना तो दूर रहा, उसे स्पर्श करने के लिए भी हिंदी में बहुत कम लोग तैयार हैं। जो इसे लाँघते हैं, उन्हें इस मर्यादा भंग के लिए तरह-तरह के आक्रमण झेलने पड़ते हैं। इसका सबसे बड़ा उदाहरण मैत्रेयी पुष्पा हैं जिनकी रचनाओं को इसीलिए आड़े हाथों लिया जाता है कि उनके विवरण यौन-सक्रियता के प्रसंगों से बचने की कोशिश नहीं करते। मुझे याद है कि उदय प्रकाश की कहानी 'मोहनदास' में पति-पत्नी के बीच वर्णित एक ऐसे ही प्रसंग को एक लेखिका ने किस तरह से अनावश्यक क़रार दिया था, हालाँकि वे आमतौर पर कहानी की तारीफ़ कर रही थीं।

सेक्शुअलिटी के भौतिक और दृश्य पहलुओं के प्रति यह असहजता हिंदी के अधिकतर रचनाकारों को वह क्षमता विकसित करने से रोक देती है जिसके

तहत वे अपने किरदारों के दैहिक व्यक्तित्व का प्रभावी वर्णन कर सकते हैं। ऐसी रचनाएँ कम ही मिलती हैं जिसमें सेक्शुअलिटी के कोण से पाठकों को उन देहों का परिचय दिया गया हो जिन्हें पात्र कहा जाता है। हिंदी साहित्य को इस तरह के विवरणों से वंचित रखने का परिणाम यह हुआ है कि उसमें देह-भाषा का काफ़ी-कुछ अभाव हो गया है। कामना केवल अनुभूति के स्तर तक ही रह गयी है। आज भी उसे चेहरे और शरीर की उत्तप्तता, धमनियों में रक्त तेज़ दौड़ने, आँखों और कनपटी की नसें तड़कने जैसी घिसी-पिटी अभिव्यक्तियों के ज़रिये अभिव्यक्त किया जा रहा है। क्या हिंदी साहित्य पोर्नोग्राफ़ी से डरता है ? लेकिन, यह न जाने कितने बार साबित हो चुका है कि साहित्य तो पोर्नोग्राफ़ी हो ही नहीं सकता। यहाँ तक कि पाठकों को सेक्स की मोटी खुराक़ देने वाला पल्प फ़िक्शन भी पोर्नोग्राफ़ी नहीं होता।

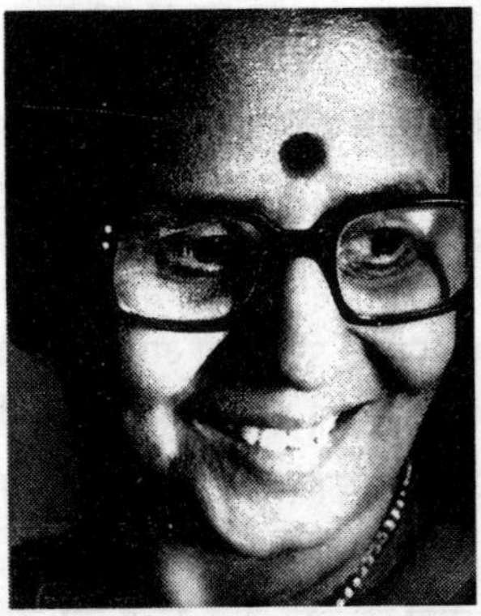

सशक्तीकरण और मुक्ति के बीच

हमारे युग की नायिकाएँ

I
कर्त्ता की मौत और आत्मकथा की दस्तक

> क्या कोई जीवन कभी शब्दों में अनूदित हो सकेगा? ... क्या एक जीवन, जिसका अभी अंत नहीं हुआ है, ... कभी ख़ुद को पूरी तरह समझ सकेगा? ... क्या हम किसी आत्मकथा के भीतर हक़ीक़त और फ़साने का फ़र्क़ करने में कामयाब हो पाएँगे ...? क्या स्मृति और कल्पना में बहनापा नहीं होता, क्या नॉस्टेल्जिया या आत्म-छलना से यादों की नातेदारी नहीं होती? ... इसलिए, क्या आत्मकथा किसी तलाश का रिकॉर्ड होने के बजाय ख़ुद में एक तलाश नहीं होती? क्या वह ख़ुद को व्यक्त करने या ख़ुद को जानने से कहीं ज़्यादा ख़ुद की रचना का अध्यवसाय नहीं होती?... और, क्या यह तलाश, ख़ुद को रचने के लिए की गयी मेहनत जीवन-मरण के चक्र में फँसे असली कर्त्ता पर अपना असर नहीं डालती?[1]

ये सवाल अमेरिका में रह कर अंग्रेज़ी लेखन करने वाले मिस्री लेखक इहाब हसन ने अपनी बहुचर्चित आत्मकथा[2] प्रकाशित होने के सात-आठ साल बाद उठाये थे। शायद उन्हें लग रहा था कि आत्मकथा के आईने में उन्होंने ख़ुद को नयी आँखों से देख लिया है। आत्मकथा लिखने के बाद उन्हें स्वयं की नयी प्रतीति हुई होगी। इसीलिए निबंधों के जिस संकलन में उन्होंने अपने उत्तर-आत्मकथा जीवन पर खोजपूर्ण नज़र डाली, उसका शीर्षक भी *र्‌यूमर्स ऑफ़ चेंज* यानी *बदलाव की अफ़वाहें* था। आत्मकथ्य के बैरोमीटर से अपने ही बदलाव की डिग्री का पता लगाते हुए इहाब हसन का मक़सद जो भी रहा हो, उनका यह कथन हमें आत्मकथा की विधा में झाँकने की एक उपयोगी निगाह तो दे ही सकता है।

यह रवैया हक़ीक़त-निगारी की उस शैली से अलग है जिसके तहत आत्मकथा की समीक्षा करते हुए उसके एक-एक शब्द, प्रत्येक घटना और विवरण को सच या झूठ की कसौटी पर कसने में ही पूरी ताक़त ख़र्च कर दी जाती है। यह रवैया आत्मकथा लिखने वाले के इस 'स्पष्टीकरण' को भी अहमियत नहीं

---

[1] इहाब हसन (1995), *र्‌यूमर्स ऑफ़ चेंज : एसेज़ ऑफ़ फ़ाइव डिकेड्स*, युनिवर्सिटी ऑफ़ अल्बामा प्रेस, उद्धृत : वेल एस. हसन (2002), 'अरब-अमेरिकन ऑटोबायोग्राफ़ी ऐंड द रिइन्वेंशन ऑफ़ आइडेंटिटी : टू इजिप्शियन निगोशिएशंस', *अलिफ़ : जर्नल ऑफ़ कम्परेटिव पोइटिक्स*, अंक 22, द लेंग्वेज ऑफ़ सेल्फ : ऑटोबायोग्राफ़ी ऐंड टेस्टिमनीज़ : 7-35.

[2] इहाब हसन की आत्मकथा 1986 में *आउट ऑफ़ इजिप्ट : सींस ऐंड आर्गूमेंट्स ऑफ़ एन ऑटोबायोग्राफ़ी*, प्रकाशित हुई थी. इसे सदर्न इलिनॉइयस युनिवर्सिटी प्रेस ने छापा था.

देता कि 'अपनी कहानी लिखते समय' सबसे पहले तो मुझे अपनी कल्पना के पर कतर एक ओर सरका देने पड़े।'[3] 'प्रामाणिकता' के दावे की जाँच-परख में भी इसकी दिलचस्पी नहीं होती, भले ही आत्मकथा का 'मैं' यह कहता फिरे कि वह 'प्रामाणिक रूप से अपनी यात्रा कर रहा है।'[4]

वैसे भी रचना की प्रक्रिया लाज़िमी तौर पर किसी स्पष्टता या प्रामाणिकता की हमजोली नहीं होती। तथ्य बिना कथ्य बने रचे ही नहीं जा सकते, और कथ्य बनते ही आत्मकथाएँ उपन्यास हो जाती हैं। बस, फ़र्क़ इतना है कि रचनाकार उसे उपन्यास कहने के लिए स्वतंत्र नहीं होता, क्योंकि वह कथ्य के साथ चलने वाले 'मैं' के साथ नत्थी रहने के लिए मजबूर है। इसी मैं की अ-प्रामाणिक 'प्रामाणिकता' और उसका अ-स्पष्ट 'स्पष्टीकरण' आत्मकथा को स्वतंत्र विधा का दर्जा दिला देता है। यानी, आत्मकथा का मज़ा यह है कि वह उपन्यास कहे जाने के लिए स्वतंत्र न होकर भी अंततः एक उपन्यास ही है जिसके पृष्ठों पर रचनाकार के पात्रों की नहीं, बल्कि उसकी अपनी इयत्ता (सेल्फ़) का आविष्कार घटित होता है। कथानक बुनने की परिचित परम्पराओं और तकनीकों से बनती हुई यह रचना हेनरी मिलर के उस कथन को ही सार्थक नहीं करती कि 'सभी तरह का लेखन आत्मकथात्मक होता है', बल्कि आगे बढ़ कर कहती है :

> आत्मकथा का ताल्लुक़ सहज रूप से 'जीवन जो जिया गया' से न तो होता है, न ही हो सकता है। ... जब ऐसी कोई चीज़ होती ही नहीं जिसे 'जीवन जो जिया गया' कहा जा सके, तो उसका हवाला कैसे दिया जा सकता है। दरअसल, आत्मकथा लिखने की क्रिया जीवन रचने की क्रिया है।[5]

सही भी है, कोई अपना जीवन एक साथ, एक पल और एक प्रवाह में तो जीता नहीं। न जाने कितने अलग-अलग क्षणों में, भीड़ में रह कर भी निर्जन लगने वाले द्वीपों पर, कितनी लहरों में, न जाने कितने तिलिस्मों में और बारिश की बूँदों की तरह रुकते-होते दोहराव में जीवन जिया जाता है। आत्मकथा अपनी ज़रूरत के मुताबिक़ इन प्रसंगों में से कुछ उठाती है, कुछ छोड़ती है, उसे एक सिलसिला देती है, एक तर्क देती है, और जो कहानी नहीं है उसे भी कहानी बनाती है।

जिस तरह हर आत्मकथा किसी भी जीवन की आंशिक कहानी रहने के लिए अभिशप्त है, उसी तरह आत्मकथा को ही पूरा जीवन मान कर उसके भीतर यथार्थ और अस्मिता के आदर्शीकृत पैटर्न देखने में जुट जाने वाली समीक्षा भी मुँह के

---

[3] मन्नू भंडारी (2007), *एक कहानी यह भी*, राजकमल प्रकाशन, नयी दिल्ली : 7.

[4] प्रभा खेतान (2007), *अन्या से अनन्या*, राजकमल प्रकाशन, नयी दिल्ली : 256.

[5] जेरोम ब्रुनर, 'द ऑटोबायोग्राफ़ीकल प्रोसेस', *इन फ़ोकेफ़्लिफ़* : 38-56, उद्धृत : वेल एस. हसन, वही.

बल गिरने के लिए अभिशप्त है। यह समीक्षा शब्दों और वाक्यों में एक जासूस की तरह घुसती है और हास्यास्पद तरीक़े से पता लगाना चाहती है कि कौन-कौन सा काम निःस्वार्थ भाव से किया गया, कहाँ-कहाँ त्याग किया, कहाँ छल किया, कितना क़बूला, कितनी बोल्डनैस दिखाई, कहाँ चुप्पी साधी और स्वघोषित विचारधारात्मक ज़मीन पर आत्मकथा कितनी खरी उतरी। पिछले चार-पाँच साल में प्रकाशित हुई स्त्री-लेखकों की आत्मकथाओं के साथ समीक्षकों ने तक़रीबन यही सलूक किया है। इसका ताज़ा उदाहरण देखना हो तो अप्रैल और मई, 2007 के *हंस* के पृष्ठों पर देखा जा सकता है जहाँ पहले प्रभा खेतान की आत्मकथा *अन्या से अनन्या* और फिर मन्नू भंडारी की आत्मकथा *एक कहानी यह भी* को जम कर आटे की तरह गूँथा गया है। प्रभा खेतान नारीवाद के साथ अपनी बौद्धिक प्रतिबद्धता के लिए जानी जाती हैं, इसलिए समीक्षक के दिल से हाय निकलती है कि अरे, नारीवादी होकर भी वे यह या वह काम नहीं कर पाईं, अमुक परिस्थिति का सामना नहीं कर पाईं![6] मानो ज़िंदगी विचारधारा के साँचे से ढल कर निकलने के लिए मजबूर हो। दूसरी तरफ़ मन्नू भंडारी नारीवाद की स्व-घोषित विरोधी हैं, इसलिए समीक्षक को सुविधा मिल जाती है कि उन पर 'बड़बोलेपन' का लेबल चस्पाँ करके घोषित कर दिया जाए कि वे 'चारों खाने चित' हो गयी हैं।[7] मन्नू भंडारी का आत्मकथा-प्रकरण तो इतना नाज़ुक हो गया है कि उनके परिजन भी क़लम उठा कर मैदान में आ गये हैं।[8] ऊपर से ये सभी फ़तवे हिंदी जगत में चल रही उस चिरंतन बहस की छाया में दिये गये हैं जिसके तहत मान लिया गया है कि हिंदी में स्त्री-लेखन तो ख़ूब है, पर स्त्रीवादी लेखन कुछ कम ही है।[9]

आत्मकथाएँ पहले भी लिखी जाती थीं, पर ये समीक्षक भूल जाते हैं कि एक स्वतंत्र विधा के तौर पर आत्मकथा ने रचनात्मकता के दरवाज़े पर अपनी दस्तक उस ज़माने में दी जब रोलाँ बार्थ और मिशेल फ़ूको जैसे उत्तर-आधुनिक चिंतकों ने 'लेखक

---

[6] लता शर्मा (2007), 'सूखाग्रस्त क्षेत्र में पहली फुहार की गंध', *हंस,* नयी दिल्ली, अप्रैल : 79-81, कुछ अधिक गहराई में जाने की कोशिश करने वाली समीक्षा के लिए देखें : अर्चना वर्मा (2007), 'एक मुक्त स्त्री का रेखाचित्र', *हंस,* नयी दिल्ली, जून : 58-79.

[7] रोहिणी अग्रवाल (2007), 'एक कहानी यह भी : कटघरे में खड़े अहं', *हंस,* नयी दिल्ली, मई : 84-89.

[8] रचना यादव (2007), 'बेटी नहीं, पाठक का प्रतिरोध', *हंस,* नयी दिल्ली, जून : 8.

[9] रवींद्र त्रिपाठी (2007) ने प्रभा खेतान की आत्मकथा की समीक्षा करते हुए यह बात कही है। देखें, 'आत्मकथा में नारीवादी विमर्श', *हंस,* नयी दिल्ली, अप्रैल : 76-78; नारी-लेखन और नारीवादी लेखन के बीच फ़र्क़ करने से जुड़ी समस्याओं की सुचिंतित व्याख्या के लिए देखें : सुधीश पचौरी (2004), 'हिंदी में स्त्रीत्ववादी विमर्श : साहित्य में अधीनता से मुक्ति के सवाल', अरविंद जैन और लीलाधर मण्डलोई (सम्पा.)(2004), *स्त्री : मुक्ति का सपना,* वाणी प्रकाशन, नयी दिल्ली : 445-455.

की मृत्यु' का उद्घोष कर दिया। इसके ज़रिये ये विचारक युरोपीय ज्ञानोदय द्वारा सार्वभौमिकता के क्षितिज पर क़ाबिज़ उस कर्त्ता के नाकारा हो जाने की घोषणा कर रहे थे जिसने बीसवीं सदी के दो-तिहाई बरसों पर सांस्कृतिक हुकूमत की थी। यह कर्त्ता इनसानी मुक्ति का दावा लेकर आया था। उसका रंग-रुतबा इतना ज़बरदस्त था कि उसके मुक्तिकामी महावृत्तांतों के बोझ तले छोटी पहचानों की आवाज़ दब गयी थी। ऐसे कर्त्ता के वर्चस्व में आत्मकथा एक विधा के तौर पर अपनी स्वायत्तता प्राप्त नहीं कर सकती थी। 'लेखक की मृत्यु' जैसे युगप्रवर्तक एलान ने जैसे ही महावृत्तांतों की 'निर्भूलता' को मंच से धकियाया, वैसे ही वहाँ स्पेस बन गया जिसे भरने के लिए नयी सांस्कृतिक निर्मितियों का अवतरण होने लगा। ख़ालीपन भरने के लिए न केवल अवाँगार्द और पहले से जमे हुए उपन्यासकारों ने अपने आत्मकथ्य पेश किये, बल्कि एकाधिक हाशियों पर अपनी बेचैनियों में खदबदा रहे तरह-तरह के सामाजिक किरदार लिंग, नस्ल, जातीयता और जाति के आधार पर अपने वंचित होने की कथा कहने लगे। समाज जितना बहुसांस्कृतिक, बहुभाषी और बहुधार्मिक था, उतने ही ज़्यादा आत्मकथ्य सामने आये। बहुसांस्कृतिकता चूँकि अमेरिकी समाज का विधेयक तत्त्व था, इसलिए सबसे ज़्यादा आत्मकथाएँ वहीं लिखी गयीं। ये *ऑटोबायाग्राफ़ी ऑफ़ बेंजामिन फ्रेंकलिन* की तरह नायकत्व की आभा से दमकते शासकवर्गीय ब्योरे नहीं थे। इनका मुख्य तत्त्व था हाशियाकरण का विरोध और उत्पीड़ित की निगाह से समकालीन संस्कृति की समीक्षा। ऐसी आत्मकथाओं का ज़माना जब आया, तो उसने अमेरिकी इयत्ता में नये-नये पहलुओं का समावेश किया। आत्मकथा लिखना इतना लोकप्रिय हुआ कि बीसवीं सदी के अमेरिका में 55,000 आत्मकथाएँ लिखी गयीं। आत्मकथाओं का आगमन एक शिल्पगत बहस ले कर भी आया। पूछा गया कि अगर यह एक स्वतंत्र विधा है, तो इसमें अन्य विधाओं से अलग ख़ास बात क्या है? क्या यह रचनाकार की आंतरिक इच्छा का उत्पाद है या बाहरी दबावों का? आत्मकथाओं की बढ़ती हुई संख्या ने लोगों को यह पूछने पर भी मजबूर किया कि एक विधा के रूप में स्थापित होने के बाद कहीं आत्मकथा लिखना अपने आप में एक सांस्कृतिक रिवाज़ तो नहीं बनता जा रहा है?[10]

भारतीय ज़मीन पर, ख़ास कर हिंदी के ख़ित्ते में 'लेखक की मृत्यु' की चर्चा कुछ देर से ही सही, पर 'न लिख पाने के संकट' या 'विचार के संकट' के रूप में हुई। सदी का जब अंत हुआ तो कुछ दृष्टि-सम्पन्न प्रेक्षकों ने समझा कि 'अधिकांश हिंदी लेखन

---

[10] वेल एस. हसन के पूर्वोद्धृत लेख के अलावा देखें : बेटी बर्गलैण्ड (1993), 'ऑटोबायोग्राफ़ी ऐंड अमेरिकन कल्चर', *अमेरिकन क्वार्टरली,* खण्ड 45, अंक 3, सितम्बर : 445-458.

या तो जीवन विहीन है या भयानक रक्ताल्पता का शिकार। अपनी इस कमज़ोरी को वह बौद्धिक घटाटोप से पूरा करता है।'[11] इस रक्ताल्पता में जो भी सुर्ख़ चमक थी, वह स्त्री, दलित और मुसलमान लेखन से निकली। मुसलमानों का लेखन अगर अतीत-मोह से छूटने की छटपटाहट और पहचान की खोज था, तो स्त्री और दलित लेखन की भावभूमि विशेष तौर से आत्मकथात्मक थी। यह विशुद्ध हाशियाकृत लोगों का लेखन था। इसकी पेचीदगियाँ केवल उन विचारधारात्मक औज़ारों से नहीं समझी जा सकती थीं जो प्रचलित सिद्धांत-शास्त्र की देन थे। ख़ास कर स्त्री और दलित लेखन तो समझ के नये तौर-तरीक़ों की भी माँग कर रहा था। वह महज़ विचारों के ज़रिये रचनाकार के व्यक्तित्व-अंतरण से संतुष्ट होने के लिए तैयार नहीं था। अपने व्यक्तित्व, अपने अनुभव और अपनी स्थानिकता में रमे होने के कारण इस रचनाकार का मुक़ाम सार्वभौम नहीं हो सकता था। इसलिए, उसने अपने मुक़ाम पर खड़े होकर कभी कहानी-उपन्यास लिखकर संस्कृति-समीक्षा की, कभी आत्मकथा लिख कर।

आत्मकथाओं की यह दुनिया हिंदी में अभी नयी ही है। लेकिन, सिलसिला चल निकला है। दलित और स्त्री लेखक दो-दो और तीन-तीन खण्डों में आत्मकथाएँ लिख रहे हैं। भारत अमेरिका से कम बहुसांस्कृतिक नहीं है। समाज-विज्ञान के एक सिद्धांत के अनुसार आधुनिक भारत की रचना ही अल्पसंख्यक अस्मिताओं से मिल-जुल कर हुई है। यहाँ कोई बहुसंख्यक नहीं है।[12] जो व्यक्ति किनारे पर खड़ा है, अगर उसका हाशियाकरण किसी मार्जिनलाइजेशन थियरी के बँधे-बँधाये क़ायदे से समझने की कोशिश करने पर भारतीय संदर्भ में उसकी हक़ीक़त का एक हिस्सा भी शायद ठीक से समझा न जा सके। वैसे तो हर आत्मकथा परिवार और समुदाय के आसपास बुनी जाती है। लेकिन, उसकी बुनावट तय करने में उन कारणों का बहुत हाथ होता है जो लिखने वाले के हाशियाकरण और उसकी क़िस्मों की पैदाइश होते हैं। मसलन,चाहे वह मराठी के हों या हिंदी के, आमतौर पर दलित लेखकों या लेखिकाओं की आत्मकथाओं में परिवार का दायरा एक समस्याग्रस्त निर्मिति के रूप में उभरता है। सामंती, जातिगत और वर्णगत उत्पीड़न ने दलित परिवार पर ऐसे-ऐसे क़हर ढाये हैं कि वह व्यक्ति को किसी भी क्षण सुरक्षित ज़मीन

---

[11] राजेंद्र यादव (2006), 'सदी का औपन्यासिक अंत', *आदमी की निगाह में औरत,* राजकमल प्रकाशन, नयी दिल्ली : 161-187.

[12] यह थीसिस रजनी कोठारी (2003) की है। देखें, 'साम्प्रदायिकता का अष्टावक्र', *राजनीति की किताब / रजनी कोठारी का कृतित्व,* सम्पादक : अभय कुमार दुबे, वाणी प्रकाशन, नयी दिल्ली : 250-275.

देने में असमर्थ है। उसके भीतर निरंतर अशांति है, निरंतर विस्फोट है, पितृत्व और मातृत्व की संरचनाओं में प्रामाणिकता की समस्या है। ज़रूरी नहीं कि दलित परिवार का यह यथार्थ दलित रचनाकार को अपनी कहानियों और उपन्यासों में परिवार की संस्था को आड़े हाथों लेने की तरफ़ ले जाए। अक्सर दलित कहानीकार आत्मकथाओं में दिखाए गये अशांत परिवार के बरअक्स अपनी कल्पनाशीलता का सहारा लेकर एक आदर्श परिवार गढ़ते नज़र आते हैं। ऐसी बहुत सी दलित कहानियाँ मिल जाएँगी जिनमें स्त्री-पुरुष संबंध एकदम तनाव रहित हैं, यहाँ तक कि ऊँच-नीच की लैंगिक संरचनाओं के मातहत भी नहीं हैं। ऐसा लगता है कि दलितों को एक आदर्श परिवार चाहिए, इसलिए वे अपने बीच से पैदा हुए धर्मवीर जैसे आदर्श परिवार के सिद्धांतकार से पूरी तरह सहमत न होते हुए भी उन्हें सराहना भाव से देखते हैं।[13]

आत्मकथाएँ हों या कथाएँ, स्त्री-रचनाकार परिवार की संस्था और स्त्री-पुरुष संबंधों से अलग तरह का सुलूक करती हैं। कारण यह कि उनका हाशियाकरण और उसकी क़िस्में अलग तरह की हैं। कभी यह सुलूक नारीवाद के साथ बौद्धिक प्रतिबद्धता के तहत अंजाम दिया जाता है, तो कभी उत्पीड़ित की सहज-स्वाभाविक विद्रोही चेतना के आधार पर। कभी ये दोनों पहलू एक साथ काम करते नज़र आते हैं। कभी ऐसा भी लगता है कि स्त्री रचनाकार के मानस में आदर्श परिवार और स्त्री-पुरुष संबंधों की आदर्श स्थिति की कामना पूरी तरह नहीं मरी है। उनके चिंतन में इन फैंटेसियों की बार-बार वापसी होती है। बार-बार हक़ीक़त की कठोर ज़मीन पर सिर पटक कर ये स्वैर-कल्पनाएँ लहूलुहान होती हैं। फिर घोषित या अघोषित, प्रतिबद्ध या अप्रतिबद्ध बग़ावतों में लौट जाती हैं। यह एक पेचीदा स्थिति है। इस लिहाज़ से नारीवाद के प्रचलित ख़ानों में रख कर न तो प्रभा खेतान की आत्मकथा पढ़ी जा सकती है, न ही नारी की नैसर्गिक आत्मचेतना और रचनाशीलता के नाम पर मन्नू भंडारी की कहानी। अभी तक दोनों आत्मकथाएँ समीक्षकों द्वारा सुविधापूर्वक अलग-अलग पढ़ी गयी हैं, जिसके नतीजे बेहद असंतोषजनक निकले हैं। मैंने इस लेख में उनका साथ-साथ पाठ करने की कोशिश की है। इस क्रिया में कुछ जोखिम हो सकता है, इसलिए यहाँ स्पष्टीकरण ज़रूरी है।

पहली बात तो यह है कि शुरू में मेरी कोशिश प्रभा खेतान और मन्नू भंडारी

---

[13] आदर्श परिवार और आदर्श स्त्री-पुरुष संबंधों पर धर्मवीर (2006-2007) के विचार जानने के लिए देखें सात खण्डों में प्रकाशित उनकी रचना-माला *पितृसत्ता, मातृसत्ता और जारसत्ता,* वाणी प्रकाशन, नयी दिल्ली.

के साथ-साथ मैत्रेयी पुष्पा और रमणिका गुप्ता की आत्मकथाओं का पाठ पेश करने की भी थी। लेकिन, चारों आत्मकथाएँ पढ़ने के बाद मुझे इस निष्कर्ष पर पहुँचना पड़ा कि मैत्रेयी पुष्पा की आत्मकथा का सद्य:प्रकाशित दूसरा खण्ड आने के बाद ही उसे विश्लेषित करना चाहिए। पहला खण्ड *कस्तूरी कुंडल बसै* अपनी तमाम कलात्मक ताक़त के बावजूद अंतत: बेटी (मैत्रेयी) के नज़रिये से कही गयी कस्तूरी (माँ) की कथा है। इसमें लेखिका के पास ख़ुद ही यह प्रश्न उठाने की सुविधा है कि वे इसे उपन्यास कहें या आपबीती। उन्हें यह मान लेने में कोई दिक़्क़त नहीं है कि इसे रचने में 'उन्हें कल्पनाओं और अनुमानों से सूत्र जोड़ने पड़े।'[14] दूसरे खण्ड में उन्हें ऐसी कोई दुविधा नहीं होगी। वे प्रामाणिकता के दावे के साथ सामने आएँगी, और उन्हें ऐसा कोई संदेह नहीं होगा कि वे उपन्यास लिख रही हैं या आत्मकथा। जहाँ तक रमणिका गुप्ता की आत्मकथा *हादसे* का सवाल है, यह एक महिला राजनीतिक कार्यकर्ता की कथा है, जिसे एक अन्य नज़रिये से बेशकीमती माना जा सकता है।[15] इसका पाठ सार्वजनिक जीवन में लैंगिक प्रश्न की अभिव्यक्ति का संधान करने के लिए ज़रूरी है। इसे तेलगांना के हथियारबंध संग्राम और नक्सली आंदोलन में स्त्रियों की भूमिका में पुरुषों के कंधे से कंधे मिला कर लड़ने वाली स्त्रियों के वाचिक इतिहास के साथ पढ़ने की योजना बनाई जा सकती है जो अब तक प्रकाशित हो कर चर्चा में आ चुका है।[16] सुना है कि रमणिका गुप्ता ने भी अपने जीवन के अंतरंग प्रसंगों के इर्द-गिर्द कुछ बुना है जिसके छपने की प्रतीक्षा करने योग्य है।

दूसरा स्पष्टीकरण शायद सबसे ज़्यादा ज़रूरी है। मन्नू भंडारी और प्रभा खेतान का साथ-साथ पाठ करने का मतलब यह नहीं निकाला जाना चाहिए कि दोनों के जीवन किसी भी तरीक़े से गुँथे हुए हैं, या उनमें कोई परस्पर कटान बिंदु है। दोनों रचनाओं में एक-दूसरे का ज़िक्र शायद संयोगवश ही एक-एक दफ़ा आया है। उनकी आत्मकथाओं से नहीं लगता कि अच्छे-ख़ासे आपसी परिचय के बावजूद दोनों लेखिकाओं ने किन्हीं उल्लेखनीय अर्थों में एक-दूसरे को प्रभावित किया है। प्रभा बताती हैं कि वे मन्नू भंडारी की छात्रा रही हैं और एक प्रसंग में मन्नू मानती हैं कि छात्र जीवन में ही उत्साही और शख़्सियत की झलक

---

[14] मैत्रेयी पुष्पा (2002), *कस्तूरी कुण्डल बसै*, राजकमल प्रकाशन, नयी दिल्ली, शुरुआत का पृष्ठ.

[15] रमणिका गुप्ता (2005), *हादसे*, *राधकृष्ण प्रकाशन*, नयी दिल्ली.

[16] इलीना सेन (सम्पा.)(2001), *संघर्ष के बीच : संघर्ष के बीज / जनांदोलनों में स्त्रियों की भागीदारी*, *सारांश*, नयी दिल्ली.

उनमें दिखने लगी थी। प्रभा की आत्मकथा में केवल एक प्रसंग ऐसा है जो दोनों को कहीं जोड़ता लगता है। माँ जैसी शिक्षिका एक बार साहित्यकार पति की बेवफ़ाई पर अपनी प्रिय छात्रा के सामने अपना मन खोलती है, और क्षोभ में आकर किशोर प्रभा राजेंद्र यादव से जवाबतलबी की मुद्रा में बहस करते हुए नज़र आती है।[17] *अन्या से अनन्या* में यही एक जगह है जब छात्रा अपनी शिक्षिका के जीवनानुभव से कुछ संदेश ग्रहण करती है। अंदाज़ा लगाया जा सकता है कि स्त्री–पुरुष संबंध, पति–पत्नी द्वित्व और परिवार संबंधी अंतर्विरोधों की शुरुआती छाप युवा होते हुए किशोर मन पर ज़रूर पड़ी होगी। इस प्रकरण के अलावा भी दोनों आत्मकथाओं में बहुत कुछ संरचनागत साम्य है, पर उसका ताल्लुक़ किसी व्यक्तिगत प्रसंग से नहीं जोड़ा जा सकता। इन समानताओं का ताल्लुक़ शायद उस समय से है जिसके साथ साक्षात्कार करते–करते दोनों का मानस बना होगा। इसके अलावा इन समानताओं का संबंध दो अलग–अलग प्रेम त्रिकोणों की सेक्शुअल राजनीति से भी है जिनमें आत्मकथाओं की नायिकाएँ आजीवन गिरफ़्तार रहीं। आलेख में चर्चा पहले *अन्या से अनन्या* की है, बाद में *एक कहानी यह भी* का नम्बर आया है। कहीं कोई इसे वरिष्ठता–क्रम समझने की ग़लती न कर दे, इसलिए यह कहना भी ज़रूरी है कि ऐसा केवल विश्लेषणात्मक सुविधा के लिए किया गया है।

तीसरी बात यह है कि इस बौद्धिक क़वायद के पीछे मेरा मक़सद दोनों में से किसी भी आत्मकथा की साहित्यिक समीक्षा की नहीं है। न ही मेरी दिलचस्पी किसी क़िस्म की साहित्यिक उखाड़–पछाड़ में है। मेरा आत्मकथा लेखकों के जीवन में बने निजी समीकरणों से भी कोई वास्ता नहीं है। मेरे पास इन स्त्रियों के अंतरंग जीवन के बारे में जानने का न तो कोई स्रोत है, और न ही मैं किसी और स्रोत का इस्तेमाल करना चाहता हूँ। जिस तरह दोनों आत्मकथाएँ यथार्थ को कथानक में बदलने की तकनीक से निकली हैं, उसी तरह मेरा लेख भी सैद्धांतिक विश्लेषण और कथ्य के बीच छिपे हुए अर्थों को पढ़ने की समाज–वैज्ञानिक उपक्रम का नतीजा है। मैं तो सिर्फ़ इन आत्मकथाओं के पृष्ठों पर जो कुछ लिखा है, उसी को आधार बना कर और कुछ अन्य लेखिकाओं की रचनाओं का सहारा लेते हुए भारतीय नारीवाद की हिंदी–कथा पेश करूँगा।

वैसे तो बौद्धिक दुनिया में नारीवाद की बहुत सी बारीक और पेचीदा व्याख्याएँ

[17] प्रभा खेतान, वही : 45.

मौजूद हैं, पर इस लेख में नारीवाद को सशक्तीकरण (इम्पॉवरमेंट) के उस सिलसिले की तरह लिया गया है जिसमें उम्मीद की जाती है कि वह अंततः मुक्ति (इमेंसिपेशन) की मंज़िल पर ले जाएगा। इसके अलावा नारीवाद को दो चरणों में देखा गया है। पहला, चरण वह है जब नारी का लक्ष्य पुरुष की बराबरी करना है और इस कोशिश में वह पुरुष जैसी बन कर दिखाती है। दूसरा चरण वह है जब वह पुरुष से अलग अपनी भिन्न शख़्सियत बनाना चाहती है। उसकी यह भिन्नता जैविक तो है ही, मनोगत भी है। सत्तर के दशक में चली नारीवाद की दूसरी लहर के रैडिकल आवेग के तहत इस भिन्नता का दावा तरह-तरह से किया गया था। कैरल गिलिगन द्वारा प्रतिपादित 'डिफ़रेंस फ़ेमिनिज़्म' उन दिनों नारीवादियों और ग़ैर-नारीवादियों के बीच बहुत चर्चित था। गिलिगन का कहना था कि स्त्री की आवाज़ अलग होती है। वह एक अलग नैतिक मुक़ाम से बोलती है। उसके लिए ज़रूरी नहीं है कि अपनी अस्मिता स्थापित करने के चक्कर में वह अपनी प्रकृति प्रदत्त ख़ूबियों से वंचित हो जाए, और पुरुष की ही तरह आक्रामक, निष्ठुर और रैखिक चिंतन में बँधे हुए नेतृत्वकारी गुणों को अपना ले। 'डिफ़रेंस फ़ेमिनिज़्म' की इस थियरी का नारीवादी और उसके बाहर के हलक़ों में कड़ा विरोध भी हुआ। कहा गया कि इन तथाकथित प्रकृति प्रदत्त ख़ूबियों यानी पारम्परिक लैंगिक आग्रहों द्वारा थमाई गयी स्त्रीत्व की संरचनाओं पर क़ायम रहने के कारण औरत कभी सरकारी, अदालती और कॉरपोरेट ओहदों तक नहीं पहुँच पाएगी। दूसरी तरफ़ 'डिफ़रेंस फ़ेमिनिज़्म' के पैरोकारों का कहना था कि नारीवाद के पहले दौर ने स्त्री के जिन 'नैसर्गिक' गुणों को ख़ारिज कर दिया था (जैसे, जज़्बाती स्वभाव, बुद्धिसंगत व्यवहार-शैली की कमी और समाज के सूत्रों को धारण करने की विशेषता), उन्हें पुरुष के मुक़ाबले हीनता या मातहती के भाव से नहीं, बल्कि श्रेष्ठता के भाव से स्थापित करने की ज़रूरत है। इस तरह 'डिफ़रेंस फेमिनिज़्म' के समर्थक लैंगिक श्रेष्ठता के आग्रहों को सिर के बल खड़ा करने चाहते थे। मैंने 'डिफ़रेंस फ़ेमिनिज़्म' की जिस धारणा को लिया है, वह यही है।

अन्या से अनन्या और *एक कहानी यह भी* को मैंने स्त्री द्वारा स्वयं के सशक्तीकरण की सफल परियोजनाओं के रूप में पढ़ा है। इसीलिए, मैं इन दोनों स्त्रियों को हमारे समय की ऐसी नायिकाओं के रूप में देखता हूँ जिन्होंने तरह-तरह के हाशियाकरण से संघर्ष करते हुए अपना विशिष्ट संसार रच कर दिखाया। सशक्तीकरण के लिए की गयी आजीवन जद्दोजहद रेखांकित करने के बाद यह लेख उन प्रश्नों से दो-चार होने की कोशिश करता है जो आधुनिक स्त्री के अपनी देह से और पुरुष से संबंधों के चलते पैदा होते हैं। प्रेम और सेक्शुअलिटी के इन मुद्दों पर चर्चा किये बिना यह आख्यान पूरा नहीं हो सकता। आख़िरकार हम एक ऐसे समय

में रह रहे हैं जो समाज और व्यक्ति को अंतरंगता की भीतरी दुनिया में बदल रहा है।

ये आत्मकथाएँ पढ़ने से पहले भी मुझे लगता रहा है कि नारीवाद के प्रचलित मानकों के साथ हिंदी की दुनिया कुछ अलग तरह से पेश आ रही है। हिंदी का नारीवाद, जो अनिवार्यत: भारतीय नारीवाद का ही एक प्रमुख पहलू होने के अलावा कुछ नहीं हो सकता, वैसा नहीं है जो नारीवाद की रूढ़ छवियों में झलकता है। हमारे यहाँ सशक्तीकरण स्त्री के लिए विवाह, परिवार, प्रजनन और पुरुष-निर्भरता से मुक्ति की तरफ़ जाने वाला मार्ग प्रशस्त नहीं करता। इसलिए, हिंदी की नारीवादी इयत्ता (फ़ेमिनिस्ट सेल्फ़) की बुनावट भिन्न है। हिंदी का नारीवाद सैद्धांतिक डिस्कोर्स के ज़रिये कम उभरा है, बल्कि इसकी शक्ल-सूरत साहित्यिक रचनाशीलता के गर्भ में ज़्यादा बनी है। इसका ज़्यादातर हिस्सा विचारधारात्मक नहीं है। वैसे भी विचारधाराएँ केवल घोषित प्रतिबद्धताओं के दम पर स्वयं को सार्वभौम साबित नहीं कर पातीं। वे मनुष्य की चेतना में तभी जगह बना पाती हैं जब उनका विरोध करने की कोशिश करने वाले मानस भी अंतत: उन्हीं के नक्शे-क़दम पर चलते हुए दिखाई दें। इसीलिए, अगर कोई नारीवाद के प्रति बौद्धिक रूप से प्रतिबद्ध है, तो इसका मतलब यह नहीं निकाला जा सकता कि उसकी रचनाओं या जीवन में इस विचारधारा की किताबी संरचनाएँ मिलनी ही चाहिए। इसी तरह अगर कोई लेखिका नारीवाद से किसी तरह का ताल्लुक़ होने से इनकार करती है, तो केवल इस दावे को ही उसके संसार में नारीवाद की अनुपस्थिति का पर्याय नहीं माना जा सकता।

II

प्रभा खेतान / हाशियों का जीवन, सशक्तीकरण की सीमाएँ और नारीवादी होने की दिक़्क़तें

नारीवाद एक मुश्किल विचारधारा है। दुनिया के किसी भी समाज में औरत के लिए नारीवादी बनना आसान नहीं है। केवल अपने बौद्धिक पाठ की जटिलता के कारण नहीं, हज़ारों साल से बन रहे स्त्री के निजी जीवन को बदलने के दुर्निवार आग्रह के कारण। इस लिहाज़ से अन्य विचारधाराएँ ख़ासी आसान हैं। उनका ज़ोर सार्वजनिक जीवन बदलने पर ज़्यादा रहता है। उनके तहत निजी जीवन में प्रतिगामी रह कर घर के बाहर प्रगतिशील आचरण करते रहने की सुविधा रहती है। पर, नारीवाद की कसौटियाँ ऐसी गुंज़ाइश नहीं छोड़तीं।

प्रभा खेतान की आत्मकथा बताती है कि भारतीय समाज में तो नारीवादी होना

विशेष रूप से कठिन है। *अन्या से अनन्या तक* पढ़ते हुए एक बार यह भी लग सकता है कि शायद भारत में नारीवादी होना असम्भव ही है। फिर भी यह नारीवाद की बौद्धिक शक्ति का सबूत है कि प्रभा जैसी बहुत सी स्त्रियाँ भारतीय ज़मीन पर यही असम्भव सम्भव बनाने में जुटी हुई हैं, भले ही उन्हें निजी तौर पर कितनी भी क़ीमत चुकानी पड़े। हिंदी में स्त्री लेखन के प्रबल हस्तक्षेप पर नज़र दौड़ाने से पता लगता है कि नारीवाद अपनाने के नतीजों को लेकर हिंदी की स्त्री किस तरह से शंकालु है :

कुछ लोग समझ रहे हैं अब / नारी मुक्ति के कुछ फ़ायदे
देखिए किस तरह ढो रही हैं औरतें / पहले से आठ गुना भार
पैदा कर रही हैं पाल रही हैं बच्चे अकेले
चला रही हैं देश और समाज / कमा रही हैं खा रही हैं अपना
...
वैसे भी कब चाहिए थीं औरतें प्रेम के लिए किसी को
जिनके साथ करना पड़ता था साझा तन से ज़्यादा धन का
अच्छा है मुक्त हो रही हैं मिल सकेंगी स्वच्छंद अब / सम्भोग के लिए
एक समय जैसे मुक्त हुए थे श्रमिक पूँजी के लिए
आज भी प्रेम के बहाने उन्हें ले जाया जा सकता है / अँधेरों में [18]

इस कविता की आख़िरी पंक्तियों और मन्नू भंडारी द्वारा नारीवाद के ख़िलाफ़ व्यक्त किये गये आक्रोश का फ़र्क़ समझना ज़रूरी है। उनकी तरह यह कविता नारीवाद को अविवाहित रह कर सेक्स-फ्रीडम की माँग से नहीं जोड़ती। मन्नू ने *संडे पोस्ट* को दिये गये एक लम्बे साक्षात्कार में नारीवाद को यौन-स्वच्छंदता का पर्याय बताया है, और बिना किसी लाग-लपेट के दावा किया है कि स्त्रियों के विकास में नारीवाद का कोई योगदान नहीं है।[19] सविता सिंह की कविता तो यहाँ अधिक परिष्कृत ढंग से नारीवाद, प्रेम और सेक्शुअलिटी का त्रिकोण सामने लाती है। उनकी पंक्तियाँ नारीवाद के व्याख्याताओं पर ज़िम्मेदारी डालती हैं कि वे भारतीय ज़मीन पर स्त्री-जीवन के संदर्भ में प्रेम के रूपों में हो रहे परिवर्तनों पर नये सिरे से गौर करें।

हिंदी की एक अन्य प्रतिष्ठित कवि अपने एक साक्षात्कार में कह चुकी हैं कि स्त्री तो पके हुए फल की तरह है जो उसे सहलाने वाले की गोद में गिर जाता है। *अन्या से अनन्या* का केंद्रीय प्रकरण वह है जब आत्मकथा की नायिका प्रौढ़,

---

[18] सविता सिंह, 'नयी उलझन', अरविंद जैन और लीलाधर मण्डलोई (सम्पा.) (2004), *स्त्री : मुक्ति का सपना*, वाणी प्रकाशन, नयी दिल्ली : 144.

[19] मन्नू भंडारी से उमाशंकर सिंह की बातचीत (2007), 'राजेंद्र ने मेरे पत्नी पक्ष को त्रस्त किया', *संडे पोस्ट*, नोएडा, अंक 24, 29 अप्रैल.

चरित्रगत रूप से संदिग्ध लेकिन सुदर्शन पुरुष प्रेमी से मुलाक़ात करती है। नायिका की आँखों की गहराई और ख़ूबसूरती की तारीफ़ से पका हुआ फल पुरुष की गोद में गिर पड़ता है। लेकिन, गोद में गिरने की पृष्ठभूमि में हाशिये पर गुज़ारे गये उत्पीड़न का अंतहीन सा प्रतीत होने वाला सिलसिला है। मसला सिर्फ़ प्रेमी चुनने का ही नहीं है, बल्कि जीवन के हर क्षेत्र में किये गये फ़ैसलों में इस पृष्ठभूमि की भूमिका देखी जा सकती है।

अन्या से अनन्या की एक बहुत बड़ी उपलब्धि प्रभा खेतान नामक व्यक्ति के हाशियाकरण की बेचैन करने वाली दास्तान है। इस हाशियाकरण को अलग-अलग भी देखा जा सकता है, पर यहाँ उसे उत्पीड़न की कई परतों के रूप में देखना उचित होगा। यह एक ऐसी स्त्री का हाशियाकरण है जो आर्थिक और सामाजिक रूप से किसी वंचित वर्ग में पैदा नहीं हुई है। वह समाज के सबसे ज़्यादा सम्पन्न और शक्तिशाली कहे जाने वाले तबक़े की सदस्य है। जाति के लिहाज़ से उसकी गिनती द्विजों में होती है। फिर भी उसे एक नहीं, न जाने कितने हाशियों पर जीवन गुज़ारना पड़ता है। मसलन, बचपन में परिवार के हाशिये पर वह अपनी माँ के कमरे के बाहर उस ममत्व भरे निमंत्रण का कभी न ख़त्म होने वाला इंतज़ार कर रही है जिसके बिना किसी बच्चे का मानस परिपूर्ण नहीं हो सकता। यह ममता न मिलने और भाई-बहिनों द्वारा खेल-खेल में प्रताड़ना के पीछे साँवले और काले रंग को हीन या असुंदर मानने का वह भारतीय रंगभेद है जिसकी संरचनाओं की चर्चा करने में हम भारतीयों को हमेशा ही बौद्धिक संकोच रहा है। किसी भी शब्दकोश में देख लीजिए, 'श्वेता' शब्द का मतलब 'सुंदर स्त्री' मिल जाएगा, लेकिन 'श्यामा' का अर्थ सुंदर स्त्री नहीं होगा। यहाँ ईश्वर के अवतार और देवता तो साँवले या नीले हो सकते हैं, पर देवियाँ नहीं। देवी अगर गोरी नहीं है, तो काली की तरह भयंकर और संहारक है। वह किसी स्त्री के लिए सौंदर्य का मानक नहीं बन सकती। गोरे रंग से भारतीय मोह की इस परम्परा का ठीकरा अंग्रेज़ों के मत्थे नहीं फोड़ा जा सकता। अंग्रेज़ों का रंग भारतवासियों को कभी पसंद नहीं आया। उन्हें तो फ़िरंगी या बदरंगी की तरह देखा जाता था। भारतीयों का पसंदीदा गोरा रंग तो कुछ और ही शै है, जिसे *अन्या से अनन्या* की नायिका सारे जीवन सुंदरता के मानक की तरह तलाशती रही। चाहे डॉक्टर साहब का गोरा चेहरा हो, या विदेशी स्त्रियों के गोरे पैर हों। सौंदर्य की यह भारतीय दृष्टि रंग और रूप का अलग-अलग अस्तित्व नहीं मानती। इसी भारतीय रंगभेद के कारण आत्मकथा की नायिका ने पूरे बचपन और कैशोर्य में स्वयं को हाशिये पर पाया, और हाशियाग्रस्त लोग (नौकर-चाकर-दाई) ही

उसके लिए स्नेह के स्रोत बन पाए। पहली बार किसी ने अगर साँवले रंग के कारण अ-प्रकट सौंदर्य की प्रशंसा की तो वे डॉक्टर श्रॉफ ही थे। प्रत्युत्तर में वह आजीवन उनकी 'अनन्या' या 'चीज़' बनने के लिए तैयार हो गयी। ख़ुद की बागडोर तक उनके हाथों में सौंप दी। बार-बार होने वाला भीषण अपमान भी सौंदर्य-सराहना के उस प्रारम्भिक सम्मोहन को तोड़ नहीं सका। स्त्री की सौंदर्य-ग्रंथि किस तरह उसे लगातार एक ख़ास तरह के हाशिये पर बनाए रखती है, प्रभा के जीवन-प्रसंग इसके गवाह हैं। क्या इसी पहलू से जोड़ कर उनके जीवन का वह निर्णय नहीं देखा जा सकता जब वे आत्मकथा के पृष्ठों पर एक अति-आधुनिक ब्यूटी पार्लर खोल कर भारत में सौंदर्य उद्योग के शुरुआती वाहकों में से एक की भूमिका निभाती पाई जाती हैं।

दूसरा हाशियाकरण वैसा था जैसा अल्पसंख्यक अक्सर झेलते हैं। हिंदू समाज में पैदा होने के बावजूद प्रभा खेतान को यह हाशिया बंगाली समाज में मारवाड़ियों की अल्पसंख्यक उपस्थिति के कारण मिला। सार्वजनिक जीवन में, ख़ास कर कॉलेज में उन्हें बंगाली दोस्तों द्वारा अपने शोषक और लुटेरू होने की अनुभूति कराई गयी जिससे वे भौंचक्की रह गयीं। *अन्या से अनन्या* में शुरू से आख़िर तक अल्पसंख्यक होने का यह एहसास मौजूद है। अल्पसंख्यक मनोवृत्ति की विशेषता होती है कि वह अपने आप को वक़्त के साथ बदलती तो है, पर बहुसंख्यकों द्वारा निर्धारित कसौटी के मुताबिक़ नहीं। प्रभा ने बताया भी है कि शाकाहारी मारवाड़ी अपने सार्वदेशिकीकरण की प्रक्रिया में ऐग-रोल या मटन कटलेट खाने के लिए तो तैयार हो सकते हैं, पर मच्छी-फ्राई किसी क़ीमत पर नहीं खाएँगे। वे मांसाहारी भी बंगाली शैली में नहीं होंगे। यह अल्पसंख्यकीकरण बंगाल के मारवाड़ियों को अपने समुदाय की सीमाओं में उत्तरोत्तर क़ैद रखने की तरफ़ भी ले गया होगा। प्रभा खेतान के जीवन के जो हिस्से उनकी आत्मकथा के ज़रिये सामने आये हैं, उनमें सार्वदेशिकता के कई सुराग़ मिलते हैं, पर वे अपनी निजी दुनिया का कोई अंश मारवाड़ी घेटो के बाहर प्राप्त करने की कोशिश करते हुए नहीं दिखतीं। इसके और भी कारण रहे होंगे, क्योंकि भारतीय समाज में समुदायगत वफ़ादारियाँ कई देखे-अनदेखे स्तरों पर काम करती हैं। पर, कलकत्ता के मारवाड़ियों के ख़ास मामले में अल्पसंख्यकीकरण और परिणामस्वरूप घेटोकरण की भूमिका की शिनाख़्त ज़रूरी है।

इसके बाद नम्बर आता है लैंगिक ऊँच-नीच के उन हाशियों का जो स्त्री होने के नाते प्रभा खेतान के हिस्से में आते हैं। इनमें सबसे ज़्यादा त्रासकारी है इंसेस्ट यानी कौटुम्बिक व्यभिचार। रिश्तेदारों या रक्तसंबंधियों के हाथों बचपन

में इस कुकृत्य का शिकार होने के बाद स्त्री-जीवन में एक गोपनीय सेक्शुअल अँधेरा छा जाता है जिसका डरावना तिलिस्म शायद ही कभी टूट पाता हो। खुशक़िस्मत स्त्रियाँ किसी संवेदनशील पति या रोमानी प्रेम के किसी प्रसंग के ज़रिये अपनी देह और मानस पर हुए इस अत्याचार को पृष्ठभूमि में धकेलने में अस्थायी रूप से कामयाब ज़रूर हो जाती हैं, पर *अन्या से अनन्या* बताती है कि यह डरावनी याद सदैव के लिए तिरोहित नहीं होती।

प्रभा खेतान के हाशिये आम स्त्री के हाशियों से कुछ अलग तरह के हैं, क्योंकि वे अपने सशक्तीकरण की सचेत कोशिश में लगी हुई दिखती हैं। सशक्त होना यूँ तो आधुनिक क्रिया है और पैसा कमा कर सशक्त होने की प्रक्रिया का एक आधुनिक पाठ भी होता है, पर प्रभा खेतान के जीवन में यह सिलसिला मारवाड़ियों के जातीय मंत्र के रूप में आता है। परिवार और समुदाय का माहौल तो है ही ऐसा, और माँ बचपन से बेटी को इसी मंत्र में दीक्षित करती है। बाद में पैसा कमाने के बाद वे समाज के साथ कई तरह के समतामूलक संबंध विकसित करने की कोशिश में वह रिश्ता बना बैठती है जिसे क्रिस्टोफर कॉडवेल ने 'कैश रिलेशन' कहा था। वे ख़ुद को जानबूझ कर ठगवाती हैं, खुले हाथ से पैसा देती हैं। इससे उन्हें कुछ-कुछ उछाल जैसा एहसास होता है।

स्त्री होने के नाते धनी बनने के इस परम्परागत मंत्र का इस्तेमाल वे तब तक नहीं कर सकती थीं, जब तक नारीवाद के कुछ आयामों का अपनी ज़िंदगी में समावेश न करें। परम्परा उन्हें अपने पति के नाम पर ही धन का स्वामी बना सकती थी। यहाँ अविवाहित और अकेली रहने की नारीवादी शर्त उनके काम आयी। आत्मनिर्भर होने की ज़िद और अहर्निश अध्यवसाय से उन्हें पत्नी के रूप में किसी सेठ के मातहत ज़िंदगी गुज़ारने के बजाय एक स्वतंत्रचेता व्यवसायी और अंत में व्यवसायियों का नेता बनने का मौक़ा दिया। यह अलग बात है कि यह सब कुछ अल्पसंख्यकीकरण के तहत समुदाय के भीतर ही घटित हो रहा था। इसलिए दायरे से बाहर की सार्वदेशिकता का फ़ायदा उन्हें नहीं मिला। मारवाड़ी मंत्र के ज़रिये होने वाला सशक्तीकरण प्रभा के जीवन में सर्वप्रमुख है। लेखन और रचनात्मकता के ज़रिये शनैः शनैः स्वाभाविक रूप से होने वाला सशक्तीकरण उनकी आत्मकथा में एक सचेत निर्मिति के रूप में अनुपस्थित ही है। हक़ीक़त जो भी हो, पर आत्मकथा में उन्होंने सशक्तीकरण का श्रेय अपनी व्यवसाय-बुद्धि और धनोपार्जन की क्षमता को ही दिया है। ध्यान रहे कि यहाँ प्रश्न 'यह या वह' वाला नहीं है। यह तो आत्मछवि का प्रश्न है। धनोपार्जन की क्षमता और पुरुषों का भी नेतृत्व कर सकने लायक़ गुणों के दम पर वे अपने

जीवन के अकेलेपन को रचनामय एकांत में बदल पाईं। उन्होंने पैसा कमाने के साथ-साथ एक रचनाकार होने का यश और कलात्मक संयम भी कमाया। यही कारण है कि व्यक्तिगत संबंधों के जिस त्रिकोण में वे फँसी रहीं, उसमें केवल वे ही आत्मकथा लिख पाईं, वरना *अन्या से अनन्या* में प्रभा की क़लम से किया गया श्रीमती श्रॉफ की व्यवहार-शैली और मानस का बेहतरीन आकलन एकबारगी यह इच्छा तो पैदा कर ही देता है कि काश पति की निगाह में 'फूहड़ और गँवार' यह औरत भी अपना आत्मकथा लिख पाती।

बकौल सविता सिंह प्रभा ने आठ गुना भार भी ढोया, बच्चे न पैदा करने के बावजूद दूसरे के पैदा किये गये बच्चों का करियर बनाया, व्यवसाय जगत के नेता के रूप में देश और समाज भी चलाया, और प्रेम में भरमा कर उस अँधेरे में भी ले जाई गयीं जहाँ उन्हें एक 'झूठे चाँद' को सच्चा मानना पड़ा। परत-दर-परत हाशियों की शिकार एक स्त्री की निजता नारीवादी होने की कोशिश में अपने जीवन का सार इस तरह पेश करती है :

> ... मेरी यह आवाज़ एक भिन्न आवाज़ है, और इस आवाज़ का ख़तरा यही था कि यह आवाज़ अनसुनी रह जाती, क्योंकि न मैं पूरी तरह उदारतावादी थी और न ही मार्क्सवादी, न परम्परा से चिपकी रही और न ही आधुनिकता को भली-भाँति ओढ़ पाई। बस दिक् काल के निश्चित दायरे में अपने स्वभावगत तमाम विरोधाभासों को लिए जीती रही। मेरे लिए एक ओर मुक्ति की नयी-नयी उड़ानें थीं, तो दूसरी ओर पुनः लौट कर उसी दायरे में बँधे रहने की विवशता भी थी।[20]

तो क्या हम मान लें कि उनका नारीवाद व्यक्तिगत जीवन के अंतर्विरोधों और विरोधाभासों में ग़र्क हो गया, या फिर महज़ पुस्तकीय क़िस्म की बौद्धिक प्रतिबद्धता रह गया? क्या यह आत्म-स्वीकृति उनकी आत्मकथा-पूर्व छवि में अंतिम संशोधन की तरह ग्रहण की जानी चाहिए? क्या इन शब्दों को लिखने के बाद वे पति-परिवार की परम्परा को ठेंगा दिखाने वाली विद्रोहिणी, स्वयंवरा और स्वतंत्रचेता नहीं रहीं?

मेरा विचार है कि उनकी आत्मकथा का यह बीज-वक्तव्य आधुनिकीकरण के ज़रिये मुक्त होने के संघर्ष में डूबी हुई भारतीय स्त्री की निर्माणाधीन आज़ादी के घोषणापत्र की तरह पढ़ा जा सकता है। इस इयत्ता को अगर कोई नारीवादी होने की सनद न देना चाहे तो यह उसका किताबीपन ही होगा। बाक़ायदा नारीवादी न हो पाना प्रभा खेतान के लिए आत्मालोचना की वजह ज़रूर बन सकता है, पर निजी धरातल पर सशक्तीकरण हो जाने के बावजूद मनचाही मुक्ति न मिलने के

---

[20] प्रभा खेतान, वही : 261.

पीछे भारतीय और पश्चिमी इयत्ता के अंतर की समस्या मौजूद है। जैसा कि हम जानते हैं कि भारतीय आधुनिकता की अपनी अलग क़िस्म है। यहाँ व्यक्ति की चेतना विशुद्ध वैयक्तीयन (इनडिविडुएशन) के माध्यम से संसाधित नहीं होती। सामुदायिक जीवन के साथ गर्भ-नाल के रिश्ते पूरी तरह कभी ख़त्म नहीं होते। शायद इसीलिए प्रभा खेतान की दुनिया में हम राजनीतिक रूप से सचेत स्त्री बनते हुए देखते हैं, भारतीय क़िस्म के रंगभेद और इंसेस्ट के बावजूद सेक्शुअल और रोमानी चेतना से लैस स्त्री का उदय होते देखते हैं, अपने अधिकारों की दावेदारी करती हुई स्त्री भी वहाँ है, लेकिन वैयक्तीयन के आदर्श रूप उपस्थित नहीं हैं। ऐसी बात नहीं कि प्रभा के पास सशक्तीकरण के इस आयाम की प्राप्ति का मौक़ा न रहा हो। अगर वे एक रचनाकार के तौर पर अपने सशक्तीकरण की स्वाभाविक प्रक्रिया को धनोपार्जन के साथ-साथ सचेत अहमियत देतीं, तो उनका वैयक्तीयन अलग तरह का होता। सशक्तीकरण का यह रूप हमें मन्नू भंडारी की दुनिया में मिलता है।

II

मन्नू भंडारी / अकेलेपन का द्वीप, सशक्तीकरण के अन्य पहलू और अघोषित नारीवाद का दस्तावेज़

अगर हम चाहें तो प्रभा खेतान के जीवन की तरह सविता सिंह की कविता के आईने में ही मन्नू भंडारी के जीवन का अक्स एक हद तक देख सकते हैं। मन्नू भंडारी को भी आठ गुना काम करना पड़ा, संतान भी अकेले ही पालनी पड़ी, अपना खाया और यहाँ तक कि पति को न केवल अपना कमाया खिलाना पड़ा, बल्कि अपने एक उपन्यास की थीम भी उसके खाते में लिख देनी पड़ी। बहरहाल, समानताएँ यहाँ के बाद ख़त्म हो जाती हैं, और इसकी दो वजहें हैं। पहली है मन्नू का विकट अकेलापन जो परिवार बसाने से कम होने के बजाय और उभर आया, और दूसरी है सशक्तीकरण के भिन्न रास्ते का चुनाव, हालाँकि उनके पास प्रभा जैसा धनोपार्जन का विकल्प नहीं था। प्रभा और मन्नू का यह फ़र्क़ हमारे सामने एक दूसरी कविता की दरकार पेश करता है :

> सोने से पहले / जाँच कर बंद करती हैं / खिड़की दरवाज़े
> अकेली औरतें फिर / दोबारा जाँचती हैं
> अकेली औरतों के घर / बहुत साफ़ होते हैं
> वे मकड़ियों को जाले नहीं बुनने देतीं
> किसी-किसी दिन / भर उठते हैं पकी मक्का जैसी धूप से
> अकेली औरतों के उदास घर / वे गुनगुनाती हैं / वे अधबिसरी धुनें

जो लोग नहीं जानते / कि उन्हें याद हैं / अब भी
अकेली औरतें पकाती हैं / ऐसे व्यंजन
जिनकी पाकविधियाँ सिर्फ़ वही जानती हैं
वे अपनी इच्छा से पढ़ती हैं अख़बार
ख़बरों के बीच टीवी बंद कर लेती हैं
अकेली औरतों के घर द्वीप होते हैं ![21]

यह किसी एकांतप्रिय स्त्री का वैसा घर नहीं है जिसके बारे में राजेंद्र यादव ने लिखा था : 'बेहद क़रीने से रखा हुआ घर, चलने-फिरने से लेकर चाय-पीने में वही पर फ़ैक्शनिस्ट सलीक़ा, लेकिन अंदाज़ ऐसा लापरवाह और 'कैजुअल' जैसे यह सब तो यूँ ही है।'[22] कृष्णा सोबती के घर की यह झलक एक ग्रहण किये गये संस्कार की तरह उभरती है, पर मधु बी. जोशी की यह कविता हमें दक्षिण दिल्ली में बने मन्नू भंडारी के घर और फिर उनके उस मानस में ले जाती है जो अकेलेपन का द्वीप है। यह अकेलापन उन्होंने स्वेच्छा से ग्रहण नहीं किया है। वे तो इससे निजात पाना चाहती थीं, पर उनकी ज़िंदगी में इसका प्रसार बढ़ता ही गया। कृष्णा सोबती का घर उन्हें अकेलेपन के बजाय एकांत देता है, जिसमें वे मनचाहा लिख-पढ़ सकती हैं। पर मन्नू भंडारी को बार-बार लेखन के लिए अकेलापन छोड़ कर एकांत में जाना पड़ता है। यहाँ तक कि वे लेखन के लिए होस्टल का कमरा बुक कराती हैं, और अपनी बेटी को छोड़ कर उस ख़रीदे हुए एकांत में *आपका बंटी* लिखती हैं। प्रभा खेतान भी अकेलेपन की शिकार रहीं, पर हम देख चुके हैं कि वे अपनी अन्य क्षमताओं के बल पर उसे एकांत में बदल पाईं। पर, मन्नू भंडारी नहीं। ऐसे ही रचनामय एकांत के लिए उन्होंने राजेंद्र यादव को अपना पति चुना था। बदले में उन्हें अकेलापन मिला।

प्रभा खेतान की तरह मन्नू भंडारी नाम की स्त्री भी सौंदर्य-ग्रंथि की शिकार है। उसे भी भारतीय क़िस्म के रंगभेद ने बचपन से ही सताया है। नारी सुंदरता को लेकर भारतीय सौंदर्य की दृष्टि की यह समस्या कितनी गहरी है और मन्नू भंडारी द्वारा जीवन साथी के चुनाव के पीछे इस मनोग्रंथि की भूमिका क्या रही होगी, इसका केवल अंदाज़ा लगाया जा सकता है :

> मैं काली हूँ, बचपन में दुबली और मरियल भी थी। गोरा रंग पिताजी की कमज़ोरी थी सो बचपन में मुझसे दो साल बड़ी, खूब गोरी, स्वस्थ और हँसमुख बहिन सुशीला से हर बात में तुलना और फिर उसकी प्रशंसा ने ही क्या मेरे भीतर ऐसे गहरे हीनभाव की ग्रंथि पैदा नहीं कर दी कि नाम, सम्मान और प्रतिष्ठा पाने के

---

[21] मधु बी. जोशी (2005), *अकेली औरतों के घर, राजकमल प्रकाशन,* नयी दिल्ली : 83.
[22] राजेंद्र यादव, 'व्यक्तिव की खोज : कृष्णा सोबती', वही : 122-133.

बावजूद आज तक मैं उससे उबर नहीं पाई ? आज भी परिचय करवाते समय जब कोई तरह-तरह के विशेषण लगाकर मेरी लेखकीय उपलब्धियों का ज़िक्र करने लगता है तो मैं संकोच से सिमट ही नहीं जाती बल्कि गड़ने-गड़ने को हो आती हूँ। शायद अचेतन की किसी परत के नीचे दबी इसी हीनभावना के चलते ही मैं अपनी किसी भी उपलब्धि पर भरोसा नहीं कर पाती ... सब कुछ मुझे तुक्का ही लगता है।[23]

एक कहानी यह भी के पूरे पाठ में जहाँ मौक़ा मिलता है, मन्नू वहीं नारीवादियों को चिकोटी काटने से नहीं चूकतीं। लेकिन इसका मतलब यह नहीं निकाला जा सकता कि इन पृष्ठों पर सशक्तीकरण की खोज के ब्योरे नहीं हैं। दरअसल, उनका पूरा आत्माख्यान लेखन और रचनाकर्म के ज़रिये अपने सशक्तीकरण की कोशिश ही है। उनके पास एक नैसर्गिक क़िस्म की सार्वदेशिकता है जिसके लिए न विदेश यात्राओं की आवश्यकता होती है, न ही समतामूलक और अति-आधुनिक मुहावरे में सोचने की। बचपन में घर के भीतर पाए गये माहौल (राजनीतिक बहसों, समाज सुधार और पिता की बौद्धिकता) ने सम्भवत: उनके व्यक्तित्व में यह ख़ूबी पैदा की होगी। कारण और भी रहे होंगे, पर कुल मिला कर उनकी आत्मकथा साफ़ तौर से बताती है कि वे जिस समाज में पैदा हुईं उसकी सामुदायिक विरासत पकड़ने या छोड़ने की दुविधा से उन्हें नहीं गुज़रना पड़ा। अपने निजी जीवन के फ़ैसलों को लेकर अपने समुदाय के बाहर जाना उनके लिए इतना सहज रहा होगा कि वे इस सार्वदेशिकता को विशेष तौर से चिह्नित नहीं करतीं। अपने पिता की वे चाहे कितनी आलोचना करें, पर इतना तय है कि अगर कोई पिता भारत जैसे समाज में अपनी संतान को समुदाय की क़ैद से मुक्ति का उपहार दे सकता है, तो वह अपनी तमाम पुरुषगत और मानवगत ख़ामियों के बावजूद सौ में से साठ नम्बर पाने का हक़दार तो हो ही जाता है।[24] यानी, नारीवाद की घोषित विरोधी मन्नू भंडारी के रास्ते से बचपन में ही सामुदायिक वफ़ादारी या घेटोकरण का वह शिकंजा हट गया था, जिसका फँसाव प्रभा खेतान को सारे जीवन एक निश्चित संदर्भ में गतिहीन किये रहा। अब मन्नू भंडारी अघोषित नारीवादी होने के लिए एक हद तक आज़ाद थीं। सशक्तीकरण प्राप्त करने की उन्होंने जो विधि अपनाई उससे भी पता लगता है कि विचारधारा के साथ बौद्धिक प्रतिबद्धता न होते हुए भी उन्होंने अंततः वही सब कुछ किया

---

[23] मन्नू भंडारी, वही : 18.

[24] देखें मन्नू भंडारी में पिता से संबंधित प्रकरण जहाँ वे मानती हैं कि उनके प्रति आलोचना भाव रखने के बावजूद उनके भीतर पिता का बहुत सा अंश है, वही : 8 और 15-29.

जो अपनी सीमाओं में एक अचेत नारीवादी कर सकती थी।

प्रभा खेतान के मामले में हम देख चुके हैं कि भारतीय समाज में नारीवादी होना कितना कठिन है। मन्नू भंडारी की ज़िंदगी में सशक्तीकरण का क्षण वह केंद्रीय निर्णय था जब उन्होंने बिरादरी से बाहर एक साहित्यकार से विवाह करने का फ़ैसला किया। यह कोई रोमानी प्रेम की स्टैंडर्ड घटना नहीं थी। आत्मकथा पढ़ने पर यह एक सुनिश्चित आकलन का परिणाम लगता है। एक अनिवार्य तत्त्व के रूप में इस फ़ैसले के पीछे प्रेम भी रहा होगा।[25] पर मन्नू का आत्मकथ्य प्रेम-व्यापार के क्षणों को दस-पंद्रह पंक्तियों में ही निबटा देता है। दरअसल, प्रेम से कहीं अधिक इस निर्णय के पीछे एक संकल्प था, जो तमाम चेतावनियों के बावजूद मजबूत होता चला जा रहा था :

> घण्टे-डेढ़ घण्टे तक राकेशजी जाने क्या-क्या समझाते रहे, पर उनकी हर बात का तोड़ एक ही जगह होता : 'मन्नू, तुमको लेखक से शादी करने की बात दिमाग़ से निकाल देना चाहिए। ... निहायत अनिश्चित, अस्थिर ज़िंदगी के साथ बँध कर तुम कभी सुखी नहीं रह सकोगी।' पर मुझे तो इस तरह की सारी बातें अपने लिए चुनौती लगतीं जो मेरे संकल्प पर एक परत और चढ़ा देतीं। राकेशजी से मैंने यही कहा कि रोमांटिक दुनिया में रहने वाली सोलह साल की उम्र मैं बहुत पीछे छोड़ चुकी हूँ। ठेठ यथार्थ की भूमि पर खड़े होकर ही मैंने यह निर्णय लिया है क्योंकि अब मुझे ज़िंदगी से जो चाहिए, वह लेखक के साथ ही मिल सकता है।[26]

ज़ाहिर है कि यहाँ प्रेम की स्थिति महज कारक की है जिसे कोई काम वाज़िब ठहराने के लिए ज़रूरत के मुताबिक़ इस्तेमाल कर लिया जाता है। वे तो लेखक होने, साहित्यकार की तरह विकसित होने, और अंततः अपने जीवन की कमियाँ लेखन के ज़रिये पूरी करने का मौक़ा चाहती थीं। लेखन-जीवी पति के रूप में एक यशस्वी और बौद्धिकता-सम्पन्न साहित्यकार का चयन सशक्तीकरण की इस योजना के केंद्रीय माध्यम की तरह उभरता है। कहीं कोई यह न मान ले कि मैं मन्नू के इस निर्णय को एक अंतरंग साज़िश की तरह चित्रित कर रहा हूँ, इसलिए यह कहना ज़रूरी है कि ज़िंदगी के फ़ैसले साज़िशों की तरह केवल फ़िल्मों में ही दिखाए जाते हैं। हक़ीक़त में तो वे कुछ संयोगों का प्रतिफल ही होते हैं। संबंध किस तरह आगे चला, उस संबंध से किस तरह की अपेक्षा थी, और जब संबंध टूटा तो मुख्य शिकायत क्या रही, इसी आधार पर अंदाज़ा लगाया जा सकता है कि संबंध बनाते समय मन की चालक शक्ति क्या रही होगी।

---

[25] राजेंद्र यादव के साथ विवाह संबंध में प्रेम के पहलुओं का वर्णन मन्नू भंडारी की आत्मकथा में बहुत कम है. पृष्ठ 45 की पहली उन्नीस पंक्तियाँ पढ़ कर जाना जा सकता है कि प्रेम की वह क़िस्म किस तरह से आवेगहीन रही होगी.

[26] मन्नू भंडारी, वही : 201.

साहित्यकार पति के ज़रिये लेखन का भरपूर स्पेस प्राप्त करने में मन्नू को भले ही आंशिक कामयाबी मिली हो, पर सशक्तीकरण का यह रास्ता कुल मिला कर नाकाम नहीं रहा। लोग चाहें तो *एक कहानी यह भी* को एक विफल दाम्पत्य की कथा कह सकते हैं और कह भी रहे हैं, पर मेरे लिए दाम्पत्य की यह विफलता उसी तरह से मानीख़ेज़ रही है जिस तरह से दाम्पत्य से इतर क्षेत्रों में लेखक होने के माध्यम से मन्नू भंडारी के सशक्तीकरण की सफलता। लेखन के भरोसे रहने के कारण ही वे अपने भीतर से निकल पाईं। उनका लेखन केवल आत्मकथात्मक नहीं रहा। वे बुद्धिजीवी औरतों के चिंतन के तयशुदा दायरे लाँघ कर ऐसी विषयवस्तुओं के साथ संवाद कर पाईं जो अक्सर पुरुषों के ही लायक़ मानी जाती हैं। उन्होंने *महाभोज* जैसा राजनीतिक उपन्यास लिखा और कीर्ति के शिखर पर विराज़मान हुईं। वे विभिन्न विधाओं में गयीं। नाटक लिखे, पटकथाएँ लिखीं, टीवी सीरियल लिखे और क्लासिक कहानियों का पुनर्लेखन करने का अनूठा काम किया। एक रचनाकार को और क्या चाहिए! इसके अलावा भी अगर पति से संबंध विच्छेद की दुर्घटना छोड़ कर अगर मन्नू के जीवन पर निगाह डालें तो उनकी आत्मकथा कहती है कि शायद एक लेखक के रूप में उनकी निरंतर उन्नत हो रही संवेदनशीलताओं के कारण उन्हें सारे भारत में फैला हुआ स्नेही-जनों का एक ऐसा संसार मिला, जो कम लोगों को ही मिल पाता है। लेखन के ज़रिये वे आज एक ऐसी स्त्री के रूप में उभर कर सामने आयी हैं जिसे अपनी उम्मीदों पर खरे न उतर पाने वाले पुरुष से मुक्ति पाने के लिए उसकी मृत्यु का इंतजार करना मंजूर नहीं हुआ। उनकी ये बातें अघोषित नारीवाद के दस्तावेज़ की तरह हैं :

> एक दिन देखा कि बिना मौसम और प्रत्यक्ष कारण के एक गमले की ढेर सारी पत्तियाँ झड़ गयीं और दो-तीन दिन में वह पौधा चंद पत्तियों के साथ टहनियों का एक झुण्ड-भर रह गया— मात्र ठूँठ, कुछ-कुछ मेरी ही तरह। माली ने देखा तो बड़ी बेरहमी से ही बची-खुची पत्तियों को भी नोच फेंका। मेरे मुँह से निकले 'अरे-अरे' को सुन कर बड़ी सहजता से उसने अपनी भाषा में कहा, 'इन पत्तियों को तो अब झड़ना ही होगा, इनसे मोह रख कर अब काम नहीं चलेगा, क्योंकि ये जान नहीं देने वाली इस पौधे को ... अब तो जड़ को देखना होगा।' और, उसने गमले की मिट्टी उलट दी। गमले की निचली गहराई से निकला जड़ों का गुच्छा ... मिट्टी में लिथड़े, एक-दूसरे से उलझे अनेक रेशे। जो सड़े-गले रेशे थे और जिन्होंने पौधे की जीवनी-शक्ति को कुंद कर दिया था, उन्हें बड़ी निर्ममता से उसने तोड़ फेंका। जो स्वस्थ थे, उन्हें साफ़ करके सहेजा-सँवारा। इन्हीं से अब पौधा रस ग्रहण करेगा, फलेगा-फूलेगा, वह पूरी तरह आश्वस्त था। तो क्या अपने को पुनर्जीवित करने के लिए मैं भी अपनी जड़ों की ओर लौटूँ। ... कौन जाने इन ठूँठ

जैसी टहनियों में भी कुछ अंकुरित होने की प्रक्रिया शुरू हो जाए।[27]

एक कहानी यह भी का यह बीज-वक्तव्य है। साफ़ तौर पर यह आत्मकथा के ज़रिये अपने आप से नया परिचय करने और अपने पुन: आविष्कार की भाषा है। यह भाषा सिर्फ़ एक ही ओर ले जा सकती है, उसी ओर जहाँ भारतीय नारी के जीवट की प्रतीक कात्यायनी रचित ये पंक्तियाँ ले जाती हैं:

सात भाइयों के बीच चम्पा सयानी हुई।
बाँस की टहनी सी लचक वाली,
बाप की छाती पर साँप सी लोटती / सपनों में काली छाया सी डोलती
सात भाइयों के बीच चम्पा सयानी हुई।
ओखल में धान के साथ कूट दी गयी
भूसी के साथ कूड़े पर फेंक दी गयी।
वहाँ अमरबेल बन कर उगी।
झरबेरी के साथ कँटीले झाड़ों के बीच
चम्पा अमरबेल बन कर सयानी हुई।
फिर से घर आ धमकी।
सात भाइयों के बीच सयानी चम्पा / एक दिन घर की छत से लटकती पाई गयी।
तालाब में जलकुम्भी के जालों के बीच दबा दी गयी।
वहाँ एक नीलकमल उग आया।
जलकुम्भी के जालों से उठ कर चम्पा फिर घर आ गयी / देवता पर चढ़ाई गयी
मुरझाने पर मसल कर फेंक दी गयी / जलाई गयी।
उसकी राख बिखेर दी गयी पूरे गाँव में।
रात को बारिश हुई उमड़ कर।
अगले ही दिन हर दरवाज़े के बाहर
नागफनी के बीहड़ घेरों के बीच
निर्भय-निस्संग चम्पा मुस्कराती पाई गयी।[28]

IV

प्रेम त्रिकोण की सेक्शुअल राजनीति

मन्नू भंडारी उम्र में प्रभा खेतान से वरिष्ठ हैं। लेकिन, नौ-दस साल का यह फ़र्क़ उस युग के लिहाज़ से कुछ नहीं है जिसमें दोनों ने अपनी ज़िंदगियाँ गुज़ारीं। दोनों ही आत्मकथाओं में जिस राजनीतिक-सामाजिक समय का वर्णन हुआ है, वह एक सा है। बीसवीं सदी में साठ का वह उत्पाती दशक, जिसे सेलिग हैरिसन

---

[27] मन्नू भंडारी, वही : 14-15.

[28] कात्यायनी, 'सात भाइयों के बीच चम्पा', संकलित : अरविंद जैन और लीलाधर मण्डलोई (सम्पा.), *स्त्री : मुक्ति का सपना,* वाणी प्रकाशन, नयी दिल्ली, 2004 : 141-142.

ने 'दि डेंजरस डिकेड' की संज्ञा देकर भारतीय लोकतंत्र के अवसान की भविष्यवाणी कर दी थी, एक अहम प्रसंग के तौर पर दोनों कृतियों में उभरता है। लोकतंत्र तो नष्ट नहीं हुआ, लेकिन पहले चीन के हमले ने, फिर कांग्रेस 'प्रणाली' के वर्चस्व-भंग ने और फिर नक्सलवाद ने उपनिवेशवाद विरोधी आंदोलन से निकली आश्वस्ति को भंग कर दिया। राष्ट्रनिर्माण के एकात्मक मॉडल पर प्रश्नचिह्न लग गया। लोकतंत्र की यह अस्थिरता जयप्रकाश आंदोलन, आपातकाल, आरक्षण, हिंदुत्व और फिर गठजोड़ राजनीति की उखाड़-पछाड़ तक किसी न किसी रूप में आज तक ज़ारी है। यह हमारी राजनीति का ऐसा बनता-बिगड़ता रूप है जो किसी को भी संकटग्रस्त लग सकता है। प्रभा और मन्नू के राजनीतिक मानस का द्वैध इसी घटनाक्रम की देन है। दोनों की साहित्यिक कृतियों में राजनीति संबंधी प्रसंग उल्लेखनीय मात्रा में मिलते हैं, और मन्नू को तो एक मशहूर राजनीतिक उपन्यास लिखने का श्रेय भी जाता है। पर, आत्मकथाओं में राजनीति का जो विवरण है, उससे पता चलता है कि हमारे युग की दोनों नायिकाएँ सार्वजनिक जीवन को आदर्शीकृत और किताबी आँख से ही देखती हैं। जैसे ही व्यावहारिक पार्टी-पॉलिटिक्स और हितों की टकराहट के कारण यह आदर्शीकृत छवि टूटती है, उन्हें राजनीति के प्रति संशय होने लगता हैं। वे सामान्य जीवन की नैतिकता और राजनीतिक नैतिकता को अलग-अलग नहीं देख पातीं। इसलिए उन्हें पार्टी-पॉलिटिक्स और उसके कारण पैदा होने वाला हितों का टकराव देख कर लगता है कि करनी कथनी का मुँह चिढ़ा रही है। उन्हें राजनीति से अरुचि सी होने लगती है, और इसी अरुचि के प्रभाव में उन्हें रोज़मर्रा की राजनीति और राजनीतीकरण की सतत चलती परिवर्तनकारी प्रक्रिया में अंतर नहीं दिखाई देता। वे राजनीतीकरण और सेकुलरीकरण के दो निरंतर कार्यरत हाथों से गढ़े जा रहे नये भारतीय मानस को नहीं देख पातीं। अंततः आधुनिकीकरण का वह भारतीय चरण उनकी दिलचस्पी के दायरे से निकल जाता है, जिसकी नवीनता स्त्री-जीवन के विशिष्ट संदर्भ में अंतरंगता के बदलते हुए रूपों से जुड़ी हुई है। यही सवाल उठता है कि क्या स्त्री लेखन का उत्तर-आधुनिक स्वभाव (यानी जो महावृत्तांतों के चक्कर में नहीं फँसता और जिसकी दिलचस्पी के केंद्र में छोटी-छोटी हक़ीक़तें रहती हैं) ही इन लेखिकाओं को राजनीतीकरण और आधुनिकीकरण की प्रक्रिया के अंतर्संबंध देखने से रोक देता है? अगर ऐसा ही हुआ है तो मानना पड़ेगा कि उत्तर-आधुनिक मिजाज़ के फ़ायदे ही नहीं, नुक़सान भी हैं।

शायद इन्हीं में से एक नुक़सान यह भी है कि ये आत्मकथाएँ भारतीय समाज में पिछले दिनों बने स्त्री जीवन और सेक्शुअलिटी के नये संबंध की तरफ़

कोई अर्थपूर्ण इशारा नहीं करतीं। अगर वे आधुनिकीकरण के इस नये चरण को पकड़ पातीं तो निश्चित रूप से उन्हें प्रेम त्रिकोण की सेक्शुअल राजनीति की गहराई में जाने का मौक़ा मिलता जिसमें वे ख़ुद सारी ज़िंदगी फँसी रहीं। दोनों ही आत्मकथाएँ इसी त्रिकोण और उसके भीतर होती हुई राजनीति के आस-पास बुनी गयी हैं। *अन्या से अनन्या* में प्रभा-डॉ. श्रॉफ-श्रीमती श्रॉफ का त्रिकोण है, तो *एक कहानी यह भी* में मन्नू-राजेंद्र यादव-मीता का त्रिकोण है। ये प्रेमिका, इच्छुक-अनिच्छुक प्रेमी और प्रेमहीन विवाह के त्रिकोण भी हैं। दोनों त्रिकोणों में पुरुषों का चरित्र मुख्यत: नकारात्मक रंगों से उकेरा गया है। लेकिन, ये शास्त्रीय क़िस्म के खलपात्र न होकर ज़्यादा से ज़्यादा अ-नायक हैं। अंतरंग संबंधों के ये तिगड्डे इतने एक जैसे लगते हैं, और इनकी अन्योन्यक्रिया इतनी मिलती-जुलती है कि इनके पात्रों की अदल-बदल करके नये अर्थ निकालने का लोभ होने लगता है। लेकिन, ऐसी कोशिशें अर्थ का अनर्थ भी कर सकती हैं, इसलिए यह जोखिम किसी रचनात्मक कारीगरी के जिम्मे छोड़कर मैं यहाँ सेक्शुअलिटी स्टडीज़ के कुछ प्रत्ययों[29] की मदद से दोनों प्रसंगों में प्रेम के दो-दो रूपों की शिनाख़्त करने तक सीमित रहना पसंद करूँगा।

प्रभा-श्रॉफ युगल : प्रभा खेतान और डॉ. श्रॉफ का संबंध अधूरे रोमानी प्रेम (रोमांटिक लव) की श्रेणी में डाला जा सकता है। रोमानी प्रेम अंतरंगता की बहुप्रचलित आधुनिक निर्मिति है, जिसमें प्रेमी युगल अपना सम्पूर्ण भावात्मक और दैहिक निवेश एक-दूसरे में कर देते हैं। प्रेमियों के लिए यह ज़रूरी होता है कि वे आकर्षण के पहले ज्वार में ही अपने-अपने अस्तित्व अनावृत्त कर दें, ताकि उनके रिश्ते की शुरुआत ही प्रामाणिकता से हो। प्रभा-श्रॉफ युगल का रोमानी प्रेम अधूरा इसलिए है कि अपनी इयत्ता के अनावरण की क्रिया केवल नायिका की तरफ़ से ही घटती है, लेकिन अ-नायक की तरफ़ से नहीं। अ-नायक धीरे-धीरे खुलता है, और पूरी आत्मकथा पढ़ने के बाद भी लगता है कि उसका अनावरण अभी शेष है। उसे रोमानी प्रेम की श्रेणी में आने वाले प्रेमी की हैसियत नहीं दी जा सकती। *अन्या से अनन्या* का अ-नायक सेक्शुअल राजनीति के महारथी के रूप में सामने आता है। वह अपने नेतृत्व और देख-रेख में नियोजित

[29] इस विश्लेषण में प्रयुक्त रोमानी प्रेम और संगमी प्रेम की धारणाओं के लिए देखें, एंथनी गिडेंस (1993) की बेहतरीन रचना *द ट्रांसफ़र्मेशन ऑफ़ इंटीमेसी : सेक्शुअलिटी, लव ऐंड इरोटिसिज़म इन मॉडर्न सोसाइटीज़*, पॉलिटी प्रेस; भारत में आधुनिकता के नये चरण के तहत अंतरंगता के बदलते हुए रूपों पर एक विहंगम दृष्टि के लिए देखें, अभय कुमार दुबे (2005), 'फुटपाथ पर कामसूत्र : नयी सेक्सी दिल्ली', *दीवान-ए-सराय 2* / शहरनामा, वाणी प्रकाशन : 115-139.

रूप से रोमानी प्रेम (जिसे प्रभा खेतान 'रुग्ण प्रेम' भी कहती हैं) में कमज़ोर हो चुकी प्रेमिका के लिए अवमानना की संरचनाएँ तैयार करता रहता है। वह प्रेमिका के पूरे अस्तित्व पर अपनी मुहर लगा देना चाहता है। यहाँ तक कि भूल हो जाने का अभिनय करते हुए उसे गर्भवती करने में भी नहीं चूकता। बार-बार परित्याग की धमकी देकर प्रेमिका की जज़्बाती असुरक्षा बढ़ाता है। चूँकि दूसरा पक्ष सौ फ़ीसदी समर्पित है, इसलिए उसकी किसी चाल की काट करने के बजाय उसके साथ और चिपकता चला जाता है। रोमानी प्रेम की दूसरी विशेषता यह होती है कि स्थिर और दीर्घकालिक होने की स्थिति में वह लैंगिक ऊँच-नीच में पतित हो जाता है। शादी होते ही पारम्परिक विवाह से बने पति-पत्नी और प्रेम विवाह करने वाले पति-पत्नी में कोई फ़र्क़ नहीं रह जाता। प्रभा खेतान की आत्मकथा रोमानी प्रेम के इस शास्त्र में एक नया आयाम जोड़ती है कि अगर शादी न भी की जाए, और आधुनिक सहजीवन (लिव-इन रिलेशनशिप) में रहा जाए, तो भी स्त्री द्वारा किया गया सम्पूर्ण भावात्मक निवेश उसे लैंगिक कमतरी की स्थिति में पहुँचा ही देगा। स्त्री की दृष्टि से रोमानी प्रेम की यह बहुत बड़ी ख़ामी है, जो उसे अंततः पुरुष द्वारा फेंके गये एक फंदे में तबदील कर देती है। लेकिन, दूसरी तरफ़ यह रिश्ता जब तक लैंगिक ऊँच-नीच में नहीं बदलता, उस समय तक परस्पर एकांत-निष्ठा के कारण इसमें स्त्री के ऑर्गाज़म यानी चरम सुख की सम्भावनाएँ अधिक उज्ज्वल रहती हैं। अगर प्रेमी युगल थोड़ी सेक्शुअल लिटरेसी (कामकला) का परिचय दें, तो इस रिश्ते में शुरू के यौन प्रसंग स्त्री के मानस में सारी ज़िंदगी के लिए यादगार बनकर टँक सकते हैं। हमें ध्यान रखना चाहिए कि प्रभा-श्रॉफ प्रकरण में अ-नायक पहले से ही सेक्शुअली लिटरेट है। अगर वह एक शास्त्रीय रोमानी प्रेमी की तरह आचरण करता, यानी वह भी नायिका में उसी तरह अपना निवेश करता जिस तरह नायिका करती है, तो अ-नायक न कहलाता। उस स्थिति में प्रभा खेतान की आत्मकथा कुछ और होती।

मन्नू-राजेंद्र युगल : मन्नू भंडारी और राजेंद्र यादव का रिश्ता रोमानी प्रेम की श्रेणी में नहीं माना जा सकता। कारण यह कि नायिका और अ-नायक दोनों ही एक-दूसरे में अपना सम्पूर्ण भावनात्मक निवेश नहीं करते। *अन्या से अनन्या* के विपरीत *एक कहानी यह भी* में ऐसा कोई वर्णन नहीं है जो ऐसी आवेगपूर्ण स्थितियों की तरफ़ इशारा करता हो। यह प्रेम संबंध की वह श्रेणी है जिसे संगमी प्रेम (कॉन्फ़्लुएट लव) के रूप में समझा जाता है। इस जटिल रिश्ते में दो नदियों का किसी बिंदु पर संगम तो होता है, पर दोनों एक-दूसरे में क्षण भर समाने के बावजूद अपने-अपने रास्ते पर बहती रहती हैं। रोमानी प्रेम के मुक़ाबले संगमी प्रेम की यह श्रेणी कहीं आधुनिक है,

क्योंकि यह वैयक्तीयन की सम्भावनाओं को ज़्यादा उजागर करती है। संगमी प्रेम के तहत प्रेमी युगल एक-दूसरे के सामने केवल आंशिक रूप से ही खुलते हैं। शादी करने के निर्णय पर पहुँचते समय मन्नू-राजेंद्र के पास अपने-अपने इरादे हैं, जो दोनों एक-दूसरे के सामने स्पष्ट करना ज़रूरी नहीं समझते। सुरक्षा-बोध के लिए वे अपने मंतव्य के संकेत भर छोड़ते हैं और इसी बहाने मान लेते हैं कि दोनों को एक-दूसरे के इरादों के बारे में पता होगा। लेकिन, पैंतीस साल के संगम में दोनों की ज़िंदगी एक-दूसरे से अलग-अलग बहती है। यहाँ भावनात्मक निवेश हमेशा ही अधूरा रहने के लिए अभिशप्त है। जब ज़रूरत पड़ती है तो मन का कोई कोना खोल दिया जाता है। कभी अ-नायक का 'ब्लैक स्पॉट' (मीता से चलता हुआ समांतर संबंध) सामने आता है, तो कभी नायिका के मन में छिपी हुई सिद्ध रचनाकार-पति के साथ भीतर ही भीतर चलने वाली होड़ (*डेढ़ इंच मुस्कान* वाला प्रकरण) सामने आती है। कुल मिलाकर दोनों अपनी इयत्ताओं के सूत्र अपने-अपने पास रखते हैं। संगमी प्रेम की यह स्थिति स्त्री के लिए रोमानी प्रेम के मुक़ाबले अधिक अनुकूल है, क्योंकि इसके तहत बनने वाली लैंगिक ऊँच-नीच में संशोधन की सम्भावनाएँ हमेशा रहती हैं। स्त्री थोड़ा प्रयास या पहलक़दमी करके संतुलन ठीक कर सकती है। पुरुष को हमेशा लगता है कि स्त्री पूरी तरह उसके अधीन नहीं है। कुल मिला कर संगमी प्रेम पुरुष की तरफ़ से ही नहीं, स्त्री की तरफ़ से भी सेक्शुअल और मनोभावों की नफ़ीस राजनीति की गुंजाइशें पैदा करता है। जहाँ तक स्त्री के यौन-जीवन का सवाल है, संगमी प्रेम के तहत वह केवल तभी पनप सकता है जब वह यौन क्रिया और प्रजनन को अवधारणात्मक दृष्टि से अलग-अलग मान कर जीवनयापन करे। संगमी प्रेम संतानोत्पति की मनाही नहीं करता और एकनिष्ठ संबंध का बोलबाला भी स्वीकार करता है। पर वहाँ सेक्स रि-प्रोडक्शन का मातहत नहीं है, और एकनिष्ठता जन्म-जन्म का बंधन न होकर सीरियल मोनोगैमी की तरह सामने आती है। इस दृष्टि से संगमी प्रेम न तो व्यभिचार या यौन-स्वच्छंदता की समस्याओं से चिंतित होता है, न ही वह यौन शुचिता के आग्रह को जीवन-मरण का प्रश्न मानता है। चूँकि दोनों पार्टनर अपनी-अपनी इयत्ता का परस्पर समर्पण नहीं करते इसलिए अगले एकनिष्ठ संबंध की सम्भावनाएँ हमेशा खुली रहती हैं।

इस लिहाज़ से देखा जाए तो न मन्नू भंडारी ने, और न ही राजेंद्र यादव ने अपने संगमी प्रेम की पूरी शर्तें निभायीं। *एक कहानी यह भी* में मन्नू ने एक अर्थपूर्ण अवलोकन यह किया है कि जब-जब वे अपने प्रयासों और निश्चय द्वारा पति से दूर होती हैं, उसके रवैये में अधिक अंतरंगता दिखाई पड़ती है। अलगाव की स्थिति में वह पत्नी के अधिक निकट आने की कोशिश करता है।

उसकी अधिक परवाह करता है। एक जगह तो मन्नू को यह भी लगता है कि जैसा संबंध वे चाहती थीं, वह तो ऐसी ही परिस्थिति में निकल कर आ रहा है। ज़ाहिर है कि अपने ही प्रेम की प्रकृति को न समझ कर वे पत्नीत्व की पारम्परिक धारणा से चिपकी रहीं, और छूटने में पैंतीस साल लगा दिये। दूसरी तरफ़, राजेंद्र यादव ने भी एकनिष्ठता का जी भर कर उल्लंघन किया और जम कर सेक्शुअल पॉलिटिक्स खेली। अगर ये दोनों बेहतरीन लेखक संगमी प्रेम के क़ायदे पर चलते तो *एक कहानी यह भी* कुछ और भी हो सकती थी।

त्रिकोण का तीसरा पक्ष : इन दोनों त्रिकोणों के तीसरे पक्ष भी हैं, और उनके बारे में कुछ कहे बिना यह विश्लेषण अधूरा रहेगा। एक किरदार है मिसेज श्रॉफ का, और दूसरा किरदार है मीता का। ये दोनों हस्तियाँ आत्मकथाओं में तक़रीबन ग़ैर-हाज़िर हैं, और रचनाकार के अपने दृष्टिकोण के लिहाज़ से ज़रूरत के मुताबिक़ कथानक में लाई जाती हैं। इनमें श्रीमती श्रॉफ की सेक्शुअलिटी मन्नू भंडारी जैसी है : एकनिष्ठ, घरेलू, शांत और प्रजननकारी। मीता की सेक्शुअलिटी प्रभा खेतान जैसी है : पहलक़दमीयुक्त, आक्रामक, अशांत और प्रजनन के आग्रह से कमोबेश मुक्त। प्रभा के मन में मिसेज श्रॉफ की भूमिका के प्रति और मन्नू के मन में मीता के रवैये के प्रति ख़ासा द्वैध है, पर आत्मकथाएँ पढ़ कर मेरे ऊपर प्रभाव यह पड़ा है कि प्रेम त्रिकोणों के दौरान अ-नायकों द्वारा नायिकाओं के साथ की गयी नाइंसाफ़ी का थोड़ा-बहुत प्रतिकार अगर कहीं हुआ है, तो इन अ-नायिकाओं के हाथों ही। हमारे अ-नायक प्रेमिकाओं से तो खेल रहे हैं, पर अ-नायिकाओं से उनकी फूँक सरकती है। डॉ. श्रॉफ की पत्नी उनका जीवन नर्क बनाने में कोई कसर नहीं छोड़तीं, और मीता राजेंद्र यादव के अधूरेपन को अपने सान्निध्य के बावजूद कभी पूर्ण नहीं होने देती।

कहना न होगा कि प्रेम-त्रिकोण और उसकी अंतर्निहित सेक्शुअल राजनीति का यह विवेचन केवल सैद्धांतिक दृष्टि से किया गया है। हम जानते हैं कि व्यक्ति का जीवन सिद्धांतों के हिसाब से नहीं चलता। सिद्धांत जीवन के अनुभव से बनते और पुष्ट होते हैं। हमारे युग की दो नायिकाओं का जीवन बताता है कि रोमानी प्रेम किसी संवेदनशील स्त्री के मानस को कितना आहत कर सकता है, और आधे-अधूरे संगमी प्रेम की कहानी कितनी दारुण हो सकती है। ये दोनों जीवन यह भी बताते हैं कि पुरुषों के लिए नायक बनना कितना असम्भव होता जा रहा है। औरत पर क़ब्ज़ा करने की पितृसत्तात्मक नीयत के कारण वे ज़्यादा से ज़्यादा अ-नायक बन कर रह जाने के लिए ही अभिशप्त हैं।

V
'नेक लड़की' का नारीवाद

अब प्रश्न यह रह जाता है कि नारीवाद का इस पूरे विमर्श से क्या ताल्लुक़ है? हिंदी की नारीवादी इयत्ता (फेमिनिस्ट सेल्फ़) के निर्देशांक क्या-क्या हैं? इस इयत्ता की शक्ल-सूरत का पता लगाने के लिए हमें दो बातों पर ग़ौर करना होगा। पहला, हमें अंदाज़ा लगाना होगा कि प्रभा खेतान अपनी पहलक़दमीयुक्त शख़्सियत के बावजूद रोमानी प्रेम के चंगुल में क्यों फँसी रहीं, और मन्नू भंडारी संगमी प्रेम के रास्ते पर चलते हुए भी प्रजननकारी सेक्शुअलिटी के पचड़े से क्यों नहीं निकल पाईं। दूसरा, हमें देखना होगा कि रिश्तों के चंगुल में फँसे होने के बावजूद क्या सशक्तीकरण की इच्छुक और प्रयासरत स्त्री रिश्तों की परिभाषा बदलने की कोशिश करती हुई दिखाई देती है या नहीं।

हिंदी की एक कवि ने रिश्ते बनने के बाद न तोड़ पाने की समस्या पर इस तरह विचार किया है :

कोई टाँके तो नहीं सिलाई के / जिन्हें उधेड़ डालूँ
रिश्ते / सिये तो नहीं जाते कपड़ों से
जिन्हें फाड़ डालूँ / जीते-जी जो भी आ गया है मेरे हिस्से में
चाहे अनचाहे / ब्याहे-अनब्याहे
शरीक हो गया है मेरे अपनेपन में
यह कोई ओढ़ा हुआ दुपट्टा तो नहीं जिसे उतार डालूँ
ज़िंदगी के धागों के आगे भी है / सिलाइयाँ जिसकी नहीं होतीं
रिश्तों के आगे भी होते हैं संबंध / बुनाइयाँ जिसकी नहीं होतीं
फिर भी सब कुछ होता इतना घना बिना बना
झील का पानी सा तरल
अलग नहीं किया जा सकता उसे काट कर।[30]

नारीवादी दृष्टिकोण से देखें तो माधुरी भटनागर की यह कविता रिश्ता तोड़ने की इच्छा की तरफ़ इशारा करती हुई लग सकती है। भारतीय स्त्री के लिए यह कठिन इच्छा है। वह रिश्तों की अंतर्निहित विषमताएँ समझ लेने के बावजूद उन्हें ख़ारिज करने के लिए ख़ुद को नहीं समझा पा रही है। इसी कविता की भाँति दोनों आत्मकथाएँ भी अपने-अपने हिस्से में आये ब्याहे-अनब्याहे रिश्ते जोड़ने की इच्छा का आख्यान हैं। रिश्ते की इस जकड़बंदी का कारण पता लगाने की शुरुआत नारीवादी कवि अनामिका की एक छोटी-सी कविता से की जा सकती है :

---

[30] माधुरी भटनागर (2004), 'संबंध', संकलित : अरविंद जैन और लीलाधर मण्डलोई (सम्पा.), *स्त्री : मुक्ति का सपना*, वाणी प्रकाशन, नयी दिल्ली : 166.

एक गुफ़ा है / मेरी नाभि के नीचे
अपनी ही खूँखारिता से थके / शेर-चीते अजगर
आते हैं कुछ देर सोने यहाँ पर!
एक नये आखेट की ख़ातिर / जाते हैं जब अगले दिन बाहर,
उनके वे टूटे नाखून, राल, केंचुल
एक अजब बहनापे से देखते हैं मुझे!
मकड़ी के जालों से आती हुई / सूरज की पहली किरण
पड़ती है बुझी हुई धूनी पर![31]

पहली नज़र में यह कविता राजेंद्र यादव द्वारा दी गयी उस थीसिस का अनभिप्रेरित काव्यानुवाद लगती है जिसमें मैत्रेयी पुष्पा के लिखे गये एक लम्बे पत्र में उन्होंने कमर के ऊपर की स्त्री और कमर के नीचे की स्त्री को अलग-अलग करते हुए सूत्रीकरण किया था कि औरत की कमर के ऊपर वाले हिस्से को तो पुरुष ने जीत लिया है, पर नीचे वाले हिस्से का प्रयोग करके वह अपनी हारों को जीतों में बदल लेती है।[32] लेकिन, ऐसा मानना एक सरलीकरण होगा। यह एक जटिल कविता है, और इसे हिंदी के मौजूदा नारीवादी चरण के रूपक की तरह पढ़ा जा सकता है। इस कविता में बुझी हुई धूनी पर पड़ने वाली सूरज की पहली किरण के गहरे तात्पर्य हैं, जिसके बारे में हम लेख के एकदम आख़िर में चर्चा करेंगे। अनामिका ने इस कविता का शीर्षक 'यौन-दासी' दिया है। इस शीर्षक का मतलब है कि स्त्री अपना कोई भी हिस्सा पुरुष को विजित प्रदेश की तरह उपलब्ध कराने के लिए तैयार नहीं है। दास जैसे ही स्वयं के दासत्व का भाष्य करना शुरू करता है, वैसे ही अधीनस्थता की संरचनाएँ सामने आने लगती हैं। नारीवाद की डिक्शनरी में पत्नी भी लगभग यौन-दासी के रूप में ही मानी जाती है। वहाँ 'वैवाहिक बलात्कार' की अवधारणा भी है, और पत्नी को 'सेक्स-सप्लाई' के सुरक्षित स्रोत की तरह भी चिह्नित किया गया है। दूसरी तरफ़, इस प्रतिरोध-भाव के साथ-साथ यह कविता अपनी देह के प्रति, अपने गुप्तांगों के प्रति और कुल मिला कर अपनी सेक्शुअलिटी के प्रति स्त्री की अ-सहजता का प्रभावशाली वक्तव्य भी है।

मेरा कहना यह है कि सेक्शुअलिटी के प्रति स्त्री की यह असहजता 'गुड गर्ल' बनाम 'बैड गर्ल' के मनोसंलक्षण (सिंड्रॉम) की देन है, जो माँ के दूध के साथ ही स्त्री की चेतना में रोप दिया जाता है। हर स्त्री नेक लड़की बनना चाहती

[31] अनामिका (2006), 'यौन-दासी', *पहल 83*, जून-जुलाई : 80.
[32] राजेंद्र यादव (2006), 'अपनी नियति पहचानो मैत्रेयी' *हंस*, नयी दिल्ली : 2-8.

है, न कि वह बुरी स्त्री जिसके बारे में यशपाल का उपन्यास *दिव्या* कहता है कि वह स्वतंत्र हो सकती है पर केवल वेश्या बन कर ही। हमारी दोनों नायिकाएँ भी शुरू से 'नेक लड़की' वाले सिंड्रॉम की शिकार हैं। प्रभा खेतान व्यथित होकर बार-बार यही तो सवाल पूछ रही हैं कि पत्नी से भी ज़्यादा पत्नी के कर्तव्य निभा कर वे 'नेक लड़की' न बन पाने के लिए क्यों अभिशप्त हैं। मन्नू भंडारी की पीड़ा है कि विधिवत् 'नेक लड़की' के ढाँचे में ज़िंदगी गुज़ारने के बावजूद उन्हें 'नेक लड़का' क्यों नहीं मिला। प्रभा खेतान के घोषित नारीवाद में यह 'नेक लड़कीवाद' देह के स्तर पर उभर कर आता है, और मन्नू भंडारी के अघोषित नारीवाद में विचार के स्तर पर।

आइए, पहले मन्नू भंडारी के 'नेक लड़कीवाद' पर विचार करें, जो नारीवाद को सेक्स-फ्रीडम और पुरुष-विरोध का पर्याय मानती हैं। दरअसल, उनकी यह धारणा इस ग़लतफ़हमी पर आधारित है कि यौन क्रिया के सहभागी की तलाश में खुल कर घूम रही स्त्री को इच्छुक पुरुष आसानी से उपलब्ध हो जाते हैं, या पुरुष भी ऐसी ही किसी स्त्री की तलाश में घूमते रहते हैं। हक़ीक़त इसकी ठीक उलटी है। *हंस* में ही प्रकाशित हो चुके रामशरण जोशी के 'विश्वासघातों' का एक प्रसंग बताता है कि निशा-निमंत्रण देने वाली स्त्री आकर्षक होने के बावजूद पुरुष को दैहिक समागम का उपयुक्त पात्र नहीं लगती।[33] उससे वह दूर भागता है, क्योंकि वह उस पर क़ब्ज़ा नहीं कर सकता। न पैसे से (ग़रीब आदिवासी औरतों की देह ख़रीदने वाला प्रसंग), न ही परम्परा से (विवाह के ज़रिये) और न ही बौद्धिक फ़ंदे के ज़रिये (मार्क्सवाद वग़ैरह का जाल फेंकने से)। उसकी निगाह में तो वह औरत तो किसी को भी निशा-निमंत्रण दे सकती है। मन्नू भंडारी के पारिवारिक मित्र कमलेश्वर ने भी अपने संस्मरणों की किताब *यादों के चिराग* में भी एक फ़ाइव स्टार होटल के कमरे में घटी घटना का ज़िक्र किया है, जहाँ वे यौन-क्रिया के लिए प्रस्तुत साहित्यिक यश की अभिलाषी एक स्त्री से कतरा कर निकल भागे थे।[34] दरअसल, भारतीय मर्दानगी की विशेषता यह है कि सम्भोग के लिए पहलक़दमी करने की हिम्मत करने वाली स्त्री से अधिकतर पुरुष दूर ही भागते हैं, भले ही मुँह से अपनी उद्दाम यौन क्षमताओं की कितनी भी डींग मारते रहें। यहाँ तक कि अगर पत्नी भी यौन-क्रिया में पहलक़दमी दिखाए, तो पति का मन सहम जाता है। ऐसी कोई भी स्त्री पुरुष को ख़तरनाक

---

[33] रामशरण जोशी (2004), 'मेरे विश्वासघात', *हंस*, नयी दिल्ली, अक्टूबर-नवंबर.

[34] कमलेश्वर (2011), *यादों के चिराग*, राजपाल प्रकाशन, नयी दिल्ली.

कामेच्छा की वाहक लगती है। पुरुष के मानस-पटल पर बनी ऐसी स्त्रियों की छवि मनोविश्लेषक सुधीर कक्कड़ की भाषा में अजगर के समान विकराल योनि वाली होती है। पुरुष को लगता है कि यह मुझे समूचा खा जाएगी।[35] दरअसल, व्यावहारिक जीवन में ऐसी स्त्री केवल अपवाद स्वरूप ही होती है, और अपवादों के आधार पर सामाजिक-वैचारिक निर्मितियाँ नहीं बनतीं। तीस-पैंतीस साल के यौन जीवन में एक-दो पुरुषों के साथ दैहिक संबंध क़ायम करने वाली स्त्री को तो यौन-स्वच्छंद की श्रेणी में नहीं ही रखा जा सकता। आश्चर्य होता है कि मन्नू भंडारी जैसी ज़हीन और संवेदनशील स्त्री ऐसा सरलीकृत वक्तव्य बार-बार देती हैं, और समाज में अंतरंगता के बदलते हुए रूपों का संदर्भ भी उन्हें अपने इस वैचारिक रवैये पर पुनर्विचार करने के लिए बाध्य नहीं करता। समझ में नहीं आता कि वे नारीवाद में पुरुष-विरोध के बजाय पुरुष पर निर्भरता का विरोध क्यों नहीं देख पातीं! अंततः उनका अघोषित नारीवाद 'नेक लड़की' की अवधारणा में बुरी तरह जकड़ा हुआ लगता है। उसके अघोषित रह जाने का कारण भी इसी में तलाशा जाना चाहिए।

प्रभा खेतान की आत्मकथा में ऐसे कई प्रकरण हैं जो उनके 'नेक लड़कीवाद' का पता देते हैं। उनका यह अफ़सोस साफ़ तौर पर उभर कर आता है कि 'अन्या' बनाने की नाइंसाफ़ी करने के बजाय डॉ. श्रॉफ के जीवन में उन्हें एक ऐसी जगह मिलनी चाहिए, जहाँ वे इस संबंध के लांछन से मुक्त हो सकें। प्रभा खेतान के भीतर 'नेक लड़कीवाद' कितना प्रबल है इसका अंदाज़ा आत्मकथा के उन ऐंद्रिक प्रसंगों से लगाया जा सकता है जो विदेश में घटते हैं। सेक्शुअलिटी स्टडीज़ में आम तौर से समझा जाता है कि लोग जब अपने सांस्कृतिक दायरे को छोड़ कर ऐसी ज़मीन पर जाते हैं जहाँ उनकी निगरानी करने वाली सामुदायिक आँख मौजूद न हो, तो उनके भीतर सेक्शुअल एडवेंचर की सम्भावनाएँ जाग जाती हैं। लेकिन, *अन्या से अनन्या* में ये प्रसंग 'नेक लड़कीवाद' में निहित स्त्री देह की शुचिता के विचार के साथ उनका गहरा जुड़ाव व्यक्त करते हैं। आत्मकथा की नायिका की प्रतिक्रिया वैसी ही है जैसी किसी 'नेक लड़की' की हो सकती है। दूसरी बार भारत में एक अन्य पुरुष से उनके दैहिक संबंध बनते हैं। उस समय तक डॉ. श्रॉफ के साथ उनके संबंध मातृमूलक पोषक की भूमिका में आ चुके थे। उन्हें एक साथी की ज़रूरत थी, जिसके साथ वे कमोबेश लोकतांत्रिक धरातल

[35] इस तर्क से संबंधित सुधीर कक्कड़ (2007) के अवलोकनों के लिए देखें उनका लेख 'नर-नारी युद्ध', संकलित *अंतरंगता का स्वप्न / भारतीय समाज में प्रेम और सेक्स,* (अनुवाद : अभय कुमार दुबे), वाणी प्रकाशन, नयी दिल्ली : 75-106.

पर रिश्ता बना सकें। इस संबंध को उन्होंने क्यों तोड़ा, इसका कोई ठोस सुराग़ वे नहीं देतीं। पहली घटना नेक लड़की के अनिवार्य इतरलैंगिक (हेटरोसेक्शुअल) मानस का पता देती है जो कई मामलों में सचेत या अचेत ढंग से होमोफ़ोबिया (समलैंगिकभीति) का शिकार होती है। दूसरी घटना रोमानी प्रेम से संगमी प्रेम की तरफ़ स्थानांतरण की विफल कोशिश का प्रतीक है।

नारीवादी नायिका की चेतना में गहरे बैठी हुई नेक लड़की केवल प्रभा खेतान या मन्नू भंडारी की समस्या नहीं है। यह भारतीय नारीवाद की समस्या है। पिछले पच्चीस-तीस साल में नारीवादियों ने स्त्री को बाज़ार की वस्तु बनाने और स्त्री के सेक्शुअल निरूपण से संबंधित प्रश्नों पर जितनी भी सार्वजनिक मुहिमें चलाई हैं, उनमें अंतर्विरोध हमेशा रहा है। इन आंदोलनों में कई ऐसे मोड़ आये हैं जिन पर नारीवादियों के रवैये और परम्परानिष्ठ होने का दावा करने वाले दक्षिणपंथी संगठनों के रवैये में फ़र्क़ करना मुश्किल हो गया था। यहाँ तक कि विश्व सुंदरी प्रतियोगिता का विरोध करते-करते भारतीय नारीवादी संगठन दक्षिणपंथी संगठनों के साथ पूरे गठजोड़ में चले गये थे।[36] भारतीय नारीवादियों के इतरलैंगिक आग्रह कितने प्रबल होते हैं, और होमोफ़ोबिया कितना गहरे जड़ जमाए होता है, यह दीपा मेहता की फ़िल्म *फ़ायर* के पक्ष में चले आंदोलन के दौरान लेस्बियन स्त्रियों के अनुभवों से जाना जा सकता है।[37]

विश्व नारीवादी आंदोलन अपने विकास के पहले दौर में इस तरह की समस्याओं से ग्रस्त था। इसी चक्कर में उसने वेश्याओं को अपनी मुक्तिकामी धार का हिस्सा बनाने में संकोच दिखाया था, और इसी वजह से दुनिया भर में वेश्याओं को अपने अलग संगठन बनाने पड़े थे। लेस्बियनों को भी नारीवादी संरचनाओं का अंग बनने के लिए काफ़ी बौद्धिक और व्यावहारिक संघर्ष चलाना पड़ा है। चाहे घोषित नारीवाद का क़िस्सा हो, या अघोषित नारीवाद का, नारीवाद की हिंदी-कथा धीरे-धीरे आगे बढ़ते हुए अपने पहले चरण का समापन करने जा रही है। यह पहला चरण हमारे सामने हाशियों पर जीने के लिए अभिशप्त स्त्री के सशक्तीकरण की दास्तान पेश करता है। यह एक ऐसी दास्तान है जिसमें सशक्तीकरण की गोचर डिग्री हासिल करने में स्त्री का पूरा जीवन खप जाता है,

---

[36] देखें सोहिनी घोष का बेहतरीन लेख 'सेक्स और सेक्शुअलिटी : भारतीय नारीवाद की दिक़्क़तें', मैरी ई. जॉन और जानकी नायर (सम्पा.) (2008), *कामसूत्र से 'कामसूत्र' तक : आधुनिक भारत में सेक्शुअलिटी के सरोकार,* अनु. अभय कुमार दुबे, वाणी प्रकाशन नयी दिल्ली.

[37] देखें विभिन्न विद्वानों और प्रेक्षकों द्वारा लिखी गयी सामग्री का संकलन, *स्त्री समलैंगिकता की आग उर्फ़ 'फायर' प्रसंग,* मैरी ई. जॉन, वही.

और सशक्त होने के बावजूद वह जेण्डर-लोकतंत्र के आग्रहों के मुताबिक़ संबंध बनाने का दबाव पुरुष पर डालने में नाकाम रहती है। वह पारम्परिक ढंग के सेवा-पोषण के ज़रिये पुरुष को जीतने की कोशिश में है, जिसका नाकाम होना एक तयशुदा हक़ीक़त है।

आत्मकथाओं के पन्नों पर उभरने वाला सशक्तीकरण पुरुष से भिन्न अस्मिता की स्थापना के आग्रह की देन नहीं है। यह पुरुष की तरह ही श्रेष्ठ बनने की कोशिश है। हमारे युग की एक नायिका व्यापार-धंधे के माध्यम से न केवल स्वतंत्र उद्यमी बन जाती है, बल्कि अन्य उद्यमियों को अपना नेतृत्व स्वीकार करने पर मजबूर तक कर देती है। भारत में बहुत सी स्त्रियों ने (इंदिरा गाँधी समेत) इस तरह का सशक्तीकरण करके दिखाया है। इस सफलता की क़ीमत कम करके नहीं आँकी जा सकती, पर अंततः यह सशक्तीकरण का पहला चरण ही है। यह संघर्ष पुरुष से भिन्न स्त्री-अस्मिता स्थापित करने की तरफ़ ले जाने वाला नहीं है। हमारी दूसरी नायिका लेखक पति से अपने अवचेतन में होड़ करती रहती है। उधर, लेखक पति इस ग़लतफ़हमी में मुब्तिला है कि वह अपने बौद्धिक औज़ारों से एक लेखिका की रचना कर रहा है। जवाब में लेखिका अपनी रचनाशीलता का दावा लेखक पति की ही तरह और कुछ मायनों में उससे भी ज़्यादा साबित करके दिखाती है। उसकी आत्मकथा इस प्रयास की कामयाबी पर उसकी अपनी क़लम से लगाई गयी मुहर की तरह है। सशक्तीकरण के इस स्तर को नारीवाद 'पुरुष की बराबरी करने की इच्छा' के रूप में परिभाषित करता है।

इस विश्लेषण का समाहार करने के लिए मैं फिर से अनामिका की पूर्वोद्धृत कविता की तरफ़ लौटूँगा जहाँ सुबह की पहली किरण मकड़ी के जालों में से भीतर आते हुए बुझी हुई धूनी पर पड़ रही है। यह कामना की वह अल्पकालीन धूनी है, जो भभकी थी। यह उन संबंधों की धूनी है जिसमें अब उष्णता नहीं रही। इस धूनी में प्रेम के स्थायी संबंधों की मद्धम आँच नहीं है। धूनी पर पड़ती हुई सुबह की पहली किरण एक नयी शुरुआत है, प्रेम की, संबंधों की, जीवन की। प्रभा खेतान और मन्नू भंडारी के आत्माख्यानों का संदेश है कि सशक्तीकरण की प्रक्रिया कहीं न कहीं मौजूदा संबंधों को नये सिरे से परिभाषित करने की गुजांइश भी देती है। अगर ऐसा नहीं होता तो प्रभा खेतान का एक अंश डॉ. श्रॉफ से मुक्त होते नहीं दिखाई देता। भले ही वे किसी और से मनचाहा संबंध आगे नहीं चला पाईं, पर यह सशक्तीकरण के प्रयासों का ही परिणाम था कि दुनिया की सैर करके बार-बार परम्परा के खूँटे पर लौटने वाली स्त्री अँधेरे में कुछ

टटोलती हुई मिलती है। इसी तरह अगर मन्नू भंडारी अपनी रचनाशीलता के औज़ारों से अपना सशक्तीकरण न करतीं, तो देर से ही सही वे राजेंद्र यादव को हाथ भर दूर धकेल कर संबंधों को नयी निगाह से देखने के लिए बाध्य करने का दुस्साहस न कर पातीं।

ज़ाहिर है कि हमारे युग की नायिकाओं की नारीवादी इयत्ता अभी निर्माणाधीन है। संक्रमण की इस प्रक्रिया का संदेश यह है कि संबंध ख़ुद चुने गये हों या थमाए गये हों, ऊष्माहीन हो चुके संबंधों को थामे-थामे भारतीय नारी सशक्तीकरण की समांतर कोशिशें तो चला सकती है और लम्बे धीरज, अध्यवसाय और त्याग-तपस्या द्वारा उन्हें सफलीभूत भी कर सकती है, पर नारीवाद के दूसरे चरण में नहीं पहुँच सकती, यह दूसरा चरण स्त्री द्वारा अपनी भिन्नता स्थापित करने का है जिसमें स्त्री पुरुष जैसी या उसके बराबर बनने के बजाय उससे अलग बनना पसंद करेगी। हिंदी की नारीवादी इयत्ता में इसकी प्रखर सम्भावनाएँ हैं, क्योंकि हम देख चुके हैं कि पुरुष के समकक्ष बनने के प्रयासों के बावजूद यह स्त्री अपनी उपलब्धियों से संतुष्ट नहीं है। प्रभा खेतान और मन्नू भंडारी काफ़ी कुछ हासिल करने के बाद भी ख़ुद को प्रश्नांकित कर रही हैं। इस स्त्री को दरअसल मुक्ति चाहिए, और वह इसके लिए अपनी भिन्नता स्थापित करके रहेगी। अपने जिन गुणों के कारण उसे सशक्तीकरण के बावजूद कमतरी का आईना देखना पड़ा, उन्हीं गुणों की दावेदारी एक भिन्न मुक़ाम की प्रतीक्षा कर रही है। यह वही मुक़ाम होगा जब हमारे युग की नायिकाओं को पुरुष पर निर्भरता से छुटकारा पाने के लिए सारी ज़िंदगी प्रतीक्षा करने की ज़रूरत नहीं रह जाएगी।

संदर्भ :

अनामिका (2006), 'यौन-दासी', *पहल 83*, जून-जुलाई.

अभय कुमार दुबे (2005), 'फुटपाथ पर कामसूत्र : नयी सेक्सी दिल्ली', *दीवान-ए-सराय 2 / शहरनामा*, वाणी प्रकाशन, नयी दिल्ली.

इहाब हसन (1986), *आउट ऑफ़ इजिप्ट : सींस ऐंड आर्गूमेंट्स ऑफ़ एन ऑटोबायोग्राफ़ी*, सदर्न इलिनॉय युनिवर्सिटी, इलिनॉय.

इहाब हसन (1995), *र्‍यूमर्स ऑफ़ चेंज : एसेज़ ऑफ़ फ़ाइव डिकेड्स*, युनिवर्सिटी ऑफ़ अल्बामा प्रेस, उद्धृत : वेल एस. हसन (2002), 'अरब-अमेरिकन ऑटोबायोग्राफ़ी ऐंड द रिइन्वेंशन ऑफ़ आइडेंटिटी : टू इजिप्शियन निगोशिएशंस', *अलिफ़ : जर्नल ऑफ़ कम्परेटिव पोइटिक्स*, अंक 22, द लेंग्वेज ऑफ़ सेल्फ : ऑटोबायोग्राफ़ी ऐंड टेस्टिमनीज़.

इलीना सेन (सम्पा.)(2001), *संघर्ष के बीच : संघर्ष के बीज / जनांदोलनों में स्त्रियों की भागीदारी*, *सारांश*, नयी दिल्ली.

एंथनी गिडेंस (1993), *द ट्रांसफ़र्मेशन ऑफ़ इंटीमेसी : सेक्शुअलिटी, लव ऐंड इरोटिसिज़म इन*

मॉडर्न सोसाइटीज़, पॉलिटी प्रेस.

कमलेश्वर (2011), *यादों के चिराग,* राजपाल प्रकाशन, नयी दिल्ली.

कात्यायनी (2004), 'सात भाइयों के बीच चम्पा', संकलित : अरविंद जैन और लीलाधर मण्डलोई (सम्पा.), *स्त्री : मुक्ति का सपना,* वाणी प्रकाशन, नयी दिल्ली.

धर्मवीर (2006–2007), *पितृसत्ता, मातृसत्ता और जारसत्ता,* सात खण्ड, वाणी प्रकाशन, नयी दिल्ली.

प्रभा खेतान (2007), *अन्या से अनन्या,* राजकमल प्रकाशन, नयी दिल्ली.

बेटी बर्गलैण्ड (1993), 'ऑटोबायग्राफ़ी ऐंड अमेरिकन कल्चर', *अमेरिकन क्वार्टरली,* खण्ड 45, अंक 3, सितम्बर.

मधु बी. जोशी (2005), *अकेली औरतों के घर, राजकमल प्रकाशन,* नयी दिल्ली.

मन्नू भंडारी (2007), *एक कहानी यह भी,* राजकमल प्रकाशन, नयी दिल्ली.

माधुरी भटनागर (2004), 'संबंध', संकलित : अरविंद जैन और लीलाधर मण्डलोई (सम्पा.), *स्त्री : मुक्ति का सपना,* वाणी प्रकाशन, नयी दिल्ली.

मैरी ई. जॉन और जानकी नायर (सम्पा.) (2008), *कामसूत्र से 'कामसूत्र' तक : आधुनिक भारत में सेक्शुअलिटी के सरोकार,* अनु. अभय कुमार दुबे, वाणी प्रकाशन, नयी दिल्ली.

मैत्रेयी पुष्पा (2002), *कस्तूरी कुण्डल बसै,* राजकमल प्रकाशन, नयी दिल्ली, शुरुआत का पृष्ठ.

रजनी कोठारी (2003), 'साम्प्रदायिकता का अष्टावक्र', *राजनीति की किताब / रजनी कोठारी का कृतित्व,* सम्पादक : अभय कुमार दुबे, वाणी प्रकाशन, नयी दिल्ली.

रमणिका गुप्ता (2005), *हादसे, राधाकृष्ण,* नयी दिल्ली.

राजेंद्र यादव (2006), 'सदी का औपन्यासिक अंत', *आदमी की निगाह में औरत,* राजकमल प्रकाशन, नयी दिल्ली.

रामशरण जोशी (2004), 'मेरे विश्वासघात', *हंस,* नयी दिल्ली, अक्टूबर–नवंबर.

सविता सिंह, 'नयी उलझन', अरविंद जैन और लीलाधर मण्डलोई (सम्पा.) (2004), *स्त्री : मुक्ति का सपना,* वाणी प्रकाशन, नयी दिल्ली.

सुधीर कक्कड़ (2007), 'नर–नारी युद्ध', संकलित : *अंतरंगता का स्वप्न/ भारतीय समाज में प्रेम और सेक्स* (अनुवाद : अभय कुमार दुबे), वाणी प्रकाशन, नयी दिल्ली : 75–106.

सुधीश पचौरी (2004), 'हिंदी में स्त्रीत्ववादी विमर्श : साहित्य में अधीनता से मुक्ति के सवाल', अरविंद जैन और लीलाधर मण्डलोई (सम्पा.)(2004), *स्त्री : मुक्ति का सपना,* वाणी प्रकाशन, नयी दिल्ली.

हंस (2007), अप्रैल, जून, मई.

कुछ अवलोकन

स्त्री-आरक्षण : दुविधा और विरोधाभास

स्त्रियों को प्रातिनिधिक संस्थाओं में आरक्षण राजनीतिशास्त्र के केंद्रीय प्रश्नों में से एक है। स्त्री-पुरुष संबंधों में समानता का विरोध तो अब शायद ही कोई करता हो, पर समानता के सैद्धांतिक आग्रह को वास्तविक और तात्त्विक लैंगिक समानता में बदलने के प्रश्न पर तीखी बहस है। स्त्रियों को आरक्षण देने के माध्यम से तात्त्विक समानता हासिल करने के पैरोकारों की मान्यता है कि समाज में ढाँचागत रुकावटों के कारण गुण और योग्यता के मुताबिक़ चयन होना असम्भव हो जाता है। ये रुकावटें स्थापित पितृसत्तात्मक आग्रहों के कारण पैदा हुई हैं। आरक्षण इन रुकावटों के कारण हुए नुक़सानों की भरपाई करता है और स्त्रियों को सांकेतिक और दिखावटी क़िस्म की नुमाइंदगी की सीमाओं से मुक्त करता है। आरक्षण के ज़रिये स्त्रियों का प्रतिनिधित्व बढ़ने से राजनीतिक जीवन में स्त्री के अनुभव की भूमिका सक्रिय हो जाती है। पिछले डेढ़ दशक में क़रीब पचास देशों ने अपने क़ानून के तहत स्त्रियों के लिए आरक्षण को विशेष प्रावधान किये हैं। नोर्डिक देशों में 41.4 फ़ीसदी, अमेरिकी देशों में 21.8 फ़ीसदी, अन्य युरोपीय देशों में 19.1 फ़ीसदी, एशियायी देशों में 17.4 फ़ीसदी, प्रशांत क्षेत्र के देशों में 13.4 फ़ीसदी, सब-सहारन अफ़्रीकी देशों में 17.2 फ़ीसदी और अरब देशों में 9.6 फ़ीसदी स्त्रियाँ विधायिकाओं की सदस्य हैं।

स्त्री-आरक्षण के विरोधियों का कहना है कि लैंगिक आधार पर कोटा निर्धारित करने से व्यक्तिगत अधिकारों का हनन होता है और योग्यतम उम्मीदवार के चयन में बाधा पहुँचती है। आरक्षण के विपक्षी उसे अलोकतांत्रिक भी बताते हैं क्योंकि आरक्षित सीटों पर मतदाता अपने चयन संबंधी अधिकारों का पूरा उपयोग नहीं कर पाते। दूसरे, अमेरिका और जर्मनी में स्त्री-आरक्षण के अनुभव का हवाला देते हुए इन विरोधियों ने तर्क दिया है कि श्वेत और वित्तीय रूप से समृद्ध स्त्रियों को ही इसका लाभ मिला है। इसी तरह की बहस और दुविधाओं

के कारण सारी दुनिया में नारीवादी आंदोलन के उभार और ज्ञान के क्षेत्रों पर नारीवादी सिद्धांत के गहरे असर के बावजूद विधायिकाओं में उनकी संख्या अफ़सोसनाक ढंग से कम बनी हुई है।

राजनीति में स्त्रियों को आगे बढ़ाने के पक्ष में मुख्य तौर से तीन तर्क दिये जाते हैं : पहला, चूँकि स्त्रियाँ भी पुरुषों की तरह पूर्ण नागरिक हैं और आबादी में उनकी संख्या तक़रीबन हर जगह पचास फ़ीसदी के आसपास है; दूसरा, स्त्रियों की जीवन-स्थितियों और पुरुषों की जीवन-स्थितियों के बीच स्पष्ट रूप से अंतर है इसलिए स्त्री के अनुभव और नज़रियों की छाप राजनीति पर पड़नी चाहिए; और तीसरा, चूँकि स्त्रियों और पुरुषों के बीच कुछ मुद्दों पर अंतर्विरोध ज़रूर रहता है इसलिए स्त्री का हित स्वयं स्त्री के हाथों में ही सुरक्षित रह सकता है। नारीवादी विद्वानों ने राजनीति में स्त्रियों की भागीदारी बढ़ाने के लिए चार तरह के परिवर्तनों के सुझाव दिये हैं : राजनीतिक संस्थाओं को स्त्रियों के लिए सुगम और सहज बनाने के लिए उनके भीतर क्रियाविधि संबंधी तबदीलियाँ की जाएँ, प्रतिनिधित्व के नियमों को इस तरह से बदला जाए कि स्त्रियों की बढ़ी हुई नुमाइंदगी की गारंटी हो सके, संस्थाओं के बाहर और भीतर विमर्श में तबदीली लायी जाए ताकि स्त्री को देखने के नज़रिये का सामान्यीकरण हो सके, और अंत में विधि-निर्माण का स्त्रीकरण हो ताकि स्त्रियों के सरोकारों को उस प्रक्रिया के दायरे में लाया जा सके। नारीवादियों की यह भी मान्यता है कि ये चारों परिवर्तन तभी सम्भव हो सकेंगे जब स्त्रियाँ ख़ुद अपनी तरफ़ से विधायी संस्थाओं के नियमों को समझेंगी, उनका इस्तेमाल करना सीखेंगी और अंत में उन्हें बदलने की पहल करने लगेंगी।

एन. फ़िलिप्स की रचना *पॉलिटिक्स ऑफ़ प्रज़ेंस* ने राजनीति में स्त्रियों की भागीदारी के सवाल को प्रबलता से रेखांकित किया है। स्वीडिश नारीवादियों ने तर्क दिया है कि जब तक स्त्रियों को राजनीति में स्पष्ट आरक्षण नहीं दिया जाएगा तब तक विधायी संस्थाओं में उनकी तीस से चालीस फ़ीसदी तक की महत्त्वपूर्ण अल्पसंख्यक उपस्थिति भी नहीं बन पाएगी। यह प्रयास तब तक जारी रखना होगा जब तक स्त्रियों के रास्ते में आने वाली दृश्य और अदृश्य बाधाएँ नहीं हट जातीं। केवल मतदान का अधिकार देना ही काफ़ी नहीं है। संसद में स्त्रियों की सांकेतिक उपस्थिति के बजाय उनकी संख्या कम से कम इतनी ज़रूर होनी चाहिए कि उसके दबाव से राजनीतिक मानक और राजनीतिक संस्कृति में तबदीलियाँ आ सकें। आरक्षण के ज़रिये स्त्रियों को एक व्यक्ति के तौर पर अपने हितों को बुलंद करने में सुविधा होती है। स्त्री-आरक्षण की प्रक्रिया स्त्रियों के

बीच राजनीतीकरण को बढ़ाती है। स्त्रियों के बीच से उभरने वाले नेता अन्य स्त्रियों को राजनीति में लाते हैं। इस प्रक्रिया का कुल मिला कर असर संस्थाओं के चरित्र में परिवर्तन के रूप में निकलता है।

संयुक्त राष्ट्र की आर्थिक और सामाजिक परिषद् द्वारा तय किये गये लक्ष्य के मुताबिक़ 1995 तक संसदों में स्त्री-विधिकर्ताओं का प्रतिशत तीस फ़ीसदी तक हो जाना चाहिए था। पर इंटर पार्लियामेंट यूनियन के सालाना रिपोर्ट कार्ड के मुताबिक़ क़रीब डेढ़ सदी पुराने स्त्री-आंदोलन के बावजूद संसदों और अन्य विधायिकाओं में स्त्रियों की संख्या महज़ 18.3 फ़ीसदी है। अगर यही रफ़्तार चलती रही तो विधायिकाओं में लैंगिक प्रतिनिधित्व की समानता बाईसवीं सदी तक हासिल हो पाएगी। कुल मिला कर 2,656 सीटें स्त्रियों के पास हैं जिनमें से 1,707 प्रत्यक्ष निर्वाचन के ज़रिये, 878 अप्रत्यक्ष चुनाव से और 71 नामज़दगियों के ज़रिये संसदों में पहुँची हैं। 2008 का यह आँकड़ा भी तब है जब 1995 के बाद इसमें क़रीब 60 फ़ीसदी की बढ़ोतरी देखी गयी है। दुनिया की 264 संसदों में केवल 39 में ही स्त्रियों की भागीदारी 30 फ़ीसदी तक पहुँच सकी है। 25 फ़ीसदी संसदों में स्त्री सांसद दस फ़ीसदी से भी कम हैं। क़तर, सऊदी अरब और माक्रोनेसिया की संसदों ने तो स्त्रियों की शक्ल तक नहीं देखी है। केवल रवांडा की संसद में स्त्रियों की संख्या 56.3 प्रतिशत है। इस कामयाबी का संबंध इस संसद में स्त्रियों को मिलने वाले तीस फ़ीसदी आरक्षण से जोड़ा जाता है।

स्त्रियों को प्रतिनिधित्व देने के मामले में युरोप सबसे आगे है। स्वीडन, फिनलैण्ड और नीदरलैण्ड्स दुनिया के पाँच सबसे ज़्यादा स्त्री-प्रतिनिधित्व वाले देशों में हैं। बेलारूस, स्पेन, मेसिडोनिया, मोनाको और फ्रांस ने भी इस दिशा में ख़ासी प्रगति की है। अफ्रीकी देशों ने भी इस संबंध में सराहनीय प्रगति की है। 2008 में अंगोला की संसद ने 37 फ़ीसदी स्त्रियों को सांसद चुना। मोज़ाम्बिक, नामीबिया, दक्षिण अफ्रीका और तंज़ानिया की संसदों में भी स्त्री सदस्यों की संख्या 25 फ़ीसदी तक पहुँच चुकी है। एशिया के देशों में यह प्रगति सबसे धीमी है। इस क्षेत्र में स्त्रियों की संसदीय उपस्थिति केवल 17 फ़ीसदी ही है। सबसे ज़्यादा स्त्रियाँ नेपाल की संसद में (32.8 फ़ीसदी) और सबसे कम ईरान की संसद में (2.8 फ़ीसदी) हैं।

भारत में स्त्री-आरक्षण का प्रश्न एक गहरी दुविधा और विरोधाभास का रूप ले चुका है जिसकी अभिव्यक्ति न केवल राजनीति के दायरे में, बल्कि नारीवादी आंदोलन में भी दिखाई पड़ती है। भारतीय संविधान ने 1950 में स्त्रियों को मतदान का अधिकार तो दिया, लेकिन समाज में उनकी दुर्बल स्थिति को देखते हुए भी

जेंडर के आधार पर किसी विशेष प्रोत्साहन का प्रावधान नहीं किया। नतीजतन ग्राम पंचायतों और स्थानीय स्तर पर काम करने वाली स्वशासी संस्थाओं के साथ-साथ विधानसभाओं और लोकसभा जैसी विधायी संस्थाओं में भी स्त्रियों का प्रतिनिधित्व आबादी में उनकी संख्या की तुलना में बहुत कम बना रहा। 1967 में लोकसभा में स्त्री-सांसदों की संख्या 5.9 प्रतिशत थी जो 1997 तक बढ़ कर केवल सात फ़ीसदी ही हो पाई। स्त्रियाँ अपने प्रतिनिधि के रूप में पुरुषों को चुनने के लिए मजबूर रहीं। प्रातिनिधिक संस्थाओं में स्त्रियों की सहभागिता बढ़ाने के लिए पहला संस्थागत प्रयास 1992-93 में 73वें और 74वें संविधान संशोधन के रूप में किया गया जिसके तहत पंचायतों और स्थानीय निकायों में एक-तिहाई सीटें स्त्रियों के लिए सुरक्षित कर दी गयीं। दिलचस्प बात यह है कि इस स्तर पर आरक्षण देने के सवाल पर न कोई ख़ास विवाद हुआ, और न ही कोई बहस। ऐसा लगा कि जैसे सभी तरह की राजनीतिक शक्तियाँ स्त्रियों के साथ होने वाली नाइंसाफ़ी को ठीक करने के लिए तैयार बैठी हों।

लेकिन जून, 1996 में एच.डी. देवेगौड़ा के प्रधानमंत्रित्व वाली संयुक्त मोर्चा सरकार ने अपने न्यूनतम साझा कार्यक्रम में दिये गये आश्वासन के मुताबिक़ संसद और विधानसभाओं में जेंडर के आधार पर 33 फ़ीसदी आरक्षण का प्रावधान करने वाला 81वाँ संविधान संशोधन विधेयक जैसे ही पेश किया, यह प्रश्न उस दुविधा का शिकार हो गया जिसका समाधान आज तक नहीं हो पाया है। विधेयक पर संसद में जम कर बहस-मुबाहिसा हुआ। लेकिन, सरकार के घटक दलों में इस सवाल पर एकता न होने के कारण इसे संसद की संयुक्त प्रवर समिति के हवाले कर दिया गया। 1998 में यही विधेयक 84वें संविधान संशोधन के रूप में पेश किया गया। फिर 1999 में इसका एक और संस्करण 85वें संशोधन विधेयक के रूप में रखा गया। लेकिन विभिन्न बाधाओं के कारण इसे पारित नहीं किया जा सका। राजनीतिक दलों में इस प्रश्न पर सहमति है कि औरतों को राजनीतिक आरक्षण दिया जाना चाहिए लेकिन उसे देने की विधियों पर उनके बीच मतभेद हैं। फ़िलहाल स्थिति यह है कि संविधान में 108वाँ संशोधन प्रस्तावित करने वाला महिला आरक्षण विधेयक राज्यसभा द्वारा 9 मार्च, 2010 को पारित कर दिया गया है। लोकसभा के अनुमोदन के बाद पूर्ण क़ानून का दर्जा प्राप्त करने के बाद इसे राज्य विधानसभाओं की सहमति की आवश्यकता पड़ेगी।

स्त्री-आरक्षण के प्रति इस दुविधा और विरोधाभास का अर्थ ग्रहण करने के लिए इसके इतिहास पर एक नज़र डालना आवश्यक है। स्त्री-आरक्षण पर

दुविधा के सैद्धांतिक रूपों की पहली शिनाख़्त भारतीय नारीवादी आंदोलन के शुरुआती दौर में ही की जा सकती है। सरोजिनी नायडू ने 1918 में ही स्त्रियों को मतदान का अधिकार देने की माँग उठाने के लिए कांग्रेस को राज़ी कर लिया था। तीस के दशक तक स्त्रियों के सभी संगठन, होम रूल लीग, कांग्रेस, मुसलिम लीग और गाँधी स्त्रियों के लिए वोट के अधिकार की पैरोकारी करने लगे थे। लेकिन 1930 में बम्बई में हुए आल इण्डिया वुमंस कांफ्रेंस के जलसे को सम्बोधित करते हुए सरोजिनी नायडू ने कहा कि स्त्रियों के लिए किसी भी तरह की विशेष सुविधा (आरक्षण या नामज़दगी) की माँग करना उनकी कमतर हैसियत को स्वीकार कर लेना होगा। लेकिन सभी स्त्रियाँ नायडू के इस दावे से सहमत नहीं थीं। लेकिन वुमंस एसोसिएशन की तरफ़ से मद्रास विधान परिषद् में नामज़द हुई डॉ. मुत्थुलक्ष्मी रेड्डी की मान्यता थी कि स्त्रियों के नज़रिये को सामने लाने के लिए आरक्षण ज़रूरी है। रेड्डी ने तत्कालीन परिस्थितियों में स्त्रियों के लिए पृथक् मतदातामण्डलों की आवश्यकता को भी रेखांकित किया। दरअसल, नारीवादी संगठनों का एक हिस्सा 'स्त्री-उत्थान' का पक्षधर था, पर दूसरा 'समान अधिकारों' की वकालत करता था। धीरे-धीरे समान अधिकारों की माँग व्यावहारिक रूप से 'समानता लेकिन कोई विशेष सुविधा नहीं' के रूप में सूत्रबद्ध होती चली गयी।

1932 तक प्रांतीय विधायिकाओं और स्थानीय निकायों से पृथक् मतदातामण्डलों की माँग उठने के बावजूद तीनों बड़े स्त्री-संगठन इसी सूत्रीकरण के पक्ष में झुक चुके थे। दूसरी गोलमेज़ कांफ्रेंस के परिणामस्वरूप जब अंग्रेज़ों ने ईसाइयों, मुसलमानों, सिक्खों, एंग्लो-इण्डियनों और दबे हुए वर्गों के लिए पृथक् मतदातामण्डल स्वीकृत किये तो अरुणा आसफ़ अली और राजकुमारी अमृत कौर जैसी महिला नेताओं ने स्त्रियों की एकता के नाम पर इसका विरोध किया ताकि किसी भी क़िस्म की साम्प्रदायिक गोलबंदी उसे गड़बड़ा न सके। पर मुसलमान समाज से आयी स्त्री-प्रतिनिधियों ने आल इण्डिया वुमंस कांफ्रेंस में रखे गये इस प्रस्ताव का विरोध किया। कुल मिला कर जाति और धर्म के प्रश्न पर स्त्री-नेतृत्व का आग्रह सभी औरतों की स्थिति को समान मानने के इर्द-गिर्द गोलबंद होता चला गया।

यह रुझान मोटे तौर पर आज़ादी के बाद भी जारी रहा और 1974 में स्त्रियों के हालात की जाँच-पड़ताल करने के लिए बनाई गयी कमेटी ने विधायी संस्थाओं में औरतों के लिए सीटें आरक्षित करने के प्रस्ताव को बहुमत से ख़ारिज कर दिया। हालाँकि इस कमेटी की रपट *टुवड्‌र्स ईक्वलिटी* से यह जानकारी भी

मिल रही थी कि स्त्री-विधिकर्ताओं की संख्या घटती जा रही है और राजनीतिक पार्टियाँ औरतों को टिकट देने में हिचकती हैं।

स्त्रियों को आरक्षण का प्रश्न 1988 में फिर से उभरा जब स्त्रियों के लिए बनाई गयी राष्ट्रीय परिप्रेक्ष्य योजना ने लैंगिक आधार पर तीस फ़ीसदी आरक्षण का सुझाव दिया। इसके पीछे तर्क यह था कि स्त्रियों के बड़े पैमाने पर राजनीति में आने से उसके मौजूदा ढाँचे में भिन्न मूल्यों, प्राथमिकताओं और परिप्रेक्ष्यों का समावेश होगा। राजनीतिक दलों के एजेंडे पर स्त्रियों के मसले प्रमुखता प्राप्त करेंगे। निर्णयकारी हैसियत में स्त्रियों के पहुँचने से उनके ख़िलाफ़ होने वाले भेदभाव की मात्रा घटेगी। नब्बे का दशक भारतीय राजनीति में 'जाति' और 'समुदाय' के साथ-साथ जेंडर की श्रेणी को अलग से रेखांकित करने वाला साबित हुआ। सबसे पहले महाराष्ट्र की सरकार ने 1990 में स्थानीय निकायों में स्त्रियों को 30 फ़ीसदी आरक्षण दे कर इस प्रक्रिया की शुरुआत की। 1992 में 73वाँ संविधान संशोधन हुआ जिसके तहत ज़िला, ब्लॉक और ग्राम पंचायतों में अनुसूचित जातियों, अनुसूचित जनजातियों को उनकी जनसंख्या के अनुपात में और स्त्रियों को एक-तिहाई आरक्षण का प्रावधान किया गया। इसके बाद हुए 74वें संशोधन के तहत आरक्षण की यही व्यवस्था स्थानीय निकायों में की गयी।

यह मानना पड़ेगा कि इन दोनों संविधान संशोधनों के लिए दबाव पैदा करने में भारत के नारीवादी आंदोलन की भूमिका न के बराबर ही रही। न ही इस प्रश्न पर कोई राष्ट्रीय बहस हुई। इस आरक्षण का स्त्री-सशक्तीकरण की प्रक्रिया के साथ-साथ व्यापक राजनीति पर किस तरह का असर पड़ सकता है, इसका भी कोई पूर्व अध्ययन नहीं किया गया। देखते-देखते अचानक क़रीब दस लाख स्त्रियों के लिए निचले स्तर की प्रातिनिधिक संस्थाओं में प्रवेश का दरवाज़ा खुल गया। न तो इसके लिए पार्टियाँ तैयार थीं, और न ही स्त्री-संगठन। दिलचस्प बात यह है कि इस संदर्भ में ताज़े इतिहास पर नज़र डालने से यह नहीं पता चलता कि इन संविधान संशोधनों की पहलक़दमी का उद्गम कौन सा था।

इस आरक्षण के पंद्रह साल बाद कुछ रुझान सामने आये हैं जिनके आईने में इन संविधान संशोधनों के प्रभावों का कुछ अंदाज़ा लगाया जा सकता है। पंचायती राज और स्थानीय निकाय संस्थाओं में आरक्षण के ज़रिये चुनी गयी स्त्रियों में राजनीतिक कार्यकर्ताओं की संख्या कम और पुरुष नेताओं की परिजन स्त्रियों की संख्या ज़्यादा देखी गयी। इनमें कई अनिच्छापूर्वक चुनाव लड़ीं क्योंकि उनके ख़ानदान को अपना राजनीतिक रंग-रुतबा बरक़रार रखना था। दूसरे, इनकी पहली प्राथमिकता व्यापक स्त्री-समाज के प्रति न हो कर पितृसत्तात्मक हितों

की ताबेदारी थी। चुनी गयी स्त्रियों का बहुत ही छोटा हिस्सा नारीवादी आंदोलन से ताल्लुक़ रखता था। अभी यह अध्ययन किया जाना शेष है कि क्या स्त्री-प्रतिनिधियों की राजनीति पुरुष-प्रतिनिधियों के मुक़ाबले किस स्तर पर भिन्न होती है : क्या वे पुरुषों की अपेक्षा सत्ता से कम चिपकने की कोशिश करती हैं, कम भ्रष्ट होती हैं, उनकी कार्यशैली अपेक्षाकृत अधिक लोकतांत्रिक होती है, उनकी राजनीतिक महत्त्वाकांक्षा का स्तर क्या है और कुल मिला कर उनके ज़रिये होने वाले राजनीतीकरण का पूरे समाज और मानवीय संबंधों की संरचना पर क्या असर पड़ रहा है ?

लेकिन नकारात्मक आयामों के साथ-साथ ऐसे कई उदाहरण भी सामने आये हैं जिनमें महिला कॉरपोरेटरों और पंचों ने राजनीतिक सफलता के ज़रिये अपने परिवार और परिवेश के भीतर लैंगिक श्रेणीक्रम के तहत स्त्री की अधीनता को उलटा है। स्त्री-मेयरों के कामकाज का अध्ययन करने से पता चला है कि उनके नेतृत्व में स्त्री-हितों का ख़याल रखने वाले मुद्दों और कार्यक्रमों को पहले के मुक़ाबले प्राथमिकता प्राप्त हुई। इस बात के भी स्पष्ट संकेत हैं कि आरक्षण के कारण चुनी गयी स्त्रियों की चौथी और पाँचवीं पीढ़ी पहली और दूसरी पीढ़ी के मुक़ाबले अधिक जागरूक, स्वायत्त और पुरुषों के ऊपर कम निर्भर साबित हो रही हैं।

स्त्रियों को पंचायती राज संस्थाओं और स्थानीय निकायों में राजनीतिक आरक्षण मिल जाने के बाद डेढ़ दशक बाद भी यह प्रक्रिया अपने तार्किक निष्कर्ष तक नहीं पहुँच पाई है। देश की सर्वोच्च प्रातिनिधिक संस्थाओं में औरतों के लिए सीटें आरक्षित करने वाला 108वाँ संविधान संशोधन विधेयक अभी संसद द्वारा पारित किया जाना बाक़ी है। राजनीतिक दलों के बीच और उनके भीतर गम्भीर मतभेदों के कारण लोकसभा में लटके हुए, लेकिन राज्यसभा द्वारा 9 मार्च, 2010 को स्वीकृत किये गये इस विधेयक के मुख्य प्रावधान इस प्रकार हैं : लोकसभा और राज्य विधानसभाओं में कम से कम एक-तिहाई सीटों का स्त्रियों के लिए आरक्षण, अनुसूचित जातियों और जनजातियों के लिए सुरक्षित सीटों में से एक-तिहाई का स्त्रियों के लिए आरक्षण, अपनी शुरुआत के 15 साल बाद यह आरक्षण स्वतः समाप्त और लॉटरी के आधार पर हर चुनाव में एक-तिहाई सीटों का चयन अर्थात् पंद्रह वर्ष के भीतर तीन बार में देश के प्रत्येक निर्वाचन-क्षेत्र का कम से कम एक बार स्त्रियों के लिए आरक्षित होना। विधेयक में राज्यसभा और विधान परिषदों में स्त्री-आरक्षण का प्रावधान नहीं है। विधेयक के समर्थकों और विरोधियों के बीच होने वाली यह बहस विधेयक के पक्ष-विपक्ष में कई मानीख़ेज़ और

व्यावहारिक लगने वाली दलीलों और सुझावों के रूप में सामने आयी है।

विधेयक के समर्थकों का सीधा तर्क है कि स्त्रियों को एक अलग सामाजिक श्रेणी के रूप में देखने को प्राथमिकता दी जानी चाहिए ताकि संसद में स्त्रियों की संख्या बढ़ने से विचार-विमर्श और नीति संबंधी दिशा जेंडर-संवेदनशील हो सके। समर्थकों के मुताबिक़ स्त्री-समाज के बीच विभेदीकरण के पहलू उन्हें संसद और विधायिकाओं में समुचित प्रतिनिधित्व दिलाने के संदर्भ में प्रासंगिक नहीं हैं। जब स्त्रियों को 33 फ़ीसदी प्रतिनिधित्व मिल जाएगा तो समाज के वंचित और पिछड़े तबक़ों की स्त्रियों को भी उसके सामाजिक और राजनीतिक लाभ होंगे। सत्ता और प्राधिकार के मुक़ामों तक उनके पहुँचने का रास्ता भी साफ़ हो जाएगा। ज़ाहिर है कि विधेयक के समर्थक जाति, जातीयता, वर्ग और धर्म संबंधी उत्पीड़न के ऊपर जेंडर संबंधी उत्पीड़न को प्रबल प्राथमिकता देने के पक्ष हैं। वे इस तरह के कई बारीक प्रश्नों पर पहले विचार करने के बजाय आरक्षण का कुछ अनुभव प्राप्त कर लेने के बाद उसकी रोशनी में ग़ौर करना चाहते हैं।

विधेयक के विरोधियों की कई श्रेणियाँ हैं। पहली श्रेणी उनकी है जो आरक्षण का ही विरोध करते हैं। उनका कहना है कि जेंडर के आधार पर आरक्षण का प्रावधान संविधान प्रदत्त समानता के सिद्धांत के ख़िलाफ़ जाता है। दूसरे, स्त्रियों को सामाजिक रूप से समरूप श्रेणी की संज्ञा नहीं दी जा सकती और न ही उनके हितों को अन्य आर्थिक, सामाजिक और राजनीतिक तबक़ों से अलग करके देखा जा सकता है। अगर स्त्रियों को आरक्षण दे दिया गया तो इसी तरह की माँगें अन्य समूहों और समुदायों की तरफ़ से आएगी जिससे राष्ट्रीय एकता को नुक़सान पहुँचेगा।

दूसरी श्रेणी उनकी है जो स्त्री-आरक्षण के तो पक्ष में हैं पर इसके लिए लाए गये सरकारी विधेयक को नापसंद करते हैं। इनमें पहली श्रेणी के सुझाव वे हैं जिनका मुख्य मक़सद स्त्री-आरक्षण के बावजूद पुरुष-सांसदों की संख्या कम न होने देने का है। इनमें एक संसद में सीटों की संख्या बढ़ाने का है। 2001 की जनगणना के मुताबिक़ देश की आबादी एक अरब से अधिक हो चुकी है। इसलिए संविधान के मुताबिक़ लोकसभा की सदस्य संख्या बढ़ा कर 750 तक की जा सकती है और बढ़ी हुई दो सौ के आसपास सीटों को स्त्रियों के लिए रखा जा सकता है। दूसरा सुझाव दोहरी सदस्यता वाले निर्वाचन-क्षेत्रों के प्रावधान का है। इसके मुताबिक़ कुल सीटों में से एक-तिहाई (181) पर एक पुरुष और एक स्त्री सांसद चुनने का प्रावधान होना चाहिए।

दूसरी श्रेणी का संबंध एक बेहद पेचीदा आलोचना से है। यह उन बुद्धिजीवियों और एक्टिविस्टों की तरफ़ से आयी है जो आरक्षण का समर्थन करने के बावजूद इस विधेयक के आईने में उच्च जातियों और नारीवाद के बीच अघोषित गठजोड़ देख कर बेचैन हो गये हैं। इनकी मान्यता है कि पिछड़ी जातियों के राजनीति में बढ़ते हुए प्रभाव को रोकने के लिए स्त्री-आरक्षण के उपाय का इस्तेमाल किया जा रहा है। इस तर्क का एक मतलब यह भी निकाला जा सकता है कि ऊँची जातियाँ अपने हाथ से फिसलती सत्ता की बागडोर थामने के लिए नारीवाद का इस्तेमाल कर रही हैं।

पिछड़ों और अल्पसंख्यकों के हितों का सवाल उठाने वालों का कहना है कि विधेयक में अन्य पिछड़े वर्गों और अल्पसंख्यकों के लिए आरक्षण की कोई अलग से व्यवस्था नहीं है, इसलिए इसके कारण पिछड़े वर्ग के प्रतिनिधित्व को चोट लगेगी। इनकी माँग है कि स्त्रियों को मिलने वाले 33 फ़ीसदी आरक्षण के भीतर पिछड़ों और अल्पसंख्यकों का कोटा निर्धारित किया जाना चाहिए। यह एक ऐसा सवाल है जिसके आधार पर भारतीय कम्युनिस्ट पार्टी और मार्क्सवादी कम्युनिस्ट पार्टी को छोड़ कर सभी राजनीतिक दलों में विधेयक को लेकर मतभेद हो गये हैं। भाजपा एक दल के रूप में विधेयक के मौजूदा रूप के पक्ष में है, पर उसके पिछड़े सांसदों को आपत्ति है।

मोटे तौर पर समतामूलक लगने वाली इस दलील के साथ दिक़्क़त यह है कि संविधान पिछड़ी जातियों और धार्मिक अल्पसंख्यकों को राजनीतिक आरक्षण देने के पक्ष में नहीं है। इसलिए विधेयक में ऐसा कोई प्रावधान संवैधानिक रूप से सम्भव ही नहीं था। पिछड़ी जातियों और मुसलमानों के लिए अलग से कोटा निर्धारित करने की माँग करने वाली राजनीतिक पार्टियाँ और नेतागण इस आधार पर विधेयक के पारित होने में अड़ंगा तो लगाते हैं, पर वे लोकसभा में पिछड़ों और मुसलमानों को भी राजनीतिक आरक्षण देने के लिए संविधान संशोधन का प्रस्ताव कभी नहीं लाते। दरअसल, वर्तमान लोकसभा में पिछड़ी जातियों से आये सांसदों की संख्या बिना किसी राजनीतिक आरक्षण के दो सौ से ऊपर पहुँच चुकी है जिसके कारण इस तरह के संविधान संशोधन का तर्क अपने-आप में कमज़ोर हो जाता है। लगता है कि स्त्री-आरक्षण के ज़रिये ये शक्तियाँ पिछले दरवाज़े से राजनीतिक आरक्षण प्राप्त करने की कोशिश कर रही हैं।

विधेयक के आलोचकों में से एक प्रतिक्रिया उन लोगों की है जिन्हें अंदेशा है कि आरक्षण के तहत चुनी जाने वाली स्त्रियों में से अधिकतर या धनी-मानी और सत्तारूढ़ परिवारों की होंगी, या फिर पुरुष नेताओं की 'बहू-बेटी ब्रिगेड'

में से आएँगी। आलोचकों का यह भी कहना है कि हर बार लॉटरी के ज़रिये एक-तिहाई सीटें तय करने के नियम की आलोचना से जुड़ी है। इसका कहना है कि आरक्षित सीटें चुनने की यह पद्धति सांसद और उसके निर्वाचन-क्षेत्र के बीच एक दीर्घ और जीवंत रिश्ता नहीं बनने देगी।

विधेयक के समर्थकों के पास इन आलोचनाओं के जवाब हैं। उनका तर्क है कि अन्य पिछड़े वर्ग के पुरुष सांसद जिस तरह से चुनाव में जीत कर आते हैं, उसी तरह से उस वर्ग के स्त्री-उम्मीदवार भी चुनाव जीत सकते हैं। फ़र्क़ केवल यह पड़ेगा कि पिछड़ी जातियों के पुरुष-सांसदों की संख्या कम हो जाएगी और उनकी जगह स्त्री-सांसदों की संख्या बढ़ जाएगी। इसलिए संविधान की एक बुनियादी मान्यता का उल्लंघन करके पिछड़ों को आरक्षण के भीतर आरक्षण देने की कोई आवश्यकता नहीं है। धार्मिक अल्पसंख्यकों के लिए अलग से कोटा तय करने का मतलब होगा धार्मिक आधार पर आरक्षण को मान्यता देना जिससे इस नीति के सेकुलर चरित्र का हनन हो जाएगा। 'बहू-बेटी ब्रिगेड' वाली आलोचना के उत्तर में विधेयक के समर्थकों का तर्क है कि राजनीतिक नेटवर्क और पारिवारिक प्रभाव से पुरुष-राजनीति भी मुक्त नहीं है। स्त्री-उम्मीदवारों पर भी इसका प्रभाव पड़ेगा और प्रारम्भ में कुछ ज़्यादा ही पड़ सकता है। लेकिन आरक्षण के पंद्रह वर्षों के दौरान स्त्री-समाज के बीच चलने वाली राजनीतीकरण की सघन प्रक्रिया स्वतंत्र और स्वायत्त स्त्री-राजनेताओं और कार्यकर्ताओं के उभार की दूरगामी सम्भावनाओं से लैस है। निर्वाचन-क्षेत्र और उसके प्रतिनिधि के बीच संबंध टूट जाने के अंदेशे के जवाब में समर्थकों का कहना है कि ऐसे कई राजनेता हैं जो अपनी मर्ज़ी और सुविधा के मुताबिक़ अपने चुनाव-क्षेत्र बार-बार बदलते रहे हैं। पार्टियाँ भी अपनी रणनीतिक डिज़ाइन के मुताबिक़ उम्मीदवार बदलती रहती हैं। दूसरे, दलीय प्रणाली में पार्टियों की यह जिम्मेदारी बनती है वे अपनी कार्यकर्ता मशीनरी के ज़रिये निर्वाचन-क्षेत्रों का ख़याल रखें।

स्त्री-आरक्षण के प्रश्न पर एक उल्लेखनीय हस्तक्षेप सन् 2000 में एक वैकल्पिक विधेयक के रूप में सामने आ चुका है। *मानुषी* पत्रिका की सम्पादक मधु किश्वर ने अपने इस प्रस्ताव के पक्ष में जम कर मुहिम चलाई और फ़ोरम फ़ॉर डेमॉक्रैटिक रिफ़ॉर्म द्वारा भी उसे अपनाया गया। विधेयक का मसविदा तैयार करने में जयप्रकाश नारायण, योगेंद्र यादव और धीरूभाई शेठ की भी भूमिका थी। शेतकरी संगठन के नेता शरद जोशी के समर्थन वाले इस विधेयक को तृणमूल कांग्रेस की सांसद कृष्णा बोस ने लोकसभा में प्राइवेट बिल के रूप में पेश किया। तत्कालीन मुख्य चुनाव आयुक्त मोहिंदर सिंह गिल ने भी इसके प्रावधानों के पक्ष में वक्तव्य दिया।

विधेयक के महत्त्वपूर्ण आयाम इस प्रकार थे : निर्वाचन क्षेत्रों को स्त्रियों के लिए सुरक्षित करने के बजाय 1951 के जन-प्रतिनिधित्व क़ानून में संशोधन किया जाए ताकि प्रत्येक मान्यता प्राप्त राजनीतिक दल के लिए एक-तिहाई निर्वाचन क्षेत्रों में स्त्रियों को उम्मीदवार बनाना अनिवार्य हो जाए। अगर कोई पार्टी एक स्त्री को कम टिकट दे तो दण्डस्वरूप उसके दो पुरुष उम्मीदवारों से पार्टी का चुनाव-चिह्न और आयोग की मान्यता से संबंधित सभी सुविधाएँ छीन ली जाएँ। मधु किश्वर के विधेयक में इस बात का ध्यान भी रखा गया था कि पार्टियाँ ख़ानापूरी के लिए स्त्रियों को केवल ऐसे क्षेत्रों से ही टिकट देकर काम न चला लें जहाँ से वे नहीं जीत सकतीं।

नारीवादी फ़िल्म-सिद्धांत, टीवी और सेक्शुअलिटी

बीसवीं सदी के तीसरे दशक से ही स्त्री फ़िल्मकारों की निरंतर सक्रियता के बावजूद नारीवादी फ़िल्म-सिद्धांत को अपना मुक़ाम हासिल करने के लिए साठ के दशक और नारीवाद की दूसरी लहर का इंतज़ार करना पड़ा। अकादमीय संस्थानों में पढ़ाए जाने वाले फ़िल्म-अध्ययन के पाठ्यक्रमों ने इसी दौर में नारीवादी आयामों को अपनाया। देखते ही देखते फ़िल्म-अध्ययन की यह प्रवृत्ति इतनी प्रभावशाली हो गयी कि उसे नज़रअंदाज़ करना नामुमकिन हो गया। नारीवाद की दूसरी लहर की विशेषता यह थी कि उसने स्त्रियों के आंदोलन को अधिकारवाद की सीमाओं का अतिक्रमण करने की इजाज़त दी। स्त्रियाँ बौद्धिक जगत में पुरुषों के मुक़ाबले दोयम दर्जा दिये जाने पर आपत्ति दर्ज करने लगीं। उनकी आत्मपरकता के जिस प्रश्न पर पहले महज़ चर्चा होती थी, उसने सेक्शुअल क्रांति की हवाओं के साथ नारीवाद के केंद्र में स्थान बना लिया। ये रैडिकलिज़्म के दिन थे, पर स्त्रियों ने राजनीतिक बहसों में भाग लेते हुए 'पुरुष' रैडिकलिज़्म के साथ हाँ में हाँ मिलाने से इनकार कर दिया। संरचनावाद के ज़रिये एक सर्वांग फ़िल्म-सिद्धांत गढ़ने के प्रयासों के मुक़ाबले नारीवादी विद्वानों ने सिद्धांत-बहुलता का तर्क रखा। नारीवाद ने सत्तर के दशक में फ़िल्मों में जेंडर के निरूपण का

प्रश्न उठाने से शुरुआत की। अमेरिका और ब्रिटेन में पहला नारीवादी फ़िल्मोत्सव आयोजित किया गया। स्त्रियों को फ़िल्म-निर्माण की तरफ़ आकर्षित करने के लिए उनके फ़िल्म-समूहों का गठन होने लगा। पहली नारीवादी फ़िल्म पत्रिका 'वूमॅन ऐंड फ़िल्म' का प्रकाशन शुरू हुआ। इन बौद्धिक गतिविधियों ने एक व्यापक प्रक्रिया को गति प्रदान की। फ़िल्म-अध्ययन संबंधी नारीवादी परिप्रेक्ष्यों का विकास हुआ जिनके संयोग से जो शास्त्र बना उसे नारीवादी फ़िल्म-सिद्धांत की संज्ञा दी जाती है। इसकी सैद्धांतिक यात्रा को तीन चरणों में बाँट कर देखा जा सकता है।

फ़िल्म-सिद्धांत पर नारीवाद का पहला प्रभाव यह पड़ा कि बहस केवल वर्ग के इर्द-गिर्द ही सीमित न रह कर जेंडर के आस-पास भी होने लगी। 1974 में प्रकाशित अमेरिकी पत्रकार मोली हस्केल की रचना 'फ्रॉम रिवरेंस टु रेप : द ट्रीटमेंट ऑफ़ वुमॅन इन द मूवीज़' में दावा किया गया कि हॉलीवुड की फ़िल्में या तो अक्षतयोनि स्त्री की पवित्रता को महिमामण्डित करती हैं या फिर छिनाल के रूप में उसकी भर्त्सना में लगी रहती हैं। हस्केल ने फ़िल्मी अतिनाटकीयता (मेलोड्रामा) को स्त्री-सिनेमा के रूप में देखने से इनकार करते हुए ख़ास तौर से स्त्री के प्रश्नों को सम्बोधित करने वाली फ़िल्मों की शिनाख़्त की। इन फ़िल्मों में स्त्री किरदार केंद्र में होता था और ये स्त्री दर्शक को ध्यान में रख कर बनाई जाती थीं। यह अंतर करने से स्त्री-फ़िल्मों की राजनीतिक और सौंदर्यमूलक सम्भावनाओं के द्वार खुल गये। हस्केल के साथ इस बौद्धिक उद्यम में मारज़ोरी रोज़ेन और जोआन मेलेन ने भी भागीदारी की। इन तीनों ने उस ज़माने की प्रचलित समाजशास्त्रीय और आनुभविक पद्धति अख़्तियार करते हुए तथ्यगत रूप से साबित किया कि फ़िल्मों में स्त्री का निरूपण उसे पवित्र या चरित्रहीन के रूप में द्विभाजित कर देता है।

स्त्री के नज़रिये से फ़िल्मों की व्याख्या का यह शुरुआती प्रयास विचारोत्तेजक साबित हुआ। युरोप के नारीवादी विद्वानों (क्लेयर जांस्टन, लौरा मलवी, पाम कुक और एनेट कुन) ने महसूस किया कि यह समाजशास्त्री-आनुभविक रवैया स्त्री की एक पूर्व-निश्चित सेक्शुअल अस्मिता के आधार पर खड़ा है। इसलिए इसमें दो प्रवृत्तियाँ पैदा हो गयी हैं। पहली, यह मान कर चलता है कि स्त्री में स्त्री होने के नाते फ़िल्म में अपने निरूपण का मूल्यांकन करने की एक सहजात क्षमता होती है। दूसरी, यह सभी स्त्री फ़िल्मकारों को नारीवादी मान कर चलता है। युरोपीय विद्वानों ने लक्षणवैज्ञानिक (सीमियोटिक) और संरचनावादी रवैया अपनाते हुए आलोचना की कि स्त्री के एक निश्चित सार में

आस्था का परिणाम पितृसत्ता को पिछले दरवाज़े से वैधता प्रदान कर देना होगा। इसके कारण पाले की दूसरी तरफ़ पितृसत्तात्मक व्यवस्था की 'स्वाभाविकता' भी प्रमाणित हो जाएगी।

इस पहले चरण (1968-74) के दौरान फ़िल्मों के क्षेत्र में नारीवादियों की सक्रियता में उल्लेखनीय बढ़ोतरी हुई। एडिनबरा फ़िल्मोत्सव में नारीवादियों ने अपना कार्यक्रम अलग से आयोजित किया। 1973 में जांस्टन ने स्त्री-सिनेमा को प्रति-सिनेमा के रूप में परिभाषित करते हुए अपना विख्यात निबंध लिखा। कुल मिला कर इस बहस के तीन नतीजे निकले। व्यावसायिक सिनेमा द्वारा गढ़ी जाने वाली स्त्री और उसे दी जाने वाली जगह का सैद्धांतिक विश्लेषण किया जाना चाहिए, स्त्री फ़िल्मकारों की कृतियों पर आलोचनात्मक निगाह डाली जानी चाहिए और फ़िल्म बनाने के नारीवादी आधारों की स्थापना की जानी चाहिए।

नारीवादी फ़िल्म थियरी का पहला चरण अगर समाजशास्त्रीय और आनुभविक उपागमों का परिणाम था, तो दूसरे चरण (1975-83) का विकास विखण्डनवाद, मनोविश्लेषण और पाठालोचन के उपागमों के इर्द-गिर्द हुआ। जांस्टन ने अपने निबंध 'वुमंस सिनेमा एज़ काउंटर सिनेमा' में विस्तृत दलील दी कि स्त्री-सिनेमा को पितृसत्ता के विपक्ष में खड़ा हुआ प्रति-सिनेमा बनना है तो व्यावसायिक फ़िल्मों में स्त्री की बनावट को खोल कर देखना होगा : उसके बिम्ब को कैसे फ्रेम किया गया है, उसे कैसी पोशाक पहनाई गयी है, उस पर किस कोण से प्रकाश फेंका गया है, कथांकन में वह किस जगह स्थित है, पुरुष चरित्र किस तरह स्त्री को अपनी काम्य-वस्तु बना कर मातृरत्यात्मकता (इडिपल ट्रैजेक्टरी) की तरफ़ जाता है, कैमरा-वर्क और लाइटिंग से किस तरह स्पष्ट होता है कि पुरुष चरित्र की स्वैरकल्पनाएँ स्त्री को अपना केंद्र बनाती हैं। अगर ये सब बातें निकल कर आ जाएँगी तो फ़िल्म के पाठ और उसकी विचारधारा को अलग-अलग किया जा सकेगा और स्त्री के सिनेमा को उभरने की गुंजाइश मिलेगी। ख़ास बात यह थी कि जांस्टन फ़िल्म को केवल एक राजनीतिक औज़ार की निगाह से ही नहीं बल्कि मनोरंजन के माध्यम से भी देखना चाहती थीं। इन दोनों पहलुओं पर एक साथ विचार करना एक नयी बात थी। जांस्टन ने स्त्री की स्वैरकल्पना और कामना के प्रश्नों को भी सम्बोधित किया।

1975 में लौरा मलवी का बेहद अहम निबंध 'विज़ुअल प्लेज़र ऐंड नैरेटिव सिनेमा' प्रकाशित हुआ जिसमें स्क्रीन और दर्शक के बीच के पाठीय संबंधों का संधान किया गया था। मलवी की इस रचना को फ़िल्म-सिद्धांत के मनोवैश्लेषिक आयाम का जनक माना जाता है। उन्होंने कहा कि दर्शक के 'मैस्क्युलिन प्रेक्षण' को

स्वाभाविक प्रेक्षण नहीं माना जा सकता। मलवी ने अपने इस विवादात्मक लेख *प्लेज़र ऐंड नैरेटिव* में सेक्शुअल विभेदीकरण का मुद्दा उठाते हुए मातृमनोग्रंथि के प्रभाव की भिन्न व्याख्या की। उन्होंने कहा कि दर्शक की मैस्क्युलिन स्थिति उसे नारी-देह के यौनीकरण और वस्तुकरण की तरफ़ ले जाती है। कैमरा स्त्री की दैहिक सुंदरता की तरफ़ ध्यान खींचता है। वह उसकी प्रस्तुति इस क़दर सम्पूर्णता के साथ करता है कि पुरुष दर्शक को उसमें शिश्न की अनुपस्थिति न सताती है, और न ही उससे बधियाकरण (कैस्ट्रेशन) का भय निकलता है। ऐसा करने के लिए कैमरा नारी-देह को शिश्न की तरह तना हुआ दिखाता है। मलवी ने दावा किया कि पुरुष की दृश्य-रत्यात्मक निगाह (वॉयरिस्टिक गेज़) उसके अवचेतन द्वारा बधियाकरण के भय की अनुक्रिया है। स्त्री को नियंत्रित और दण्डित करने (यहाँ तक कि उसकी हत्या कर देने) की कामना की प्रतीकात्मक अभिव्यक्ति इसी निगाह में होती है।

मलवी ने प्रश्न उठाया कि इस पुरुष-केंद्रित सिनेमा में स्त्री-दर्शक किस तरह चाक्षुष आनंद प्राप्त करती है? इसके लिए वह या तो स्क्रीन पर मौजूद स्त्री किरदार की निष्क्रिय स्थिति के साथ तादात्म्य स्थापित कर लेती है या फिर उसे पुरुष की स्थिति ग्रहण करनी पड़ती है। मलवी के ये अवलोकन तरह-तरह की सम्भावनाओं से भरे हुए थे। मनोविश्लेषण और फ़िल्म-सिद्धांत के संयोग का परिणाम यह हुआ कि नारीवादियों को अस्मिता और स्मृति से संबंधित प्रश्न उठाने का मौक़ा मिल गया। उन्होंने स्त्रीत्व और पुरुषत्व की अवधारणाओं को जैविक आधार पर किये गये सरलीकृत द्विभाजन से निकाल कर एक सामाजिक गढ़ंत की तरह देखा। अर्थात् अगर स्त्री और पुरुष की सेक्शुअल भिन्नता पूर्व-निर्धारित नहीं थी, तो उसे विश्लेषित किया जा सकता था और उसकी सामाजिक गढ़ंत को बदला जा सकता था। नारीवादी फ़िल्म-सिद्धांत जैविकता पर ज़ोर देने के बजाय भाषा पर ज़ोर देता चला गया। फ्रॉयड चूँकि शिश्न-ईर्ष्या (या शिश्न-अभाव) से परे जाने में असमर्थ रहे थे इसलिए वे स्त्री की मातृमनोग्रंथि का संतोषजनक सिद्धांतीकरण नहीं कर पाए। फ्रॉयड के बजाय नारीवादियों ने ज़ाक लकाँ द्वारा विश्लेषण में प्रतीकात्मकता यानी भाषा के महत्त्व पर दिये गये ज़ोर से प्रेरणा ली और पितृसत्तात्मक भाषा की वि-संरचना के औज़ारों से सम्बोधित करना शुरू कर दिया। साइकोएनालिसिस और डिकंस्ट्रक्शन को जोड़ते ही नारीवादी फ़िल्म-सिद्धांत फ़िल्म के पाठ को खोलने की क्षमता से लैस हो गया। उसने मेलोड्रामा, स्त्री-केंद्रित फ़िल्मों, हॉरर फ़िल्मों, अपराध केंद्रित फ़िल्मों, थ्रिलर फ़िल्मों और काऊबॉय वाली वेस्टर्न फ़िल्मों की सींवनें खोलनी शुरू कर दीं।

नारीवादी फ़िल्म-सिद्धांत के तीसरे और जारी चरण में मलवी द्वारा उठाए

गये स्त्री-दर्शक के प्रश्न को फिर से संबोधित किया गया। नारीवादी विद्वानों ने दावा किया कि केवल पुरुष की ही मातृमनोग्रंथि नहीं होती बल्कि स्त्री की भी होती है, और शिश्न-ईर्ष्या की अवधारणा एक पितृसत्तात्मक गढ़ंत है। उन्होंने फ्रॉयड के इस दावे को चुनौती दी कि बच्चा अपनी माँ को पुरुष के शिश्न-रहित संस्करण के रूप में देखता है। इस बौद्धिक उद्यम के पीछे कोशिश यह थी कि स्त्रीत्व को पुरुषत्व के संदर्भ-बिंदु की गिरफ़्त से निकाला जाए। अस्सी के दशक के मध्य तक नारीवादी विद्वानों को लगने लगा कि फ़िल्मों के महज़ पाठालोचन से ही काम नहीं चलेगा, बल्कि उन्हें निर्माण और ग्राहकता के ऐतिहासिक व सामाजिक संदर्भों में भी देखना पड़ेगा।

इसी दौरान फ्रांसीसी चिंतक मिशेल फ़ूको द्वारा प्रस्तुत सत्ता संबंधी आख्यान का नारीवादी चिंतन पर गम्भीर असर पड़ा। नारीवादी फ़िल्म-सिद्धांत ने तात्पर्यों की बहुलता पर ध्यान दिया। उसने पाया कि किसी एक फ़िल्म निर्माण की प्रक्रिया में एक से ज़्यादा निर्देशक, पटकथा लेखक और अन्य क्षेत्रों के लोग जुड़े होते हैं। इन सब की कोशिशों से जो यथार्थ बनता है उसके पीछे फ़िल्म उद्योग के भीतरी सत्ता-संबंधों और प्रतिरोधों की भूमिका होती है। दर्शकों को भी एक विचारधारात्मक गढ़ंत के रूप में स्वीकार नहीं किया जा सकता। दर्शकों को स्त्री और पुरुष के सहज द्विभाजन के तहत भी नहीं देखा जा सकता। आयु, जेंडर, नस्ल, वर्ग और सेक्शुअलिटी के मुताबिक़ दर्शक की ग्राहकता बदलती रहती है। स्क्रीन और दर्शक के बीच का रिश्ता बदलता रहता है।

नारीवादी फ़िल्म-सिद्धांत का विकास जारी है। अश्वेत नारीवादियों के हस्तक्षेप से नारीवाद पर श्वेत और मध्यवर्गीय रवैये के प्रभुत्व की तरफ़ निगाह गयी है। उस पर संस्कृति-अध्ययन के तहत हुई लोकप्रिय संस्कृति की जाँच-पड़ताल का भी प्रभाव पड़ा है। लातीनी अमेरिकी और एशियाई नारीवादियों ने भी सैद्धांतिक लेखन शुरू कर दिया है।

फ़िल्म और सेक्शुअलिटी : सिनेमा और उसकी प्रौद्योगिकी में सेक्शुअलिटी को अपने तरीक़े से गढ़ने की क्षमता होती है। शुरू से ही उसकी इस विशेषता का इस्तेमाल इतरलैंगिक (हेटरोसेक्शुअल) आत्मपरकता गढ़ने के लिए किया जाता रहा है। इसके तहत निरूपित पुरुषत्व आम तौर पर सक्रियता और कामना से सम्पन्न होता है, और स्त्रीत्व की रचना निष्क्रियता और काम्यता के आयामों से होती है। सत्तर के दशक में नारीवादी सिद्धांतकारों ने इस संरचना को प्रश्नांकित करने के लिए फ्रॉयड और लकाँ के विचारों का बेहतरीन इस्तेमाल किया। परिणामस्वरूप सेक्शुअलिटी पर होने वाली बहस में मनोविश्लेषण के

विमर्श को स्थान मिला। दूसरी तरफ़ संस्कृति-अध्ययन के क्षेत्र में उठे नस्ल, वर्ग और जेंडर के मुद्दों ने भी इसमें योगदान किया। इस दायरे में क्वियर-सिनेमा का पदार्पण कुछ देर से हुआ। शुरू में क्वियर फ़िल्म-संस्कृति ने अवाँगार्द-सिनेमा और भूमिगत-सिनेमा आंदोलन के साथ जुड़ कर इतरलैंगिकता के बोलबाले को चुनौती दी। समलैंगिक आत्मपरकताएँ रची गयीं। इस दीर्घकालीन संघर्ष का परिणाम यह निकला कि व्यावसायिक सिनेमा में समलैंगिकता के निरूपणों को जगह मिलने लगी। इतरलैंगिता के वर्चस्व के मुक़ाबले समलैंगिकता की यह राह आसान नहीं थी। उसे राजनीतिक और सांस्कृतिक क्षेत्रों में कड़े (यहाँ तक कि हिंसक भी) विरोध का सामना करना पड़ा। जो भी हो, सिनेमा के संसार में सेक्शुअलिटी के नाम पर इतरलैंगिकता को आज भी विशेष प्राथमिकता मिलती है, पर समलैंगिक-इयत्ता भी हाशिये से निकल पर मुख्यधारा में आ चुकी है। इस सिलसिले में भारतीय उदाहरणों पर ग़ौर करने से पहले ज़रूरी है कि पश्चिमी जगत में चले संबंधित विमर्श और सिद्धांतीकरण पर नज़र दौड़ा ली जाए (इसमें क्वियर-सिनेमा पर चर्चा भी शामिल है)।

1973 में नारीवादी विद्वान क्लेयर जांस्टन ने व्यावसायिक फ़िल्मों में स्त्री की बनावट को खोलने का पहला बौद्धिक प्रयास किया। उन्होंने पता लगाया कि उसके बिम्ब को कैसे फ्रेम किया गया है, उसे कैसी पोशाक पहनाई है, उस पर किस कोण से प्रकाश फेंका गया है, कथांकन में वह किस जगह स्थित है, पुरुष चरित्र किस तरह स्त्री को अपनी काम्य-वस्तु बना कर मातृरत्यात्मकता (ओडिपल ट्रैजेक्टरी) की तरफ़ जाता है, कैमरा-वर्क और लाइटिंग से किस तरह स्पष्ट होता है कि पुरुष चरित्र की स्वैरकल्पनाएँ स्त्री को अपना केंद्र बना रही हैं। जांस्टन की मान्यता थी कि अगर ये सब बातें निकल-निकल कर आ जाएँगी तो फ़िल्म के पाठ और उसकी विचारधारा को अलग-अलग किया जा सकेगा और स्त्री के सिनेमा को उभरने की गुंजाइश मिलेगी। पुरुष-स्वैरकल्पना के दायरे से परे जाते हुए जांस्टन ने स्त्री की स्वैरकल्पना और कामना के प्रश्नों को भी सम्बोधित किया। इस संबंध में लौरा मलवी के योगदान का चर्चा ऊपर की ही जा चुकी है।

क्वियर-सिनेमा : क्वियर-थियरी एक उत्तर-आधुनिक सिद्धांत है जिसने सेक्स, जेंडर और सेक्शुअलिटी पर होने वाली चर्चाओं को पहले के मुक़ाबले कहीं व्यापक बना दिया है। इसके आधार पर बने सिनेमा का ज़ोर समलैंगिकों के सकारात्मक चित्रण पर उतना नहीं है, जितना समलैंगिक राजनीति की बेहिचक दावेदारियों पर है। वह सेक्शुअलिटी को निर्धारित और तत्त्वतावादी तात्पर्यों की

जकड़ से निकालना चाहता है। वह रूढ़छवियों को कूड़ेदान में फेंकते हुए अतिरंजनाओं के साथ-साथ जानी-बूझी अश्लीलता को भी अपने औज़ार की तरह इस्तेमाल करता है। यह मानना पड़ेगा कि क्वियर-सिनेमा की दुस्साहसिक पहलक़दमियों के कारण ही फ़िल्म-अध्ययन के तहत नब्बे के दशक में पोर्नोग्राफ़ी पर गम्भीर चर्चा शुरू हो पाई।

हालाँकि समलैंगिक अस्मिताओं को लेकर फ़िल्में बनाने का चलन बहुत पुराना है, पर एक अवधारणा के तौर पर क्वियर सिनेमा का सूत्रीकरण 1991 के टोरंटो फ़िल्मोत्सव से माना जाता है। इसमें अस्सी के दशक से बनने वाली वे फ़िल्में दिखाई गयी थीं जो 'गे' अर्थात् समलैंगिक पुरुषों और उनकी जीवन-स्थितियों पर रोशनी डालती थीं। एड्स की महामारी और सेक्शुअलिटी का संबंध स्पष्ट होते ही नब्बे के दशक में क्वियर-सिनेमा के प्रति व्यावसायिक आकर्षण बढ़ गया। अमेरिकी में गस वाँ सेंत ने *माई ओन इडाहो* और *ईविन काऊगर्ल्स गेट द ब्लूज़* जैसी चर्चित फ़िल्में बनायीं। धीरे-धीरे क्वियर-सिनेमा के झण्डे तले पुरुष और स्त्री समलैंगिक विषयवस्तुओं पर फ़िल्म बनाने वाले निर्देशकों का एक सिलसिला विकसित होने लगा। इस सिनेमा का सौंदर्यशास्त्र शैलियों की विविधता पर ज़ोर देता था इसलिए उसे ख़ुद उन लोगों ने ही 'होमो-पोमो' जैसा हल्का-फुल्का नाम दिया।

अपनी सफलताओं के बावजूद क्वियर-सिनेमा की समस्या यह है कि वह लेस्बियन फ़िल्मकारों की सक्रियता के बावजूद स्त्री-समलैंगिक अस्मिता से जुड़ी उलझनों का समाधान नहीं कर पाया है। फ़िल्म-उद्योग में गे फ़िल्मों के लिए वित्त-पोषण मिलना जितना आसान है, लेस्बियन फ़िल्मों के लिए उतना ही मुश्किल। गे फ़िल्मों का सफ़र तो *माई ओन इडाहो* से चलता हुआ *ब्रोक बैक माउंटेन* (आँग ली) जैसी मुख्यधारा की फ़िल्मों तक आ चुका है। पर कुछ अपवादस्वरूप उल्लेखनीय लेस्बियन फ़िल्मों के अलावा स्त्री-समलैंगिकता को वीडियो का सहारा लेकर प्रति-सिनेमा का मीडियम अपनाना पड़ रहा है।

भारतीय संदर्भ : अक्सर यह सवाल पूछा जाता है कि क्या पश्चिमी मनोविश्लेषण और क्वियर-सिद्धांत का सहारा लेकर भारतीय सेक्शुअलिटी की अभिव्यक्तियों पर ग़ौर किया जा सकता है? जिस समय हॉलीवुड हेटरोसेक्शुअलिटी को प्राथमिकता देते हुए पुरुषत्व को सक्रिय और स्त्रीत्व को निष्क्रिय सेक्शुअलिटी के रूप में निरूपित कर रहा था, उस समय भारतीय व्यावसायिक सिनेमा में सेक्शुअलिटी का समीकरण कुछ अलग तरह का था। साठ और सत्तर के दशक की रोमांटिक कॉमेडी फ़िल्मों में नायक को अगर

कामनाओं से खदबदाता हुआ दिखाया जाता था, जिसकी अनुक्रिया में नायिका भी एक निश्चित मर्यादा में अपनी कामना की अभिव्यक्ति गीत और नृत्य के ज़रिये करती थी। वैम्प (खलनायिका) के मुक़ाबले तो कामना और काम्यता का यह समीकरण उलट ही जाता था। वैम्प की रोमानी और ऐंद्रिक सक्रियता के बरअक्स नायक एक ठंडी ऐंद्रिकता के साथ सामने आता था। उसका यह ठंडापन निष्ठा और नैतिकता के रंगों का इस्तेमाल करके पुंसत्वहीनता में पतित होने से बचा लिया जाता था। कहना न होगा कि भारतीय फ़िल्मों में सेक्शुअल निरूपण की यह भिन्नता मुख्यतः इतरलैंगिक प्राथमिकताओं के तहत ही व्यक्त हुई है। लेकिन इतरलैंगिक सीमा में जकड़ी होने के बावजूद यह प्राथमिकता स्त्री की सेक्शुअल-एजेंसी से पूरी तरह वंचित नहीं है।

चूँकि भारतीय फ़िल्म-अध्ययन ने अभी तक व्यावसायिक फ़िल्मों में संगीतात्मकता और उसके माध्यम से निरूपित हुए रोमानी प्रेम और सेक्शुअलिटी के विमर्श के बारे में अपेक्षित अध्ययन नहीं किया है, इसलिए उसके विद्वान अधिकतर यह पता लगाने में समय ख़र्च करते रहे कि सेंसर द्वारा स्क्रीन पर चुम्बन प्रतिबंधित करने के राजनीतिक-सामाजिक तात्पर्य क्या थे, और ऐंद्रिक प्रेम का विमर्श विकसित होने में हिंदुओं की जातिप्रथा किस तरह की बाधाएँ पेश करती है। इस सीमा के बावजूद हिंदी फ़िल्मों में सेक्शुअलिटी के प्रसंगों की कई गहन समीक्षाएँ सामने आयी हैं। मसलन, गोविंद निहलानी की *अर्धसत्य* में चित्रित ओम पुरी की द्वंद्वग्रस्त मर्दानगी को अमिताभ बच्चन द्वारा निरूपित प्रबल और अपराजेय पौरुष को श्रेयस्कर बताया गया। श्याम बेनेगल की *मण्डी* को देख कर यह प्रश्न पैदा हुआ कि क्या चकलाघर की यौनदासता में भी स्त्रियाँ मज़ा ले सकती हैं ? रवि वासुदेवन ने पचास के दशक की पारिवारिक प्रेम कथाओं के संदर्भ में सूत्रीकरण किया कि उनमें स्त्री की सेक्शुअलिटी अच्छे-बुरे, देहात-शहर, भारतीय-पश्चिमी, पवित्रता-यौनिकता, कर्त्तव्य-कामना के द्विभाजन में फँसी नज़र आती है। माधव प्रसाद ने निजी धरातल पर यौन-अंतरंगता और स्त्री की देह को दर्शनीय बना कर पेश करने वाले निरूपणों में अंतर किया। तेजस्विनी निरंजना ने शक प्रकट किया कि मणि रत्नम की फ़िल्म *मुम्बई* हिंदू पुरुष और मुसलमान स्त्री की ऐंद्रिकता का चित्रण करके साम्प्रदायिकता के संकट को और जटिल बना देती है।

बहरहाल, ये अवलोकन नब्बे के दशक के उत्तरार्ध में विकसित हुई सेक्शुअलिटी की भारतीय राजनीति के सामने ये चर्चाएँ अब फीकी लगने लगी हैं। बासु भट्टाचार्य *आस्था* जैसी फ़िल्म बना कर मध्यवर्गीय भद्र स्त्री की

सेक्शुअलिटी पर उपभोक्तावाद के सकारात्मक-नकारात्मक प्रभावों और नैतिक मर्यादाओं के कारण अतृप्त कामनाओं की संतुष्टि की जाँच-पड़ताल कर चुके हैं। अनिवासी फ़िल्मकार दीपा मेहता द्वारा निर्मित *फ़ायर* भारतीय नारीवादियों और सेक्शुअलिटी के विमर्शकारों ने विचारोत्तेजक बहस की है। फ़िल्म में स्त्री-समलैंगिकता के निरूपण की क्वालिटी को तरह-तरह से जाँचा गया है। लेकिन यह बहस अभी सीधे-सीधे फ़िल्म-अध्ययन से नहीं जुड़ सकी है। फिर भी कम से कम इतना ज़रूर माना जा सकता है कि *फ़ायर* आख़िरकार एक भारतीय फ़िल्म थी जिसके कारण पृष्ठभूमि में पड़ी रहने वाली लेस्बियन या स्त्री-समलैंगिकता की धारणाएँ सार्वजनिक बहस के दायरे में आ गयीं।

टीवी और सेक्शुअलिटी : टेलिविज़न और सेक्स से संबंधित सार्वजनिक बहस का दायरा सामान्यतः टीवी पर 'क्या दिखाया जा सकता है और क्यां नहीं' तक सीमित रहता है। राजनीतिक दल, कट्टरपंथी धार्मिक संगठन, सेंसरशिप विरोधी समूह और अश्लीलता के ख़िलाफ़ झंडा बुलंद करने वाले समूह टीवी कार्यक्रमों और विज्ञापनों में प्रसारित होने वाली सेक्शुअल छवियों के विषय में अपनी-अपनी विचारधारा और राजनीतिक आवश्यकताओं के मुताबिक़ मुद्राएँ ग्रहण करते या छोड़ते हैं जिस पर मीडिया और टीवी-अध्ययनों की अकादमीय दुनिया ज़्यादा ध्यान नहीं देती। वह इस प्रश्न पर अधिकतर दो दृष्टिकोणों से ग़ौर करती है : टीवी पर सेक्शुअलिटी किस तरह निरूपित (रिप्रेज़ेंटिड) और संकेतित (सिग्नीफ़ाइड) है। वह अपनी ज़्यादातर सामग्री मनोविश्लेषण, नारीवाद और क्वीयर थियरी के विमर्श से लेती है। जहाँ तक पुरुष और स्त्री की सेक्शुअलिटी का प्रश्न है, इस विमर्श में स्त्री से संबंधित प्रश्नों पर अधिक ग़ौर किया गया है। पुरुष सेक्शुअलिटी पर विचार करने की परम्पराएँ कुछ देर से विकसित होनी शुरू हुई हैं। मीडिया ने आम तौर पर और टीवी ने ख़ास तौर से दोनों तरह की यौनिकताओं का विन्यास अलग-अलग ढंग से किया है। पर हर हालत में उनकी संरचनाओं पर इतरलैंगिक मानक हावी रहते हैं। टीवी वैकल्पिक यौनिकताओं को गुमराह सेक्शुअलिटी की तरह पेश करता है। इस लिहाज़ से टीवी अल्पसंख्यक सेक्शुअलिटी की 'प्रतीकात्मक हत्या' की नुमाइंदगी करता है। एक नया विकास यह हुआ है कि लोगों के अंतरंग जीवन में झाँकने वाले कार्यक्रम रियलिटी टीवी के उभार के बाद बनने लगे हैं। हालाँकि इन्हें प्राइम टाइम पर नहीं दिखाया जाता, पर देर रात का टीवी इस तरह के कार्यक्रमों को परोसता है। इनकी शुरुआत अमेरिका के प्लेबॉय और पेंटहाउस चैनलों ने की थी, पर अब भारत जैसे ग़ैर-पश्चिमी टीवी उद्योगों ने इनका स्थानीय तौर से निर्माण प्रारम्भ कर दिया है।

नारीवादी आलोचकों ने शुरुआती दौर से ही टीवी उद्योग पर इलज़ाम लगाया है कि वह स्त्री किरदारों को आम तौर पर औरतों के इतरलैंगिक (हेटरोसेक्शुअल) आकर्षण के आधार पर कल्पित करता है। इससे निकलने वाली छवि स्त्री को पुरुषों की 'चीज़' में घटा देती है। स्त्रियों का यौनिक वस्तुकरण मीडिया के सभी संस्करणों में पाया जाता है, पर टीवी स्क्रीन पर आकर उसकी चाक्षुषता एक दैनंदिन रूप ग्रहण कर लेती है। दूसरे, टीवी इस यौनिक वस्तुकरण को लोगों के अंतरंग और घरेलू जीवन में ले आता है, जबकि फ़िल्म के पर्दे पर चलने वाली यही प्रक्रिया इस तरह की भूमिका अदा नहीं कर पाती। नारीवादियों को सेक्शुअल तौर पर खुली हुई छवियों के निरूपण पर ज़्यादा ऐतराज़ नहीं है, बल्कि उन्हें आपत्ति इस बात पर है कि यह पूरी कारीगरी पुरुष प्रभुत्व में चलने वाले संस्थागत विन्यास के तहत होती है। स्त्रियों का इन छवियों के प्रक्षेपण पर किसी तरह का नियंत्रण नहीं होता। नारीवादियों की यह आलोचना उस समय काफ़ी हद तक सही लगने लगती है जब समाचार पढ़ने वाली स्त्रियों का चयन करते समय भी पारम्परिक सेक्शुअल आकर्षण का मानक बनाया जाता है। दूसरे, बहुतेरे टीवी कथानकों में स्त्री की यौनिकता कुछ इस अंदाज़ में चित्रित की जाती है जैसे कि वह किसी ख़तरे, जोखिम या रहस्य का प्रतिनिधित्व करती हो। स्त्री की सेक्शुअलिटी का यह दोहन वैसे तो मीडिया के अन्य रूपों के लिए भी सही है, पर टीवी स्क्रीन की करामात उसे अधिक प्रभावी बना देने में निहित है।

दिलचस्प बात यह है कि टीवी धारावाहिकों (सोप ओपेरा) का विश्लेषण करने वाले विद्वान इस नारीवादी आलोचना से भिन्न नतीजों पर पहुँचे हैं। इन लोकप्रिय धारावाहिकों में स्त्री-पात्रों की स्थिति केंद्रीय होती है। उन्हें कमज़ोर दिखाने के बजाय मज़बूत शख़्सियत का मालिक दिखाया जाता है। धारावाहिक की नायिका या खलनायिका एक ही परिवार में रहते हुए कई-कई शादियाँ कर सकती है। चूँकि वह आर्थिक रूप से ताक़तवर दिखाई जाती है, इसलिए वह सेक्शुअली दबी हुई स्थिति में नहीं होती। धारावाहिकों के स्त्री-पात्र अपनी गतिविधियों से 'सक्रिय यौनिकता' की छवि प्रक्षेपित करती हैं। मँझोली उम्र के स्त्री-पात्रों का चित्रण भी यौनिक रूप से सक्रिय व्यक्ति के रूप में होता है। उनकी यौनिकता केवल पुरुष-कामना की वस्तु नहीं होती, बल्कि ख़ुद उनकी अपनी कामना उसका स्रोत होती है।

पुरुष सेक्शुअलिटी आम तौर पर मीडिया के पाठों से 'हवा की तरह अदृश्य' रही है। पुरुष यौनिकता के चित्रण के लिए सामान्यतः प्रतीकों का सहारा

लिया जाता रहा है। पर्दे को चीरती हुई ट्रेन, भाप के इंजिन का आगे-पीछे चलता हुआ पिस्टन, बंदूकें, तलवारें और सिगार के माध्यम से पुरुष सेक्शुअलिटी की शिश्न-केंद्रित अभिव्यक्तियाँ रची जाती रही हैं। हाल के कुछ वर्षों में यह परम्परा टूटी है और पुरुष की देह का नियोजित यौनीकरण (सेक्शुअलाइज़ेशन) किया जाने लगा है। पहले केवल स्त्री को देखने वाली 'पुरुष की निगाह' ही चर्चा के केंद्र में रहती थी, पर पुरुष शरीर के यौनीकरण के बाद 'स्त्री की निगाह' भी शिनाख़्त के दायरे में आ गयी है जिसके सिद्धांतीकरण की विचारोत्तजक सम्भावनाएँ खुली हैं। जिमनेज़ियम में तराशी गयी पुरुष-देह के टीवी स्क्रीन पर प्रदर्शन ने समाज में पुरुषों के बीच अपनी देह को लेकर नये सरोकारों को जन्म दिया है। पुरुषों की अपनी साज-सज्जा, दैहिक प्रस्तुतीकरण और अपने श्रृंगारिक निरूपण के आग्रहों में इसकी वजह से परिवर्तन आना शुरू हो गया है। भारतीय समाचार पत्रों के पेज-थ्री परिशिष्टों और रंगीन पत्रिकाओं के पृष्ठों पर होने वाली 'मेट्रोसेक्शुअल मैन' की चर्चा इसका प्रमाण है।

युरोप और अमेरिका में सामाजिक मर्यादाओं पर ईसाइयत के प्रभाव के कारण समलैंगिकता को पाप की संज्ञा दी जाती रही है। ऐसी ही सामाजिक और धार्मिक मर्यादाओं के प्रभाव में गढ़ी गयी 'सेक्शुअल करेक्टनेस' का पालन करने के लिए टीवी प्रोड्यूसर कम से कम साठ के दशक तक ऐसे किसी भी पाठ का चित्रांकन करने से कतराते रहे जो हेटरोसेक्शुअल मानकों का ज़रा सा भी उल्लंघन करता हो। जीवन के दूसरे क्षेत्रों में अदृश्यता के शिकार पुरुष और स्त्री समलैंगिकों को इस प्रक्रिया में निरूपण के लिहाज़ से भी हाशिये पर रहने के लिए मजबूर होना पड़ा। उनसे संबंधित किसी भी विषयवस्तु की प्रस्तुति हमेशा एक ऐसी कूट भाषा में की जाती रही जिसे समझना कभी-कभी तो समलैंगिकों के बस में भी नहीं होता था। वैकल्पिक सेक्शुअलिटी के आंदोलनों और विमर्श ने इस स्थिति को एक हद तक बदला। सेंसरशिप के नियम पहले के मुक़ाबले ढीले हुए, टीवी प्रसारण से सरकारों की जकड़ कमज़ोर हुई और लोगों की सोच में भी तबदीली आयी। परिवर्तन के पहले दौर में पुरुष समलैंगिकों को आमतौर पर हास्य कार्यक्रमों में उपहास की वस्तु बना कर पेश किया गया। समलैंगिक स्त्रियाँ इस दौर में या तो पूरी तरह से अनुपस्थित रहीं, या फिर उन्हें बच/फ़ेमे द्विभाजन की रूढ़ छवियों के रूप में निरूपित होना पड़ा। लेकिन दूसरे चरण में पश्चिमी देशों में हुए क़ानूनी परिवर्तनों और जन-रुचि में आये परिवर्तनों के संयोग ने मीडिया (और टीवी) के रवैये को भी बदला। समलैंगिक-भीति से बचते हुए होमो-किरदारों को हमदर्दी से पेश किया जाने लगा। यह अलग बात है कि इस बदले

हुए निरूपण का परिप्रेक्ष्य पूरी तरह से इतरलैंगिक ही बना रहा। आज यह परिप्रेक्ष्य भी परिवर्तित हो रहा है। टीवी व्यवसाय अपने कार्यक्रमों की लोकप्रियता के लिए 'गे-ऑडिएंस' का भी ध्यान रखता है। उसने 'दोहरी मार्केटिंग रणनीति' अपनाई है जिसके तहत कुछ ऐसी छवियाँ प्रसारित की जाती हैं जिन्हें इतरलैंगिक अपने तरीक़े से और समलैंगिक अपने तरीक़े से पढ़ सकते हैं। आज प्राइम टाइम टीवी पर पहले से कहीं ज़्यादा लेस्बियन किरदार दिखाई देते हैं, लेकिन उनका रवैया कुछ इस तरह का रखा जाता है कि वे इतरलैंगिक स्त्रियाँ भी न केवल उनके प्रति अरुचि महसूस नहीं कर पातीं, बल्कि उन्हें इतरलैंगिकों की ही तरह ही स्वीकार कर लेती हैं।

सेक्शुअलिटी और टीवी के संबंधों में एक नया आयाम पिछले डेढ़ दशक में यह आया है कि देर रात के प्रसारण में खुली सेक्शुअल विषयवस्तुएँ पेश की जाने लगी हैं। प्लेबॉय चैनल द्वारा 1998 से प्रसारित 'सेक्सटरा' एक टीवी न्यूज़मैगज़ीन थी जिसकी 80 कड़ियाँ दिखाई गयीं। इसमें काम-विषयक घटनाओं और प्रसंगों की रिपोर्टिंग होती थी और इसकी महिला एंकर अपनी प्रस्तुति करते हुए स्ट्रिपटीज़ तक कर डालती थीं। 1995 से 2007 तक प्लेबॉय टीवी ने ही 'नाइट काल्स' नामक कार्यक्रम प्रसारित किया जिसमें फ़ोन के ज़रिये दर्शकगण अपने सेक्शुअल मुद्दों के बारे में संवाद करते थे। इनमें ज़्यादातर बातें सेक्शुअल स्वैर-कल्पनाओं के बारे में होती थीं, और इस शो के प्रस्तुतिकर्ताओं को पोर्न फ़िल्मों के अभिनेता और अभिनेत्रियों में से छाँटा जाता था।

इस तरह के लेटनाइट शो की बारम्बारता धीरे-धीरे ग़ैर-पश्चिमी टीवी उद्योगों में बढ़ रही है। डिजिटल, केबल और सेटेलाइट प्रोग्रामिंग के युग में भारत के ज़ूम टीवी ने 'सेक्शुअल एगॉनी आंट' कार्यक्रमों की शुरुआत करके इसकी बानगी कर दी है। इन कार्यक्रमों में दर्शकगण फ़ोन करके किसी कथित विशेषज्ञ से अपनी यौनिक समस्याओं के समाधान पूछते हैं। इसके अलावा सेक्शुअल कार्यक्रम प्रसारित करने वाले रूसी चैनलों को भी कई केबल टीवी ऑपरेटर देर रात में प्रसारित करने लगे हैं।

नारीवाद की निगाह में न्याय और सम्पत्ति

न्याय के सिद्धांत का विमर्श उस समय तक पूरा नहीं हो सकता जब तक न्याय के उदारतावादी सिद्धांतीकरण की नारीवादी आलोचना पर ग़ौर न कर लिया जाए। नारीवादी विद्वानों ने न केवल न्याय की उपयोगितावादी और रॉल्सियन प्रस्थापनाओं की प्रखर आलोचना की है, बल्कि इस प्रश्न पर अपने भीतरी दायरों में भी समृद्ध बहस चलाई है।

नारीवादी दार्शनिक राजनीतिक सिद्धांत में प्रचलित न्याय की उस परिभाषा से सहमत नहीं हैं जिसके आधार में नीतिशास्त्र की सार्वभौम, वस्तुनिष्ठ और निर्वैयक्तिक मान्यताएँ मौजूद हैं। कैरल गिलिगन ने तर्क दिया है कि व्यक्ति की आत्मपरकता को समझने के दो रास्ते हैं। एक रास्ता वह है जिसे जॉन रॉल्स अपनाते हैं और जिसके मुताबिक़ एक अलग-थलग और अमूर्त क़िस्म की आत्मपरकता कल्पित की जाती है। दूसरा रास्ता नारीवादियों का है जिसके तहत व्यक्ति की इयत्ता को समझने के लिए एक संयोजी (जुड़ी हुई और जोड़ने वाली) संकल्पना सामने आती है। अमूर्त आत्मपरकता पुरुष के रवैये के अनुकूल है जिसके आधार पर निष्पक्ष, सार्वभौम और वस्तुनिष्ठ न्याय की अवधारणा उभरती है। लेकिन, स्त्री के भीतर व्यक्त होने वाली संयोजी आत्मपरकता मुख्यतः देखभाल, स्नेह और परवाह करने के गुणों पर आधारित है। एक अन्य नारीवादी विद्वान ने न्याय की इन दो अलग-अलग नीतियों के उदाहरण के रूप में इब्राहीम और सेरेस के दृष्टांत पेश किये हैं। वे कहती हैं कि इब्राहीम तटस्थ, सार्वभौम और बुद्धिसंगत उसूलों के लिए अपने बेटे की बलि देने के लिए तैयार हो गये थे, पर सेरेस अपने बेटे की सुरक्षा और देखभाल को प्राथमिकता देते हुए किसी भी सिद्धांत की बलि देने के लिए तैयार दिखती हैं।

नारीवादियों की यह आलोचना पहली नज़र में आकर्षक लगती है, पर नारीवाद की दुनिया में ही सभी लोग इससे सहमत नहीं हैं। न्याय और देख-भाल के इस द्विभाजन से कैथरीन मेकिनन और जोआन ट्रोंटो समेत कई नारीवादी विद्वानों को दिक़्क़त है। वे कहती हैं कि इस तरह का द्विभाजन अंत में दोनों लिंगों की वर्तमान रूढ़ छवियों को ही मज़बूत करता नज़र आएगा। आख़िर यह क्यों मान लिया जाए कि पुरुष स्नेह और देखभाल करने के गुणों से वंचित ही

होता है? इसी तरह यह क्यों मान लिया जाना चाहिए कि स्त्री के भीतर बुद्धिसंगत, सार्वभौम और वस्तुनिष्ठ होने की क्षमता हो ही नहीं सकती? यह सही है कि आज की दुनिया में इस तरह का द्विभाजन कई बार हक़ीक़त के तौर पर नज़र आता है, पर असल में यह अट्ठारहवीं सदी के बाद युरोप में हुए कई परिवर्तनों का फलितार्थ है। दरअसल, स्त्री की परस्पर संयोजी प्रवृत्ति और पुरुष की स्वायत्त प्रवृत्ति आम तौर पर एक असमान संदर्भ का नतीजा है। इसी असमान संदर्भ के कारण स्त्री और पुरुष के भीतर विषम मूल्यांकन के आधार पर इयत्ता की भिन्न-भिन्न अनुभूतियाँ पैदा होती हैं। संयोजी बोध अपने आप में मूल्यवान है पर उसे इयत्ता के स्वायत्त बोध का आनुषंगिक बनना होगा, न कि उसका प्रतिलोम।

ज़्यादातर नारीवादी न्याय की इन दोनों नीतिगत संरचनाओं को जोड़ने के पक्ष में दिखाई पड़ते हैं। सूज़न मोलर ओकिन ने नारीवादी नज़रिये से न्याय के सिद्धांत को गढ़ने का सबसे ज़ोरदार प्रयास किया है। अपनी रचना *जस्टिस, जेंडर ऐंड फ़ेमिली* में वे कहती हैं कि न्याय पर होने वाली दार्शनिक चर्चाओं में परिवार के दायरे को शायद ही कोई महत्त्व दिया जाता हो। रॉल्स भी परिवार को अपने विमर्श में शामिल नहीं करते। परिवार को 'निजी' दायरे में मान लिया जाता है, और न्याय को 'सार्वजनिक'। इस हक़ीक़त की कोई परवाह नहीं की जाती कि न्याय का विचार क़ानूनों और संस्थाओं की जिस दुनिया का विधेयक है, वह दुनिया ही परिवार और उसके कामकाज के लिए विधेयक की हैसियत रखती है। आख़िरकार सम्पत्ति, उत्तराधिकार, तलाक़, गोद लेने जैसे क़ानून ही पारिवारिक जीवन को नियंत्रित-संचालित करते हैं। यानी जो सार्वजनिक है उसका सीधा असर निजी दायरे पर पड़ता है। सार्वजनिक दायरे में लोगों का जीवन पारिवारिक दायरे में उनके जीवन के तत्त्वों से रचा जाता है। परिवार के भीतर श्रम का असमान विभाजन बाहर की दुनिया में स्त्रियों के जीवन को तरह-तरह से समस्याग्रस्त करता है। वे उन विषमताओं का शिकार होती जाती हैं जिन्हें सामाजिक परम्पराओं द्वारा पुष्ट किया जाता है। रसोई, बच्चों के लालन-पालन और घर का कामकाज उनकी ऊर्जा को इस क़दर सोख लेता है कि वे घर की दहलीज़ से बाहर के जीवन का आनंद उठाने लायक़ ही नहीं रह जातीं।

ओकिन की दलील है कि परिवार के भीतर की असमानताओं के प्रति मौन रखने वाला न्याय का कोई भी सिद्धांत अपूर्ण है। उदारता, त्याग, धैर्य और सेवा जैसे गुणों की आड़ में अगर परिवार में अन्याय पाला-पोसा जाता है, और बच्चे उसी माहौल में बड़े होते हैं, तो उनके भीतर न्याय-बोध कैसे पैदा हो सकता है? इस पहलू की उपेक्षा करने की ग़लती रॉल्स ने भी की है। रॉल्स की दुनिया

में तो केवल परिवार के पुरुष मुखिया एक साथ बैठ कर न्याय के उसूल को स्वीकार करते नज़र आते हैं। वे परिवार की संस्था को समाज की बुनियादी इकाई मान कर कहते हैं कि न्याय के उसूल उसी के लिए बनाने ज़रूरी हैं, पर परिवार के भीतर होने वाले अन्याय की चर्चा नहीं करते।

ओकिन सुझाव देती हैं कि रॉल्स जिसे 'अज्ञान का आवरण' कह रहे हैं, उसमें व्यक्ति को यह भी नहीं पता होना चाहिए कि वह पुरुष है या स्त्री। अपने लिंग को जाने बिना ही उससे उम्मीद की जानी चाहिए कि वह उस परिवार का मूल्यांकन करे जो समाज की बुनियादी संरचना है। तभी वह परिवार के भीतर होने वाली नाइंसाफ़ियों का मूल्यांकन कर पाएगा और केवल तभी न्याय का एक वास्तविक मानवीय विचार सूत्रबद्ध किया जा सकेगा।

न्याय की ही तरह सम्पत्ति संबंधी सिद्धांतों की मूलभूत आलोचना करते हुए नारीवादी विद्वानों ने सबसे ज़्यादा बुनियादी प्रश्न यह उठाया है कि आख़िर वह व्यक्ति कौन है जिसके सम्पत्ति रखने के अधिकार पर विचार किया जा रहा है। आधुनिक राजनीतिक सिद्धांत मान कर चलता है कि जिस व्यक्ति के इर्द-गिर्द उसने अपनी धारणाएँ सूत्रबद्ध की हैं, वह लैंगिक रूप से तटस्थ है यानी व्यक्ति का मतलब स्त्री भी हो सकता है और पुरुष भी। नारीवादी विद्वत्ता इस धारणा का खण्डन करते हुए दावा करती है कि यह व्यक्ति नामक शै केवल पुरुष है। कैरॅल पैटमैन के अनुसार जॉन लॉक अपनी रचना *टू ट्रीटाइज़िज़ ऑफ़ गवर्नमेंट* में स्त्रियों को सम्पत्ति के दायरे से बहिष्कृत कर देते हैं क्योंकि उनकी निगाह में स्त्री और पुरुष के बीच समानता नहीं हो सकती। लॉक के मुताबिक़ स्त्री की हैसियत स्वाभाविक रूप से पुरुष के अधीनस्थ है, और पत्नी की पति के प्रति अधीनता का आधार प्रकृति में है। इसमें कोई शक नहीं कि लॉक का सिद्धांत तत्कालीन समाज में मौजूद कई सामंती विषमताओं को चुनौती देता है, पर वह परिवार के भीतर मौजूद लैंगिक ऊँच-नीच को प्रश्नांकित करने में दिलचस्पी नहीं दिखाता। इसका कारण यह है कि परिवार सार्वजनिक दायरे से बाहर समझा जाता है।

पैटमैन का दावा है कि लॉक का राजनीतिक सिद्धांत ज़ाहिरा तौर पर रॉबर्ट फ़िलमर द्वारा किये गये पितृसत्ता के बचाव के ख़िलाफ़ सूत्रबद्ध किया गया था, पर वह अंत में पितृसत्ता के आधुनिक रूप को न्यायसंगत ठहराता हुआ नज़र आता है। लॉक के राजनीतिक सिद्धांत में दर्ज व्यक्ति सार्वजनिक दायरे में सक्रियता के ज़रिये अधिकारों का धारक और निजी सम्पत्ति का स्वामी बनता है। यही व्यक्ति, जो परिवार का पुरुष मुखिया है, सामाजिक समझौते को कार्यान्वित करता

है। उसके विपरीत स्त्री परिवार के दायरे में सीमित रहने के लिए बाध्य है। परिवार निजी और ग़ैर-राजनीतिक दायरे में आता है और उसके भीतर स्त्री की सक्रियता उसे सम्पत्ति, संसाधनों और अधिकारों से वंचित कर देती है। परिणामस्वरूप पुरुष नागरिकता के सम्पूर्ण अधिकार प्राप्त कर पाता है, और स्त्री पूरी तरह से नागरिक नहीं बन पाती। लॉक के बाद आधुनिक लोकतंत्रों ने लम्बे अरसे तक स्त्रियों को कई नागरिक अधिकारों से महरूम रखा। उन्हें न तो वोटिंग का अधिकार मिला, और न ही पिता की सम्पत्ति में हिस्सेदारी मिली। हर जगह पुरुष को उनका प्रतिनिधि मान लिया गया। पुरुष को मिले अधिकारों में ही स्त्री के अधिकार निहित समझ लिए गये।

लॉक के सिद्धांत की यह आलोचना उन तमाम नारीवादी अंतर्दृष्टियों का हिस्सा है जो बीसवीं सदी में स्त्री के अनुभव को केंद्र में रखने से निकली हैं। इनके मुताबिक़ किसी भी समाज में व्याप्त लैंगिक संबंधों की रोशनी में ही उस समाज में संसाधनों के बँटवारे की समीक्षा की जानी चाहिए। संसाधनों का यह विषम बँटवारा ही स्त्रियों के ख़िलाफ़ लैंगिक पूर्वग्रहों को मज़बूत करता है। ऐतिहासिक रूप से स्त्रियों की अधीनता का एक बहुत बड़ा कारण उन्हें आमदनी के ज़रिये (जैसे भूमि का स्वामित्व) से अलग कर देना रहा है। जिसके पास आय का माध्यम होता है, स्त्री को उसी पर निर्भर रहना पड़ता है। पुरुष पर निर्भरता की स्थिति उन विचारधाराओं द्वारा भी पुष्ट होती है जो उसे प्रकृति-प्रदत्त क़रार देती हैं। राजनीतिक सिद्धांत, चाहे आधुनिक हो या प्राक्-आधुनिक, इस तरह की विचारधाराओं को जन्म देते रहे हैं। समकालीन नारीवादी विद्वानों ने इसी दृष्टि-बिंदु से अरस्तू, रूसो और लॉक जैसे दार्शनिकों की जाँच की है।

पैटमैन का विचार है कि राजनीतिक सिद्धांत सामाजिक और राजनीतिक दायरों की चौहद्दी इस आधार पर तय करता है कि उसमें क्या-क्या शामिल है और क्या-क्या शामिल नहीं है। वह पारिवारिक और नातेदारी के संबंधों को सार्वजनिक जीवन में शामिल नहीं करता। वह सामाजिक स्पेस, जिसमें स्वतंत्र और समान हैसियत वाले व्यक्ति अन्योन्यक्रिया करते हुए अपना काम करते हैं, पारिवारिक दुनिया के लिए अपने दरवाज़े बंद रखता है। इसी दृष्टिकोण के आधार पर नारीवाद द्वारा परिवार के भीतर सम्पत्ति के वितरण का सवाल उठाया गया है, क्योंकि यह वितरण ही तय करता है कि नागरिक के तौर पर स्त्री का सामाजिक अस्तित्व कैसे परिभाषित होगा। नारीवादियों के अलावा राजनीतिक सिद्धांत ने परिवार की संस्था पर समानता और न्याय के लिहाज़ से ग़ौर करने में हमेशा हिचक दिखाई है।

दक्षिण एशिया के संदर्भों में बीना अग्रवाल ने सरकारी नीतियों के सूत्रीकरण और कार्यान्वयन में व्यक्त होने वाले ऐसे रवैये की आलोचना की है। अपनी रचना *जेंडर ऐंड कमांड ओवर प्रॉपर्टी* में वे बीसवीं सदी के उत्तरार्ध में कई दक्षिण एशियाई देशों में कार्यान्वित पुनर्वितरणकरी नीतियों की अंतर्निहित प्रवृत्तियों को सामने लाती हैं। अग्रवाल का कहना है कि जब भूमि सुधार होते हैं या किसी अन्य संसाधन का बँटवारा होता है तो ज़मीन के पट्टे परिवार के मुखियाओं को दिये जाते हैं जो आमतौर पर पुरुष ही होते हैं। चूँकि परिवार समानता और न्याय के सार्वजनिक दायरे से बाहर की संस्था है इसलिए पचास और साठ के दशक में भारत, श्रीलंका और पाकिस्तान में लागू की गयी भूमि वितरण की नीतियों के तहत ज़मीन स्वतंत्र रूप से स्त्रियों को नहीं मिल सकी।

अग्रवाल दूसरा महत्त्वपूर्ण सवाल स्वामित्व और नियंत्रण का उठाती हैं। अगर सम्पत्ति के क़ानूनी स्वामित्व के मामले में लैंगिक समानता का ध्यान रखा भी जाता है, तो भी व्यवहार में स्वामित्व मिलने के बावजूद स्त्रियाँ सम्पत्ति पर व्यावहारिक नियंत्रण से वंचित ही रहती हैं। पारम्परिक पूर्वग्रहों और वास्तविक सत्ता संबंधों के कारण ज़्यादातर एशियाई स्त्रियों को ज़मीन पर अपने मालिकाना हक़ की ठोस दावेदारी में दिक़्क़त आती है। इस तरह स्त्री और सम्पत्ति के समीकरण में न केवल वैधानिक बल्कि सामाजिक और सांस्कृतिक पहलू भी महत्त्वपूर्ण बन जाते हैं।

एक सेक्सी समय में एज ऑफ़ कंसेंट

जब से लॉ कमीशन ने सरकार को लड़कियों की एज ऑफ़ कंसेंट (सहवास की सहमति देने लायक उम्र) पंद्रह से बढ़ा कर सोलह करने का सुझाव दिया है, भारतीय सेक्शुअलिटी के विविध आयामों पर पिछले पचास साल से चल रही बहस एक नयी मंजिल पर पहुँच गयी है। अगर सेक्स पर पड़े सारे रहस्यों का पर्दाफ़ाश करते हुए उसके साथ जुड़ी रोमानी खामख़याली को नज़रअंदाज़ कर दिया जाए, तो यह बात आईने की तरह साफ़ हो जाती है कि विवाह की संस्था के तहत अधिकतर स्त्रियाँ अपने पहले सहवास के साथी के रूप में एक अपरिचित

पुरुष को स्वीकार करने के लिए मजबूर होती हैं। दरअसल हमारा समाज अधिकांशतः अजनबियों के बीच होने वाली पहली यौन क्रिया के आधार पर ही चल रहा है। ज़ाहिर है कि सेक्स और स्त्री के इस समीकरण में स्त्री ही सबसे ज़्यादा जोखिम का सामना करती है। अविकसित यौनांगों के ज़ख्मी हो जाने से लेकर गर्भ रह जाने और कमसिनी में माँ बनने का बोझ आ जाने तक सारे ख़तरे उसे ही उठाने पड़ते हैं। इसलिए हमारे समाज के लिए ख़ास तौर से ज़रूरी हो जाता है कि वह स्त्री की एज ऑफ़ कंसेंट पर संजीदगी से ग़ौर करे। पचास साल पहले बने क़ानून के आधार पर हमारा सामाजिक और पारिवारिक सफ़र काफ़ी हो चुका। वह क़ानून उपयोगी था, लेकिन अब इन बातों पर नये फ़ैसलों की आवश्यकता है। ऐसे फ़ैसलों की जो बदली हुई हक़ीक़तों पर खरे उतर सकें।

आख़िर ये बदली हुई हक़ीक़तें क्या हैं? बदलते हुए यथार्थ का एक अहम पहलू यह है कि पिछले पच्चीस-तीस साल में भारतीय परिवार की संस्था की सहस्राब्दियों पुरानी ज़मीन ख़िसकने लगी है। यह बात सुनने में जितनी पेचीदा लगती है, उतनी है नहीं। सत्तर के दशक तक सेक्स का वैध केंद्र एक ही था : मध्यवर्गीय पति-पत्नी का शयनकक्ष। सेक्स का अवैध केंद्र था चकलाघर। यानी तब सेक्स के वैध और अवैध दायरे सुपरिभाषित होने के बावजूद संकीर्ण थे। आज परिवार की संस्था के भीतर हो रहे छोटे-छोटे सामाजिक धमाकों ने तलाक़ों का प्रतिशत कई गुना कर दिया है जिससे विवाह अब सात जन्म का बंधन न रह कर इसी जन्म में निबट जाने वाले रिश्ता बन गया है। एक व्यक्ति के लिए (चाहे स्त्री हो या पुरुष) क़ानूनी तौर पर मोनोगेमी का पालन करते हुए एक के बात एक कई रिश्तों की सम्भावनाएँ खुल गयी हैं। लिव-इन रिलेशनशिप उभर कर सामने आयी है। इन परिघटनाओं ने परिवार की संस्था का दैवी आधार हिला दिया है। सेक्शुअलिटी के इतिहासकारों का यह कहना ग़लत नहीं है कि जैसे ही किसी समाज में परिवार की संस्था अस्थिर होती है, वैसे ही वहाँ पथभ्रष्ट समझी जाने वाली यौनिकताएँ तेज़ी के साथ अपनी दावेदारियों के साथ सामने आती हैं। अर्थात् उन समाजों में तरह-तरह की समलैंगिकताएँ, आत्मरति के विभिन्न उपाय और यौन संतुष्टि का पूरा कारोबार सेक्शुअलिटी के स्थापित पारिवारिक रूपों को चुनौती देने लगता है।

ख़ास बात यह है कि ये सारे परिवर्तन एक ऐसे समय में हो रहे हैं जिसमें विचारधाराओं के खँडहर चारों तरफ़ बिखरे हुए हैं। चाहे वह राष्ट्रवाद हो, सेकुलरवाद हो, मार्क्सवाद हो या प्राचीन भारत की शान बघारने वाली परम्परा हो, ये सभी विचार पहले की तरह प्रामाणिकता के स्रोत नहीं रह गये हैं। ज़िंदगी को मायने देने वाली प्रामाणिकता की भरपाई करने के लिए जो शै उभर कर

आयी है, वह सेक्स है। बाज़ार ने इसमें ज़बरदस्त योगदान किया है। शॉपिंग (मनी की स्पेंडिंग) और डेटिंग (वीर्य की स्पेंडिंग) एक दूसरे के पर्याय बन गये हैं। ऐसे सेक्सी समय में अगर एज ऑफ़ कंसेंट गड़बड़ रही, तो समाज का कबाड़ा होना तय है।

लेकिन, ऐसे विकट समय के लिए एज ऑफ़ कंसेंट तय करना इतना आसान भी नहीं है। इसे बढ़ाने के तर्क भी ज़ोरदार लगते हैं और घटाने की दलीलें भी कम ताक़तवर नहीं हैं। मसलन, सहवास की सहमति देने की क़ानूनी उम्र घटाने के पैरोकार मानते हैं कि यह उम्र जितनी ज़्यादा रखी जाएगी, यौन शिक्षा देने में उतनी ही दिक़्क़त आएगी। कमसिन युवक-युवतियों के लिए सेक्स एक्ट का अपराधीकरण उन्हें अपनी कामनाएँ और उनसे जुड़े प्रश्न छिपाने की तरफ़ ले जाएगा। इससे एड्स और अन्य यौन बीमारियों के चंगुल में फँसने का ख़तरा बढ़ेगा। दूसरी तरफ़ उम्र बढ़ाने के पैरोकारों की मान्यता है कि हमारा समाज आधुनिक है, आदिम नहीं। यहाँ स्त्री प्रजनन के स्रोत के तौर पर नहीं देखी जा सकती। शारीरिक विकास से भी ज़्यादा ज़रूरी है उसका मानसिक विकास होना। दूसरे, नयी अर्थव्यवस्था में वह उत्पादक श्रम का बहुत बड़ा स्रोत है। अगर वह वयस्क और परिपक्व होने से पहले ही बच्चा जनने में फँस गयी तो समाज अपनी आधी आबादी के एक बहुत बड़े हिस्से की रचनात्मक प्रतिभा से वंचित रह सकता है। एक तीसरा तर्क भी है जो विशुद्ध तकनीकी क़िस्म का है। इसका कहना है कि अन्य संबंधित क़ानूनों और एज ऑफ़ कंसेंट क़ानून के बीच मौजूदा विसंगतियों को ख़त्म करने के लिए क़दम उठाए जाने चाहिए। इसके अलावा कुछ लोगों को इस क़ानून की समीक्षा इसलिए भी ज़रूरी प्रतीत हो रही है कि इससे मनुष्य के बचपन की चौहद्दी नये सिरे से निर्धारित की जा सकती है। सहवास की सहमति देने लायक हो जाने पर व्यक्ति को तकनीकी रूप से बच्चा तो नहीं ही माना जा सकता। बालक-बालिकाओं के यौन शोषण या उनके श्रम के शोषण की परिभाषा भी एज ऑफ़ कंसेंट बदलने से बदल जाएगी।

आज़ाद भारत में इस विषय पर बहस का पहला दौर पचास के दशक में चला था। तब देश के पहले क़ानून मंत्री डॉ. आम्बेडकर द्वारा हिंदू कोड बिल पेश किया गया था। उस समय हिंदू समाज की सभी अनुदारतावादी ताक़तें एकजुट हो कर एज ऑफ़ कंसेंट बिल के ख़िलाफ़ खड़ी हो गयी थीं और परम्परा के नाम पर अपने वक़्त के सबसे रेडिकल विधायी उपाय को रोकने की हर सम्भव कोशिश की गयी थी। चूँकि हिंदू समाज की आधुनिकता का भविष्य काफ़ी-कुछ इस क़ानून के पास होने पर निर्भर था, इसलिए हमारे राष्ट्रनिर्माताओं ने झुकने से इनकार करते हुए अंतिम परिणाम के रूप में क़ानून बना कर ही दम लिया। लेकिन, आज विधि आयोग के इस सुझाव पर चल

रही बहस का लहज़ा तल्ख होने के बजाय संतुलित और सकारात्मक है। दोनों बहसों के चरित्र का यह फ़र्क़ बताता है कि भारतीय समाज कितना बदल चुका है। सेक्स एक्ट के क़ानूनी पहलुओं पर की जाने वाली आज की चर्चा में न तो नैतिकता की ठेकेदारों की आवाज़ सुनाई पड़ रही है, और न ही धर्म व परम्परा की दुहाई दी जा रही है। विशेषज्ञों की भूमिका अधिक है। सेक्स और समाज का रिश्ता सेक्शुअलिटी की दुनियावी कसौटियों पर कसा जा रहा है। आज का हमारा समाज सेक्स और सेक्स एक्ट को लेकर पहले की तरह असहज महसूस नहीं करता। इसलिए हम उम्मीद कर सकते हैं कि एज ऑफ़ कंसेंट की दुविधा दूर करते हुए जो नया क़ानून बनेगा उसका सूत्रीकरण बिना किसी दबाव के सूझबूझ के साथ हमारे सामाजिक विकास के नये चरण के मुताबिक़ किया जाएगा।

देह का नक्सलवाद और प्रेम विवाह

वैसे भी हिंदी साहित्य में जब-तब 'देह-विमर्श' को लेकर छींटाकशी भी चलती रहती है। चूँकि स्त्री-लेखन पिछले दिनों ख़ूब उभरा है। इसलिए आजकल इस तरह के कटाक्ष कुछ ज़्यादा ही होने लगे हैं। अगर कोई देह-विमर्श है भी, तो उसके साथ हमेशा और हर जगह मैथुन और चरम सुख की माँग के आयाम ही नहीं हो सकते। स्त्री आक्रोश में आकर अपनी देह निर्वस्त्र करके समाज और उत्पीड़नकारियों को स्तब्ध और किंकर्तव्यविमूढ़ कर सकती है।

पिछले दिनों भारत भूषण अग्रवाल से पुरस्कृत गीत चतुर्वेदी की कविता 'मदर इण्डिया' पढ़ी। यह कविता उन दो औरतों के लिए थी जिन्होंने कुछ दिनों के लिए शहर को डुबो दिया था। ये स्त्रियाँ निर्वस्त्र थीं और प्रश्न कर रही थीं :

...ये कौन-सी महिलाएँ हैं जिनके लिए
गहना नहीं हया
ये हम कैसे दोगले हैं जो नहीं जुटा पाए
इनके लिए तीन गज़ कपड़ा...
इन्हें सड़क पर चलने से रोक दिया जाए?
नेहरू चौक पर खड़ा करके दाग़ दिया जाए?
पुलिस में दे दें या चकले में

पर शहर की सड़क को साफ़ किया जाए?
ये स्त्रियाँ हैं हमारे अंदर की
जिनके लिए जगह नहीं बची अंदर
ये इम्तिहान हैं हममें बची हुई शर्म का
ये मदर इण्डिया है
सही नाप लेने वाले दर्जी की तलाश में
कौन हैं ये
पता किया जाए।

मैं इस पूरी कविता को प्रतिरोध के एक राजनीतिक वक्तव्य के रूप में देखता हूँ। ख़ास बात यह है कि यह कविता उन दिनों लिखी गयी है जब वास्तव में स्त्रियाँ अपनी देह को प्रतिरोध का औज़ार बनाकर सड़कों पर निकलने लगी हैं। ऐसी पहली घटना पहले मणिपुर की सड़कों पर हुई थी जहाँ सशस्त्र बलों द्वारा किये गये बलात्कार का विरोध करने के लिए वृद्ध स्त्रियों ने अपने कपड़े उतार दिये थे और एक ऐसा प्रदर्शन किया था जिससे पूरे राष्ट्र की आत्मा हिल उठी थी। आज अगर केंद्र सरकार मणिपुर में सशस्त्र बलों को विशेषाधिकार देने वाला कुख्यात अधिनियम ख़ारिज करने पर विचार कर रही है तो उसके पीछे उन निर्वस्त्र स्त्रियों के प्रदर्शन की भूमिका से इनकार नहीं किया जा सकता। आदिवासी और नक्सलवादी संदर्भ में लिखी गयी महाश्वेता देवी की विख्यात कहानी 'द्रौपदी' में भी एक स्त्री ने भारत के मानचित्र पर निर्वस्त्र लेटकर ऐसा ही प्रतिरोध किया था।

हाल ही में एक और घटना घटी है जो एक भिन्न संदर्भ में शायद मणिपुर की घटना से भी अधिक शिद्दत के साथ गीत चतुर्वेदी की कविता की याद दिला देती है। गुजरात के शहर राजकोट में जून–जुलाई की एक उमस भरी सुबह उस वक़्त बुरी तरह डूब गयी जब अचानक पूजा चौहान नाम की स्त्री केवल अपनी ब्रा और पैंटी में सड़कों पर निकल पड़ी। उसके एक हाथ में बेसबाल का बैट था और एक हाथ में चूड़ियाँ। एक बेटी की माँ और प्रेम विवाह के ज़रिये अपना मनमाफ़िक़ पति हासिल करने के बावजूद दहेज संबंधी माँगों के कारण दिन–रात घरेलू हिंसा की शिकार पूजा इसी हालत में पैदल चलती हुई पुलिस कमिश्नर के दफ़्तर तक गयी। जब अधिकारी नहीं मिले तो लौट गयी। मणिपुर की स्त्रियों और महाश्वेता की द्रौपदी की तरह पूजा चौहान द्वारा अपनाया गया देह का नक्सलवाद भी कामयाब रहा। दिल्ली के अख़बारों ने उसके प्रतिरोध पर सम्पादकीय लिखे। वरिष्ठ वकीलों ने बहस की कि क्या उस पर अश्लीलता का

मुक़दमा चलना चाहिए। यह भी चर्चा हुई कि कहीं वह ख़ुद विक्षिप्त तो नहीं है। स्थानीय पुलिस भी हरकत में आयी। पति समेत उसके ससुराल वालों को गिरफ़्तार कर लिया गया। एक पड़ोसी भी पकड़ा गया जो पूजा की पिटाई में उसके ससुरालियों की मदद करता था। अब पूजा का क्या होगा, यह एक पूछने लायक़ सवाल है। अगर इसका जवाब चाहिए तो ज़्यादा व्यापक सवाल यह पूछना होगा कि प्रेम विवाह करने की माननीय और आधुनिक स्वतंत्रता का उपभोग करने के बावजूद पूजा चौहान को निर्वस्त्र होकर सड़कों पर क्यों उतरना पड़ा? प्रेम जैसे ही विवाह में बदलता है, वह प्रेम क्यों नहीं रह जाता? इसी के साथ पूजा का यह दावा भी मानीख़ेज़ है कि वह किसी भी तरह से अपने पति को तलाक़ नहीं देगी, क्योंकि वह उसी जैसी किसी दूसरी स्त्री से इश्क लड़ाकर उसकी ज़िंदगी ख़राब करने की पूरी तैयारी किये बैठा है।

पूजा चौहान के हालात पर कोई व्यापक टिप्पणी करने से पहले यह याद कर लेना ज़रूरी है कि देह के ज़रिये प्रतिरोध की शुरुआत विश्व स्तर पर नारीवादी आंदोलन की देन है। पश्चिम में साठ के दशक से ही प्रतिरोध स्वरूप ब्रा-बर्निंग और स्त्रियों द्वारा नग्न होकर प्रदर्शन करने के प्रकरण होते रहे हैं चूँकि वह सब पश्चिम में हुआ था, या होता है, इसलिए भारतीय ज़मीन पर उसके तात्पर्यों को समझना अभी तक मुश्किल रहा है। भारतीय समाज की पारम्परिक संवेदनशीलता के लिए किसी स्त्री या कुछ स्त्रियों द्वारा इस तरह की कार्रवाई कल्पनातीत ही हो सकती थी। वैसे भी हिंदी साहित्य में जब-तब 'देह-विमर्श' को लेकर छींटाकशी भी चलती रहती है। चूँकि स्त्री-लेखन पिछले दिनों ख़ूब उभरा है, इसलिए आजकल इस तरह के कटाक्ष कुछ ज़्यादा ही होने लगे हैं। अगर कोई देह-विमर्श है भी, तो उसके साथ हमेशा और हर जगह मैथुन और चरम सुख की माँग के आयाम ही नहीं हो सकते। स्त्री आक्रोश में आकर अपनी देह निर्वस्त्र करके समाज और उत्पीड़नकारियों को स्तब्ध और किंकर्तव्यविमूढ़ कर सकती है। महाश्वेता की द्रौपदियाँ अब साहित्यिक कल्पनाशीलता और पश्चिमी नारीवाद की सीमाएँ लाँघकर हमारी-आपकी रोज़ाना की ज़िंदगी में आ गयी हैं। अब तो कम से कम हमें छींटाकशी बंद करके स्त्री-देह के ऐसे पहलुओं पर सोचना शुरू कर देना चाहिए कहीं इनकी अभिव्यक्तियाँ नारीवादी आंदोलन के अभिप्रेत का अनभिप्रेत परिणाम तो नहीं हैं।

पूजा भले ही आज न माने, लेकिन कुछ दिन बाद शायद उसे समझाया जा सकेगा कि उसे अपने अत्याचारी पति को तलाक़ दे देना चाहिए। दरअसल, यह बात पूजा ही नहीं समाज और उसके क़ानूनी ढाँचे को समझने की भी है कि बिना आसान और सहज तलाक़ के प्रेम विवाह की संस्था एक तरह से प्रेमहीन

विवाह में पतन है। यौनिक प्रेम यानी सेक्शुअल लव के अध्येताओं की मान्यता है कि अपनी शुरुआत में यह प्रेम स्त्री और पुरुष को बराबरी के स्तर पर ला देता है। उनके बीच जेंडर संबंधी ऊँच-नीच, वर्गीय कोटिक्रम और यहाँ तक कि जातिगत या धर्मगत फ़र्क़ भी नहीं रह जाता। दोनों पक्ष यौनिक प्रेम के उत्कट प्रभाव में एक-दूसरे मैं दैहिक और मानसिक रूप से समा जाते हैं। ख़ास बात यह है कि उनकी इयत्ता और अहं का एक-दूसरे में सम्पूर्ण विसर्जन हो जाता है। दो आपस में इस तरह मिलते हैं कि एक हो जाते है। यौनिक प्रेम का यह जादुई प्रभाव अपने चरित्र में रेडिकल और लोकतांत्रिक है। पर, इसके तिरोहित होने की शुरुआत उसी क्षण हो जाती है जैसे ही यह यौनिक प्रेम विवाह के रूप में संस्थागत स्थिति ग्रहण करता है। इससे कोई फ़र्क़ नहीं पड़ता कि वह विवाह अग्नि के फेरे लगाकर किया जाता है, या अदालत में जाकर शपथ पत्र देकर। विवाह होते ही प्रेम की लोकतांत्रिकता हर तरह की श्रेणीबद्धता में फँसी नज़र आने लगती है, जिसमें स्त्री के लिए सबसे विकट और असह्य होती है जेंडर संबंधी ऊँच-नीच। पति परमेश्वर हो जाता है और पत्नी के लिए एक भक्त की स्वायत्तता भी नहीं रह जाती। यानी एक जादू के बाद दूसरा जादू घटित होता है जिसे पुनर्मूषको भव कहते हैं।

यौनिक प्रेम की यह विफलता ही पूजा चौहान के जीवन के साथ-साथ आधुनिक सेक्टर में सक्रिय स्त्रियों की सबसे बड़ी त्रासदी है। आधुनिकता के पास इस विफलता का प्रतिकार करने के लिए जो कुछ सीमित अस्त्र हैं, उनमें से तलाक़ एक है। चूँकि भारत में तलाक़ क़ानून बहुत पुराने क़िस्म का है, और तलाक़ लेना बहुत मुश्किल है, इसलिए यौनिक प्रेम के परिणामस्वरूप बना विवाह संबंध बहुत दिनों तक परिवार की संस्था की समस्त विरूपताएँ झेलता रहता है। पूजा अगर तलाक़ लेना भी चाहती, और अदालत में जाती तो कोर्ट उसे क़ानून के मुताबिक़ साल-डेढ़ साल इंतज़ार करने के लिए कहता। उससे पहले उसे प्रमाण देना पड़ता कि उसके अपने पति के साथ किसी तरह के यौन संबंध नहीं है और वह अलग रह रही है। भारत में इस क़ानून को इतना दिक़्क़त तलब बनाए रखने के पीछे तर्क यह दिया जाता है कि तलाक़ अगर आसान कर दिया गया तो विवाह की संस्था पर बुरा असर पड़ेगा। व्यावहारिक स्थिति यह है कि दुनिया के किसी भी देश में तलाक़ के कारण न तो शादियों की संख्या कम हुई है, और न ही पति-पत्नी का रिश्ता अवमूल्यित हुआ है। इसका एक असर यह ज़रूर हुआ है कि तलाक़ों की बढ़ती हुई संख्या के कारण परिवार और स्त्री-पुरुष रिश्तों के नये रूप ज़रूर अस्तित्व में आ गये हैं। जैसे, प्रेम करते हुए भी अकेले रहने का आग्रह, बिना विवाह किये हुए लिव-इन रिलेशनशिप

बनाकर रहना, कई स्त्रियों और पुरुषों द्वारा पारिवारिक कम्यून बनाकर रहने का प्रयोग करना, इत्यादि। ख़ास बात यह है कि ये तमाम रूप किसी भी तरह की क़ानूनी बंदिश के दायरे में नहीं आते। ये सिर्फ़ व्यक्ति की निजी स्वायत्तता और उसकी इयत्ता संबंधी भीतरी पुकारों को अपनी कसौटी के रूप में स्वीकार करते हैं।

पूजा चौहान प्रकरण पुकार–पुकार कर कह रहा है कि भारतीय समाज को भी परिवार के वैकल्पिक रूपों की ज़रूरत है। जब तक ऐसा नहीं होगा, तब तक पूजा चौहान के एक हाथ में प्रतिकार का बेसबाल बैट रहेगा, और दूसरे में धिक्कार की चूड़ियाँ और गीत चतुर्वेदी की निर्वस्त्र स्त्रियों की ही तरह वह भी समाज से सवाल पूछती रहेगी और वे सवाल विवाह, परिवार, दहेज प्रथा और क़ानून के माथे पर चिपके रहेंगे।

स्त्री की बौद्धिकता पर एक खुफ़िया बहस

समाज में जब किसी मुद्दे पर बहस बहुत तेज़ हो जाए तो समझ लेना चाहिए कि वह बदलाव की पेशबंदी कर रहा है। इस समय सबसे ज़्यादा तीखा विवाद मैरिट पर है, और संदर्भ पिछड़ी जातियों के आरक्षण का है। ज़ाहिर है कि सतह के ऊपर द्विज बनाम शूद्र का द्वंद्व है, पर मैरिट का कम से कम एक आयाम ऐसा भी है जिस पर की जा रही बहस का मुख्य रूप अफ़वाहबाज़ी का है, और उसकी प्रकृति फ़ैंटेसीनुमा है। यह पहलू है स्त्री की मैरिट का। सरगोशियों, लंतरानियों, शाम को होने वाली नशीली अड्डेबाज़ियों और गॉसिप कॉलमों के गुप्त मैदानों में होने वाला यह वाद–विवाद आजकल तय करने में लगा हुआ है कि स्त्री जो बोलती है, स्त्री जो लिखती है और समाज में अपने लिए बौद्धिक प्रगति के जो मौक़े संघर्ष करके हासिल करती है, क्या वास्तव में उसे उसका एकांत श्रेय दिया जाना चाहिए? हिंदी पब्लिक–स्फ़ीयर के इस भूमिगत माहौल से अल्बर्टो मोराविया की एक कहानी याद आ जाती है। मोराविया की यह नायिका रचनाकार बनना चाहती है। लेकिन, जब वह अपनी रचना को लेकर एक वरिष्ठ साहित्यकार से मिलती है, तो किसी अँधेरी गली में खड़ी कार के भीतर ख़ुफ़िया

तौर पर बैठा वह पुराना पापी वैकल्पिक रचना लिख कर उसे थमा देता है, बदले में उसका सान्निध्य माँगता है। उस स्त्री के साथ ऐसा कई बार होता है। साहित्य का मूल्यांकन करने वाले पुरुष को लगता है कि या तो स्त्री की रचना में बहुत से संशोधन होने चाहिए या उसे फिर से लिख डालना चाहिए। और, इस सेवा के बदले उनका उस स्त्री पर स्वाभाविक हक़ बन जाता है। उस छोटी-सी कहानी का क्लाइमेक्स बड़ा वीभत्स है, आत्महत्या की कगार पर पहुँच चुकी वह स्त्री अचानक तय करती है कि वह सिर्फ़ एक देह बन जाएगी। फिर वह स्त्री लिपिस्टक लगाती है, और शहर की सड़कों पर सम्भवत: वरिष्ठ साहित्यकारों की खोज में निकल पड़ती है। ज़ाहिर है कि मोराविया का जमाना बहुत पीछे छूट चुका है। स्त्री द्वारा रचा गया साहित्य और स्त्री-विमर्श सांस्कृतिक उत्पादन की प्रक्रिया को एक नये पायदान पर पहुँचा चुका है। स्त्री की रचना को किसी पुराने पापी की बदरंग चिप्पी नहीं चाहिए।

यह कामयाब स्त्री वह नहीं है जो हर सफल पुरुष के पीछे खड़ी रहती है। सफल पुरुष और पृष्ठभूमि में खड़ी स्त्री का आपसी संबंध कुछ ज़्यादा ही सुपरिभाषित और सुनिश्चित क़िस्म का हो चुका है। चर्चा में कम आने वाली वह औरत या तो कामयाब मर्द की पत्नी है या फिर उसकी माँ है। माँ के रूप में या तो उसने पुरुष को ककहरा सिखाया है या फिर वह उसकी कुछ नैसर्गिक प्रवृत्तियों की ज़िम्मेदार है। पत्नी के रूप में वह उसकी पोशाक, कॉफ़ी, लंच, डिनर या दोस्तों की आवभगत का कौशलपूर्ण बंदोबस्त करने के साथ-साथ यौन-सुख की नियमित सप्लाई का स्रोत है। इसके बदले में वह मण्डन मिश्र अपनी एक किताब उसे भेंट कर देता है, या अन्य पुस्तकों के आभार प्रदर्शन की आख़िरी पंक्ति उसके लिए सुरक्षित कर दी जाती है। इस पंक्ति का पैटर्न भी तयशुदा है: 'और अंत में मैं भारती का शुक्रिया अदा किये बिना नहीं रह सकता क्योंकि अगर वे मुझे धीरज और उत्साह न बँधातीं तो वह बौद्धिक परियोजना शायद अपने अंजाम तक न पहुँच पाती।' किसी भी मशहूर किताब का आभार प्रदर्शन पढ़ लीजिए, उसके आख़िर में यह पंक्ति किसी न किसी रूप में मिल ही जाएगी। पृष्ठभूमि में खड़ी स्त्री को आभार प्रदर्शन के ज़रिये निबटा देने के बाद अब बहस इस बात पर है कि जब मण्डन मिश्र ने शास्त्रार्थ में अपनी पराजय स्वीकार की ही नहीं, न ही पृष्ठभूमि में खड़ी पत्नी को मोर्चा सँभालने की ज़िम्मेदारी थमाई, तो फिर यह स्त्री कहाँ से आ गयी जो आगे निकलकर अपनी बौद्धिकता का स्वतंत्र दावेदारी कर रही है? यह स्त्री अजीब सी है। मण्डन मिश्र ने इसे इतिहास के किसी पृष्ठ पर नहीं देखा। क्योंकि यह उपन्यास लिखती है, कविताएँ लिखती है,

लेख लिखती है, आलोचना लिखती है, स्तम्भ लिखती है, ख़ूब लिखती है, टाइम पर लिखती है, लिखे हुए पन्नों की लाइन लगा देती है, ऊपर से जगह-जगह भाषण देते घूमती है, रिसर्च करती है, सिगरेट पीती है, शराब पीती है, कॉफ़ी बनाती है, और अक्सर सिर्फ़ अपने लिए बनाती है, गोष्ठियों में बिंदास जाती है, खुलकर हँसती है, इसका उच्चारण स्पष्ट है, और सबसे बड़ी बात तो यह है कि यह स्त्री सामाजिक रूप से सुपरिभाषित जीवन भी जी सकती है, और अगर मन चाहे तो पिता द्वारा आयोजित स्वयंवर के बिना स्वयंवरा भी हो सकती है। मण्डन मिश्र न तो इस स्त्री की शिनाख़्त अपनी माँ के रूप में कर पा रहे हैं, न पत्नी के रूप में। तो फिर यह कौन है ? विवाह या दूसरे संस्थानों में सुरक्षित बैठी शीलवती सन्नारियाँ इसे 'शी-ड्रैकुला' का नाम देती हैं। वस्तुतः चूँकि इस विकट प्रश्न का उत्तर खोजने में वे नाकाम हैं, इसलिए उन्होंने पुरानी कहावत को नया रूप दे दिया है। इसीलिए स्त्री की बौद्धिकता पर होने वाली ख़ुफ़िया बहस के केंद्र में यह कहावत रख दी गयी है कि हर सफल स्त्री के पीछे पुरुष होना लाज़िमी है। ध्यान रहे कि पहले पृष्ठभूमि में खड़ी स्त्री की आकृति साफ़ थी, पर पीछे खड़े इस पुरुष की अस्मिता अनाम है। अगर वह वास्तव में पीछे खड़ा होता तो उसे ख़ुद को धन्यवाद देने की क्या ज़रूरत होती। उसे धन्यवाद स्त्री देती, वह भी उसके लिए एक अच्छी-सी पंक्ति गढ़ लेती। पीछे दिखाई दे रही वह भुतहा आकृति सफल स्त्री के प्रेमी की भी नहीं हो सकती। क्योंकि अगर वह प्रेमी होता तो फिर प्रेमिका के बारे में अफ़वाह उड़ाने की ज़रूरत क्या पड़ती।

हिंदी के पब्लिक स्फ़ीयर पर कुछ ऐतिहासिक कारणों से अधिकांशतः साहित्य और कुछ-कुछ पत्रकारिता की छाया रहती है, इसलिए बहस के औज़ारों द्वारा सबसे ज़्यादा शिल्पक्रिया जिन स्त्रियों की होती है, वे अक्सर साहित्यकार ही होती हैं। अगर उन्हें कोई मामूली-सा भी पुरस्कार मिला है तो उनकी कामयाबी के पीछे मौजूद पुरुष भूत पुरस्कार की निर्णय कमेटी का सदस्य निकल आता है। और, अगर यह निर्णय कमेटी का सदस्य नहीं भी है और पुरस्कार बहुत मानिंद क़िस्म का है तो हवाओं में घूमने वाली सरगोशियाँ खोज निकालती हैं कि पुरस्कृत कृति के पीछे अमुक की डायरी है। शाम की गोष्ठियों में यह गोपनीय तथ्य कुछ इस तरह परोसा जाता है कि जैसे जब वह डायरी उपन्यास के रूप में टीपी जा रही थी तो कोई चश्मदीद गवाह वहाँ साक्षात् मौजूद रहा होगा। माना जाता है कि स्त्री साहित्यकारों की हर कृति कोई न कोई वरिष्ठ पुरुष साहित्यकार ही दुरुस्त करता है, या फिर उसका पुनर्लेखन करता है, या किसी न किसी प्रकार उसे प्रस्तुति योग्य बनाता है। और, कोई स्त्री उस समय तक किसी पत्र-पत्रिका में

स्तम्भ नहीं लिख सकती जब तक कल्पना की उड़ानें किसी न किसी प्रकार उसका संबंध सम्पादक के साथ न जोड़ दें। इसके साथ ही यह अनकही धारणा अपने आप जुड़ जाती है कि बदले में उस पुरुष ने स्त्री रचनाकार का अगर दैहिक़ नहीं तो रागात्मक साहचर्य अवश्य प्राप्त किया होगा। ये सब बातें हिंदी के पब्लिक स्फ़ीयर में एक ओपन सीक्रेट की तरह की जाती हैं कि अमुक स्त्री साहित्यकार अमुक के साथ फ़िट है। कई वर्षों से चल रही इस साहित्यकार का संबंध उन प्रकाशकों से भी जोड़ा जाने लगा है जो उनकी रचनाएँ प्रकाशित करते हैं। चर्चाएं सुनने में आती हैं कि हिंदी का एक बड़ा प्रकाशक आजकल किसी स्त्री–कवि या किसी स्त्री–कहानीकार पर ख़ासतौर से मेहरबान है। यानी इस अफ़वाहबाज़ी के मुताबिक़ स्त्री ज़्यादा से ज़्यादा अपनी रचना का रफ़ ड्राफ्ट ही बना सकती है जिसे लेकर पहले उसे अपनी कामयाबी के पीछे खड़े भुतहे पुरुष के पास जाना होगा, रचना ठीक करवानी होगी, बदले में उसे कम से कम रागात्मक साहचर्य का आश्वासन देना होगा, और फिर उसे प्रकाशक या सम्पादक से निबटना होगा जो इस पितृसत्तात्मक फ़ैंटेसी का नया किरदार है।

बहुत दिन से हिंदी का पब्लिक–स्फ़ीयर इन बातों को अफ़वाहों या प्रवादों की श्रेणी में डालकर अपना काम चला रहा है। लेकिन, अब इससे कतराने का वक़्त निकल चुका है। अब भारतीय समाज उस मुक़ाम पर पहुँच गया है जहाँ समुदायों की मैरिट के मानक तय हो रहे हैं। बेहतर होगा कि इसी दौर में स्त्री की मैरिट के मानक भी तय हो जाएँ। आख़िरकार स्त्री समुदायों का समुदाय है। उसकी मैरिट का सवाल उठाने का सबसे बड़ा फ़ायदा होगा कि मैरिट के नये मानक किसी महा–आख्यान के बोझ तले दबने से बच जाएँगे। हम जानते हैं कि अभी तक समाज में मैरिट का महा–आख्यान द्विज जातियाँ, ख़ासकर ब्राह्मणों द्वारा सूत्रबद्ध किया जाता रहा है। अब पिछड़ी जातियाँ, दलित और आदिवासी समुदाय उसे नये सिरे से परिभाषित करने की कोशिश में हैं। महिलाएँ और उनके पैरोकार इस मौक़े का लाभ उठा सकते हैं। वे इस क़िस्म की अफ़वाहबाज़ी को पितृसत्ता के विकराल तर्क के रूप में पेश करके कह सकते हैं कि पिछले बीस वर्षों से हिंदी साहित्य में स्त्री रचनाशीलता का जो उन्मेष हुआ है, उसे अब स्वतंत्र और स्वायत्त मान्यता मिलनी ही चाहिए। पहले यह काम केवल *हंस* जैसी पत्रिका ही करती थी, पर स्त्री द्वारा रचे गये साहित्य और स्त्री के विमर्श पर विशेषांक निकालने की दौड़ में आज तक़रीबन हर पत्रिका शामिल हो चुकी है। जहाँ तक प्रकाशकों का सवाल है, हर प्रकाशक मुनाफ़ा कमाना चाहता है। अपनी इसी नैसर्गिक वृत्ति के आधार पर वह जानता है कि हिंदी में इस समय सबसे ज़्यादा

बिकने वाली किताबों में या तो दलित विमर्श की किताबों का शुमार है, या फिर स्त्री विमर्श की किताबों का। स्त्री पर या स्त्री द्वारा लिखी गयी किताबें छापना किसी भी प्रकाशक का स्वार्थ ही हो सकता है, अपनी व्यक्तिगत रागात्मक संतुष्टि के लिए किया जाने वाला चुनाव नहीं।

स्त्री की बौद्धिकता पर होने वाली यह बहस अब अफ़वाहबाज़ी के भूमिगत दायरों से निकालकर ज़मीन के ऊपर लाई जानी चाहिए। स्त्री कृतियों की आलोचना की कसौटियाँ अलग से तय की जानी चाहिए। उसका सौंदर्यशास्त्र लाज़िमी तौर पर पुरुषों द्वारा रचे गये साहित्य जैसा नहीं है। उसकी भाषा, उसका तर्क विन्यास, उसकी कहानी का क्रम, उसकी निरंतरताएँ और विच्छिन्नताएँ अलग क़िस्म की हैं। इस बहस का फ़ैसला अनिवार्य तौर पर भारतीय स्त्री की बौद्धिकता के सच्चे और स्वायत्त सूचकांक की निर्मिति के तौर पर होगा। और जैसे ही यह सूचकांक बनकर तैयार हो जाएगा, वैसे ही कामयाब स्त्री के सामाजिक चित्र की पृष्ठभूमि पर छाई हुई वह भुतहा पुरुष आकृति तिरोहित हो जाएगी, जो आज उसकी मैरिट पर प्रश्नचिह्न लगा रहा है।

पितृसत्ता के प्रजनन-केंद्रित संकट

क्या वास्तव में भूमण्डलीकरण और बाज़ारवादी वर्चस्व समाज के अन्य क्षेत्रों में तेज़ बदलाव लाने के साथ-साथ भारत के यौन-जीवन की स्थापित संरचनाओं को प्रभावित कर रहा है? समाज परिवर्तन की प्रक्रिया के कुछ ताज़े अवलोकनों की रोशनी में ग़ौर करें तो इस प्रश्न का उत्तर हाँ में मिलता है। यह एक अलग प्रश्न है कि भारतीय नारीवाद बौद्धिक रूप से परिवर्तन की इस बेला का लाभ उठाने के लिए तैयार है या नहीं? अगर वह बदलाव की इन धाराओं को समझ सका, और उसने अपनी पूर्व-स्थापित वैचारिक संरचनाओं के आधार पर उन्हें ख़ारिज करने या नकारने की कोशिश नहीं की, तो वह नयी ज़मीन तोड़ सकता है।

अभी दस साल पहले तक भारतीय पुरुषों के लिए मर्दानगी के संकटों से निबटना आसान था। सड़क के किनारे बिकने वाली शिलाजीत जैसी मिथकीय जड़ी-बूटियों, सांडा नामक गिलहरी जैसे जीव से निकलने वाले बदबूदार तेल और ख़ानदानी शफ़ाख़ाने के हक़ीम साहब के हुनर से वे चिरंतन शिश्न-केंद्रित समस्याएँ हल मान ली जाती थी, जो सृष्टि के आरम्भ से ही पुरुषों को सताती रही

हैं। लेकिन, अब दुनिया बदल गयी है। मर्दानगी का संकट शिश्न-केंद्रीयता से बढ़ कर प्रजनन-केंद्रीयता तक आ गया है। आधुनिक जीवन शैली के तनावों, मौसम के बदलते मिज़ाज, टीवी-दर्शन के शिकंजे और कम्प्यूटर के ज़रिये बने निराकर यथार्थ (वर्चुअल रियलिटी) ने मर्दानगी के क़िस्से को बेहद संगीन बना दिया है। मर्दानगी का यह संकट इतना पेचीदा है कि निजी जीवन से लेकर राष्ट्र-निर्माण तक की प्रक्रिया उससे प्रभावित हो सकती है। ध्यान रहे कि आज़ादी के बहुत पहले बीसवीं सदी के शुरुआती दहाइयों में ही भारतीय मर्दानगी की संरचना को राष्ट्र-निर्माण के पहलुओं से जोड़ने की कोशिश की गयी थी। फ़र्क़ यह है कि आज़ादी के बाद राष्ट्र-निर्माण का सीधा संबंध भारी संबंध भारी उद्योगों के विकास से हुआ करता था, और अब उसका ताल्लुक़ सूचना प्रौद्योगिकी (आईटी) से है। उस समय भारत का धीरोदात्त नायक डॉक्टर या.इंजीनियर या समाज सुधारक या राजनेता हुआ करता था। आज उसकी जगह कम्प्यूटर प्रोफ़ेशनल ने ले ली है। पर वह नायक मर्दानगी के संकट से उस तरह ग्रस्त नहीं था जिस तरह सूचना-समाज में विचरण करने वाली आज का नायक है।

मर्दों के लिए परेशानी की ख़बर यह है कि जो जितना बड़ा कम्प्यूटर-बाज़ होगा, यानी जिसके दिमाग़ में जितनी ज़्यादा कम्प्यूटरीय गुत्थियाँ होंगी, उसकी प्रजननकारी क्षमता उतनी ही घट जाएगी। विशेषज्ञों की मान्यता है कि दिन-रात की दौड़-धूप के तनाव के साथ जब तेज़ गर्मी या कड़े जाड़े के हालात जुड़ जाते हैं तो उसका यौनेच्छा पर विपरीत असर पड़ता है। टीवी पर क्रिकेट मैचों पर नज़र गड़ाए रखने का प्रभाव भी कुछ ऐसा ही होता है। पिछले दिनों मनोचिकित्सकों ने पाया कि अपनी टीम भले जीत रही हो, पर उसके हारने का अंदेशा और जीत के बाद मिली राहत ही मर्द को ठण्डा कर देने के लिए काफ़ी है। अधिक मद्यपान, अधिक धूम्रपान और अधिक वेब सर्फ़िंग के नतीजे भी कुछ ऐसे ही पाए गये हैं।

लेकिन, ये सभी असर केवल मर्दों पर ही क्यों होते हैं? क्या औरतें आधुनिक जीवन-शैली के इन परिणामों से अछूती हैं? दरअसल, यही है वह सवाल जिसका जवाब प्रजनन के संकट को ख़ास तौर से मर्दानगी के संकट में बदल देता है। स्त्री-यौनिकता पर वैज्ञानिक और वैचारिक अनुसंधान करने वाले इस निष्कर्ष पर पहुँच गये हैं कि स्त्री की यौनेच्छा और उसके कामांगों का उसके शरीर में चलते रहने वाले प्रजनन-चक्र से कोई ताल्लुक़ नहीं होता। वह बिना कामोत्तेजित हुए संतान पैदा कर सकती है। अगर ऐसा न होता तो बिना 'आनंदवर्षा' (जिसे अंग्रेज़ों में ऑर्गाज़्म कहते हैं) का अनुभव किये दुनिया भर में करोड़ों स्त्रियाँ सदियों से

बच्चे कैसे पैदा करती रहतीं। आज पहले से कहीं ज़्यादा महिलाएँ चरम सुख की अनुभूति न कर पाने को पुरुष के अपराध के रूप में देखने लगी हैं। ऊपर से सुप्रीम कोर्ट के एक ताज़े फ़ैसले से नज़ीर बन गयी है कि अगर कोई पति अपनी पत्नी को यौन संतुष्टि देने में अक्षम रहता है तो इसे तलाक़ के वैध कारण के रूप में स्वीकार किया जाएगा। अदालती निगाह स्त्री को संतुष्ट कर पाने में अक्षम पुरुष को वैवाहिक संबंधों में क्रूरता अपनाने का आरोपी मानेगी।

देश और दुनिया में हुई कई सेक्स स्टडीज़ बताती हैं कि हज़ार में ज़्यादा से ज़्यादा एक स्त्री जानती है कि 'आनंदवर्षा' की अनुभूति क्या होती है। कक्कड़ ने भारतीय यौनिकता के अपने अध्ययनों में ऐसी औरतों के उदाहरण दिये हैं जिनके पति ने उन्हें एक बार भी नहीं चूमा लेकिन जो पाँच-पाँच बच्चों की माँ बन गयी हैं। उत्तर-औपनिवेशिक विचार की महारथी गायत्री चक्रवर्ती स्पीवाक इसी तथ्य के आधार पर स्त्री-कामेच्छा की संरचना को कुछ इस तरह पेश करती हैं कि नारीवादी विमर्श नयी रेडिकल ऊँचाइयाँ ग्रहण कर लेता है। इसी तथ्य ने स्त्री-समलैंगिकता की विवादात्मक दलीलों में एक नये उछाल का समावेश कर दिया है। सिद्धांत के तौर पर कहा जा सकता है कि आधुनिक जीवन-शैली की शिकार हो कर अगर स्त्री की यौनेच्छा में कमी भी हो गयी, तो भी वह प्रजनन की अपनी भूमिका से वंचित नहीं होगी। लेकिन पुरुष? उस बेचारे की दिक़्क़त यह है कि उसकी कामेच्छा और उसकी प्रजननकारी भूमिका में अभिन्न संबंध है। वह कामोत्तेजित हुए बिना संतोनात्पत्ति नहीं कर सकता। युगों-युगों से चली आ रही पुरुष की शिश्न-केंद्रित चिंताओं का यही रहस्य है। और यही है उसकी प्रजनन-केंद्रीय चिंताओं का रहस्य।

एक तरफ़ आधुनिक जीवन-शैली के दबाव हैं और दूसरी तरफ़ वैकल्पिक यौनिकता के आंदोलन हैं जो भारतीय पुरुषों को बेचैन कर रहे हैं। समलैंगिकता का आंदोलन तो पिछले दस वर्ष में कई गुना मुखर हो गया है। 1991 में एड्स भेदभाव विरोधी मंच की कोशिशों से भारतीय समलैंगिकता की स्थिति पर एक ज़ोरदार रपट प्रकाशित हुई थी जिसका शीर्षक था : 'लैस देन गे'। यह भारतीय यौनिकता की दुनिया का एक महत्त्वपूर्ण मोड़ था इसके बाद हम समलैंगिकता की थीम से जुड़े प्रकाशनों का लम्बा सिलसिला देख सकते हैं। इसकी सबसे ताज़ा कड़ी है रुथ वनिता और सलीम किदवई द्वारा संपादित पुस्तक *सेम सेक्स लव* जिसमें महाभारत से लेकर आधुनिक युग तक समलैंगिकता की भारतीय परम्परा को उकेरने का प्रयास किया गया है। हम जानते हैं कि समलैंगिकता के जगत में प्रजनन का कोई स्थान नहीं होता।

महिलाओं को प्रजनन में पुरुष की भागीदारी की अनावश्यकता का जैसे-जैसे एहसास होगा, वैसे-वैसे इतरलैंगिक (हेट्रोसेक्सुअल) समाज का वर्चस्व कमज़ोर होता चला जाएगा। 'संगिनी' जैसे संगठन दिल्ली के महिला कॉलेजों में जा-जा कर युवा छात्राओं से सीधी अपील कर रहे हैं। स्त्री समलैंगिकता का उत्सव मनाने वाले इन संगठनों की अपील होती है कि छात्राएँ अपनी यौनिकता को इतरलिंगी आग्रह से परे जा कर भी टटोल कर देखें। राजधानी में पिछले कई वर्षों से *गे ऐंड लेस्बियन फ़िल्म फ़ेस्टिवल* आयोजित किया जा रहा है जिसमें विदेशी फ़िल्मों के बजाय ज़्यादातर भारतीय और पाकिस्तानी फ़िल्में ही दिखाई जाती हैं। दीपा मेहता की फ़िल्म *फ़ायर* के बाद से ख़ुद को खुले तौर से लेस्बियन कहना अब मुश्किल नहीं रह गया है। शिवसैनिकों और बजरंग दलियों को यह नकारात्मक श्रेय जाता है कि उन्होंने अपनी अलोकतांत्रिक आक्रामकता से भारतीय यौनिकता के इस दबे हुए पहलू को उभार दिया। इससे यौनिक समता और लोकतंत्र के लिए होने वाले आंदोलन को काफ़ी बल मिला। कहना न होगा कि यह नारीवाद द्वारा छेड़े गये लैंगिक समता और लोकतंत्र के आंदोलन से पूरी तरह जुड़े होने के बावजूद यह उससे आगे की चीज़ है।

भारतीय मर्दानगी के इस संकट को बीसवीं सदी के शुरुआती दशकों में ही एन. एस. फड़के और ए.पी. पिल्लै जैसे यौनविज्ञानियों ने भाँप लिया था। फड़के ने कोल्हापुर में मेंटल और मॉरल फ़िलॉसफ़ी के प्रोफ़ेसर के रूप में भारत की यौन समस्याओं पर नस्ल सुधारने की दृष्टि से (इसे अंग्रेज़ी में यूज़ेनिक्स कहते हैं) गहन अनुसंधान किया था। उनके बाद पिल्लै ने *दि आर्ट ऑफ़ लव ऐंड सेम सेक्स लव* लिख कर इस सिलसिले को आगे बढ़ाया। ये दोनों उस जमाने के डॉ. प्रकाश कोठारी और प्रोफ़ेसर सुधीर कक्कड़ थे। ये लोग मानते थे कि स्वराज्य के आंदोलन में भारतीय मर्दानगी की भूमिका तभी सम्पूर्ण हो पाएगी जब हमारा पुरुष समाज स्त्री यौनिकता के बारे में अपना नज़रिया बदलेगा और स्त्री की यौन संतुष्टि को अपनी प्राथमिकता बनाएगा। ये शुरुआती यौन-विज्ञानी विवाह की संस्था के मंच पर इतरलिंगी यौनिकता के ज़रिये मर्दानगी की समस्या स्थायी रूप से हल करना चाहते थे ताकि आज़ादी मिलने के बाद राष्ट्र-निर्माण की प्रक्रिया बाधित न हो सके। लेकिन, जैसा कि हम आज जानते हैं, इतरलिंगी यौनिकता और विवाह की संस्था असमान सत्ता संबंधों से गुँथी हुई थी और आज भी है। इसीलिए इसे आज प्रजनन-केंद्रीयता के संकट की समस्या और समलैंगिकता की बग़ावत का सामना करना पड़ रहा है।

एमएमएस उर्फ़ दृश्य-रति

स्त्री-पुरुष संबंधों में परिवर्तन के रेडिकल मिज़ाज को समझने के लिए ज़रूरी है कि हम संचार क्रांति द्वारा पुष्ट की गयी देह-केंद्रीयता की परिघटना पर भी एक गम्भीर निगाह डालें। जिस चीज़ को आजकल एमएमएस कहा जाता है, अगर उसके पीछे छिपा विचार समझना है तो दृश्य-रति यानी वॉयरिज़्म की परिघटना समझनी होगी। हज़ारों साल से मनुष्य अपने यौन सुख के लिए तरह-तरह के साधन अपनाता आया है जिनमें दृश्य रति का प्रमुख स्थान रहा है स्त्री या पुरुष का नग्न शरीर देखना या दोनों के बीच यौन-क्रिया देखना प्राचीन काल से ही यौन शिक्षा का स्रोत रहा है। चूँकि यह चाक्षुष अनुभव परस्पर सहमति के आधार पर करना बहुत मुश्किल था या कहिए तो बहुत विरल होता है, इसलिए इसे अक्सर छिप कर ही किया जाता है। विचार और इतिहास के तौर पर यह कोई पश्चिमी आयात भी नहीं है, बल्कि इसके विशुद्ध भारतीय उदाहरण उपलब्ध हैं। सबसे बड़ी मिसाल स्वयं *कामसूत्र* और उसकी रचना प्रक्रिया है। इस महाग्रंथ के रचयिता आचार्य वात्स्यायन एक गणिका के पुत्र थे, और उनका लालन-पालन एक गणिकालय में ही हुआ था। अपने बचपन और किशोरावस्था में उन्होंने अपनी माँ और मौसी के अपने ग्राहकों से प्रेमालाप की ताकझाँक करके ही यौन विज्ञान का ककहरा सीखा था, जिसका परिणाम बाद में सात अध्यायों की उस विद्वत्तापूर्ण कृति में निकला। यहाँ तक कि *कामसूत्र* में वर्णित यौन औषधियाँ वही हैं जिन्हें बचपन में वात्स्यायन ने गणिकाओं को इस्तेमाल करते हुए देखा था।

ज़ाहिर है कि *कामसूत्र* से *एमएमएस परिघटना* की तुलना करना किसी को भी आपत्तिजनक लग सकता है, पर इस बात को जितनी जल्दी समझ लिया जाए उतना ही बेहतर होगा कि प्रौद्योगिकीय विकास के कारण दृश्य-रति की यही परिघटना अब हज़ारों-लाखों गुना बढ़ गयी है। ऑडियो क्रांति के बाद जिस तरह संगीत लोक और शास्त्रीय रूपों में बँटा हुआ नहीं रह गया, उसी तरह वीडियो क्रांति के बाद मानवीय देह के विभिन्न निरूपणों की दुनिया पूरी तरह बदल चुकी है। ब्लू टुथ टैक्नॉलॅजी के कारण कभी वह एमएमएस के रूप में सामने आती है, कभी हनीमून मनाते हुए जोड़ों के प्राइवेट सेक्स-वीडियो के रूप में बाज़ार में बिकती है, और कभी इंटरनेट पोर्नोग्राफ़ी के अन्य रूपों में प्रगट होती है। यह जमाने का फ़र्क़ है। वात्स्यायन को राजा के दरबार में जगह मिली हुई थी, और उस समय वे सिर्फ़ भद्रजनों के लिए ही सेक्स मैनुअल की रचना कर सकते थे।

आज उसी तरह के, या विभिन्न स्तरों के सेक्स मैनुअल आम जनता के लिए उपलब्ध हैं। *टाइम्स ऑफ़ इण्डिया* और *हिंदुस्तान टाइम्स* जैसे राष्ट्रीय अख़बारों के पृष्ठों पर डॉ. संजय चुग जैसे असली विशेषज्ञ और डॉ. मोजो फ़र्ज़ी नाम पाठकों के नियमित रूप से हर हफ़्ते शिश्न शक्ति बढ़ाने के लिए किये जाने वाले व्यायामों या मुख-मैथुन के फ़ायदे-नुक़सान बताने वाले कॉलम लिखते हैं। दिल्ली में कनॉट प्लेस की हर सम्मानित पुस्तक-दुकान के शो रूम में *फ़ोटोग्राफ़िक कामसूत्र* से लेकर स्त्रियों के लिए विशेष रूप से डिजाइन किये गये *कामसूत्र* शो रूम में कलात्मक रूप से प्रदर्शित किये जाते हैं। एक शो रूम में मैंने जब इस तरह की किताबों को गिना तो उनकी संख्या सत्रह थी। सेक्सुअलिटी की हिस्ट्री लिखते समय जिस बात को मिशेल फ़ूको ने 'सांइटिया सेक्सुअलिटीस' यानी यौन को विज्ञान बनाने की प्रवृत्ति कह कर पूर्वी समाजों की विशेषता बताया था, उसकी अभिव्यक्ति पहली बार ऊपर से नीचे तक और दाएँ से बाएँ तक सर्वव्यापी रूप में देखी जा सकती है।

एमएमएस परिघटना की भर्त्सना करना बहुत आसान है। गुज़रते हुए ज़माने की नैतिक मर्यादाओं का इस्तेमाल करके हम इसे समाज के लिए अधोगामी क़रार दे सकते हैं। लेकिन, अगर यह अधोगामिता है भी, तो इस तरह छाती पीटने से या विक्टोरियन शुद्धतावाद का आलाप लेने से रुकेगी नहीं। यह हमारी इच्छा से स्वतंत्र है और रहेगी। हमें समझना होगा कि आधुनिकता के नये चरण के कारण भारत समेत तीसरी दुनिया के समाज एक ऐसी अवस्था में पहुँच गये हैं जिसमें अंतरंग रिश्तों की सार्वजनिक अभिव्यक्ति आम होती जा रही है। चूँकि प्रोद्यौगिकी सामान्य व्यक्ति के लिए भी उपलब्ध है, इसलिए फ़ैशन के ज़रिये, या फ़ोटोग्राफ़ी के ज़रिये, या प्राइवेट वीडियो के ज़रिये हर व्यक्ति अपनी स्वैर-कल्पनाओं को धरती पर उतारने के लिए उत्सुक है। अगर किसी के भीगे-भीगे सपनों को कोई मल्लिका शेरावत परेशान कर रही है, तो वह उस हीरोइन का चेहरा मार्फ़ करके एक पोर्नोग्राफ़िक इमेज़ बनाने के ज़रिये आत्यंतिक संतोष प्राप्त कर सकता है। सेक्स और उससे जुड़ी हुई कार्रवाइयाँ अब मध्यवर्गीय दम्पतियों के शयनकक्ष की वैधता या किसी चकले घर की अवैधता की ही मोहताज नहीं रह गयी हैं, बल्कि उनकी व्याप्ति असीमित और संरचना बहु-केंद्रीय हो गयी है। निजी और सार्वजनिक का भेद मिटता जा रहा है। हालात इतने जटिल हैं कि जो गोपनीय है, उसे खोल देने से उसकी गोपनीयता भंग नहीं होती, बल्कि इतनी गूढ़ हो जाती है कि उसका रहस्य समझना और मुश्किल हो जाता है। यही वह परिस्थिति है जो लोगों की अपनी गोपनीय ज़िंदगी सार्वजनिक

करने के लिए उकसाती है। इसीलिए आज एक जोड़ा अपनी रतिक्रिया की ख़ुद फ़िल्म बनाने की जुर्रत कर सकता है, यह जानते हुए भी कि वह प्राइवेट फ़िल्म एक दिन पालिका मार्केट से सीडी के रूप में बिकती नज़र आएगी।

यह गारंटी कोई नहीं दे सकता कि सेक्स के इस नये प्रसार से विकृतियाँ नहीं फैलेंगी, स्त्री शोषण के नये आयाम नहीं बनेंगे और अंतरंग रिश्तों में नयी उलझनें पैदा नहीं होंगी। जब एमएमएस परिघटना नहीं थी, तो क्या ये समस्याएँ नहीं थीं? प्रश्न तो यह है कि इस सर्वथा नवीन परिघटना की व्याख्या के लिए क्या हमारे पास नयी कसौटियाँ हैं, क्या इसे नियंत्रित करने के लिए हमारे पास नये क़ानून हैं और क्या पुरानी नैतिकताएँ उन बेचैनियों का शमन कर सकती हैं जो इस परिघटना से पैदा हुई हैं? भारतीय समाज ने अभी प्रश्नों से जूझने की शुरुआत ही की है। सिर्फ़ पहला क़दम ही उठाया गया है। देह के नीले समुद्र में कामनाओं की तरंगे हिलोरें ले रही हैं। उनकी अविवेचित भर्त्सना सिर्फ़ कॉफ़ी के प्याले में ही तूफ़ान ला सकती है।

समाज के सेक्सुअल परिवर्तन की इस घड़ी की रफ़्तार तेज़ करने की कोशिशों में बाज़ार, मीडिया ग़ैर-सरकारी संस्थाएँ और सरकार तीनों मिल कर लगे हुए हैं। बदलती हुई अर्थव्यवस्था, काम के घंटों का नया विन्यास, शहरीकरण की तेज़ रफ़्तार, तलाक़ के बढ़ते हुए मामले, परिवार की पवित्रता का दरकता हुआ आधार, वैकल्पिक सेक्सुअलिटी के बढ़ते हुए आंदोलन आदि परिघटनाओं के साथ इस परिवर्तन की संगति बैठ रही है। जगह-जगह पर सरकार और संबंधित संगठनों ने बड़े-बड़े बोर्ड लगा रखे हैं जिन पर मोटे-मोटे हरूफ़ों में लिखा रहता है 'चलो कण्डोम के साथ'। इसके कई मतलब निकाले जा सकते हैं। कम से कम एक मतलब तो स्पष्ट ही है कि यह सुरक्षित और स्वस्थ यौन जीवन के लिए सतर्कता बरतने की चेतावनी है। लेकिन, अगर ऐसा ही होता तो कोई ख़ास बात नहीं थी। यह विज्ञापन यौन संबंधों के स्थिर से चलायमान हो जाने की सम्भावनाओं का प्रतीक भी है। सवाल यह है कि क्या चलायमान यौन संबंधों के इस युग से निबटने के लिए भारतीय नारीवाद के पास बौद्धिक हरबे-हथियार हैं?

इसमें कोई शक नहीं कि भारतीय नारीवाद के पास विमर्श की बहुत समृद्ध परम्पराएँ हैं। उसने परम्परा और इतिहास को खँगाल कर पितृसत्ता की विशिष्ट भारतीय संरचनाओं की शिनाख़्त बड़ी कामयाबी से की है। उसने भूमण्डलीकृत अर्थव्यवस्था के नारी-श्रम पर पड़ने वाले असर की भी बारीक जाँच-पड़ताल की है। भारतीय नारीवाद को स्त्री की कामेच्छा और उसे नकारने की प्रवृत्तियों का संधान

करने का श्रेय भी जाता है। नारीवादी विदुषियों ने धीरे-धीरे एक बहुआयामी विमर्श की भित्ति खड़ी की है, जिसकी उपयोगिता और दूरगामी प्रभाव की जितनी सराहना की जाए, उतना कम होगा। पर, ये तमाम उपलब्धियाँ हासिल करने में हमारे नारीवाद को एक क़ीमत भी चुकानी पड़ी है कि वह स्त्री को अलग से देखने का आदी हो गया है। मेरा विचार है कि स्त्री को बदलते रिश्तों के संदर्भ में देखने का शास्त्र विकसित करना भारतीय नारीवाद के लिए अभी शेष है। नारीवाद स्त्री की यौनिकता को ठीक ही केंद्र में रखता है, पर मौजूदा हालात बताते हैं कि उसे पुरुष की यौनिकता और उसकी बदलती संरचनाओं पर भी बारीक निगाह डालनी होगी। दूसरी तरफ़, भारतीय नारीवाद कमोबेश इतरलैंगिक आख्यानों की सीमा में ही रहा है। जबकि उसे ध्यान रखना चाहिए कि आज का सबसे प्रचलित लेकिन उसके बावजूद चौंका देने वाला आँकड़ा यह है कि इस देश की पंद्रह फ़ीसदी आबादी समलैंगिक (होमोसेक्सुअल) या द्वि-लैंगिक (बाई-सेक्सुअल) हो चुकी है। समाज-परिवर्तन की तेज़ गति इस प्रवृत्ति को और बढ़ावा दे रही है। ये हालात नारीवाद के लिए उपजाऊ ज़मीन बनाते हैं। एक ऐसी उपजाऊ ज़मीन जिसमें विचारों की दुनिया में नयी ज़मीन तोड़ने और नये क़िस्म की गतिविधियों की ढाँचा खड़ा करने का आह्वान भी निहित है।

पुरुष-आत्मा की बेचैनियाँ और स्त्री-दिवस

पिछले पंद्रह साल में स्थिति कुछ-कुछ बदलनी शुरू हुई है। पुरुष आत्मा की बेचैनियों ने उलटकर नारीवाद के अलगाववादी रवैये के सामने कुछ मित्रतापूर्ण सवाल खड़े करने शुरू कर दिये हैं। मसलन, पुरुषत्व की संरचनाओं के गम्भीर अध्ययन के फलस्वरूप यह पूछा जा रहा है कि अगर स्त्रीत्व एक गढ़ा गया ढाँचा होने के कारण परिवर्तनशील है, तो फिर पुरुषत्व स्थायी और स्थावर कैसे हो सकता है ? क्या इतिहास समाज और अर्थव्यवस्था की शक्तियाँ पुरुषत्व का निर्माण नहीं करतीं ? अगर करती हैं तो पुरुषत्व एक ही क़िस्म का कैसे हो सकता है ? उसकी भी कई क़िस्में होनी चाहिए।

आठ मार्च को स्त्री-दिवस मनाया गया। सोचने की बात यह है कि इस मौक़े पर ज़्यादातर पुरुषों ने क्या किया होगा? और चाहे जो भी किया हो, पर कुछ मुट्ठी भर प्रतिबद्ध पुरुषों को छोड़कर उनमें से शायद ही किसी ने इस दिवस समारोहों में भाग लिया हो या इस मौक़े पर कोई संकल्प किया हो या फिर अपने परिवार की किसी स्त्री के साथ, कम से कम एक दिन के लिए ही सही, कुछ विशेष तरह का व्यवहार किया हो। ग़लतबयानी का लेशमात्र भी जोखिम उठाए बिना कहा जा सकता है कि 99 फ़ीसदी पुरुषों के पास इस तरह के किसी दिवस के होने की चेतना ही नहीं है। सिद्धांतकारों और महाविद्वानों से भरे जिस संस्थान में मैं काम करता हूँ, उसकी फ़ैकल्टी में भी आठ मार्च को या उसके आस-पास स्त्री-दिवस के बारे में कोई चर्चा नहीं हुई। न ही किसी तरह की विशेष बहस का आयोजन हुआ। ताज्जुब की बात यह है कि ज्ञान के क्षेत्र में, चाहे समाज विज्ञान हो या रचनात्मक साहित्य, ऐसी कोई धारा नहीं है जो किसी न किसी रूप में नारीवाद से प्रभावित न हुई हो। यह मानने पर शायद ही किसी को ऐतराज़ हो कि नारीवाद ने पिछले पचास-साठ साल में सोचने-विचारने के तौर-तरीक़ों में जितना रेडिकल परिवर्तन किया है, उतना प्रभाव किसी और विचार का नहीं पड़ा है। चाहे क़ानून का दायरा हो, परिवार की ज़मीन हो, या फिर मानवीय रिश्तों की जटिलता हों नारीवाद ने सभी क्षेत्रों को नये सिरे से परिभाषित होने की तरफ़ धकेला है। सचेत रूप से मार्क्सवाद की व्यावहारिक संरचनाएँ, जिन्हें मैं प्रतिष्ठानमूलक मार्क्सवाद कहता हूँ, अगर किसी विचार के मुक़ाबले गिरेबान में मुँह डालने के लिए मजबूर होती हैं तो वह नारीवाद ही है। ताज्जुब की बात यह भी है कि कुछ कूढ़मग़ज लोगों और संगठनों को छोड़कर ऐसी कोई भी जत्थेबंदी नहीं है जो मोटे तौर पर नारीवादी दावों का समर्थन न करती हो, या स्त्रियों की आज़ादी और सशक्तीकरण की माँग अपने एजेंडे में शामिल न करती हो। इस सबके बावजूद ऐसा क्यों हुआ कि पुरुषों की दुनिया ने स्त्री-दिवस नहीं मनाया। उन पुरुषों ने भी नहीं, जो इसके महत्त्व से अच्छी तरह वाक़िफ़ थे।

स्त्री-दिवस का यह हश्र हमारे समय की एक अजीब परिघटना है। एक विराट सफलता की यह विचित्र विफलता नारीवाद के समर्थकों को कम से कम एक प्रश्न पर तो विचार करने के लिए मजबूर करती ही है कि पुरुषों की दुनिया के साथ एक मज़बूत और प्रभावी गठजोड़ बनाने के मक़सद में उन्हें 'अपेक्षित' कामयाबी क्यों नहीं मिली? अगर यह गठजोड़ बन जाता तो नारीवाद की राजनीति का व्यावहारिक रूप उभर सकता था। तब सम्भावना थी कि वह परिवर्तन की अदृश्य शक्ति बनकर रह जाने के लिए मजबूर न होता। कहीं ऐसा तो नहीं है कि

इस गठजोड़ के न बनने के पीछे स्वयं नारीवाद की ही कुछ प्रवृत्तियाँ ज़िम्मेदार हों? कुछ ऐसी प्रवृत्तियाँ जिन्होंने नारीवादी विमर्श को नयी मंज़िलों तक ले जाने में तो काफ़ी योगदान किया, लेकिन एक तरह के 'आफ़्टर इफ़ेक्ट' के रूप में यह सामाजिक गठजोड़ नहीं बनने दिया। इसी बात को यूँ भी कहा जा सका है कि नारीवाद के ऐजेंडे से इस तरह के किसी गठजोड़ का कार्यक्रम आमतौर से अनुपस्थित रहा है। स्वयं नारीवाद भी ऐसे किसी भी गठजोड़ की सम्भावनाओं को अंदेशे की निगाह से देखते रहे हैं।

कहना न होगा कि बीसवीं सदी के उत्तरार्ध तक नारीवादी विमर्श और आंदोलन की तासीर इतनी ज़ोरदार हो चुकी थी कि उसके कारण सत्तर के दशक तक पुरुषों की आत्मा में हलचल पैदा होना स्वाभाविक ही था। पश्चिमी देशों के पुरुषों का एक छोटा-सा हिस्सा सोचने लगा था कि अगर पुरुषत्व का भविष्य सुरक्षित करना है तो मर्दानगी की सामाजिक संरचना को बड़े पैमाने पर रेडिकल संशोधन के दौर से गुज़रना होगा। इसी चिंतन ने पुरुषत्व संबंधी अध्ययनों की परम्परा शुरू की, जो आज मैस्क्युलिनिटी स्टडीज़ के समृद्ध अनुशासन के रूप में विकसित हो चुकी है। लेकिन, इससे पहले कि पुरुष आत्मा की यह बेचैनी किसी व्यावहारिक सामाजिक राजनीति में विकसित होती, अस्सी के दशक में आयी नारीवाद की दूसरी लहर ने इसे धकेलकर सिर्फ़ विमर्श के क्षेत्र में सीमित हो जाने के लिए मजबूर कर दिया, नारीवाद की इस दूसरी लहर ने आक्रामक स्वर में घोषित किया कि उसकी रणनीति के केंद्र में स्त्री और सिर्फ़ स्त्री ही होगी। यह बिल्कुल ऐसी ही बात थी जैसे कभी दलित नेता अपनी सभा से ऊँची जातियों के श्रोताओं को उठकर जाने के लिए कह देते थे। विचार के तौर पर नारीवाद को आगे ले जाने में ऐतिहासिक योगदान करने वाली नारीवाद की यह दूसरी लहर स्त्रीत्व को तो इतिहास और समाज की फ़ैक्टरी में गढ़ी गयी चीज़ मानती थी, पर उसने पुरुष और उसके पुरुषत्व को इतिहास के एक स्थायी और लाइलाज़ खलपात्र के रूप में पेश किया। नतीजा यह निकला के जेंडर का मतलब नर और नारी न रह कर सिर्फ़ नारी रह गया। नारीवादी आंदोलन की व्यावहारिक राजनीति न बन पाने के पीछे इस वैचारिक घटनाक्रम की भूमिका कम करके नहीं आँकी जा सकती।

पिछले पंद्रह साल में यह स्थिति कुछ-कुछ बदलनी शुरू हुई है। पुरुष आत्मा की बेचैनियों ने उलटकर नारीवाद के इस अलगाववादी रवैये के सामने कुछ मित्रतापूर्ण सवाल खड़े करने शुरू कर दिये हैं। मसलन, पुरुषत्व की संरचनाओं के गम्भीर अध्ययन के फलस्वरूप यह पूछा जा रहा है कि अगर

स्त्रीत्व एक गढ़ा गया ढाँचा होने के कारण परिवर्तनशील है, तो फिर पुरुषत्व स्थायी और स्थावर कैसे हो सकता है ? क्या इतिहास, समाज और अर्थव्यवस्था की शक्तियाँ पुरुषत्व का निर्माण नहीं करतीं ? अगर करती हैं तो पुरुषत्व एक ही क़िस्म का कैसे हो सकता है ? उसकी भी कई क़िस्में होनी चाहिए ? क्या पुरुषत्व का कोई सामाजिक कोटिक्रम नहीं हो सकता ? क्या पुरुषत्व को तरह-तरह के पुरुषत्वों के रूप में देखने से नारीवाद को कोई फ़ायदा नहीं हो सकता ? क्या कई तरह के पुरुषत्वों में कुछ क़िस्में ऐसा नहीं हो सकतीं जिनके साथ नारीवाद आसानी से गठजोड़ कर सके ?

नारीवादी और हमारे जैसे उनके हमदर्द जैसे ही यह मानेंगे कि पुरुषत्व कई क़िस्म के हो सकते हैं, वैसे ही इस आंदोलन के सामने कुछ नयी सम्भावनाओं के द्वार खुलने शुरू हो सकते हैं। मसलन, यह माना जा सकता है कि एक तरह का पुरुषत्व वह है जो वर्चस्ववादी तो नहीं है, पर वर्चस्ववादियों का छिपा या खुला मददगार है। तीसरे तरह का पुरुषत्व वह है जो हाशिये पर खड़ा है यानी वर्चस्ववादियों और उनके मददगारों ने उसे अपने दायरे से बाहर या तो धकेल दिया है या उसके लिए अपने दरवाज़े बंद कर लिए हैं। चौथे तरह का पुरुषत्व वह है जो वर्चस्ववादियों के अधीनस्थ है और स्त्रियों की ही तरह दमन और शोषण का शिकार है। ज़ाहिर है कि यह एक विचारोत्तेजक और दिलचस्प सिद्धांत है। इसका प्रवर्तन करने वाले विद्वानों ने पुरुषत्व की इन श्रेणियों के साथ-साथ सोचने-विचारने के लिए एक नयी श्रेणी और पेश की है। यह है पितृसत्ता के लाभांश की श्रेणी यानी, वे मानते हैं कि पुरुष चाहें या न चाहें, पितृसत्ता समाज की ज़मीन पर उन्हें तरह-तरह के फ़ायदे पहुँचाती रहती है। लेकिन, हर तरह का पुरुषत्व यह लाभांश समान रूप से प्राप्त नहीं करता। वर्चस्ववादी पुरुषत्व पितृसत्ता के लाभांशों को टिकाने और बढ़ाने के लिए खुलकर स्त्री विरोध में खड़ा रहता है और सबसे ज़्यादा फ़ायदा उठाता है। यह पुरुषत्व नारीवाद का दुश्मन है। वर्चस्ववादी अपने मददगार पुरुषत्व के लिए लाभांश का पर्याप्त हिस्सा छोड़ता है जिससे पुरुषत्व के बाक़ी दोनों रूप तक़रीबन वंचित रहते हैं। ख़ासतौर से अधीनस्थ श्रेणी का पुरुषत्व तो वर्चस्ववादी पुरुषत्व के ख़िलाफ़ बग़ावत करने की स्थिति में रहता है। नारीवाद अगर चाहे तो पुरुषत्व की तीसरी और चौथी श्रेणियों को अपने सहयोगी और गठजोड़ घटक के रूप में देख सकता है। यहाँ साफ़ कर देना ज़रूरी है कि पुरुषत्व को परिवर्तनशील मानने और उसकी विभिन्न कोटियाँ बनाकर उन्हें समझने की इस कोशिश में नारीवादियों का भी एक हद तक अनजाना योगदान है। यहाँ तक कि नारीवाद की दूसरी लहर की आक्रामकता ने भी चिंतकों को वर्चस्ववादी पुरुषत्व का सिद्धांत सूत्रबद्ध करने में मदद की है।

इस सिद्धांत के आईने में अगर भारतीय समाज को देखा जाएँ तो क्या तस्वीर बनती है? भूमण्डलीकरण के दौर ने पुरुषत्व की जो नयी संरचनाएँ पैदा की हैं, वे इन श्रेणियों में कहाँ फ़िट होती हैं? भारतीय नारीवाद दलित पुरुषत्व के साथ गठजोड़ करने की पेशकश पर विचार कर सकता है। माना जा सकता है कि भारतीय परिस्थितियों में दलितों के पास पितृसत्ता के लाभांश न के बराबर ही होते हैं। इसी तरह आदिवासी समाज भी इसी तरह के पुरुषत्व की श्रेणी में है। इस लिहाज़ से देखा जाए तो देश की एक अरब आबादी का कम से कम 24 फ़ीसदी हिस्सा ऐसा है जिसमें रहने वाले पुरुषों को नारीवादी आंदोलन और उसके हमदर्द अपने सम्भावित मददगार और सहयोगी के रूप में देख सकते हैं। दूसरी तरफ़ भूमण्डलीकरण की प्रक्रिया भी सामुदायिक नहीं, पर निजी स्तर पर एक ऐसा पुरुषत्व विकसित कर रही है जो नारीवाद मानसिकता के अपेक्षाकृत ज़्यादा नज़दीक हो सकता है। यह है वैकल्पिक यौनिकताओं के आंदोलनों से जुड़ा और उसके दायरे में आने वाला पुरुषत्व, जिसे इतरलैंगिक वर्चस्व और उसके लाइलाज़ स्त्री विरोध ने पूरी तरह हाशिये पर डाल दिया है। प्रश्न यह है कि भारतीय नारीवाद पुरुषत्व के इन रूपों के साथ अपना तादात्म्य कैसे बैठाएगा? उसके व्यावहारिक गठजोड़ कैसे बनेंगे? किन मुक़ामों पर यह राजनीति परवान चढ़ेगी? इन सवालों के जवाब से ही भविष्य के स्त्री-दिवसों का हश्र तय होगा।

यौन-शिक्षा के प्रति शुतुरमुर्गी रवैया

मुझे अच्छी तरह याद है कि 1986 में दिल्ली के ताजमहल होटल में विश्व काम-विज्ञान सम्मेलन हुआ था। एक प्रेक्षक-संवाददाता के रूप में उस सम्मेलन की एक प्रेस कांफ्रेंस में मैंने सवाल उठाया था कि क्या सेक्स के बारे सब कुछ खोलकर बता देने से उसके ऊपर पड़ा रहस्यावरण उठ नहीं जाएगा, और उस सूरत में एक अनावृत्त क़िस्म का सेक्स हमें अपने आनंद की अनिवर्चनीयता से वंचित नहीं कर देगा। इस पर अमेरिका के मास्टर्स और जॉनसन इंस्टीट्यूट की एक सुंदर-सी सेक्सोलॉजिस्ट ने बड़े आत्मविश्वास के साथ जवाब दिया था कि

रहस्य का एक घटक डर भी है। सेक्स को रहस्यपूर्ण बनाए रखना दरअसल उसे कई पहलुओं से डरावना बनाए रखने का प्रयास भी है। आज क़रीब बीस साल बाद सेक्स शिक्षा का विरोध करने वाली राज्य सरकारें और उनके सुर में मिलाने वाले शुद्धतावादी उस महिला सेक्सोलॅजिस्ट के कथनानुसार हमें डरा ही रहे हैं। वे हमें उन विकृतियों का डर दिखा रहे हैं जो सेक्स किये जाने के कारण पहले से ही हैं। वे हमारे सामने भविष्य की बात कर रहे हैं ताकि आने वाला वक़्त पैमाने के विक्टोरियायी रवैये में अनुवाद करने पर मजबूर हो जाए। काम विज्ञान सम्मेलन डॉ. प्रकाश कोठारी के संयोजकत्व में सम्पन्न हुआ था। विभिन्न कार्यक्रमों में देश के इस वरिष्ठ सेक्सोलॉजिस्ट को जिन सवालों का जवाब देने पड़े थे उनके केंद्र में यौन दुश्चिंताओं की डरावनी संरचनाएँ ही थीं। सवाल पूछने वालों के स्वर और भाषा में कहीं न कहीं अपनी 'परफ़ारमेंस एंग्जाइटीज़' ही तरह-तरह से झलक रही थी। किसी को शिश्न के आकार को लेकर उत्कण्ठा थी, किसी को स्तम्भनशक्ति लेकर समस्या थी, कोई वीर्य के गाढ़े या पतले होने के रहस्यों का पता लगाना चाहता था, और लगभग हर दूसरे व्यक्ति की समस्या स्वप्नदोष और हस्तमैथुन के नुक़सानों से जुड़ी थी। जब डॉ. कोठारी ने उन्हें बताया कि स्पप्नदोष या हस्तमैथुन एकदम निर्दोष और हानिरहित क़िस्म की घटनाएँ और कार्यवाहियाँ हैं, तो सब चुप रह गये। शायद ही किसी ने उस विशेषज्ञ की इस बात पर यक़ीन किया हो। उस समय तो वे सब लोग बेहद परेशान हो गये, जब यौन विशेषज्ञों ने कहा कि शरीर में से स्वप्नदोष के ज़रिये वीर्य निकल जाने का मर्दाना ताक़त से कोई ताल्लुक़ नहीं होता। वह तो थूक देने या नाक छिनकने के समान है। मुझे यक़ीन है कि शायद ही किसी पुरुष ने इस बात पर यक़ीन किया हो, क्योंकि वे सभी वीर्य की एक-एक बूँद में शक्ति का आगार छिपे रहने के मिथक की ख़ुराक पर पले थे।

उनमें से तक़रीबन सभी पुरुष थे, और विवाहित पुरुष थे, पर स्त्री के शरीर की यौनिक बनावट के बारे में उन्हें बुनियादी जानकारियाँ भी नहीं थीं। ज़्यादातर को यह नहीं पता था कि स्त्री के शरीर में पेशाब करने वाली जगह और योनि नामक गुप्तांग एक ही जगह के नाम हैं या उनके बीच फ़र्क़ होता है। ऐसी बात नहीं कि उन लोगों को पुरुषों के यौनांगों के बारे में कोई बेहतर जानकारी थी। सवाल-जवाब के दौर का सबसे दिलचस्प क्षण तब आया जब एक सज्जन ने हिम्मत करके पूछा कि अगर सम्भोग करते हुए पेशाब लग आये तो स्खलित होते समय वीर्य की जगह पेशाब तो नहीं निकल जाएगी? कांफ्रेंस हाल में इस पर हँसी फूट पड़ी, मानो हँसने वालों के पास इस शंका का समाधान पहले से हो।

जबकि स्थिति यह थी कि वहाँ मौजूद पढ़े-लिखे लोगों में शायद ही कोई इस बारे में जानता था। बाद में कॉफ़ी पीते हुए कई लोगों ने सवाल पूछने वाले का शुक्रिया अदा किया कि उसके बहाने उन्हें भी वीर्य और पेशाब अलग-अलग रास्तों के बारे में जानकारी मिल गयी। ये सभी पुरुष कौन थे और कौन हैं? इन सभी का सेक्स संबंधी ज्ञान मस्तराम छाप यौन साहित्य की देन है जिसमें घोड़े के समान विकराल यौनांग वाला नायक इधर-उधर मुँह मारता घूमता है या फिर घर के भीतर कौटुम्बिक व्यभिचार का वर्जित फल छककर खाता है। इसी जुगुप्सापूर्ण नायक से प्रभावित होकर क़स्बों के किशोर मानकर चलते हैं कि यौन-क्रिया प्रेम, सुगंध, उदात्तता, परस्पर समझदारी और परिष्कृत आचरण का अनूठा मेल न होकर स्त्री को बिस्तर पर बुरी तरह रौंद डालने का नाम है।

अस्सी के दशक के मध्य में यह तो पुरुषों की हालत थी। इससे अंदाज़ा लगाया जा सकता है कि स्त्रियों की यौन जानकारियाँ कैसी होती होंगी। विख्यात समाज मनोविद् और *अंतरंगता* का स्वप्न जैसी मशहूर पुस्तक लिखने वाले सुधीर कक्कड़ किसी जमाने में मनोरोगियों का इलाज़ भी करते थे। जैसा कि हम जानते हैं कि मनोरोग और यौन दुश्चिंताओं का चोली-दामन का साथ होता है। उनके पास इलाज कराने आने वाली ऊँची जाति की स्त्रियाँ तो अपने यौनांगों का नाम तक नहीं जानती थीं। पूछने पर उनका हवाला व परोक्ष रूप से ही दे पाईं। मसलन, एक यौनांग उनके लिए 'पेशाब करने की जगह' है। इस नाम से समझा जा सकता है कि उस यौनांग के प्रति उनका मनोभाव क्या होता होगा। इंग्लैण्ड में शिक्षित एक मरीज़ प्रोफ़ेसर कक्कड़ से जब तक अंग्रेज़ी में बात करती रही तब तक उसे अपने यौनांगों का ज़िक्र करने में कोई दिक़्क़त नहीं हुई। जब उससे उन्हीं शब्दों को अपनी मातृभाषा में यानी अपने प्रारम्भिक दैहिक अनुभवों से निकटस्टथ भाषा में कहने का आग्रह किया गया तो वह या तो उपयुक्त शब्दों को भूलने लगी या फिर काफ़ी देर के लिए चुप हो गयी। कक्कड़ के अनुसार यौनांगों के प्रति यह अज्ञान समाज के गर्भ से जन्मी चुप्पी की आड़ में ही पनपता है। कॉलेज में शिक्षित एक मरीज़ को उन्नीस साल की उम्र तक यक़ीन था कि मासिक धर्म के दौरान आने वाला ख़ून, पेशाब और बच्चे मूत्रनलिका से ही निकलते हैं। गाँव की एक महिला ने जब पहली बार बच्चा जना तो उसे गहरे क्षोभ के साथ अपनी इस जानकारी में संशोधन करना पड़ा कि बच्चे गुदा से नहीं निकलते। हालाँकि, ग्रामीण पृष्ठभूमि के कारण माना जा सकता था कि यह महिला 'खेत-खलिहानों में होने वाली हरकतों' से परिचित तो होगी ही। सुधीर कक्कड़ ने इसी प्रकरण में बड़े क्षोभ के साथ कहा है कि कामसूत्र की रचना के क़रीब दो हज़ार साल गुज़र

चुके हैं, इसके बावजूद यौन शिक्षा की भीषण कमी के कारण आज भी वे यह नहीं कहने की स्थिति में आ पाए हैं, 'हे वात्स्यायन, तुम्हारी बातें तो प्राथमिक क़िस्म की हैं।'

छात्र–छात्राओं को यौन शिक्षा देने के प्रश्न पर छिड़ा मौजूदा विवाद पहली निगाह में ही मिशेल फूको के महाग्रंथ *हिस्ट्री ऑफ़ सेक्सुअलिटी* की याद दिला देता है। अपने इस विचारोत्तेजक ग्रंथ की शुरुआत में ही फ़ूको ने पूर्वी समाजों को पश्चिमी दुनिया से अलग करके देखा। उनके लिए पश्चिम 'साइंटिया सेक्सुआलिस' है, तो पूर्व 'आर्स–इरोटिका' का इलाक़ा है। अर्थात्, वे कहना चाहते थे कि पश्चिम की प्रवृत्ति सेक्स को विज्ञान और आयुर्विज्ञान की निगाह से विश्लेषणात्मक आईने में देखने की रही है, जबकि पूर्व उसे व्यावहारिक ज्ञान की आचरण संहिताओं के रूप में बरतता रहा है। निश्चित रूप से व्याख्या करते हुए फ़ूको के दिमाग़ में वात्स्यायन द्वारा रचित *कामसूत्र, परफ़्यूम गार्डन* जैसी अरब कृति और चीनी सभ्यता द्वारा की गयी रचनाएँ काम विषयक रचनाएँ रही होंगी। सत्तर के दशक के आख़िर में उन्होंने *हिस्ट्री ऑफ़ सेक्सुअलिटी* का पहला खण्ड लिखना शुरू किया, और उस समय तक इन सभी रचनाओं के युरोपीय संस्करण ख़ासे लोकप्रिय हो चुके थे। बहरहाल, मिशेल फ़ूको ने जो भी कहा हो, स्कूलों और पाठ्यक्रमों में यौन शिक्षा विषय के रूप में शामिल किये जाने का विरोध कर रहे लोग यह मानने के लिए तैयार नहीं हैं कि भारत जैसे देश में कभी सेक्स किसी तरह की सामाजिक शिक्षा का विषय रहा होगा।

आज अगर फ़ूको होते तो सेक्स को ज़मीन के नीचे धकेलने की इन नयी कोशिशों को किस निगाह से देखते? क्या उन्हें नहीं लगता कि ये सब लोग विक्टोरियायी ज़माने के वे शुद्धतावादी हैं जिन्हें अण्डरग्राउण्ड पोर्नोग्राफ़ी, विवाहेतर संबंधों और कौटुम्बिक व्यभिचार (इंसेस्ट) के गोपनीय इलाक़े को बनाए रखने पर आपत्ति नहीं है, पर निजी रिश्तों की तेज़ी से बदलती हुई भारतीय दुनिया में सेक्स की सामाजिक अभिव्यक्तियों के साथ कोई नया तादात्म्य स्थापित करने पर ऐतराज है। उन्हें अचरज इस बात पर ही होता है कि जिस देश में अदालतें भी वैवाहिक़ रिश्ते के कामयाब होने की कसौटी यौन संतुष्टि को मानने की स्थिति में आ गयी हों, जिस देश में वेश्याएँ अपने पेशे को चार कामों में से एक काम की तरह मान्यता दिलवाने के लिए संघर्ष कर रही हों, जिस देश के समाचार माध्यमों में यौन क्रिया और प्रेम व्यापार संबंधी जिज्ञासाओं का निवारण करने वाले स्तम्भ की भरमार हो और जिस देश की सार्वजनिक दीवारों पर सरकारी पैसे से बड़े–बड़े हरफ़ों में लिख दिया गया हो 'चलो कण्डोम के साथ', उस देश

में यौन शिक्षा के प्रस्ताव का खुलकर स्वागत क्यों नहीं हो रहा है? आख़िर जिस प्राचीन पूर्व का फ़ूको ने ज़िक्र किया था, वह यही तो था। उस 'आर्स इरोटिका' और आज के सेक्सुअल विस्फोट में फ़र्क़ केवल यह है कि कामसूत्र जैसे सेक्स मैनुअल आज से ढाई हज़ार साल पहले केवल भद्र नागरिकों को ही नसीब थे। वात्स्यायन जैसे कामविज्ञान के महारथी भी शायद तब कम ही होते होंगे, पर आज मेडिकल साइंस और मनोविज्ञान की मेहरबानी से सेक्स एक्सपर्टों की संख्या तेज़ी से बढ़ती जा रही है। सेक्स मैनुअल क़दम-क़दम पर मौजूद हैं। गणिकालय और राजपुरुषों की महफ़िल से उठ कर कामसूत्र अब फुटपाथ पर आ गया है। अब हर व्यक्ति अगर चाहे तो वह सीख सकता है जिसे किसी जमाने में 'गुप्त ज्ञान' कहा जाता था।

यौन-शिक्षा की सामाजिक ज़रूरत का विरोध करने वाले फ़ूको और वात्स्यायन दोनों को ही ख़ारिज कर रहे हैं। एक ऐसे समय में जब शहरी समाज तेज़ी से खुल रहा है, देहाती समाज इसी खुले हुए शहर को अपना आदर्श बना रहा है, और अंतरंग रिश्ते अपनी प्रामाणिकता सेक्स की कसौटी पर कस कर देख रहे हैं, 'प्राचीन' भारतीय सभ्यता और संस्कृति पर हमारे राजनेताओं की यह 'प्रामाणिक' दावेदारी आश्चर्यजनक रूप से हास्यापद होने के साथ-साथ समाज में हो रहे नये परिवर्तनों के प्रति शुतुरमुर्गी रवैया अपनाने का द्योतक भी है।

अनुक्रमणिका